INTERCULTURALIDAD EN LAS LEYES DE ORDEN URBANO PARA EL POBLAMIENTO DE LA AMÉRICA COLONIAL

Grecia, Roma, España, América

ALLAN R. BREWER-CARÍAS

Title: **INTERCULTURALIDAD EN LAS LEYES DE ORDEN URBANO PARA EL POBLAMIENTO DE LA AMÉRICA COLONIAL**

Grecia, Roma, España, América

ISBN: 979-8-89966-666-7

Author: ALLAN R. BREWER-CARÍAS

Cover image: www.pixabay.com

Publisher: Generis Publishing
Online orders: www.generis-publishing.com
Contact email: info@generis-publishing.com

Allan R. Brewer-Carías

Profesor emérito, Universidad Central de Venezuela

INTERCULTURALIDAD EN LAS LEYES DE ORDEN URBANO PARA EL POBLAMIENTO DE LA AMÉRICA COLONIAL

Grecia, Roma, España, América

Variaciones sobre el mismo tema basadas en el libro *La Ciudad Ordenada* del autor

2026

CONTENIDO

NOTA EXPLICATIVA DEL AUTOR

Como lo indica el título de esta obra, se trata de un conjunto de textos que se refieren al mismo tema de la ***Interculturalidad en la elaboración e implantación de las Leyes de Orden Urbano para el poblamiento de la América Colonial (Grecia, Roma, España, América)***, como variaciones sobre el mismo tema de *la ciudad ordenada* colonial hispanoamericana del siglo XVI, que fue uno de los grandes hitos de la historia del urbanismo; textos todos escritos durante los últimos veinte años como base para Cursos, Ponencias y exposiciones en diversos Congresos, Conferencias, Seminarios y Academias, siempre siguiendo lo que inicialmente expuse en mis libros:

Primero: ***La Ciudad Ordenada (Estudio sobre "el orden que se ha de tener en descubrir y poblar" o sobre el trazado regular de la ciudad hispanoamericana, en particular, de las ciudades de Venezuela),*** publicado por las Ediciones Pascual Mandoz, Universidad Carlos III de Madrid, Boletín Oficial del Estado, Madrid, 1997, 203 pp., que dediqué a la *Universidad Carlos III de Madrid* con ocasión de recibir el *Doctorado Honoris Causa* de dicha Casa de Estudios en Madrid en 1996, presentado por el profesor Luciano Parejo Alfonso de la Universidad Carlos III de Madrid; y

Segundo: ***La Ciudad Ordenada (Estudio sobre "el orden que se ha de tener en descubrir y poblar" o sobre el trazado regular de la ciudad hispanoamericana) (Una historia del poblamiento de la América colonial a través de la fundación ordenada de ciudades),*** con una primera edición publicada por la Editorial Criteria, Caracas 2006, 545 pp., ilustrada con 636 planos antiguos y recientes; que fue reimpresa por Editorial Thomson-Aranzadi, Madrid 2008, 545 pp.; y una Segunda Edicion publicada por la Editorial Jurídica Venezolana International, 2017, y que escribí durante los dos años que permanecí como *Visiting Scholar* en la Facultad de Arquitectura y Diseño Urbano de la *Universidad de Columbia* en Nueva York, entre 2002 y 2004; libro que fue presentado en la *Real Academia de Jurisprudencia y Legislación* de Madrid, con ocasión de mi incorporación como Miembro Correspondiente de dicha Corporación en 2008, por el profesor Tomás Ramón Fernández de la Universidad Complutense de Madrid.

En recuerdo y agradecimiento a los profesores Parejo y Fernández, mis amigos de toda la vida, se incluyen, "A Manera de Presentación" de esta obra, sus mencionadas presentaciones sobre mi libro: *La Ciudad Ordenada* de 1996 y 2008

Nueva York, junio de 2026

A MANERA DE PRESENTACIÓN. TEXTOS DE LOS PROFESORES LUCIANO PAREJO ALFONSO Y DE TOMÁS RAMÓN FERNÁNDEZ

PRESENTACIÓN DEL PROFESOR LUCIANO PAREJO ALFONSO (1996)

El día 3 de octubre de 1996 fue investido el Profesor Brewer Carías, durante el solemne acto de apertura del curso académico y en presencia del claustro académico, Doctor Honoris Causa por la Universidad Carlos III de Madrid, recibiéndolo ésta formal y plenamente en el seno de su comunidad científica. Culminaba así una iniciativa del Área de Derecho Administrativo que, asumida sin reserva alguna por el Consejo del Departamento de Derecho Público y Filosofía del Derecho de la Facultad de Ciencias Sociales y Jurídicas, fue en su momento sancionada -tras su favorable acogida por la Comisión de Gobierno y la pertinente propuesta por parte del Rector- por acuerdo unánime de la Junta de Gobierno de la Universidad, que permitió el correspondiente nombramiento rectoral.

Es evidente que un reconocimiento de tal significación y alcance es manifestación de profundas y sólidas raíces. La relación del Profesor Brewer Carías con la Universidad española en general tiene, en efecto, larga data, que se remonta a varias décadas de colaboración activa y fructífera. No puede sorprender, pues, que, nada más nacer la Universidad Carlos III de Madrid y crearse en ella el Instituto Pascual Madoz del Territorio, Urbanismo y Medio Ambiente, el Profesor Brewer Carías pasara a formar parte de su Consejo Científico.

El libro que ahora ve la luz, en el marco de la principal de las colecciones del citado Instituto, es fruto de una dilatada y concienzuda investigación sobre la que versó precisamente el discurso de investidura pronunciado por el Profesor Brewer Carías, entregado con generosidad con ocasión del acto de incorporación al claustro en renovada muestra del espíritu de colaboración y de participación activa en el quehacer universitario que le anima.

Como es natural existe también un trasfondo de relaciones personales con quienes hemos tenido la fortuna de compartir con el Profesor Brewer, a lo largo de mucho tiempo, anhelos y proyectos comunes y de trabar con él sincera y verdadera amistad. Para todos ellos, estoy seguro, y desde luego para mí, el acto de homenaje que representa la investidura aludida produce muy honda satisfacción, por rendir tributo a una vida, labor y obra científicas, cumpliendo, además, el anhelo del sentimiento personal, cargado de admiración por la persona y el universitario.

Cumple esa amistad en mi caso felizmente ya más de dos décadas, con un "debe" intelectual y afectivo por mi parte que nunca ha cesado de crecer. Conocí al Profesor Brever con ocasión de la invitación que cursó a un nutrido grupo de profesores españoles, maestro todos ellos ya del Derecho Administrativo (al que generosamente se me añadió a pesar de mi bisoñez y a la sazón insuficiente grado académico) para participar, en Caracas, en un importante seminario internacional de urbanismo. Este dato da cuenta ya de una de las múltiples facetas de la rica personalidad del Profesor Brewer su constante e incansable actividad en pro del contacto de su país con las corrientes del pensamiento jurídico-público del resto de América y de Europa y del enriquecimiento de la Universidad y el Derecho venezolanos a través del intercambio intelectual; especialmente, así debe resaltarse, en pro del dialogo bilateral e interactivo con España y los españoles, en los que siempre ha lamentado - no sin alguna razón- cierto despego al respecto.

El *cursus honorum* del Profesor Brewer es, en efecto, impresionante, cualitativa y cuantitativamente, pero también por la diversidad de las actividades, que dice de su curiosidad, inquietud y dinamismo. Exponerlo abora, siquiera sea en resumen, sería labor prácticamente imposible.

Baste con destacar los datos más sobresalientes en tres órdenes: docente, investigador y público o político.

Por lo que bace al primero: en su calidad de Profesor de Derecho Administrativo por concurso en la Facultad de Ciencias Jurídicas y Políticas de la Universidad Central de Venezuela desde 1963, ha sido también Profesor en muchas Universidades venezolanas y extranjeras, entre las que merecen ser destacadas - el Profesor Brewer calificaría esta selección de eurocentrista, reprobándola - Cambridge, París y Aix-en-Provence.

Pero para dar una cabal idea de la proyección alcanzada por el Profesor Brewer quizás sea más adecuado señalar su condición de Profesor Honorario de la Universidad del Rosario (Argentina); de la del Externado y la Javeriana, ambas de Bogotá (Colombia); Profesor distinguido de la Universidad Nacional Autónoma de México; miembro Honorario del Centro de Estudios Interdisciplinarios de la Universidad Católica del Táchira (Venezuela), y del Instituto de Estudios Constitucionales Carlos Restrepo Piedrabita de la Universidad Externado de Colombia; miembro de número de las Academias de Ciencias Políticas y Sociales de Venezuela y de la Internacional de Derecho Comparado (en la que ocupa la Vicepresidencia), así como de reconocidos Institutos internacionales como el de Ciencias Administrativas (de la que fue Vicepresidente en los años 1971 a 1977), el de Derecho Administrativo Latino (en la que ocupa la Presidencia desde 1981), el Interamericano de Derechos Humanos, y también de no menos importantes Asociaciones como la Venezolana de Derecho Administrativo y Ciencias de la Administración, de Derecho Comparado (en la que ocupó la Presidencia desde 1981 basta 1985) y la Asociación Latinoamericana de Administración Pública (de la que es fundador y ha sido Secretario). Y, por último, pero no precisamente en importancia, Doctor Honoris Causa de la Universidad de Granada (España).

La significación adquirida por su persona y su obra en su propio país se evidencia, finalmente, en la institución por las Universidades Católica Andrés Bello y Católica del Táchira, con su nombre, de sendas Cátedras de Derecho Administrativo y de Estudio e Investigación del Derecho público, respectivamente, cuyo primer titular es el propio Profesor Brewer.

En el orden de la investigación, sólo sus obras "mayores" alcanzan la cifra de 88 libros y 281 artículos, publicados en tres idiomas (español, francés e inglés) y en cinco países (Venezuela, Colombia, España, Francia e Inglaterra). Estas obras abordan desde luego los problemas nucleares del Derecho público, entre los que figuran en todo caso los de porte constitucional, pero también todos los temas centrales de la ciencia jurídico-administrativa. No obstante, mención especial merece la por abora última de sus obras: las *Instituciones Políticas y Constitucionales*. El plan de esta obra de madurez sobre el régimen constitucional ilustra, por su ambición, la que impregna la vida y el esfuerzo científicos del Profesor Brewer.

La dimensión pública o política no es menos rica. Ha desempeñado la Presidencia de la Comisión de Administración Pública de la Presidencia de la República (años 1969 a 1972) y el Ministerio de Estado para la Descentralización (años 1993 a 1994). Pero también - al margen del poder ejecutivo - ha sido Senador Suplente por el Distrito Federal, miembro suplente del Consejo Supremo Electoral (desde el año 1979 a 1984) y Juez y Magistrado de distintos órganos jurisdiccionales, entre ellos de la Sala Político-Administrativo de la Corte Suprema de Justicia (años 1979 a 1984).

Pero, aun cuando sin duda estos signos externos de reconocimiento - y otros muchos que deben dejar de mencionarse - sean de por sí suficientes para dar expresiva cuenta del perfil de la figura glosada, mayor interés y eficacia a tal efecto tiene el desvelar los valores de fondo que la animan y se manifiestan en su trayectoria personal, académica y profesional.

En la persona del Profesor Brewer se encarna sin duda el modelo, primero, de universitario prendido de la curiosidad, entregado al estudio y la reflexión críticas, abierto siempre a la renovación y la propia superación, tan firme en la defensa de las propias posiciones como atento a y respetuoso con las posiciones de los demás, generoso en la dación de sí mismo y generador de inquietudes y vocaciones, y, en tal condición, el modelo también, después, de iuspublicista integral, que no se encierra - defensiva y cómodamente - en la almena del "deber ser" para eludir el necesario compromiso con la realidad social de su tiempo y la preparación de un porvenir mejor a las generaciones futuras.

Estamos, en efecto, ante un jurista que pertenece a los que ven el Derecho no como un fin en sí mismo, en cuyo campo pueden alzarse sin riesgo - el riesgo será ya de otros - las construcciones más sutiles y acabadas, sino, más modestamente, como instrumento de la razón humana para el más justo gobierno de los hombres, el arreglo concreto posible de los problemas de la convivencia, y, por tanto, instrumento cultural e histórico para el progreso de ésta en la razón. Se comprende así que la clave sea precisamente el hombre mismo, pero en modo alguno en calidad de abstracción, sino encarnado en la historia y viviendo en el seno de una concreta sociedad, de la que es inescindible.

Estamos, pues y aunque a muchos pueda sonar paradójico, ante un jurista del poder publico movido por el valor de la libertad, pero de una libertad en sociedad. Igual que frente a los terribles de ayer cabe seguir oponiendo boy a los absolutismos dogmáticos el lúcido juicio de Fernando de los Ríos: descartan la raíz misma del liberalismo y están en pugna con toda la evolución que, superando la ingenua doctrina del progreso del XVIII - que estimaba agotables los contenidos de la libertad, concibe ésta como un juicio al que en cada momento se le va añadiendo un predicado (¿Libertad? ¿de qué? - decía Hartmann), de suerte que la libertad aparece en cada instante con una misión concreta y real que satisfacer, ahora y aquí, sin perjuicio de que - además - sea como una asíntota: algo a que nos aproximamos siempre sin poderlo alcanzar jamás.

La libertad por la que ha luchado y seguirá luchando el Profesor Brewer como hombre del Derecho es, pues, la "libertad de" que corresponde a este momento, libertad en sociedad, que requiere de la solidaridad y, por tanto, de la autonomía individual como de la acción del poder, la comunidad. Así lo exige la visión integral del hombre, cuya dignidad está hoy en gran medida en manos de la sociedad.

Por eso mismo el frente de lucha no está sólo en las aulas y los libros, se extiende también, además de al foro, al ejercicio del poder público. En todos esos campos se ha batido el Profesor Brewer por la libertad real, no meramente formal; de todos y no de unos pocos.

No es, pues, poco lo que de valor un venezolano hace hoy presente entre nosotros, recordándonos su profunda raíz hispana y su arraigo y desarrollo americanos, con el mismo espíritu fecundo con el que los peninsulares Picornell, Cortés de Campomanes, Lax y Andres - venidos desterrados a la Guaira del fracaso revolucionario y fantasmal de la noche de San Blas de 1795 - sirvieron en su día de catalizadores de las ambiciones de libertad e igualdad - libertad real, dignidad humana para todos que ya anidaban en la sociedad de la actual Venezuela. No es casualidad, en efecto, ni que las tempranas Ordenanzas-Constituciones, debidas a la pluma de Picornell y que influirían en Miranda y Bolívar, que matizan poderosamente el ideario revolucionario de la época con reformas económicas basadas en la idea de la superación de la libertad formal por la libertad real en la igualdad ("igualdad natural entre todos los habitantes de la Provincia y Distritos; y se encarga que entre blancos, indios, pardos y morenos reine la mayor armonía, mirándose todos como hermanos..., procurando aventajarse sólo unos a otros en mérito y virtud, que son las dos únicas distinciones reales y verdaderas que hay de hombre a hombre, y habrá en lo sucesivo entre todos los individuos de nuestra república"), ni que en el doloroso proceso de nacimiento de la actual nación venezolana se hayan mezclado la revolución política (la conquista de la independencia, es decir, de la libertad-autonomía) con la revolución social (la conquista de la dignidad personal y social, la libertad real en la igualdad) y "venezolanos modernos", de corazón y aliento ya de la Venezuela-nación emergente, y "venezolanos antiguos" y también peninsulares (e isleños), aún pertenecientes al viejo mundo de la Monarquía hispano-americana, hijos todos de la misma cultura.

No es casualidad, por tanto, que un venezolano de hoy como el Profesor Brewer, que - por serlo - no reniega de la raíz común de ambos mundos, nos devuelva abora a los españoles, en la obra que nos ofrece, la conciencia de la filosofía - el poblamiento - de nuestra mayor empresa y contribución a la civilización occidental, en aspecto tan significativo, además, como la organización del asentamiento de la población y el gobierno del territorio a través de la ciudad regular y ordenada. Como él mismo señala, "ningún país del mundo, en toda la bistoria de la humanidad, ha fundado tantos pueblos, villas y ciudades en un territorio tan grande, en un período de tiempo tan corto, y en una forma tan regular y ordenada como España lo bizo en América", siendo de admirar - añado yo abora - la claridad y consistencia del concepto urbanístico empleado, la cuadricula, que ha resistido el paso del tiempo y aún confiere su estructura al casco urbano tradicional a lo largo y ancho del territorio americano, imprimiéndole a todo él el sello de una misma cultura. La trascendencia de tal concepto es clara pues sin él no se entiende ni el inmediato florecimiento en suelo americano de una intensa vida cultural y política propia, ni el edificio de gobierno político-administrativo capaz de articular tan vastos y diversos territorios.

Con entera independencia del enorme interés histórico, y no sólo en el ámbito urbanístico, intrínseco a la obra, su oportunidad es clara en un momento en el que los españoles, enfrascados en las urgencias del momento, parecemos dudar de nuestro propio acervo cultural en punto tan capital como la organización de la utilización del territorio y, especialmente, de la creación y la gestión de la ciudad y estar dispuestos a cualquier renuncia en aras de unas exigencias del modelo económico, cuya validez al efecto están aún por demostrar.

LUCIANO PAREJO ALFONSO
Catedrático de Derecho Administrativo
Secretario General y Vicerrector de Profesorado
Universidad Carlos III de Madrid

PRESENTACIÓN DEL PROFESOR TOMÁS RAMÓN FERNÁNDEZ: UN LIBRO ENVIDIABLE: "LA CIUDAD ORDENADA" DE ALLAN R. BREWER-CARÍAS (2008)

1. Es para mí una gran satisfacción presentar aquí públicamente esta obra del Prof. Brewer-Carías. Una satisfacción doble, por el autor y por la obra misma. Por el autor, porque me une a él y a Beatriz, su esposa, una estrecha amistad desde hace más de treinta años. De su mano hice mi personal descubrimiento de América en un viaje a Caracas del que guardo un recuerdo imborrable porque coincidió con nuestra transición política y, en concreto, con aquellos Pactos de La Moncloa que pusieron freno a un proceso de inflacción galopante que, de haber continuado, hubiera hecho imposible la pacífica restauración de la democracia. Por esos Pactos, tan cruciales que acababan de firmarse cuando llegué a Caracas me preguntaron con avidez, sentados ambos, a mi derecha uno y a mi izquierda otro, en el mismo solá, dos ilustrísimos juristas transterrados a resultas de la guerra civil, Manuel García Pelayo y el Dr. Moles Caubet, menos conocido entre nosotros, pero respetadísimo en Venezuela como maestro de todos los administrativistas de aquel país, como Randy Brewer se complace en proclamar en una nota de la obra que ahora nos reúne.

Mí satisfacción por presentarla a Vds. está, como podrán comprobar, más que justificada. Es un libro envidiable en el sentido más estricto de la palabra. Uno de esos libros que a cualquiera de nosotros y, desde luego, a mí nos hubiera gustado escribir.

Se trata, en efecto, de un libro que acredita a su autor, sin necesidad de apelar a su densa biografía, como lo que es por encima de todo: un profesor universitario. Y un profesor excepcional, además, porque sólo un profesor universitario de esa categoría es capaz de escribir un libro de este porte por puro capricho, por el puro placer de saber y de comunicar a los demás lo aprendido. Sólo un profesor de ese nivel es capaz de mantener tanto tiempo la tensión precisa para llevar a término una obra tan ambiciosa y de tan extraordinaria envergadura.

2. Porque este libro tiene, ciertamente, una larga historia. Es fruto de un trabajo de muchas horas durante muchos años sostenido con particular empeño, sin conformarse nunca, a pesar de que los resultados obtenidos le permitieron al autor, hace ya doce años, ofrecer una primera versión que otros mu-

chos, la mayoría me atrevería a decir, hubiera estado dispuesto a dar por definitiva con legítimo y justificado orgullo, además.

En 1.996, en efecto, con motivo de su investidura como doctor honoris causa por la Universidad Carlos III, el Instituto Pascual Madoz de dicha Universidad, dirigido por nuestro compañero el Prof. Parejo Alfonso, publicó con este mismo título lo que, ya que estamos hablando de la ciudad y de su ordenación, podríamos llamar el *Avance* de este Plan General que ahora, doce años después, ha visto la luz. Un *Avance* singularmente preciso y acabado en lo que a la "parte general" de la obra respecta, que limitaba, sin embargo, a Venezuela su "parte especial".

Aquella versión primera de *La ciudad ordenada'* era ya en sí misma más que suficiente para mostrar cómo surgió esa ciudad hispanoamericana que asombra todavía hoy por la regularidad y el orden de su trazado, pero su autor no se conformó con ello y prolongó durante años su esfuerzo hasta completar la "parte especial' y dar así testimonio de la expansión de ese tipo de ciudad por todas las regiones de la América que habla español, desde California y Florida hasta la Patagonia.

Porque de esto exactamente trata el libro, como su título y, sobre todo, su expresivo subtítulo explica cumplidamente: *La ciudad ordenada. Estudio sobre 'el orden que se ha de tener en descubrir y poblar' o sobre el trazado regular de la ciudad hispanoamericana. Una historia del poblamiento a través de la fundación ordenada de ciudades*.

Las dos cosas a las que el subtítulo hace referencia están estrechamente vinculadas entre sí. El poblamiento era, como Brewer muestra, el único título jurídico que podía legitimar el señorío real sobre los territorios que se iban descubriendo y era también una obligación contractual de los adelantados, alcaldes mayores y corregidores a quienes se daba licencia real (hoy diríamos concesión) para 'descubrir y poblar' una región determinada.

La preocupación por el orden, que es la otra clave, tiene su base cultural en el Renacimiento y sus puntos de apoyo en la aparición de la obra de Eiximenis en 1.340, en el descubrimiento de la de Vitruvio en 1.416 y en la edición al final del siglo XV de esta obra capital y de la igualmente importante de León B. Alberti, a todas las cuales dedica Brewer una cuidadosa atención.

De esa preocupación por el orden da fé la experiencia inmediatamente anterior del poblamiento del archipiélago canario, auténtico 'ensayo con todo' de lo que veinte años después empezaría a repetirse al otro lado del océano.

La ciudad de San Cristóbal de La Laguna es un buen ejemplo de esa ciudad ordenada, de trama octogonal, que colmará luego el continente americano hasta convertirse en uno de sus signos distintivos, como subraya con acierto Gómez de Llarena, uno de los prologuistas de la obra.

Una sabia preocupación esta del orden de la estructura urbana, que luce ya en las Instrucciones a Pedrarias Dávila de 1.513 y reproducen la Real Cédula de Población otorgada a los que hicieran descubrimientos en Tierra Firme de 1.521 y la Instrucción de 1.523 para el gobierno de la Nueva España. En todas ellas se recomienda vivamente, al hacer referencia al reparto de solares, 'que el pueblo parezca ordenado, así en el lugar que se dejase para plaza, como el lugar en el que hubiese iglesia, como en el orden que tuvieren las calles *porque en los lugares que de nuevo se facen dando la orden en el comienzo sin ningún trabajo ni costa quedan ordenados e los otros jamás se ordenan'*.

Al amparo de estas tempranas Instrucciones, medio siglo antes, por lo tanto, de que se estableciera una disciplina jurídica general propiamente dicha con las Ordenanzas del Descubrimiento, nueva población y pacificación dadas por Felipe II en 1.573, que Brewer analiza minuciosamente, se fundaron 250 ciudades, a las que se añadirían luego otras 1.000, ni más ni menos.

4. Es realmente asombroso. Asombro es literalmente la sensación que produce la lectura de la obra de Randy Brewer, no porque no tuviéramos noticia de lo que el libro con tanto cuidado y tanto cariño estudia, sino porque no habíamos acertado a dar a esta increíble empresa de civilización la enorme importancia que realmente tiene. "*América ha sido la obra histórica más importante y el título de mayor orgullo con el cual España ha contribuido a la civilización occidental*", dice rotundamente el autor con la autoridad que le da el ser americano, un americano conocido y respetado en todo el continente.

Es asombroso, repito, porque a finales del siglo XV América era mucho más desconocida que lo que hoy pueda serlo para nosotros el planeta Marte. Valga como prueba el recuerdo del conmovedor verso de Camoeus que aparece grabado en la base del monumento del cabo Roca, el *finis terrae* de la época: *onde a térra se acaba e o mar comega.*

A ese mundo absolutamente ignorado y apenas intuido comenzaron a llegar en frágiles navios, en los que nadie se aventuraría hoy a alejarse de la costa, algunos puñados de personas y, nada más llegar, se pusieron a fundar ciudades, no meros refugios, de forma sistemática, a partir de la nada y según reglas precisas, que establecieron *ad hoc* para el caso. Sólo conocían - y mal - la costa a la que acababan de llegar. No sabían que podía haber más allá. Para ellos "un pueblo era un punto, dos un camino y con tres ya existía. un territorio hispanoamericano", como acierta a observa Federico Vegas, otro de los prologuistas de la obra.

Lo hicieron en la mayor parte de los casos (la Nueva España es la excepción) desde la nada, con un orden riguroso, aunque también flexible, centrado en asegurar lo esencial, esto es: una elección correcta del lugar, un reparto equitativo de los solares ("según las calidades de las personas y lo que cada uno hubiere servido... de manera que a todos quede de lo bueno y de lo malo y de lo mediano y de lo menos bueno"), la obligación de construir y de residir para poder consolidar la propiedad del terreno recibido, el orden de la construcción ("a cordel y regla, comenzando por la plaza mayor y desde allí sacando las calles a las puertas y caminos principales y dejando compás abierto, que aunque la población vaya en gran crecimiento se pueda siempre proseguir en la misma forma").

Y un orden, que, sobre todo, se respetó siempre, lo que resulta no menos asombroso. Ese respeto permitió, por ejemplo, reconstruir o, mejor dicho, reproducir con total exactitud aquellas ciudades que, por una razón u otra hubieron de ser abandonadas. A mí me impresionó en extremo ver sobre el terreno en uno de mis viajes a Argentina el emplazamiento inicial de la ciudad de Santafé, que fue fundada en 1.573 en Cayartá, a ochenta kilómetros de distancia de su actual ubicación. Un siglo después de su fundación la ciudad "fue abandonada" por el río, que cambió su curso privándola así de su vía de comunicación con el mundo y de la única salida para sus productos y haciéndola inviable, en una palabra. La ciudad se "trasladó" solar por solar y casa por casa a su emplazamiento actual, de forma que no sólo la iglesia, el Ayuntamiento y los demás edificios públicos conservaron en la nueva Santaté la posición relativa que tenían en la primitiva ciudad, sino también los propios vecinos, cada uno de los cuales recibió un solar idéntico en extensión y situación a aquél en el que habían levantado la casa que se vieron compelidos a abandonar.

En las ruinas de la ciudad vieja, que se conservan como monumento nacional, pueden verse los planos que permitieron el "transplante" con los nombres y apellidos de cada vecino en el solar correspondiente.

Un orden que ha perdurado, pues, hasta nuestros días. Intacto en todo el continente, hasta la década de "los treinta" del pasado siglo, aproximadamente, época en la que, por influencia norteamericana, la ciudad, hasta entonces compacta, se desparrama sin orden alguno sin otra guía que el trazado de las autopistas; mutilado, en mayor o menor medida, en abierta pugna con el caso circundante, en muchos casos hasta hoy mismo. Anthony Brewer-Carias, hermano del autor, así lo subraya con pena en el caso de Caracas. Hay otros ejemplos más consoladores como el de Quito, en el que la ciudad antigua se mantiene en buen estado, en llamativo contraste con la ciudad (¿) nueva, cuyas construcciones se despliegan por el valle a lo largo de varios kilómetros sin orden visible alguno.

Ese orden, intacto o, incluso, mutilado, ha convertido la ciudad latinoamericana en una auténtica seña de identidad del continente, al lado de la lengua, como subraya en su prólogo Gómez de Llarena. Los latinoamericanos - dice - compartimos la misma ciudad porque en cualquier de ellas las dimensiones y la geometría son las mismas. No tenemos necesidad – añade - de cambiar el paso.

Estas afirmaciones podrán parecer exageradas a más de uno. Yo puedo decir que no lo son. Basta tomar el ferry en Buenos Aires para cruzar al lado oriental del inmenso mar de agua dulce, como hicimos una vez el autor y yo mismo en compañía de nuestro común amigo Alejandro Nieto, para comprobar hasta qué punto son exactas. Y es que cuando uno llega a Colonia de Sacramento uno se da cuenta sin necesidad de que nadie se lo diga de que ésta no es una ciudad hispanoamericana, aunque, obviamente, tenga un aire familiar para nosotros como portuguesa que es.

Un orden, en fin, que todavía hoy constituye una referencia insustituible para corregir nuestros propios errores, porque nosotros también nos hemos olvidado de él.

Supimos observarlo, ciertamente, al poner en marcha la política de ensanche a mediados del siglo XIX cuando las ciudades españolas saltaron, por fin, sobre sus antiguas cercas o murallas medievales. Hoy esos ensanches, ejemplo igualmente de ciudad ordenada, forman el nuevo centro y el espacio urbano más valorado de nuestras ciudades.

Nunca podrán jugar ese papel, sin embargo, esos nuevos trozos de ciudad, en manzana abierta, que se han construido en los últimos cincuenta años, a los que necesariamente hay que ir en automóvil y en los que uno no puede encontrar nunca a nadie, porque esos trozos de ciudad no están hechos ni son aptos para eso tan importante que se llama convivir.

No quiero alargarme más. Ya lo he hecho probablemente demasiado. Termino, pues, dando las gracias a mi fraternal amigo Randy Brewer por haber dedicado tantas horas durante tantos días a lo largo de tantos años para escribir este libro tan hermoso. Y, por supuesto, a Beatriz, que ha acompañado con paciencia tan largo empeño.

A ambos les felicito muy cordialmente. Y también a la editorial, que puede presumir a partir de ahora de haber "traído al mundo" un libro de auténtico lujo.

Palabras pronunciadas en la presentación pública de la edición de la obra *La Ciudad Ordenada* de Thomson-Aranzadi, Madrid 2008, que tuvo lugar en la sede de la *Real Academia de Jurisprudencia y Legislación* el 10 de Junio 2.008.

INTRODUCCIÓN.

LA CIUDAD ORDENADA: EL GRAN APORTE CULTURAL COLONIAL ESPAÑOL PARA HISPANOAMERICA

Texto de la conferencia preparada para el Aula de Verano "Ortega y Gasset", Ortega y Gasset. Iniciación a la Universidad. Universidad Internacional Menéndez Pelayo, Ministerio de Educación y Ciencia, Palacio de la Magdalena, Santander, Agosto 2006.

En toda la historia de la humanidad ningún país del mundo ha fundado tantos pueblos, villas y ciudades en un territorio tan grande, en un período de tiempo tan corto, y en una forma tan regular y ordenada como lo hizo España en América durante los siglos XVI y XVII; y, además, con tan poca gente, y en su gran mayoría, gente joven.

La «ciudad ordenada» americana, por tanto, fue la gran creación y legado cultural urbano español en el Nuevo Continente, materializada en el hecho invariable de que cada ciudad tuvo una forma reticular, que siempre tuvo su origen en el trazado de una plaza mayor o central levantada a cordel y regla, desde donde paulatinamente fue creciendo mediante calles dispuestas en línea recta, formándose la trama urbana en manzanas o cuadras generalmente iguales y, en todo caso, con forma ortogonal, tal y como todavía hoy se aprecia en todos los centros o cascos históricos de las urbes latinoamericanas.

La historia de América Hispana, por tanto, es en gran parte la historia de esa ciudad cuya implantación en sus vastos territorios dio origen a los países latinoamericanos, mediante el proceso de poblamiento que se efectuó en menos de 100 años desde la Nueva España (México) y la Florida en el norte, hasta el extremo sur en la Nueva Extremadura (Chile) y el Río de la Plata. Fue a través de ese proceso durante el Siglo XVI, que los españoles sembraron de pueblos y ciudades todos los rincones de América, con una forma urbana ortogonal que se implantó con una regularidad, formalidad y continuidad pasmosas en todo el Continente americano.

Esa increíble empresa no sólo fue "ordenada" en cuanto a la adopción de una sola forma urbana reticular para las ciudades, que se repitió regularmente, sino que, por sobre todo, fue "ordenada" en el sentido de que fue realizada en acatamiento a precisas normas jurídicas que se fueron dictando por la Corona. Nada se dejó al azar ni a la sola experiencia o criterio de los adelantados y pobladores, incluso a pesar de que en sus inicios, el proceso del descubrimiento, conquista y colonización de la América Hispana se haya sido desarrollado por iniciativas privadas.

A pesar de este carácter individualista, sin embargo, todo fue ordenado mediante una política centralizada plasmada en precisas Ordenanzas, Instrucciones y Reales Providencia, que fueron dictadas por los Monarcas especialmente para la empresa americana. Se trataba de asegurar, jurídicamente, la incorporación de las nuevas tierras descubiertas en las Indias a la Corona de Castilla; y ello se hizo mediante el poblamiento ordenado y enmarcado en normas que se aplicarían uniformemente por los gobernadores y adelantados, incluyendo las contenidas en las Capitulaciones.

Aquí radica, precisamente, una de las diferencias esenciales que existió entre los procesos colonizadores español e inglés en América, este último iniciado 100 años después del primero. Si bien ambos estuvieron a cargo de particulares que obtenían una concesión real a su propio riesgo y ventura, fue en la conquista y colonización española donde el proceso fue muy rápidamente ordenado como consecuencia de una deliberada política de Estado, que dio origen tanto a la creación de un orden jurídico propio, para América, el "derecho indiano"; como una organización política territorial racional y jerarquizada para el gobierno interno en el Nuevo Mundo, que ni siquiera existía en la propia Península. Nada similar ocurrió en el proceso de colonización de Norteamérica.

No hay que olvidar, entre otros aspectos, que las Capitulaciones otorgaban a su titular, como adelantado, el título de gobernador y capitán general de una específica área para su conquista, la cual adquirió siempre la denominación genéricamente de "Provincia", la cual fue, entonces, la primera institución político-territorial que surgió en el Nuevo Mundo. Constituyó el ámbito territorial básico del gobierno en el Nuevo Mundo, pero con la peculiaridad de que su demarcación nunca se fijó al otorgarse las Capitulaciones, sino que se configuró conforme se fue desarrollando al poblamiento. Por ello, las Provincias, al inicio, siempre fueron geográficamente desdibujadas, y sólo se fueron conformando a medida que fue avanzando la ocupación del territorio. Su ámbito espacial solo llegaba hasta donde su hubiese poblado el territorio.

En esa forma, América Hispana se dividió en Provincias y éstas a su vez, se agruparon en Virreinatos y en Presidencias de Audiencias, de manera que para el momento en el cual Carlos II mandó publicar en 1680 la *Recopilación de Leyes de los Reynos de Indias*, todas las Provincias de los territorios americanos habían quedado agrupadas en dos grandes Virreinatos, el de Nueva España y el del Perú, y además en las Presidencias de las Audiencias de Santo Domingo, de Guatemala y de la Nueva Granada, esta última, convertida después en Virreinato. En contraste, la división del territorio en la Península española en Provincias, sólo se formuló siglos después, en la Constitución de Cádiz de 1812, división que, sin embargo, sólo cristalizó a partir de 1833, cuando la institución provincial ya tenía tres siglos de existencia en los territorios americanos.

Esa organización territorial del Nuevo Mundo que recuerda la del vasto imperio romano en Europa, también contrastó con la colonización inglesa de Norteamérica, donde, al contrario, no se formuló política global alguna de organización territorial.

En esta forma, en un lapso de dos siglos (XVI y XVII), en el Nuevo Mundo americano español se produjo una descomunal operación de poblamiento, de tal magnitud y extensión que no encuentra parangón en ningún otro proceso colonial en la historia de la humanidad, de manera que de todas las naciones europeas que colonizaron el Continente, sólo España fundó ciudades de acuerdo a un invariable plan regular y ordenado, previa la cuidadosa selección del sitio para su ubicación desde el punto de vista del clima y de las condiciones del terreno. Sólo así se explica que con pocos años de diferencia entre una fundación y otra, el mismo esquema urbano cercano al damero se haya reflejado en planos de ciudades establecidas en puntos tan distantes como Mendoza (1561) y San Juan de la Frontera (1562) en lo que era parte de la Provincia de Nueva Extremadura (Chile), hoy Argentina; como Barquisimeto (1579) y Caracas (1578) en la Provincia de Venezuela; como Buenos Aires (1583) en la Provincia del Río de La Plata; y como la Nueva Veracruz (1590) en la Nueva España. Y así puede decirse que sucedió en todo el Continente.

Pero la forma reticular urbana de la "ciudad ordenada" americana, por supuesto, no puede decirse que haya sido un invento de la Corona española. En la antigüedad se había utilizado extensamente y fue, más que todo, la forma regular utilizada por los griegos y los romanos en sus colonias para fundar nuevas ciudades. Es por ello, por ejemplo, que todas las ciudades coloniales griegas en la Península Itálica, y las ciudades romanas en Europa, tuvieron esa forma, tal y como resulta por ejemplo, de Nápoles (*Neapolis*) que fue colonia griega en la Península Itálica; y de las colonias romanas como Florencia, al norte de Italia, y de Mérida (*Emérita Augusta*) y Zaragoza (*Caesaraugusta*) en la Península Ibérica.

En esta forma, la implantación de la forma reticular urbana en la América española no fue otra cosa que el uso de la forma tradicionalmente utilizada en la antigüedad para establecer ciudades nuevas, la cual fue luego redescubierta con el Renacimiento; y también utilizada en la Edad Media cuando fue usada ocasionalmente para la creación *ex novo* de centros poblados con fines de política de ocupación territorial o militar, como sucedió con las *bastides* francesas, como es el caso de Miranda (1281), o con las ciudades florentinas, como ocurrió con Cittaducale (1309); y en la propia Península Ibérica, con las ciudades como Villareal (1273) y de Santa Fe (1491).

La diferencia entre uno y otros procesos, sin embargo, fue que en la América Hispana el poblamiento regular obedeció a una expresa política de la Corona, contenida y orientada por normas jurídicas diseñadas para afirmar y afianzar el señorío de la Corona española sobre las tierras descubiertas. El poblamiento de la América Hispana, por ello, no sólo tuvo móviles de conquista para asegurar la ocupación de los territorios descubiertos, sino que respondió a una exigencia jurídica impuesta por el ordenamiento jurídico que rigió en tiempos del Descubrimiento y de la Conquista. Se trataba del derecho castellano, contenido en el *Código de las Siete Partidas* cuya preparación había iniciado Alfonso X el Sabio (1221-1284) y que concluido en 1263, sólo sería en 1348 cuando entraría en aplicación. Para 1504 dicho Código, también denominado *Libro del Fuero de las Leyes,* conforme lo indicaban las *Leyes de Toro*, se aplicaba supletoriamente.

Era en dicho Código donde por ejemplo se regulaban las maneras como un Príncipe ganaba Señorío en relación con un reino existente, lo cual sólo podía ocurrir de cuatro maneras: por herencia; por elección voluntaria; por matrimonio con heredera del mismo, o por concesión pontificia o imperial. Esas normas, sin embargo, no encontrarían aplicación en la empresa que había iniciado Cristóbal Colón en América, cuyo objetivo no era adquirir Señorío sobre algún reino existente, y menos, cuando comenzó a quedar claro que en las tierras encontradas hacia el poniente, lo que verdaderamente había aparecido era un increíble e inconcebible Nuevo Mundo cuyo territorio, contra todos los conocimientos geográficos existentes en la época, asombrosamente se había intercalado en medio del Atlántico, entre Asia y Europa. En la Edad Media no se admitía nada distinto a Europa, África y Asia, y ese era el conocimiento que disponía Cristóbal Colón al iniciar su empresa, conforme al cual lo que se permitía era sólo que se pudieran descubrir nuevas islas en el mar.

El derecho aplicable para que Colón tomara posesión para los Reyes Católicos de cualquier nueva isla que descubriera en su ruta era, por tanto, otro distinto al que regía los supuestos antes mencionados, pues los Reyes no tenían posibilidad de heredar las tierras nuevas que se descubrieren; no podían adquirirlas por el consentimiento de todos los habitantes de los ignotos reinos; no había posibilidad de que las obtuvieran por casamiento, y en las tierras nuevas y desconocidas ni el Papa ni el Emperador eran reyes de las mismas. Al contrario, Colón llevaba salvoconductos y mensajes de los Reyes Católicos para otros monarcas que pudiera encontrar.

Por ello, lo que se aplicaba del *Código de las Siete Partidas* era más bien lo regulado en la Ley 29, título XXVIII de la Partida III, que al plantear la cuestión de a quien pertenece "la ysla que se faze nuevamente en el mar", prescribía lo siguiente

> "Pocas vegadas acaece que se fagan yslas nuevamente en la mar. Pero si acaeciesse que se fiziese y alguna ysla de nuevo, suya dezimos que deve ser de aquel que la poblare primeramente; e aquel o aquellos que la poblaren, deben obedescer al Señor en cuyo señorio es aquel lugar do apareció tal ysla."

Es decir, que sólo adquiría Señorío sobre de las nuevas tierras o islas que se descubriesen, quien la poblare primeramente, es decir, quien estableciera en ellas una población. Por ello, incluso, Colón, al concluir su accidentado primer viaje, como signo de toma de posesión de la isla La Española, en enero de 1493 dejó un puñado de hombres en la villa de La Navidad o La Natividad, construida con los restos de la Santa María en las costas de lo que hoy es Haití.

Ello explica que el título jurídico para incorporar las nuevas tierras que se fueron descubriendo en el Nuevo Mundo a la Corona de Castilla, haya sido precisamente el poblamiento, es decir, la fundación de villas, pueblos o ciudades habitadas por los conquistadores, o por indios. Precisamente por ello, a diferencia de los ingleses, los españoles en América fueron febriles fundadores de ciudades, de manera que las Capitulaciones se dieron siempre con la obligación de poblar, es decir, de fundar un número determinado de pueblos en el territorio descubierto dentro de un plazo especificado, a cuyo efecto se autorizaba al Adelantado para repartir tierras y solares. Con el tiempo, este hecho del poblamiento fue además el instrumento central para la demarcación de la jurisdicción de cada Gobernación y de la Provincia que la asentaba.

Primero, por tanto, fue descubrir, y luego de descubrir, poblar. Esa fue la preocupación primordial de los Monarcas y fue por ello que nunca antes en la historia, en un período tan corto de tiempo y en un territorio tan grande, se hayan fundado tantas ciudades, como sucedió en la América española. Lo que era claro era que si no se poblaba no podía haber conquista; o como lo diría el cronista y capellán de Hernán Cortés, Francisco López de Gomara (1511-1564) en su *Historia General de las Indias y vida de Hernán Cortés,* al comentar el fracaso de la expedición de Pánfilo de Narváez hacia la Florida: "Quien no poblare no hará buena conquista, y no conquistando la tierra no se convertirá la gente, así que la máxima del conquistador ha de ser poblar" (Capítulo XLVI).

Pero poblar en la América Hispana, no fue el acto material de asentar campamentos, aldeas o rancherías en un territorio; al contrario, se trataba de un acto formal, de creación de un pueblo, lo cual incluso requería de un acta levantada en forma auténtica, que recogía los pormenores de un acto solemnísimo que a la vez obedecía a un ceremonial uniforme. Y un "pueblo" en su sentido medieval, como lo indicaba el mismo *Código de las Siete Partidas,* era un lugar edificado y generalmente cercado (*Partida 7, Título 33, Ley 6*), pero por sobre todo, reunión de hombres mayores, medianos y menores en forma comunal (*Partida 7, Titulo 1º, Ley 1*) sometidos a unas autoridades y leyes.

En definitiva, se trataba de la fundación de una *civitas*; siendo ello el acto de la más grande importancia en el proceso de ocupación del territorio, para lo cual, por supuesto, se requería de una licencia expresa del rey, del virrey o del gobernador de la Provincia; pues con la fundación de una ciudad se tomaba posesión de lo descubierto en nombre de la Corona, quedando el territorio bajo el señorío y soberanía del rey; y además, se determinaba el término de cada Provincia o Gobernación bajo el mando del adelantado.

Estas, que al inicio sólo se definieron por una línea a lo largo de la costa del mar, fueron encontrando su ámbito territorial, tierra adentro, a medida que se iba sembrando el espacio de villas y ciudades. La Provincia llegaba, así, hasta donde llegaba el problamiento. Por ejemplo, si los conquistadores alemanes de la Gobernación de Venezuela, entre 1530 y 1538, en sus correrías por los llanos del sur atravesando los grandes ríos tributarios del Orinoco, hasta el Amazonas, y por el occidente, por los Valles de Pamplona, del Magdalena y Upar, hubiesen fundado pueblos, buena parte del territorio de lo que luego sería parte del Nuevo Reino de Granada, hubiese sido de la Provincia de Venezuela. Así lo señalaba, sólo una década después de esas expediciones, en 1548, el licenciado Juan Pérez de Tolosa, quien había sido nombrado por el Emperador como gobernador y capitán general de la Provincia de Venezuela en su celebre *Relación de las tierras y provincias de la gobernación de Venezuela*, en la cual decía:

> "... Si esta Tierra la hubiera poblado el dicho Ambrosio [Alfinger], la Gobernación de Venezuela fuera próspera y tuviera poblado el Nuevo Reino de Granada, porque es el paso y camino por donde después se descubrió. Con ser esta tierra de los pacabuyes, no la pobló, antes siguió el río arriba de Cartagena, que es el río por donde vienen del Nuevo Reino de Granada, y dejó la derrota del Reino y resolvió sobre la culata de la laguna para volverse a Coro."

Por no poblar, ya en el propio Siglo XVI se afirmaba oficialmente que esas tierras descubiertas se habían perdido para la Provincia de Venezuela.

El rito fundacional de las ciudades era además correlativo a la importancia del proceso, y se siguió invariablemente en todas las Indias; incluyendo la traza de la plaza como un cuadrado o rectángulo, y a partir de ella, de las calles, formando una retícula, indicándose el sitio de la iglesia, que siempre se ubicaba en el costado este de la plaza, y de los otros edificios públicos, así como de los diversos solares para repartir a los vecinos, nombrándose las autoridades que regirían la ciudad, y disponiéndose los ejidos. Y todo ello se recogía un acta levantada por escribano.

Por ello, a diferencia de las ciudades norteamericanas, todas las ciudades latinoamericanas tienen fecha precisa de fundación, lo que era jurídicamente necesario para demarcar el ámbito de cada Gobernación. De allí que muchos pueblos, por ejemplo, debieron fundarse de urgencia, virtualmente a la carrera, como, por ejemplo, sucedió con Santiago de Quito, fundada curiosamente a la media noche, con el único propósito de que esa tierra quedase en la jurisdicción de la Capitulación dada a Francisco Pizarro y no en la jurisdicción de la Capitulación dada a Pedro de Alvarado.

La historia es como sigue: Francisco Pizarro, quien era vecino de Tierra Firme, es decir, de la Provincia de Castilla del Oro, y Diego de Almagro, vecino de la ciudad de Panamá, obtuvieron licencia de Pedrarias Dávila, el Gobernador de Castilla del Oro, para conquistar, descubrir, pacificar y poblar por la costa del mar del Sur por el levante, habiendo obtenido con motivo de la relación que de ello hicieron a la Reina, en 1529, una Capitulación para ir a la conquista de Tumbes, es decir, de la Provincia de Perú, hasta 200 leguas tierra adentro.

Con ello se inició a la conquista y poblamiento de las tierras de los Incas. Pero tres años después, en 1532, también se otorgaría una Capitulación a Pedro de Alvarado, quien después de haber acompañado a Hernán Cortés en la Conquista de México, ya era gobernador de la Provincia de Guatemala, para ir a "descubrir y conquistar las islas en la Mar del Sur de la Nueva España", con la advertencia de que no se hiciese "en el paraje de las tierras en que oy ay probeidos gobernadores". Pedro de Alvarado tenía noticias de que Pizarro no había llegado al reino de Quito, y hacia allí se dirigió.

Fu por ello que con ocasión del desembarco de Alvarado en las costas de lo que hoy es Ecuador, en 1534, Diego de Almagro y Sebastián de Belalcázar, ambos de la hueste de Pizarro, le salieron al paso desde puntos diversos para tratar de impedir su penetración e intromisión que en esas tierras, y a los efectos de evitar una confrontación que por las fuerzas de Alvarado, mayor en número, podría implicar una derrota, Almagro y Belalcázar decidieron con toda urgencia, en la noche del 15 de agosto de 1534, fundar una ciudad en el lugar de Riobamba, donde estaban acampados, a la que llamaron Santiago de Quito, nombrando de inmediato a los alcaldes y regidores.

En esta forma, cuando al día siguiente llegó al sitio Pedro de Alvarado, la ciudad de Santiago ya estaba jurídicamente establecida, aun cuando fuera físicamente un campamento; lo que impidió a Alvarado, poder fundamentar su propósito de penetración en esos territorios por supuestamente estar fuera de la jurisdicción de Pizarro. Fue precisamente el acto de la fundación de Quito, a la media noche, lo que convirtió el territorio ocupado en parte de la Gobernación de Pizarro, provocando que Alvarado abandonara se empresa, vendiendo incluso sus navíos a Almagro, y de paso sembrando de indios guatemaltecos las montañas de Ecuador.

Diego de Almagro, entonces, casi dos semanas después de la primera fundación, el 28 de agosto de 1534 decidió fundar una segunda ciudad denominada San Francisco de Quito, en el mismo sitio, pero esta vez incorporando al proceso las hueste guatemalteca que había sido de Alvarado. Así, San Francisco de Quito, sustituyó a Santiago de Quito.

Otra fascinante historia sobre poblamiento se originó en Santa Fe de Bogotá. El mismo Sebastián de Belalcázar, como teniente general de la Gobernación de Pizarro, después de los sucesos de la fundación Quito, inició expedición hacia el norte llegando cuatro años después, en 1538, a la muy preciada Sabana de Bogotá. Sin embargo, su sorpresa debió haber sido mayúscula al encontrarse allí a otros dos Adelantados con sus huestes: Gonzalo Jiménez de Quesada, quién venía de la Provincia de Santa Marta, y Nicolás Federmann, quien venía de la Provincia de Venezuela. Pero la diferencia entre los tres era que Jiménez de Quesada, para el momento del encuentro, el 6 de agosto de 1538 ya había fundado una ciudad en el Valle de los Alcázares de Bogotá, denominándola Ciudad Nueva de Granada. Con este hecho, la rica tierra de los *muiscas* debía considerarse como ya ocupada por Jiménez de Quesada, al estar poblada.

La presencia de las huestes de los tres conquistadores en la Sabana, sin embargo, condujo a que Jiménez de Quesada -como había sucedido en Quito- hiciera una nueva fundación, el 27 de abril de 1539, esta vez de Santa Fe de Bogotá, con la participación de las tres huestes, aun cuando conservando, la hueste quesadista, la mayoría de los cargos concejiles. Santa Fe de Bogotá sustituyó entonces a la Ciudad Nueva de Granada, lo que implicó que ese mismo año de 1539, los tres conquistadores se embarcaran por el río Magdalena y luego en Santa Marta para ir a España a dirimir los derechos que cada uno pretendía sobre las mismas tierras de los *muiscas*. Once años después, en 1549, esos derechos se reconocieron a favor de Quesada, precisamente quien había poblado primeramente, regresando entonces a América como Capitán General del Nuevo Reyno de Granada.

Pero si la fundación de una ciudad y su permanencia eran el título jurídico para que un territorio formara parte de una determinada gobernación; también, la destrucción de una ciudad era el mecanismo para que un territorio dejara de pertenecer a determinada gobernación. Así sucedió, por ejemplo, con la villa de Bruselas, fundada en 1524 por Francisco Hernández de Córdoba cerca del golfo de Nicoya, en la actual Costa Rica; todo en nombre del gobernador Pedrarias Dávila de la Provincia de Castilla del Oro. Hernández de Córdoba había sido un adelantado exitoso, fundando en tierras de Nicaragua, a las ciudades de León y Granada; y precisamente por su éxito, pretendió desligar los territorios descubiertos de la autoridad de Pedrarias, y ello lo hizo en 1525, ordenando la destrucción de la villa de Bruselas. La reacción de Pedrarias no se hizo esperar: fue personalmente desde Panamá hacia Nicaragua para tomar el gobierno de esos territorios para su gobernación, para lo cual ordenó la repoblación de la villa de Bruselas, asegurando la pertenencia de las tierras de la costa del Pacífico de Costa Rica a la Provincia de Castilla del Oro. Y de paso, apresó al rebelde Hernández de Córdoba, a quien ejecutó como castigo por su delito territorial.

Pero lo curioso del caso ocurriría a partir del año siguiente, a raíz del reemplazo de Pedrarias en la Gobernación de Castilla del Oro. Los pobladores de la villa de Bruselas habían decidido pertenecer, por lo que para enfrentar esa decisión, el gobernador designado en la Provincia de Nicaragua, Diego López de Salcedo, buscando de nuevo que las tierras de Nicoya pasaran a su gobernación, ordenaría la destrucción de la villa de Bruselas. Y luego, sería el mismo Pedrarias, esta vez nombrado como gobernador de Nicaragua en 1529, el que logrando que por Real Cédula de 1530, la villa de Bruselas se adscribiera definitivamente a esa gobernación, la desligara de Castilla del Oro, lo que originaría que décadas después, las tierras de Costa Rica se conquistaran desde Nicaragua. Siendo el eslabón territorial interprovincial, al final, la villa de Bruselas no sobreviviría, habiendo sido sustituida como centro de conquista en la zona, a partir de 1561, por la villa de Garcimuñoz, que fue el origen de la ciudad de Cartago y luego de la provincia de Costa Rica.

De lo anterior resulta que el acto mismo de poblamiento como título jurídico para el establecimiento del ámbito de las Provincias y Gobernaciones, constituyó la acción más importante del proceso de conquista, al punto de que sólo se podían fundar pueblos con licencia de la Corona o de los adelantados, por lo que, fundar pueblos sin licencia constituía un grave delito que acarreaba la pena de muerte.

Muchas historias de la conquista de América giran en torno a esto. Por ejemplo, el tema del doblamiento con o sin licencia explica los cambios y decisiones que tuvo que tomar Hernán Cortés, Alcalde de Santiago de Cuba, cuando desembarcó en 1519 en las costas de México con la misión que le había dado el gobernador de la isla de Cuba, Diego de Velásquez, de buscar a otros expedicionarios. Al percatarse de la riqueza del Imperio Azteca que había descubierto, y consciente de que no tenía licencia para descubrir, conquistar y poblar, como conocedor que era del derecho por sus estudios en Salamanca, lo que hizo fue fundar un pueblo, aun sin licencia, al cual llamó la Villa Rica de la Vera Cruz, pero con el artificio de renunciar de inmediato al mando del ejército que tenía y al precario mandato que le había otorgado el gobernador Velásquez, precisamente ante las mismas autoridades que él venía de nombrar en el acto fundacional. Acto seguido, los Alcaldes de la Villa Rica por él designados, le dieron un nuevo título, el de adelantado de la ciudad recién creada, con lo que "quemando las naves" para impedir el regreso de su hueste a Cuba, emprendió la conquista de México. Ello, sin embargo, no lo libró de un largo proceso judicial que le entabló el Gobernador Velásquez ante la Corte del Emperador Carlos V, proceso del cual salió airoso fundamentalmente por la importancia de la riqueza descubierta y conquistada. Del mismo, incluso, salió con el título de Gobernador y Capitán General de la Nueva España.

Pero como se dijo, en América Hispana, fundar una villa, un pueblo o una ciudad, sin licencia, se consideraba como un delito que podía acarrear la pena de muerte y además, la pérdida de todos los bienes. Lo mismo ocurría respecto del que destruyera una villa sin licencia. En Venezuela dos casos famosos ilustran la problemática y las consecuencias de fundar pueblos sin licencia.

En primer lugar se destaca el caso de Juan Rodríguez Suárez, el "Caballero de la Capa Roja", y uno de los conquistadores y pobladores más destacados de la Provincia de Venezuela quien, como alcalde que era de las minas de oro de Pamplona, había sido autorizado por el Cabildo de esa ciudad de la provincia de Tunja del Nuevo Reyno de Granada, para emprender nuevos descubrimientos hacia el norte, hacia las Sierras Nevadas. En empresas similares antes había fracasado Juan de Maldonado, quien también había sido alcalde de Pamplona, y archienemigo de Rodríguez Suárez.

En 1558, este último partió hacia las Provincia de las Sierras Nevadas situadas en lo que hoy es el Estado Mérida de Venezuela, y luego de pasar por los valles de Cúcuta, del Torbes, del Cobre y de La Grita, por Bailadores y Estanques, en la ribera de la laguna de Urao (Lagunillas), el 9 de octubre de ese año fundó la ciudad de Mérida en recuerdo de su ciudad natal extremeña. Nombró autoridades, reservándose el cargo de justicia mayor. Al mes siguiente cambió de lugar el sitio de la ciudad, como ocurrió con tantas ciudades hispanoamericanas, trasladándola a la mesa de Tatey, en el valle del río Chama. A uno de los ríos que la bordeaba también lo llamó como Guadiana, el mismo nombre del de la Mérida extremeña, nombre que sin embargo no conservó, y al otro río que bordeaba la meseta, al norte, lo llamó Albarregas, también en recuerdo del otro río que bordeaba Mérida en la Península, el cual sin embargo, si se conserva.

Pero el “Caballero de la Capa Roja” no tenía licencia alguna para fundar ciudades, habiendo sido la fundación de Mérida un acto ilegal y contrario a los intereses de Pamplona, por lo que la Real Audiencia de Santa Fe comisionó al alcalde de esta última ciudad, precisamente, Juan de Maldonado, para hacerlo preso por haber cometido el delito de fundar una ciudad para lo cual no tenía licencia real, y que afectaba el ámbito territorial de Pamplona. Juan de Maldonado salió para Mérida, y Rodríguez Suárez, quien no había encontrado oro ni siquiera en la culata del lago de Maracaibo, donde desemboca el río Chama (su Guadiana), fue a su encuentro. Al tener conocimiento de las órdenes de la Real Audiencia, accedió a cambiar nuevamente el sitio de la ciudad, más arriba, aguas arriba del río Chama, la cual entonces fue “refundada” por Juan de Maldonado, formalmente con el nombre de Santiago de los Caballeros.

A pesar de ello, Rodríguez Suárez fue hecho prisionero y llevado a Santa Fe de Bogotá, donde fue sentenciado a muerte en 1560. Sin embargo, logró huir y luego de pasar por Pamplona, tomó rumbo a Mérida y fue a dar a la ciudad de Trujillo en los mismos Andes venezolanos, recién fundada por otro extremeño de Trujillo de Extremadura, Diego García de Paredes, quien lo acogió y nombró como su Teniente

Cuando los enviados del oidor de la Audiencia de Santa Fe llegaron a aprehenderlo, ante la orden escrita de arresto, el Alcalde solo les dijo tranquilamente que allí nadie sabía leer ni escribir sino “el Ave María y el Padre Nuestro”, y que sobre el “hombre de la Capa Roja”, como se conocía a Rodríguez Suárez, tenían las mejores referencias. La insistencia del oidor de la Audiencia de Santa Fe fue tal, que envió una orden de arresto no sólo contra Rodríguez Suárez sino contra su protector García de Paredes, a la ciudad de El Tocuyo, donde estaba el gobernador de la Provincia de Venezuela, Pablo Collado. La respuesta de Collado fue la jurídicamente correcta: que la jurisdicción de la Audiencia de Santa Fe no llegaba hasta la Provincia de Venezuela, la cual estaba sometida a la Audiencia de Santo Domingo, con lo que puede decirse que se consolidaría el primer caso de asilo político que se otorgaría en América Hispana.

En definitiva, la fundación de pueblos con licencia era la garantía de tierra ocupada; era, además, el primer logro de la conquista y el punto de partida de nuevas jornadas. Además, aseguraba la ocupación del territorio; y tenía el valor jurídico de dar preferencia al poblador en cuanto al término de lo descubierto en relación con otros adelantados, pues la existencia de una población significaba que la tierra ya estaba conquistada bajo una determinada jurisdicción. La fundación de pueblos sin licencia, en cambio, era considerada como un atentado contra el territorio que formaba parte de otras gobernaciones, y la autoridad de las mismas.

La ciudad, por tanto, fue el eslabón para la conformación del territorio colonial. Pero como señalaba anteriormente, su concepción y diseño no surgió sólo de experimentos locales de tipo práctico que pudieran haber realizado los adelantados, sino de prescripciones y normas jurídicas que se conformaron rápidamente en la Península, por los influjos de los descubrimientos renacentistas del conocimiento, particularmente en el área de al arquitectura, que comenzaban a influir en todos los órdenes. De golpe, después de un largo período de decadencia, se había vuelto a la antigua forma de construir, sometiéndose los arquitectos a las reglas de simetría y proporción y al sistema de órdenes, lo que implicó la vuelta al uso de la regla, a las líneas precisas, a las fachadas rectilíneas e, incluso, a veces, al abuso de los ángulos rectos en las esquinas, dando origen al plano regular que se convirtió en obligatorio para edificios y ciudades. Todo ello fue rápidamente absorbido por la Corona y trasmitido a América.

Un libro del Siglo I AC fue particularmente importante en este descubrimiento de lo clásico, con honda repercusión en la conformación del arquetipo legislativo que orientó la ciudad ordenada americana, y fue el de Marcus V. Pollio Vitruvius, *De Architectura Libri Decem,* (Los Diez Libros de la Arquitectura), publicado por primera vez en Roma en 1486, y en el cual se recogían todos los principios romanos respecto a la creación de ciudades, con sus antecedentes helenísticos.

Así fue, a través del conocimiento de este texto, que Roma y Grecia influyeron en la concepción de la ciudad americana. Tuvo ediciones sucesivas en Europa, e incluso se tradujo y publicó en español por Miguel Urrea en 1582. Sin embargo, en 1526 ya Diego de Sagrego había publicado el libro *Las Medidas del Romano*, que era una discusión de los órdenes de Vitruvio, un ejemplar de cuyo libro, por ejemplo, ya estaba en 1535 en la biblioteca del virrey de la Nueva España, Antonio de Mendoza.

Tanta influencia tuvo el libro en el proceso de doblamiento colonial hispano americano, que en las propias Instrucciones de poblamiento del Siglo XV, se copiaron textualmente párrafos del mismo, de manera que la ciudad ordenada americana, es decir, la ciudad concebida racionalmente con formas lineales geométricas que encuentra su expresión más acabada en América hispana, sin duda puede considerarse como el producto más notable de la arquitectura renacentista en relación con la ciudad.

Esas Instrucciones se comenzaron a formular con cierta precisión a partir de 1513, con motivo de la expedición comandada por Pedrarias Dávila para la conquista de la Provincia de Castilla del Oro, y culminaron con las *Ordenanzas sobre descubrimiento y población* otorgadas por Felipe II en 1573. Sesenta años bastaron para que un modelo de ciudad especialmente diseñado para América se hubiese ideado y aplicado en todo el Continente americano; todo lo cual fue posible, sin duda, por la coincidencia de dos procesos esenciales de la civilización occidental, el Renacimiento y el Descubrimiento. Ello permitió que todas las ideas renacentistas que paralelamente se estaban formulando por los humanistas durante los siglos XV y XVI, penetraran en la Corte de los Reyes Católicos y luego, de Carlos V y Felipe II, y se plasmaran en Instrucciones reales del derecho indiano.

Fue con la Instrucción dada a Pedrarias de 1513, como antes dije, que se inició la formulación de reglas para el establecimiento de los pueblos de manera ordenada; reglas que se fueron perfeccionando por aproximaciones sucesivas en las décadas siguientes, de manera que como lo decía el plano de Santiago de León de Caracas levantado por el gobernador Juan de Pimentel: "desta suerte ba todo el pueblo edificandose". Esta idea del orden, incluso, aún cuando si bien no acompañó al inicio los pueblos establecidos en la isla La Española y en las otras islas del Caribe y en Tierra Firme antes de 1513, como por ejemplo fue el caso de Santo Domingo fundada primero en 1498 y refundada en 1508; todos, posteriormente fueron objeto de un reacomodo en su trazado regular.

En cuanto a estas Instrucciones de 1513, en su redacción se aprecia, por supuesto, la influencia directa de Vitruvio y también de Leon Battista Alberti, y con ellos, todas las ideas de orden y simetría que conformaron el Renacimiento en la arquitectura. Así, por ejemplo, en el párrafo 7 de la Instrucción se ordenaba que en el repartimiento de solares, estos fueran "*de comienzo dados por órden*", agregándose:

> "por manera que fechos los solares, el pueblo parezca ordenado, así en el logar que se dejare para plaza, como el logar en que hobiere la iglesia, como en la órden que tovieren las calles; porque en los logares que de nuevo se facen dando la órden en el comienzo, sin ningud trabajo ni costa quedan ordenados, e los otros jamás se ordena"

De esta Instrucción, dictada hace cinco siglos, resulta entonces claramente la idea del orden que debía tenerse en el establecimiento de los pueblos, para que fundados en forma ordenada, en el futuro pudieran, sin esfuerzo, seguir desarrollándose en tal forma ordenada a medida que fueran extendiéndose. El orden debía entonces prevalecer en cuanto al sitio para el asiento de la plaza mayor, y en el de la iglesia, que debía estar próximo a la plaza. Además, el orden debía guiar el diseño de las calles; y ese orden sólo podía resultar de la forma reticular.

Este modelo urbano adoptado formalmente a partir de 1513, y que como dije, se reflejó rápidamente en la traza de las ciudades ya fundadas, como Santo Domingo, y que guió el diseño de la casi la totalidad de los pueblos, villas y ciudades de América Hispana, gravitó en torno a los tres elementos urbanos esenciales que menciona la Instrucción:

El primero, la plaza, que era lo que debía establecerse inicialmente, siendo el elemento principal, y cuya forma debía hacer parecer el pueblo como ordenado. Por supuesto, no había otra forma ordenada que no fuera la forma cuadricular o rectangular, o en todo caso, reticular, con lados y ángulos rectos. El segundo, la iglesia que debía ubicarse también en un sitio ordenado, fuera del área de la plaza, pero en un lugar principal, que en general fue en una de las manzanas ubicadas a un costado de la plaza. Y el tercero, las calles que debían también tener un orden, es decir, diseñarse ordenadamente, y no había otra forma para el orden de las calles, cuando debían partir de la plaza reticular, que no fuera su trazado en línea recta, formando ángulos rectos en los cruces entre ellas, y manzanas o cuadras de terreno, donde se ubicaban los solares a ser repartidos, también ordenadamente.

La plaza, la iglesia y las calles, por tanto, configuraron el modelo urbano latinoamericano, y este se siguió uniformemente en todas partes. Correspondió así, por ejemplo, a Alonso García Bravo, quien había llegado a América en la expedición de Pedrarias, haber comenzado a implantar el modelo. A él, incluso, se le atribuye haber diseñado la planta de la ciudad de Santo Domingo en La Española y fue a éste alarife a quien Pedrarias, en 1519, le encomendaría el trazado de las ciudades de Panamá y Natá; y luego, Hernán Cortés, el diseño de la Villa Rica de la Vera Cruz, la reconstrucción de Ciudad de México, y además, el trazado de la planta de Oaxaca.

Pero el punto culminante de la formulación jurídica de todo ese proceso de poblamiento y de formación de ciudades en América Hispana, iniciado desde 1513 mediante esas Instrucciones dadas a los adelantados y gobernadores, lo constituyeron las *Ordenanzas de Descubrimiento y Población* dadas por Felipe II en el Bosque de Segovia, dictadas el 13 de julio de 1573, en las cuales no sólo se formuló la idea del orden que guió los textos anteriores, sino que se establecieron con precisión las reglas e instrucciones relativas a la forma urbana regular y reticular de la ciudad americana, configurando lo que se puede considerar como el primer cuerpo normativo sobre ordenación urbana que se haya dictado jamás. En ellas, y esa es la frase con la que comienza el texto, se le precisó a los adelantados, "el orden que se ha de tener en descubrir y poblar".

Por supuesto, el texto de las Ordenanzas de 1573, como sucede en general con la formación de las normas jurídicas, fue el producto final de todo el conjunto de normas que se fueron dictando sucesivamente durante las primeras décadas del proceso de conquista y poblamiento en las Instrucciones a los Adelantados, desde 1513 hasta 1573, fecha en la cual, en realidad, casi todas las ciudades principales de América ya habían sido fundadas. Las Ordenanzas, por tanto recogieron la experiencia normativa de los primeros tiempos y guiaron rígidamente el proceso de poblamiento hasta el futuro, de manera que incluso hasta en legislaciones latinoamericanas del Siglo XX para colonización e inmigración, se encuentran sus secuelas.

Conforme a estas Ordenanzas, una vez que se efectuaba el descubrimiento, y se escogía la parte del territorio más conveniente para asentar en ella la nueva población, se debía proceder de la manera siguiente:

Primero, conforme al artículo 110 de las Ordenanzas, se debía diseñar y hacer la planta del lugar escogido, repartiéndola por sus plazas, calles y solares, *a cordel y regla,* comenzando por la plaza mayor. Desde allí se debían sacar las calles a las puertas y caminos principales, dejando tanto compás abierto que, aunque la población aumentase mucho, se pudiera proseguir en la misma forma.

De esta normativa resulta claro que el punto de partida de la nueva ciudad o población, obligatoriamente tenía que ser la plaza mayor, así como que la regla general de la forma de las ciudades fuera la ortogonal o reticular. En todas las ciudades americanas fundadas a partir del siglo XVI, por tanto, la plaza era lo primero que se situaba y delimitaba en el lugar, y una vez hecho esto, de allí salieron las calles en forma rectilínea y paralela hacia los confines o puertas de la ciudad.

Por ello, las ciudades que ordenaban estas Ordenanzas, no fueron ciudades cerradas o amuralladas sino que, al contrario, se regulaban para no tener límites artificiales y crecer en forma ilimitada, siguiendo el mismo esquema formal, de calles paralelas y perpendiculares cruzadas en ángulo recto, a cordel y regla, que nacían de la plaza mayor formando un damero o malla reticular. Por ello, también, las ciudades amuralladas fueron una excepción en la América Hispana, lo que sucedió sobre todo con los puertos importantes en el mar Caribe como Santo Domingo, La Habana, San Juan de Puerto Rico y Cartagena de Indias, y en ciudades y puertos del Pacífico, como Lima, Trujillo o Acapulco.

Como antes dije, desde la plaza mayor era desde donde debía comenzarse el trazado y edificación de la población, tal como lo señalaba el Art. 112 de las Ordenanzas, "la plaça maior de donde se a de comenzar la población..."

De allí que la plaza mayor haya sido siempre el centro de la vida urbana en las ciudades latinoamericanas y el lugar más importante de la misma; por lo que en las Ordenanzas se detallaron con toda precisión todos los aspectos concernientes a la misma: Por ejemplo, si se trataba de una población que se establecía en costa de mar, se indicaba que la plaza debía establecerse en el desembarcadero del puerto, como ocurre con todas las ciudades coloniales portuarias; pero si la ciudad se situaba tierra adentro, en cambio, la plaza se debía establecer en el centro o en medio de la población, de manera que fuese el corazón y su centro vital, como también ocurrió en todas las ciudades coloniales.

En esta forma, en las poblaciones costeras, la plaza mayor estaba siempre abierta al mar, ubicándose el puerto en su extremo costero, como por ejemplo ocurrió en la ciudad de La Habana o la ciudad de Buenos Aires, en las cuales, sin embargo, entre la plaza y el mar se interpuso un fuerte.

De acuerdo con las Ordenanzas, además, de la plaza debían salir doce calles: una del centro de cada uno de los cuatro lados del rectángulo y dos desde cada esquina, formando ángulos rectos. Cada una de las esquinas, además, debía orientarse hacia los vientos principales, de manera que la trama urbana o damero sirviera como rompe viento, y se protegiera a la plaza de los mismos (Art. 114), tal como fue el caso de casi todas las ciudades hispanoamericanas. En esta forma, como lo enseñaban Vitruvio y Alberti, las calles no se convertían en pasajes o canales de vientos, y la disposición cruzada de las mismas más bien las concebía como obstáculos rompe-viento.

La anchura de las calles, por otra parte, se determinaba según el lugar escogido para la ubicación de la ciudad. En los lugares fríos, las calles se debían trazar anchas, para permitir que el sol entrase plenamente en la ciudad. Por ello, por ejemplo, en ciudades como Antigua Guatemala (1.500 mts. de altitud) o en Mucuchíes, Venezuela (3.000 mts. de altitud) las calles todavía se conservan relativamente anchas. En los lugares calientes, al contrario, las calles debían ser angostas para evitar la inclemencia del sol (Art. 116) y asegurar la protección de la sombra, como por ejemplo sucede en los puertos de Cartagena de Indias y de La Guaira. En esta forma se regulaba la posibilidad de mayor soleamiento de las ciudades ubicadas en lugares fríos, por la anchura de las calles; y al contrario, una mayor cantidad de sombra en las ciudades ubicadas en lugares calientes, por lo angosto de las calles, como medio de protección ante la inclemencia del sol.

Las calles debían proseguirse a partir de la plaza mayor, de suerte que aunque la población llegase a crecer de manera considerable, no se afease la población, o se obstruyese su defensa o comodidad. Así se expresaba el artículo 117 de las Ordenanzas, previendo el crecimiento ordenado de la población, conforme a la forma y dirección de las calles, de manera ilimitada, conforme a un esquema uniforme de la trama urbana.

Este orden urbano puede decirse que rigió hasta bien entrado el Siglo XX, cuando muchas ciudades latinoamericanas continuaban creciendo con el orden reticular, de manera que hacia los años cuarenta del siglo pasado todavía mostraban el desarrollo casi perfecto de la retícula. El esquema, sin embargo, comenzó a ser abandonada a partir de la segunda mitad del siglo XX, fundamentalmente por la falta de autoridad tanto en la orientación ordenada de las ocupaciones espontáneas del suelo urbano, que han dado origen a las amplias áreas marginales de las ciudades hispanoamericanas sin regularidad alguna, como en el proceso de urbanización desarrollado exclusivamente por privados, que han abandonado la forma regular. Una excepción, hasta cierto punto, fue la ciudad de Buenos Aires, debido en parte a lo plano de la topografía del terreno que la circunda.

Esta regulación detallada y sistemática de la ciudad, resultó del principio medieval de que la fundación de pueblos constituía el primer acto de afirmación de señorío, por lo que, en definitiva, era un imperativo legal conforme al derecho castellano, tanto para que las tierras descubiertas entrasen a formar parte del reino de Castilla, como para determinar el ámbito territorial de la Provincia que estaba sujeta al gobierno de cada adelantado.

Ese proceso de poblamiento formal, en todo caso, fue el que dio origen a la forma urbana ordenada de trazado regular propia de la ciudad hispanoamericana, que como dijimos, perduró hasta las primeras décadas del siglo XX, hasta que el suelo urbano comenzó a ser fuente de ingreso; que la propiedad urbana se convirtió en un medio para producir renta; que el uso del suelo urbano pasó a ser definido por su propietario, perdiendo la autoridad local su papel rector; y hasta que, en fin, el modernismo en la arquitectura se apoderó del urbanismo, desordenando a la ciudad.

De todo ello, con el auge económico y el cambio demográfico en las ciudades, éstas explotaron, perdiéndose el *orden* tan preciado y perseguido por los españoles coloniales, por efecto tanto de la zonificación urbana como de la ocupación espontánea y sin plan del suelo. La primera, impregnada por el modernismo urbanístico internacional, que en los asentamientos urbanos o "urbanizaciones" abandonó el orden racional y adoptó otros órdenes siempre distintos y sin continuidad entre sí que, entre otros aspectos, acabaron con la vida urbana, deformando la ciudad al fragmentar las actividades en diferentes zonas y aumentando la dependencia en el automóvil; la segunda, agravando aún más el desorden, rodeando las antiguas cuadrículas del centro de todas las ciudades y pueblos e incluso de las mismas urbanizaciones, con asentamientos no controlados producto de invasiones y ocupaciones ilegales, cuya forma recuerda la de las ciudades medievales, de trama intrincada.

Con ambos procesos –el zonificado y el no planificado- se acabó, por tanto, con la forma original de la *ciudad americana*, que había sido concebida con toda la racionalidad necesaria y que permitía que la ciudad pudiera ir creciendo de manera casi ilimitada, pero con orden. Pero además, con la zonificación (parte zonificada) de la ciudad se dio un ultimátum a la vida urbana que había estado fundada en el multiuso del suelo y su mezcla, sustituyéndose por el establecimiento de usos diferenciados del suelo que fueron dispuestos en compartimientos estancos que han dividido artificialmente la ciudad, atentando contra la propia vida urbana que se ha ido extinguiendo, salvo en pequeños enclaves que aún subsisten en la trama urbana, precisamente en sectores de las antiguas cuadrículas.

En gran parte, este proceso de deterioro creciente de la ciudad tiene su origen en el desconocimiento, por los propios latinoamericanos, del modelo de la *ciudad ordenada,* que si bien fue definido en la Colonia por los españoles, fue hecho por América y para los americanos, y que se siguió aplicando en el crecimiento urbano de nuestros países después de la Independencia, hasta el siglo XX.

Este inexplicable e injusto olvido por parte de nuestros urbanizadores y planificadores, sin embargo, aunque signó el inicio del desarraigo en nuestras ciudades, podría sin embargo erigirse en la plataforma para su reconstrucción futura. Para ello, el modelo urbano de la *ciudad latinoamericana* que nos es propio, sin duda, puede y debe ser la base de un moderno modelo urbanístico para nuestros países latinoamericanos, en el cual la razón, la geometría y el orden (incluyendo la autoridad) se reincorporen al crecimiento urbano, apelando a la tradición y a la genuina identidad cultural urbanas. Se trata, en definitiva, de recuperar en forma inteligente, los legados de la historia, pero con una audaz visión de futuro.

CAPÍTULO PRIMERO.

POBLAMIENTO Y ORDEN URBANO EN LA CONQUISTA ESPAÑOLA DE AMERICA

Ponencia presentada a las *Jornadas Internacionales sobre Derecho Urbanístico,* Universidad de Santiago de Compostela, 2-3- de julio de 1998. El estudio fue publicado en: en Enrique Gómez-Reino y Carnota, (Director), *Ordenamientos Urbanísticos. Valoración crítica y perspectivas de futuro, Jornadas Internacionales de Derecho Urbanístico, Santiago de Compostela, 2 y 3 de julio de 1998,* Marcial Pons, Ediciones Jurídicas y Sociales, S.A., Madrid, Barcelona 1998, pp. 311-349; y en *Revista de la Academia Colombiana de Jurisprudencia,* N° 313, Mayo 1999, Colombia, pp. 186-225.

INTRODUCCION

En un lapso de dos siglos (XVI y XVII) en el Nuevo Mundo americano español se produjo la fundación del mayor número de ciudades jamás establecidas con un trazado regular, en toda la historia de la humanidad, en un espacio geográfico tan amplio y en un tiempo tan breve.

De las seis naciones europeas (España, Portugal, Francia, Inglaterra, Dinamarca y Holanda) que intervinieron en la colonización de América, sólo España fundó ciudades de acuerdo a un invariable plan regular y ordenado, que conllevó, no sólo la cuidadosa elección del sitio para su ubicación desde el punto de vista del clima y de las condiciones del terreno, sino que además procuró el establecimiento de una forma urbana reticular del sitio a poblar, con calles rectas que se entrecruzan en ángulos también rectos, creando una malla de espacios en cuadrilátero, con forma de damero, con una plaza principal o mayor, abierta y en el centro, y otras diseminadas a cierta distancia, repitiendo en menor escala nuevos centros en la trama urbana. Este es el trazado que tuvieron todas las ciudades americanas y que todavía se conserva en su centro o casco antiguo.

El uso de la forma reticular en América española, por supuesto, no significó otra cosa que el uso de lo que había sido normal en la antigüedad, cuyo conocimiento, afortunadamente, había sido redescubierto con el Renacimiento, y convertido en política de la Corona, como consecuencia de la necesidad del poblamiento de América como exigencia jurídica, con el objeto fundamental de afirmar el Señorío sobre las tierras descubiertas.

En efecto, si algo caracterizó el proceso de la conquista del Nuevo Mundo, fue una deliberada motivación pobladora. Colonizar fue para el conquistador, en medida sustancial, fundar ciudades y hacerlo formalmente, mediante acta auténtica, y no simplemente, establecer campamentos, rancherías, o asentamientos. Pero este hecho urbano tan marcado en la empresa del descubrimiento, conquista y colonización de América Hispana, fue así no debido al espíritu formalista y documental que sobre todo los anglosajones atribuyen al español, sino porque para que las tierras descubiertas entraran a formar parte de las posesiones del Reino de Castilla, era necesario poblarlas.

La necesidad de fundar pueblos, en efecto, derivó del orden jurídico del Reino de Castilla que rigió en las Indias. Por ello, el modelo ordenado de ciudad hispanoamericana no surgió de experimentos locales de tipo práctico, que con el paso del tiempo hubiesen cristalizado en un arquetipo legislativo. Al contrario, la fundación de las ciudades y la forma en que esta se hizo fue parte de un gran plan imperial, mediante el cual, en forma ordenada y conforme a precisas Instrucciones Reales, se escogía el sitio adecuado, se nombraban sus autoridades, se trazaba el plano de la ciudad a cordel y regla, se asentaban vecinos, se distribuían tierras y se imponían demandas económicas a las comunidades indígenas.

Y ello fue así, porque la fundación de pueblos constituía el primer acto de afirmación de Señorío, y era, en definitiva, un imperativo legal tanto para que las tierras descubiertas entrasen a formar parte del Reino de Castilla, como para determinar el ámbito territorial de la Provincia que estaba sujeta al gobierno de cada Adelantado. Por ello, el acto fundacional de la ciudad estaba revestido de gran solemnidad. Era el título para la posesión real y del Señorío sobre la tierra recién descubierta, y la garantía jurídica de tierra ocupada. De allí la existencia siempre de actos fundacionales formales, así fueran en sitios no definitivos, que se recogían en *actas* levantadas por escribanos, como prueba inobjetable de su existencia a partir de fecha cierta. Ello daba preferencia al poblador en relación a otros Adelantados, en cuanto al término de lo descubierto, pues la existencia de una población significaba que la tierra ya estaba conquistada bajo una determinada jurisdicción.

Ese proceso de poblamiento formal, en todo caso, dió origen a una forma urbana ordenada, de trazado regular, propia de la ciudad hispanoamericana, que perduró hasta las primeras décadas de este Siglo, hasta que el modernismo en la arquitectura se apoderó del urbanismo, desordenando la ciudad. Por ello, todas las ciudades de América Latina fundadas en los siglos de la conquista y colonización tienen la misma forma urbana regular cuadricular que aún conservan en su casco central.

I. EL POBLAMIENTO COMO TÍTULO DE SEÑORÍO SOBRE LAS NUEVAS TIERRAS

1. *El régimen establecido en Las Partidas*

En el momento del Descubrimiento, de acuerdo al conocimiento geográfico existente, no había otros continentes distintos a los conocidos en Europa, Africa y el Medio Oriente, y los que se querían conocer en Asia, donde había diversos Reinos. La India era una lejanía y las tierras e islas ignotas que pudiera haber en la ruta desde Europa hacia el Occidente, como Cipango y Catay eran el objetivo apetecible por los Monarcas portugueses y españoles. Hacia aquella -la India- se dirigió Colón, por lo que la toma de posesión para los Reyes de cualquier isla o territorio que se descubriera, se regía por el derecho que regulaba en Castilla la adquisición de Señorío por un Rey sobre un Reino determinado y sobre nuevas islas; ese derecho era el establecido en el Código de las Siete Partidas de Alfonso X El Sabio, que regía como derecho supletorio a las Leyes de Toro, del Ordenamiento de Alcalá, de los Fueros Municipales y del Fuero Real del mismo Alfonso X.

En la Ley 9 del Título I, de la Partida II, al enumerar y definir las formas o "maneras como se gana el Señorío del Reyno", se daba un cuadro completo de soluciones, agrupadas en cuatro títulos jurídicos: herencia, elección voluntaria, matrimonio con heredera del reino o concesión pontificia o imperial. Sin embargo, la empresa isabelina del descubrimiento de la ruta a la India por el occidente concedida a Colón, no tenía por objeto hacer de los Reyes Católicos Señores del algún Reino existente, por lo que este régimen jurídico no tenía aplicación en ese momento.

Los Reyes, en realidad, se reconocían Señores de las Mares Océanas y conforme a las Capitulaciones de 1492 enviaron a Colón a descubrir y ganar "islas y tierras firmes" por "las dichas mares océanas". Para ello, el título jurídico que podía utilizarse conforme al mismo derecho castellano era otro, particularmente el previsto en la Ley 29, título XXVIII de la Partida III, que al plantear la cuestión de a quien pertenece "la ysla que se faze nuevamente en el mar", prescribía lo siguiente

> "Pocas vegadas acaece que se fagan yslas nuevamente en la mar. Pero si acaeciesse que se fiziese y alguna ysla de nuevo, suya dezimos que deve ser de aquel que la poblare primeramente; e aquel o aquellos que la poblaren, deben obedescer al Señor en cuyo señorio es aquel lugar do apareció tal ysla".

Por tanto, conforme al derecho castellano, el título jurídico del cual podían disponer los Adelantados para incorporar nuevas tierras a la Corona de Castilla, radicaba *en poblar* las islas y tierras firmes que se descubrieren y ganaren.

2. *Las Capitulaciones*

Desde la empresa de Colón, el proceso de descubrimiento, conquista, colonización y población de América Hispana, fue obra básicamente de un esfuerzo individual privado de Conquistadores y Adelantados, que prevaleció sobre la acción oficial de la Corona, la cual se redujo, básicamente, a la ordenación del proceso a través de normas jurídicas. Estas, además de estar en los textos que regían en el Reino de Castilla, se fueron estableciendo individualmente a medida que avanzaba el proceso de Conquista. En este contexto, el título jurídico fundamental que sirvió de base para el proceso de descubrimiento, colonización y población estuvo configurado por la *Capitulación* o contrato de concesión que la Corona otorgó a los jefes de las expediciones descubridoras, en las cuales se fijaban los derechos que se reservaba la Corona en los nuevos territorios; se determinaban los territorios a los cuales se podía dirigir el descubridor, y en general, se fueron estableciendo las normas casuísticas que regían el proceso respecto a cada empresa descubridora, adicionándose a las mismas determinadas instrucciones que los Monarcas daban al Adelantado. En ellas, precisamente, se inició la configuración del *derecho indiano*.

Las Capitulaciones fueron entonces el instrumento jurídico para asegurar la posesión de las tierras por la Corona, lo que se lograba con el poblamiento, es decir, mediante la fundación de villas, pueblos o ciudades habitadas por los conquistadores o los indios. Por ello, la mayor parte de las Capitulaciones de nuevo descubrimiento y población, establecían que el jefe de la expedición descubridora quedaba obligado a fundar un número determinado de pueblos en el territorio descubierto dentro de un plazo especificado, a cuyo efecto se le autorizaba para repartir tierras y solares. Primero descubrir, y después de descubrir, poblar. Esta fue la preocupación primordial de los Monarcas en su política colonizadora.

3. *La importancia del acto fundacional*

Dado el significado del poblamiento en el derecho castellano y en las Capitulaciones, la fundación de una ciudad fue el acto de mayor importancia en la Conquista: con la misma se tomaba posesión de lo descubierto en nombre de la Corona, quedando el territorio bajo el Señorío y Soberanía del Rey y, además, era el acto más importante para la determinación del término de cada Provincia o Gobernación bajo el mando del Adelantado, es decir, en definitiva, del término geográfico de cada Capitulación.

Por todo ello, sólo se podía fundar una ciudad cuando se tenía licencia; de lo contrario, el hecho podía acarrear hasta la pena de muerte.

La consecuencia de lo anterior es que la fundación de una ciudad era un acto solemnísimo, del cual se dejaba constancia en acta levantada por escribano. El ceremonial era uniforme y formal; y venía descrito en los "manuales" o instrucciones dadas a los conquistadores, reflejando un rito fundacional que se siguió invariablemente en las Indias, mediante el cual se tomaba posesión de la tierra, bajo todos lo signos de la autoridad, a lo cual, por supuesto, nadie en las huestes se oponía. Inmediatamente después se trazaba la plaza con forma cuadrada o rectángular, y a partir de ella, se trazaban las calles como una retícula, indicándose el sitio de la iglesia, que siempre se ubicaba en el costado oriental de la plaza, el de los otros edificios públicos, y el de los diversos solares para repartir a los vecinos, nombrándose las autoridades que regirían la ciudad, y disponiéndose los ejidos.

La ciudad como tal, por supuesto, al fundarse, físicamente no era absolutamente nada; sólo era un acta, una demarcación de calles y plaza y unas cuantas chozas que luego, con el correr del tiempo y de las actividades en torno a la misma, se iban asentando y mejorando, surgiendo progresivamente la ciudad, ordenadamente, en el marco del plano trazado en la fundación.

4. *El poblamiento como título de demarcación de las Provincias*

Pero el poblamiento, además de ser el título fundamental para el establecimiento del Señorío o dominio de los Monarcas españoles sobre las nuevas tierras descubiertas, fue el título fundamental para la demarcación del ámbito territorial de las Gobernaciones otorgadas en las Capitulaciones a los diversos Adelantados. Estas llegaban hasta donde existiera territorio poblado, es decir, hasta donde se hubiesen fundado pueblos o ciudades; si esto no ocurría, a pesar de que el territorio se hubiese descubierto, no formaba parte de la jurisdicción del Adelantado.

Es decir, unas tierras podían haber sido descubiertas y visitadas por determinados Adelantados o exploradores, pero mientras no las poblaren no formaban parte de la Gobernación de la Provincia a la cual servían. Si luego, otro Adelantado, bajo el mando del Gobernador de otra Provincia poblaba primero, el territorio se consideraba como perteneciente a esta última.

Varios ejemplos coloniales ilustran esta importancia del poblamiento en la demarcación del territorio de las Provincias: las tierras que a partir de 1549 formaron parte del Nuevo Reyno de Granada, se perdieron para la Provincia de Venezuela bajo los Welser, por no haberlas poblado, a pesar de que los Adelantados alemanes las descubrieron y recorrieron entre 1530 a 1538, pero no la poblaron; las tierras del sitio de Riobamba quedaron bajo la jurisdicción de la Capitulación de Pizarro y no pudieron ser reclamadas por el Adelantado, Pedro de Alvarado quien además era Gobernador de Guatemala, en 1532, pues a la víspera de su llegada al sitio, a la media noche del 15 de agosto de 1534, los Tenientes de Pizarro Pedro de Almagro y Sebastián de Belalcazar fundaron la ciudad de *Santiago de Quito,* la cual días después, el 28 de agosto de 1534, fue refundada con la participación de las huestes que dejó Alvarado, como *San Francisco de Quito;* las tierras de la *Sabana de Bogotá,* en definitiva quedaron bajo la jurisdicción del Adelantado Gonzalo Jiménez de Quesada, Teniente de la Gobernación de la Provincia de Santa Marta, a pesar de que en 1538, en ellas coincidió con Sebastián de Belalcazar, Teniente de la Gobernación de Pizarro y Nicolás Federman, Teniente de la de la Provincia de Venezuela; y ello, porque el primero se apresuró a fundar una ciudad, el 6 de agosto de 1538, que denominó *Ciudad Nueva de Granada,* la cual, meses después, el 27 de abril de 1539, se refundó como *Santa Fe de Bogotá,* con la participación de las huestes de Belalcazar y Federman, y luego de que finalizado el pleito que los tres entablaron en España que duró 10 años, Jiménez de Quesada obtuvo la jurisdicción sobre Santa Fe, como Capitán General del *Nuevo Reino de Granada.*

5. *La pena de muerte por fundar sin título o licencia*

Pero "poblar" las tierras, además de ser siempre una obligación de los Adelantados, era un privilegio exclusivo de los titulares de cada Capitulación, pues como se ha dicho, con ello se definía el ámbito político geográfico de cada Provincia, por lo que sólo se podía poblar con licencia del Rey, del Virrey o del propio Gobernador, quien en definitiva era el titular de la Capitulación. Así se instituyó y generalizó a partir de la Real Provisión dada en Granada el 3 de septiembre de 1501.

Fundar una villa o ciudad sin licencia, por tanto, se consideraba como un delito que podía acarrear la pena de muerte y la pérdida de todos los bienes. Por ello, por ejemplo, por fundar a Mérida en los términos de la ciudad de Pamplona, sin licencia; se persiguió y encausó a Juan Rodríguez Suárez; y por ello, Hernán Cortés tuvo que legitimar su empresa conquistadora para lo cual no tenía licencia, fundando una ciudad (*Vera Cruz*) sin título, de cuyas autoridades, nombradas por él mismo, se hizo otorgar los títulos necesarios para la conquista de la Nueva España.

Juan Rodríguez Suárez, era Alcalde de las minas de oro de Pamplona, y fue autorizado en 1558 por el Cabildo para emprender nuevos descubrimientos de minas al norte, en las Sierras Nevadas. El 9 de octubre de 1558 fundó la ciudad de *Mérida,* nombre que le puso en recuerdo de su ciudad natal extremeña, para lo cual, sin embargo, no tenía licencia alguna. Al año siguiente la Real Audiencia de Santa Fé ordenó su enjuiciamiento, enviando a Juan de Maldonado para aprehenderlo. Al tener conocimiento de las órdenes de la Real Audiencia, accedió a la voluntad de Maldonado, de cambiar nuevamente el sitio de la ciudad, aguas arriba del río Chama, quedando "refundada" con el nombre de *Santiago de los Caballeros.*

A pesar de ello, Rodríguez Suárez fue hecho prisionero en marzo de 1559, a fines de abril ya se hallaba en *Bogotá,* y en mayo de 1559 se inició en la Real Audiencia el proceso en su contra por haber fundado un pueblo sin licencia.

En marzo de 1560, Rodríguez Suárez escapó de la prisión, obteniendo refugio en la casa del Obispo de Santa Marta, Fray Juan de los Barrios, de donde fue sacado a la fuerza, contra las protestas de este, por el Oidor de la Real Audiencia. De nuevo fue encarcelado y fue condenado el 22 de marzo de 1560, a morir arrastrado a la cola de un caballo por las calles de Santa Fe y llevado al rollo,

> "...donde sea hecho cuatro cuartos que se pondrán en los cuatro caminos más principales y públicos, y la cabeza sea puesta en el rollo".

Pero Juan Rodríguez Suárez logró escapar de nuevo, esta vez con la complicidad de la curia. En su huida pasó por *Pamplona* y *Mérida* y llegó a la recién fundada ciudad de *Trujillo,* de la Gobernación de Venezuela, donde no lo alcanzaba la jurisdicción de la Audiencia de Santa Fe. En *Trujillo*, Diego

García de Paredes, fundador de la ciudad y Justicia Mayor, lo recibió y le dió protección, dejándolo, al ausentarse, como su Teniente. Cuando el enviado de la Audiencia se presentó en *Trujillo* a aprehenderle, ninguna autoridad le ayudó, por lo que la Real Audiencia de Bogotá, el 18 de enero de 1561, pidió al Gobernador de Venezuela, Pablo Collado que prendiese a Rodríguez Suárez, a García Paredes y al Alcalde de Trujillo, quienes habían desobedecido las ordenes de los Oidores. El Gobernador se negó a recibir ordenes que no emanasen de la Real Audiencia de Santo Domingo, en cuyo Distrito estaba su Gobierno, materializándose, así, el primer caso de asilo político en la historia americana.

Hernán Cortez, Alcalde de Santiago de Cuba, fue enviado en 1518 por el Gobernador Velázquez para explorar las costas de Yucatán y Conzumel, sin tener Capitulación para conquistar esas tierras. Durante la travesía, el Gobernador revocó el mando que había dado a Cortés por lo que al desembarcar en las costas de México, carecía de todo título para la empresa conquistadora, a la cual no estaba dispuesto a renunciar. No tuvo otra alternativa que inventarse un título, fundando, el 22 de abril de 1519, la *Villa Rica de la Vera Cruz*. Obtuvo de las autoridades de la ciudad, por él nombradas, ante quienes renunció al mando que tenía y que reconocía como precario, el título de Capitán General y Justicia Mayor, es decir, Gobernador del ejército de Nueva España. En esta forma, fue el Cabildo de la Villa recién fundada, órgano que actuaba en nombre del Rey Don Carlos, quien le confirió a Cortés los títulos necesarios para la conquista, los cuales de allí en adelante ejerció en nombre del Rey y no del Gobernador Velázquez. Así conquistó México, y luego de un pleito de 2 años con el Gobernador Velázquez, el 15 de octubre de 1522, Carlos V lo nombró Gobernador y Capitán General de la Nueva España.

II. LA PENETRACION DE LA IDEA DEL ORDEN EN EL POBLAMIENTO DE AMERICA CON EL RENACIMIENTO

El descubrimiento y la conquista de América por tanto, se caracterizó por ser un proceso de permanente y formal fundación de pueblos, villas y ciudades, como título jurídico para afirmar el Señorío de la Corona española en las tierras descubiertas y que a la vez servía de título para la delimitación del ámbito de cada provincia que se otorgaba mediante Capitulación a los Adelantados. Por ello, como se dijo, la fundación de la ciudad, villa o pueblo era un acto formalísimo, que se realizaba ante Escribano, por quien tenía título o licencia real para ello.

El Continente Americano, así, se sembró de ciudades en un período cortísimo de tiempo, al punto que puede decirse que para 1573, cuando Felipe II dicta las *Ordenanzas de Descubrimiento y Población*, ya todas las ciudades capitales de los actuales Estados Americanos, se habían fundado.

Lo más importante de este proceso, es que todas las ciudades se trazaron conforme a un plano regular, ortogonal o cuadricular, con su plaza en el centro y en los casos de ciudades costeras, con la plaza abierta al mar. La idea del orden urbano impregnó el proceso de poblamiento, como un proceso absolutamente innovador, y ello ocurrió mediante la conversión en instrucciones de poblamiento, de las ideas renacentistas derivadas del descubrimiento de la antigüedad urbana, que penetraron rápidamente en la Corte. En ello jugó un papel fundamental el Consejo Real de Indias, que si bien se estableció en 1524, tuvo su antecedente en el Comité permanente que se había establecido desde 1511 para atender los asuntos de las Indias. A través de este Comité penetraron en la Corte las ideas renacentistas sobre la arquitectura, las cuales se concibieron como el "renacer" de la arquitectura antigua. Ello implicó, la vuelta al uso de la regla, a las líneas precisas, a las fachadas rectilíneas e, incluso, al abuso de los ángulos rectos en las esquinas, dando origen al plano regular que se convirtió en obligatorio para edificios y ciudades.

Estas ideas, derivadas de las obras de Aristóteles, Vitruvio y Alberti fueron formalizadas por el Consejo en Instrucciones de poblamiento que se comenzaron a dar a los Adelantados a partir de 1513, dos años después de establecido el mencionado Comité para las Indias del Consejo Real de Castilla.

1. La ciudad en La Política de Aristóteles y la influencia de la forma urbana ortogonal del mundo griego

Entre los libros de mayor influencia del mundo antiguo en el Renacimiento, debe destacarse *La Política* de Aristóteles de Estagira (384-322 AC), la cual, además de su importancia desde el punto de vista de la filosofía política y de las formas de gobierno, se destaca por el análisis detenido que hace sobre la ciudad e, incluso, sobre su forma y emplazamiento. El libro, incluso, comienza con la frase "La ciudad es agrupación..."

El sitio de la ciudad y su forma, fue de la primera atención de Aristóteles al punto de que al referirse a la forma *reticular* de la ciudad, indicó que:

> "Hippodamo de Mileto, hijo de Eurifón, concibió el arte de proyectar y construir ciudades, siendo también el que ideó la disposición que presenta Pireo...(Libro Segundo, Capítulo V)

Y en efecto, la planta reticular de las ciudades, tan simple y elemental, puede decirse que surgió naturalmente donde y cuando fue posible planificar una ciudad *ex novo*, y eso ocurrió en forma generalizada por todas las costas del Mediterráneo, con motivo de la asombrosa actividad colonizadora y fundadora griega de los Siglos IX a VI A.C. El tener que situar un gran número de colonias libres permitió a los griegos elegir el emplazamiento más adecuado para la nueva ciudad, previamente concebida y trazada, en forma regular.

Miletos había sido destruída por los persas en 494 A.C., y se atribuye a Hippodamo el haber realizado el esquema de la reconstrucción de la ciudad con la planta que se ha denominado "hippodámica", de carácter ortogónica. Hippodamo, además, como lo señaló Aristóteles, diseñó la planta de *Peiraieús* (el Pireo) actual puerto de Athenas. Miletos, en todo caso, fue ciudad madre o metrópolis de una pléyade de colonias, establecidas como ciudades nuevas, con motivo de su expansión comercial, en las cuales se reprodujo la planta regular, reticular u ortogónica.

Por ello, a Hippodamo se lo ha considerado el creador del urbanismo funcional, lo que además, consagró Aristóteles al exigir que la forma de la ciudad se adaptara a normas estéticas, matemáticas y filosóficas, con una ordenación razonada de sus elementos, de manera que por ejemplo, las calles debían tener una orientación de acuerdo con el curso del sol y la dirección predominante de los vientos; debiéndose asegurar la monumentalidad y proporción de sus edificaciones con el todo y sus partes.

La planta hippodámica de la ciudad, en todo caso, se propagó a partir del Siglo IV A.C., convirtiéndose en la forma general adoptada por las ciudades helenísticas de nueva fundación, tanto en Grecia como en las colonias de ultramar, particularmente en Sicilia y la península itálica, donde por ejemplo, Nápoles todavía conserva vestigios de la planta ortogonal.

No es de extrañar, por tanto, que Aristóteles destacara tanto en su *Política*, no sólo a Hippodamo a quien consideró como "el primero entre los particulares que se dedicó a investigar sobre la mejor forma de gobierno", (Libro Segundo, Capítulo V), sino a la ciudad vinculada a la forma de gobierno.

2. *La ciudad romana de trazado regular y la influencia de Vitruvius*

Los antecedentes del trazado regular de ciudades se pueden ubicar, no sólo en las empresas colonizadoras que desarrollaron los griegos, sino también en la de los romanos, en todo lo que implicó la creación de ciudades nuevas.

La ciudad colonial romana, establecida como producto de la conquista y colonización, siempre tuvo una forma regular, reticular, producto de la creación *ex-novo* de la misma, con elementos militares derivados de la ocupación de nuevos territorios o con fines de defensa.

Para ello, se procedía a escoger el sitio, que no era cualquiera, pues debía estar cerca de un río con adecuado escurrimiento de aguas y lo suficientemente alto como para no ser inundable. Además, el lugar debía ser saludable, lo que se determinaba mediante el examen del higado de alguna liebre o faisán cazados en el área. Escogido el lugar, se establecía un *castrum* con foso y cerca alrededor, en forma reticular, que marcaba el perímetro de la ciudad. El campamento siempre se encontraba atravesado por dos calles, una que corría de norte a sur, que se denominaba *cardo* y otra de este a oeste, denominada *decumanus* y que se cruzaban en ángulo recto en un espacio libre denominado *forum*, en el cual se reunían los soldados diariamente para recibir órdenes.

El área de la ciudad se dividía en calles, en una forma reticular, de norte a sur, teniendo cada manzana o bloque, llamado *insulae*, una forma cuadrada. Dentro de cada *insulae* se construía sin reglas precisas, abriéndose según los edificios que se levantaban, callejones y pasajes no necesariamente en retícula. Las calles se marcaban utilizando un instrumento denominado *groma* para asegurar que todas las intersecciones de las calles se hicieran en ángulo recto.

Ahora bien, todo lo que debía saberse sobre arquitectura, construcción y trazado de ciudades en el mundo romano se había recogido en el único tratado antiguo sobre arquitectura que en la época del Renacimiento se había conservado, que era *De Architectura* (10 libros de la arquitectura) de Marcus V. Pollio Vitruvius, escrito en tiempos del Emperador *Augustus*, al comienzo de nuestra era.

La obra fue publicada por primera vez en Roma en 1486, con ediciones sucesivas en Florencia, en 1495; en Venecia, en 1497 y con ilustraciones por Fragiocondo, en 1511. Para el momento en el cual se inicia el proceso de formalización del orden para poblar en la América española, por tanto, ya la obra de Vitruvio era conocida y de gran influencia.

En ese tratado los hombres del Renacimiento encontraron el principio general, reiterado cientos de veces, de que la belleza consiste en la relación entre el tamaño y la forma de todas las partes, así como que nada puede ser añadido ni quitado, sin destruir la armonía del conjunto; lo que trasladado a la ciudad obligó a concebirla racionalmente con formas lineales geométricas, cuya expresión más acabada se encuentra en América Hispana.

En el libro *Primero* de esta extraordinaria obra encuentra su *ratio* la ciudad ordenada, algunos de cuyos Capítulos son de extraordinaria importancia para la concepción de la ciudad latinoamericana y la orientación del proceso de poblamiento. En él Vitruvio recogió los principios fundamentales para la fundación de ciudades, como regían en Roma, y que, sin duda, influyeron en la concepción de los principios establecidos en las Instrucciones dadas a los pobladores en la Colonización española en América.

A. *Sobre la elección de los sitios*

Ante todo Vitruvio insistió en el Capítulo VII del Libro *Primero*, dedicado a "De la inspección de los hígados de los animales para reconocer la calidad del aire", sobre la necesidad de volver a los métodos de la antigüedad, particularmente descritos por los griegos, respecto de la elección de los sitios para ubicar las ciudades, partiendo del principio de que "cuando se va a construir una ciudad, lo primero que es necesario hacer, es escoger un sitio sano", particularmente "templado".

B. *Sobre la situación de los lugares*

En cuanto al emplazamiento de los sitios a elegir para la fundación de ciudades, conforme a las pruebas antes señaladas, Vitruvio recomendaba tener en cuenta, en el mismo Capítulo VII del Libro *Primero* de su Obra, los siguientes principios generales, para que el sitio fuese sano o saludable:

> "debe ser alto, ni nublado ni helado, y en un clima ni caliente ni frío, sino temperado; y además, sin pantanos en los alrededores.
>
> Y cuando la brisa de la mañana sople hacia el pueblo al amanecer si traen consigo nieblas de los pantanos y, mezclados con estas, el aliento envenenado de las criaturas de los pantanos a ser respirado por los habitantes, entonces el sitio será insalubre.
>
> De nuevo, si el pueblo está en la costa con exposición hacia el Sur o el Oeste, no será saludable porque en el verano el cielo del Sur es muy caliente en el amanecer y es bravo al mediodía, en tanto que la exposición hacia el Oeste se hace calurosa después del amanecer, es caliente al mediodía, y en la noche es helada.

Esas variaciones en calor y las heladas subsecuentes son dañinas para las personas que viven en esos sitios"

C. *Sobre la dirección de las calles en relación a los vientos*

En el Capítulo IX ("Del reparto de las obras en el interior de los muros y de la disposición para que las ráfagas dañinas de los vientos sea evitadas") del Libro *Primero*, Vitruvio, estableció los siguientes principios respecto de la forma de disposición y dirección de las calles:

"Concluida la construcción de los muros de la ciudad, debe trazarse el emplazamiento de las casas y establecerse el alineamiento de las grandes y pequeñas calles, según el aspecto mas ventajoso del cielo.

Debe evitarse ante todo, que los vientos habituales se enfilen directamente en las calles, porque son siempre dañinos, sea por el frío que hiere, por el calor que corrompe, o por la humedad que afecta la salud.

En consecuencia, deben tenerse cuidadosamente en cuenta estos inconvenientes, con el fin de no caer, como ha sucedido en muchas ciudades,... en las cuales los edificios son bellos y magníficos, pero dispuestos en forma poco prudente; ya que en estas ciudades, el viento del mediodía (sur) genera fiebres, el que sopla entre el poniente y el septentrión (norte) hace toser; y el del septentrión, que cura estos males, es tan frío, que es imposible quedarse en las calles cuando sopla..."

Señalaba, más adelante, en el mismo Capítulo IX del Libro *Primero*, que:

"Es necesario en consecuencia, trazar los alineamientos de las calles entre dos cuartos para no ser incomodado por la violencia de los vientos; ya que si estos recorren las calles directamente, no habrá duda de su impetuosidad, que siendo tan grande al aire libre y abierto, aumentaría mucho estando encerrados en calles estrechas.

Por ello, las calles deben disponerse de tal forma que los vientos, dando contra los ángulos que ellas formen, se rompan y dispersan."

D. *Sobre la plaza*

En el Capítulo VIII del Libro Primero, Vitruvio formuló un conjunto de principios en relación al *forum* o plaza. En relación a la *proporción* de la misma, en el Capítulo I ("De la plaza pública y de las basílicas") del Libro Quinto decía:

> "La grandeza de estas plazas públicas debe ser proporcional a la población, de manera que no sean muy pequeñas si muchas personas allí van, ni que sean demasiado vastas, si la ciudad no está suficientemente poblada. Para establecer el largo de la plaza, debe dividirse el largo en tres partes, y tomar dos (para el ancho); de esta manera, la forma será larga, y esta disposición será mucho más cómoda para los espectáculos".

Sobre la *forma* de la plaza en el Capítulo VIII del Libro Primero, señalaba que:

> "La figura de una plaza no debe ser ni cuadrada ni compuesta de ángulos demasiado avanzados, sino que simplemente debe hacer un cerco, con el fin de que se pueda ver el enemigo desde varios puntos; los ángulos avanzados no son en absoluto propios para la defensa, y son más favorables a los que sitian que a los sitiados".

Agregaba, además en el Capítulo I del Libro Quinto que:

> "La plaza pública en los griegos, es cuadrada, y rodeada de dobles y amplios pórticos con columnas pegadas unas a otras, que sustentan arcadas de piedra o mármol con galerias en lo alto; pero ello no se practica en esa forma en las ciudades de Italia, debido a la vieja costumbre de hacer ver al pueblo en la plaza los combates de los gladiadores..."

En el Capítulo X ("De la escogencia de los emplazamientos para el uso común de la población") del Libro Primero, sobre la ubicación de la plaza, Vitruvio indicaba que:

> "Si la ciudad está al borde del mar, es necesario que la plaza pública esté cerca del puerto, por tanto que si la ciudad esta alejada del mar, la plaza deberá estar en el centro".

3. *Leon Battista Alberti, su obra y la ciudad ordenada*

El mismo año de 1486 en el que se publicó en Roma el Tratado de Vitruvio, *De Architectura*; también se publicó el libro de Leon Battista Alberti (1404-1472), *Da Re Aedificatoria.* Entre la preparación de una y otra obra había un milenio y medio de separación, pero ambas tendrían una repercusión fundamental en el Renacimiento. El libro de Alberti fue escrito en Latín y sólo fue traducido al italiano por Cosino Bartoli en 1550, año en el cual se publicó con comentarios de Daniele Barbaro.

Se trataba, en todo caso, de la primera obra de arquitectura del Mundo Moderno, influenciada por la de Vitruvio, cuya disposición en diez libros imitó, la cual también tuvo una influencia decisiva en la concepción de la ciudad hispanoamericana.

El tratamiento de la ciudad fue objeto de particular atención, sobre la cual, en general Alberti señaló:

> "El principal ornamento para una ciudad está en su emplazamiento, su situación, composición y arreglo de sus calles, plazas y trabajos individuales: cada uno debe ser cuidadosamente planificado y distribuído de acuerdo con el uso, importancia y conveniencia. Porque sin orden nada cómodo, gracioso o noble puede haber" (Libro Séptimo, 1)

El orden, por tanto, está en la base de los escritos de Alberti y de todo el Renacimiento, el cual aplicado a la ciudad, dió origen, como en Vitruvio, a múltiples reglas sobre la misma, señalando seis principios de base para edificar: *regio, areae, partitio* (plan), *paries* (muros), *tectum* (techos) y *apertiones* (ventanas).

A. *El sitio o regio o sobre la localización de la ciudad*

Sobre la localización de la ciudad, Alberti destacó el énfasis que los antiguos daban a la misma, para

> "asegurar que no tuviera (de ser posible) nada dañino y que estuviera acompañada con todas las facilidades. Sobre todo, tomaron gran cuidado para evitar un clima que pudiera ser desagradable y nocivo; era una precaución muy prudente, incluso, indispensable. Porque si bien no hay duda que cualquier defecto de la tierra o del agua puede ser remediado por la destreza e ingeniosidad, ninguna máquina de la mente o de las manos podría mejorar apreciablemente el clima..." (Libro Primero, 3).

En el Libro Primero, Alberti hizo extensos comentarios sobre el aire, el agua y los lugares, como lo hizo Vitruvio, lo que sin duda estuvo inspirado por Aristóteles y sobre todo por Hipócrates (430 A.C.), quien dedicó a ello un estudio de gran importancia titulado *Del aire, del agua y de los lugares*, con observaciones sobre las aguas y los vientos, la naturaleza del suelo y la exposición y soleamiento de los lugares.

En esta forma, Alberti recomendaba para ubicar la ciudad, poner especial atención en relación al sol y al viento; a los aires pestilentes y las nieblas excesivas; a los sitios en costa de mar, de manera que la ciudad no estuviera en costas mirando al sur, dado el reflejo de los rayos del sol (Libro Primero, 3); a la ubicación de la ciudad, ni en sitios muy altos ni muy bajos, más bien planos, con facilidades de acceso, con clima moderado y relativamente húmedo (Libro Primero, 4); a las bondades de buen aire y agua (Libro Primero, 5) de manera de evitar tanto regiones azotadas por tormentas y cambios de temperatura, como la ubicación de la ciudad en el pie de monte de montañas situadas al oeste, por considerarlo insalubre dada la exposición a súbitas exhalaciones nocturnas y oscuridad extrema (Libro Primero, 5).

Por supuesto, para la elección de los sitios, Alberti recordaba también la antigua costumbre,

> "que se podía llevar atrás hasta Demetrius, de inspecionar el color y las condiciones del higado del ganado que pastara en el sitio cuando se fuera a fundar un pueblo o una ciudad" (Libro Primero, 6)".

Todos estos principios expuestos en general, los precisó en relación a la ciudad en si misma, en el Libro Cuarto, 2, indicando lo siguiente:

> "Estos son los requerimientos que tenemos que señalar para nuestra ciudad: no debe sufrir de ninguna de las desventajas señaladas en el Primer Libro, ni debe faltar nada por razones de economía; su territorio debe ser saludable, extenso y variado en su terreno; debe ser agradable, fértil, naturalmente fortificado, bien abastecido y lleno de frutas y abundantes cursos de agua. Debe haber ríos, lagos y acceso conveniente desde el mar para permitir la importación de bienes en caso de carestía o la exportación de cualquier exceso...
>
> Este sin embargo, es un consejo: hagase todo el esfuerzo de asegurar que, sea donde fuere localizada la ciudad, goce de los beneficios de cada tipo de terreno, y ninguna de sus desventajas. Preferiría localizar la ciudad en lugar plano cuando se construya en las montañas, o en un monte alto cuando se haga en la llanura. Pero si no hay suficiente variedad para permitir una escogencia ideal, así es que deben satisfacerse los requerimientos esenciales: una ciudad en llanura no debe estar cerca de la costa de mar, ni la que este en las montañas, muy lejos de ella". (Libro Cuarto, 2).

B. *El areae para edificar o sobre el diseño con líneas y ángulos*

Una vez escogida una región sana y agradable, se debía ubicar el área donde habría de edificarse, para lo cual recomendaba seguir los mismos principios para ubicar la *regio*, pues el *areae,* era una parte seleccionada de un más amplio territorio. (Libro Primero, 7).

En particular, sobre el *areae*, Alberti hacía énfasis en los elementos envueltos en su establecimiento, entre ellos las líneas, de manera que todo trazado debía hacerse:

> "con líneas y ángulos: las líneas determinan el perímetro externo, que encierra toda la extensión del área. Cualquier parte de la superficie dentro de este perímetro que está contenida entre dos líneas que se cruzan, es llamado ángulo. Cuando dos líneas se entrecruzan, cuatro ángulos se forman; y si cualquiera de ellos es igual a los otros tres, se llamaran ángulos rectos..." (Libro Primero, 7).

Las *areae,* de acuerdo a Alberti, podían ser poligonales o curvas, siendo las poligonales las que se describen enteramente mediante líneas rectas o con una mezcla de rectas y curvas, concluyendo su recomendación de que los "ángulos rectos son los más útiles", recomendando que:

> "los ángulos deben posisionarse en contra de la presión de las rocas o de la dirección de los vientos y aguas violentas, de manera que se puedan dividir y disipar las ráfagas destructivas cuando golpeen" (Libro Primero, 8).

C. *Sobre la partitio para edificar*

La ciudad, como la edificación, está compuesta de partes, mediante las cuales está articulada. La compartición, por tanto, para Alberti:

> "integra cada parte por la composición de todas las líneas y ángulos, en un trabajo armonioso que respeta la utilidad, dignidad y delicia. Si (como lo mantienen los filósofos), la ciudad es como una gran casa, y la casa es, por su parte, como una pequeña ciudad, ¿no podrían las varias partes de la casa —*atria,* comedor, portico, y otras— considerarse como edificios en miniatura?" (Libro Primero, 9).

En particular, refiriéndose a la ciudad, Alberti señalaba que la distribución de las partes en la misma, variaba según su localización, pero en todo caso señalaba que:

> "la ciudad debe planificarse no sólo con vista a vivienda y otros edificios esenciales, sino que tiene que proveer areas placenteras y espacios abiertos dispuestos como ornamento y para recreación, lejos de los centros de los negocios citadinos, como para carreras de caballos, jardines, ambulatorios, piscinas y así otros" (Libro Cuarto, 3).

D. *Sobre las calles y las plazas*

Sobre las calles de la ciudad, Alberti recomendaba que cuando llegaban a la misma debían ser rectas y anchas, aun cuando no debían dar directamente a las puertas. Dentro de la propia ciudad, consideraba mejor:

> "que las calles no sean rectas, sino gentilmente ondulantes como un río que baña ahora aquí, ahora allí, de una orilla a la otra" (Libro Cuarto, 5).

En otro libro de su obra Alberti (Libro Octavo) hizo amplias referencias a las calles de las ciudades, de carácter monumental, las cuales debían estar elegantemente alineadas con pórticos, de iguales líneas, siendo las más importantes, las que daban a los puentes, esquinas, *fora* y edificios feriales. Consideraba al *forum* como un cruce de calles agrandado, de manera que

> "el cruce de calles y el *forum* sólo difieren en tamaño. De hecho el cruce de calles es un forum pequeño" (Libro Octavo, 6).

En cuanto a las plazas, en particular Alberti señaló que:

> "La plaza puede servir de sitio de mercado para monedas y vegetales, para ganado o madera; cada tipo de plaza debe estar situada en su propio lugar dentro de la ciudad, y debe tener su propio ornamento.
>
> Los griegos hicieron sus plazas cuadradas; y las rodearon con dobles pórticos generosos, adornados con columnas y piedras; construyendo una galería en el piso superior. Aquí, en Italia, nuestras plazas tienen un ancho de 2/3 el largo; y en vista de que tradicionalmente han sido el sitio de espectáculos de gladiadores, las columnas de sus pórticos están más separadas..."
>
> En la actualidad preferimos construir el área del *forum* como un doble cuadrado..." (Libro Octavo, 6).

III. LA CONFIGURACION DE LA CIUDAD ORDENADA EN LA AMERICA ESPAÑOLA (1513-1573)

1. *La imprecisión inicial*

Todas las ideas del renacimiento referidas a la arquitectura y la ciudad, y particularmente las expuestas en las obras mencionadas, influyeron decisivamente en la configuración de la ciudad americana, en un proceso rápido de aproximaciones sucesivas, que pronto comenzaría a cristalizar en forma de ordenes contenidas en las Instrucciones que a partir de 1513 se fueron dando a los Adelantados. Antes de esa fecha puede decirse que no se dieron instrucciones precisas para el poblamiento.

Ello se constata de las Instrucciones que recibió Frey Nicolás de Ovando, quien sucedió a Bobadilla en el gobierno de la Isla *La Española,* en 1501, para la conquista y poblamiento de la isla, donde sólo se estableció que:

> "Porque en la isla Española son necesarias de se fazer algunas poblaciones, *e de acá non se puede dar en ello cierta forma,* veréis los lugares e sytios de la dicha ysla, e conforme a la calidad de la tierra, sytios e gente, allende de los pueblos que agora hay, faréis facer las poblaciones e del número que vos apareciere, e en los sytios e logares que bien visto vos fueren".

Al comienzo, por tanto, se dejó a los descubridores el libre criterio para la elección de los sitios para los pueblos, con la sola recomendación de que se investigase sobre la calidad de la tierra. No había otras instrucciones, y se admitía que desde la Península, no era posible dar otras precisas. En este contexto, al asumir la Gobernación de *La Española* en 1502, Frey Nicolás de Ovando, decidió trasladar la ciudad de *Santo Domingo*, que había sido fundada en 1496 por Bartolomé Colón, al otro lado del Río Ozama, después que había sido destruida por un huracán que había azotado la isla.

En esta forma, en la orilla derecha del río, Ovando proyectó una ciudad que debía ser símbolo de seguridad y autoridad en las Indias. Para ello escogió el lugar para la fortaleza, y trazó las calles principales alrededor de la plaza mayor, donde designó los solares para el comercio y moradas particulares, ordenando se construyeran los edificios de piedra y madera. La catedral se ubicó en la parte sur de la plaza. A pesar de que para la refundación de *Santo Domingo* no se habían formulado instrucciones reales precisas; sin embargo, el plan de *Santo Domingo,* fue reticular, con varias calles que corrían en paralelo, que se cruzaban haciendo recuadros, y que daban a una plaza principal, en la cual estaba la catedral y los edificios de gobierno. Para 1520, la ciudad tenía tal diseño que impresionó al obispo italiano Alejandro Geraldini, quien comentó que las calles de la ciudad eran más anchas y rectas que las de su ciudad natal, Florencia, la cual, en su parte central antigua, tenía la forma reticular romana, que aún se conserva. Se atribuye al geómetra Alonso García Bravo, el haber participado en el diseño de la ciudad.

2. *El inicio de la formalización del orden urbano y las Instrucciones dadas a Pedrarias Dávila para la Provincia de Castilla del Oro (1513).*

El inicio de la conquista de Tierra Firme en América, luego de la de las islas del Mar Caribe, se inició con la Capitulación dada en 1513 al Adelantado Pedrarias Dávila para la Provincia de Castilla del Oro, en lo que hoy es el área de encuentro entre Centro y Sur América.

En junio de 1514, Pedrarias Dávila llegó a *Santa María la Antigua*, en el golfo de Urabá con un cuerpo expedicionario integrado por muchos futuros conquistadores de América, y también, por Alonso García Bravo, el mismo geómetra antes mencionado, quien habría de aplicar las instrucciones de poblamiento que se habían dado a Pedrarias en toda Centro América y en México. La importancia de la expedición de Pedrarias está, en primer lugar, en que a partir de ella se le dió autonomía política y jurídica a las nuevas gobernaciones en relación a la Gobernación de *La Española:* y en segundo lugar, en que con ella se inició el proceso de ordenación jurídica del poblamiento, lo que tuvo su punto de partida en la "*Instrucción dada por el Rey á Pedrarias Dávila, para su viaje a la Provincia de Castilla del Oro que iba á poblar y pacificar con la gente que llevaba*" en Valladolid, el 2 de agosto de 1513.

En esta *Instrucción,* donde se aprecia la influencia directa de las ideas de Vitruvio y Alberti, se formularon ordenes y normas en materia de fundación de pueblos y ciudades, con lo cual se comenzó el proceso de formulación jurídica de las normas de poblamiento que, en aproximaciones sucesivas, luego darían origen a las *Ordenanzas* de Felipe II de 1573.

En las Instrucciones, se destacan las recomendaciones sobre el sitio de las poblaciones para lo cual no sólo debía escogerse en las costas del Mar, sino que, particularmente por razones de explotación minera, podían también ubicarse en el mediterráneo, indicándose en cada caso lo más conveniente para el abastecimiento de la ciudad.

Pero lo más importante de esta *Instrucción* a de 1513 es que con ella se inició la formulación de reglas para el establecimiento de pueblos en forma ordenada y que aseguraran su crecimiento ordenado, las cuales se fueron perfeccionando sucesivamente, en los 10 años siguientes, mediante la adopción de las ideas de orden y simetría que conformaron el Renacimiento en la arquitectura.

En esta forma, en el N° 7 de la *Instrucción* se ordenaba que en el repartimiento de solares, estos fueran "*de comienzo dados por órden*", agregándose:

> "por manera que fechos los solares, *el pueblo parezca ordenado, así en el logar que se dejare para plaza, como el logar en que hobiere la iglesia, como en la órden que* tovieren *las calles; porque en los logares que de nuevo se facen dando la órden en* el *comienzo, sin ningud trabajo ni costa quedan ordenados, e los otros jamás se ordena*"

Es decir, se consagró expresamente la idea del orden en el establecimiento de los pueblos, para que fundados en forma ordenada, en el futuro, pudieran sin esfuerzo seguir ordenados a medida que se fueran desarrollando, lo que respondía a la necesidad del uso del plan reticular.

Dado el carácter evangélico de la conquista, de acuerdo con la Instrucción, en la traza de los pueblos y su desarrollo posterior, lo primero que debía construirse era la Iglesia. La *Instrucción* decía:

> "y en lo que de nuevo se ficieren la más principal cosa e que con más diligencia se ha de facer, es la iglesia, porque en ella se faga todo el servicio de Dios que se debe facer".

La ubicación de la iglesia, sin embargo, no se precisaba; y nada se decía de su orientación, aun cuando conforme al rito vigente en el siglo XVI, la fachada debía orientarse al oeste y el ábise hacia el este, como en general están ubicadas todas las iglesias de las ciudades fundadas en la Colonia.

3. *La Real Cédula de población de 1521*

A partir de 1518, el contenido de la *Instrucción* dada a Pedrarias Dávila comenzaron a repetirse, en aproximaciones sucesivas. Así, fueron reproducidas en las *Instrucciones* dadas en 1518 a los Padres Priores de la Orden de San Gerónimo, quienes sustituyeron a Diego Colón como Gobernadores de las Indias, en *La Española*, entre 1516 y 1518. Las instrucciones también se repitieron en las dadas a Francisco Garay, Capitán en la Isla de Santiago, en

1519, para la conquista de la Provincia de Amichel, que era la tierra firme en la costa norte del Mar Caribe, entre la "Tierra florida" y el Golfo de México.

Posteriormente, en 1521, el Rey Carlos V, emitió una *Real Cédula de Población otorgada a los que hicieran Descubrimientos en Tierra Firme* en la cual, precisamente con motivos de las empresas descubridoras de Velásquez y Garay, se formularon con carácter general los principios de ordenación del poblamiento, que antes se habían formulado en particular.

Además de las prescripciones para la elección de los sitios, la parte de mayor interés en la Real Cédulas de 1521, con un texto casi idéntico a la *Instrucción* a Pedrarias Dávila de 1513, era la relativa al orden regular que debía tener la población, para asegurar el crecimiento ordenado de la misma. Terminaba con una recomendación general del orden que una vez seguido, evitaría trabajos sucesivos innecesarios:

> "Habeis de procurar con todo cuidado de tener fin en lo de los pueblos que hizierdes en la tierra adentro, que los hagais en parte é asientos que os podais aprovechar dellos para poder hazellos. Y porque desde acá no se os puede dar regla ni aviso particular por la manera que se ha de tener en hacerlo, sino la esperiencia de las cosas que de allá sucedieren os han de dar la avilanteza y aviso de como y cuando se ha de hacer. Solamente se os puede dezir esto generalmente: que procureis con mucha instancia y diligencia y con toda la brevedad que pudiérdes, de certificaros dello, y certificado ques ansi verdad, á todas las cosas, que ordenárdes y hiziérdes, las hagais y determineis con pensamiento que os han de servir y aprovechar para aquello. Porque habrá mucho de lo que agora sin ninguna costa ni trabajo les podeis hazer, porque no costará más sino determinarlas que se hagan de la parte que sean provechosas, como se habia de hazer en otra parte que no lo fuesen, de donde si, despues los hobiérdes de mudar para este propósito, será muy trabajoso, y algunos tan dificultosos, que serian imposibles".

4. *La Instrucción dada a Hernán Cortés para la población de la Nueva España de 1523*

Hernán Cortés luego de la toma de la capital azteca de *Tenochtitlán* en 1520 completando la conquista de México, de inmediato decidió la reconstrucción de la ciudad en el mismo sitio, dando origen a la ciudad de México. El plano de la misma lo hizo, en 1524, Alonso García Bravo, quien como se dijo había participado en el traslado y refundación de *Santo Domingo*, en la misión de Ovando y en las fundaciones de Castilla del Oro. La ciudad estaba formada por 14 calles que se cruzaban entre si en ángulos rectos y que partían de la Plaza Mayor, donde estaba y está situada la Catedral y la residencia del Gobernador. Esa Plaza Mayor, en realidad, era el centro de la vieja ciudad azteca, y la traza tuvo como base los elementos que quedaron de la población destruída.

Con posterioridad, nombrado Hernán Cortés Gobernador y Capitán General de la Nueva España, el 26 de junio de 1523 Carlos I formuló la *Instrucción para la población de la Nueva España, conversión de indios y organización del país*, y que sirvió de guía para el poblamiento sucesivo de la Nueva España. Esta *Instrucción* siguió las líneas generales de las instrucciones de poblamiento que se habían dado en las Indias con anterioridad, con precisión sobre la elección de los sitios, de manera que también los solares debían desde un comienzo ser repartidos por orden, para que el pueblo apareciera ordenado y siempre lo fuera. En la *Instrucción* se concluía también, con la recomendación general del orden del poblamiento antes incluida en la Real Cédula de 1521.

5. *La irradiación de las Instrucciones para el poblamiento ordenado en todas las Provincias de América*

Con posterioridad, las Instrucciones dadas entre 1513 y 1523 fueron seguidas y repetidas una y otra vez, y dadas a las Adelantados, no ya por el Rey, sino por los Gobernadores que en cada Provincia actuaban en su nombre. En consecuencia, en todas las Provincias de América, en una u otra forma, pueden encontrarse instrucciones de poblamiento con normas similares a las mencionadas. Así sucedió, por ejemplo, en la Provincia de Venezuela y en el Corregimiento de Mérida.

En efecto, 1547, Juan de Villegas había descubierto la laguna de Tacarigua (Lago de Valencia) en la Provincia de Venezuela y dió inicio a la fundación de *Nuestra Señora de la Concepción de Borburata*. Allí se enteró de la muerte del Gobernador Pérez de Tolosa y de su designación, por aquél, para sucederle en el mando.

Para concluir con el poblamiento del Puerto de *Borburata*, el 19 de noviembre de 1549, Juan de Villegas dió Instrucciones a Pedro Alvarez (Perálvarez) para la fundación de Borburata, las que han sido consideradas como las *Instrucciones* más antiguas que se conocen dadas en la Provincia de Venezuela. En las mismas se le indica entre otros aspectos, cómo debía trazarse la ciudad, indicándosele:

> "Item. Luego, como llegares a la Laguna de Tacariguca, recogereis todos los mantenimientos de maíz y cazabe que pudieres haber a contento de los naturales y hecho esto iréis a la costa de la mar, al dicho Puerto de Borburata, donde yo tomé posesión y señalé la dicha ciudad y dejando donde la ciudad se ha de situar, en la parte que mejor os pareciere, hareís asiento y casas, hasta tanto que yo vaya, Dios mediante, *a hacer trazar la dicha ciudad y calles, donde se dará a cada uno de sus solares y asiento, por la orden que Su Majestad tiene mandado por sus Reales Provisiones".*

En 1558, como se dijo, se fundó la ciudad de *Mérida* en los Andes venezolanos, tierras que entonces pertenecían a los términos de la ciudad de *Pamplona,* del Nuevo Reino de Granada. Al año siguiente, el 4 de mayo de 1559, en la ciudad de *Pamplona,* el licenciado Tomás López del Consejo de su Majestad y oidor en la Real Audiencia del Nuevo Reino de Granada, presentó ante las autoridades de la Ciudad una Provisión Real consistente en una *Instrucción que se ha de guardar en juntar y poblar los indios naturales de los términos de la ciudad de Pamplona*, en la cual, se recogieron las provisiones de las Instrucciones de población antes mencionadas, pero aplicadas a los *pueblos de indios*,

En cuanto a la elección de los sitios, las Instrucciones de *Pamplona* resumían todo lo que debía tenerse en cuenta, así:

> "4. Y el sitio sea, dentro del término y territorio de la parcialidad y pueblo que se hubiere de juntar, y lugar y sitio bien visto por el señor y principal y ancianos y viejos del tal pueblo, el más cumplido que se pudiere halla, el más sano de estas cualidades y condiciones que se pudiere hallar, el mejor cielo y asiento para la vida humana, que esté en llano, en tal parte donde fácilmente se pueda estar a pie y a caballo; el más abundamente de mejor agua y más leña, más fértil de la tierra para sembrar, y más cercano, por manera que nos tengan necesidad de alejarse de tal sitio más de una legua, cuando mucho; y que sea el tal suelo y sitio conforme a la cantidad de la gente y minero que se hubiere de juntar, y en la mejor parte de todo el territorio y términos del tal pueblo, por manera que se haga tan acertadamente esta elección, que no haya necesidad de mudar el pueblo".

En cuanto a la forma de los pueblos y a la ubicación de la plaza y la iglesia, en las Instrucciones de *Pamplona* se señalaba:

"5. Y habiendo precedido esto, trazarse ha y haránse los edificios del pueblo en tal forma que se sitúe y ponga *la plaza en medio, en razonable proporción, y de ella salgan todas las calles con sus solares, conforme a la cantidad del pueblo,* y los solares y casas sean de algún tamaño, de manera que, ni sea conforme a la estrechura que hasta agora han tenido y tienen estas gentes en sus habitaciones y moradas, ni tampoco exceda su bajeza ni haya exceso de lo que han menester; de manera que, ante todas cosas, *todo el pueblo junto haga su iglesia en un canto de la plaza, al oriente,* el altar del grandor y tamaño según la poblazón, y por el otro canto hagan la casa del cacique y señor, en razonable grandor; y al otro la casa de su Cabildo, y cárcel, y al otro las de los demás principales".

Debe destacarse esta parte de la *Instrucción* de *Pamplona* que imponía el que la iglesia debía estar en el este de la plaza, pues en ninguna de las Instrucciones de poblamiento dictadas a partir de la de 1513 se indicó la orientación que debía tener la iglesia.

Esto tiene su origen en las reglas religiosas contenidas en las *Constituciones Apostólicas* del Siglo V, donde se repitió la obligación de los sacerdotes de voltearse hacia el oriente para realizar la consagración, pero dándole la espalda a la asamblea. Esto determinó la construcción de las iglesias en la parte este de la plaza, de manera que la fachada de entrada se orientase hacia el oeste y el ábside, es decir, la parte del templo abovedada y semicircular que sobresale en la fachada posterior, se orientase hacia el este. De allí que casi invariablemente, la orientación de las iglesias en América Hispana es hacia el oriente, habiendo sido construidas en la parte este de la plaza.

IV. LAS ORDENANZAS DE DESCUBRIMIENTO Y POBLACION DE FELIPE II (1573)

1. *El orden que se ha de tener en descubrir y poblar*

Para 1573, como se dijo, las ciudades más importantes de América ya habían sido fundadas con un trazado ordenado y regular, en cumplimiento de las Instrucciones que se habían comenzado a formular en forma precisa a partir de 1513. Se había así formulado un importantísimo ordenamiento jurídico especializado, único en la historia universal, y que daría lugar a la regulación de un modelo de ciudad, *de ciudad ordenada* y de *trazado regular*, que contrastaba con las ciudades medioevales de trazado irregular, de donde provenían los conquistadores, por lo general, andaluces y extremeños.

El punto culminante de la formulación jurídica de ese proceso de poblamiento y de formación de ciudades en América Hispana, la constituyó las *Ordenanzas de Descubrimiento y Población dadas por Felipe II en el Bosque de Segovia,* el 13 de julio de 1573, donde se establecieron con precisión las reglas e instrucciones relativas a la forma urbana regular y reticular de la ciudad americana, en lo que se puede considerar como el primer cuerpo orgánico de normas jurídicas sobre ordenación urbana que se haya dictado jamás.

Estas *Ordenanzas*, evidentemente, no constituyeron una normativa totalmente nueva para la época en la cual se dictaron; en realidad, materialmente fueron el producto final de un conjunto de normas dictadas durante el proceso de conquista y poblamiento realizado en las décadas precedentes, y que como se ha dicho, se iniciaron con las *Instrucciones* dadas a Pedrarias Dávila en 1513, y que por aproximaciones sucesivas se fueron repitiendo y perfeccionando posteriormente en cada proceso de descubrimiento y poblamiento.

El texto de estas *Ordenanzas* fue extraído del articulado de lo que debió haber constituido el Tomo II del llamado *Código Ovandino*, es decir, del ambicioso proyecto del *Código* de Juan de Ovando (1569-1575), quien llevó a cabo una amplísima recopilación y ordenación de la legislación que hasta ese momento había sido dictada en la Península en relación a las Indias.

El contenido de las *Ordenanzas*, un Siglo más tarde, se incorporó al texto de la *Recopilación de las Leyes de los Reynos de las Indias,* mandada a imprimir y publicar por el Rey Carlos II en 1680, con lo cual continuaron rigiendo hasta bien adentrado el Siglo XIX, después de la Independencia de las Naciones Americanas. En esta *Recopilación* del derecho indiano, monumental obra jurídica realizada por el Consejo de Indias sólo comparable en la historia universal con los Códigos Romanos, se incorporaron todos los textos jurídicos que habían guiado y continuaron guiando el proceso de descubrimiento, conquista, poblamiento, colonización y gobierno de las colonias españolas en América.

Las *Ordenanzas de descubrimiento, nueva población y pacificación*, de Felipe II de 1573, bajo el título general de *"El orden que se a de thener en descubrir y poblar",* contienen 148 artículos agrupados en tres grandes partes que se refieren a los descubrimientos; a las nuevas poblaciones, y a las pacificaciones. En ellas se recogieron todas las normas y principios sobre ordenamiento urbano y población que se habían venido dictando hasta la fecha, ratificándose el principio del poblamiento como derecho de la Corona, es decir, la posibilidad de la fundación de pueblos sólo con licencia real, precisándose que la licencia para hacer nuevas poblaciones estaba condicionada a que estas se hiciesen "*guardando la orden* que en el hazerlas *se manda guardar* por las leyes de este libro".

Se ratificaba, igualmente, la obligación de poblar, lo que originó una distinción entre los títulos dados a los expedicionarios: el título de Adelantado se concedía al particular que se obligaba, en un cierto plazo, a eregir, fundar, edificar y poblar por lo menos tres ciudades, una provincial y dos sufragáneas (Art. 53); el título de Alcalde Mayor se otorgaba a quien se comprometiera lo mismo que el Adelantado, pero limitándose sólo a una ciudad diocesana y dos sufragáneas. (Art. 54); el título de Corregidor se otorgaba a quien sólo se obligaba con una ciudad sufragánea, y los lugares con su jurisdicción que bastaren para la labranza y crianza de los términos de la ciudad. (Art. 55).

A los efectos de formalizar la tarea descubridora y asegurar el dominio de la Corona, los artículos 13 y 14 recogieron el principio que se había aplicado invariablemente tanto en los descubrimientos por mar como por tierra, de que la toma de posesión que debía efectuarse, se debía realizar en nombre de los Reyes de Castilla, *con todas las formalidades inherentes al caso, y ante escribano público que debía levantar el acta correspondiente.* En dicha acta se debían incluir los nombres que los descubridores pusieren a las diversas provincias, tierras, montes y ríos principales que fueran encontrando y ciudades que fueren fundando.

2. *Las normas sobre el sitio y ubicación de las poblaciones*

A. *Sobre la elección de los sitios*

Las *Ordenanzas,* recogiendo los principios definidos por Vitruvio y aplicados en las *Instrucciones* precedentes, establecieron las pautas que debían guiar a los Adelantados para elegir los sitios de ubicación de las poblaciones, con normas relativas a la salubridad, al abastecimiento y a la ubicación.

a. *Principios relativos a la salubridad*

Los artículos 34 al 37 de las *Ordenanzas* establecen las pautas generales para la elección de los sitios más convenientes para asentar las poblaciones, recomendándose escoger comarcas saludables, esto es, aquéllas en que se encontrasen hombres de edad avanzada, así como hombres sanos y fuertes y de buen color; animales sanos y de buen tamaño; buenos frutos y mantenimientos, donde no hubieran cosas venenosas, y donde el cielo fuera claro, y el aire puro y suave; el clima agradable, sin mucho frío o calor y, en todo caso, que fuera más frío que caliente. Como lo dice el artículo 34:

"...de buena y felice costelación el cielo claro y begnino (sic) el ayre puro y suaue sin ympedimiento ni alteraciones y de buen temple sin excesso de Calor o frio y hauiendo de declinar el mejor que sea frío."

b. *Principios relativos al abastecimiento*

Por otra parte, el artículo 35 exigía que las tierras resultasen fértiles y con abundancia de frutos, y de pastos para el ganado, así como de montes con árboles que proporcionasen en abundancia leña y material para la construcción; que se tuviera cuidado de tener cerca agua suficiente para el consumo y para los regadíos, procurando que hubiera buenas salidas y entradas de mar y tierra, y pueblos de indígenas suficientemente cerca para poder evangelizarlos.

B. *Sobre la ubicación de los pueblos*

Una vez elegido el sitio que reuniera la mayor cantidad de ventajas para fundar la nueva población, se debía proceder a fijar el lugar que correspondería tanto a la cabecera como a los sitios que le estarán sujetos, procurando hacerlo sin perjuicio de los indios. De cualquier modo, estos lugares debían tener siempre cerca el agua, los materiales, las tierras de labranza y cultivo, así como los pastos. (Arts. 38 y 39).

Una vez que se hubieren escogido los lugares para las cabeceras, se debían señalar los de los pueblos dependientes para estancias, chácaras y granjas, igualmente sin perjuicio de los indios (Art. 42).

Entre los principios más importantes sobre la ubicación de los pueblos, se destacan los siguientes:

a. *Sobre la altitud de los lugares*

No se debían escoger lugares muy altos, por el problema que el viento y el acarreo representaban, ni muy bajos, ya que resultaban enfermizos. De preferencia debían elegirse lugares medianamente levantados, que recibieran el aire del norte y del mediodía; en caso de tener sierras o cuestas cercanas, éstas debían quedar al poniente y al levante, y si por alguna causa debía edificarse en lugares altos, debía hacerse en sitios no sujetos a nieblas (art. 40).

b. *Sobre los pueblos interiores en la ribera de ríos*

De preferencia se recomendaba que las poblaciones interiores se levantasen a la orilla de algún río que fuera navegable, dejando siempre la ribera baja para los oficios que arrojan inmundicias (Art. 123).

Si el lugar escogido se encontrase a la orilla del agua, debía tenerse cuidado de que quedase de tal forma que a la salida del sol los rayos pegasen primero en la población y no en el agua (Art. 40).

c. *Sobre los pueblos costeños*

Se recomendaba alejarse de las costas por el peligro que representaban los constantes ataques de corsarios y por las enfermedades que en esos lugares abundaban, así como porque eran sitios que se prestaban al ocio. La excepción admisible era que se tratase de puertos principales, necesarios para la entrada, defensa y comercio de las tierras (Art. 41).

3. *Las normas sobre el repartimiento de las tierras*

A. *Sobre la propiedad pública de las tierras y la concesión en propiedad a los pobladores*

Las tierras de las Indias, conforme al derecho castellano, eran consideradas como pertenecientes a la Corona. Por tanto, originalmente los particulares solo podían poseerlas, por gracia real, en virtud de Cédula especial o de las normas de las Capitulaciones.

El "repartimiento" constituyó así, el título jurídico, sujeto a normas de permanencia luego de un plazo, para que se originara la propiedad personal. Es decir, el repartimiento si bien fue el título originario para adquirir en propiedad tierras en las Indias, sin embargo, no era suficiente para adquirir el pleno dominio, pues era necesario cultivar la tierra o residir en ella en un lapso de tiempo de entre 4 a 8 años.

Una de las atribuciones de los Adelantados, concedidas en las Capitulaciones, fue la de repartir tierras y solares. Lo mismo podían los virreyes, gobernadores en los territorios de nuevo descubrimiento y población, lo cual en este caso debía ser confirmado por la Corona.

B. *Sobre el reparto del terreno*

De acuerdo con las *Ordenanzas,* en el término y territorio del pueblo, la tierra debía repartirse así:

En primer lugar debía determinarse lo que fuera necesario para los solares del pueblo; para los ejidos necesarios y dehesas en las cuales pudiera pastar abundantemente el ganado de los vecinos.

En cuanto a las otras tierras, dentro del territorio y término de la ciudad, debían dividirse en cuatro partes: una de ellas para el fundador del pueblo "el questa obligado a hazer el dicho pueblo" (Art. 91); y las otras tres partes para ser repartidas en treinta suertes para los 30 pobladores del lugar.

C. *Sobre el repartimiento de solares a particulares*

Salvo los solares en la plaza mayor para la iglesia y las casas reales, el resto de los solares se debían repartir a suerte entre los pobladores, a partir de la plaza mayor.

Con esto se iniciaba el proceso de apropiación privada del suelo urbano. Los terrenos adyacentes a la plaza mayor, se repartían entre los más destacados de las huestes conquistadoras y pobladoras; y el resto de los solares se iba repartiendo por el Adelantado fundador de acuerdo a la categoría social de los pobladores.

En todo caso, los solares que quedaren vacantes se debían reservar a la Corona, para repartirlos entre las personas que de nuevo fueren llegando, pero conforme a un trazado regular.

Así, el artículo 127 de las *Ordenanzas,* para los futuros repartimientos de solares, señalaba que:

> "para que se acierte mejor llebesse siempre hecha la planta de la población que se oviere de hazer".

En esta forma se aseguraba que la ciudad siguiese creciendo ordenadamente de acuerdo con la planta reticular.

D. *Sobre la obligación de ocupar el suelo*

Una vez hecha la planta y repartidos los solares, cada poblador, en la parte que se le hubiere asignado, debía proceder a instalar el toldo que para ello les hubiere solicitado el capitán. El que no lo llevare, haría su rancho de los materiales que hubiere en la región. Con la mayor prontitud, todos debían cooperar a hacer palisadas en cerco de la plaza, de manera que quedase protegida de los ataques de los indios (Art. 128). Como textualmente lo exigía el artículo 128:

"hauiendo hecho la planta de la poblacion y repartimiento de solares cada vno de los pobladores en el suyo assienten su toldo si lo tuuiere para lo qual los capitanes les persuaban que los lleben y los que no los tuuieren hagan su rancho de materiales que con facilidad puedan auer donde se puedan recoger y todos con la maior presteca que pudieren hagan alguna palicada, o tanches (sic) en cerco de la placa de manera que no puedan rrecibir daño, de los Indios y naturales"

E. *Sobre el repartimiento equitativo de tierras*

En cuanto a las tierras de cultivo, al hacerse los repartimiento debía procurarse que a todos correspondiese "parte de lo bueno e de lo mediano e de lo menos bueno", y debían hacerse sin agravio para los indios, es decir, que no se le quitasen las tierras que pudieran tener; sin perjuicio de terceros y sin que significara concesión de facultades jurisdiccionales sobre los habitantes de la tierra adjudicada ni de propiedad, sobre las minas que existieren o descubrieren.

De acuerdo con las *Ordenanzas,* las tierras que se debían repartir entre los nuevos pobladores, se clasificaban en *peonías y caballerías,* denominación de origen medioeval: que definían a las peonías como las tierras que se otorgaban a los infantes o peones y las caballerías a los caballeros.

4. *Las normas sobre el trazado regular e ilimitado en la fundación de las nuevas poblaciones*

Las *Ordenanzas*, de nuevo, precisaban normas sobre la escogencia de los sitios, prescribiendo el artículo 111: Que el lugar escogido de preferencia fuera elevado, sano, seguro, fértil y abundante en tierras de labor y pasto; leña, madera y materiales; aguas potables; mano de obra; bien ubicado con entradas y salidas abiertas al norte. En caso de estar en la costa, se debía tener consideración al puerto, y el mar no debía quedar ni al mediodía, ni al poniente. Que se evitase que quedaren cerca pantanos o lagunas, ya que ahí suelen criarse animales venenosos, además de que tanto el agua como el aire se corrompen.

Ahora bien, una vez hecho el descubrimiento, escogida la parte más conveniente para asentar en ella la nueva población y celebrados los asientos respectivos, las *Ordenanzas* prescribían que se debía proceder de la manera siguiente:

A. *Sobre la planta o trama ortogonal partiendo de la plaza mayor; trazada a cordel y regla*

Primero se debía hacer la planta del lugar escogido, repartiéndola por sus plazas, calles y solares, a *cordel y regla,* comenzando por la plaza mayor. Desde allí se debían sacar las calles a las puertas y caminos principales, dejando tanto compás abierto que, aunque la población aumentase mucho, se pudiera proseguir en la misma forma. Como lo señala el artículo 110 de las *Ordenanzas*:

> "... se haga la planta del lugar repartiendola por sus placas calles y solares a *cordel y regla* comenzando desde la placa maior y desde alli sacando las calles a las puertas y caminos principales y dexando tanto compas abierto que aunque la población vaya en gran crecimiento se pueda siempre proseguir en la misma forma..."

De esta norma de las *Ordenanzas* resulta claro que el punto de partida de la nueva ciudad o población siempre era la plaza mayor. Era lo primero que tenía que situarse y delimitarse en el lugar y una vez hecho esto, de allí debían salir las calles en forma rectilínea y paralela hacia los confines o puertas de la ciudad.

Las ciudades que ordenaba este texto, no eran ciudades cerradas o amuralladas sino que al contrario, no debían tener límites artificiales y debían poder crecer en forma ilimitada, siguiendo el mismo esquema formal, de calles paralelas y perpendiculares cruzadas en ángulo recto, a cordel y regla, que nacían de la plaza mayor formando un damero o malla reticular.

B. *Sobre la plaza mayor*

Como se dijo, la plaza mayor era de donde debía comenzarse el trazado y edificación de la población. Como lo señalaba el Art. 112 de las *Ordenanzas*,

> "La placa maior de donde se a de comenzar la población...".

Por ello, las *Ordenanzas* regulan con precisión todo lo concerniente a la plaza mayor.

a. *Sobre la ubicación de la plaza*

En el caso de que la población se erigiere en la costa, la plaza debía hacerse en el desembarcadero del puerto; si estaba tierra adentro, la plaza se debía fijar en el centro o en medio de la población, de manera que fuese el corazón y su centro vital.

Precisamente por esta norma, en las poblaciones costeras, la plaza mayor estaba abierta al mar y en su extremo costero debía situarse el puerto. Ello se debía, sin duda, a que ese lugar, el malecón, era el centro de mayor importancia económica y social de la ciudad.

En cambio, en las ciudades mediterráneas, ubicadas tierra adentro, la plaza mayor debía ubicarse en el centro de la ciudad, y de ella debía partir el crecimiento de la ciudad, irradiándose la trama urbana hacia los diversos puntos cardinales, en forma regular.

b. *Sobre la forma de la plaza*

Conforme al texto de las *Ordenanzas*, la plaza debía ser rectangular, teniendo de largo, una vez y media el ancho, por ser esto lo mejor para las fiestas de a caballo y otras que se hubieren de hacer (Art. 112). Como lo decía el texto del art. 112 de las *Ordenanzas*:

> "...la placa sea en quadro prolongada que por lo menos tenga de largo Vna vez y media de su ancho porque desta mana es mejor para las fustas de a cauallo y qualesquiera otras que se ayan de hazer".

La idea de esta forma rectangular propia para las fiestas ecuestres, que eran las más populares de la época, sin duda, tiene su antecedente en la forma de los circos romanos que originaron plazas como la Piazza Navona en Roma, tal como lo enseñaba Vitruvio.

Esta regla, sin embargo, no siempre se siguió y en muchos casos se optó por una plaza cuadrada, del mismo tamaño de las manzanas o cuadras del pueblo. En las Provincias de lo que hoy es Venezuela, por ejemplo, esa fue la regla, siendo la excepción las plazas rectangulares (de dos cuadras de superficie) como la de la ciudad de *Barinas*.

c. *Sobre la dimensión de la plaza y de las cuadras*

Las *Ordenanzas* regulaban, además, el tamaño o grandeza de la plaza que debía ser en proporción a la cantidad de vecinos que hubiere y al crecimiento futuro de la población que se pudiere prever, no debiendo ser menores de 100 pies de ancho y 300 de largo, ni mayores de 530 de ancho y 800 de largo (Art. 113).

El artículo 113 de las *Ordenanzas*, en este aspecto de la dimensión de la población, era bastante detallado en el sentido de que para determinarla no sólo debía tenerse en consideración la cantidad de vecinos existentes al momento de la fundación, sino el crecimiento futuro de la misma, lo que era previsible en ciudades de nueva fundación. Particularmente, en estas debía tenerse en consideración la presencia de los indios o naturales. Como lo decía las *Ordenanzas,* en estas ciudades o poblaciones de indios:

> "Como son nuevas se va con intento de que han de yr en aumento y así se hara la elección de la placa teniendo respecto de que la población puede crecer..."

Por ello, muchos cuyo origen fue el ser pueblos de indios conservan en la actualidad plazas de gran tamaño, que no guardan proporción con el tamaño del centro poblado actual.

En todo caso, las *Ordenanzas* recomendaban que una mediana y buena proporción de la plaza era de 600 pies de largo y 500 de ancho.

d. *Sobre la intersección de las calles en la plaza*

Siendo la plaza el punto de partida para la traza del pueblo, de ella debían partir las calles. Las *Ordenanzas,* en este aspecto, prescribían que de la plaza debían salir doce (12) calles: una del centro de cada uno de los cuatro lados del rectángulo y dos de cada esquina, formando ángulo recto.

De acuerdo con esta norma, siendo la plaza de forma rectangular y no cuadrada y, en principio, de dimensiones mayores a las manzanas de la retícula urbana, debían partir las calles, no sólo de las cuatro esquinas en ángulo recto, sino que también debían partir las calles de los cuatro costados de la plaza.

En realidad, este modelo normativo no se siguió en la generalidad de las ciudades. Sólo se aplicó excepcionalmente, siendo lo normal, como se dijo, la opción fáctica por los fundadores de una forma menos grandiosa y más simple, de plaza cuadrada con las mismas dimensiones de las cuadras o manzanas del centro poblado, abierta en sus cuatro esquinas de donde salen las calles en ángulo recto. Por ello, en general, las calles no salen de los costados de las plazas, salvo en los casos de plazas rectangulares.

e. *Sobre la orientación de las esquinas y la protección respecto de los vientos*

Cada una de las esquinas debía orientarse a los vientos principales, para proteger a la plaza de dichos vientos (Art. 114). Así lo decía textualmente el artículo 114 de las *Ordenanzas*:

> "De la placa salgan quatro calles principales Vna por medio de cada costado de la placa y dos calles por cada esquina de la placa las quatro esquinas de la placa miren a los quatro Vientos principales porque desta manera saliendo las calles de la placa no estaran expuestas a los quatro Vientos principales que seria de mucho ynconviniente".

Precisamente por ello, la orientación general de las plazas en las ciudades iberoamericanas y de las calles principales que de ellas salen es Norte-Sur, Este-Oeste, pues los vientos, en general, vienen del Nor-este, (alisios), del Sur-este, del Nor-oeste o del Sur-oeste según la ubicación de los lugares.

En esta forma, como lo enseñaba Vitruvio y Alberti, las calles no se convertían en pasajes o canales de vientos y la disposición cruzada de las mismas más bien las concebía como obstáculos rompe-viento.

f. *Sobre los portales de la plaza mayor*

Dada la forma rectangular que se prescribía para la plaza, el Art. 115 de las *Ordenanzas* disponía que tanto alrededor de la plaza, como en la entrada de las cuatro calles principales a la misma que partían de sus costados, debían tener portales, por la comodidad que proporcionaban a los comerciantes que ahí se reunieran (Art. 115).

Se concebía así, una plaza rodeada de portales, en la cual, sin embargo, debían quedar libres las ocho calles que salían de la plaza por las cuatro esquinas,

> "sin encontrarse con los portales retrayéndolos de manera que hagan lazera derecha con la calle y placa".

Este modelo de plaza rodeada de portales sin duda derivó de la antigüedad, del *Agora* griega o *Foro* romano, como lo había expuesto Vitruvio y luego Alberti. La plaza, rodeada de portales pero cerrada, fue además la forma escogida en las *Bastides* medioevales. Para inicios del Renacimiento, además, se había aplicado en algunas ciudades italianas, como Firenze, en la Plaza dell'Annunziata, con la construcción de la *Loggia degli Innocenti* en 1459 de Brunelleschi.

C. *Sobre las calles*

a. *Sobre la anchura de las calles*

La anchura de las calles se determinaba según el lugar escogido para la ubicación de la ciudad. En los lugares fríos, las calles se debían trazar anchas, para permitir que el sol entrase; en los lugares calientes, por el contrario, las calles debían ser angostas para evitar la inclemencia del sol (Art. 116).

En esta forma se regulaba la posibilidad de mayor asoleamiento de las ciudades ubicadas en lugares fríos, por la anchura de las calles; y al contrario, una mayor cantidad de sombra en las ciudades ubicadas en lugares calientes, por lo angosto de las calles, como medio de protección ante la inclemencia del sol.

b. *Sobre la prolongación del trazado regular de las calles*

Las calles debían proseguirse a partir de la plaza mayor, de suerte que aunque la población llegase a crecer de manera considerable, no se afease la población, o se obstruyese su defensa o comodidad. Así se expresaba el artículo 117 de las *Ordenanzas*:

> "Las calles se Prosigan desde la placa maior de manera que aunque la poblacion venga en mucho crecimiento no venga a dar en algun inconveniente que sea caussa de afear lo que se ouiere rrehedificado e perjudique su defensa y comodidad."

En esta forma, las *Ordenanzas* previeron el crecimiento ordenado de la población, conforme a la forma y dirección de las calles, de manera ilimitada, conforme a un esquema uniforme de la trama urbana.

D. *Sobre las plazas menores*

Dentro de la trama urbana, además de la regulación *in extenso* de la plaza mayor y de la forma regular de la malla reticular urbana mediante calles paralelas que se cruzan perpendiculares, las *Ordenanzas* establecieron el sistema de plazas menores diseminadas en la población, que permitieran un reparto apropiado de los vecinos y sus actividades.

En esta forma, se precisaba que, a cada cierta distancia en la trama urbana, se debían ir dejando plazas menores, donde se pudieran edificar los templos de la iglesia mayor, parroquias y monasterios, de manera que todo se repartiese en buena proporción para la doctrina (Art. 118). El texto del artículo era así:

> "A trechos de la poblacion se vayan formando placas menores en buena proporcion adonde se han de edificar los templos, de la yglesia maior parroquias y monasterios de mana que todo se rreparta en buena proporcion por la doctrina".

En esta forma, además del "centro" de la ciudad, marcado por la plaza mayor, se buscaba que como sistema de crecimiento de la ciudad, se repitiera el esquema a medida que creciera la misma, ubicando otros "centros" menores, que a la vez sirvieran de "parroquias" con su plaza menor y templo correspondiente.

E. *Sobre el templo o iglesia mayor*

Las *Ordenanzas* regulaban con precisión la erección de los templos e iglesias.

Para la iglesia mayor, parroquia o monasterio, después de que se señalasen calles y plazas, se les debían asignar inmediatamente solares, antes que a nadie, debiendo dejarse para ellos solos toda una cuadra, "ysla entera", para que ningún otro edificio los estorbase, sino tan sólo los propios para sus comodidades y ornato (Art. 119).

a. *Sobre los templos en poblaciones costeras*

En caso de que la población estuviese en la costa, la iglesia mayor se debía edificar en lugar visible desde la costa, que sirviera para la defensa del puerto (Art. 120).

En esta forma, en casi todas las ciudades costeras la iglesia flanquea el área del malecón del puerto y de la plaza mayor, siendo visible desde el mar. Este conjunto, por tanto, convertía esta zona el centro de más importancia de la ciudad costera.

b. *Sobre los templos en poblaciones mediterráneas*

En los lugares mediterráneos, el templo no se debía ubicar en la plaza, sino distante de ésta y aislado de otros edificios. Se debía edificar en alto, para que tuviera más ornato y autoridad, haciendo que a él se ingresase por gradas. Cerca del templo debía estar la plaza mayor y se debían levantar las casas reales del consejo, cabildo y aduana, no para que lo opacasen, sino para que lo resaltaren (Art. 124)

Esta disposición, que establecía que "El templo en lugares mediterráneos no se ponga en la plaza sino distante della", a veces ha sido mal interpretado. Lo que buscaba era evitar que el templo estuviese en medio de la plaza, aislado entre vías de circulación, como sucedía en la mayoría de las ciudades medioevales y todavía sucede en la actualidad.

Por ello, en general, en América, la iglesia principal está casi siempre ubicada a un costado de la plaza mayor, como se dijo, en general en el costado este; siendo realmente excepcional encontrar el templo ubicado dentro del área de la propia plaza, rodeado de calles. Esto sucedió, por ejemplo, en las poblaciones venezolanas de temprano asentamiento en los inicios de la colonización, como sucedió en la mayoría de las poblaciones de la Isla de Margarita (*Pampatar, La Asunción*) que surgieron de asentamientos provocados por la explotación de perlas en *Nueva Cadiz* (isla de Cubagua), incluso antes de la Capitulación dada a Villalobos en 1525; y con las primeras fundaciones de la Provincia de Venezuela como *Coro* (1528) y el *Tocuyo* (1545).

Pero salvo excepciones como las señaladas, en general, en América, el templo está ubicado fuera de la plaza pero con la fachada dando a la misma y, generalmente, como se dijo, en la cuadra situada al este de la plaza cumpliendo la tradición canóniga originada en la iglesia oriental.

Respecto del sitio del templo las *Ordenanzas* exigían que se debía adjudicar una cuadra entera; y por ello, en el artículo 124 se señalaba que el templo debía estar separado de los otros edificios,

> "que no sea tocante a él y que de todas partes sea visto porque se pueda ornar mejor y tenga más autoridad ase de procurar que sea algo levantado del suelo de manera que se aya de entrar en el por gradas".

CONCLUSION

La forma y diseño de la *ciudad americana* -latinoamericana- es, sin duda, uno de los grandes legados que dejaron los españoles en la conquista y colonización de América. Fue un diseño implantado en las colonias hispanas en América y que se siguió invariablemente en la fundación de pueblos, villas y ciudades desde comienzos del siglo XVI. Por eso, se puede hablar, propiamente, de la *ciudad americana,* como el producto más destacado del poblamiento de América.

Lo importante de este proceso es que fue parte de una política general de la Corona, bien definida mediante Ordenes e Instrucciones contenidas en documentos escritos, consecuencia de la necesidad de poblar las tierras descubiertas, dado que conforme al derecho castellano, para tomar posesión de nuevas tierras en nombre del Monarca y que estas quedasen bajo su Señorío, había que poblarlas. Ello se hacía fundando pueblos, villas y ciudades con toda la solemnidad necesaria mediante acta levantada por Escribano, por quien tenía licencia real para ello.

Ahora bien, siendo el territorio de las Indias tan enorme y desconocido, progresivamente se fue ordenando y racionalizando el proceso de poblar, formulándose *Instrucciones* precisas a los Adelantados sobre la escogencia de los sitios para fundar pueblos; sobre la traza de la ciudad y la dirección de las calles en relación a los vientos; sobre la ubicación de las plazas y de las edificaciones públicas, según que la población estuviese en la costa del mar o tierra adentro; sobre el reparto de tierras entre los fundadores, y sobre la designación de las autoridades locales. Nada, por tanto, se dejó al azar y, al contrario, todo fue enmarcado en normas jurídicas en las que en un proceso de aproximaciones sucesivas, se fue definiendo con todo detalle el modelo de *ciudad americana.* Todo ello se debió a la penetración en el Consejo de Indias de la idea del orden como producto de la influencia del Renacimiento en la arquitectura.

Como consecuencia de ello, a partir de 1513, la idea del *orden* se fue incorporando a las *Instrucciones* escritas dadas a los Adelantados, iniciándose el proceso de formalización de las disposiciones sobre el *orden urbano* en las *Instrucciones* dadas ese año a Pedrarias Dávila, y que luego se fueron recogiendo, repitiéndose y ampliándolas, en las *Instrucciones* dadas en 1519, 1521 y 1524, tanto en forma particular como en forma general, a todos los Adelantados en el Caribe, en la Nueva España y en Tierra Firme.

Estas *Instrucciones* se aplicaron, por tanto, invariablemente, durante el proceso de descubrimiento y poblamiento en toda América Latina, al punto que debemos imaginarnos que todos los Adelantados llevaban, en su empresa, una especie de "cartilla" donde estaba prescrito todo lo que tenían que hacer para poblar. Solo así se entiende que el Acta fundacional de las ciudades y su traza inicial, tenga el mismo contenido y la misma forma en todo el continente americano, en ciudades ubicadas en sus extremos y fundadas en la misma época. Por supuesto, además de la "cartilla", siempre llevaban un Escribano en sus huestes, para dar fe y fecha cierta a lo fundado.

En esta forma, la casi totalidad de las ciudades fundadas antes de 1573, fecha de las *Ordenanzas sobre Descubrimiento y Población* dadas por Felipe II, sobre "El orden que se ha de tener en descubrir y poblar"; como después, tienen en su traza o planta una trama ortogonal, la mayoría de las veces cuadricular o muy cerca de ella. Por ello, en el centro de todas las poblaciones americanas aún se conserva la traza, de la ciudad colonial, con su plaza mayor en el centro, con plazas menores diseminadas en el tejido urbano y la iglesia ubicada, siempre, en el lado este de las plazas.

Esta forma urbana, en muchos de los Estados Americanos, se conservó casi intacta durante más de trescientos años, hasta bien entrado el siglo XX, y se conserva aún en el casco antiguo de las ciudades.

CAPÍTULO SEGUNDO.

EL MODELO URBANO DE LA CIUDAD COLONIAL Y SU IMPLANTACIÓN EN HISPANOAMERICANA

Texto ampliado de las Videoconferencias dictadas desde la Universidad de Columbia en Nueva York para el Curso de Maestría en Derecho Urbanístico de la Universidad Externado de Colombia, Bogotá, 16 de noviembre de 2007. Texto publicado como libro: Allan R. Brewer-Carías, *El modelo urbano de la ciudad colonial y su implantación en hispanoamericana, Colección Derecho Urbanistico*, Universidad Externado de Colombia, Bogotá 2008

Introducción

En toda la historia de la humanidad ningún país del mundo ha fundado tantos pueblos, villas y ciudades en un territorio tan grande, en un período de tiempo tan corto, y en una forma tan regular y ordenada como lo hizo España en América durante los siglos XVI y XVII.

La «ciudad ordenada» colonial hispano americana fue la gran creación y legado cultural urbano español en el Nuevo Continente, que materializada en un modelo urbano caracterizado por su forma general reticular, desarrollado siempre partiendo del trazado de una plaza mayor o central dispuesta a cordel y regla, de la cual paulatinamente fueron saliendo calles trazadas en línea recta, formando una trama urbana en manzanas o cuadras generalmente iguales, como un damero), tal y como todavía hoy se aprecia en todos los centros o cascos históricos de los pueblos y ciudades latinoamericanas.

Estas conferencias tienen por objeto, precisamente, tratar de explicar el origen de esa forma urbana ortogonal y de cómo la misma se implantó con una regularidad, formalidad y continuidad pasmosas en todo el vasto Continente americano, desde la Nueva España (México) y la Florida en el norte, hasta el extremo sur en Chile y el Río de la Plata; tema sobre el cual nos hemos ocupado ampliamente en el libro ***La Ciudad Ordenada***, Ed. Criteria, Caracas 2006, 545 pp., que está ilustrado con 636 planos antiguos y recientes de la "ciudad ordenada" hispanoamericana.

Esa increíble empresa no sólo fue "ordenada" en cuanto a la adopción de una sola forma urbana reticular para las ciudades, que se repitió regularmente, sino que, por sobre todo, fue "ordenada" en el sentido de que fue realizada en acatamiento a precisas normas jurídicas que al efecto se fueron dictando desde la Corona.

No fue un proceso que se dejó al azar ni a la sola experiencia o criterio de los adelantados y pobladores; y ello, incluso, a pesar de que en sus inicios, el proceso del descubrimiento, conquista y colonización de la América hispana se desarrolló por iniciativas privadas, conforme Capitulaciones que fueron otorgadas por los monarcas a los Adelantados. A pesar de ello, sin embargo, el proceso de poblamiento obedeció a una política centralizada que se plasmó paulatinamente en Ordenanzas, Instrucciones y Reales Providencias dictadas por los Monarcas especialmente para la empresa americana, entre otros aspectos, para asegurar, jurídicamente, mediante el poblamiento, que las nuevas tierras descubiertas en las Indias se incorporaran a la Corona de Castilla. Dichas normas se aplicaron uniformemente por los gobernadores y adelantados, en adición a las contenidas en las cláusulas específicas de cada Capitulación.

He allí, precisamente, una de las diferencias esenciales que existió entre los procesos colonizadores español e inglés en América, iniciado el último, 100 años después del primero. Si bien ambos estuvieron a cargo de particulares que obtuvieron una concesión real a su propio riesgo y ventura, en el caso de la conquista y colonización española el proceso fue muy rápidamente ordenado por la Metrópoli, enmarcándolo en normas jurídicas que evidenciaron una deliberada política del Estado español, lo que dio origen, así, no sólo al "derecho indiano", es decir, a un cuerpo de leyes dictadas especialmente para las Indias, sino también a una organización política territorial racional y jerarquizada para el gobierno interno en el Nuevo Mundo, compuesta por Virreinatos, Audiencias, Capitanías Generales y Provincias, que ni siquiera existió en la propia Península. Nada similar ocurrió en el proceso de colonización de Norteamérica.

Con estas características, en un lapso de unos cien años entre los siglos XVI y XVII, en el Nuevo Mundo americano español se produjo una descomunal operación de poblamiento de tal magnitud y extensión que no encuentra parangón en ningún otro proceso colonial en la historia de la humanidad; el cual se realizó siempre de acuerdo a un invariable plan regular y ordenado. Ello implicó no sólo la necesidad de una cuidadosa selección del sitio para la ubicación de las ciudades desde el punto de vista del clima y de las condiciones del terreno, sino además, el establecimiento de la forma urbana reticular para las mismas, la cual no existía en las ciudades de la Península que generalmente tenían y tienen una trama urbana irregular e intrincada.

Para el momento, por tanto, se trataba de algo totalmente nuevo, aún cuando el modelo se hubiera utilizado extensamente en la antigüedad por los griegos y por los romanos en sus empresas colonizadoras al fundar nuevas ciudades, y también ocasionalmente durante la Edad Media, cuando se trató de la creación *ex novo* de centros poblados con fines de política territorial o militar.

Ese modelo recién se había redescubierto con el Renacimiento, y fue el que fue usado para la empresa americana, obedeciendo a una expresa política de la Corona, contenida y orientada por normas jurídicas con el objeto fundamental de afirmar y afianzar el señorío sobre las tierras descubiertas, y asegurar la ocupación de las mismas, lo que conforme al *Código de las Siete Partidas* (1348) correspondía "a aquél que las poblara primeramente".

Por tanto, poblar fue el título jurídico necesario e indispensable para poder incorporar las nuevas tierras que se fueron descubriendo a la Corona de Castilla, por lo que precisamente, a diferencia de los ingleses, los españoles en América fueron febriles fundadores de ciudades, de manera que incluso las Capitulaciones se dieron siempre con la obligación de poblar. Ello no sólo implicaba la toma de posesión de la nueva tierra en nombre de los monarcas, sino que en definitiva, era el instrumento central para la demarcación de la jurisdicción de la Gobernación de cada adelantado así como de la Provincia que la asentaba.

Conforme al derecho castellano, por tanto, el proceso de conquista del Nuevo Mundo, obedeció a una deliberada política pobladora, constituyendo la colonización fue para el conquistador, en medida sustancial, fundar pueblos, villas o ciudades y hacerlo formalmente mediante acta auténtica; y no simplemente estableciendo o asentando campamentos, aldeas, rancherías o embarcaderos.

Materialmente, el principio era que si no se poblaba, no había conquista. Así lo diría el cronista y capellán de Hernán Cortés, Francisco López de Gomara (1511-1564) en su *Historia General de las Indias y vida de Hernán Cortés,* al comentar el fracaso de la expedición de Pánfilo de Narváez a Florida: "Quien no poblare no hará buena conquista, y no conquistando la tierra no se convertirá la gente, así que la máxima del conquistador ha de ser poblar" (Capítulo XLVI).

Por ello, además, la fundación de un pueblo fue siempre un acto formal por los efectos jurídicos importantísimos que tenía. Con el mismo quedaban formalizadas muchas cosas: la indicación de su territorio (término); la repartición de los solares entre los pobladores; y la designación de sus autoridades, con lo cual el pueblo adquiría existencia legal independientemente, incluso, de que hubiera encontrado ubicación física o geográfica en forma definitiva. Poblar, por tanto, era establecer un pueblo en el sentido medieval del término; como República, es decir, como lo escribió Cicerón, no sólo como "reunión de hombres congregados de cualquier manera, sino [como] sociedad formada bajo la garantía de las leyes y con el objeto de utilidad común" (*Tratado de la República*).

En definitiva, poblar en América Hispana no fue el resultado del espíritu formalista y documental que tanto se ha atribuido a los españoles, sino a una exigencia de carácter jurídico que muchas veces se olvida por los estudiosos de la conquista y poblamiento de América, como exigencia para que las tierras descubiertas entraran a formar parte de las posesiones del reino de Castilla.

Ello implicó, a diferencia del poblamiento en el proceso de conquista del Nuevo Mundo en Norte América, la necesidad de diseñar un modelo para poder establecer en forma ordenada y conforme a precisas Instrucciones Reales, los cientos de ciudades y pueblos que se requerían en el vasto Continente Americano, que exigía con la fundación de los mismos, trazar su plano con su plaza, calles y solares "a cordel y regla".

En esa forma, la fundación de pueblos, sin duda, fue la acción más importante del proceso de conquista, al punto de que sólo se podían fundar pueblos con licencia de la Corona o de los adelantados. Por ello, fundar pueblos sin licencia, era un delito que incluso acarreaba la pena de muerte, pues la fundación era lo que daba preferencia al poblador respecto del territorio descubierto en relación con otros adelantados, ya que la existencia de una población significaba que la tierra ya estaba conquistada bajo una determinada jurisdicción.

Este singular proceso de doblamiento en América, al menos nos plantea cuatro preguntas que quisiera tratar de responder esta mañana, relativas al porque, al cómo, al qué y al en qué forma se desarrolló el proceso de doblamiento americano.

La *primera pregunta*, es el porqué, **por qué fundar**, es decir, porqué los conquistadores tuvieron siempre que fundar y sembrar de pueblos, villas y ciudades el vasto continente americano. La respuesta a esta interrogante la encontramos en el orden jurídico que se aplicó durante los siglos XVI y XVII, al proceso de penetración del territorio americano por los conquistadores y adelantados el cual les imponía la obligación formal de fundar pueblos, villas y ciudades.

La *segunda pregunta* es el cómo, **cómo fundar**, es decir, cómo la Corona española aseguró que efectivamente se cumpliera la obligación por los Adelantados. La respuesta a este segundo interrogante está en la organización política y administrativa que fue establecida por la Corona para velar precisamente por la ejecución del proceso de doblamiento.

La *tercera pregunta* es el qué, **qué fundar**, es decir, cual forma urbana se debía aplicar en la fundación de tantos pueblos. La respuesta a esta pregunta está en el modelo de ciudad que se diseñó en la Corona española para la empresa americana y que se implantó en todo el Continente. Ello provoca otra pregunta y es **de dónde** salió el modelo, cuya respuesta está en sus orígenes griegos, romanos y medioevales que penetró en la burocracia real junto con los nuevos conocimientos que se originaron en el Renacimiento.

Y la cuarta pregunta es **en qué forma** se transmitió ese modelo desde la Corona a América, de manera de asegurar la implantación en todos los pueblos, villas y ciudades. La respuesta a este interrogante está en el conjunto de instrucciones y cédulas reales que se fueron formulando por agregaciones sucesivas, la cuales culminaron con las *Ordenanzas de Descubrimiento y Población* de Felipe II, de 1573, cuyo texto se recogió luego, íntegramente, en la *Recopilación de las Leyes de los Reynos de Indias* de 1680.

SECCIÓN PRIMERA. SOBRE EL PORQUÉ FUNDAR O PORQUÉ SE FUNDARON TANTOS PUEBLOS, VILLAS Y CIUDADES EN TODO EL CONTINENTE AMERICANO

La respuesta a esta primera pregunta de porqué la fundación sistemática de pueblos, villas y ciudades en toda la América española colonial es, simplemente, porque los Adelantados y Conquistadores estaban jurídicamente obligados a hacerlo. Así resultaba del derecho castellano que fue el que se aplicó en estas tierras, y conforme al cual se llevó el proceso de descubrimiento, conquista y colonización de América Hispana. El porqué de esta obligación es lo que nos interesa precisar.

I. EL DERECHO CASTELLANO APLICABLE AL PROCESO DE DESCUBRIMIENTO Y POBLAMIENTO DE LAS INDIAS

Este derecho castellano, era un derecho escrito, como el de todos los reinos de la península, que se había venido conformando por el legado del derecho romano y en parte del visigótico, pues la península española había sido primero Colonia romana (*Hispania*) y luego de la caída del Imperio romano, ocupada por poblaciones del norte, básicamente por los visigodos. Ese derecho que había quedado en los pueblos, fue paulatinamente moldeado conforme a los usos locales.

En cuanto al reino de Castilla, el derecho del mismo se desarrolló principalmente durante los siglos XI al XIII, en pleno proceso de la Reconquista de la península frente a los moros, habiendo sido plasmado en la legislación de orden local que se fue otorgando por los Reyes específicamente para cada ciudad y sus Municipios. Ello dio origen a lo que se conoce como los "fueros municipales" en los cuales se reflejó el derecho que era aceptado y seguido en cada localidad. Tenían, por tanto, aplicación estrictamente local, pero muchos de esos fueros se extendieron a otras localidades, llegando algunos incluso a aplicarse en casi todo el Reino.

Entre los fueros más importantes otorgados con motivo del proceso de la Reconquista, mediante los cuales se reguló el proceso de repoblamiento de las antiguas ciudades y pueblos romanos-visigóticos que habían sido ocupados por los moros por varios siglos, una vez recuperados por los cristianos, está el Fuero de Sepúlveda en la Provincia de Segovia, expedido por Alfonso VI el 17 de noviembre de 1076, el cual puede considerarse como un antecedente fundamental de las regulaciones urbanísticas.

En el mismo se encuentra, por ejemplo, como parte de la política de repoblación, el establecimiento de privilegios y excepciones para estimular la repoblación de las villas abandonadas. A tal efecto se estableció, por ejemplo, la obligación del poblador de residir por un tiempo en la ciudad, peor a la vez se le otorgó el privilegio de poder salir y dejar su casa segura por un mes, sin perderla por asuencia. El privilegio general era una excepción al principio general que se resumió en la frase común española de que "el que va a Sevilla pierde su silla", o en la hispanoamericana "el que va de villa pierde su silla", o en la brasilera "el que va a Portugal pierde su lugar".

Pero aparte de ese privilegio general al poblador de conservar su casa en ausencia, el Fuero de Sepúlveda establecía algunos principios vinculados al proceso urbano, como los siguientes:

En primer lugar, el principio de la ordenación y asignación de uso a la tierra urbana por la autoridad local, de manera que la ocupación del suelo no era libre, sino que debían estar sometida a un ordenamiento.

En segundo lugar, en el Fuero de Sepúlveda se encuentra también el antecedente remoto de la existencia de un patrimonio público del suelo, de manera que sólo el Concejo podía y debía adjudicar solares al poblador para construir su casa, en el lugar adecuado y cerca de las otras casas.

En tercer lugar, este deber de la autoridad local de adjudicar solares para poblamiento, sólo se establecía para un primer establecimiento, por lo que si posteriormente el poblador vendía su casa y se proponía edificar de nuevo, ya no podía pedir adjudicación de un nuevo solar sino esta vez que debía comprar el terreno que necesitaba.

En cuarto lugar, en el Fuero también se establecía la exención tributaria para el poblador, siempre que tuviese casas en la villa o las tuviere pobladas; y además, que la casa estuviere necesariamente cubierta de teja y no de paja; pues de lo contrario debía pagar sus impuestos como si no morase en la villa.

Por último, como en todos los fueros castellanos, algunas normas básicas sobre el derecho civil de la propiedad urbana también se establecían en el Fuero de Sepúlveda, como el de la dimensión vertical de la propiedad urbana que recogía el viejo precepto romanista, de que el dominio se extendía ilimitadamente en sentido vertical, por arriba, *usque ad coelum, ad sidera* y, por debajo, *usque ad inferos, ad centrum, ad profumdum*, lo que en materia urbana se concretaba en el derecho del propietario de elevar sus edificaciones sin límite alguno.

Por otra parte, al lado del derecho local, en la Edad Media también se desarrolló un derecho territorial consuetudinario y judicial, que tuvo su orgen en recopilaciones hechas por iniciativas privadas, de las costumbres jurídicas y de la jurisprudencia de los tribunales del país castellano. Entre esas recopilaciones se destaca el *Libro de los Fueros de Castilla* (1250), redactado en Burgos durante la segunda mitad del siglo XIII, y el *Fuero Viejo de Castilla*

(1356), considerado durante algún tiempo como el código de la nobleza castellana, y atribuido al rey Pedro I el Cruel (1334-1336). En estos últimos casos se trataba de obras de índole privada de recopilación de textos anteriores.

Ese derecho disperso, además, había sido objeto de recopilaciones generales, como la monumental ordenada por Alfonso X, El Sabio en 1256-1263, denominada el *Código de las Siete Partidas*, para cuya elaboración una de las principales fuentes utilizadas fue el *Corpus iuris civilis*, utilizándose la división romano en libros, títulos y leyes, que abarcó todas las manifestaciones del derecho en la época.

Se trató inicialmente de una obra de carácter didáctico, dirigida a instruir a los príncipes para facilitarles la adopción de sus resoluciones, la cual un siglo después de su publicación del Código, adquirió fuerza obligatoria en virtud de la adopción por las Cortes en Alcalá de Henares, en 1348, del llamado *Ordenamiento de Alcalá*.

En este cuerpo se estableció por primera vez el orden de prelación de las fuentes legales, disponiéndose que el Código tendría el carácter de cuerpo normativo supletorio general, con lo que se dio cierta unicidad a la legislación del Reino de Castilla y León.

II. EL POBLAMIENTO COMO TÍTULO DE SEÑORÍO SOBRE LAS NUEVAS TIERRAS: LA NECESIDAD JURÍDICA DE POBLAR

Este *Código de las Siete Partidas* regulaba las formas o "maneras como se gana el señorío del Reyno", mencionando cuatro soluciones o títulos jurídicos: herencia, elección voluntaria, matrimonio con heredera del reino o concesión pontificia o imperial. Pero en un mundo reducido a Europa, África y el Oriente hacia Asia como era el existente en la época, la empresa isabelina del descubrimiento de la ruta a la India por el occidente, no tenía por objeto hacer de los Reyes Católicos Señores del algún reino existente, por lo que el régimen jurídico mencionado en el Código no tenía aplicación en ese momento: los Reyes no tenían posibilidad de heredar las tierras nuevas que se descubrieren; no podían adquirirlas por el consentimiento de todos los de los ignotos reinos; no había posibilidad de que las obtuvieran por casamiento, y en las tierras nuevas y desconocidas ni el Papa ni el Emperador eran reyes de las mismas.

Por tanto, el título jurídico que podía utilizarse para apoderarse de las "islas y tierras firmes" que Colón encontrare en las "mares océanas", conforme al mismo derecho castellano, era otro. Y allí está precisamente la respuesta a la pregunta de porqué poblar.

En efecto, la Ley 29, título XXVIII de la Partida III, al plantear la cuestión de a quien pertenece "la ysla que se faze nuevamente en el mar", prescribía lo siguiente:

> "Pocas vegadas acaece que se fagan yslas nuevamente en la mar. Pero si acaeciesse que se fiziese y alguna ysla de nuevo, suya dezimos que deve ser de aquel que la poblare primeramente; e aquel o aquellos que la poblaren, deben obedescer al Señor en cuyo señorio es aquel lugar do apareció tal ysla."

Por tanto, el título jurídico del cual se disponía conforme al derecho castellano para incorporar las nuevas tierras o islas que se descubriesen al señorío de la Corona de Castilla, consistía *en poblar* las islas y tierra firme que se descubrieren, lo que imponía la obligación de poblar para poder tomar posesión de una tierra, correspondiendo el señorío a quien primero poblare.

Sin embargo, un escollo interpretativo se derivó del texto de la norma. Resulta que como Colón lo informó a la Corona desde el mismo momento de su regreso del primer viaje (1493), esas tierras, decía, estaban "pobladas con gente sinnúmero", pero que a pesar de ello, "dellas todas he tomado posesión por sus altezas con pregón y bandera real estendida y non me fue contradicho".

Esta situación hizo que el problema del título jurídico de la ocupación fuera motivo de discusión. Conforme al derecho de la época, los países habitados por infieles se consideraban que pertenecían a la nación cristiana que los descubriera, conquistara y poblara; pero, los juristas de la Corte no estaban seguros de que lo que se había descubierto fuesen países habitados por infieles –los cuales en principio, en ese momento eran sólo los moros-, acudieron entonces al Papa para que les concediera las tierras descubiertas y por descubrir en la Mar Océana, aun cuando el Papa no era rey en esas tierras, único título que le hubiera podido permitir conforme a las Partidas, otorgarlas a los monarcas.

En la época, sin embargo, no habían sido infrecuentes las bulas de asignación de territorios en soberanía a reyes y príncipes; más bien eran una práctica internacional común en Europa antes de 1492: Adriano IV había entregado a Enrique II de Inglaterra, la isla de Irlanda; Clemente IV, en 1344, concedió al Conde Clermont las islas Canarias; y Nicolás V, en 1455, Calixto III, en 1456 y Sixto IV, en 1481 habían otorgado a Portugal las tierras africanas, desde el cabo Bojador hasta la India. Se trataba de una tradición arraigada de tipo medieval, basada en la idea del poder temporal del papado

En el caso de América, además, la búsqueda de una concesión papal se precipitó, por el reclamo que el rey Juan II de Portugal le había hecho a Colón a su regreso del primer viaje, en la entrevista que sostuvieran también en febrero de 1493, en el sentido de que las islas descubiertas le pertenecían por encontrarse enclavadas en el espacio reconocido a Portugal particularmente en el Tratado de Alcaçobas. Este se había suscrito en 1479 con motivo de los descubrimientos portugueses en la costa africana repartiéndose los dos reinos las tierras descubiertas, habiendo sido confirmado por el Papa con la bula *Aeterni Regis* (1481).

Lo cierto es que al recibir el informe del primer viaje, los Reyes Católicos, si bien ordenaron inmediatamente los preparativos para la realización del segundo, de inmediato iniciaron negociaciones con el papado para asegurar el monopolio de la navegación y colonización de los mares y territorios que Colón había descubierto. El Papa Alejandro VI, además, era Rodrigo Borja, español de Valencia, quien para lo que se le requería tenía como precedentes las bulas que habían sido concedidas a los monarcas portugueses décadas antes.

Ahora le tocaba a España, para lo cual el papa otorgó a los Reyes Católicos todas las tierras descubiertas por Colón, y trazando una línea imaginaria de norte a sur a 100 leguas al oeste de las Azores y de las islas de cabo Verde, estableciendo que todas las tierras y el mar al oeste de esa línea quedaban bajo la exploración e influencia españolas.

Esta demarcación quedó plasmada en tres bulas fechadas los días 3 y 4 de mayo de 1493: la *Inter coetera* y la *Eximiae devotionis* del 3 de mayo, y la *Inter coetera* del 4 de mayo. Mediante una cuarta bula, la *Dudum Siguidem*, otorgada el 26 de septiembre de 1493, el Papa amplió las concesiones a los monarcas españoles para incluir "las islas y continentes cualesquiera, encontrados o por encontrar... navegando o viajando al oeste o el sur, ya se encuentren en las regiones occidentales o meridionales y orientales y *de la India*". En esta concluyó afirmando que:

> "donamos, concedemos y asignamos todas y cada una de las tierras e islas supradichas, así las desconocidas como las hasta aqui descubiertas, por vuestros enviados y las que se han de descubrir en lo futuro que no se hallen sujetas al dominio actual de algunos señores cristianos."

Esta donación pontificia tuvo un gran valor internacional, habiendo sido ésta, además, la última vez en la historia de la humanidad que se produciría un acto teocrático de esa naturaleza.

En todo caso, la alarma de Portugal por la generosidad de las concesiones del Papa, al incluir a la India en la bula, llevó al rey Juan II a negociar directamente con los Reyes Católicos, aceptando la demarcación de la bula *Inter coetera*, pero pidiendo que la línea fuera trazada no a las 100 leguas, sino a 370 leguas al oeste de las islas de cabo Verde. Para ello, los reinos suscribieron un nuevo Tratado, el de Tordecillas en 1494, con el cual los monarcas españoles accedieron a la petición portuguesa creyendo, por Colón, que ya había quedado descubierto el camino occidental a la India. Pero no fue así, con lo que Portugal aseguró el dominio del verdadero camino a la India bordeando África y del Atlántico Sur, así como del territorio de Brasil, aun cuando en principio todavía se tenía como no descubierto. España luego se daría cuenta que con lo que se había quedado con el Tratado, había sido con un Nuevo Mundo que había "aparecido" y le pertenecía.

La concesión papal, en todo caso, se refería a las tierras que no fuesen poseídas por otro rey cristiano, es decir, conforme al derecho castellano, que no hubiesen sido pobladas antes bajo el señorío de otro soberano. La obligación de poblamiento, por tanto, quedaba como título jurídico siempre válido y necesario para que incluso pudiera materializarse la concesión papal.

III. LOS PUEBLOS DE ESPAÑOLES Y LOS PUEBLOS DE INDIOS

Otro tema jurídico que hubo que resolver en el proceso de poblamiento se refirió al "justo título" de la Conquista, particularmente por la problemática que surgió en torno a los indios y su régimen jurídico, que formó parte fundamental del derecho Indiano.

Al inicio del proceso de conquista, y como reacción a las conductas esclavistas desplegadas por Colón en la isla La Española, por Real Cédula de 20 de junio de 1500 se declaró a los indios como vasallos libres de la Corona.

Sólo se admitió que podían ser tenidos como esclavos a los indios cautivos en justa guerra, lo que incluso se eliminó en 1530.

Los indios, sin embargo, vieron condicionada su libertad al ser equiparados a lo que en el viejo derecho castellano se denominaba "rústicos" o menores, es decir, personas que requerían de tutela o protección legal, situación de la cual surgieron los repartimientos y encomiendas que fueron las dos formas jurídicas más importantes tendientes a organizar a los indios en las Indias.

Estos repartimientos dieron origen a las encomiendas, y que implicaba que un grupo de familias de indios, incluso con su propia organización y sus propios caciques, se entregaban o se "encomendaban" a un español encomendero. A este se le obligaba jurídicamente a proteger a los indios que le habían sido encomendados y a velar por su fe religiosa, pero tenía el derecho de beneficiarse con el trabajo u otros servicios personales de los indios y de exigirles tributos y diversas prestaciones económicas. Esta institución regularizó entonces una relación entre el encomendero y los encomendados, de señor-siervo, lo que marcó profundamente la vida colonial, sobre todo en los países de América Latina con gran densidad de población autóctona. En todo caso, muchos pueblos en América tuvieron su origen, precisamente, en las encomiendas, desarrollándose en torno a la casa del encomendero y a la iglesia de la doctrina.

A pesar de los intentos de eliminar las encomiendas, particularmente por la lucha sostenida entre fray Bartolomé de Las Casas, mediante leyes protectoras del trabajo del indio, como la muy importante *Leyes y Ordenanzas nuevamente hechas por Su Majestad para la gobernación de las Indias y buen tratamiento y conservación de los indios* de 1542, conocidas como las *Leyes Nuevas,* por las protestas que originó en América, la institución persistió pero con preceptos más favorables a los indios.

En cuanto a los indios no repartidos en encomiendas se procuró que los mismos vivieran agrupados en núcleos de población, aislados de los españoles, con cierta autonomía administrativa. Estos fueron los *pueblos de indios*, que tenían sus propios alcaldes y alguaciles. Inicialmente se denominaron "reducciones", pues implicaban reducir al indio generalmente de vida no sedentaria, para que viviera en una población a la cual se adscribían. Además, estas reducciones también tuvieron su origen en las doctrinas y misiones, originando pueblos de indios en torno a la labor misionera de un fraile o cura doctrinero (pueblos de doctrina).

Pero a pesar de la distinción básica entre los pueblos de españoles y los pueblos de indios, en realidad todos fueron centros mixtos de población donde vivieron en calidad de vecinos los blancos con los indios. La ciudad exclusivamente para población blanca, en realidad no existió, ni se sostuvo jamás en las Indias, pues la actividad socio-económica del ibérico no podía pensarse ni sostenerse sin la colaboración, apoyo y ayuda de la población indígena.

En todo caso, con motivo de las *Leyes Nuevas* se regularizó una dualidad de Reinos de Indias: la república de indios, por una parte, y la de los españoles, por la otra, independientes entre sí y sometidas al monarca. Se reconoció, así, la vigencia del propio derecho indígena en lo que no contradijese las leyes dictadas por los monarcas o las leyes naturales. Posteriormente, en 1550, el Emperador ordenó suspender todas las conquistas y descubrimientos en el Nuevo Mundo, hasta 1556 cuando se proscribió el uso del término "conquista" y se lo sustituyó por el de "pacificación" como apareció en la *Instrucción* dirigida al virrey del Perú, sobre poblaciones y nuevos descubrimientos.

IV. LAS CAPITULACIONES COMO FUENTE INICIAL DEL DERECHO INDIANO Y COMO TÍTULO DE LA OBLIGACIÓN DE POBLAR

La obligación general de poblar, además, les fue impuesta a los Adelantados en los títulos individuales que obtuvieron de la Corona para la empresa de descubrimiento y conquista.

Y estos títulos fueron las capitulaciones, las cuales se convirtieron en el instrumento título jurídico fundamental que sirvió para el proceso de descubrimiento, colonización y población. Se trataba, en términos contemporáneos de una especie de contrato de concesión territorial que la Corona otorgaba a los jefes de las expediciones descubridoras. Su origen fue enteramente medieval, consecuencia también de la Reconquista, como instrumento que otorgaba a los adelantados señorío de las tierras que se conquistaren; y se aplicaron también en la conquista de las islas Canarias en 1420, cuando el rey Juan II las dio en señorío a Alfonso de Las Casas sin sujeción a ningún oficio de la Corona y con la sola obligación de mantener fidelidad a Castilla.

En las Capitulaciones dadas para la conquista de América se establecía la autoridad del adelantado sobre una tierra descubierta o por descubrir; se otorgaba el derecho de conquista, población y gobierno de la tierra sometida, de manera que los Adelantados eran los gobernadores de las Provincias descubiertas; se establecían las obligaciones del adelantado de sufragar la empresa con sus propios fondos; se fijaban los derechos que se reservaba la Corona en los nuevos territorios; y se determinaban los territorios a los cuales se podía dirigir el descubridor; y se le imponía al Adelantado la obligación de fundar pueblos.

En la ejecución de las Capitulaciones, la Corona no corría con ningún gasto para el envío de la expedición, lo que quedaba a expensas del expedicionario. Por ello se le compensaba con privilegios de títulos y ganancias, y con facultades para repartir tierras y solares, para hacer repartimiento de indios, para erigir fortalezas y para proveer de oficios a las ciudades; y en las Capitulaciones se establecía la participación de la Corona en las ganancias de la empresa.

El Adelantado, además, era el responsable de su hueste, que era un ejercito particular que constituyó el elemento humano de la conquista. Los hombres que se reclutaban para integrarlo pasaban a formar parte de la empresa, con derecho a que se les concedieran o repartieran tierras y solares. Es decir, en las empresas descubridoras, no había soldada y todos tenían derecho en los repartos de utilidades y en el botín.

V. LA FORMA PARA FUNDAR, Y LA NECESIDAD DE UN ACTO SOLEMNE, PARA LA DEFINICIÓN DEL TERRITORIO DE LAS PROVINCIAS

En cuanto a la obligación de poblar, la misma se estableció desde la primera Capitulación que los Reyes otorgaron para el Nuevo Mundo, que fue la de Cristóbal Colón en 1492; y siendo la ejecución de la misma (fundar) el acto jurídico más importante del como un acto solemnísimo, del cual se dejaba constancia en acta levantada por escribano. El ceremonial era uniforme y formal; y venía descrito por precisión en los "manuales" o instrucciones dadas a los conquistadores. Mediante el mismo se tomaba posesión de la tierra, inmediatamente se trazaba la plaza como un cuadrado o rectángulo, en la cual se clavaba el símbolo de la justicia y gobierno, y a partir de ella las calles se extendían formando una retícula, indicándose el sitio de la iglesia, siempre en el costado este de la plaza, y de los otros edificios públicos; y se repartían los diversos solares entre los vecinos, nombrándose las autoridades que regirían la ciudad, y disponiéndose los ejidos.

El pueblo como tal, por supuesto, al fundarse, no era absolutamente nada, salvo quizás un acta o una demarcación de calles y plaza y unas cuantas chozas que luego, con el correr del tiempo y de las actividades en torno al mismo se iban asentando y mejorando, surgiendo progresivamente la ciudad, ordenadamente, en el marco del plano trazado en la fundación.

Lo importante de este acto, aún cuando físicamente la ciudad no existiese, era que con el acta fundacional existía jurídicamente, como el título fundamental para el establecimiento del señorío o dominio de los monarcas españoles, y además, como el título fundamental para la demarcación del ámbito territorial de las Gobernaciones otorgadas en las Capitulaciones.

Hay que recordar, por ejemplo, que las Provincias se definieron en Tierra Firme siempre con la sola indicación más o menos precisa de puntos en la costa del mar, así: la Capitulación otorgada a Gonzalo Fernández de Oviedo en 1523, ampliada en 1525, para Gobernación de la Provincia y puerto de Cartagena, se extendía desde el golfo de Urabá, que era el término de la Gobernación de Castilla del Oro, que había sido dada a Pedrarias Dávila en 1513, hasta dicho puerto de Cartagena; la Capitulación otorgada a Rodrigo de Bastidas en 1524, para Gobernación de la Provincia y puerto de Santa Marta, se extendía desde el puerto de Cartagena, que era el término de la Gobernación de Cartagena, hasta el cabo de la Vela, en la parte occidental de la península de la Guajira; y la Capitulación otorgada a los Welser en Venezuela en 1528, para la Gobernación de la Provincia de Venezuela y cabo de la Vela, se extendía desde dicho el cabo de la Vela, que era a la vez el término de la Gobernación de Santa Marta, hasta el cabo de Maracapana (en el actual Estado Anzoátegui) hacia el este.

Las Provincias, por tanto, tenían una extensión determinada en la costa, pero tierra adentro, llegaban hasta donde poblaran y en todo caso, hasta el mar del Sur. Así se indicaba por ejemplo, en la Capitulación de 27 de marzo de 1528 dada a Enrique Ehinger y Jerónimo Sailer, en la cual se señaló además, como término de la Gobernación, desde la costa (norte) hacia el sur, "de la una mar a la otra", es decir, desde el mar Caribe tierra adentro hasta el mar del Sur. La prolongación de la Provincia hacia el sur, por tanto, en principio seguía una línea por el meridiano que pasaba por cada uno de los términos hacia el oeste (cabo de la Vela) y hacia el este (Maracapana). Sin embargo, su determinación precisa posteriormente, iba a depender de la labor de poblamiento.

En otras palabras, la fundación de pueblos, villas o ciudades en el territorio descubierto fue lo que en definitiva definió el territorio como formando parte de la Provincia que integraba la Gobernación correspondiente.

Así, unas tierras podían haber sido descubiertas y visitadas por determinados adelantados o exploradores, pero mientras no las poblaban, no formaban parte de la Gobernación de la Provincia a la cual servían. Si luego, otro adelantado bajo el mando del gobernador de otra Provincia las poblaba primero, el territorio se consideraba como perteneciente a esta última.

Se comprenderá, por tanto, la importancia del poblamiento para la definición del ámbito geográfico de las Provincias respectivas. Por ejemplo, si los conquistadores alemanes de la Gobernación de Venezuela, entre 1530 y 1538, particularmente Alfinger, Hutten y Federmann, en sus correrías por los llanos al sur de los ríos Apure y Meta, hasta el Amazonas, por el valle de Pamplona y por el Valle de Upar, hubiesen fundado pueblos, buena parte del territorio de lo que luego fue parte del Nuevo Reino de Granada, hubiese sido de la Provincia de Venezuela.

Así lo señalaba, sólo una década después de las expediciones de Alfinger, en 1548, el licenciado Juan Pérez de Tolosa, quien había sido nombrado por el Emperador como gobernador y capitán general de la Provincia de Venezuela por Real Cédula de 12 de septiembre de 1546. En efecto, en su celebre *Relación de las tierras y provincias de la gobernación de Venezuela*, de 1548, Provincias que gobernó hasta 1549, decía:

> "Del dicho pueblo de Maracaibo, el dicho gobernador Ambrosio Alfinger entró la tierra adentro y llegó al Valle de Upare, que ahora está poblado por Santa Marta, que serais una treinta leguas desde Cabo de la Vela... Si esta Tierra la hubiera poblado el dicho Ambrosio, la Gobernación de Venezuela fuera próspera y tuviera poblado el Nuevo Reino de Granada, porque es el paso y camino por donde después se descubrió. Con ser esta tierra de los pacabuyes, no la pobló, antes siguió el río arriba de Cartagena, que es el río por donde vienen del Nuevo Reino de Granada, y dejó la derrota del Reino y resolvió sobre la culata de la laguna para volverse a Coro."

Por no poblar se perdieron las tierras descubiertas para la Provincia de Venezuela.

La población, por tanto, era la garantía de la ocupación y, por tanto, el título de la pertenencia de la tierra descubierta y ocupada a la jurisdicción de una gobernación determinada. El caso de *Quito* es ilustrativo, pues su fundación urgente, virtualmente a la carrera, hizo que esa tierra quedase en la jurisdicción de la Capitulación dada a Francisco Pizarro y no en la jurisdicción de la Capitulación dada a Pedro de Alvarado.

En efecto, Francisco Pizarro, vecino de Tierra Firme, es decir, de la Provincia de Castilla del Oro y Diego de Almagro, vecino de la ciudad de Panamá, con licencia de Pedrarias Dávila habían ido a conquistar, descubrir, pacificar y poblar por la costa del mar del Sur por el levante, y con motivo de la relación que de ello hicieron a la Reina, esta otorgó Capitulación a Francisco Pizarro, el 26 de julio de 1529 para ir a la conquista de Tumbes, es decir, de la Provincia de Perú hasta 200 leguas tierra adentro. Con ello se inició a la conquista y poblamiento de las tierras de los Incas. Tres años después, el 5 de agosto de 1532, se otorgó Capitulación a Pedro de Alvarado, quien era adelantado y gobernador de la Provincia de Guatemala, para ir a "descubrir y conquistar las islas en la Mar del Sur de la Nueva España", particularmente que existieran hacia el poniente de la Mar, aun cuando con la salvedad de que no se hiciese "en el paraje de las tierras en que oy ay probeidos gobernadores", es decir, que perteneciesen a otras Capitulaciones.

En las huestes de Pizarro estaban Diego de Almagro y Sebastián de Belalcázar. Ambos, en marzo de 1534, salieron desde puntos diversos para tratar de cerrar el paso a la penetración e intromisión que en esas tierras, que pertenecían a la Capitulación de Pizarro, había iniciado Pedro de Alvarado al amparo de su Capitulación. A los efectos de evitar una confrontación que por las fuerzas de Alvarado, mayor en número, podría implicar una derrota, Almagro y Belalcázar decidieron a toda urgencia, en la noche del 15 de agosto de 1534, fundar una ciudad en el lugar de Riobamba, donde estaban acampados, a la que llamaron Santiago de Quito. Dicha fundación la hizo Almagro, en su carácter de Lugar-Teniente del gobernador y capitán general Francisco de Pizarro. Se trató inicialmente de una ciudad en el papel del acta fundacional, pues el sitio definitivo no estaba decidido. Sin embargo, se nombraron de inmediato los alcaldes y regidores. En esta forma cuando Alvarado llegó al sitio al día siguiente se encontró con un pueblo ya fundado y jurídicamente establecido, y por tanto, con que las tierras ya pertenecían a la jurisdicción de la Gobernación de Pizarro.

Aún cuando la ciudad de Santiago en ese momento no era más que un campamento. Pedro de Alvarado, no pudo fundamentar su propósito de justificar la penetración en esos territorios sobre la base de considerarlos como tierras por descubrir que estarían fuera de la jurisdicción de Pizarro. La fundación de Quito, por ello, convirtió el territorio ocupado en parte de la Gobernación de Pizarro. El resultado de ello fue el abandono por Alvarado de su intento, pues su gente se había pasado a la de Almagro; por lo que vendiendo sus navíos a Almagro y entregándole su gente, regresó a Guatemala.

Diego de Almagro entonces, casi dos semanas después de la primera fundación, el 28 de agosto de 1534 decidió fundar una segunda ciudad denominada San Francisco de Quito, en el mismo sitio, pero incorporando esta vez las huestes que habían sido de Alvarado. Así, San Francisco de Quito, sustituyó a Santiago de Quito.

Ya para esa fecha, en todo caso, el 21 de mayo de 1534 se había otorgado a Diego de Almagro Capitulación para descubrir doscientas leguas del mar del Sur hacia el estrecho de Magallanes, con lo que se inició la conquista de Chile. De regreso al Perú se enfrentó con Pizarro por la posesión del Cuzco, terminando sus días decapitado (1538) por orden de Hernando Pizarro, quien lo venció en la batalla de Salinas.

Por su parte, Sebastián de Belalcázar como teniente general de la Gobernación de Pizarro, posteriormente inició expedición hacia el norte llegando a la Sabana de Bogotá en 1538, donde ya estaba Gonzalo Jiménez de Quesada, teniente de gobernación de la Provincia de Santa Marta, donde había llegado después de remontar el río Magdalena. Allí, en el Valle de los Alcázares de Bogotá, en la tierra de los *muiscas,* al llegar en el mismo año, el 6 de agosto de 1538, fundó a la carrera un pueblo con el nombre de la Ciudad Nueva de Granada, precisamente porque sabía que al mismo paraje llegarían las huestes de otros dos adelantados: uno, que venía desde las provincias del sur, el mismo Sebastián de Belalcázar, y otro, que venía desde el este, Nicolás de Federman, teniente de gobernación de los Welsares en la Provincia de Venezuela. Con la fundación inicial podía considerarse que esas tierras ya estaban ocupadas por Jiménez de Quesada, al estar poblada. El conflicto, sin embargo, fue inevitable. Por una parte, la presencia de las huestes de los tres conquistadores en la Sabana, condujo a que Jiménez de Quesada -como había sucedido en Quito- hiciera una nueva fundación, el 27 de abril de 1539 esta vez de Santa Fe de Bogotá con la participación de las tres huestes, aun cuando conservando las huestes quesadistas la mayoría de los cargos concejiles. En esta forma, Santa Fe de Bogotá. Pero como los tres conquistadores reclamaron jurisdicción sobre esas tierras, ese mismo año de 1539 los tres conquistadores se embarcaron por el río Magdalena y luego en Santa Marta, para embarcarse hacia España, donde debieron dirimir sus derechos ante el Consejo de Indias, entidad que sólo fue después de una década de pleitos, cuando reconoció los derechos a favor del licenciado en derecho Jiménez de Quesada, quien entonces regresaría a América en 1549 como Capitán general del Nuevo Reyno de Granada.

La fundación de una ciudad y su permanencia, por tanto, era el título jurídico para que un territorio formara parte de una determinada gobernación. Por ello, también, la destrucción de una ciudad era el mecanismo para que un territorio dejara de pertenecer a determinada gobernación. Así sucedió, por ejemplo, con la villa de Bruselas, fundada cerca del golfo de Nicoya, en Costa Rica, por Francisco Hernández de Córdoba en 1524, en nombre del gobernador Pedrarias Dávila de la Provincia de Castilla del Oro. Después de fundar el mismo año, en tierras de Nicaragua, las ciudades de León y Granada, Hernández de Córdoba, pretendió desligar los territorios descubiertos de la autoridad de Pedrarias, ordenando en 1525 la destrucción de la villa de Bruselas. La consecuencia de tal acto fue que Pedrarias fuera personalmente desde Panamá hacia Nicaragua para tomar el gobierno de esos territorios para su gobernación, ordenando a Gonzalo de Badajoz la repoblación de la villa de Bruselas para asegurar la pertenencia de las tierras de la costa del Pacífico de Costa Rica a la Provincia de Castilla del Oro. Además, apresó al rebelde Hernández de Córdoba, a quien ejecutó como castigo por su delito territorial. Pero al año siguiente, Pedrarias había sido reemplazado en la Gobernación de Castilla del Oro, a la cual los pobladores de la villa de Bruselas habían decidido permanecer. En vista de que en la Provincia de Nicaragua había sido designado Diego López de Salcedo como gobernador, este de nuevo ordenó la destrucción de la villa de Bruselas para buscar que las tierras de Nicoya pasaran a su gobernación. Luego, el mismo Pedrarias esta vez nombrado gobernador de Nicaragua en 1529, logró que por Real Cédula de 1530 la villa de Bruselas se adscribiera definitivamente a esa gobernación, desligándose de Castilla del Oro, con lo cual décadas después, las tierras de Costa Rica se conquistarían desde Nicaragua. La villa de Bruselas, sin embargo, no sobrevivió a estos atentados territoriales, habiendo asumido el carácter de centro de conquista en la zona, a partir de 1561, la villa de Garcimuñoz, que fue el origen de la ciudad de Cartago.

Por último, debe indicarse que con el acto fundacional, y de acuerdo con la licencia recibida, en general se establecía el tipo de entidad urbana que debían establecer los adelantados, distinguiéndose entre las villas y ciudades las cuales, a diferencia de las rancherías o sitios, siempre surgieron de un acto fundacional formal. Las villas eran centros poblados fundados con la finalidad expresa de servir de base para la ocupación de un territorio y la subsiguiente penetración de otros no ocupados por españoles. Las ciudades, por su parte, tenían una categoría superior dada su permanencia, por lo cual eran siempre fundadas deliberadamente, también con todas las formalidades, pero sin que el condicionante fuese la penetración del territorio. También se otorgaba por real Cédula el título de ciudad, a villas previamente fundadas.

VI. LA NECESIDAD DE LICENCIA PODER FUNDAR Y LA PENA DE MUERTE POR POBLAR SIN ELLA

Por otra parte, como antes se dijo, para descubrir, conquistar y poblar se requería de un título y ese fue en su inicio el de las Capitulaciones, cuyo régimen quedó instituido y generalizado a partir de la Real Provisión dada en Granada el 3 de septiembre de 1501, en la cual se estableció:

> "Por la presente ordenamos e mandamos e prohibimos e defendemos que ninguna ni algunas personas, nuestros súbditos e naturales de nuestros reinos e señoríos, ni extraños de fuera de ellos, sean osados de ir ni vayan sin nuestra licencia e mandado a descubrir el dicho Mar Océano, ni a las islas e tierra firmes que en él hasta agora son descubiertas o se descobrieren de aquí adelante..."

El fundar una villa o ciudad, sin licencia, por tanto, se consideraba como un delito que podía acarrear la pena de muerte y pérdida de todos los bienes. Lo mismo ocurría respecto del que destruyera una villa sin licencia.

Por ello, por ejemplo, Hernán Cortés, legitimó su empresa conquistadora fundando sin título una ciudad (Villa Rica de la Vera Cruz), de cuyas autoridades se hizo otorgar los títulos necesarios para la conquista de la Nueva España. En efecto, Hernán Cortés, Alcalde de Santiago de Cuba, cuando en 1519 desembarcó en las costas de México con la misión que le había dado el gobernador de la isla de Cuba, Diego de Velásquez, de buscar a otros expedicionarios. Al percatarse de la riqueza del Imperio Azteca que había descubierto, y consciente de que no tenía licencia para descubrir, conquistar y poblar, como conocedor del derecho por sus estudios en Salamanca, lo que hizo aun sin licencia, fue fundar un pueblo al cual llamó la Villa Rica de la Vera Cruz, para de inmediato renunciar al mando del ejército y al precario mandato que tenía del gobernador Velásquez, ante las mismas autoridades que venía de nombrar. Acto seguido, los Alcaldes de la Villa por él designados le dieron el título de adelantado de la ciudad, con lo que "quemando las naves" para impedir el regreso de su hueste a Cuba, emprendió la conquista de México. Sin duda, la importancia de la riqueza descubierta y conquistada fue lo que le permitió salir airoso del largo proceso judicial que le entabló Velásquez ante la Corte del Emperador Carlos V, del cual salió con el título de gobernador y capitán general de la Nueva España.

En Venezuela dos casos famosos ilustran la problemática y las consecuencias de fundar pueblos sin licencia. En primer lugar, está el caso de Juan Rodríguez Suárez, el "Caballero de la Capa Roja", y uno de los conquistadores y pobladores más destacados de la Provincia de Venezuela. Como alcalde que era de las minas de oro de Pamplona, y luego de la propia ciudad, fue autorizado por el Cabildo para emprender nuevos descubrimientos al norte, en las Sierras Nevadas, luego de los fracasos de los intentos precedentes por descubrir allí minas, entre otros, de Juan de Maldonado, quien también había sido alcalde de la ciudad, y su enemigo.

En 1558, Juan Rodríguez Suárez partió hacia las Provincia de las Sierras Nevadas situadas en lo que hoy es el Estado Mérida de Venezuela, y luego de pasar por los valles de Cúcuta, del Torbes, del Cobre y de La Grita, por Bailadores y Estanques, en lugar de descubrir minas, en la ribera de la laguna de Urao (Lagunillas), fundó, el 9 de octubre, la ciudad de Mérida en recuerdo de su ciudad natal extremeña. Nombró autoridades reservándose el cargo de justicia mayor. Al mes siguiente cambió de lugar el sitio de la ciudad, trasladándola a la mesa de Tatey, en el valle del Chama, nombrando a los ríos que limitaban la meseta con los mismos nombres de Guadiana (Chama) y Albarregas que flanqueaban su ciudad natal, fijándole su término territorial, el cual, por supuesto, competía con el que tenía la ciudad de Pamplona.

El "Caballero de la Capa Roja" no tenía licencia alguna para fundar ciudades, por lo que la Real Audiencia de Santa Fe comisionó al alcalde de Pamplona, Juan de Maldonado, para hacerlo preso por haber cometido el delito de fundar una ciudad para lo cual no tenía licencia real, lo que afectaba el ámbito territorial de Pamplona. Juan de Maldonado salió para Mérida, y Rodríguez Suárez, quien no había encontrado oro ni siquiera en la culata del lago de Maracaibo, donde desemboca el Chama, fue a su encuentro. Al tener conocimiento de las órdenes de la Real Audiencia, accedió a cambiar nuevamente el sitio de la ciudad, más arriba, aguas arriba del río Chama, la cual entonces fue "refundada" por Juan de Maldonado, formalmente con el nombre de Santiago de los Caballeros.

A pesar de ello, Rodríguez Suárez fue hecho prisionero y llevado a Bogotá, donde fue sentenciado a muerte en 1560. Logró, sin embargo, escapar de prisión con la ayuda del obispo de Santa Marta, y fue a dar a la ciudad de

Trujillo en los mismos Andes venezolanos, fundada por otro extremeño de Trujillo, Diego García de Paredes, quien lo acogió y nombró su Teniente. Cuando los enviados del oidor de la Audiencia de Santa Fe llegaron a aprehenderlo, ante la orden escrita de arresto, el Alcalde les dijo tranquilamente que allí nadie sabía leer ni escribir sino "el Ave María y el Padre Nuestro", y que sobre el hombre de la Capa Roja -como se conocía a Rodríguez Suárez- tenían las mejores referencias. La insistencia del oidor de la Audiencia de Santa Fe fue tal que envió una orden de arresto no sólo de Rodríguez Suárez sino de su protector García de Paredes a la ciudad de El Tocuyo, donde estaba el gobernador de la Provincia de Venezuela, Pablo Collado. La respuesta de Collado fue la jurídicamente correcta: que la jurisdicción de la Audiencia de Santa Fe no llegaba hasta la Provincia de Venezuela donde estaba enclavada la ciudad de Trujillo, la cual estaba sometida a la Audiencia de Santo Domingo, con lo que puede decirse que se consolidaría el primer caso de asilo político que se otorgó en América.

Otro caso de fundación sin licencia que puede destacarse, es el de Francisco de Cáceres, con la fundación de la villa de La Grita. Este conquistador había participado en la guerra que en 1559, Felipe II había emprendido contra el imperio turco. En la derrota cayó prisionero y fue llevado a Marruecos. Luego estuvo como esclavo remero amarrado como galeote en una de las galeras de la armada turca que señoreaban en el Mediterráneo. Después de algunos años fue conducido a Constantinopla y entró al servicio de un Bajá de Solimán el Magnífico. Logró huir atravesando el Bósforo, y pasando por lo que hoy es Bulgaria, Hungría y Austria, en 1567 llegó a España. Se alistó en la expedición de Diego Fernández de Serpa cuando fue a tomar posesión de la Gobernación de Nueva Andalucía, a quien acompañó entre 1569 y 1570 en sus andanzas. Pero el gobernador murió en 1570 en un ataque indígena en el sitio de Nueva Córdoba (Cumaná). La desbandada de los expedicionarios llevó a Cáceres al Nuevo Reino de Granada, y en particular, a la Provincia de Pamplona. Desde allí, en el valle de La Grita fundó, en 1572, una ciudad con el nombre de Espíritu Santo*)*, para lo cual no tenía licencia. Por orden de la Real Audiencia de Santa Fe fue ordenado su encarcelamiento, pero luego de viajar a España, con influencias en la Corte de Felipe II logró la confirmación por Orden Real en 1574, de la conquista y poblamiento de la Provincia de Espíritu Santo. La Capitulación para ello se le otorgó el año siguiente, en Santa Fe, con el título de gobernador y capitán general de la Provincia de Espíritu Santo de la Grita y Cáceres, título con el que "refundó", esta vez legalmente, la ciudad del Espíritu Santo. Luego fundó, en 1577, por intermedio de Juan Andrés Varela, a Altamira de Cáceres, en el Cañón del Río Santo Domingo, ciudad de la cual surgieron, posteriormente, por traslado, las ciudades de Barinitas y de Barinas. Murió en 1588, también a manos de los indios, entre los ríos Meta y Casanare.

SECCIÓN SEGUNDA. SOBRE CÓMO SE ASEGURÓ EL PROCESO DE FUNDACIÓN Y CUÁL FUE LA ORGANIZACIÓN QUE SE ESTABLECIÓ PARA ELLO

La respuesta a la segunda pregunta formulada sobre cómo se aseguró el poblamiento como política imperial, está en la organización política y administrativa que la Corona española estableció para llevar adelante el proceso de descubrimiento y conquista de América, tanto en la Península como en el territorio americano.

I. LA ADMINISTRACIÓN DE LOS ASUNTOS DE LAS INDIAS EN LA CORONA Y EL REAL CONSEJO DE LAS INDIAS

En cuanto a la situación en la situación en los reinos de Castilla y Aragón, debe recordarse que apenas iniciado el proceso de conquista en 1504 murió la reina Isabel, habiendo ordenado en su testamento que si Juana su hija y heredera del reino no podía gobernarlo por estar ausente o por otra razón, lo hiciese el rey Fernando hasta tanto su nieto, el infante Carlos de Gandes, hijo de Juana y Felipe de Habsburgo, cumpliese 20 años. Con ello, Fernando había perdido en vida el título de rey de Castilla y de Señor de las Indias, quedando sólo como gobernador y administrador del Reino.

En 1506 de Juana y Felipe a España recibieron el juramento de las cortes de Castilla en Valladolid como los nuevos reyes de España, pero a los pocos meses el archiduque falleció en Burgos. Al año siguiente, Juana dio a luz a su última hija, y ya no salió nunca más de Tordesillas, donde pasó 46 años encerrada de "locura", hasta su muerte en 1555.

En 1516, falleció Fernando, quien dispuso en su testamento que Carlos lo sucediera como Rey de Aragón, y en cuanto al reino de Castilla, su herencia también debía recaer sobre él, pero sólo cuando la reina Juana muriese. Hasta que ello ocurriese y Carlos pudiese asumir el trono, Fernando, en su carácter de gobernador General, dejó como Regente al Cardenal Fray Francisco Ximénez de Cisneros, para que administrara y gobernara los Reinos. En 1517 Carlos I llegó a España y en ese mismo año murió el cardenal, cumplida su labor de regente. Al ser proclamado rey de España, Carlos I no tenía nada de español; pues educado en los Países Bajos, le era totalmente extrañas el alma, la cultura y la historia hispánica. Era un flamenco y lo sería siempre, por lo que los negocios españoles le fueron siempre accesorios.

En todo caso, antes de su coronación, entre 1506 y 1516, los asuntos de las Indias habían seguido un curso importante, de manera que en las Antillas del Nuevo Mundo se había desarrollado una actividad inusitada de exploración y descubrimiento del mundo circunvecino: en 1508, Diego de Nicuesa y Alonso de Hojeda habían recibido Capitulación para comerciar en Urabá y Veragua, fundándose en 1510, San Sebastián de Urabá y Santa María la Antigua del Darién; en 1509, Juan de Esquivel había iniciado la colonización de Jamaica; en 1511, se había efectuado la colonización de Cuba por Diego Velásquez; en 1512, había comenzado el poblamiento de Puerto Rico a cargo de Juan Ponce de León; en 1513, Vasco Núñez de Balboa había descubierto el mar del Sur (océano Pacífico); en el mismo año se le había otorgado Capitulación a Pedrarias Dávila para colonizar la Provincia de Castilla del Oro; y en 1515 y 1516, Díaz de Solís había explorado el estuario del Río de la Plata.

En esta forma, para cuando Fernando murió y luego ara cuando Carlos I se juramenta como rey de España, ya habían sido colonizadas en el Nuevo Mundo las grandes Antillas: Española, Cuba, Puerto Rico y Jamaica; había sido descubierta la península de Florida; habían sido exploradas las costas norte y este de Sur América y las costas del sur de Centro América, y se hallaba en formación un centro de colonización en tierra firme, en el istmo de Panamá. Posteriormente, sin duda, durante la época de Carlos V fue que se consolidó la conquista de América y se realizaron las más importantes penetraciones en el territorio del Nuevo Mundo; y ello, a pesar de que los asuntos americanos no tuvieron gran importancia, siendo los mismos asuntos españoles, un aspecto más del vasto imperio.

No hay que olvidar que Carlos V habría de enfrentar las guerras civiles (Guerra de las Comunidades) que se desataron en Castilla entre 1520 y 1521 provocadas por los señores españoles en búsqueda de preservar sus fueros, bajo el grito de "Comunidad" y la proclamación de su madre Juana como única heredera; tendría que detener los avances de Solimán el Magnífico, quien se había entronizado hacia el Oriente luego de la caída de Constantinopla (1453) en poder de los turcos, pues en 1521 ya había entrado en Belgrado y en 1529 entraría en Budapest, año en el cual también cercaría a Viena; continuaría la guerra contra los franceses, de manera que entre otros acontecimientos, en 1522 estos serían expulsados de Milán, y en 1525 vencería a

Francisco I en la batalla de Pavía, haciéndolo prisionero; tendría que enfrentar el proceso de la Reforma y el surgimiento del protestantismo, lo cual coincidió con el inicio de su reinado, haciéndole guerra a los protestantes hasta 1555, cuando con la Paz de Habsburgo se produjo el reconocimiento de la religión luterana; y además, entraría en conflicto con los papas por el temor de estos a la pérdida de su poder temporal, habiendo, sin embargo, sido coronado por el Papa en 1530, como emperador y rey de Italia. No se olvide, en particular, que la reforma protestante se inició precisamente en 1517 con las 95 tesis de Martín Lutero, denunciando, entre otras cosas, la venta de indulgencias y quien después de su excomunión en 1520, sería desterrado por Carlos V.

En 1556, un año después de la muerte de su madre, Juana la Loca, el Emperador abdicó a las Coronas y se retiró a España, donde murió enclaustrado en el monasterio de San Jerónimo de Yuste en la Sierra de Gredos, el 21 de septiembre de 1558.

Fue que durante el reinado de Carlos I se consolidó el proceso de descubrimiento y conquista de las provincias de Tierra Firme. El año 1519, así, fue cuando se fundó la ciudad de Panamá y Hernán Cortés fundaba la villa de La Victoria el primer asentamiento en las costas de Tabasco en México, para iniciar la conquista de la Nueva España. En las casi cuatro décadas del reinado de Carlos puede decirse que los españoles tomaron posesión de casi todas las tierras americanas mediante la fundación de decenas de ciudades, adquiriendo la empresa americana completamente un carácter de empresa real, ya que precisamente el mismo año de la abdicación de Carlos V, en 1556 el Consejo de Indias declaró formalmente a los Welser privados de sus derechos sobre la Provincia de Venezuela, asumiendo la Corona la autoridad directa sobre la misma.

Dada la magnitud del Imperio y de los asuntos imperiales, Carlos V fue uno de los monarcas que haría el mayor uso del régimen de Consejos, los cuales combinaban tareas administrativas y jurídicas, pero con predominio de estas últimas. Uno de esos Consejos fue, por supuesto, el Consejo Real de Castilla, cuyo presidente era quien en ausencia de Carlos ostentaba la regencia de toda la Península, en el cual Carlos delegó los asuntos de América.

Fue dicho Consejo el que se ocupó de los asuntos de las Indias. Inicialmente, mediante delegación de orden técnico que los reyes Católicos dieron en 1493 a uno de sus miembros, el obispo Juan Rodríguez de Fonseca. Fue en dicho Consejo en 1518, que el Emperador creó una Junta o Comisión de Indias, en la cual también participó Fonseca, que se especializó en los asuntos de las Indias. Este Comité permanente del Consejo Real de Castilla integrado por algunos de sus miembros para atender los asuntos de las Indias, en 1524 se transformó en el Real y Supremo Consejo de Indias, como órgano eminentemente jurídico pero que también combinaba en su seno funciones de tribunal de apelación, de órgano asesor y ministerio de supervisión de los asuntos coloniales. La función de legislación, aunque teóricamente estaba reservada al rey, también se ejercía con frecuencia por el Consejo, con la aprobación formal del rey.

Desde su constitución en 1524, todo el gobierno político y administrativo de los territorios de Indias estaría en manos de este Consejo: la jurisdicción civil y criminal en última instancia; el nombramiento de funcionarios; las expediciones de descubrimientos; la hacienda colonial y tratamiento de indios, entre otros aspectos. Además, con la creación del Consejo de Indias en 1524, se hizo depender del mismo a la Casa de Contratación, que había sido establecida en 1503 para centralizar todos los aspectos de comercio y navegación con las Indias, y donde se almacenaba todo lo que se destinaba a América y todo lo que de ella llegare a la Península. Fue en todo caso en las *Leyes nuevas* de 1542 donde se fijó la estructura del Consejo y su función de velar por los indios. El producto más acabado del Consejo de Indias en materia de poblamiento, fueron las *Ordenanzas de Descubrimiento y Población* de 1573, en las cuales se reguló todo lo concerniente al poblamiento y al trazado regular de la ciudad hispanoamericana, recogiéndose en cierta forma todo lo que había ocurrido en la materia en las décadas precedentes.

II. LA ORGANIZACIÓN TERRITORIAL DE LAS INDIAS

El proceso de poblamiento de América por la Corona española dio origen al progresivo diseño de una forma particular de organización del territorio para su gobierno, que puede decirse que sólo se aplicó en el Nuevo Mundo, pues fue establecido particularmente para América, y sin la cual, por supuesto, la Corona no habría podido manejar centralizadamente los asuntos de las Indias. Surgieron así, progresivamente, Provincias, Audiencias y Virreinatos, las cuales fueron las instituciones territoriales claves que se implantaron en el Nuevo Mundo.

1. Las Provincias.

La primera forma de organización territorial de las Indias fue la del Virreinato de Colón, otorgado conforme a las Capitulaciones de Santa Fe de

1492, el cual duró siete años hasta 1499, cuando se desplomó, con la designación de Francisco de Bobadilla como juez perseguidor y haber Colón sido detenido y llevado a España donde murió en 1506. Si bien antes los Reyes lo perdonaron, nunca recuperó su Virreinato, el cual fue sustituido por la organización en Provincias y gobernadores. Entre 1508 y 1515, sin embargo, después de un largo pleito, se nombró a Diego Colón gobernador de la Española, habiéndosele reestablecido en 1511, el Virreinato del Almirante, el cual con muchas vicisitudes y sin mando efectivo se extinguió definitivamente con la muerte de Diego Colón en 1526.

Lo cierto fue que a partir de 1499, el territorio americano se comenzó a organizar en tres Provincias o Gobernaciones: la primera, la de la isla La Española, que comprendía las islas y tierra firmes descubiertas hasta entonces por Colón, para la cual después de Bobadilla, se había designado como gobernador a Nicolás de Ovando, el 3 de septiembre de 1501; la segunda, la de la isla de Coquibacoa (que era la Península de la Guajira), que se había otorgado en Capitulación a Alonso de Hojeda el 26 de julio de 1500, después, con título de gobernador el 10 de junio de 1501,ampliado en Capitulación de 30 de septiembre de 1504, para llegar hasta el golfo de Urabá; y la tercera, la que se concedería el 5 de septiembre de 1501, en lo que es hoy tierra brasileña, a Vicente Yánez Pinzón "para ir a descubrir desde la Punta de Santa María hasta Rostro Hermoso y el Río Santa María de la Mar Dulce" (Amazonas).Sólo la primera provincia existió efectivamente, pues las dos últimas no llegarían a poblarse.

Posteriormente, el 12 de julio de 1503, se le otorgaría Capitulación a Cristóbal Guerra para llegar a descubrir la Costa de las Perlas y otras islas, hasta el golfo de Urabá, con tal de que no fuera lo descubierto por Colón hasta 1498; y a Juan de la Cosa, el 14 de febrero de 1504, para ir a descubrir el golfo de Urabá. Sin embargo, ninguna de estas provincias llegaría a establecerse efectivamente, entre otros factores, por ausencia de poblamiento.

Posteriormente, el 9 de junio de 1508 se otorgó Capitulación a Diego de Nicuesa y a Alonso de Hojeda para comerciar en Urabá y Veragua, nombrándoseles capitanes y gobernadores, quienes fracasaron en su empresa por la negativa de apoyo de Diego Colón a la Provincia, la cual, sin embargo, había sido constituida de hecho por Vasco Núñez de Balboa en el Darién y Tierra Firme. En 1512 además, se otorgó Capitulación a Juan Ponce de León para descubrir y poblar Florida y la isla de Bimini, otorgada el 23 de febrero de 1512, la cual no llegó a constituirse.

La gobernación del Darién se consolidaría, luego del descubrimiento del Mar del Sur en 1513 por balboa, con el nombramiento de Pedrarias Dávila como gobernador y capitán general de la Provincia de Castilla del Oro.

Luego de la ocupación de la isla de Cuba por el teniente de gobernador de Colón, Diego Velásquez, este trató de independizarse habiendo obtenido Capitulación el 13 de noviembre de 1518, para descubrir y conquistar Yucatán y Cozumel. Envió a Hernán Cortés a buscar otros expedicionarios, habiendo desarrollado por su cuenta la conquista de Nueva España (1519-1521), lo que se extendió a Honduras (1521), separando su autoridad de la de Velásquez

Por su parte, Pedrarias extendió sus expediciones desde Panamá hacia el norte, por Costa Rica, Nicaragua y Honduras (1519-1524).

La confusión que tantos descubrimientos habían producido entonces en el gobierno de las Indias, tanto en el Caribe como en Centroamérica, paralelamente a la consolidación de la Provincia de la Nueva España, fueron los que, entre otros factores, provocaron en 1524 la creación del Consejo Real de las Indias, precisamente para reordenar el gobierno de las Indias, lo que se facilitó a partir de la muerte de Diego Colón, el 23 de febrero de 1526.

Con el Consejo Real de las Indias y con el rápido proceso de la conquista en América, puede decirse que se multiplicó el sistema de Provincias. En primer lugar se dividieron las que en ese momento existían: de la Provincia de la isla La Española, se separaron Puerto Rico y Cuba; de la Provincia de Tierra Firme o Castilla del Oro, se separó Nicaragua; y de la Provincia de la Nueva España, se separaron Guatemala y Honduras. Surgieron además otras nuevas Provincias y Gobernaciones: en las costas de Sur América: la de Cartagena, en Capitulación otorgada a Gonzalo Fernández de Oviedo, el 26 de junio de 1523; la de Santa Marta, en Capitulación dada a Rodrigo de Bastidas, el 6 de noviembre de 1524; la de Margarita, en Capitulación a Marcelo Villalobos de 18 de marzo de 1525; la de Curaçao, Aruba y Bonaire, en Capitulación otorgada a Juan de Ampíes, el 15 de noviembre de 1526; y la de cabo de la Vela y Venezuela, en Capitulación otorgada a Ambrosio Ehinger y Gerónimo Sailer, el 27 de marzo de 1528.

En Centroamérica, se creó la Provincia de Yucatán y Cozumel, en Capitulación dada a Francisco de Montejo, el 8 de diciembre de 1526; y en el Perú, la Provincia surgida de Capitulación otorgada por Pedrarias Dávila a Francisco de Pizarro, confirmada por el Rey el 17 de mayo de 1527, y la que le dio el Rey, el 26 de julio de 1529.

Por otra parte, el 14 de septiembre de 1526, después de la muerte de Diego Colón, la Audiencia de Santo Domingo que se había creado en 1511, se convirtió en Real Audiencia y Cancillería con jurisdicción sobre todas las Indias, hasta el año siguiente cuando se creó la Audiencia de Nueva España, con jurisdicción en el territorio continental del golfo de México desde Honduras hacia el norte, y hacia el este, hasta Florida. En 1538 se creó la Audiencia de Panamá, con jurisdicción hasta Nicaragua, Veragua y Tierra Firme, excepto la Provincia de Venezuela, que quedó sujeta a la de Santo Domingo.

La institución del Virreinato en las Indias reapareció el 17 de abril de 1535, cuando se nombró a Antonio de Mendoza, virrey y gobernador de la Nueva España y presidente de la Real Audiencia de esa Provincia. En 1542, con las *Nuevas Leyes* se suprimió la Audiencia de Panamá y se creó el Virreinato del Perú, con Audiencia presidida por el virrey y gobernador. En Centroamérica, en 1542, se creó la Audiencia de Guatemala y Nicaragua, y en 1547 se creó la Audiencia de Santa Fe de Bogotá.

De lo anterior resulta que durante todo el proceso de conquista y colonización española en América, desde comienzos del siglo XVI hasta el inicio del siglo XIX, la *Provincia* se configuró como la estructura territorial básica para lo militar, la administración y el gobierno y la administración de justicia en los territorios de ultramar. Estas Provincias como unidades territoriales básicas, giraban en torno a una ciudad, que con sus autoridades locales (Ayuntamiento o Cabildo) hacía de cabeza de Provincia.

La Provincia, así, durante todo el período del dominio español en América hasta comienzos del siglo XIX, fue una institución territorial creada y desarrollada por la monarquía española especialmente para el gobierno y la administración de los territorios de América, no existiendo en la Península una institución territorial similar; no teniendo el término mismo en la Metrópoli, ni siquiera un significado definido..

Esta unidad territorial básica de la *Provincia,* en todo caso fue la circunscripción territorial donde ejercía su autoridad un adelantado al inicio de la labor descubridora y de conquista, y luego un gobernador. El gobernador ejercía el poder militar, por que era capitán general y, además, tenía a su cargo las funciones administrativas, de gobierno y de administración de justicia. Estas Provincias, como circunscripciones territoriales, tuvieron diversas formas de creación en el tiempo. Inicialmente surgieron de las *Capitulaciones*, es decir, de los títulos otorgados por el monarca al jefe de una expedición proyectada, en las cuales se indicaban los derechos que la Corona se reservaba, así como los privilegios que se concedían a los participantes en la empresa descubridora. En ellas, al jefe de la expedición se le otorgaba el título de *adelantado,* con carácter vitalicio o hereditario y con amplísimos poderes militares, de administración y de gobierno. Posteriormente, fueron creados por la Corona por Reales Cédulas.

Los territorios de las provincias, sólo se irían conformando progresivamente conforme avanzara el proceso de poblamiento de acuerdo con la penetración que se hiciera en el territorio. El gobierno de cada adelantado y su provincia, por tanto, llegaba hasta los términos de lo que poblara, es decir, hasta donde fundara pueblos, villas o ciudades juntando españoles o indios en un sitio escogido y designando sus autoridades locales.

Conforme el proceso de colonización fue avanzando, las Provincias se fueron clasificando según su importancia político-territorial en dos categorías: las Provincias mayores, que eran aquellas en cuyos territorios se encontraban las sedes de las Audiencias, institución que presidía el respectivo gobernador; las Provincias menores, las cuales se encontraban más alejadas de la sede de aquellas, pero cuyo gobierno también estaba a cargo de sus respectivos gobernadores. Además, en otros casos, se establecieron Corregimientos y Alcaldías Mayores en territorios o ciudades, respectivamente, que también se encontraban alejados de las Provincias mayores, pero en los cuales no se consideraba necesario establecer una cabeza de Provincia ni un gobernador, sino un corregidor, generalmente para continuar la avanzada.

Tanto las Provincias como los Corregimientos y por supuesto, las ciudades donde tenían su sede o capital, fueron sometidos progresivamente a la jurisdicción de las otras dos instituciones políticas coloniales más importantes en el proceso de colonización americana, las Audiencias y los Virreinatos.

2. *Las Reales Audiencias*

Las Reales Audiencias *fueron* creadas conforme al modelo de las Reales Audiencias y Cancillerías de los Reinos de Castilla y Aragón que habían sido creadas en Valladolid y Granada, y que abarcaron todo el territorio español peninsular, al norte y al sur del Tajo. De acuerdo al modelo peninsular, las Reales Audiencias tenían como función primordial la administración de justicia, por lo que entre otras competencias eran tribunales de alzada respecto de las decisiones de los gobernadores; pero se diferenciaron del modelo peninsular en que en América, además de las funciones judiciales, se constituyeron en importantes órganos corporativos de gobierno, carácter que no tuvieron en

España. Así, en las Indias las Audiencias velaban por el mantenimiento del orden y buena gobernación de las ciudades; nombraban *ad interim* a los gobernadores y a los funcionarios de las que estaban sometidas a su jurisdicción; y en sus funciones deliberativas-gubernativas, producían los Reales Acuerdos.

Se distinguieron tres clases de audiencias: las Audiencias Virreinales, las Audiencias Pretoriales y las Audiencias Subordinadas. Las Virreinales eran las que tenían su sede en la capital del Virreinato y estaban presididas por el virrey; las Pretoriales, aquellas que tenían su sede en una Provincia mayor, y cuyo presidente era entonces el gobernador y capitán general; y las Subordinadas, generalmente situadas en una Provincia menor, presididas por el gobernador. La primera Audiencia creada en América fue la de Santo Domingo establecida en 1511.

3. *Los Virreinatos*

En cuanto a los Virreinatos, como su nombre lo indica, eran la representación del rey mismo en las colonias, estando sus territorios conformados por el del conjunto de Audiencias, provincias, corregimientos y pueblos que se dispusiera. Los virreyes, así, fueron una especie de *alter ego* del rey, que reunían todas las competencias estatales de la Monarquía en sus correspondientes Virreinatos, configurándose como la más alta instancia después del rey. Además, por la inmensidad de las distancias, la dificultad de las comunicaciones con la Península y la urgencia de los problemas a ser resueltos, el virrey decidía por sí mismo sin plantear siquiera la cuestión a los altos organismos radicados en España (Consejo de Indias), por lo que hasta cierto punto, era *alter ego* de dichas instancias. Los virreyes, además, como se dijo, presidían la Real Audiencia virreinal, establecían los cambios de límites territoriales de las Audiencias que estaban en su jurisdicción territorial y promulgaban instrucciones para los gobernadores y capitanes generales, corregidores y alcaldes mayores, quienes debían consultar al virrey sobre las resoluciones de importancia que debían adoptar.

III. LA AGRUPACIÓN DE LAS AUDIENCIAS EN LOS VIRREINATOS EN LA RECOPILACIÓN DE LOS REYNOS DE LAS INDIAS (1680)

Conforme a este esquema institucional, cuando en 1680 se publicó la *Recopilación de Leyes de los Reynos de las Indias,* el territorio de la América colonial hispana estaba dividido en el de dos Virreinatos, el de Nueva España, con sede en Ciudad de México, establecido en 1535; y el del Perú, con sede en Lima, establecido en 1543, que agrupaban once Audiencias, cuatro que estaban en el ámbito del territorio del Virreinato de Nueva España y siete en el del Virreinato del Perú. Además, existía una Audiencia en Manila, en el archipiélago de las Filipinas, cuyas islas habían sido conquistadas y pobladas desde el Virreinato de Nueva España. En el siglo XVIII, al crearse los Virreinatos de Nueva Granada (1717), y Río de la Plata (1776), quedaron en la jurisdicción del primero, las Audiencias de Santa Fe, Panamá, Quito y Venezuela; y dentro de las del segundo, las de Buenos Aires y Charcas.

1. Las Audiencias en el Virreinato de Nueva España

En el *Virreinato de Nueva España*, cuyo territorio abarcaba todas las islas y casi todas las provincias que se encontraban en el ámbito del mar Caribe, conforme se indicó en la *Recopilación* de 1680, funcionaban las siguientes Reales Audiencias:

1) La *Real Audiencia de Santo Domingo* con sede en Santo Domingo en la isla La Española, que había sido establecida en 1511, y que presidía el gobernador y capitán general de la isla. De ella dependían las gobernaciones de la isla de Cuba, de la isla de San Juan de Puerto Rico, de la Provincia de Venezuela, de la Provincia de Cumaná (Nueva Andalucía) y de la isla de Margarita. También dependían de esta Audiencia las islas de Barlovento y de la Costa de la Tierra Firme. Su ámbito territorial abarcaba, por tanto, a las islas del mar Caribe y el territorio del norte de Sur América, de manera que sus límites eran los de las Audiencias del Nuevo Reyno de Granada, de Tierra Firme, de Guatemala y de Nueva España.

2) La *Real Audiencia de México* con sede en Ciudad de México, que había sido establecida en 1527, y que presidía el virrey de Nueva España. De esta Audiencia dependían el Corregimiento de la Ciudad de México, la gobernación de la Provincia de Yucatán y las alcaldías del Castillo de Acapulco, de Tabasco, de Guavtla o Amilpas, de Tucuba, de Istlavaca o Metepeque y el Corregimiento de Veracruz. El ámbito territorial de la Audiencia abarcaba buena parte del centro y oriente de México y por el este, la costa del golfo de México hasta el cabo de Florida. Tenía entre sus límites los de las Audiencias de Guatemala y de Guadalajara y los de la Provincia de Florida.

3) La *Real Audiencia de Santiago de Guatemala* con sede en Santiago de Guatemala, había sido establecida en 1543, y la presidía el gobernador y capitán general de Guatemala. De esta Audiencia dependían las gobernaciones de Valladolid de Comayagua, de la Provincias de Costa Rica, de Hondu-

ras y de Nicaragua y de Soconusco, y los alcaldes de Verapaz, de Chiapa, de Nicoya, de Trinidad de Sonsonate, de Zapotitlán o Súchitepeque y de la Ciudad de San Salvador. El ámbito territorial abarcaba, por tanto, a casi todo Centro América y sus límites eran los de las Audiencias de Guadalajara y de Tierra Firme

4) La *Real Audiencia de Guadalaxara* de la Nueva Galicia con sede en Guadalajara, había sido establecida en 1548, y la presidía el gobernador de Guadalajara. De esta Audiencia dependían la gobernación de Nueva Vizcaya, el Corregimiento de Zacatecas y las provincias de Nueva Galicia, Culiacán, Copala, Colima y Zacatula. Su ámbito territorial, por tanto, estaba en la parte occidental de México hacia el Pacífico y la parte norte de dicho país; y sus límites eran los de las Audiencias de Nueva España y de Guatemala.

El territorio de la Republica Dominicana y de la República de Cuba se formó en el territorio que era de la Audiencia de Santo Domingo. El territorio de la República de Venezuela se formó con parte de lo que era territorio de esa Audiencia de Santo Domingo y parte del que fue de la Audiencia de Santa Fe del otro Virreinato, el del Perú, pues la Provincia de Mérida y La Grita, y la Provincia de Guayana, incluida Trinidad, formaban parte del distrito de esta Real Audiencia de Santa Fe; y las Provincias de Venezuela, de Cumaná y de Margarita, formaban parte del distrito de aquella Real Audiencia de Santo Domingo de la isla La Española.

Los Estados Unidos Mexicanos se formaron con parte los territorios de la Audiencias de México y de Guatemala y con el territorio de la Audiencia de Guadalajara; y las repúblicas de Guatemala, El Salvador, Honduras, Nicaragua y Costa Rica, se formaron en el territorio que había sido de la Audiencia de Guatemala.

Bajo la jurisdicción del Virreinato de Nueva España, además, y sin estar sometido a las antes mencionadas cuatro Audiencias, estaba el territorio del archipiélago de las Filipinas, sometido a su propia *Real Audiencia de Manila*, que había sido establecida en 1583. Además, estaba el territorio de la Gobernación de Florida, que si bien había quedado bajo la jurisdicción del virrey de Nueva España, no estaba sujeta a ninguna Audiencia americana, sino directamente al Consejo de Indias.

2. *Las Audiencias en el Virreinato del Perú*

En cuanto al *Virreinato del Perú*, en su territorio que abarcaba casi todo el territorio de Sur América, excepto el de su costa norte, pero incluido el del istmo de Panamá, conforme a la misma *Recopilación* de 1680, funcionaban las siguientes Audiencias:

1) *La Real Audiencia de Panamá* con sede en Panamá), había sido establecida en 1538 y la presidía el gobernador de la Provincia de Tierra Firme (Castilla del Oro). De esta Audiencia dependían las gobernaciones de la Provincia de Veragua y de la isla de Santa Catalina, y la Alcaldía de San Felipe de Portobelo. El ámbito territorial de la Audiencia, por tanto, llegaba por el mar del Sur hasta el Puerto de la Buenaventura en la costa colombiana del Pacífico y por el mar del Norte hacia Cartagena, hasta el río Darién, teniendo entre sus límites, los de las Audiencias de Guatemala y de las Audiencias del Nuevo Reyno de Granada y de Quito.

2) La *Real Audiencia de Lima* con sede en la ciudad de los Reyes de Lima, había sido establecida en 1543, y la presidía el virrey del Perú. De esta Audiencia dependían los Corregimientos de Cuzco, de Caxamarca, de la Villa de Santiago de Miraflores de Zaña y pueblo de Chiclayo, de San Marcos de Arica, de Collaguas, de los Andes de Cuzco, de la Villa de Ica, de Arequipa, de Guamanga, de la Ciudad de San Miguel de Piura y del Puerto de Payta y de Castro-Vireyna. Los límites territoriales de la Audiencia eran los de las Audiencias de Chile, de La Plata y de Quito y tierra adentro, los de las provincias no descubiertas.

3) La *Real Audiencia de Santa Fe* con sede en Santa Fe de Bogotá, había sido establecida en 1548, y la presidía el gobernador y capitán general del Nuevo Reyno de Granada. De esta Audiencia dependían las gobernaciones de las Provincias de Cartagena, de Santa Marta, de Mérida y La Grita y de Trinidad y la Guayana o del Dorado y los Corregimientos de Tocayama y Vague y de Tunxa. Los límites territoriales de la Audiencia eran los de las Audiencias de La Española, de Tierra Firme y de Quito.

4) La *Real Audiencia de Charcas* con sede en La Plata, había sido establecida en 1559. De la misma dependían las Gobernaciones de Chucuito y de Santa Cruz de la Sierra, y los Corregimientos de Potosí, de La Paz y de San Felipe de Austria y minas de Oruro. Los límites de la Audiencia eran los de las Audiencias de Lima, de Chile y de la Trinidad, Puerto de Buenos Aires, y además, la línea de demarcación entre las Coronas de los Reynos de Castilla y Portugal por la parte de la Provincia de Santa Cruz del Brasil.

5) La *Real Audiencia de San Francisco de Quito* con sede en Quito, había sido establecida en 1563, y de la misma dependían el Corregimiento de

Quito, las Gobernaciones de Popayán, de Quixos, de Jaén de Bracamoros y de Cuenca, y los Corregimientos de las Ciudades de Loja y Zamora y minas de Zuruma y de Guayaquil. El ámbito territorial de la Audiencia abarcaba hasta el puerto de Buenaventura en la costa colombiana en el mar del Sur, y sus límites eran los de las Audiencias de Tierra Firme y del Nuevo Reyno de Granada.

6) La *Real Audiencia de Chile* con sede en Santiago de Chile, había sido establecida en 1563, y la presidía el gobernador y capitán general de Chile. El ámbito territorial de la Audiencia llegaba hasta el Estrecho de Magallanes y, tierra adentro, hasta la Provincia de Cuyo, inclusive.

7) La *Real Audiencia de la Trinidad y Puerto de Buenos-Ayres* con sede en Buenos Aires, había sido establecida en 1661, y la presidía el gobernador y capitán general de las Provincias del Río de la Plata, de la cual dependían las gobernaciones de Tucumán y de las Provincias del Paraguay.

El territorio de la República de Panamá derivó de lo que era parte del de la Audiencia de Panamá, y el de la República de Colombia se formó con parte del territorio que era de las Audiencias de Panamá, de Santa Fe y de Quito. La República de Quito conformó su territorio con parte del que era de la Audiencia de Quito. El territorio del Perú, se configuró básicamente con el territorio que era de la Audiencia de Lima; y el de la República de Bolivia con parte de lo que era territorio de la Audiencia de Charcas. La República del Paraguay y la República Oriental del Uruguay se formaron territorialmente con parte de lo que había sido el territorio de la Audiencia de Buenos Aires. En cuanto a la República Argentina, su territorio se formó con parte del territorio de la misma Audiencia de Buenos Aires y parte del de la Audiencia de Chile; y el de la República de Chile, con parte del que fue el territorio de la Audiencia de Chile.

La organización territorial que dio origen a los países latinoamericanos, como se dijo, fue consecuencia directa del proceso de poblamiento del territorio descubierto y conquistado, conforme con precisas instrucciones reales, la más importante de las cuales, desde el punto de vista urbanístico, se dictó por Felipe II en 1573, cuando ya casi todo el territorio americano estaba territorialmente conformado.

En efecto, para esa fecha la casi totalidad de las ciudades importantes del Nuevo Mundo ya habían sido fundadas, por lo que puede decirse que el modelo regular de la ciudad americana ya estaba implantado. Las *Ordenanzas de*

Descubrimiento y Población de Felipe II, de 1573 que regularon dicho modelo, por tanto, en realidad fueron reflejo de una realidad que ya se había desarrollado con base en normas contenidas en Instrucciones particularizadas o generales que, desde 1513, el rey ya había otorgado o dictado sucesivamente a los descubridores y conquistadores en aproximaciones sucesivas y con base en la experiencia del poblamiento desarrollada por estos, condicionada por las exigencias de la conquista.

SECCIÓN TERCERA. SOBRE QUÉ FUE LO QUE SE FUNDÓ, O SOBRE LA FORMA O MODELO URBANO QUE SE UTILIZÓ PARA LAS FUNDACIONES

La respuesta a la tercera pregunta formulada en torno al proceso de poblamiento en América durante el siglo XVI, sobre qué fue lo que se fundó, está en la identificación del modelo urbano que se utilizó de planta urbana reticular, con plaza mayor como punto de inicio de la trama urbana de la cual salían calles rectas, formando un damero.

Ese modelo que se había utilizado en empresas coloniales en la antigüedad, fue descubierto culturalmente con el Renacimiento, y era propio de un proceso en el cual debían crearse ciudades *ex novo* de ciudades, y estaba conformado por los siguientes elementos básicos: En *primer lugar*, la indispensable existencia de una plaza, de cuya ubicación y trazado reticular derivaba la existencia misma de la nueva ciudad, condicionando su traza o forma urbana, dada su forma cuadrada o rectangular, constituyendo siempre el centro de la vida urbana; en *segundo lugar*, el trazado de las calles a cordel y regla, derivado de la propia forma reticular de la plaza, desde la cual aquéllas salían en forma paralela; y en *tercer lugar*, la existencia siempre de la iglesia, cuya ubicación cerca de la plaza era la primera tarea del fundador y su construcción el primer deber de los pobladores, dado el carácter religioso que condicionó la conquista y poblamiento de América.

Esos elementos conformaron un modelo que fue de utilización común en las grandes empresas de la antigüedad de ocupación y dominio territorial, y en particular, caracterizaron tanto la ocupación territorial helénica en las colonias del Mediterráneo, como la ocupación territorial romana en la Península Itálica y en el resto de Europa. Esta experiencia, expuesta en libros antiguos, fue descubierta con el Renacimiento, habiendo penetrando rápidamente en la Corte de los Reyes Católicos, donde las teorías pronto se convertirían en normas jurídicas que obligaron a su utilización en el Nuevo Mundo.

Los mencionados elementos urbanos, por otra parte, habían sido objeto de aplicación en plena Edad Media durante los siglos XIII y XIV para asegurar la ocupación de territorios conquistados o por razones estrictamente militares, como ocurrió con las pueblas nuevas en los Reinos de Castilla y León y Aragón, con las *bastides* en el suroeste de Francia o con las ciudades florentinas, y en general para la creación de villas nuevas, particularmente en el siglo XV, también en general por razones militares.

I. ANTECEDENTES GRIEGOS DE LA CREACIÓN EX NOVO DE CIUDADES CON FORMA REGULAR

1. Hippodamus de Mileto y la planta ortogonal urbana del mundo griego

El antecedente remoto en el ámbito de la civilización occidental de la creación sistemática de ciudades nuevas con forma ortogonal, sin duda debe situarse en el mundo griego con motivo de la colonización de las costas en el mar Mediterráneo. Ya señalamos cómo Aristóteles atribuyó a Hippodamus de Mileto haber concebido el arte de construir ciudades con una disposición ortogonal, la cual caracterizó todas las ciudades griegas de nueva fundación.

La planta reticular de las ciudades, tan simple y elemental, por tanto, puede decirse que surgió naturalmente donde y cuando fue posible establecer y planificar una ciudad *ex novo*, y eso ocurrió en forma generalizada por todas las costas del Mediterráneo con motivo de la asombrosa actividad colonizadora y fundadora griega de los siglos IX a VI a.C. La necesidad de situar un gran número de colonias libres en los territorios colonizados permitió a los griegos elegir el emplazamiento más adecuado para la nueva ciudad, previamente concebida y trazada en forma regular. En Ese proceso jugó un papel central la ciudad de Mileto que destruida por los persas en 494 a.C., se había reconstruido con una planta atribuida a Hippodamus, denominada "hippodámica", de carácter ortogonal.

Por ello, a Hippodamus se lo ha considerado como el creador del urbanismo funcional, lo que además consagró Aristóteles al exigir que la forma de la ciudad se adaptara a normas estéticas, matemáticas y filosóficas, con una ordenación razonada de sus elementos, de manera que, por ejemplo, las calles debían tener una orientación de acuerdo con el curso del sol y la dirección predominante de los vientos; debiéndose asegurar la monumentalidad y proporción de sus edificaciones con el todo y sus partes.

La planta hippodámica de la ciudad, en todo caso, se propagó a partir del siglo IV a.C., convirtiéndose en la forma general adoptada por las ciudades helenísticas de nueva fundación, tanto en Grecia, por ejemplo, en las ciudades de Priene y de Olinto, como en las colonias de ultramar, particularmente en Sicilia y la Península Itálica, donde Agrigento (Akrágas) y Nápoles (Néapolis), todavía conservan vestigios de la planta ortogonal.

2. *La ciudad y el Estado en la Política de Aristóteles y su reflejo en la obra de Francesco Eiximenis*

Pero la ciudad no sólo fue un tema urbano para la expansión colonial de las ciudades griegas, sino también un tema filosófico y político, al punto de que entre los libros de mayor influencia del mundo antiguo en el Renacimiento, como fue la obra de Aristóteles de Estagira (384-322 a.C.), denominada *Política,* se destaca el análisis detenido que en él se hace sobre la ciudad e, incluso, sobre su forma y emplazamiento.

El libro, incluso, comienza con el párrafo siguiente sobre *"la ciudad*":

> "La ciudad es agrupación; las agrupaciones se organizan con miras al bien; porque el hombre obra siempre con el fin de lograr lo que cree bueno. Si toda agrupación tiende al bien, la ciudad o sociedad política, que es la superior entre ellas y las comprende todas, tiende al bien en mayor grado que las demás, y al mejor bien" (Libro Primero, Capítulo Primero).

En la concepción de Aristóteles, la ciudad o la polis, es la República o Estado, como la organización política fundamental del hombre, que lo agrupaba con un fin común, asentado en un lugar determinado y sometido a unas leyes y unas autoridades, y con un vínculo educativo y cultural común

El sitio de la ciudad y su forma, era siempre esencial y fue de la primera atención de Aristóteles, al punto de que al referirse a la forma reticular de la ciudad, indicó que:

> "Hippodamo de Mileto, hijo de Eurifón, concibió el arte de proyectar y construir ciudades, siendo también el que ideó la disposición que presenta Pireo;..". (Libro Segundo, Capítulo V)

El Pireo, que es el puerto de Atenas, en efecto, reconstruido en 480 a.C., presenta una forma reticular en su traza urbana al igual que la tuvo Mileto.

No es de extrañar, por tanto, que Aristóteles destacara en su *Política*, a Hippodamo a quien consideró como "el primero entre los particulares que se dedicó a investigar sobre la mejor forma de gobierno", (Libro Segundo, Capítulo V).

En el Libro Séptimo de *Política*, dedicado a analizar la "Felicidad del individuo y del Estado. Constitución del Estado. Sistemas de educación. El Estado perfecto", Aristóteles dedicó varios Capítulos al estudio de la ciudad, su límite, su emplazamiento, su forma y sus edificaciones.

Sobre el emplazamiento de la ciudad, Aristóteles dedicó en el Capítulo X del Libro Séptimo las siguientes consideraciones sobre la salud del lugar escogido, donde se nota, sin duda, la influencia de Hipócrates, particularmente en relación con la importancia del aire y del agua:

> "Ya dije que la ciudad debe tener fácil comunicación por mar y tierra… Referente al emplazamiento, mi deseo sería que su situación fuere ventajosa en cuatro aspectos: ante todo la salud, cosa necesaria… El asiento de la ciudad debe también ser ventajoso para su administración política y para la guerra… Debe abundar en fuentes y manantiales, y, de no ser así, construir grandes depósitos para la recogida de las aguas pluviales, para que no falte agua en caso de asedio. Hay que tener cuidado especial en lo tocante a la salud de sus habitantes, que dependerá principalmente de lo salubre de la localidad y de su orientación, y en segundo lugar, de la pureza de sus aguas; este segundo punto tiene suma importancia, porque los elementos que más empleamos para satisfacer las necesidades del cuerpo son los que más contribuyen a la salud, y entre ellos figuran el agua y el aire…."

En el mismo Capítulo X del Libro Séptimo de la *Política,* Aristóteles hizo referencia a la forma de las edificaciones y del trazado de las calles, en línea recta, así:

> "En cuanto a las moradas, se considera más bello y conveniente que las calles sean rectas, como indicó Hippodamo; para seguridad en la guerra es preferible el modo antiguo de edificar, que dificultaba la salida de los extranjeros y la entrada de los asaltantes. Por eso la ciudad adoptará ambos sistemas de construcción, siendo posible disponer los edificios irregularmente, al modo como los labradores plantan las vides, llamado tresbolillo. No toda la ciudad tendrá sus calles rectas, sino sólo ciertos barrios y distritos, combinando la belleza con la seguridad."

Por último, sobre los componentes importantes de la ciudad, en cuanto a la plaza y a las edificaciones públicas, en el Capítulo XI del Libro Séptimo, Aristóteles señaló que debían contar con edificios destinados al culto divino:

> "Esos templos ocuparán una eminencia, para que se vean desde lejos y den realce a la virtud, con torres que dominen las cercanías. A sus pies habrá una plaza, como la llamada *Agora de los hombres libres* por los Tesalios, en la que estará prohibida toda compraventa, así como la entrada a los artesanos labradores y otros, de no ser llamados por los magistrados. El mejor destino que puede darse a dicha plaza es que los adultos practiquen en ella sus ejercicios gimnásticos... También habrá un *Agora* para los traficantes, distante de la otra, en lugar de fácil acceso por mar y tierra... El *Agora* cercana al templo se reservará para el asueto, la otra para las necesidades del comercio."

Ahora bien, *Política* de Aristóteles fue traducida al latín en 1260, cuando Santo Tomás de Aquino tenía 36 años (1261), influyendo en su obra *De Regimene Principum*, en la cual se explicaba que fundar ciudades era bueno, por lo que dicha actividad la proponía dentro del programa para el rey ideal. Esta obra, con sus preceptos Aristotélicos, influyó directa y profundamente en los tratadistas españoles medievales, como fray Francesco Eiximenis, y a través de ellos, en las Ordenanzas colonizadoras hispánicas para las Indias.

En efecto, entre 1384 y 1385, apareció en Valencia la obra *Dotzé del Crestiá* del teólogo franciscano Francesch Eiximenis, quién organizó la enseñanza pública en la ciudad. Dicha obra está condicionada por la idea del orden y de la sociedad ordenada, en sus aspectos morales y legislativos, lo que se reflejó en la formulación de una idea perfecta de la ciudad, cuya representación formal resulta, en consecuencia, también ordenada, expresada en forma cuadricular, porque así la ciudad "recta es más bella y más ordenada" (Cap. 110). Decía, además, que como lo habían dicho los filósofos griegos y algunos sabios, "toda ciudad debía ser cuadrada" (Cap. 110).

En la obra, siguiendo los pasos de Aristóteles, Eiximenis se ocupó de todo lo concerniente a la ciudad: en cuanto a la elección del sitio, hizo particular referencia a la orientación de la planta de la misma en relación con los vientos y con las montañas que pudieran proteger la ciudad (Cap. 106); y a la necesidad de que la ciudad esté "cerca del agua" (Cap. 106) de mar o de río, recomendando que se situare al costado del agua, de manera que esta no la dividiera (Cap. 106). En cuanto al trazado de la ciudad, Eiximenis especificó que el palacio del príncipe debía estar en uno de los costados del cuadrado de la ciudad, y en cuanto a la iglesia debía estar "en medio de la ciudad... y junto a ella debe haber una plaza grande y bella" (Cap. 110). En medio de cada uno de los costados del cuadrado que formaba la ciudad debía haber una entrada o puerta, de manera que se comunicaran entre sí por sendos "caminos grandes y amplios que atraviesen toda la ciudad de parte a parte", "de la entrada de Oriente a la de Poniente" y "desde la entrada principal que mira hacia mediodía hasta la otra principal que mira a Tramontana" (Cap. 110).

En esta forma, en el cuadrado inicial de la ciudad se insertan dos ejes que se cruzan en el centro donde se abre un espacio grande para la plaza. Los ejes a la vez dividen la ciudad en cuatro partes o barrios principales, en los cuales se ubica una plaza como elemento centralizador de los mismos.

Las ideas de Eiximenis, sin duda, influyeron en la fundación de las nuevas pueblas con motivo de la Reconquista y de la utilización del Camino de Santiago en el Reino de Aragón.

II. LOS ANTECEDENTES ROMANOS DE LA CIUDAD RETICULAR Y EL "CASTRO" COLONIAL

Pero por supuesto, los antecedentes del trazado regular de ciudades no sólo se pueden ubicar en las empresas colonizadoras que desarrollaron los griegos, sino también los romanos en todo lo que implicó la creación de ciudades nuevas, como acto formal, como consecuencia del proceso de conquista y colonización de nuevas tierras por un Imperio. Así sucedió con todas las ciudades romanas establecidas como colonias fuera de Roma, que obedeció a una racional preparación y a una ejecución cuidadosamente desarrolladas.

La práctica romana de fundar ciudades siguió siempre las siguientes líneas: El primer paso que siempre se daba además de la consulta al *augur*, consistía en la escogencia del sitio, que no era cualquiera, pues debía estar cerca de un río con adecuado escurrimiento de aguas, y en sitio lo suficientemente alto como para que no fuera inundable. Además, como lo recomendaban los sabios, el lugar debía ser saludable, lo que se determinaba mediante el examen del hígado de alguna liebre o faisán cazados en el área.

Escogido el lugar, se establecía un *castrum* o campamento militar donde se ubicaban los soldados y esclavos, con foso y cerca alrededor, el cual generalmente tenía forma rectangular. El campamento siempre se encontraba atravesado por dos calles, una de norte a sur denominada *cardo* y otra de este a oeste denominada *decumanus*, que se cruzaban en ángulo recto en un espacio libre denominado *forum*, en el cual se reunían los soldados diariamente para recibir órdenes, y que servía de centro político y religioso de la ciudad. En un lado del *forum* se establecía la tienda del comandante de la fuerza, y las otras tiendas de soldados, esclavos y obreros se establecían en fila en el resto del *castrum*. En los meses siguientes, las tiendas se iban reemplazando por construcciones más permanentes, generalmente de madera.

El área de la ciudad se dividía en calles en una forma reticular, de norte a sur, teniendo cada manzana o bloque, llamado *insulae*, una forma cuadrada; y se rodeaba de una muralla alta, con puertas fortificadas para dar salida a los extremos del *cardo* y del *decumanus*. Los edificios particulares en ningún caso podían tener una altura mayor al doble del ancho de la calle en el cual se construía, a los efectos de asegurar la penetración de los rayos de sol hasta la calle.

Puede decirse que de acuerdo con este sistema racional se construyeron todas las ciudades coloniales romanas, tanto en la península itálica como en el resto del mundo europeo, muchas de las cuales aún conservan en el trazado de su centro evidentes testimonios del antiguo casco romano. El la Península Ibérica, los ejemplos más notables son *Emerita Augusta* (Mérida); *Norba Caesarina* (Cáceres); *Caesaraugusta* (Zaragoza); *Barcino* (Barcelona); *Lucus Augusti* (Lugo); y *Regio* (León).

III. LA INFLUENCIA DE LA OBRA DE VITRUVIUS SOBRE LA ARQUITECTURA ROMANA

Esa práctica romana de fundar ciudades se plasmó en el Siglo I D.C, en la obra del ingeniero militar Marcus V. Pollio Vitruvius, *De Architectura Libri Decem*, conocida como los *Diez Libros de la Arquitectura*, en la cual se encontraba todo lo que debía saberse sobre arquitectura, construcción y trazado de ciudades en el mundo romano. Es la única obra de arquitectura de la antigüedad que ha llegado a nuestros días, cuyo manuscrito fue descubierto en la Abadía de Saint-Gall, en 1416, y luego publicado a partir de 1486. Su libro *Primero* está destinado a la "ciudad ordenada", donde se recogen los principios fundamentales para la fundación de ciudades como regían en Roma.

1. Sobre la elección de los sitios

Vitruvio insistió en el Capítulo VII del Libro *Primero* dedicado a "De la inspección de los hígados de los animales para reconocer la calidad del aire", sobre la necesidad de volver a los métodos de la antigüedad particularmente descritos por los griegos, respecto de la elección de los sitios para ubicar las ciudades, partiendo del principio de que "cuando se va a construir una ciudad, lo primero que es necesario hacer, es escoger un sitio sano", particularmente "templado").

Para ello, Vitruvio aprobaba los usos de los antiguos:

> "que consistían en hacer un sacrificio en los lugares donde querían construir o acampar: escogían como víctimas, animales que moraban de ordinario en esos lugares, y examinaban sus hígados, si después de haber examinado varios de ellos, encontraban que algunos estaban lívidos y corrompidos, si juzgaban que ello era el efecto de alguna enfermedad particular, pues los otros se conservaban sanos y enteros como consecuencia de buenas aguas y pastos, entonces establecían sus ciudades; si al contrario, encontraban que los hígados de los animales eran generalmente anormales, concluían que el de los hombres estarían iguales, y que las aguas y pastos no podían ser buenos en ese país; y abandonaban incontinente, pues no apreciaban tanto otra cosa, que lo que podía contribuir al mantenimiento de la salud."

En esta forma, la primera consideración que debía prevalecer en el proceso de fundación de una ciudad era la concerniente a la salubridad del lugar escogido para establecerla, a los efectos de asegurar no sólo su habitabilidad sino el mantenimiento de la salud de los pobladores. El lugar, en definitiva, debía se sano con buenas aguas y pastos, tal como se indicó en la Instrucción dada a Hernán Cortés en 1523 y con más precisión en las Ordenanzas de Felipe II de 1573 (Art. 38, 39, 40).

2. *Sobre la situación de los lugares*

En las regiones sanas que se eligieran conforme a las pruebas antes señaladas, los sitios precisos que debían escogerse para el emplazamiento de la ciudad, como lo recomendaba Vitruvio en el mismo Capítulo VII del Libro *Primero* de su Obra, no debían estar sometidos a condiciones climáticas extremas, para lo cual recomendaba que:

> "debe ser alto, ni nublado ni helado, y en un clima ni caliente ni frío, sino temperado; y además, sin pantanos en los alrededores.
>
> Y cuando la brisa de la mañana sople hacia el pueblo al amanecer, si traen consigo nieblas de los pantanos y mezclados con estas, el aliento

envenenado de las criaturas de los pantanos a ser respirado por los habitantes, entonces el sitio será insalubre.

De nuevo, si el pueblo está en la costa con exposición hacia el sur o el oeste, no será saludable porque en el verano el cielo del sur es muy caliente en el amanecer y es bravo al mediodía, en tanto que la exposición hacia el oeste se hace calurosa después del amanecer, es caliente al mediodía, y en la noche es helada.

Esas variaciones en calor y las heladas subsecuentes son dañinas para las personas que viven en esos sitios."

En las Ordenanzas de Felipe II de 1573 se precisaron con toda claridad estas exigencias (Art. 40).

3. *Sobre el abastecimiento de la ciudad*

Vitruvio indicaba, además, en el Capítulo VIII ("De las fundaciones de los muros y de las instalaciones de las torres") del Libro *Primero*, que para la escogencia del sitio de la ciudad debía tenerse en cuenta que el lugar fuese de fácil acceso para asegurar el abastecimiento, fuera por tierra o por agua, señalado que:

> "Una vez que se haya asegurado la salubridad del lugar donde debe fundarse la ciudad, debe procederse a trabajar en las fundaciones de las torres y de los muros, de acuerdo con el conocimiento que se tenga de la pureza de su aire, de la abundancia de los frutos que crecen en los países de los alrededores y de la facilidad de los caminos, los ríos y los puertos de mar que existan para traer todas las cosas necesarias."

En las Ordenanzas de Felipe II de 1573, esta exigencia también se estableció con toda precisión (Art. 35). Por ello, la mayoría de las ciudades latinoamericanas se fundaron en las orillas de ríos.

4. *Sobre la dirección de las calles*

En el Capítulo IX ("Del reparto de las obras en el interior de los muros y de la disposición para que las ráfagas dañinas de los vientos sean evitadas") del Libro *Primero*, Vitruvio estableció la necesidad de que las calles fueran alineadas, y para su disposición se tuviera en cuenta el sentido y orientación que tenían los vientos en el lugar, de manera que las ráfagas no corrieran libremente por las calles en perjuicio de los habitantes. Decía, entonces, que:

"Concluida la construcción de los muros de la ciudad, debe trazarse el emplazamiento de las casas y establecerse el alineamiento de las grandes y pequeñas calles, según el aspecto más ventajoso del cielo.

Debe evitarse, ante todo, que los vientos habituales se enfilen directamente en las calles, porque son siempre dañinos, sea por el frío que hiere, por el calor que corrompe, o por la humedad que afecta la salud.

En consecuencia, deben tenerse cuidadosamente en cuenta estos inconvenientes, con el fin de no caer, como ha sucedido en muchas ciudades,... en las cuales los edificios son bellos y magníficos, pero dispuestos en forma poco prudente; ya que en estas ciudades, el viento del mediodía (sur) genera fiebres, el que sopla entre el poniente y el septentrión (norte) hace toser; y el del septentrión, que cura estos males, es tan frío, que es imposible quedarse en las calles cuando sopla..."

Señalaba, más adelante, en el mismo Capítulo IX del Libro *Primero*, que:

"Es necesario en consecuencia, trazar los alineamientos de las calles entre dos cuartos para no ser incomodado por la violencia de los vientos; ya que si estos recorren las calles directamente, no habrá duda de su impetuosidad, que siendo tan grande al aire libre y abierto, aumentaría mucho estando encerrados en calles estrechas.

Por ello, las calles deben disponerse de tal forma que los vientos, dando contra los ángulos que ellas formen, se rompan y dispersen."

En las Ordenanzas de Felipe II de 1573, todas estas indicaciones sobre el trazado de las calles a cordel y regla, y sobre la orientación de la trama urbana en relación con los vientos, también fueron recogidas (Arts. 110 y 114).

5. Sobre la plaza

En el Capítulo VIII del Libro Primero, Vitruvio formuló un conjunto de principios en relación con el *forum* o plaza:

En relación con la *proporción* de la plaza, en el Capítulo I ("De la plaza pública y de las basílicas") del Libro Quinto Vitruvio decía:

"La grandeza de estas plazas públicas debe ser proporcional a la población, de manera que no sean muy pequeñas si muchas personas allí van, ni que sean demasiado vastas, si la ciudad no está suficientemente poblada. Para establecer el largo de la plaza, debe dividirse el largo en

> tres partes, y tomar dos (para el ancho); de esta manera, la forma será larga, y esta disposición será mucho más cómoda para los espectáculos."

El mismo principio de la dimensión de la plaza en proporción con la cantidad de vecinos que hubiere (Art. 113) y la forma de la plaza con un largo una vez y media de su ancho (Art. 112), también se recogió en las Ordenanzas de Felipe II de 1573.

Sobre la *forma* de la plaza en el Capítulo VIII del Libro Primero, Vitruvio señalaba que:

> "La figura de una plaza no debe ser ni cuadrada ni compuesta de ángulos demasiado avanzados, sino que simplemente debe hacer un cerco, con el fin de que se pueda ver el enemigo desde varios puntos; los ángulos avanzados no son en absoluto propios para la defensa, y son más favorables a los que sitian que a los sitiados."

Agregaba, además en el Capítulo I del Libro Quinto que:

> "La plaza pública en los griegos, es cuadrada, y rodeada de dobles y amplios pórticos con columnas pegadas unas a otras, que sustentan arcadas de piedra o mármol con galerías en lo alto; pero ello no se práctica en esa forma en las ciudades de Italia, debido a la vieja costumbre de hacer ver al pueblo en la plaza los combates de los gladiadores..".

El principio se siguió en las plazas americanas en cuanto a su utilización para espectáculos, como las corridas de toros.

En el Capítulo X ("De la escogencia de los emplazamientos para el uso común de la población") del Libro Primero, Vitruvio indicaba sobre la ubicación de la plaza, que "si la ciudad está al borde del mar, es necesario que la plaza pública esté cerca del puerto, por tanto que si la ciudad esta alejada del mar, la plaza deberá estar en el centro".

Estos principios de ubicación de la plaza en puertos en la costa, abierta hacia el mar, y de su ubicación en el centro del poblado en pueblos situados en el interior (Art. 112), también fueron de regulación precisa en las Ordenanzas de Felipe II de 1573.

Sobre los templos, Vitruvio señalaba en el mismo Capítulo X del Libro Primero que aquellos correspondientes a los dioses titulares bajo cuya protección especial se erigía la ciudad, a Júpiter, Juno y Minerva, debían estar en el punto más elevado de manera que de allí pueda verse la mayor parte de las murallas de la ciudad.

La tesorería, la prisión y la Casa del Senado debían estar adjuntas al *forum*, pero de forma tal que sus dimensiones fueran proporcionadas a las del *forum*.

En las Ordenanzas de Felipe II de 1573, se dispuso igualmente la necesaria edificación de la iglesia, la casa real, la casa del concejo y cabildo y la aduana, cerca de la plaza mayor (Art. 121 y 124).

IV. LA OBRA DE LEÓN BATTISTA ALBERTI Y SU INFLUENCIA EN LA ARQUITECTURA DEL RENACIMIENTO

El mismo año de 1486, en el cual se publicó en Roma el Tratado de Vitruvio, *De Architectura Libri Decem,* también se publicó el libro de León Battista Alberti (1404-1472), *De re aedificatoria.* Se trató del primer libro sobre arquitectura que se escribía desde la antigüedad, en el cual partiendo de las enseñanzas del mundo helenístico y romano, se señala cómo debía construirse en el futuro. Su influencia fue inmediata, estando dividido, al igual que el Tratado de Vitruvio, en Diez Libros dedicados cada uno a diversos aspectos de la arquitectura, la construcción y el urbanismo.

A la ciudad, Alberti como Vitruvio, dedicó muchas de sus reflexiones en su tratado, señalando, en general que:

> "El principal ornamento para una ciudad está en su emplazamiento, su situación, composición y arreglo de sus calles, plazas y trabajos individuales: cada uno debe ser cuidadosamente planificado y distribuido de acuerdo con el uso, importancia y conveniencia. Porque sin orden nada cómodo, gracioso o noble puede haber" (Libro Séptimo, 1)

El orden, por supuesto, está en la base de los escritos de Alberti y de todo el Renacimiento, que aplicado a la ciudad dio origen, como en Vitruvio, a múltiples reglas sobre la misma, señalando seis principios de base para edificar: *regio, areae, partitio* (plan), *paries* (muros), *tectum* (techos) y *apertiones* (ventanas).

1. El sitio o regio

Sobre la localización de la ciudad, Alberti también destacó el énfasis que los antiguos daban a la misma, para:

"Asegurar que no tuviera (de ser posible) nada dañino y que estuviera acompañada con todas las facilidades. Sobre todo, tomaron gran cuidado para evitar un clima que pudiera ser desagradable y nocivo; era una precaución muy prudente, incluso, indispensable. Porque si bien no hay duda que cualquier defecto de la tierra o del agua puede ser remediado por la destreza e ingeniosidad, ninguna máquina de la mente o de las manos podría mejorar apreciablemente el clima..". (Libro Primero, 3).

En el Libro Primero, Alberti hizo extensos comentarios sobre el aire, el agua y los lugares, como lo hizo Vitruvio, lo que sin duda estuvo inspirado por Aristóteles y sobre todo por Hipócrates (430 a.C.), quien dedicó a ello un estudio de gran importancia titulado *Del aire, del agua y de los lugares*, con observaciones sobre las aguas y los vientos, la naturaleza del suelo y la exposición y soleamiento de los lugares.

En esta forma, Alberti recomendaba para ubicar la ciudad, poner especial atención en su relación con el sol y el viento; con los aires pestilentes y las nieblas excesivas; con los sitios en costa de mar, de manera que la ciudad no estuviera en costas mirando al sur, dado el reflejo de los rayos del sol (Libro Primero, 3); a la ubicación de la ciudad ni en sitios muy altos ni muy bajos, más bien planos, con facilidades de acceso, con clima moderado y relativamente húmedo (Libro Primero, 4); a las bondades de buen aire y agua (Libro Primero, 5) de manera de evitar tanto regiones azotadas por tormentas y cambios de temperatura, como la ubicación de la ciudad en el pie de monte de montañas situadas al oeste, por considerarlo insalubre dada la exposición a súbitas exhalaciones nocturnas y oscuridad extrema (Libro Primero, 5).

Por supuesto, para la elección de los sitios, Alberti recordaba también la antigua costumbre, "que se podía llevar atrás hasta Demetrius, de inspeccionar el color y las condiciones del hígado del ganado que pastara en el sitio cuando se fuera a fundar un pueblo o una ciudad (Libro Primero, 6)".

Todos estos principios expuestos en general, los precisó en relación con la ciudad en sí misma, en el Libro Cuarto, 2, indicando lo siguiente:

"Estos son los requerimientos que tenemos que señalar para nuestra ciudad: no debe sufrir de ninguna de las desventajas señaladas en el Primer Libro, ni debe faltar nada por razones de economía; su territorio debe ser saludable, extenso y variado en su terreno; debe ser agradable, fértil, naturalmente fortificado, bien abastecido y lleno de frutas y abundantes cursos de agua. Debe haber ríos, lagos y acceso conveniente desde el mar para permitir la importación de bienes en caso de carestía o la exportación de cualquier exceso...

Adicionalmente, la ciudad debe estar ubicada en la mitad del territorio, desde donde se extienda la vista hasta sus fronteras, de manera que pueda leerse la situación y estar listos para intervenir de inmediato de ser necesario... Es particularmente importante determinar si se debe localizar la ciudad en sitio abierto, en la costa, o en la montaña: cada caso tiene sus ventajas y desventajas...

Este, sin embargo, es un consejo: hágase todo el esfuerzo de asegurar que, sea donde fuere localizada la ciudad, goce de los beneficios de cada tipo de terreno, y ninguna de sus desventajas. Preferiría localizar la ciudad en lugar plano cuando se construya en las montañas, o en un monte alto cuando se haga en la llanura. Pero si no hay suficiente variedad para permitir una escogencia ideal, así es que deben satisfacerse los requerimientos esenciales: una ciudad en llanura no debe estar cerca de la costa de mar, ni la que este en las montañas, muy lejos de ella." (Libro Cuarto, 2).

2. *Las calles y las plazas*

Sobre las calles de la ciudad, Alberti recomendaba que cuando llegaban a la misma debían ser rectas y anchas, aun cuando no debían dar directamente a las puertas. Dentro de la propia ciudad, consideraba mejor "que las calles no sean rectas, sino gentilmente ondulantes como un río que baña ahora aquí, ahora allí, de una orilla a la otra" (Libro Cuarto, 5).

En otro Libro de su obra, Alberti (Libro Octavo) hizo amplias referencias a las calles de las ciudades, de carácter monumental, las cuales debían estar elegantemente alineadas con pórticos, de iguales líneas, siendo las más importantes, las que daban a los puentes, esquinas, foros y edificios feriales.

Consideraba al *forum* como un cruce de calles agrandado, de manera que "el cruce de calles y el *forum* sólo difieren en tamaño. De hecho el cruce de calles es un forum pequeño" (Libro Octavo, 6).

En cuanto a las plazas en particular, Alberti señaló que:

"La plaza puede servir de sitio de mercado para monedas y vegetales, para ganado o madera; cada tipo de plaza debe estar situado en su propio lugar dentro de la ciudad, y debe tener su propio ornamento.

Los griegos hicieron sus plazas cuadradas; y las rodearon con dobles pórticos generosos, adornados con columnas y piedras; construyendo una galería en el piso superior. Aquí, en Italia, nuestras plazas tienen un ancho de 2/3 del largo; y en vista de que tradicionalmente han sido el sitio de espectáculos de gladiadores, las columnas de sus pórticos están más separadas...

En la actualidad preferimos construir el área del forum como un doble cuadrado..". (Libro Octavo, 6).

El tratado de *De re aedificatoria* puede considerarse como el primer tratado de arquitectura del Mundo Moderno, siendo el producto más acabado en la materia del Renacimiento, con influencias, sin duda, de la obra de Vitruvio, cuya estructura en diez libros imitó. Sin embargo, como se dijo, con visión de futuro más que del pasado, la obra de Alberti ejerció una influencia determinante en todos los artistas que le siguieron, siendo la gran figura de la arquitectura renacentista. Su obra, sin duda, igual que la de Vitruvio, tuvo una influencia decisiva en la concepción de la ciudad hispanoamericana.

En efecto, basta leer y releer las Instrucciones de poblamiento que desde 1513 hasta 1573 se fueron dando a los adelantados, y que se recogieron en las *Ordenanzas de Descubrimiento y Población* de Felipe II de ese año, para darse cuenta de la notable influencia que los escritos de Alberti y Vitruvio, y a través de ellos, de Hipócrates y Aristóteles, tuvieron en la redacción de esos textos.

Por lo que se refiere a la arquitectura y a la influencia de Vitruvio y Alberti, en todo caso, para cuando se publica la *Recopilación de Leyes de los Reynos de Indias* por Carlos II en 1680, la Academia de Arquitectura de París, el 14 de febrero de 1672 había señalado, al haberse sometido a deliberación cuál era la autoridad de Vitruvio y qué sentimientos debía tenerse sobre su doctrina, todos los académicos fueron de la opinión de que se le debía considerar como el primer y más destacado de todos los arquitectos, y que debía tener la principal autoridad entre todos ellos, por lo que su doctrina, admirable en general, debía ser seguida sin separaciones. La misma Academia de París, un mes más tarde, el 17 de marzo de 1672 señaló que después de Vitruvio, Alberti era el que más doctamente había escrito sobre arquitectura.

Esas obras, sin duda, penetraron en las Cortes españolas y permitieron que la gran empresa del poblamiento de Hispanoamérica, se hubiese hecho de manera ordenada, con instrucciones precisas conforme a la simetría y racionalidad que enseñaban.

V. EL IMPÁCTO DEL CONOCIMIENTO DE LA ARQUITECTURA RENACENTISTA EN LA CORONA ESPAÑOLA

No hay que olvidar, en efecto, que el Descubrimiento de América ocurrió en medio del Renacimiento, proceso que convencionalmente puede decirse que se inició a mitades del siglo XV, y que se consolidó siete décadas después, a partir de 1520. Si bien tuvo su centro de expansión en Italia por la preponderancia que adquirió el humanismo en la cultura italiana, se expandió por toda Europa, gracias a la posibilidad de acceder a los textos antiguos por la creación de bibliotecas en las principales ciudades, y a la invención de la imprenta. De ello resultó un sin número de ediciones de textos de los autores antiguos clásicos, con lo que los principales humanistas tuvieron a su disposición la posibilidad de ofrecer a los demás los conocimientos derivados de los textos de escritores antiguos, corregidos y enmendados por ellos.

En el mismo período coincidente con el descubrimiento y el inicio de la conquista de América, en España también se produjo un nuevo interés por las humanidades, precisamente como consecuencia del influjo humanista de Italia, a cuyas universidades habían asistido los grandes humanistas españoles, como Elio Antonio de Nebrija (1444-1522) y Hernán Núñez (1471-1522). Además, muchos italianos cultos fueron a enseñar a España en el último cuarto del siglo XV. El humanismo penetró entonces en la Corte, y durante el reinado de Isabel y Fernando el cargo de secretario de letras latinas fue ocupado por un erudito educado en Italia, Alonso Hernández de Palencia (1423-1492) y luego por Pedro Martyr de Anghleria (1459-1526), quien fue profesor de humanidades en la escuela aneja a la Corte creada con el objeto de mejorar la cultura de los miembros de la Casa Real. Además, fue uno de los primeros escritores sobre América.

Estos eruditos, además, enseñaron en las universidades más importantes, entre ellas Salamanca, donde dominaba la teología tomista. En 1508, además, el cardenal Cisneros, quien efectivamente gobernó el Reino después de la muerte de la reina Isabel en 1504, había fundado la Universidad de Alcalá de Henares, la cual se convertiría en el centro del humanismo cristiano hispánico. El entusiasmo por el humanismo en España se reflejó, también, por los libros impresos hasta 1520, en los que se ubican textos de los clásicos latinos y de humanistas italianos.

Entre las áreas del conocimiento renacentista de mayor importancia estaba, por supuesto, la arquitectura, la que se concibió como el "renacer" de la arquitectura antigua. Los mismos arquitectos de la época proclamaban que habían vuelto a la antigua forma de construir después de un largo período de decadencia, sometiéndose a las reglas de simetría y proporción y al sistema de los órdenes, aun cuando interpretando con libertad los preceptos clásicos. Ello implicó, en todo caso, la vuelta al uso de la regla, a las líneas precisas, a las fachadas rectilíneas e incluso, al abuso de los ángulos rectos en las esquinas, dando origen al plano regular que se convirtió en obligatorio para edificios y ciudades.

Todos esos elementos, y en particular los relativos a la ciudad, sirvieron a la Corona para diseñar el modelo de ciudad que se implantaría en América, el cual se fue transmitiendo a los Adelantados mediante instrucciones precisas, elaboradas por aproximaciones sucesivas a partir de 1513, y que culminaron con las Ordenanzas sobre descubrimiento y población de 1573.

SECCIÓN CUARTA. SOBRE CÓMO SE IMPLEMENTÓ EL MODELO URBANO DE LA CIUDAD COLONIAL EN HISPANO AMÉRICA

Desde el mismo inicio del proceso de conquista y dada la importancia jurídica de fundar ciudades o *civitas* en los espacios ocupados para la determinación del área de las gobernaciones de los adelantados, la Corona comenzó a idear el modelo urbano que debía implantarse, con orden, y a instruir a los conquistadores sobre la forma y el orden que se debía tener en el proceso de fundación de las mismas, tanto desde el punto de vista de la escogencia de los lugares y sitios adecuados, como desde el punto de vista de su diseño urbano regular. Para ello, todos los conocimientos disponibles derivados del Renacimiento se utilizaron de inmediato y se plasmaron en Instrucciones que se comenzaron a formular con cierta precisión a partir de 1513, con motivo de la expedición comandada por Pedrarias Dávila para la conquista de la Provincia de Castilla del Oro, y culminaron con las mencionadas *Ordenanzas sobre descubrimiento y población* otorgadas por Felipe II en 1573. Sesenta años bastaron para que un modelo de ciudad especialmente diseñado para América se hubiese ideado y aplicado en todo el Continente americano, lo que fue posible, sin duda, por la posibilidad que hubo de que todas las ideas renacentistas que paralelamente se estaban formulando por los humanistas de los siglos XV y XVI, penetraran en la Corte de los Reyes Católicos y luego, de Carlos V y Felipe II, y se plasmaran en Instrucciones reales del derecho indiano.

El texto de estas Instrucciones pone en evidencia, en todo caso, la enorme y directa influencia que en su redacción tuvieron los textos de Vitruvio y Alberti, entre otros.

I. LAS INSTRUCCIONES DADAS A LOS ADELANTADOS EN 1513, 1521 Y 1523 PARA POBLAR Y PACIFICAR EL TERRITORIO AMERICANO

Dada la necesidad jurídica de fundar pueblos para la determinación geográfica de las provincias, fue con ocasión del inicio de la conquista de Tierra Firme y con motivo de la adopción de las llamadas Leyes de Burgos de 1512 que se comenzaron a dar precisas instrucciones a los adelantados entre otras cosas, en relación con la forma de fundar los pueblos. En tal sentido, la *Instrucción dada por el Rey á Pedrarias Dávila, para su viaje a la Provincia de Castilla del Oro que iba á poblar y pacificar con la gente que llevaba,* en Valladolid, el 2 de agosto de 1513, es de la mayor importancia (*Instrucción de 1513*).

Las Instrucciones fueron otorgadas por Fernando el Católico (de Aragón), pues la reina Isabel ya había fallecido, por lo que no es descartable que en ellas hubiesen influido las concepciones aragonesas medievales sobre la ciudad que provenían tanto de las ciudades establecidas a partir del siglo XIII como de las ideas de Eiximenis.

Posteriormente, en 1521, esta vez por el rey Carlos I, se emitió una *Real Cédula de Población otorgada a los que hicieran Descubrimientos en Tierra Firme* en la cual, precisamente con motivo de las empresas descubridoras que ya se habían adelantado en el mar Caribe por Francisco de Garay, en la isla de Santiago; Diego Velásquez en Cuba, en Cozumel y Yucatán, y Juan Ponce de León, en la isla de Puerto Rico, el ya Emperador les concedió licencia para "poblar á vuestra costa é misión... con tanto que en la dicha población tengáis é guardéis la orden siguiente". Ello motivó, entonces, que se formularan con carácter general los principios de ordenación del poblamiento, que antes se habían formulado en particular para Pedrarias, y que rigieron el poblamiento en adelante materialmente en toda la América hispana (*Instrucción de 1521*).

Después de la conquista de la Ciudad de México en 1521 y de la designación de Hernán Cortés como gobernador y capitán general de Nueva España en 1522, en Valladolid, el 26 de junio de 1523, el Emperador formuló la *Instrucción para la población de la Nueva España, conversión de indios y organización del país*, dada a Hernán Cortés y que sirvió de guía para el poblamiento sucesivo de la Nueva España (*Instrucción de 1523*) en la cual se recogieron las normas y principios que ya habían sido establecidos en las Instrucciones anteriores

En todas estas Instrucciones, en las cuales puede apreciarse la influencia directa de la experiencia aragonesa y castellana de las nuevas pueblas y de los escritos de Eiximenis, Vitruvio y Alberti, se formularon un conjunto de ordenes y normas en materia de fundación de pueblos y ciudades, que fueron el origen del proceso de formulación jurídica del poblamiento lo que, en aproximaciones sucesivas, culminaría con las *Ordenanzas de Descubrimiento y Población* de Felipe II de 1573.

Los siguientes aspectos son los más notables de dichas Instrucciones de 1513, 1521 y 1523, en cuanto al proceso de poblamiento.

1. El nombre de los lugares y la atención de la evangelización

En la *Instrucción de 1513,* decía el Rey a Pedrarias, que llegados a la Provincia de Castilla del Oro, con la buenaventura, "lo primero que se ha de facer es poner nombre general á toda la tierra general, á las cibdades é villas é logares", y dar ''órden en las cosas concernientes al aumento de Nuestra santa fe é á la conversion de los yndios, é á la buena órden del servicio de Dios é aumento del culto divino..." (N° 5).

Con esta *Instrucción* se expresó formalmente la obligación de los adelantados de poner nombres a todos los sitios, lugares y pueblos que descubrieren o encontraren, lo que fue una característica específica de la conquista española al punto de que aún hoy se conservan muchos de los nombres dados inicialmente a los sitios (ríos, llanos, colinas, cerros, montañas, costas, bahías, islas, etc). Estas denominaciones, por otra parte, se debían informar a la Corona mediante *Relaciones* que los adelantados y gobernadores debían elaborar, en muchos casos, acompañadas de mapas generales de las respectivas provincias.

En la *Instrucción de 1521*, al igual que ocurrió en la dada a Pedrarias en 1513, se insistía en la necesidad de dar nombre a los lugares y de atender debidamente la empresa evangelizadora, así:

> "Primeramente, habéis de proveer que, llegados á cualesquier tierras é islas, en los términos é límites que caen en lo que ansí habéis descubierto con la buena ventura, lo primero es poner nombre á todas las ciudades, villas é logares que se hallaren é en la dicha tierra hobiere ó se hiziere con grandísimo cuidado y vigilancia; y dar órden en las cosas concernientes y necesarias á la aumentacion de nuestra santa fe católica é á la conversion de los caciques é indios y á la buena órden del servicio de Dios y del culto divino."

Sobre el tema de dar nombres a los sitios y lugares, en la *Instrucción* dada a Hernán Cortés en 1523 se recogieron los mismos principios de las Instrucciones precedentes, así:

> "11. Item, juntamente con los dichos nuestros oficiales pondréis nombre general a toda la dicha tierra e provincias de ellas, e a las *ciudades, villas y lugares que se hallaren y en la dicha tierra hubiere*, en las cosas concernientes al aumento de nuestra santa fe católica a la conversión de los indios."

Conforme a estas instrucciones, por tanto, todo fue bautizado, comenzando por los lugares y ciudades. Pero para ello, en muchos casos predominó la tendencia a darle a las nuevas tierras los nombres de las regiones de España, y de allí surgió la isla La Española, Nueva España, Castilla del Oro, Nueva Andalucía, Nuevo Reino de Toledo, Nueva Galicia, Nueva Vizcaya, Nuevo León, Nueva Extremadura y Nuevo Reino de Granada. También se les dieron a las nuevas villas y ciudades los nombres de las ciudades de nacimiento de los fundadores en la Península, y de allí, por ejemplo, los nombres de las Méridas, los Trujillos, las Cuencas, las Sevillas y los Cáceres en varias partes del territorio americano. También fueron utilizados los nombres de los monarcas o de sus ministros, como sucedió con los nombres de Fernandina, Isabela, La Imperial, San Carlos de Austria o Fonseca; o los propios nombres de los propios fundadores de las ciudades, como Mendoza o Valdivia.

2. La elección de puertos en la costa de la mar

En virtud de que la expedición de Pedrarias era una empresa dirigida hacia la costa de la Tierra Firme, la Instrucción precisó en particular a lo que debía atenerse el adelantado en cuanto a los asientos que se hicieran en la costa del mar. Así, en el N° 6 de la *Instrucción* de 1513 se le indicó a Pedrarias, lo siguiente:

> "6° Una de las principales cosas en que habéis mucho de mirar, es en los asientos ó logares que allá se hobieren de asentar: lo primero es ver en cuántos logares es menester que se fagan asientos en la Costa de la Mar, para se guardar la navegación é para mas seguridad de la tierra; que los que han de ser para se guiar la navegación, sean en puertos que los navíos de acá de España fueren, se puedan aprovechar dellos en refrescar e tomar agua, é las otras cosas que fueren menester para su viaje."

La escogencia del lugar para un puerto, por tanto, requería que se tuvieran en consideración tanto las necesidades de la navegación como la seguridad de la tierra, debiendo tratarse de sitios en los cuales pudiera guiarse fácilmente la navegación, se pudieran fondear los barcos y hubiera agua dulce y provisiones.

Respecto de la escogencia de sitios en la costa para la ubicación de pueblos, en la *Instrucción* de 1513 también se daban indicaciones sobre su calidad desde el punto de vista de la salud, el comercio y del trabajo, así:

> "así en el logar que agora está fecho, como en los que de nuevo se ficieren, se ha de mirar que sean en sitios sanos é non anegadizos, é donde se puedan aprovechar de la Mar para cargo e descargo, sin que haya trabajo é costa de llevar por tierra las mercaderías que de acá fueren."

Un pueblo en costa de mar, por tanto, debía ubicarse en un sitio sano y particularmente no anegadizo ni pantanoso; y con una calidad tal que pudiera servir de punto de carga y descarga de los navíos, con el menor trabajo posible, a fin de llevar los bienes a sus destinos sin tener que hacer largos recorridos por tierra.

En relación con los asientos en la costa del mar, en la *Instrucción de 1521*, repitiéndose lo que se había establecido en la Instrucción de 1513 a Pedrarias, se decía:

> "Una de las cosas principales, en que habéis mucho de mirar, es en los asientos de los logares que allá se hubiesen de fazer y sentar lo primero es ver cuantos logares es menester que se hagan asiento en la costa de la mar, para seguridad de la navegación y para seguridad de la tierra;

que los que han de ser para asegurar la navegación, sean en tales puertos, que los navíos, que de acá de España, fueren, se puedan aprovechar dellos en refrescar de agua y las otras cosas que fueren menester para su viaje, ansí en el logar que agora están fechos, como en los que de nuevo se hizieren.

En todo caso, en la *Instrucción de 1521* también se insistía en la necesidad de velar por la calidad de los sitios, así "se ha de mirar que sea en sitios sanos y no anegadizos, y donde se pueda aprovechar de la mar para cargo y descargo, sin que haya trabajo é costa de llevar por tierra las mercaderías que de acá fueren".

En la *Instrucción* dada a Cortés en 1523 también se exigía prestar mucha atención en cuanto a la elección de los sitios, así "una de las mas principales cosas que habéis de mirar mucho, es en los asientos de los lugares que allá se hubieren de hacer y asentar de nuevo".

Con base en ello, también se formulaban recomendaciones siguiendo las mismas orientaciones que en las Instrucciones precedentes según se tratase de asientos en la costa del mar o en el interior.

En cuanto a los asientos en costa de mar, la *Instrucción de 1523* a Cortés también señalaba:

> "Lo primero, es ver en cuantos lugares es menester que se hagan asientos en la costa de la mar para seguridad de la navegación y para seguridad de la tierra; y los que han de ser para asegurar la navegación, sean en tales puertos que los navíos que de acá de España fueren se puedan aprovechar de ellos en refrescar de agua e de las otras cosas que fueren menester para su viaje. E si en el lugar que agora están hechos, como en los que de nuevo se hicieren, se ha de mirar que sean en sitios sanos y no anegadizos y de buenas aguas y de buenos aires y cerca de montes y de buena tierra de labranzas, e donde se puedan aprovechar de la mar para cargar e descargar, sin que haya trabajo e costa de llevar por tierra las mercaderías que de aca fueren."

3. La elección de los sitios en el interior y sus calidades para el asentamiento de pueblos

Pero el sitio de las poblaciones no sólo debía escogerse en las costas del mar, sino que, particularmente, por razones de explotación minera, los centros poblados también debían ubicarse en tierra adentro, para lo cual, en el mismo N° 6 de la *Instrucción* de 1513 sobre la elección de los sitios según fueran en la costa o tierra adentro, se daban instrucciones precisas para los asentamientos.

En los casos en los cuales los asentamientos de pueblos se ubicasen en el interior del territorio, particularmente por el interés minero, en la *Instrucción de 1513* se exigía que estuviesen en riberas de ríos para facilidad del transporte, así:

> "é si por respeto de estar más cercanos á las minas se hobieren de meter la tierra adentro, débese mucho mirar que por alguna rivera, se puedan llevar las cosas que de acá fueren desde la Mar fasta la población, porque non habiendo allá bestias, como non las hay, sería grandísimo trabajo para los hombres llevarlo acuestas, y ni los de acá, ni los yndios non lo podrían sufrir; y que sean de buenas aguas é de buenos aires é cerca de montes é de buena tierra de labranza; é destas cosas, las que más pudiere tener."

La exigencia, por tanto, era múltiple. En primer lugar, ya se constataba como en efecto era así, que en América no había bestias de carga, por lo que se exigía que el pueblo estuviese cerca de la ribera de un río, por cuyas aguas pudieran transportarse desde el mar los bienes y objetos necesarios, y evitar así que los mismos tuviesen que ser transportados a cuestas, por los hombres, españoles o indios. Por ello, materialmente todos los pueblos y villas situados en el interior de los territorios de América hispana, se asentaron a orillas de los ríos. En segundo lugar, se exigía que en el sitio escogido para asentar el pueblo se constatara que las aguas fueran buenas, y que el lugar tuviera buenas brisas, cerca de montes, y además, existieran tierras de labranza, tal como se planteaba en las obras de Santo Tomás, de Eiximenis y de Vitruvio.

En cuanto a los sitios en tierra adentro, en la *Instrucción de 1521*, al igual que en la *Instrucción* a Pedrarias de 1513, se decía:

> "Y si por respeto de estar más cercanos á las minas se hobiere de meter la tierra adentro, débese mucho mirar que por alguna ribera se puedan llevar las cosas que de acá fueren, desde la mar hasta la población; porque no habiendo allá bestias, sería grandísimo el trabajo para los hombres llevarlo á cuestas, y ni los de acá ni los de allá lo podrán sofrir."

En relación con la calidad de los sitios, en la *Instrucción de 1521*, al igual que en la dada a Pedrarias, también se insistía: "Y los dichos asientos, se ha de mirar que sean de buenas aguas y de buenos aires, y cerca de montes, y de buena tierra de labranza; y destas cosas las que mas pudieren tener".

En cuanto a los asientos en tierra adentro la *Instrucción* a Cortés de 1523, también indicaba lo siguiente:

> "e si por respeto de estar más cercano a las minas se hubiere de meter la tierra adentro, débese mucho mirar que sea en parte que por alguna ribera se pueda llevar las cosas que de acá fueren desde la mar hasta la población, porque no habiendo allá bestias, como no las hay, será grandísimo el trabajo para los hombres llevarlos a cuestas, que ni los de acá ni los indios lo podrán sufrir. E de tener estas cosas susodichas las que más pudieren tener se deben procurar."

4. *La necesaria preservación de los pueblos de indios*

Fue en la Instrucción de 1523 dada a Hernán Cortés, donde se comenzó a prestar atención a los pueblos existentes, reconociéndose la realidad del mundo azteca en el sentido de que había muchos indios congregados en pueblos, por lo que se instruía que debía procurarse mantenerlos y conservarlos con su propia organización, así:

> "2. Asimismo, por las dichas causas parece que dichos indios tienen mucha razón, para vivir política y ordenadamente en sus pueblos que ellos tienen, habéis de trabajar, como lo hagan así y preserven en ello, poniéndolos en buenas costumbres y toda buena orden de vivir."

Esta circunstancia de que en la Nueva España los indios estaban habituados a la vida urbana, hizo que el desarrollo de los pueblos de indios se hiciera en forma distinta a las reducciones que se desarrollaron en las islas antillanas o en otras partes de Tierra Firme, por ejemplo, donde la población indígena estaba dispersa. Por ello, muchas ciudades españolas en Nueva España se establecieron sobre lo que eran ciudades indígenas, como fue el caso de Cholula.

5. *El repartimiento de solares y de heredades*

Uno de los aspectos más importantes de la conquista que se encomendaba a los adelantados mediante Capitulación, y que realizaban a sus propias expensas, era que el reclutamiento de las huestes se debía hacer siempre bajo promesa de repartimiento no sólo de parte del botín que se descubriese, sino de tierras para poblar y para cultivar. Se trataba de empresas colonizadoras para lo cual debían entregarse a los colonos pobladores los solares necesarios para hacer sus casas, y heredades para cultivo. En esta forma, en el N° 7 de la *Instrucción* de 1513 se indicaba la forma como debía hacerse el repartimiento de tierras en los pueblos, de la siguiente manera:

> "Vistas las cosas que para los asientos de los logares son nescesarias, e escogido el sitio más provechoso y en que incurren más de las cosas que para el pueblo son menester, habéis de repartir los solares del logar para facer las casas, y éstos han de ser repartidos segund las calidades de las personas."

En cuanto al repartimiento de heredades, este debía ser equitativo, pero según la importancia de cada colono. Así se señalaba:

> "así mesmo se han de repartir los heredamientos segund la calidad e manera de las personas, e segund lo que sirvieren, así les creced en heredad, y el repartimiento ha de ser de manera que á todos quepa parte de lo bueno e de lo mediano e de lo menos bueno, segund la parte que á cada uno se le hobiere de dar en su calidad; e porque los primeros que allá pasaron con Hojeda e Nicuesa e Enciso han pasado mucho trabajo e fambre e nescesidad, á Hojeda e á ellos se les ha de facer mejoría en repartimiento, á él como á Capitan, e á ellos como á vecinos en el logar que está fecho, si por alguna cabsa de más comodidad se hobiere de mudar, ó si non se mudare en él".

En la *Instrucción* de 1521, también se reguló lo concerniente al repartimiento de solares y heredades, así:

> "Vistas las cosas que para los asientos de los lugares son necesarias, y escogido el sitio mas provechoso y en que incurren más de las cosas que para el pueblo son menester, habéis de repartir los solares del logar, para hazer las casas. Y estos han de ser repartidos, segun las calidades de las personas a quien se dieren y lo que cada uno hobiera servido."

Más adelante se señalaba el mismo principio del repartimiento equitativo de heredades, de manera que cada cual tuviese parte de la tierra buena, de la mediana y de la menos buena, así:

> "Asi mesmo se han de repartir los heredamentos, é segun la calidad é manera de las personas; é segun lo que sirvieren; ansi les creced en heredad. Y el repartimiento ha de ser de manera, que á todos quede de lo

bueno y de lo mediano y de lo menos bueno, segun la parte que cada uno se le hobiere de dar en su calidad."

En cuanto al repartimiento de solares en las villas y de heredades para el cultivo, en la *Instrucción* a Cortés de 1523, ello también se regulaba con detalle así:

> "12. Vistas las cosas que para los asientos de los lugares son necesarias y escogidas, y el sitio más provechoso e que incurran más de las cosas que para el pueblo son menester, habéis de repartir los solares del lugar para hacer las casas, y estos han de ser repartidos según la calidad de las personas."

En particular en cuanto al repartimiento de heredades, en la *Instrucción* de 1523 se incorporó por primera vez la distinción entre las "caballerías" y las "peonías", que eran los nombres para las heredades destinadas a los de a caballo y a los peones, así:

> "ansi mismo se han de repartir los heredamientos según la calidad y manera de las personas y según lo que hubieren servido asi los creced y mejorad en heredad, repartiéndolas por peonías o caballerías y el repartimiento ha de ser de manera que a todos quepa parte de lo bueno y de lo mediano y de lo menos bueno, según la parte que a cada uno se le hubiere de dar en su calidad."

Por otra parte, también aparece en forma expresa en la Instrucción de 1523, la misma exigencia de la obligación de residencia para la consolidación de la propiedad sobre las heredades, pero extendida por un período de cinco años, así:

> "13. E a las personas y vecinos que fueren recibidos por vecinos de los tales pueblos, les déis sus vecindades de caballerías o peonías, según la calidad de la persona de cada uno; residiéndola por cinco años le sea dada por su vida la tal vecindad, para disponer de ella a su voluntad como es costumbre; al repartimiento de las cuales dichas vecindades y caballerías que se hubieren de dar a los tales vecinos, mandamos que se halle presente el Procurador de la ciudad o villa donde se le hubiere de dar y ser vecino."

6. *El orden de la población y su crecimiento ordenado*

Con la *Instrucción* a Pedrarias de 1513, como se dijo, se inició la formulación de reglas para el establecimiento de los pueblos de manera ordenada con el objeto de asegurar su crecimiento ordenado; reglas que se fueron perfeccionando por aproximaciones sucesivas en las décadas siguientes, de manera que como lo decía el plano de Santiago de León de Caracas levantado por el gobernador Juan de Pimentel "desta suerte ba todo el pueblo edificandose". Hasta cuando se dictó la Instrucción dada a Pedrarias, los pueblos que se habían fundado en la isla La Española y en las otras islas del Caribe y en Tierra Firme, puede decirse que en su inicio no tuvieron una forma urbana ordenada y reticular, ni siquiera en el caso de Santo Domingo, la cual sin embrago como todas posteriormente fue objeto de un trazado regular. En todo caso, las Instrucciones dadas a partir de 1513, contribuyeron al desarrollo de esa forma ordenada en todas las poblaciones, incluso en la reordenación de los pueblos y villas que habían sido fundados en las islas antes de esa fecha.

Ahora bien, en cuanto a las Instrucciones de 1513, en su redacción se aprecia, por supuesto, la influencia directa de Vitruvio y de Alberti, y con ellos, todas las ideas de orden y simetría que conformaron el Renacimiento en la arquitectura.

En efecto, en el mismo N° 7 de la *Instrucción* de 1513 se ordenaba que en el repartimiento de solares, estos fueran *"de comienzo dados por órden"*, agregándose:

> "por manera que fechos los solares, el pueblo parezca ordenado, así en el logar que se dejare para plaza, como el logar en que hobiere la iglesia, como en la órden que tovieren las calles; porque en los logares que de nuevo se facen dando la órden en el comienzo, sin ningud trabajo ni costa quedan ordenados, e los otros jamás se ordena"

De esta *Instrucción* dada a Pedrarias Dávila, resulta claramente la idea del orden que debía tenerse en el establecimiento de los pueblos, para que fundados en forma ordenada, en el futuro pudieran sin esfuerzo seguir desarrollándose en forma ordenada a medida que se fueran agrandando. El orden debía entonces prevalecer en cuanto al sitio para el asiento de la plaza mayor, y en el de la iglesia, que debía estar próximo a la plaza. Además, el orden debía guiar el diseño de las calles; y ese orden sólo podía resultar de la forma reticular.

En todo caso, el modelo urbano adoptado formalmente a partir de 1513, reflejado rápidamente en la traza de Santo Domingo, y que guió el diseño de la casi totalidad de los pueblos, villas y ciudades de América, por tanto, gravitó en torno a los tres elementos urbanos esenciales mencionados en la Instrucción: El primero, la plaza, que era lo que debía establecerse inicialmente, siendo el elemento principal, y cuya forma debía hacer parecer el pueblo como ordenado. Por supuesto, no había otra forma ordenada que no fuera la forma cuadricular o rectangular, en todo caso, reticular, con lados rectos. El segundo, la iglesia que debía ubicarse también en un sitio ordenado, fuera del área de la plaza, pero en un lugar principal, que en general fue en una de las manzanas ubicadas a un costado de la plaza. Y el tercero, las calles que debían también tener orden, es decir, diseñarse ordenadamente, y no había otra forma para el orden de las calles, cuando debían partir de la plaza reticular, que no fuera su trazado en líneas rectas, formando ángulos rectos en los cruces entre ellas, y manzanas o cuadras de terreno, donde se ubicaban los solares a ser repartidos, también ordenadamente.

La plaza, la iglesia y las calles, por tanto, configuraron el modelo urbano latinoamericano, y este se siguió uniformemente en todas partes. Correspondió así a Alonso García Bravo, quien había llegado a América en la expedición de Pedrarias, haber comenzado a implantar el modelo. A él, incluso, se le atribuye haber diseñado la planta de la ciudad de Santo Domingo en La Española y fue a éste alarife a quien Pedrarias, en 1519, le habría encomendado el trazado de las ciudades de Panamá y Natá; y Hernán Cortés, el diseño de la Villa Rica de la Vera Cruz y la reconstrucción de Ciudad de México, además de la planta de Oaxaca.

En todo caso, la parte de mayor interés en la *Instrucción* de 1521, conforme a la orientación de la *Instrucción* a Pedrarias Dávila de 1513, también era la relativa al orden regular que debía tener la población para asegurar su crecimiento ordenado, expresada así:

> "Y desde el comienzo se han de dar y comenzar por órden, por manera que fechos los solares, el pueblo parezca ordenado, ansi en el lugar que se dexare para plaza, como el lugar en que hobiere de ser la Iglesia, como en la órden que tuvieren los tales pueblos en los servicios y edificios públicos. Porque en los lugares que de nuevo se hazen, dando la órden en el comienzo, sin ningún trabajo ni costa quedan ordenados; y los otros jamás se ordenan."

El orden urbano, por tanto, si se establecía desde el inicio, luego se desarrollaba sin esfuerzo adicional. Eso fue lo que sucedió por ejemplo en Buenos Aires, donde la cuadrícula fue repetida sin límites en la llanura circundante. Se trata de un principio elemental de la planificación urbana que puede decirse que se aplicó con la forma reticular para el diseño y crecimiento de todas las ciudades hispanoamericanas hasta comienzos del siglo XX. Ello se puede observar de los planos casi idénticos de Caracas de 1801 y de 1909, y en el plano de la misma ciudad de 1929 donde se aprecia un crecimiento reticular aun cuando con cuadras más pequeñas. El principio se abandonó, sin embargo, al invadir el modernismo el diseño de las ciudades.

Los solares, decía al igual que las anteriores la *Instrucción* de 1523, debían desde un comienzo ser repartidos por orden, para que el pueblo apareciera ordenado y siempre lo fuera. Decía:

> "y sean de comienzo dadas por orden, de manera que hechas las casas en los solares, el pueblo parezca ordenado, así en el lugar que dejaren para la plaza, como en el lugar que hubiere de ser la iglesia, como en la orden que tuvieren los tales pueblos y calles de ellos; porque en los lugares que de nuevo se hacen, dando la orden en el comienzo, sin ningún trabajo ni costa quedan ordenados, y los otros jamás se ordenan."

En esta forma, en los planos iniciales de ciudades hispanoamericanas, aparece el reparto de solares en las cuadras de la ciudad, incluso con la indicación de los nombres de los pobladores.

7. La iglesia

Dado el carácter evangélico de la conquista, de acuerdo con la Instrucción, en la traza de los pueblos y su desarrollo posterior, lo primero que debía construirse era la iglesia. La *Instrucción* decía, "y en lo que de nuevo se ficieren la más principal cosa e que con más diligencia se ha de facer, es la iglesia, porque en ella se faga todo el servicio de Dios que se debe facer".

En cuanto a la ubicación de la iglesia en relación con la plaza, sin embargo, nada se precisaba sobre su ubicación en relación con la plaza; y nada se decía de su orientación, aun cuando conforme al rito vigente para el sacrificio de la misa en el siglo XVI, la fachada debía orientarse hacia el oeste y el ábside hacia el este, como sucedió con casi todas las iglesias coloniales que se ubicaron al este de la plaza mayor.

8. Recomendación general del orden

La *Instrucción de 1521* terminaba con una recomendación general del orden que una vez seguido, evitaría trabajos sucesivos innecesarios:

> "Habéis de procurar con todo cuidado de tener fin en lo de los pueblos que hizierdes en la tierra adentro, que los hagáis en parte é asientos

> que os podáis aprovechar dellos para poder hazellos. Y porque desde acá no se os puede dar regla ni aviso particular por la manera que se ha de tener en hacerlo, sino la esperiencia de las cosas que de allá sucedieren os han de dar la avilanteza y aviso de como y cuando se ha de hacer. Solamente se os puede dezir esto generalmente: que procuréis con mucha instancia y diligencia y con toda la brevedad que pudiérdes, de certificaros dello, y certificado ques ansi verdad, á todas las cosas, que ordenárdes y hiziérdes, las hagáis y determinéis con pensamiento que os han de servir y aprovechar para aquello. Porque habrá mucho de lo que agora sin ninguna costa ni trabajo les podéis hazer, porque no costará más sino determinarlas que se hagan de la parte que sean provechosas, como se habia de hazer en otra parte que no lo fuesen, de donde si, despues los hobiérdes de mudar para este propósito, será muy trabajoso, y algunos tan dificultosos, que serian imposibles."

Conforme a estas Instrucciones, por ejemplo, puede decirse que Juan Ponce de León, quien como se dijo había fundado el pueblo de Capana en 1508 en la isla de Puerto Rico, dispuso el traslado de la ciudad en 1521 al sitio de la "ysleta" que hoy ocupa San Juan de Puerto Rico, con un trazado reticular, con manzanas rectangulares.

En la *Instrucción* dada a Cortés, al igual que en la Instrucción General de 1521, también se formularon recomendaciones generales sobre el orden, así:

> "15. Habéis de procurar con todo cuidado de tener fin en los pueblos que hicieren en la tierra adentro, que los hagáis en parte y asiento que os podáis aprovechar de ellos para poder hacerlo. Y porque desde acá no se puede dar regla particular para la manera que se ha de tener en hacerlo sino la experiencia de las cosas que de allá sucedieren, os han de dar la abilanteza e aviso de cómo y cuándo se han de hacer; solamente se os puede decir esta generalmente: que procuréis con mucha instancia y diligencia y con toda brevedad que pudiéredes certificaros de ello y certificado que es ansi verdad, todas las cosas que ordenáredes e hiciéredes, las hagáis y determinéis con pensamiento que os ha de servir e aprovechar para aquello, porque habrá mucho de ello que agora sin ninguna costa ni trabajo lo podéis hacer, porque no costará más sino determinar lo que se haga de la parte que sea provechosa, como se había de hacer en otra parte que no lo fuese, de donde si después la hubiésedes de mudar para este propio sería muy trabajosa cosa y algunas tan dificultosas que serían imposibles."

II. LA CULMINACIÓN JURÍDICA DE LO ORDENACIÓN DEL PROCESO DE POBLAMIENTO EN AMÉRICA: LAS ORDENANZAS DE DESCUBRIMIENTO Y POBLACIÓN DE FELIPE II DE 1573

1. El orden que se ha de tener en descubrir y poblar

El punto culminante de la formulación jurídica del modelo urbano y del proceso de poblamiento y de formación de ciudades en América Hispana, que se inició mediante Instrucciones dadas a los adelantados y gobernadores con motivo de cada empresa o, en general, durante la primera mitad del siglo XVI, lo constituyeron las *Ordenanzas de Descubrimiento y Población dadas por Felipe II en el Bosque de Segovia,* el 13 de julio de 1573, en las que se establecen con precisión las reglas e instrucciones relativas a la forma urbana regular y reticular de la ciudad americana, en lo que se puede considerar como el primer cuerpo orgánico de normas jurídicas sobre ordenación urbana que se haya dictado jamás. En ellas, se les precisó a los adelantados, "el orden que se ha de tener en descubrir y poblar".

Las Ordenanzas, ante todo, ratificaron el carácter de la empresa descubridora como una política y derecho exclusivo de la Corona, aun cuando realizada por particulares. Por ello, el artículo primero comenzó por asegurar el control absoluto de la empresa indiana a la Corona, lo cual ya se había establecido claramente desde la Orden Real dada en Granada el 3 de septiembre de 1501, en el sentido de que nadie podía hacer nuevos descubrimientos sin la obtención previa de una licencia. De allí la advertencia del artículo 1° de las Ordenanzas a quienes se atrevieran a realizar expediciones de descubrimiento, nueva población o pacificación sin expresa licencia de las autoridades facultadas para otorgarlas, que se les castigaría con la pena de muerte y de perdimiento de todos los bienes.

A tal efecto, se facultaba a las autoridades civiles y eclesiásticas a celebrar Capitulaciones de descubrimientos y pacificación, con la condición de que luego las remitieran al virrey o a la Audiencia para que éstos, a su vez, las mandaran al Consejo de Indias el cual, en últimas instancia, era el único capacitado para otorgar la licencia definitiva (Art. 2).

En todo caso, la licencia para hacer nuevas poblaciones estaba condicionada a que estas se hiciesen "*guardando la orden* que en el hazerlas se manda guardar por las leyes de este libro".

A los efectos de formalizar la tarea descubridora y asegurar el dominio de la Corona, los artículos 13 y 14 establecieron que tanto en los descubrimientos por mar y por tierra, la toma de posesión que debía efectuarse, apenas llegados a lo nuevamente descubierto, se debía realizar en nombre de los reyes de Castilla, *con todas las formalidades inherentes al caso, y ante escribano público que debía levantar el acta correspondiente.* En dicha acta se debían incluir los nombres que los descubridores pusieren a las diversas provincias, tierras, montes y ríos principales que fueran encontrando y ciudades que fueren fundando.

Para guiar esa empresa de la Corona, realizada por particulares a sus expensas, fue necesario idear y promulgar todo un conjunto de normas, algunas dirigidas a determinados adelantados, otras formuladas en forma general, que orientasen y guiasen la tarea de descubrir y particularmente de poblar, a cargo de adelantados dispersos en toda América. Esas normas e instrucciones, precisamente, y por agregaciones sucesivas, culminaron con la elaboración de las *Ordenanzas* de Felipe II de 1573, cuya parte más importante con relación a la forma urbana, es la relativa a las instrucciones sobre *el orden que se ha de tener en descubrir y poblar*, por supuesto, aplicables a las Nuevas Poblaciones, y donde se evidencia toda la influencia renacentista antes indicada. Esta es la parte que nos interesa destacar de las Ordenanzas contenidas en los artículos 32 al 137.

2. *Las normas sobre el sitio y ubicación de las poblaciones*

A. *La elección de los sitios*

Las *Ordenanzas* establecieron las pautas que debían tomar en cuenta los adelantados para elegir los sitios de ubicación de las poblaciones, con normas relativas a la salubridad, al abastecimiento y a la ubicación.

a. *Principios relativos a la salubridad*

Los artículos 34 al 37 de las Ordenanzas establecieron las pautas generales para la elección de los sitios más convenientes para asentar las poblaciones, recomendándose escoger comarcas saludables, esto es, aquéllas en que se encontrasen hombres de edad avanzada, así como hombres sanos y fuertes y de buen color; animales sanos y de buen tamaño; buenos frutos y mantenimientos. Donde no hubiera cosas venenosas, y donde el cielo fuera claro y el aire puro y suave; el clima agradable, sin mucho frío o calor y, en todo caso, que fuera más frío que caliente. Como lo dice el artículo 34: "...de buena y felice costelación el cielo claro y begnino (sic) el ayre puro y suaue sin ympedimiento ni alteraciones y de buen temple sin excesso de Calor o frio y hauiendo de declinar el mejor que sea frio".

Estas normas, sin duda, tienen su antecedente directo en la obra de Santo Tomás, *De Regimene Principum* (Gobierno de los Príncipes), en cuyo Libro II, Capítulos I y II se encuentra la misma fraseología de las Ordenanzas. El primero de los Capítulos estaba destinado a "Cómo los reyes han de fundar ciudades para alcanzar fama, y que se debe elegir para ello sitio templado y las comodidades que de esto se siguen, y las incomodidades de lo contrario"; y el segundo destinado a "Cómo deben los reyes y príncipes elegir las regiones para fundar ciudades o castillos, y que debe ser de aire saludable y muestra en qué se conoce el serlo".

b. Principios relativos al abastecimiento

Por otra parte, el artículo 35 exigía que las tierras resultasen fértiles, con abundancia de frutos y de pastos para el ganado, así como de montes con árboles que proporcionasen leña en abundancia y material para la construcción; que se tuviera cuidado de tener cerca agua suficiente para el consumo y para los regadíos, procurando que hubiera buenas salidas y entradas de mar y tierra, y pueblos de indígenas suficientemente cerca para poder evangelizarlos.

B. La ubicación de los pueblos

Una vez elegido el sitio que reuniera la mayor cantidad de ventajas para fundar la nueva población, se debía proceder a fijar el lugar que correspondería tanto a la cabecera como a los sitios que le debían estar sujetos, procurando hacerlo sin perjuicio de los indios. De cualquier modo, estos lugares debían tener siempre cerca el agua, los materiales, las tierras de labranza y cultivo, así como los pastos. (Arts. 38 y 39).

Una vez que se hubieren escogido los lugares para las cabeceras, se debían señalar los de los pueblos dependientes para estancias, chácaras y granjas, igualmente sin perjuicio de los indios (Art. 42).

a. La altitud de los lugares

No se debían escoger lugares muy altos por el problema que representaba tanto el viento como el acarreo de cosas; ni muy bajos, ya que resultaban enfermizos. De preferencia debían elegirse lugares medianamente levantados, que recibieran el aire del norte y del mediodía. En caso de tener sierras o cuestas cercanas, éstas debían quedar al poniente y al levante, y si por alguna causa debía edificarse en lugares altos, se hiciese en sitios donde no estuviesen sujetos a nieblas (Art. 40).

b. Los pueblos interiores en la ribera de ríos

De preferencia se recomendaba que las poblaciones interiores se levantasen a la orilla de algún río que fuera navegable, dejando la ribera baja para los oficios que arrojaren inmundicias (Art. 123).

Si el lugar escogido se encontrase a la orilla del agua, debía tenerse cuidado de que quedase de tal forma que a la salida del sol los rayos pegasen primero en la población y no en el agua (Art. 40).

c. Los pueblos costeños

Por otra parte, se recomendaba alejarse de las costas por el peligro que representaban los constantes ataques de corsarios y por las enfermedades que en esos lugares abundaban, así como porque eran sitios que se prestaban al ocio. La excepción admisible era que se tratase de puertos principales, necesarios para la entrada, defensa y comercio de las tierras (Art. 41).

Todas estas normas referidas al sitio y ubicación de las poblaciones, por ejemplo, se formularon dos siglos antes que las consideraciones que aparecieron en la mencionada obra de A. Ribeiro Sánchez, *Tratado de la conservación de la salud de los pueblos y consideraciones sobre los terremotos* (1781, donde señaló que:

"El sitio más adecuado para conseguir ambos fines (la conservación de los habitantes y su comodidad) será el que estuviere más expuesto al oriente, donde haya aguas vivas y corrientes, al cual se pueda llegar por muchas partes a un tiempo, a fin de que puedan entrar embarcaciones y carruajes, así en verano como en invierno; que no sea ni húmedo por extremo, ni árido como las peñas; que le ventilen antes los vientos fríos, cuales son los de levante y norte, que no los del sur y poniente, que suelen ser húmedos y calientes"

3. Las normas sobre el repartimiento de las tierras

A. La propiedad pública de las tierras y la concesión en propiedad a los pobladores

Las tierras de las Indias conforme al derecho castellano eran consideradas como pertenecientes a la Corona. Por tanto, originalmente los particulares solo podían poseerlas, por gracia real, en virtud de Cédula especial o de las normas de las Capitulaciones.

El repartimiento constituyó así, el título jurídico, sujeto a normas de permanencia luego de un plazo, para que se originara la propiedad personal. Es decir, el repartimiento si bien fue el título originario para adquirir en propiedad tierras en las Indias, sin embargo, no era suficiente para adquirir el pleno dominio, pues era necesario cultivar la tierra o residir en ella en un lapso de tiempo de entre 4 a 8 años. Estas normas, sin duda, tienen sus antecedentes en los fueros medievales de las ciudades castellanas y aragonesas, y en las experiencias del poblamiento como consecuencia de la Reconquista.

Una de las atribuciones de los adelantados, concedidas en las Capitulaciones, fue la de repartir tierras y solares. Lo mismo podían los virreyes, gobernadores en los territorios de nuevo descubrimiento y población, lo cual en este caso debía ser confirmado por la Corona.

B. El reparto del terreno

En el término y territorio del pueblo, debía repartirse la tierra así:

En primer lugar debía determinarse lo que fuera necesario para los solares del pueblo; para los ejidos necesarios y dehesas en las cuales pudiera pastar abundantemente el ganado de los vecinos.

En cuanto a las otras tierras, dentro del territorio y término de la ciudad, debían dividirse en cuatro partes: una de ellas para el fundador del pueblo "el questa obligado a hazer el dicho pueblo" (Art. 91); y las otras tres partes para ser repartidas en treinta suertes para los 30 pobladores del lugar.

C. El repartimiento de solares a particulares

Salvo los solares en la plaza mayor para la iglesia y las casas reales, el resto de los solares se debían repartir a suerte entre los pobladores, comenzando a partir de la plaza mayor.

Con esto se iniciaba el proceso de apropiación privada del suelo urbano. Los terrenos adyacentes a la plaza mayor, se repartían entre los más destacados de las huestes conquistadoras y pobladoras; y el resto de los solares se iba repartiendo por el adelantado fundador de acuerdo a la categoría social de los pobladores.

En todo caso, los solares que quedaren vacantes se debían reservar a la Corona, para repartirlos entre las personas que de nuevo fueren llegando. Sin embargo, de preferencia se recomendaba al adelantado llevar la planta de la población ya hecha (Art. 127).

Así el artículo 127 de las Ordenanzas, para los futuros repartimientos de solares señalaba que "para que se acierte mejor llebesse siempre hecha la planta de la población que se oviere de hazer".

En esta forma, se aseguraba que la ciudad siguiese creciendo ordenadamente de acuerdo con la planta reticular.

D. *La obligación de ocupar el suelo*

Una vez hecha la planta y repartidos los solares, cada poblador, en la parte que se le hubiere asignado, debía proceder a instalar el toldo que para ello le hubiere solicitado el capitán. El que no lo llevare, haría su rancho de los materiales que hubiere en la región. Con la mayor prontitud, todos debían cooperar a hacer palisadas en cerco de la plaza, de manera que quedase protegida de los ataques de los indios (Art. 128). Como textualmente lo exigía el artículo 128:

> "hauiendo hecho la planta de la poblacion y repartimiento de solares cada vno de los pobladores en el suyo assienten su toldo si lo tuuiere para lo qual los capitanes les persuadan que los lleben y los que no los tuuieren hagan su rancho de materiales que con facilidad puedan auer donde se puedan recoger y todos con la maior presteca que pudieren hagan alguna palicada, o tanches (sic) en cerco de la plaça de manera que no puedan rrecibir daño de los Indios y naturales."

E. *El repartimiento equitativo de tierras*

En cuanto a las tierras de cultivo, al hacerse los repartimientos debía procurarse que a todos correspondiese "parte de lo bueno e de lo mediano e de lo menos bueno", y debían hacerse sin agravio para los indios, es decir, que no se le quitasen las tierras que pudieran tener; sin perjuicio de terceros y sin que significara concesión de facultades jurisdiccionales sobre los habitantes de la tierra adjudicada ni de propiedad, sobre las minas que existieren o descubrieren.

F. *Las peonías y las caballerías*

De acuerdo con las *Ordenanzas,* las tierras se debían repartir entre los nuevos pobladores, clasificadas en *peonías* y *caballerías,* denominación de origen medieval: las peonías eran las tierras que se otorgaban a los infantes o peones y las caballerías a los caballeros.

Las *peonías* eran solares de 50 pies de ancho por 100 de largo; 100 fanegas de tierras de labor, de trigo o cebada; 10 de maíz; 2 *huelras* de tierra para huerta; 8 para plantas de otros árboles de secadal; tierra de pasto para 10 puercas de vientre, 20 vacas y 5 yeguas, 100 ovejas y 20 cabras (Art. 105). Las *caballerías* eran solares para casa de 100 pies de ancho y 200 de largo; y en lo demás, el equivalente de 5 peonías, que eran: 500 fanegas de labor para pan de trigo o cebada; 50 de maíz; 10 huelras de tierra para huerta; 40 para plantas de otros árboles de secadal; tierra de pasto para 50 puercas de vientre, 100 vacas, 20 yeguas, 500 ovejas y 100 cabras (Art. 106).

Las *caballerías,* así en los solares como en las tierras de pasto y de labor, se debían de dar deslindadas y apeadas en término cerrado. Las *peonías,* en los solares y tierras de labor y plantas, se debían dar deslindadas y divididas, pero, en cuanto al pasto, era común (Art. 107).

G. Las obligaciones de los pobladores

Los que tomaren asiento de residir las peonías y caballerías se obligaban a tener edificados los solares, y pobladas las casas, así como hechas y repartidas las hojas de las tierras de labor, habiéndolas labrado y puestas de plantas y ganados, fijando los plazos para irlo haciendo. El que no cumpliera con lo ofrecido, perdía las tierras y solares que se le hubieren señalado, y sería multado. De ahí que antes de empezar, debían otorgar fianza suficiente para garantizar el cumplimiento de sus obligaciones (Art. 108).

Por otra parte, los que se hubieran comprometido a edificar, labrar y pastar caballerías, podían celebrar asiento con labradores que les ayudasen en sus tareas (Art. 109).

Tanto el gobernador que hubiere negociado la nueva población, como la justicia del pueblo que de nuevo se poblare, quedaban encargados del exacto cumplimiento de las obligaciones de estos pobladores, tanto de oficio como a petición de parte interesada. Igualmente los regidores y procuradores de consejo podían elevar instancias contra los pobladores que no cumplieren sus obligaciones, dentro de sus plazos (Art. 110).

4. Las normas sobre el trazado regular e ilimitado en la fundación de las nuevas poblaciones

Una vez efectuado el descubrimiento, escogida la parte más conveniente para asentar en ella la nueva población -siempre que no fuera en los lugares reservados en exclusiva para la Corona, ni en perjuicio de los indios-, y celebrados los asientos respectivos, se debía proceder de la manera siguiente:

A. La planta o trama ortogonal partiendo de la plaza mayor: a cordel y regla

Primero se debía hacer la planta del lugar escogido, repartiéndola por sus plazas, calles y solares, a *cordel y regla,* comenzando por la plaza mayor. Desde allí se debían sacar las calles a las puertas y caminos principales, dejando tanto compás abierto que, aunque la población aumentase mucho, se pudiera proseguir en la misma forma. Como lo señala el artículo 110 de las Ordenanzas:

> "... se haga la planta del lugar repartiendola por sus plaças calles y solares a cordel y regla comenzando desde la plaça maior y desde alli sacando las calles a las puertas y caminos principales y dexando tanto compas abierto que aunque la población vaya en gran crecimiento se pueda siempre proseguir en la misma forma..."

De esta norma de las Ordenanzas resulta claro que el punto de partida de la nueva ciudad o población siempre era la plaza mayor, y que la forma ortogonal o reticular fue la regla general de las ciudades, no sólo las fundadas en el siglo XVI, sino también en los siglos subsiguientes de la Colonia. En todo caso, la plaza era lo primero que tenía que situarse y delimitarse en el lugar, y una vez hecho esto, de allí debían salir las calles en forma rectilínea y paralela hacia los confines o puertas de la ciudad.

Las ciudades que ordenaba este texto, no eran ciudades cerradas o amuralladas sino que al contrario, no debían tener límites artificiales y debían crecer en forma ilimitada, siguiendo el mismo esquema formal, de calles paralelas y perpendiculares cruzadas en ángulo recto, a cordel y regla, que nacían de la plaza mayor formando un damero o malla reticular. En consecuencia, las ciudades amuralladas fueron una excepción en la América hispana, lo que sucedió con los puertos importantes en el mar Caribe como Santo Domingo, La Habana, San Juan de Puerto Rico y Cartagena de Indias. Aun cuando no eran puertos, también fueron amuralladas las ciudades de Lima y de Trujillo en el Perú.

En caso de que existiesen las condiciones necesarias en el sitio escogido, la traza de la población debía ajustarse a los siguientes lineamientos (Art. 111): Que el lugar escogido de preferencia fuera elevado, sano, seguro, fértil y abundante en tierras de labor y pasto; leña, madera y materiales; aguas potables; mano de obra; bien ubicado con entradas y salidas abiertas al norte.

En caso de estar en la costa, se debía tener consideración al puerto, y el mar no debía quedar ni al mediodía, ni al poniente. Que se evitase que quedaren cerca pantanos o lagunas, ya que ahí suelen criarse animales venenosos, además de que tanto el agua como el aire se corrompen (Art. 111).

B. La plaza mayor

Como se dijo, la plaza mayor era de donde debía comenzarse el trazado y edificación de la población. Como lo señalaba el Art. 112 de las Ordenanzas, "la plaça maior de donde se a de comenzar la población..."

Pero además, y por lo anterior, la plaza mayor era y ha sido siempre el centro de la vida urbana en las ciudades latinoamericanas y el lugar más importante de la ciudad. Como lo anhelaba más de dos siglos después V. Foronda en su obra *Cartas sobre la Policía* (Madrid 1801), aun cuando pensaba que las calles debían finalizar en la plaza y no comenzar en ella:

> "Sería tan útil como hermoso que todas las calles finalizaran en una plaza cerrada como la que hay en París, conocida bajo el nombre de *Palacio Real*, que sea el punto de reunión de las gentes, y puedan pasearse en sus arcos, ya de noche, ya cuando llueve, y encontrar reunidas todas las cosas que sirvan de adorno, comodidad y recreo. También debe haber diseminadas por el pueblo otras varias plazas destinadas a vender los alimentos."

Ese anhelo, para ese momento ya era una realidad en el mundo americano. Por ello, las Ordenanzas regulaban con precisión todo lo concerniente a la plaza mayor.

a. Ubicación

En el caso de que la población se erigiere en la costa, la plaza debía hacerse al desembarcadero del puerto; si estaba tierra adentro, la plaza se debía fijar en el centro o en medio de la población, de manera que fuese el corazón y su centro vital.

Precisamente, por esta norma, en las poblaciones costeras, la plaza mayor estaba abierta al mar y en su extremo costero debía ubicarse el puerto. Como ejemplos se pueden citar la ciudad de la Habana y la ciudad de Buenos Aires, en las cuales se interpuso entre la plaza y el mar un fuerte. La ubicación de la plaza abierta se debía, sin duda, a que ese lugar, el malecón, era el centro de mayor importancia económica y social de la ciudad. Igual exigencia se dio en relación con los pueblos en las riberas de los ríos navegables.

En cambio, en las ciudades mediterráneas, ubicadas tierra adentro, la plaza mayor debía ubicarse en el centro de la ciudad, y de ella debía partir el crecimiento de la ciudad, irradiándose la trama urbana hacia los diversos puntos cardinales, en forma regular.

b. Forma

La plaza debía ser rectangular, teniendo de largo, una vez y media el ancho, por ser esto lo mejor para las justas de a caballo y otras que se hubieren de hacer (Art. 112). Como lo decía el texto del artículo 112 de las Ordenanzas:

"...la plaça sea en quadro prolongada que por lo menos tenga de largo Vna vez y media de su ancho porque desta mana es mejor para las fustas de a cauallo y qualesquiera otras que se ayan de hazer."

La idea de esta forma rectangular propia para las fiestas ecuestres, que eran las más populares de la época, sin duda, tiene su antecedente en la forma de los circos romanos que originaron plazas como la Piazza Navona en Roma, tal como lo enseñaba Vitruvio.

Esta regla, sin embargo, no siempre se siguió. La gran mayoría de las plazas en América Hispana fueron rectangulares, ocupando el área de una manzana de la trama urbana. Sin embargo, existen ejemplos de plazas rectangulares que ocupan dos manzanas en la traza de la ciudad, como es el caso, único en Venezuela, de Barinas, y de algunas ciudades en las islas del Caribe, como Daxaban en República Dominicana. Otros ejemplos característicos de esta forma rectangular de la plaza se ubican en ciudades de más reciente fundación como Cienfuegos en Cuba, plaza que en el proyecto de la ciudad elaborado en 1798 se había ubicado en dirección norte-sur.

c. Dimensión

El tamaño o grandeza de la plaza debía ser en proporción a la cantidad de vecinos que hubiere y al crecimiento futuro de la población que se pudiere prever, no debiendo ser menor de 100 pies de ancho y 300 de largo, ni mayor de 530 de ancho y 800 de largo (Art. 113). Un ejemplo de plaza, sin duda monumental, fue el adoptado en México cuyo Zócalo es de grandes proporciones.

El artículo 113 de las Ordenanzas, en este aspecto de la dimensión de la población, era bastante detallado estableciendo que para determinarla no sólo debía tenerse en consideración la cantidad de vecinos existentes al momento de la fundación, sino el crecimiento futuro de la misma, lo que era previsible en ciudades de nueva fundación. Particularmente, en estas debía tenerse en consideración la presencia de los indios o naturales. Como lo decía las *Ordenanzas,* en estas ciudades o poblaciones de indios, "como son nuevas se va con intento de que han de yr en aumento y así se hara la elección de la plaça teniendo respecto de que la población puede crecer..."

Por ello, muchos pueblos de indios conservan en la actualidad plazas de gran tamaño, que no guardan proporción con el tamaño del poblado actual.

En todo caso, las *Ordenanzas* recomendaban que una mediana y buena proporción de la plaza era de 600 pies de largo y 500 de ancho.

d. La intersección de las calles en la plaza

De acuerdo con las Ordenanzas, de la plaza debían salir doce calles: una del centro de cada uno de los cuatro lados del rectángulo y dos de cada esquina, formando ángulo recto.

De acuerdo con esta norma, siendo la forma estipulada para la plaza la rectangular y no la cuadrada y, en principio, de dimensiones mayores a las manzanas de la retícula urbana, las calles debían partir no sólo de las cuatro esquinas en ángulo recto, sino que también debían partir de los cuatro costados de la plaza.

En realidad, este modelo normativo puede decirse que sólo se siguió muy excepcionalmente en la América hispana, tal y como aparece en los planos hechos para los pueblos de Manajay y San Juan de Jaruco en Cuba. A dicho modelo se le aproxima el caso de Quetzaltenango, aun cuando a la plaza sólo llegan once calles en forma irregular. Lo normal fue la opción fáctica que escogieron los fundadores de una forma menos grandiosa y más simple, de plaza cuadrada con las mismas dimensiones de las cuadras del centro poblado, abierta en sus cuatro esquinas de donde salen ocho calles en ángulo recto. Por ello, en general, no salen calles de los costados de las plazas.

En algunos casos, sin embargo, aún con la opción de la plaza cuadrada y sus ocho calles en los ángulos, en muchas ciudades se hizo llegar a alguno de los costados de la plaza algunas calles, como sucedió en el caso de Santiago, en La Española y en el caso de Ponce, en Puerto Rico. En el caso de la Nueva Panamá, a la plaza cuadrada le llegan ocho calles, pero no todas en los ángulos de la misma, presentando una forma irregular en cuanto a la intersección de las calles, al igual que sucede en Cajamarca.

En otros casos, en el diseño de la plaza cuadrada ésta se ubicó en el centro de la intersección de las calles principales que cruzaban el poblado, como fue el caso del proyecto para la nueva población de Portobelo en 1731, y es la forma urbana que se escogió para el diseño de las plazas de las ciudades de Rancagua y Vallenar en Chile.

Otro modelo urbanístico de plaza cuadrada que se adoptó en algunos casos, fue el de un cuadrado equivalente a cuatro cuadras del damero, dando lugar a una enorme plaza con las doce calles reglamentarias que llegan a la misma. Es el caso de Mendoza y de otras ciudades del noreste argentino como Resistencia y Formosa. El mismo diseño de plaza cuadrangular equivalente a cuatro cuadras y doce calles que le llegan, se encuentra en la ciudad de Armenia en Colombia. En el caso de Kingston, Jamaica, la plaza William Grant Park es cuadrangular pero a la misma llegan dieciséis calles.

e. La orientación de las esquinas y la protección respecto de los vientos

Cada una de las esquinas debía orientarse a los vientos principales, para proteger a la plaza de dichos vientos (Art. 114). Así lo decía textualmente el artículo 114 de las Ordenanzas:

> "De la plaça salgan quatro calles principales Vna por medio de cada costado de la plaça y dos calles por cada esquina de la plaça las quatro esquinas de la plaça miren a los quatro Vientos principales porque desta manera saliendo las calles de la plaça no estaran expuestas a los quatro Vientos principales que seria de mucho ynconviniente."

Precisamente por ello, la orientación general de las plazas en las ciudades de la parte septentrional de Sur América, por ejemplo, y de las calles principales que de ellas salen, es Norte-Sur, Este-Oeste, pues los vientos, en general, los alisios, vienen del noreste, como es el caso de Caracas. En otras partes, las esquinas de las plazas se orientaban hacia los puntos cardinales precisamente para que el damero sirviera de rompevientos, como es el caso del diseño de San Felipe, en el centro de Venezuela según el plano de 1732.

En esta forma, como lo enseñaban Vitruvio y Alberti, las calles no se convertían en pasajes o canales de vientos y la disposición cruzada de las mismas más bien las concebía como obstáculos rompe-viento.

f. Los portales de la plaza mayor

Dada la forma rectangular de la plaza, el Art. 115 de las Ordenanzas disponía que tanto alrededor de la plaza, como en la entrada de las cuatro calles principales a la misma que partían de sus costados, debían tener portales, por la comodidad que proporcionaban a los comerciantes que ahí se reunieran (Art. 115).

Se concebía así, una plaza rodeada de portales, en la cual, sin embargo, debían quedar libres las ocho calles que salían de la plaza por las cuatro esquinas, "sin encontrarse con los portales retrayendolos de manera que hagan lazera derecha con la calle y plaça".

Este modelo ideal de plaza rodeada de portales, sin duda derivó de la antigüedad del modelo del *Agora* griega o *Foro* romano, como lo había expuesto Vitruvio y luego Alberti. La plaza, rodeada de portales pero cerrada, fue además la forma escogida en las *Bastides* medioevales. Para inicios del Renacimiento, además, se había aplicado en algunas ciudades italianas, como por ejemplo en la Piazza dell'Annunziata en Florencia con la construcción de la *Loggia degli Innocenti* en 1459 de Brunelleschi.

Los portales de las calles de las esquinas de las plazas fueron adoptados con frecuencia en la América hispana, al igual que las arcadas en los lados de la plaza, que muy rara vez se han conservado.

C. Las calles

a. La anchura de las calles

La anchura de las calles se determinaba según el lugar escogido para la ubicación de la ciudad.

En los lugares fríos, las calles se debían trazar anchas, para permitir que el sol entrase plenamente en la ciudad. Por ello, por ejemplo, en ciudades como Antigua Guatemala (1.500 mts. de altitud) o en Mucuchíes, Venezuela (3.000 mts. de altitud) las calles todavía se conservan relativamente anchas. En los lugares calientes, por el contrario, las calles debían ser angostas para evitar la inclemencia del sol (Art. 116) y asegurar la protección de la sombra, como por ejemplo sucede en los puertos de Cartagena de Indias y de La Guaira.

En esta forma se regulaba la posibilidad de mayor soleamiento de las ciudades ubicadas en lugares fríos, por la anchura de las calles; y al contrario, una mayor cantidad de sombra en las ciudades ubicadas en lugares calientes, por lo angosto de las calles, como medio de protección ante la inclemencia del sol.

Una recomendación similar pero con dos siglos de diferencia, se encuentra, por ejemplo, en la obra de Benito Bails, *Elementos de Matemática* (Madrid, 1783), en la cual señalaba:

> "Al determinar el ancho de las calles, y la altura de las casas de la Ciudad, atenderíamos al temple del clima donde las edificásemos. En los países fríos o templados, haríamos las calles anchurosas, y las casas menos altas... Pero en un clima caluroso, haríamos más altos los edificios, y las calles más angostas."

b. La prolongación del trazado regular de las calles

Las calles debían proseguirse a partir de la plaza mayor, de suerte que aunque la población llegase a crecer de manera considerable no se afease la población, o se obstruyese su defensa o comodidad (Art. 117). Así se expresaba el artículo 117 de las Ordenanzas:

> "Las calles se Prosigan desde la plaça maior de manera que aunque la poblacion venga en mucho crecimiento no venga a dar en algun inconveniente que sea caussa de afear lo que se ouiere rrehedificado e perjudique su defensa y comodidad."

En esta forma, las *Ordenanzas* previeron el crecimiento ordenado de la población, conforme a la forma y dirección de las calles, de manera ilimitada, conforme a un esquema uniforme de la trama urbana. Hasta las primeras décadas del siglo XX muchas ciudades latinoamericanas continuaban creciendo con el orden reticular, como por ejemplo, sucedió con Barquisimeto, Venezuela, que en 1940 todavía mostraba el desarrollo casi perfecto de la retícula, pero la misma fue luego abandonada a partir de la segunda mitad del siglo XX en casi todas las ciudades hispanoamericanas, por la falta de autoridad tanto en la orientación ordenada de las ocupaciones espontáneas del suelo urbano que han dado origen a las amplias áreas marginales de las ciudades sin regularidad alguna, como en el proceso de urbanización desarrollado exclusivamente por privados, que han abandonado la forma regular. Una excepción, hasta cierto punto, ha sido la ciudad de Buenos Aires, debido en parte a lo plano de la topografía del terreno que la circunda.

D. *Las plazas menores*

Dentro de la trama urbana, además de la regulación *in extenso* de la plaza mayor y de la forma regular de la malla reticular urbana mediante calles paralelas que se cruzan perpendiculares, las *Ordenanzas* establecieron el sistema de plazas menores diseminadas en la población, que permitieran un reparto apropiado de los vecinos y sus actividades.

En esta forma se precisaba que a cierta distancia de la plaza mayor, se debían ir dejando plazas menores, donde se pudieran edificar los templos de la iglesia mayor, parroquias y monasterios, de manera que todo se repartiese en buena proporción para la doctrina (Art. 118). El texto del artículo era así:

> "A trechos de la poblacion se vayan formando plaças menores en buena proporcion adonde se han de edificar los templos, de la yglesia maior parroquias y monasterios de mana que todo se rreparta en buena proporcion por la doctrina."

En esta forma, además del "centro" de la ciudad en la plaza mayor, se buscaba que como sistema de crecimiento de la ciudad se repitiera el esquema a medida que creciera la misma, ubicando otros "centros" menores, que a la vez sirvieran de "parroquias" con su plaza menor y templo correspondiente.

En el plano elaborado para la edificación de la Nueva ciudad de Guatemala en 1776, después del terremoto que destruyó en gran parte La Antigua Guatemala, se estableció a la perfección el sistema de plazas menores en una forma que recuerda la expresión de la ciudad de Eiximenis. Por otra parte, dicho trazado es el de la actual ciudad de Mendoza, y de la ciudad de Chillán en Chile.

5. Las normas sobre edificaciones

A. El templo o iglesia mayor

Las *Ordenanzas* regulaban con precisión la erección de los templos e iglesias.

Para la iglesia mayor, parroquia o monasterio, después de que se señalasen calles y plazas, se les debían asignar inmediatamente solares, antes que a nadie, debiendo dejarse para ellos solos toda una cuadra, "ysla entera", para que ningún otro edificio los estorbase, sino tan sólo los propios para sus comodidades y ornato (Art. 119). Un ejemplo de la ubicación de los templos o conventos en las diversas plazas, se puede apreciar en el caso de Quito.

a. Los templos en poblaciones costeras

En caso de que la población estuviese en la costa, la iglesia mayor se debía edificar en lugar visible desde la costa, que sirviera para la defensa del puerto (Art. 120).

En esta forma, en las ciudades costeras la iglesia debía flanquear el área del malecón del puerto y de la plaza mayor, siendo visible desde el mar. Este conjunto, por tanto, debía convertir esta zona en el centro de más importancia de la ciudad costera. Las necesidades de defensa de las ciudades costeras, sin embargo, desdibujaron la regla y la iglesia no siempre se ubicó abierta al mar. El ejemplo del puerto de Santa Marta es significativo pues si bien tiene la plaza mayor abierta al mar, la Nueva Catedral se ubicó después unas cuadras adentro.

b. Los templos en poblaciones mediterráneas

En los lugares mediterráneos, el templo no se debía ubicar en la plaza, sino distante de ésta y aislado de otros edificios. Se debía edificar en alto, para que tuviera más ornato y autoridad, haciendo que a él se ingresase por gradas. Cerca del templo debía estar la plaza mayor y se debían levantar las casas reales del consejo, cabildo y aduana, no para que lo opacasen, sino para que lo resaltaren (Art. 124)

Esta disposición, a veces ha sido mal interpretada. En efecto, cuando el artículo 124 dice: "El templo en lugares mediterráneos no se ponga en la plaza sino distante della", lo que buscaba era evitar que el templo estuviese en medio de la plaza, aislado entre vías de circulación como sucedía en la mayoría de las ciudades medioevales y todavía sucede en la actualidad.

Por ello, en general, en América, la iglesia principal está casi siempre ubicada a un costado de la plaza mayor, generalmente, en el costado este; siendo excepcional encontrar el templo ubicado en el área de la propia plaza rodeado de calles. En las ciudades fundadas en los primeros años de la conquista, sin embrago, para la ubicación de la plaza se siguió la experiencia medieval, y se situó en forma aislada en medio de la plaza, como ocurrió en Santo Domingo. En igual sentido, en las primeras fundaciones en la isla de Margarita, a partir de 1525, la iglesia se estableció en forma aislada, como sucede en la ciudad de La Asunción y en las otras ciudades de la isla, excepto Porlamar. Igualmente, en las dos primeras ciudades fundadas en Tierra Firme de la Provincia de Venezuela, Coro y El Tocuyo, la iglesia se ubicó en forma aislada, al igual que sucedió con algunas iglesias de ciudades de la Provincia de Nueva Andalucía, como Clarines.

De resto, el templo está ubicado fuera de la plaza pero con la fachada dando a la misma, y generalmente, como se dijo, en la cuadra situada al este de la plaza cumpliendo la tradición canóniga originada en la iglesia oriental.

En todo caso, al sitio del templo se debía adjudicar una cuadra entera, y por ello en el artículo 124 de las Ordenanzas se señalaba que el templo debía estar separado de los otros edificios, "que no sea tocante a él y que de todas partes sea visto porque se pueda ornar mejor y tenga más autoridad ase de procurar que sea algo levantado del suelo de manera que se aya de entrar en el por gradas".

Por ello, sobre todo en las ciudades capitales de provincia, la iglesia ocupaba una cuadra entera al este de la plaza mayor, como sucedió con Cartago, capital de la Provincia de Costa Rica, donde aún las ruinas de la enorme catedral se pueden apreciar.

B. Los edificios públicos

Una vez señalado el lugar para el templo, se debía fijar el sitio para la casa real, la casa de concejo, el cabildo y la aduana. Esto se debía hacer junto al mismo templo y puerto, de manera que si llegase a haber necesidad, se pudieran apoyar los unos a los otros (Art. 121). Así ocurrió en todas las ciudades hispanoamericanas.

C. Los edificios de servicios públicos

a. En las poblaciones costeñas

El hospital para pobres y enfermos de mal no contagioso se debía dejar junto al templo y por su claustro. Para los de enfermedad contagiosa el hospital se debía ubicar en parte donde ningún viento que pasase por ahí fuera a dar a la población, y de preferencia en lugar elevado (Art. 121).

Los sitios y solares para carnicería, pescadería, tenerías y otros oficios de los que producen inmundicias se debían situar en lugares que con facilidad se pudieran conservar limpias (Art. 122).

b. Las poblaciones interiores

En las poblaciones interiores, el hospital de no contagiosos se debía edificar en el claustro del templo; y el de contagiosos a la parte del cierzo –viento septentrional– que diese al mediodía (en la parte norte, para que goce del sur) (Art. 124).

La misma planta se debía aplicar a los demás lugares interiores que de nuevo se fuesen a poblar, aunque no estuvieren a la orilla de algún río (Art. 125).

D. El uso de los solares

En la plaza mayor no se debían asignar solares a los particulares, sino sólo a la iglesia y casas reales, edificios propios de la ciudad y comercios. Esto debía ser lo primero que se debía edificar, y en ello debían ayudar todos los pobladores; para ello se autorizaba a poner algún moderado impuesto sobre las mercancías. (Art. 126).

El resto de los solares se debía repartir entre los pobladores.

Como puede apreciarse del texto y contenido de las *Ordenanzas* de 1573, la operación de poblar en América no se hizo por casualidad ni en forma espontánea. Fue, ante todo, un proceso ordenado jurídicamente, porque como se ha dicho, el poblamiento fue el instrumento o título jurídico para afirmar el dominio de la Corona sobre el territorio y, además, el mecanismo para precisar el término de la jurisdicción que abarcaba cada Capitulación.

New York, 16 de Noviembre, 2007

CAPÍTULO TERCERO.

SOBRE EL MODELO DE LA CIUDAD COLONIAL HISPANOAMERICANA DEL SIGLO XVI (LA "CIUDAD ORDENADA")

Publicado een *Revista Pizarrón Latinoamericano*, Órgano divulgativo del Centro de Estudios Latinoamericanos Arturo Uslar Pietri, CELAUP, Realidad y Contexto de América Latina, Universidad Metropolitana, Caracas 2 agosto, 2019, pp. 13-32

Durante el siglo XVI, en este Nuevo Mundo americano, se produjo lo que puede considerarse como la más grande y descomunal operación de poblamiento que se haya realizado jamás en la historia de la humanidad, sin parangón en ningún otro tiempo. Es decir, en la historia de la humanidad, salvo España, ningún otro país del mundo ha fundado tantos pueblos, villas y ciudades en un territorio tan grande, en un período de tiempo tan corto, y en una forma tan regular y ordenada como lo hizo en América durante ese siglo, y además, conforme a un modelo único de ciudad.

El legado de ese proceso fue el desarrollo de lo que he llamado la "ciudad ordenada" (Allan R. Brewer-Carías, *La Ciudad Ordenada*, Caracas 2006) que fue como fue esa ciudad americana, en forma similar pero en escala territorial muy superior, a como en su momento lo fue la ciudad romana en todos los territorios de Europa o antes, la ciudad griega en las costas del Mediterráneo. La forma urbana de la ciudad americana, quedó plasmada en todas las ciudades del Continente Americano como todavía cualquier viajante lo puede apreciar al recorrer el casco histórico de las mismas, desde San Agustín en La Florida o Puebla de los Ángeles en la Nueva España, en el norte; hasta Santiago, Concepción, Osorno o La Serena en lo que fue esta provincia de la Nueva Extremadura, o hasta Mendoza y San Juan pasando la Cordillera; todas fundadas en el siglo XVI.

Por supuesto, además del idioma, la religión y la cultura, esa forma urbana reticular común fue la gran creación y huella física que dejaron los españoles en el Nuevo Continente, que no existía en la Península – pues fue diseñada para América – y que se materializó en la invariable traza urbana reticular y en algunos cuadricular que tienen nuestras ciudades en su casco histórico.

Esa traza no surgió espontáneamente, pues el proceso de poblamiento de la América Hispana, a diferencia de lo que ocurrió más tarde en Norteamérica, no fue un proceso de ocupación espontánea del territorio, surgiendo las ciudades de los embarcaderos naturales o de los cruces de caminos, sino que fue un proceso ordenado, sometido a estrictas normas jurídicas dictadas desde la Metrópoli.

En el caso de la forma urbana, en la América Hispana la misma se configuró siempre, de acuerdo a Instrucciones dictadas a los Adelantados que les exigían partir de una cuidadosa escogencia del lugar apropiado para ubicar la ciudad, la cual debía establecerse mediante el diseño inicial de una plaza mayor o central que siempre debía ser levantada a cordel y regla, y por tanto, con ángulos rectos, desde la cual paulatinamente debía crecer la ciudad mediante el trazado de las calles en línea recta. Con estas reglas, la trama urbana necesariamente se formó en manzanas o cuadras, generalmente iguales y, en todo caso, con forma ortogonal, tal y como todavía hoy se aprecia en todos los centros o cascos históricos de nuestras ciudades y pueblos latinoamericanos.

El más claro ejemplo de lo que fue esa ciudad es hoy la ciudad La Antigua Guatemala, fundada en 1527, y luego de trasladada en 1541 al valle de Pochoy por un deslave, entre los volcanes de Agua, de Fuego y Acatenango, donde está enclavada con la misma forma urbana de 1541, la cual fue detenida en el tiempo en 1773, cuando tuvo que ser abandonada por haber sido casi totalmente destruida a causa de un terremoto. Se trata, hoy, de una joya urbana, de lo que puede ser considerado como el modelo de la "ciudad ordenada" colonial, declarada por la Unesco en 1979, como Patrimonio Cultural de la Humanidad.

La historia de la América Hispana y de todos nuestros países, en todo caso, es en gran parte la historia de esa ciudad, la cual como se dijo, aun cuando fue implantada por los españoles, no era en si misma "española" pues nada similar existía en España, sino que fue americana, pues fue diseñada por los españoles específicamente para América. Lo importante del proceso en términos contemporáneos, en todo caso, es que de esa ciudad y de su siembra paulatina en todos los rincones del territorio en un período de menos de cien años, surgieron las Provincias, también establecidas en América antes de que se adoptasen en la península, y de aquellas, los actuales Estados americanos.

Pero lo más destacado de esa empresa pobladora fue que se trató de un proceso "ordenado," es decir, realizado en orden y con orden, obedeciendo a instrucciones precisas de la Corona, que fueron dictadas en sólo seis décadas, conformándose en aproximaciones sucesivas a partir de 1513, cuando después de los excesos cometidos por las empresas de los conquistadores españoles en las Antillas, la Corona asumió directamente la conquista hacia Tierra Firme, con la expedición de Pedrarias Dávila hacia la provincia de Castilla del Oro. El proceso de ordenación contenido en las Instrucciones dadas a los Adelantados concluyó cuando Felipe II dictó en 1573, en el Bosque de Segovia, lo que aún hoy puede considerarse como un monumento jurídico, que fueron las Ordenanzas de Descubrimiento y Población, que pueden considerar como el primer código urbanístico en la historia.

En todo ese tiempo lo importante a destacar es que el proceso de poblamiento en la América Hispana, fue un proceso que tuvo una base institucional, lo que, como se dijo, lo que lo distingue por ejemplo de la conquista de Norte América que se desarrolló cien años después básicamente desarrollado mediante Cartas o Convenios por iniciativas privadas con gran autonomía respecto de la Corona inglesa. En el proceso español americano, en cambio, nada se dejó al azar ni a la sola experiencia o criterio de los Adelantados y pobladores, incluso a pesar de que en sus inicios el proceso del descubrimiento, conquista y colonización se hubiese desarrollado mediante las Capitulaciones, como iniciativas privadas.

En la América Hispana, todo fue ordenado mediante una política centralizada que se plasmó sucesivamente en Instrucciones, Reales Providencias y Ordenanzas elaboradas, primero en el Comité de las Indias del Real Consejo de Castilla y luego, a partir de 1524, en el Real y Supremo Consejo de Indias creado por Carlos V, y que fueron formuladas especialmente para la empresa americana.

Ello fue esencial, porque conforme al ordenamiento jurídico vigente y aplicable para legitimar el proceso de ocupación del territorio americano, era precisamente mediante el poblamiento que se podía asegurar jurídicamente la incorporación de las nuevas tierras descubiertas en las Indias, al señorío de la Corona de Castilla, es decir, mediante la fundación de pueblos y ciudades. Para ese fin, fue que se dieron instrucciones precisas tendientes a regular tanto la forma jurídica conforme a la cual debía realizarse el acto jurídico fundacional, siempre revestido de importante solemnidad como se puede leer de cualquier acta de fundación de nuestras ciudades; como la forma urbana y la organización política conforme a las cuales debía quedar configurado el pueblo; normas que se aplicaron uniformemente por gobernadores y adelantados en todo el Continente. Tan importante fue la fundación de una ciudad, que hacerlo sin licencia acarreaba nada menos que la pena de muerte.

La característica más destacada del proceso de poblamiento de la América Hispana, por tanto, fue que no sólo tuvo móviles de conquista para asegurar la ocupación de los territorios descubiertos, sino que respondió a una exigencia jurídica impuesta por el ordenamiento jurídico que rigió en tiempos del Descubrimiento y de la Conquista, y que estaba contenida en el Código de las Siete Partidas compilado durante el reinado de Alfonso X el Sabio (1252-1284).

Allí, en efecto, se regulaban las maneras como un Príncipe podía ganar Señorío en relación con un reino existente, lo cual sólo podía ocurrir de cuatro maneras: por herencia; por elección voluntaria; por matrimonio con heredera del mismo, o por concesión pontificia o imperial. Esas normas, sin embargo, no eran las que podían aplicarse a la empresa que había iniciado Cristóbal Colón hacia las Indias, cuyo objetivo no era adquirir Señorío sobre algún reino que pudiera existir conforme al conocimiento geográfico de la época. Y menos, cuando comenzó a quedar claro que en las tierras encontradas hacia el poniente, lo que verdaderamente había aparecido había sido no islas sino un increíble e inconcebible Nuevo Mundo cuyo territorio, contra todos los conocimientos existentes, asombrosamente se había "descubierto" intercalado en medio del Atlántico, entre Europa y las costas de Asia. En la Edad Media no se admitía geográficamente, en materia de Continentes, nada distinto a lo que era Europa, África y Asia, y ese era el conocimiento del cual disponía Cristóbal Colón al iniciar su empresa, conforme al cual lo único posible era que pudieran encontrar "nuevas islas en el mar," pero no nuevos continentes.

En ese contexto, las reglas que podían aplicarse para que Colón y los sucesivos Adelantados pudieran tomar posesión para los Reyes Católicos de cualquier nueva isla que descubriera en su ruta, eran otras distintas a las antes mencionadas, reguladas también precisamente en las Partidas, pues los Reyes no tenían posibilidad de heredar las nuevas tierras que se descubrieren; ni podían adquirirlas por el consentimiento de todos los habitantes de los ignotos lugares; ni había posibilidad de que las obtuvieran por casamiento, y en las nuevas y desconocidas tierras ni el Papa ni los reyes tenían señorío sobre las mismas. Al contrario, por ejemplo, Colón llevaba salvoconductos y mensajes de los Reyes Católicos pero para otros monarcas que pudiera encontrar.

Por ello, lo que se aplicaba para la empresa de las Indias, y fue lo que rigió en la ocupación territorial de América, fue otra Ley del Código de las Siete Partidas (Ley 29, título XXVIII de la Partida III), que al plantear la cuestión de a quién pertenece "la ysla que se faze nuevamente en el mar," prescribía así:

> "Pocas vegadas acaece que se fagan yslas nuevamente en la mar. Pero si acaeciesse que se fiziese y alguna ysla de nuevo, suya dezimos que deve ser de aquel que la poblare primeramente; e aquel o aquellos que la poblaren, deben obedescer al Señor en cuyo señorio es aquel lugar do apareció tal ysla."

Es decir, que sólo adquiría Señorío sobre de las nuevas tierras o islas que se descubriesen, quien las poblare primeramente, es decir, quien estableciera en ellas una población (una civitas). Por ello, incluso, Colón, al concluir su accidentado primer viaje, como signo de toma de posesión de la isla La Española, en enero de 1493 dejó forzosamente un puñado de hombres en una villa que llamó La Navidad o La Natividad, construida con los restos de la Santa María en la costa norte de la Isla en lo que hoy es Haití.

Ello explica que el título jurídico para poder incorporar las nuevas tierras que se fueron descubriendo en el Nuevo Mundo a la Corona de Castilla, fue precisamente el poblamiento, es decir, la fundación de villas, pueblos o ciudades que pasaron a ser habitadas por las huestes de los conquistadores, que de guerreros pasaron a ser vecinos; o, incluso, de la fundación de pueblos de indios habitadas por estos.

Precisamente por ello, a diferencia de los ingleses en Norteamérica, los españoles en el resto de América fueron febriles fundadores de ciudades. Allí, por tanto, los pueblos o ciudades no resultaron del crecimiento o desarrollo de embarcaderos o de cruces de caminos, sino del cumplimiento de la obligación de poblar impuesta en las Capitulaciones, mediante la fundación de un número determinado de pueblos en el territorio descubierto en un plazo especificado, a cuyo efecto se autorizaba al Adelantado para repartir tierras y solares entre su hueste. Con el tiempo, este hecho del poblamiento fue, además, el instrumento central para la demarcación de la jurisdicción de cada Gobernación y de la Provincia que la asentaba, siendo ello el origen remoto de los actuales Estados.

La tarea de los conquistadores fue, por tanto, primero, descubrir; y luego, poblar, de manera que si no se poblaba lo descubierto no podía haber conquista; o como lo dijo el capellán de Hernán Cortés, Francisco López de Gomara (1511-1564) en su Historia General de las Indias y vida de Hernán Cortés, al comentar el fracaso de la expedición de Pánfilo de Narváez hacia la Florida: "Quien no poblare no hará buena conquista, y no conquistando la tierra no se convertirá la gente, así que la máxima del conquistador ha de ser poblar" (Capítulo XLVI).

En este marco jurídico era entonces evidente que poblar no era simplemente el hecho físico o material de asentar campamentos, aldeas o rancherías en un territorio, sino que era, sobre todo, un proceso formal de crear un pueblo, lo cual debía estar respaldado por acta levantada por escribano en forma auténtica, en la cual se debían recoger los pormenores de un acto que era solemnísimo. Por ello, en el mismo Código de las Siete Partidas, al definirse qué era un pueblo, además de indicarse que era un lugar edificado y generalmente cercado (Partida 7, Título 33, Ley 6), se lo concebía como reunión de hombres mayores, medianos y menores en forma comunal (Partida 7, Titulo 1º, Ley 1) sometidos a unas autoridades y leyes.

En definitiva, lo que se imponía en el viejo derecho castellano para tomar posesión de una nueva isla, o tierra ignota, era la necesidad de fundar una civitas; siendo ese acto el de mayor importancia jurídica y política en el proceso de ocupación del territorio, para lo cual, por supuesto, se requería de una licencia expresa del rey, del virrey o del gobernador de la Provincia; pues con la fundación de una ciudad se tomaba posesión de lo descubierto en nombre de la Corona, quedando el territorio bajo el señorío y soberanía del rey; y además, se determinaba el término de cada Provincia o Gobernación bajo el mando del adelantado.

Las provincias, por ello, al inicio, sólo se definieron y se podían definir por una línea a lo largo de la costa del mar que era lo único conocido inicialmente, de manera que las provincias fueran encontrando su ámbito territorial, tierra adentro, a medida que se fuera sembrando el territorio de villas y ciudades. Así, por ejemplo, se estableció en la Capitulación de 27 de marzo de 1528 dada por Carlos V a Enrique Ehinger y Jerónimo Sailer para establecer la Gobernación de la Provincia de Venezuela y Cabo de la Vela, en la cual se indicó que se extendía, por la costa, desde el Cabo de Maracapana (en el actual Estado Anzoátegui) hacia el oeste, hasta el Cabo de la Vela en la parte occidental de la Península de la Goajira, que era el término de la Gobernación de Santa Marta, precisándose además, que hacia el sur, se extendía "de la una mar a la otra", es decir, desde el Mar Caribe tierra adentro hasta el Mar del Sur. La prolongación de la Provincia hacia el sur, por tanto, en principio seguía una línea por el meridiano que pasaba por cada uno de los términos hacia el oeste (Cabo de la Vela) y hacia el este (Maracapana). Sin embargo, su determinación precisa posteriormente iba a depender de la labor de poblamiento, y nada más.

La Provincias, por tanto, inicialmente se definieron por la extensión de las costas del Mar, como ocurrió en el Caribe e igual en el Pacífico, de manera que las mismas llegaban, tierra adentro, hasta donde llegara el problamiento, por lo que una tierra recorrida sin que en la misma se hubiese dejado sembrada algún pueblo o ciudad, no pertenecía a la jurisdicción de quien la recorriera Por no poblar, por tanto, en el propio Siglo XVI, muchas tierras dejaron de pertenecer a determinadas Provincias, quedando en la jurisdicción de otras. Ese fue el caso, por ejemplo, de la Provincia de Venezuela bajo la gobernación de los Welsares, como lo expresó el licenciado Juan Pérez de Tolosa, luego de ser nombrado por el Emperador, Gobernador y Capitán General de la Provincia de Venezuela por Real Cédula de 12 de septiembre de 1546, en su conocida Relación de las tierras y provincias de la gobernación de Venezuela, de 1548, Provincias que gobernó hasta 1549, en la cual expuso al referirse a las expediciones de Ambrosio Alfinger que:

> "Del dicho pueblo de Maracaibo, el dicho Gobernador Ambrosio Alfinger entró la tierra adentro y llegó al Valle de Upare, que ahora está poblado por Santa Marta, que serais una treinta leguas desde Cabo de la Vela... Si esta Tierra la hubiera poblado el dicho Ambrosio, la Gobernación de Venezuela fuera próspera y tuviera poblado el Nuevo Reino de Granada, porque es el paso y camino por donde después se descubrió. Con ser esta tierra de los pacabuyes, no la pobló, antes siguió el río arriba de Cartagena, que es el río por donde vienen del Nuevo Reino de Granada, y dejó la derrota del Reino y resolvió sobre la culata de la laguna para volverse a Coro."

Por no poblar se perdieron, para la provincia de Venezuela, esas tierras descubiertas por sus propios Adelantados.

El rito fundacional de la constitución de las ciudades, por tanto, fue correlativo con la importancia del proceso, para lo cual se siguió invariablemente el mismo procedimiento, incluyendo la traza de la plaza como un cuadrado o rectángulo, y a partir de ella, de las calles, indicándose el sitio de la iglesia y de los otros edificios públicos, así como de los diversos solares que se repartían a los vecinos, nombrándose las autoridades que regirían la ciudad, y disponiéndose los ejidos; todo lo cual se debía recoger en las actas fundacionales.

Precisamente por ello, a diferencia también de las ciudades norteamericanas, todas las ciudades latinoamericanas tienen fecha de nacimiento o de fundación precisa, que siempre se celebra, incluso aun cuando la ciudad hubiera tenido que fundarse de urgencia, o a la carrera, pues con ese acto quedaba jurídicamente demarcado el ámbito de cada Gobernación. Así sucedió por ejemplo, con Santiago de Quito, ciudad fundada curiosamente a la media noche del día 15 de agosto de 1534, con el único propósito de que quedara jurídicamente asentado en acta levantada por escribano, que esas tierras ya estaban bajo la jurisdicción de la gobernación de Francisco Pizarro y que, por tanto, para cuando al día siguiente llegara allí Pedro de Alvarado, entonces Capitán General de Guatemala, con Capitulación para ir a "descubrir y conquistar las islas en la Mar del Sur de la Nueva España," ya estaba claro que no podía pretender tener jurisdicción sobre esas tierras. Y efectivamente, cuando Alvarado, después de desembarcar en las costas de las Esmeraldas cerca de la actual Guayaquil, llegó al sitio de Riobamba el día 16 de agosto de 1534, se encontró con que los tenientes de gobernación de Pizarro, Diego de Almagro y Sebastián de Belalcázar, ya habían fundado en la víspera una ciudad, recibiéndolo con el acta de la fundación de Santiago de Quito que daba cuenta del nombramiento de sus autoridades. Esa fundación a la media noche, fue lo que convirtió al reino de Quito en parte de la Gobernación de Pizarro, provocando que Alvarado tuviera que abandonar su empresa, vendiendo sus navíos a Almagro, y dejando a su hueste con más de tres mil indios guatemaltecos en las montañas del Ecuador. Por ello, dos semanas después, el 28 de agosto de 1534, para incorporar a la hueste de Alvarado en la empresa pobladora, se produjo la refundación de la ciudad con el nombre de San Francisco de Quito.

Y así fue como fue conformándose el territorio de la América Hispana, mediante la fundación de ciudades, cuya concepción y diseño, como dije, no surgió de experimentos locales de tipo práctico que pudieran haber realizado los Adelantados, ni de las experiencias vividas en la Península en el proceso de repoblación de los territorios recuperados a los Moros, sino de prescripciones y normas jurídicas que se fueron conformando rápidamente en la Corona, particularmente por los influjos recibidos de los descubrimientos renacentistas, en especial en el conocimiento de la arquitectura, que comenzaban a influir en Europa en todos los órdenes.

Ello había provocado que, de golpe, después de un largo período de decadencia, en Europa se hubiera vuelto a la antigua forma de construir, sometiéndose los arquitectos a las reglas de simetría y proporción y al sistema de órdenes, lo que implicó la vuelta al uso de la regla, a las líneas precisas, a las fachadas rectilíneas, dando origen al plano regular que se convirtió en obligatorio para edificios y ciudades.

Todo ello fue rápidamente absorbido por la Corona y trasmitido a América, en un proceso normativo en el cual se recogió la experiencia que los romanos habían aplicado un milenio y medio antes en la tarea de poblar el vasto Imperio que abarcó todas las costas del Mediterráneo y buena parte de Europa hasta Inglaterra; y que cinco siglos antes de los romanos, los griegos habían seguido cuando comenzó la expansión helénica en el Mediterráneo.

En esa forma, la técnica de establecer centros poblados de nueva planta en forma regular que se siguió en América, la verdad es que es tan antigua como la civilización misma; y para constatarlo basta con referirnos a lo que escribió Aristóteles refiriéndose a la traza reticular perfecta que presentaron muchas ciudades griegas en el siglo IV AC, indicando que había sido Hippodamo de Mileto, hijo de Eurifón, quien había concebido "el arte de proyectar y construir ciudades, siendo también el que ideó la disposición que presenta Pireo" (Política, Libro Segundo, Capítulo V), que es el puerto de Atenas, donde la traza reticular aún se conserva. Ello lo escribió en La Política, libro en el cual dedicó muchos Capítulos a la ciudad, a la polis, y a los principios para su establecimiento. Allí indicó, por ejemplo, que lo primero que debía tenerse en cuenta en la creación de las ciudades, era la salud el lugar escogido, de manera que bajo la influencia de los escritos de Hipócrates, destacó particularmente la importancia de los elementos aire y agua. Recomendaba Aristóteles que "la ciudad debía tener fácil comunicación por mar y tierra, y de ser posible, con todos los puntos de su territorio, "y en cuanto a su emplazamiento, consideraba que debía ser ventajoso fundamentalmente en cuatro a la salud y la disposición de los vientos. El emplazamiento debía depender principalmente, decía, "de lo salubre de la localidad y de su orientación," y además "de la pureza de sus aguas" planteando que el sitio debía "abundar en fuentes y manantiales, y, de no ser así, construir grandes depósitos para la recogida de las aguas pluviales" (Capítulo X).

Aristóteles, además, sobre la forma urbana consideraba que era "más bello y conveniente que las calles sean rectas, como indicó Hippodamo" (Libro Séptimo, Capítulo X); dando especial importancia a la plaza o ágora que debía estar a los pies de los templos o edificios destinados al culto divino, que – decía - debían "ocupar una eminencia, para que se vean desde lejos y den realce a la virtud, con torres que dominen las cercanías "(Libro Séptimo, Capítulo XI)." Todo ello reflejaba la práctica antigua de los griegos de fundar ciudades, que nunca se dejo al azar, particularmente cuando se trató de fundaciones de nueva planta con motivo de la expansión colonial griega en el mediterráneo.

Y lo mismo ocurrió en el mundo romano, cuatrocientos años después de las enseñanzas de Hippodamo proceso igualmente motivado por la necesidad de ocupar nuevas tierras del Imperio, todo lo cual se recogió en el único tratado antiguo sobre arquitectura que en la época del Renacimiento se había conservado, y que fue el libro de Marcus V. Pollio Vitruvius, De Architectura Libri Decem (Los Diez Libros de la Arquitectura) escrito a comienzos de la era cristiana, y que todo estudiante de arquitectura tiene que haber leído, u hojeado, o al menos manoseado. Olvidado durante trece siglos, el mismo fue descubierto en 1416, y publicado por primera vez en Roma en 1486, el mismo año de la publicación del libro de Leon Battista Alberti, De re aedificatoria, quien sin duda había tenido acceso al manuscrito de Vitruvio, y que tanta influencia tuvo igualmente en el renacimiento de la arquitectura.

Se trató, en todo caso, de una obra única en la cual se describía la arquitectura romana, sometida a precisas reglas, y en la cual se incluyeron los principios fundamentales para la fundación de ciudades aplicados en la Roma imperial.

Entre esos principios se destacan los siguientes:

Primero, siguiendo las mismas ideas expresadas por Aristóteles sobre la elección de los sitios para "escoger un sitio sano," Vitruvio explicó sobre el procedimiento de "inspección de los hígados de los animales para reconocer la calidad del aire" (Capítulo VII del Libro Primero), que conforme a los usos de los "antiguos" –decía-, si los mismos se encontraban "lívidos y corrompidos" o eran generalmente anormales, se debía concluir "que el de los hombres estarían iguales, y que las aguas y pastos no podían ser buenos en ese país"; el cual debían abandonar incontinente, "pues no apreciaban tanto otra cosa, que lo que podía contribuir al mantenimiento de la salud."

Segundo, sobre la situación de los lugares, los cuales no debían estar sometidos a condiciones climáticas extremas, para lo cual Vitruvio recomendaba que "debe ser alto, ni nublado ni helado, y en un clima ni caliente ni frío, sino temperado"; y además, sin pantanos en los alrededores (Capítulo VII del Libro Primero).

Tercero, sobre el abastecimiento de la ciudad, de manera que el sitio de emplazamiento fuese de fácil acceso, fuera por tierra o por agua de manera que "asegurada la salubridad del lugar donde debe fundarse la ciudad," debía procederse a emplazarla "con el conocimiento que se tenga de la pureza de su aire, de la abundancia de los frutos y de la facilidad de los caminos, los ríos y los puertos de mar que existan para traer todas las cosas necesarias" (Capítulo VIII del Libro Primero).

Cuarto, en cuanto a la dirección de las calles y al sentido de los vientos, Vitruvio escribió sobre la necesidad de que las calles fueran alindadas, para cuya disposición se tuviera en cuenta el sentido y orientación que podían tener los vientos en el lugar, de manera que las ráfagas no corrieran libremente por las calles en perjuicio de los habitantes. De ello, concluía diciendo que "las calles deben disponerse de tal forma que los vientos, dando contra los ángulos que ellas formen, se rompan y dispersan" (Capítulo IX del Libro Primero).

Y *quinto*, en relación con la plaza o forum, Vitruvio formuló un conjunto de principios que se referían a sus diversos aspectos, como la proporción o grandeza de la misma, que debía diseñarse en relación a la población de la ciudad; a su forma, reconociendo que "en los griegos, es cuadrada, y rodeada de dobles y amplios pórticos con columnas pegadas," considerando sin embargo que una forma rectangular podía ser "mucho más cómoda para los espectáculos." También se refirió a la ubicación de la plaza, de manera que – decía -, "Si la ciudad está al borde del mar, es necesario que la plaza pública esté cerca del puerto, por tanto que si la ciudad esta alejada del mar, la plaza deberá estar en el centro" (Capítulo X del Libro Primero); y finalmente a las edificaciones que debían estar en la misma, entre ellas, los templos, que debían estar en el punto mas elevado; la tesorería; la prisión, y la Casa del Senado cuyas dimensiones debían ser proporcionadas a las del forum.

Todos estos principios, también los recogió Albertti en su magna obra, De re aedificatoria, escrita entre 1443 y 1452 (publicada en 1485), la cual igualmente tuvo una extraordinaria influencia en el renacimiento.

Pero lo importante de todos estos principios es que apenas divulgados, penetraron en América a través de las Cortes de los Reyes españoles, tanto de Carlos V como de Felipe II, para lo cual jugó un papel decisivo la difusión de las ideas humanistas que fue posible con la creación de la Universidad de Alcalá de Henares en 1508. El resultado de ello fue que las ideas de Vitruvio y Albertti fueron inmediatamente copiadas y plasmadas en las Instrucciones reales destinadas a guiar urbanísticamente el monumental proceso de conquista, colonización y poblamiento del enorme Continente Americano.

El orden del proceso, en todo caso, como dije al inicio, fue que el mismo resultó de la aplicación de precisas normas jurídicas que fueron incorporándose progresivamente en las Instrucciones dadas a los Adelantados, que comenzaron a expresarse en 1513, con motivo de la expedición de Pedrarias Dávila para la conquista de la provincia de Castilla del Oro en Tierra Firme, culminaron sesenta años después con las Ordenanzas sobre descubrimiento y población otorgadas por Felipe II en 1573.

El control jurídico del proceso fue tal que sesenta años bastaron para que un modelo de ciudad especialmente diseñado para América, ideado sobre la marcha, durante la emergencia de la conquista y poblamiento, se hubiese aplicado en todo el Continente americano, bajo la influencia de las ideas expuestas por Vitruvio y Albertti.

Esa búsqueda permanente del orden, por lo demás, quedó plasmada desde la propia Instrucción dada a Pedrarias de 1513, al referirse al establecimiento de los pueblos en forma ordenada, de manera que el repartimiento de solares a los vecinos fuese – decía- "de comienzo dados por órden", expresando con toda precisión que:

> "por manera que fechos los solares, el pueblo parezca ordenado, así en el logar que se dejare para plaza, como el logar en que hobiere la iglesia, como en la órden que tovieren las calles; porque en los logares que de nuevo se facen dando la órden en el comienzo, sin ningud trabajo ni costa quedan ordenados, e los otros jamás se ordena."

Ese modelo urbano ordenado, por supuesto, gravitó en torno a los tres elementos urbanos esenciales antes mencionados:

Primero, la plaza, que era lo que debía establecerse inicialmente, y de donde debía partir el proceso de poblamiento, y cuya forma debía hacer parecer el pueblo como ordenado. Por supuesto, no había otra forma renacentista ordenada que no fuera la forma cuadricular o rectangular, y en todo caso, reticular, con lados y ángulos rectos, que debía establecerse en el centro del poblado en ciudades mediterráneas; o abierta al mar o río, en ciudades situadas en riberas.

Segundo, la iglesia que debía ubicarse también en un sitio ordenado, fuera del área de la plaza, pero en un lugar principal, que en general fue en una de las manzanas ubicadas a un costado de la plaza, particularmente en el costado este.

Y *tercero,* las calles, que debían también tener orden, es decir, diseñarse ordenadamente, y no había otra forma para ello si su trazado debía partir de una plaza reticular, que no fuera en líneas rectas, formando ángulos rectos de lo que resultaban manzanas o cuadras regulares donde se debían ubicar los solares a ser repartidos, también ordenadamente.

La plaza, la iglesia y las calles, por tanto, fueron los elementos que configuraron el modelo urbano latinoamericano, de manera que para cuando el mismo culminó, los principios se recogieron en las mencionadas Ordenanzas de Descubrimiento y Población dadas por Felipe II en el Bosque de Segovia, de 1573, en las cuales se le precisó a los Adelantados, como lo dice la frase con las que se inician, "el orden que se ha de tener en descubrir y poblar."

En estas Ordenanzas, las cuales incluso ya habían recogido la experiencia de aplicación práctica del poblamiento en las primeras décadas de la conquista, por tanto, se expresaron los mismos principios romanos y, antes, griegos, para la fundación de ciudades que se aplicaron invariablemente en toda América:

Primero, sobre la selección de los sitios y la ubicación de las poblaciones, de detallaron las mismas reglas que venían de la antigüedad en materia de salubridad, abastecimiento y ubicación. Se recomendaba (artículos 34 al 37), en particular, que no se debían escoger lugares muy altos por el problema que representaba tanto el viento como el acarreo de cosas; ni muy bajos, ya que resultaban enfermizos. De preferencia debían elegirse lugares medianamente levantados, que recibieran buenos aires. La precisión de las Ordenanzas era tal que por ejemplo, se recomendaba que las poblaciones interiores se levantasen a la orilla de algún río que fuera navegable, dejando la ribera baja para los oficios que arrojaren inmundicias (Art. 123); e incluso, se disponía que si el lugar escogido se encontraba a la orilla del agua, debía tenerse cuidado de que quedase de tal forma que a la salida del sol los rayos pegasen primero en la población y no en el agua (Art. 40).

Segundo, una vez escogida la parte más conveniente para asentar en ella la nueva población, las Instrucciones de 1573 resumían la tarea subsiguiente al prescribir que se debía proceder a hacer la planta del lugar escogido, repartiéndola por sus plazas, calles y solares, a cordel y regla, comenzando por la plaza mayor, lo que implicaba siempre, como resultado, una planta o trama ortogonal. Desde la plaza, una vez trazada, debían salir las calles en forma rectilínea y paralela hacia los caminos principales o puertas de la ciudad, dejando tanto compás abierto que, aunque la población aumentase mucho, se pudiera proseguir en la misma forma (artículo 110). Por tanto, conforme a las Ordenanzas, resulta claro que el punto de partida de la nueva ciudad o población siempre debía ser la plaza mayor, siendo por tanto la forma ortogonal o reticular la regla general de todas las ciudades, no sólo las fundadas en el Siglo XVI, sino también en los Siglos subsiguientes de la Colonia, como puede constatarse en casi todos los centros poblados americanos.

Tercero, además, también se indicaba con precisión sobre la ubicación de la plaza de manera que si la población se erigiere en la costa, la plaza debía hacerse en el desembarcadero del puerto, abierta al mar o al río; y si estaba tierra adentro, la plaza se debía fijar en medio de la población, de manera que fuese el corazón y su centro vital.

Cuarto, sobre la forma de la plaza, las Ordenanzas también fueron precisas en establecer siempre la forma reticular, resultando plazas algunas veces rectangulares y casi siempre cuadriculares. También hubo precisión sobre la dimensión, que debía ser en proporción a la cantidad de vecinos que hubiere y al crecimiento futuro previsto de la población. Por ello, muchos pueblos aún conservan en la actualidad plazas de gran tamaño, aún cuando no guarden proporción con el tamaño del poblado actual.

Quinto, en relación a la orientación de la planta urbana, las Ordenanzas también imponían la necesidad de que las esquinas de la plaza se orientasen a los vientos principales, para proteger la ciudad de los mismos. Así lo decía textualmente el artículo 114 de las Ordenanzas, que "las cuatro esquinas de la placa miren a los cuatro Vientos principales porque de esta manera, saliendo las calles de la placa, no estén expuestas a los cuatro Vientos principales que seria de mucho inconveniente."

Sexto, trazada la plaza, de la misma debían salir las calles, de suerte que aunque la población llegase a crecer de manera considerable no se afease la población, o se obstruyese su defensa o comodidad (Art. 117), previéndose entonces el crecimiento ordenado de la población, conforme a la forma y dirección de las calles, de manera ilimitada, conforme a un esquema uniforme de la trama urbana, en damero. Ello fue tan efectivo, que hasta las primeras décadas del Siglo XX muchas ciudades latinoamericanas continuaban creciendo con el orden reticular, mostrando muchas todavía el desarrollo casi perfecto de la retícula. Esa forma, sin embargo, fue luego abandonada particularmente a partir de la segunda mitad del Siglo XX en casi todas las ciudades hispanoamericanas, por la falta de autoridad tanto en la orientación ordenada de las ocupaciones espontáneas del suelo urbano que han dado origen a las amplias áreas marginales de las ciudades, sin regularidad alguna, como en el proceso de urbanización desarrollado exclusivamente por privados, que han abandonado la forma regular.

Séptimo, sobre las calles mismas, las Ordenanzas prescribían sobre su anchura, la cual se determinaba según el lugar escogido para la ubicación de la ciudad, de manera que en los lugares fríos, las calles debían trazarse anchas, para permitir que el sol entrase plenamente en la ciudad. En los lugares calientes, por el contrario, las calles debían ser angostas para evitar la inclemencia del sol (Art. 116) y asegurar la protección de la sombra, como por ejemplo sucede con las ciudades costeñas del Caribe. En esta forma se regulaba la posibilidad de mayor soleamiento de las ciudades ubicadas en lugares fríos, por la anchura de las calles; y al contrario, una mayor cantidad de sombra en las ciudades ubicadas en lugares calientes, por lo angosto de las calles, como medio de protección ante la inclemencia del sol.

Por supuesto, como dije, el texto de las Ordenanzas de 1573, como sucede en general con la formación de las normas jurídicas, fue el producto final de todo el conjunto de normas que se fueron dictando sucesivamente durante las primeras décadas del proceso de conquista y poblamiento. Las Ordenanzas, por tanto, recogieron la experiencia normativa de los primeros tiempos y guiaron rígidamente el proceso de poblamiento hacia el futuro, de manera que incluso hasta en legislaciones latinoamericanas del Siglo XX para colonización e inmigración, se encuentran sus secuelas.

Ese trazado regular de la ciudad, en todo caso, fue el que marcó el desarrollo del poblamiento en todo el Continente Americano y, por supuesto, de todas sus Provincias, mediante la fundación sistemática de ciudades como consecuencia de la necesidad de afirmación de señorío territorial que imponía el derecho castellano.

Esa forma urbana ordenada de trazado regular propia de la ciudad americana, perduró hasta las primeras décadas del siglo XX, precisamente cuando el suelo urbano comenzó a ser fuente de ingreso, al convertirse la propiedad urbana en un medio para producir renta, pasando el uso del suelo urbano a ser definido por su propietario, momento en el cual la autoridad local perdió su papel rector, y el modernismo en la arquitectura se apoderó del urbanismo, desordenando a la ciudad.

Pero a pesar de estas variaciones, el gran aporte y sello cultural indeleble que quedó como legado la colonización española en la América Hispana, fue la concepción de la ciudad americana como modelo urbano que nos es propio, ya que como dije, no existía ni existió en España. Prueba de ello, incluso, es que después de un siglo de implantación en América, parte del modelo mismo comenzó a ser exportado de América hacia la Península, lo que ocurrió con las Plazas Mayores reticulares y cerradas que se construyeron y existen en las ciudades más importantes, como Valladolid (1562), Madrid (1617), o Salamanca (1728), construidas o rediseñadas después de que el poblamiento de América estaba básicamente concluido.

CAPÍTULO CUARTO

LA CIUDAD COLONIAL HISPANA EN AMERICA COMO PATRIMONIO CULTURAL DE LA HUMANIDAD: ENSAYO DE UN ITINERARIO

Trabajo publicado en el libro: Juan Ramon Fernández Torres, Jesús José Prieto de Pedro, Joan Manuel Trayter Jiménez (Coordinadores), *El Camino de Santiago y otros itinerarios, Cultura, historia, patrimonio, urbanismo, turismo, ocio y medio ambiente, LIber amicorum a Enrique Gómez-Reino y Carnota*, Tirant lo Blanch, Madrid 2014.

I. EL INICIO DEL ITINERARIO: LA CIUDAD DE ANTIGUA GUATEMALA COMO PARADIGMA DE LA CIUDAD COLONIAL HISPANOAMERICANA DEL SIGLO XVI

Durante el siglo XVI, los españoles ejecutaron en el Nuevo Mundo americano la más grande y descomunal operación de poblamiento que se haya realizado jamás en la historia de la humanidad, sin parangón en ningún otro tiempo.[1]

Nunca antes un país había fundado tantos pueblos, villas y ciudades, en un territorio tan grande, en un período de tiempo tan corto, y en una forma tan regular y ordenada como lo hizo España en América durante ese siglo, siendo el resultado de ese proceso la creación de un modelo urbano que aún cuando ejecutado en América, sin duda fue producto de la penetración de las ideas renacentistas en la Corona española, pudiendo considerarse globalmente como patrimonio cultural de la humanidad, y aparte la lengua, el más importante aporte cultural español al Nuevo Mundo.

Ello incluso se materializó con la declaración que hizo la Unesco en 1979, de la ciudad de *La Antigua Guatemala* como "Patrimonio Cultural de la Hu-

---

1 Ello, sin embargo, lamentablemente es casi completamente ignorado en las clásicas obras de Historia del Urbanismo escritas fuera del mundo hispanoamericano. Véase por ejemplo, Frederick R. HIORNS, *Town-building in history,* New York, 1956; A.E.J. MORRIS, *History of urban form,* New York, 1974, e *Historia de la forma urbana. Desde sus orígenes hasta la Revolución Industrial,* Barcelona, 1984; Lewis MUMFORD, *La cité a travers l'histoire*, París, 1961 y *The City in History, Its origins. Its transformation and its Prospects,* San Diego, New York, London, 1989.

manidad," por tratarse de un "ejemplo excepcional de arquitectura colonial preservada y de valor cultural," cuyos "edificios religiosos, privados y de gobierno son un excepcional testimonio de la arquitectura colonial española," construida con la forma de reja inspirada en el renacimiento Italiano."[2]

Se trató, en efecto, de la ciudad de *Santiago de los Caballeros de Guatemala*, sede de la Audiencia de Los Confines, la cual fue durante 232 años, la Capital del Reino de Guatemala que comprendía lo que hoy son los territorios de Guatemala, Belice, El Salvador, Honduras, Nicaragua y Costa Rica, y del Estado de Chiapas de México.

Fundada en 1527 en el sitio de Iximché por Pedro de Alvarado, el gran lugarteniente de Hernán Cortés en la conquista de México, fue trasladada en 1527 al Valle de Almolonga en las faldas del Volcán de Agua, desde donde tuvo que ser trasladada de nuevo, por una inundación y deslave ocurridos en 1541, al valle del Tuerto o de Pochoy situado entre los volcanes de Agua, de Fuego y Acatenango, donde está actualmente enclavada, en la misma forma como quedó detenida en el tiempo, desde 1773, cuando tuvo que se abandonada por haber sido casi toda destruida a causa de un terremoto.

La ciudad, sin duda, es el más claro ejemplo de la ciudad colonial hispana en Americana, la que he llamado, "La Ciudad Ordenada,"[3] trazada en forma cuadricular, con la plaza mayor ubicada en el centro y la iglesia ubicada al este de la misma. En la trama de la ciudad, de aproximadamente doce cuadras por cada costado, se conservan, además, las ruinas de más de 35 templos y conventos, lo que testimonia la enorme presencia de la Iglesia católica en las ciudades coloniales. En *La Antigua Guatemala*, además, se aprecia a la perfección el sistema de plazas menores, diseminadas en forma equidistante en la trama urbana, en una forma que recuerda la expresión gráfica conocida de la ciudad en la obra de Françesch Eiximenics.[4]

Gracias entonces a este terrible acontecimiento natural como fue el terremoto de 1773, es que hoy tenemos en *La Antigua*, el ejemplo más claro de lo

---

2 Véase en http://whc.unesco.org/en/list/65

3 Véase Allan R. Brewer-Carías, *La Ciudad Ordenada (Estudio sobre "el orden que se ha de tener en descubrir y poblar" o sobre el trazado regular de la ciudad hispanoamericana, en particular, de las ciudades de Venezuela)*, Instituto ----, Madrid, 1997; *La Ciudad Ordenada*, Ed. Criteria, Caracas 2005; Ed. Thomson Aranzadi, Madrid, 2009.

4 Véase sobre la obra de Eiximenis, Soledad Vila Beltran de Heredia, *La Ciudad de Eiximenis: Un proceso teórico de Urbanismo en el Siglo XIV,* Valencia, 1984 "El Plan Regular de Eiximenis y las Ordenanzas Reales de 1573" en CEDEX *La Ciudad Iberoamericana* (Actas del Seminario, Buenos Aires 1985), Madrid, 1987, pp. 375-383.

que fue esa gran creación cultural urbana colonial española en América, que en realidad más que una ciudad específica, lo que debió haber sido declarado como Patrimonio de la Humanidad. Tal como hoy aún puede apreciarse en *La Antigua*, así fueron todas las ciudades hispanoamericanas fundadas a partir del siglo XVI, con una forma urbana reticular similar, que se conservó casi invariablemente hasta los años cuarenta del siglo XIX, y que siempre se puede todavía apreciar en el casco histórico de las mismas, desde *San Agustín* en La Florida en Norteamérica o de *Puebla de los Ángeles* en lo que fue la Nueva España; hasta *Santiago de Chile* o *Mendoza* en el extremo sur del Nuevo Mundo.

De manera que además del idioma, de la religión y de la cultura, la forma urbana reticular común fue la gran creación y huella física que dejaron los españoles en el Nuevo Continente, materializada en la invariable traza urbana reticular que siempre se configuró partiendo de la cuidadosa escogencia del lugar apropiado y del diseño, al comienzo del poblamiento, de una plaza mayor o central, siempre levantada a cordel y regla y, por tanto, con ángulos rectos, desde la cual paulatinamente crecieron las ciudades mediante el trazado de las calles en línea recta, con lo cual necesariamente se formó la trama urbana en manzanas o cuadras generalmente iguales y, en todo caso, con forma ortogonal.

La historia de la América Hispana y de todos los países hispanoamericanos, por tanto, es en gran parte la historia de esa ciudad colonial, la cual aún cuando fue implantada por los españoles, no era en si misma "española" pues nada similar existía en España, sino que fue americana, pues fue diseñada por los españoles específicamente para América, recogiendo para ello el conocimiento de la arquitectura que recién comenzaba a derivar de los descubrimientos y aportes del Renacimiento. De ella y de su siembra paulatina en todos los rincones del territorio americano en un período de menos de cien años, fue que surgieron las Provincias coloniales, y de aquellas, los actuales Estados americanos.[5]

---

5 Por ejemplo, por lo que se refiere a las provincias de Venezuela Allan R. Brewer-Carías, "La Formación del Estado Venezolano," Separata de *Paramillo, Revista del Centro de Estudios Interdisciplinarios,* Universidad Católica del Táchira, Caracas-San Cristóbal, 1996.

II. EL POBLAMIENTO DE AMÉRICA EN EL SIGLO XVI: UNA EMPRESA ORDENADA, REALIZADA EN ORDEN Y CON ORDEN, PARA ASEGURAR EL DOMINIO DE LAS TIERRAS DESCUBIERTAS

Pero lo más destacado de aquella empresa pobladora fue que se trató de un proceso ordenado, realizado en orden y con orden, obedeciendo a instrucciones precisas de la Corona que fueron plasmadas sucesivamente en instrumentos jurídicos formales emanados de la Corona, conformados en aproximaciones sucesivas en sólo seis décadas, desde 1513, cuando se reanudó en la provincia de Castilla del Oro en lo que es hoy el Istmo de Panamá el proceso de la conquista en Tierra Firme, después de su momentánea paralización por los excesos de los españoles en las Antillas; hasta 1573, cuando Felipe II firmó en el Bosque de Segovia, ese monumento jurídico denominado las "Ordenanzas de Descubrimiento y Población,"[6] que bien se puede considerar como el primer código urbanístico en la historia.

En todo ese tiempo, lo importante a destacar desde el punto de vista jurídico, y eso distingue la conquista de la América Hispana de la que se desarrolló cien años después en Norte América, es que en el proceso español americano, nada se dejó al azar ni a la sola experiencia o criterio de los adelantados y pobladores, incluso a pesar de que en sus inicios el proceso del descubrimiento, conquista y colonización se hubiese desarrollado mediante las Capitulaciones, como iniciativas privadas. En la conquista de la América Hispana, todo fue ordenado mediante una política centralizada que se plasmó sucesivamente en Ordenanzas, Instrucciones y Reales Cédulas y Providencias, elaboradas, primero, en el Comité de las Indias del Real Consejo de Castilla, y luego, a partir de 1524, en el Real y Supremo Consejo de Indias creado por Carlos V, y que fueron formuladas especialmente para la empresa americana.

Ello fue esencial, porque conforme al ordenamiento jurídico vigente y aplicable a la empresa americana, era precisamente mediante el poblamiento como se podía asegurar jurídicamente la incorporación de las nuevas tierras

---

6 Véase sobre las Ordenanzas, Francisco de Solano, "Significado y alcances de las Nuevas Ordenanzas de Descubrimiento y Población de 1573" en IEAL, *De Teotihuacán a Brasilia, Estudios de Historia Urbana Iberoamericana y Filipina,* Madrid, 1987, pp. 108-127; Ismael, Sánchez Bella, "Las Ordenanzas de Felipe II sobre nuevos descubrimientos (1573): consolidación de la política de penetración pacífica", en KOHUT, Karl (ed), *De conquistadores y conquistados,* Frankfurt am Main, 1992, pp. 83-96; Javier Aguilera Rojas, "Teoría Urbanística en la Colonización Española de América (Las Ordenanzas de Nueva Población)" en *Ciudad y Territorio, Revista de Ciencia Urbana,* Nº 1, Madrid, 1977, pp. 9-24

descubiertas en las Indias al señorío de la Corona de Castilla, es decir, mediante la fundación de pueblos y ciudades. Y fue, para ese fin, que se dieron instrucciones precisas tendientes a regular tanto la formalidad jurídica que debía seguirse en el acto fundacional, siempre revestido de gran solemnidad; como la forma urbana y la organización política conforme a las cuales debía quedar configurado el pueblo; normas que se aplicaron uniformemente por gobernadores y adelantados en todo el Continente. Tan importante era la fundación de una ciudad, por sus implicaciones territoriales y políticas, que hacerlo sin licencia acarreaba la pena de muerte.

Se trataba por tanto de un privilegio exclusivo ue tenían los titulares de las Capitulaciones, pues con ello se definía el ámbito político geográfico de la misma, por lo que sólo se podía poblar con licencia del Rey, del Virrey o del propio Gobernador, quien en definitiva era el titular de la Capitulación. Posteriormente, cuando se fueron consolidando las Provincias y las Gobernaciones iniciales se institucionalizaron, las licencias para poblar sólo podían ser otorgadas por las mismas autoridades de la Gobernación; y ello porque el poblar era un derecho y privilegio de la propia Corona. Esta exigencia de título para descubrir, conquistar y poblar quedó instituida y generalizado a partir de la Real Provisión dada en Granada el 3 de septiembre de 1501, en la cual se estableció:

> "Por la presente ordenamos e mandamos e prohibimos e defendemos que ninguna ni algunas personas, nuestros súbditos e naturales de nuestros reinos e señoríos, ni extraños de fuera de ellos, sean osados de ir ni vayan sin nuestra licencia e mandado a descubrir el dicho Mar Océano, ni a las islas e tierra firmes que en él hasta agora son descubiertas o se descobrieren de aquí adelante..."

Por ello, como se dijo, el fundar una villa o ciudad, o destruirla, sin licencia se consideraba como un delito. Ello explica muchas conductas de los Adelantados durante la Conquista. Por ejemplo, Hernán Cortés, puede decirse que legitimó su empresa conquistadora fundando aún cuando sin título, la ciudad ciudad de la *Villa Rica de la Vera Cruz*, de cuyas autoridades que recién había él nombrado se hizo otorgar los títulos necesarios para la conquista de la Nueva España. En el caso de Juan Rodríguez Suárez, extremeño oriundo de Mérida, como Alcalde que era de las minas de oro de *Pamplona*, en 1558 fundó sin licencia a la ciudad de *Mérida* en la provincia de las Sierras Nevadas que estaba en la jurisdicción de la provincia de Venezuela y que afectaba el ámbito territorial de Pamplona Por ello fue perseguido, apresado, enjuiciado y condenado a muerte en *Bogotá* en 1560. Su caso además fue famoso pues logró huir con el auxilio de la Iglesia, y encontró asilo en la ciudad y provincia de *Trujillo* que le dio su fundador Diego García de Paredes.

En todo caso, lo que hay que destacar de este proceso de poblamiento de Hispanoamérica, con todas sus vicisitudes, es que el mismo no sólo tuvo móviles militares de conquista para asegurar la ocupación de los territorios descubiertos, sino que por sobre todo respondió a una exigencia jurídica, que derivaba del ordenamiento jurídico del reino de Castilla que rigió en tiempos del Descubrimiento y de la Conquista, y que estaba contenida en el *Código de las Siete Partidas* de Alfonso X el Sabio (1221-1284), el cual conforme a las Leyes de Toro era de aplicación supletoria.

En ese Código, en efecto, se regulaban las maneras como un Príncipe podía ganar señorío en relación con un reino existente, lo cual sólo podía ocurrir de cuatro maneras: por herencia, por elección voluntaria, por matrimonio con heredera del mismo, o por concesión pontificia o imperial. Esas normas, sin embargo, no eran las que podían aplicarse a la empresa que se había iniciado en las Indias, cuyo objetivo no era adquirir señorío sobre algún reino que pudiera existir conforme al conocimiento geográfico de la época, y menos, cuando comenzó a quedar claro que en las tierras encontradas hacia el Poniente, lo que verdaderamente había aparecido era un increíble e inconcebible Nuevo Mundo cuyo territorio, en contra de todos los conocimientos existentes, asombrosamente se había "intercalado y descubierto" en medio del Atlántico, entre Europa y las costas de Asia. Hay que recordar que en la Edad Media no se admitía geográficamente nada distinto fuera del territorio de Europa, África y Asia; y ese era el conocimiento del cual disponía Cristóbal Colón al iniciar su empresa, conforme al cual lo único posible era que pudiera encontrar nuevas islas en el mar, pero nunca nuevos continentes.

En ese contexto, por tanto, las reglas que podían aplicarse para que Colón pudiera tomar posesión para los Reyes Católicos de cualquier nueva isla que fuera descubierta en su ruta, eran otras distintas a las antes mencionadas, pues los Reyes no tenían posibilidad de heredar las nuevas tierras que se descubrieren; ni podían adquirirlas por el consentimiento de todos los habitantes de los ignotos lugares; ni había posibilidad de que las obtuvieran por casamiento, y en las nuevas y desconocidas tierras ni el Papa ni los reyes tenían señorío sobre las mismas. Al contrario, Colón llevaba salvoconductos y mensajes de los Reyes Católicos, pero para otros monarcas que pudiera encontrar.

Por ello, lo que se aplicaba para la empresa de las Indias, y se aplicó en la ocupación y desarrollo urbanístico de América, fue otra Ley del *Código de las Siete Partidas* (Ley 29, título XXVIII de la Partida III), que al plantear la cuestión de a quien pertenece "la ysla que se faze nuevamente en el mar", prescribía así:

> "Pocas vegadas acaece que se fagan yslas nuevamente en la mar. Pero si acaeciesse que se fiziese y alguna ysla de nuevo, suya dezimos que deve ser de aquel que la poblare primeramente; e aquel o aquellos que la poblaren, deben obedescer al Señor en cuyo señorio es aquel lugar do apareció tal ysla."

Es decir, que sólo adquiría Señorío sobre de las nuevas tierras o islas que se descubriesen, quien las poblare primeramente, es decir, quien estableciera en ellas una población. Por ello, incluso, Colón, al concluir su accidentado primer viaje, como signo de toma de posesión de la isla La Española, en enero de 1493, dejó forzosamente un puñado de hombres en una villa que llamó *La Navidad* o *La Natividad,* construida con los restos de la Santa María en la costa norte de la Isla en lo que hoy es Haití.

Ello explica que el título jurídico para poder incorporar a la Corona de Castilla las nuevas tierras que se fueron descubriendo en el Nuevo Mundo, fuera precisamente el poblamiento, es decir, la fundación de villas, pueblos o ciudades que pasaron a ser habitadas por los conquistadores, o incluso, de pueblos de indios habitados por estos. Precisamente por ello, a diferencia de los ingleses en Norteamérica, los españoles en el resto de América fueron febriles fundadores de ciudades. Alli, por tanto, los pueblos o ciudades no resultaron del crecimiento o desarrollo de embarcaderos o de cruces de caminos, sino del cumplimiento de la obligación de poblar impuesta en las Capitulaciones, mediante la fundación de un número determinado de pueblos en el territorio descubierto en un plazo especificado, a cuyo efecto se autorizaba al Adelantado para repartir tierras y solares entre su hueste. Con el tiempo, este hecho del poblamiento fue, además, el instrumento central para la demarcación de la jurisdicción de cada Gobernación y de la Provincia que la asentaba, siendo ello el origen remoto de los actuales Estados nacionales.

La tarea de los conquistadores fue, por tanto, primero, descubrir; y luego, poblar, de manera que si no se poblaba lo descubierto no podía haber conquista; o como lo dijo el capellán de Hernán Cortés, Francisco López de Gomara (1511-1564) en su *Historia General de las Indias y vida de Hernán Cortés,* al comentar el fracaso de la expedición de Pánfilo de Narváez hacia la Florida: "Quien no poblare no hará buena conquista, y no conquistando la tierra no se convertirá la gente, así que la máxima del conquistador *ha de ser poblar*" (Capítulo XLVI).

En este marco jurídico era entonces evidente que poblar no era simplemente el hecho físico o material de asentar campamentos, aldeas o rancherías en un territorio, sino que era, sobre todo, un proceso formal de crear un pueblo, lo cual debía estar respaldado por "acta" levantada por escribano en forma auténtica, en la cual se debían recoger los pormenores del acto del poblamiento, el cual era solemnísimo. Por ello, en el mismo *Código de las Siete Partidas,* al definirse qué era un pueblo, además de indicarse que era un lugar edificado y generalmente cercado (*Partida 7, Título 33, Ley 6*), se lo concebía como reunión de hombres mayores, medianos y menores en forma comunal (*Partida 7, Titulo 1º, Ley 1*) sometidos a unas autoridades y leyes.

En definitiva, lo que se imponía en el viejo derecho castellano para tomar posesión de una nueva isla o tierra ignota, era la necesidad de fundar una *civitas*; siendo ese acto el de mayor importancia jurídica en el proceso de ocupación del territorio, para lo cual, por supuesto, se requería de una licencia expresa del rey, del virrey o del gobernador de la provincia; pues con la fundación de una ciudad se tomaba posesión de lo descubierto en nombre de la Corona, quedando el territorio bajo el señorío y soberanía del rey; y además, se determinaba el término de cada provincia o gobernación bajo el mando del adelantado.

Las provincias en América, por ello, al inicio, sólo se definieron y se podían definir por una línea a lo largo de la costa del mar, desde donde fueron encontrando su ámbito territorial, tierra adentro, a medida que se fuera sembrando el territorio de villas y ciudades. Así, por ejemplo, se estableció en las primeras capitulaciones dadas para la conquista de Tierra Firme en el Mar Caribe, como sucedió con la Capitulación dada en 1528 a los Welsers para descubrir y poblar los territorios de lo que fue la Provincia de Venezuela en la cual sólo indicaron los sitios en la costa del Mar Caribe, desde Maracapana al Cabo de La Vela, pero con la precisión de que hacia el sur, la misma se extendía "de la una a la otra mar"; y esa "otra mar" no era otro que el Mar del Sur, el cual tres lustros antes ya se había descubierto (1513) y que con la expedición de Magallanes (1520) se comenzó a había identificar como el Océano Pacífico. En otro extremo del Continente, en igual forma, en la Capitulación dada por Carlos V a Diego de Almagro para la conquista de Chile, el

21 de mayo de 1534, sólo se indicó que estaba destinada a descubrir doscientas leguas del Mar del Sur hacia el estrecho de Magallanes, y nada más.

De esta forma de expresar el ámbito de las gobernaciones resultó que una tierra recorrida por los Adelantados sin que en la misma se hubiesen dejado establecido algún pueblo o ciudad, en definitiva no pertenecía a la jurisdicción de quien la recorriera. Por no poblar, en consecuencia, en el propio Siglo XVI, muchas tierras dejaron de pertenecer a determinadas provincias, quedando en la jurisdicción de otras, cuando el Adelantado las poblare. Se comprenderá, por tanto, la importancia del poblamiento para la definición del ámbito geográfico de las Provincias respectivas. Por ejemplo, si los conquistadores alemanes (Welsares) de la Gobernación de Venezuela, particularmente Alfinger, Hutten y Federman, en sus correrías realizadas entre 1530 y 1538 por los llanos al sur de los ríos Apure y Meta, hasta el Amazonas, por el valle de Pamplona y por el Valle de Upar, hubiesen fundado pueblos, buena parte del territorio de lo que luego fue parte del Nuevo Reino de Granada, hubiese sido de la Provincia de Venezuela. Así lo llegó a señalar sólo una década después de las expediciones de Alfinger, en 1548, el licenciado Juan Pérez de Tolosa, al asumir la gobernación de la Provincia de Venezuela en su *Relación de las tierras y provincias de la gobernación de Venezuela*, donde decía:

> "Del dicho pueblo de Maracaibo, el dicho Gobernador Ambrosio Alfinger entró la tierra adentro y llegó al Valle de Upare, que *ahora está poblado* por Santa Marta, que serais una treinta leguas desde Cabo de la Vela... *Si esta Tierra la hubiera poblado* el dicho Ambrosio, la Gobernación de Venezuela fuera próspera y tuviera poblado el Nuevo Reino de Granada, porque es el paso y camino por donde después se descubrió. Con ser esta tierra de los pacabuyes, *no la pobló*, antes siguió el río arriba de Cartagena, que es el río por donde vienen del Nuevo Reino de Granada, y dejó la derrota del Reino y resolvió sobre la culata de la laguna para volverse a Coro".

Por no poblar, por tanto, se perdieron las tierras descubiertas para la Provincia de Venezuela.

Por la importancia del poblamiento, por otra parte, el rito fundacional de la constitución de las ciudades fue también de enorme importancia, al punto de que siempre quedaba asentada en acta que debía ser levantada por escribano, donde invariablemente se aprecian los mismos pasos que siempre se siguieron, incluyendo la traza de la plaza como un cuadrado o rectángulo, y a partir de ella, de las calles, indicándose el sitio de la iglesia y de los otros edificios públicos, así como de los diversos solares que se repartían a los vecinos, nombrándose las autoridades que regirían la ciudad, y disponiéndose los ejidos.

Y es precisamente por ello, a diferencia de las ciudades norteamericanas, que todas las ciudades hispanoamericanas tienen fecha cierta de nacimiento o de fundación precisa, que siempre se conmemora, incluso aún cuando la ciudad hubiera tenido que fundarse de urgencia, o a la carrera, pues con ese acto asentada en el acta respectiva quedaba jurídicamente demarcado el ámbito de cada gobernación. Es destacable el caso de la ciudad de *Santiago de Quito*, fundada curiosamente a la media noche del día 15 de agosto de 1534, con el único propósito de que quedara jurídicamente asentado en acta levantada por escribano, que esas tierras ya estaban bajo la jurisdicción de la gobernación de Francisco Pizarro y que, por tanto, para cuando al día siguiente, Pedro de Alvarado, el mismo Capitán General de Guatemala y fundador de *Santiago de los Caballeros de Guatemala, La Antigua*, con Capitulación para ir a "descubrir y conquistar las islas en la Mar del Sur de la Nueva España" llegara al lugar, quedara claro que ya no podía pretender tener jurisdicción sobre esas tierras. Y efectivamente, cuando Alvarado, después de desembarcar en las costas de las Esmeraldas cerca de la actual Guayaquil, llegó al sitio de Riobamba el día 16 de agosto de 1534, se encontró con que los tenientes de gobernación de Pizarro, Diego de Almagro y Sebastián de Belalcázar, ya habían fundado una ciudad, recibiéndolo con el acta de la fundación de *Santiago de Quito* que daba cuenta del nombramiento de sus autoridades. Esa fundación, a la media noche, fue lo que convirtió al reino de Quito en parte de la Gobernación de Pizarro. Ello provocó que Alvarado tuviera que abandonar su empresa, de manera que vendiendo sus navíos a Almagro y dejando a su hueste con más de tres mil indios guatemaltecos en las montañas del Ecuador, hubo de regresar a Centroamérica. Como consecuencia de ello, dos semanas después, el 28 de agosto de 1534, para incorporar a la hueste de Alvarado en la empresa pobladora, se produjo la refundación de la ciudad con el nombre de *San Francisco de Quito*.

Y así fue cómo se fue conformando el territorio de la América Hispana, mediante la fundación de ciudades, cuya concepción y diseño, como se dijo, no surgió de experimentos locales de tipo práctico que pudieran haber realizado los adelantados, ni de las experiencias vividas en la Península en el proceso de repoblación de los territorios recuperados a los Moros, sino de prescripciones y normas jurídicas que se fueron conformando rápidamente en la Corona por los influjos recibidos de los descubrimientos renacentistas, particularmente en el conocimiento de la arquitectura, que comenzaban a influir en todos los órdenes. Ello provocó que, de golpe, después de un largo período de decadencia, en Europa se hubiera vuelto a la antigua forma de construir, sometiéndose los arquitectos a las reglas de simetría y proporción y al sistema de órdenes, lo que implicó la vuelta al uso de la regla, a las líneas precisas, a las fachadas rectilíneas, dando origen al plano regular que se convirtió en obligatorio para edificios y ciudades. Todo ello fue rápidamente absorbido por la Corona y trasmitido a América, en un proceso normativo en el cual se recogió la experiencia que los romanos habían aplicado un milenio y medio antes en la tarea de poblar el vasto Imperio que abarcó todas las costas del Mediterráneo y buena parte de Europa hasta Inglaterra; y que cinco siglos antes de los romanos, los griegos habían seguido cuando comenzó la expansión helénica en el Mediterráneo.

III. LAS REGLAS ESTABLECIDAS POR LA CORONA Y QUE RIGIERON OBLIGATORIAMENTE EL PROCESO DE POBLAMIENTO DE AMÉRICA

En esa forma, la técnica de establecer centros poblados de nueva planta y en forma regular, la verdad es que es tan antigua como la civilización misma; y para constatarlo basta con recordar lo que escribió Aristóteles refiriéndose a la traza reticular perfecta que presentaron muchas ciudades griegas en el siglo IV AC, indicando que había sido Hippodamo de Mileto, hijo de Eurifón, quien había concebido "el arte de proyectar y construir ciudades, siendo también el que ideó la disposición que presenta Pireo" (Libro Segundo, Capítulo V), que es el puerto de Atenas, donde la traza reticular aún se conserva. Ello lo escribió en *La Política,* libro en el cual dedicó muchos Capítulos a la ciudad, a la *polis*, y a los principios para su establecimiento. Allí indicó, por ejemplo, que lo primero que debía tenerse en cuenta en la creación de las ciudades, era la salud el lugar escogido, de manera que bajo la influencia de los escritos de Hipócrates, destacó particularmente la importancia de los elementos aire y agua. Recomendaba Aristóteles que "la ciudad debía tener fácil comunicación por mar y tierra, y de ser posible, con todos los puntos de su territorio," en cuanto a su emplazamiento, consideraba que debía ser ventajoso fundamentalmente en cuatro a la salud y la disposición de los vientos. El emplazamiento debía depender principalmente, decía, "de lo salubre de la localidad y de su orientación," y además "de la pureza de sus aguas" planteando que el sitio debía "abundar en fuentes y manantiales, y, de no ser así, construir grandes depósitos para la recogida de las aguas pluviales" (Capítulo X).

Aristóteles, además, sobre la forma urbana estimaba que "se considera más bello y conveniente que las calles sean rectas, como indicó Hippodamo" (Libro Séptimo, Capítulo X); dando especial importancia a la plaza o ágora, la cual debía estar a los pies de los templos o edificios destinados al culto divino, los cuales – decía - debían "ocupar una eminencia, para que se vean desde lejos y den realce a la virtud, con torres que dominen las cercanías" (Libro Séptimo, Capítulo XI)." Todo ello reflejaba la práctica antigua de los griegos de fundar ciudades, que nunca se dejo al azar, particularmente cuando se trató de fundaciones de nueva planta con motivo de la expansión colonial griega en el mediterráneo.

Debe recordarse, por otra parte, en cuanto a la obra la *Política* de Aristóteles que la misma fue traducida al latín en 1260, cuando Santo Tomás de Aquino tenía 36 años, influyendo en su obra *De Regimene Principum* la cual fue difundida en el Siglo XVI, y en la cual explicaba que fundar ciudades era bueno, por lo que dicha actividad la proponía dentro del programa para el Rey ideal. Esta obra, con sus preceptos aristotélicos, influyó directa y profundamente en los tratadistas españoles medievales, como Fray Francesco Eiximenis, Fray García de Castro Geriz y el Obispo Rodrigo Sánchez de Arévalo y a través de ellos, en las Ordenanzas colonizadoras hispánicas para las Indias.Por ello los criterios selectivos que se tuvieron a mano para la elección de los sitios de emplazamiento de las ciudades, tan fundamental para el desarrollo futuro de las fundaciones, no surgieron en América española por simple costumbre, sino que fueron el resultado de recomendaciones provenientes de las enseñanzas de la antigüedad, no sólo de los griegos, sino de los romanos.

En efecto, cuatrocientos años después de las enseñanzas de Aristóteles y de Hippodamo, en el mundo romano se desarrollo también un espectacular proceso de doblamiento por la necesidad de ocupar las nuevas tierras del Imperio; experiencia que se recogió en el único tratado antiguo sobre arquitectura que en la época del Renacimiento se había conservado, y que fue el libro de Marcus V. Pollio Vitruvius, *De Architectura Libri Decem* (Los Diez Libros de la Arquitectura)[7] escrito a comienzos de la era cristiana, y que todo

---

[7] Véase Marco Lucio Vitruvius Polion, *Los Diez Libros de Arquitectura,* Alianza Editorial, Madrid 1995; *Los Diez Libros de Arquitectura,* Akal Ediciones, Barcelona 1995; *Les Dix Livres d'Architecture,* Éditions Errance, París, 1986; *The Ten Books on Architecture,* Dover Publications, New York 1960.

estudiante de arquitectura tiene que haber leído, u hojeado o al menos manoseado. Olvidado durante trece siglos, el mismo fue descubierto en 1416, y publicado por primera vez en Roma, en 1486, el mismo año de la publicación del libro de Leon Battista Alberti, *De re aedificatoria*,[8] quien sin duda habría tenido acceso al manuscrito de Vitruvio, y que tanta influencia tuvo igualmente en el renacimiento de la arquitectura.

Se trató, en todo caso, de una obra única en la cual se describió la arquitectura romana, sometida a precisas reglas, y en la cual se incluyeron los principios fundamentales para la fundación de ciudades aplicados en la Roma imperial. Entre esos principios se destacan los siguientes:

Primero, siguiendo las mismas ideas expresadas por Aristóteles sobre la elección de los sitios para "escoger un sitio sano," Vitruvio explicó sobre el procedimiento de "inspección de los hígados de los animales para reconocer la calidad del aire" (Capítulo VII del Libro Primero), lo cual conforme a los usos de los "antiguos" –decía-, enseñaba que si los mismos se encontraban "lívidos y corrompidos" o eran generalmente anormales, se debía concluir "que el de los hombres estarían iguales, y que las aguas y pastos no podían ser buenos en ese país;" el cual debían abandonar incontinenti, "pues no apreciaban tanto otra cosa, que lo que podía contribuir al mantenimiento de la salud."

Segundo, sobre la situación de los lugares, los cuales no debían estar sometidos a condiciones climáticas extremas, para lo cual Vitruvio recomendaba que "debe ser alto, ni nublado ni helado, y en un clima ni caliente ni frío, sino temperado"; y además, sin pantanos en los alrededores (Capítulo VII del Libro *Primero)*.

Tercero, sobre el abastecimiento de la ciudad, de manera que el sitio de emplazamiento fuese de fácil acceso, fuera por tierra o por agua, de manera que "asegurada la salubridad del lugar donde debe fundarse la ciudad," debía procederse a emplazarla "con el conocimiento que se tenga de la pureza de su aire, de la abundancia de los frutos y de la facilidad de los caminos, los ríos y los puertos de mar que existan para traer todas las cosas necesarias" (Capítulo VIII del Libro *Primero)*.

Cuarto, en cuanto a la dirección de las calles y al sentido de los vientos, Vitruvio escribió sobre la necesidad de que las calles fueran alindadas, para

---

8 Véase Leon Battista Alberti, *De Re Aedificatoria,* Madrid 1991; *On the Art of Building in Ten Books*, Cambridge, Mass. 1991; *Ten Books on Architecture,* London 1955.

cuya disposición se tuviera en cuenta el sentido y orientación que podían tener los vientos en el lugar, de manera que las ráfagas no corrieran libremente por las calles en perjuicio de los habitantes. De ello, concluía diciendo que "las calles deben disponerse de tal forma que los vientos, dando contra los ángulos que ellas formen, se rompan y dispersan" (Capítulo IX del Libro Primero).

Y quinto, en relación con la plaza o *forum*, Vitruvio formuló un conjunto de principios que se referían a sus diversos aspectos, como la proporción o grandeza de la misma, que debía diseñarse en relación a la población de la ciudad; a su forma, reconociendo que "en los griegos, es cuadrada, y rodeada de dobles y amplios pórticos con columnas pegadas unas," considerando sin embargo que una forma rectangular podía ser "mucho más cómoda para los espectáculos." También se refirió a la ubicación de la plaza, de manera que – decía -, "Si la ciudad está al borde del mar, es necesario que la plaza pública esté cerca del puerto, por tanto que si la ciudad esta alejada del mar, la plaza deberá estar en el centro" (Capítulo X del Libro Primero). Finalmente se refirió a las edificaciones que debían estar en la misma, entre ellas, los templos, que debían estar en el punto mas elevado, y a la tesorería, la prisión, y la Casa del Senado cuyas dimensiones debían ser proporcionadas a las del *forum*. Todos estos principios, también los recogió Alberti en su magna obra, *De re aedificatoria*, la cual igualmente tuvo una extraordinaria influencia en el renacimiento.

Debe mencionarse, en todo caso, que antes de que se conocieran a finales del Siglo XV los aportes históricos de Vitruvio sobre la ciudad colonial romana y aparecieran las obras renacentistas bajo su influencia, como la de León Batistta Alberti, entre 1384 y 1385 había sido publicado en Valencia la obra *Dotzé del Crestiá* de Francesch Eiximenis, teólogo franciscano que había nacido en Gerona entre 1340 y 1349. Formado en Colonia, París y Oxford, organizó la enseñanza pública en Valencia. Su obra estaba también condicionada por la idea del orden y de la sociedad ordenada, en sus aspectos morales y legislativos, lo que se reflejó en la formulación de una idea perfecta de la ciudad, cuya representación formal resulta en consecuencia también ordenada, expresada en forma cuadricular, porque así la ciudad "recta es más bella y más ordenada" (Cap. 110). Decía, además, que como lo habían dicho los filósofos griegos y algunos sabios, "toda ciudad debía ser cuadrada" (Cap. 110).

Eiximenis también se ocupó en su obra de todo lo concerniente a la ciudad. En cuanto a la elección del sitio de la misma, hizo particular referencia a la orientación de la planta de la misma en relación con los vientos y con las montañas que pudieran proteger la ciudad (Cap. 106); y a la necesidad de que la ciudad esté "cerca del agua" (Cap. 106) de mar o de río, recomendando que se situare al costado del agua, de manera que esta no la dividiera (Cap. 106).

En cuanto al trazado de la ciudad, Eiximenis especificó que el palacio del Príncipe debía estar en uno de los costados del cuadrado de la ciudad, y en cuanto a la iglesia debía estar "en medio de la ciudad... y junto a ella debe haber una plaza grande y bella" (Cap. 110). En medio de cada uno de los costados del cuadrado que formaba la ciudad debía haber una entrada o puerta, de manera que se comunicaran entre sí por sendos "caminos grandes y amplios que atraviesen toda la ciudad de parte a parte", "de la entrada de Oriente a la de Poniente" y "desde la entrada principal que mira hacia mediodía hasta la otra principal que mira a Tramontana" (Cap. 110).

En esta forma, en el cuadrado inicial de la ciudad se insertan dos ejes que se cruzan en el centro donde se abre un espacio grande para la plaza. Los ejes a la vez dividen la ciudad en cuatro partes o barrios principales, en los cuales se ubica una plaza como elemento centralizador de los mismos.

Estas ideas de Eiximenis, influidas sin duda por los aportes de los filósofos griegos, particularmente de Hipócrates y Aristóteles y sin duda, también, por el modelo de la ciudad romana, coincidieron en gran parte con lo que un Siglo después se conocería de la empresa colonizadora del Imperio Romano, y del trazado de la ciudad romana con el recate de la obra de Vitruvio. Las ideas de Eiximenis, además, influyeron en la fundación de las nuevas pueblas con motivo de la Reconquista y de la utilización del Camino de Santiago en el Reino de Aragón, como se indicará más adelante.

Ahora bien, lo más importante de todos estos principios es que apenas comenzaron a er divulgados, obra del renacimiento, penetraron en América a través de la labor de los Consejos reales de los Reyes Católicos, de Carlos V y de Felipe II, para lo cual jugó un papel decisivo la difusión de las ideas humanistas en España lo cual fue posible con la creación, en 1508, de la Universidad de Alcalá de Henares por iniciativa del Cardenal González de Mendoza, Arzobispo de Toledo. El resultado de ello fue que las ideas de Vitruvio y Alberti fueron inmediatamente plasmadas en las Instrucciones reales destinadas a guiar urbanísticamente el monumental proceso de conquista, colonización y poblamiento del enorme Continente Americano.

En esas Instrucciones dadas a los Adelantados, por tanto, se fueron incorporando precisas normas jurídicas, las cuales comenzaron a expresarse en 1513 con motivo de la expedición de Pedrarias Dávila para la conquista de la provincia de Castilla del Oro en Tierra Firme, y culminaron sesenta años después con las *Ordenanzas sobre descubrimiento y población* otorgadas por Felipe II en 1573. El control jurídico del proceso fue tal, que sesenta años bastaron para que un modelo de ciudad especialmente diseñado para América, ideado sobre la marcha durante la emergencia de la conquista y poblamiento, se hubiese aplicado en todo el Continente americano, bajo la influencia de las ideas expuestas por Vitruvio y Alberti.

Esa búsqueda permanente del orden, por lo demás, quedó plasmada desde la propia *Instrucción* dada a Pedrarias de 1513, al referirse al establecimiento de los pueblos en forma ordenada, de manera que el repartimiento de solares a los vecinos fueran – decía- "*de comienzo dados por órden*", expresando con toda precisión que:

> "por manera que fechos los solares, *el pueblo parezca ordenado, así en el logar que se dejare para plaza, como el logar en que hobiere la iglesia, como en la órden que tovieren las calles; porque en los* logares *que de nuevo se facen dando la órden en el comienzo, sin ningud trabajo ni costa quedan ordenados, e los otros jamás se ordena."*

Ese modelo urbano ordenado, por supuesto, gravitó en torno a los tres elementos urbanos esenciales antes mencionados:

Primero, la plaza, que era lo que debía establecerse inicialmente, y desde donde debía partir el proceso de poblamiento, y cuya forma debía hacer parecer el pueblo como ordenado. Por supuesto, no había otra forma renacentista ordenada que no fuera la forma cuadricular o rectangular, y en todo caso, reticular, con lados y ángulos rectos.

Segundo, la iglesia que debía ubicarse también en un sitio ordenado, fuera del área de la plaza, pero en un lugar principal, que en general fue en una de las manzanas ubicadas a un costado de la plaza.

Y tercero, las calles que debían también estar y tener orden, es decir, diseñarse ordenadamente, y no había otra forma para ello si debían partir de una plaza reticular, que no fuera su trazado en líneas rectas, formando ángulos rectos, de lo que resultaban manzanas o cuadras regulares, donde se debían ubicar los solares a ser repartidos, también ordenadamente.

La plaza, la iglesia y las calles, por tanto, fueron los elementos que configuraron el modelo urbano latinoamericano, de manera que para cuando el mismo culminó, los principios se recogieron en las mencionadas *Ordenanzas de Descubrimiento y Población* dadas por Felipe II en el Bosque de Segovia, de 1573, en las cuales se le precisó a los adelantados, como lo dice la frase con las que se inician, "el orden que se ha de tener en descubrir y poblar."

En estas Ordenanzas, por tanto, se expresaron los mismos principios romanos y, antes, griegos, para la fundación de ciudades que se aplicaron invariablemente en toda América, y que fueron:

Primero, los relativos a la selección de los sitios y a la ubicación de las poblaciones, para lo cual se detallaron las mismas reglas que venían de la antigüedad en materia de salubridad, abastecimiento y ubicación. Se recomendaba (artículos 34 al 37), en particular, que no se debían escoger lugares muy altos por el problema que representaba tanto el viento como el acarreo de cosas; ni muy bajos, ya que resultaban enfermizos. De preferencia debían elegirse lugares medianamente levantados, que recibieran buenos aires. La precisión de las Ordenanzas era tal que, por ejemplo, se recomendaba que las poblaciones interiores se levantasen a la orilla de algún río que fuera navegable, dejando la ribera baja para los oficios que arrojaren inmundicias (Art. 123); e incluso, se disponía que si el lugar escogido se encontraba a la orilla del agua, debía tenerse cuidado de que quedase de tal forma que a la salida del sol los rayos pegasen primero en la población y no en el agua (Art. 40).

Segundo, una vez escogida la parte más conveniente para asentar en ella la nueva población, las Instrucciones de 1573 resumían la tarea subsiguiente a ser cumplida por el fundador, al prescribir que se debía proceder a hacer la planta del lugar escogido, repartiéndola por sus plazas, calles y solares, a *cordel y regla,* comenzando por la plaza mayor, lo que implicaba siempre, como resultado, una planta o trama ortogonal. Desde la plaza, una vez trazada, debían salir las calles en forma rectilínea y paralela hacia los caminos principales o puertas de la ciudad, dejando tanto compás abierto que, aunque la población aumentase mucho, se pudiera proseguir en la misma forma (artículo 110). Por tanto, conforme a las Ordenanzas, resulta claro que el punto de partida de la nueva ciudad o población siempre debía ser la plaza mayor, siendo por tanto la forma ortogonal o reticular la regla general de todas las ciudades, no sólo las fundadas en el Siglo XVI, sino también en los Siglos subsiguientes de la Colonia, como puede constatarse en casi todos los centros poblados americanos.

Tercero, además, también se regulaba con precisión el tema de la ubicación de la plaza, de manera que si la población se erigiere en la costa, la plaza debía hacerse hacia al desembarcadero del puerto, abierta al mar o al río; y si estaba tierra adentro, la plaza se debía fijar en medio de la población, de manera que fuese el corazón y su centro vital.

Cuarto, en cuanto a la forma de la plaza, las Ordenanzas también fueron precisas en establecer siempre la forma reticular, resultando plazas algunas veces rectangulares y casi siempre cuadriculares; así como la dimensión de la plaza, que debía ser proporcional con la cantidad de vecinos que hubiere y con el crecimiento futuro previsto de la población. Por ello, muchos pueblos americanos aún conservan en la actualidad plazas de gran tamaño, que no guardan proporción con el tamaño del poblado actual.

Quinto, en relación a la orientación de la planta urbana, las Ordenanzas también imponían la necesidad de que las esquinas de la plaza se orientasen a los vientos principales, para proteger la ciudad de los mismos. Así lo decía textualmente el artículo 114 de las Ordenanzas, que "las cuatro esquinas de la placa miren a los cuatro Vientos principales porque de esta manera, saliendo las calles de la placa, no estén expuestas a los cuatro Vientos principales que seria de mucho inconveniente."

Sexto, sobre el trazado de la plaza, las Ordenanzas precisaban que de la misma debían salir las calles, de suerte que aunque la población llegase a crecer de manera considerable no se afease la población, o se obstruyese su defensa o comodidad (Art. 117), previéndose entonces el crecimiento ordenado de la población, conforme a la forma y dirección de las calles, de manera ilimitada, conforme a un esquema uniforme de la trama urbana, en damero. Ello fue tan efectivo, que hasta las primeras décadas del Siglo XX muchas ciudades latinoamericanas continuaban creciendo con el orden reticular, mostrando muchas todavía el desarrollo casi perfecto de la retícula, como fue el caso de *Buenos Aires*. Esa forma, sin embargo, fue luego abandonada, particularmente a partir de la segunda mitad del Siglo XX, en casi todas las ciudades hispanoamericanas, por la falta de autoridad tanto en la orientación ordenada de las ocupaciones espontáneas del suelo urbano que han dado origen a las amplias áreas marginales de las ciudades, sin regularidad alguna, como en el proceso de urbanización desarrollado exclusivamente por privados, que han abandonado la forma regular.

Séptimo, sobre las calles mismas, las Ordenanzas prescribían sobre su anchura, la cual se determinaba según el lugar escogido para la ubicación de la ciudad, de manera que en los lugares fríos, las calles debían trazarse anchas para permitir que el sol entrase plenamente en la ciudad. En los lugares calientes, por el contrario, las calles debían ser angostas para evitar la inclemencia del sol (Art. 116) y asegurar la protección de la sombra, como por ejemplo sucede con las ciudades costeñas del Caribe. En esta forma se regulaba la posibilidad de mayor soleamiento de las ciudades ubicadas en lugares fríos, por la anchura de las calles; y al contrario, una mayor cantidad de sombra en las ciudades ubicadas en lugares calientes, por lo angosto de las calles, como medio de protección ante la inclemencia del sol.

Por supuesto, como dije, el texto de las Ordenanzas de 1573, como sucede en general con la formación de las normas jurídicas, fue el producto final de todo el conjunto de normas que se fueron dictando sucesivamente durante las primeras décadas del proceso de conquista y poblamiento. Las Ordenanzas, por tanto recogieron la experiencia normativa de los primeros tiempos y guiaron rígidamente el proceso de poblamiento hacia el futuro, de manera que incluso hasta en legislaciones latinoamericanas del Siglo XX para colonización e inmigración, se encuentran sus secuelas.

Ese trazado regular de la ciudad, en todo caso, marcó el desarrollo del poblamiento en todo el Continente Americano, que quedó sembrado de ciudades y pueblos con los cuales se formaron las provincias y de los cuales resultaron los Estados actuales. Ese modelo urbano, en todo caso, se fue sembrado en pueblos y ciudades en todo el territorio americano, en un proceso que bien permite identificar un itinerario histórico geográfico que es el que a grandes rasgos queremos destacar en este trabajo en homenaje a nuestro querido amigo el profesor Enrique Gómez-Reino, sólo mencionando, en adición a *La Antigua Guatemala*, las más importantes ciudades de América,.

IV. EL ITINERARIO DEL POBLAMIENTO DE LAS ISLAS DEL CARIBE; SANTO DOMINGO, SAN JUAN, LA HABANA

La primera ciudad de América fue *Santo Domingo* en la Isla la Hispaniola, fundada por Bartolomé Colón en 1497, luego de que Cristóbal Colón regresara a España después de su segundo viaje, y del abandono de la villa *La Isabela* por la rebelión de su Alcalde contra la autoridad constituida en tierras americanas. La ciudad se ubicó, conforme a las normas antes indicadas, en la margen oriental del río Ozama, para que, "en saliendo el sol, llevara por delante los vapores, nieblas y humedades, aventándolas del pueblo." De dicha ciudad saldría Colón preso hacia España en 1501, luego de su tercer viaje, y a ella llegaría en 1502, el nuevo Gobernador, Frey Nicolás de Ovando. Como consecuencia de un huracán que azotó la Isla, la ciudad se traslado a la otra ribera del Río Ozama, en la explanada más elevada en la cual se encuentra actualmente, mandando "haçer la traça a regla y compás" como diría Gonzalo Fernández de Oviedo y Valdés en su *Historia General y Natural de las Indias (1526)*, con una forma reticular, formada por varias calles que corren en paralelo de norte a sur y de este a oeste, y que se cruzan haciendo recuadros, con una plaza mayor relativamente centrada.

En *Santo Domingo*, sin embargo, la iglesia se ubicó dentro de la parte sur de la plaza la cual abarca dos cuadras con forma rectangular, como una edificación aislada sin adosarse a otros edificios, la cual luego daría origen a la Catedral. En 1526, Gonzalo Fernández de Oviedo destacaba que en cuanto a sus edificios, ninguna ciudad española era superior a Santo Domingo, excepto Barcelona; y que la disposición de la ciudad, incluso, era mejor que la de Barcelona pues como se dijo, había sido diseñada "a cordel y regla", con mejores calles, más largas y derechas.

La otra ciudad importante en las islas del Mar Caribe que debe destacarse en nuestro itinerario, es la ciudad de *San Juan* de Puerto Rico, fundada por Juan Ponce de León, en 1508, con el traslado del pueblo de Caparra que se había establecido en la ribera del río Bayamón, hacia la bahía de San Juan, ubicándosela en un promontorio alargado frente al mar. El diseño de la ciudad fue conforme a una planta reticular y con una plaza mayor que solo ocupa la mitad de una manzana, y la Catedral, ocupando casi una manzana completa en la esquina noroeste de la plaza. Como todas las ciudades hispanoamericanas cuya forma urbana era abierta, San Juan inicialmente no tuvo fortificaciones, las cuales solo se comenzaron a construir a mediados del Siglo XVI, como respuesta a los ataques de corsarios y piratas. Entre ellas, se destaca el importante fuerte de San Felipe del Morro, situado en una punta rocosa que entra al mar hacia el oeste de la ciudad, el cual probó su eficacia en 1595, resistiendo el ataque de la flota de Francis Drake.

En el curso de la conquista de la Isla de Cuba, en 1514 se fundó la ciudad de San Cristóbal en la costa sur de la isla, en el sitio de Batabano, en la ribera del río Mayabeque, cerca de la hoy Batabanó, desde donde se la trasladó a la costa norte en las orillas del río La Chorrera (Almendrares) entre lo que actualmente es el Vedado y Miramar; y de allí, en 1519, hasta el puerto de Carenas, tomando entonces el nombre de La Habana. La ciudad quedó entonces ubicada en el borde interior de la bahía, de condiciones excepcionales como puerto natural, lo que con el tiempo la convertiría en el puerto obligado al cual llegarían todos los barcos que provenían de todas las colonias americanas antes de zarpar hacia la Península y, en definitiva, el puerto más importante de América. Por ello, a partir de 1537 ya había sido blanco de ataques corsarios y piratas habiendo sido destruida e incendiada, particularmente en 1555, por la flota que comandaba Jacques de Sores. Desde mediados del Siglo XVI no sólo se consolidó el trazado de la ciudad con una planta casi reticular, sino que comenzó el proceso de su fortificación con la construcción, entre 1558 y 1630, de la fortaleza La Fuerza, al norte de la Plaza de Armas, que la protege de la bahía. En la entrada a la misma, además, se estableció una gran cadena que impedía la entrada de barcos; y a partir de 1589, en una parte se construyó el castillo de San Salvador de La Punta, y en la otra, el castillo de los Tres Santos Reyes del Morro. A partir de 1674 hasta 1740, se construyó una muralla alrededor de la ciudad, y entre 1763 y 1774 se edificó la fortaleza de San Carlos de la Cabaña. Además, en 1654 se construyeron otros dos fuertes adicionales, el de Cojimar y el de Santa Dorotea de la Chorrera que protegían los dos ríos ubicados al este y al oeste de la ciudad.

La Iglesia mayor se situó al este de la plaza mayor o plaza de armas, y al oeste, la casa de la Aduana. La plaza mayor se edificó de manera abierta hacia la bahía, solo interferido el acceso por la fortaleza de la Real Fuerza. La traza urbana de calles rectas se consolidó a comienzos del Siglo XVII, y el centro urbano progresivamente se trasladó desde la plaza de armas hacia la Plaza Nueva, más al sur y más adentro de la trama urbana.

V. EL ITINERARIO DEL POBLAMIENTO EN CENTRO AMÉRICA Y LA NUEVA ESPAÑA: PANAMA, MEXICO, CHOLULA, PUEBLA

Después de los fracasos de las Capitulaciones dadas para la conquista de Tierra Firme en Veragua y Urabá, en la zona del Darién, la primera ciudad importante establecida en Tierra firme, como consecuencia del descubrimiento del Mar del Sur (Océano Pacífico) y de las capitulaciones dadas a Pedrarias Dávila en 1513, fue la ciudad de ciudad *Nuestra Señora de la Asunción de Panamá,* fundada por Diego de Alvítez en 1519, trasladada meses después al sito de Vieja Panamá, donde se dispuso el traslado de la capital de la Provincia de castilla del Oro, desde *Santa María la Antigua de Darien* que estaba en el golfo de Urabá. La planta y el trazado de la ciudad, fue reticular, lo cual puede AÚN apreciarse en el sitio de las ruinas de la ciudad donde se conservan las trazas de las calles dispuestas en forma reticular, en torno a la plaza mayor, en cuyo lado este estaba ubicada la iglesia catedral, edificada en piedra durante el Siglo XVII, y cuyas ruinas aún se conservan. Desde Panamá se organizaron todas las expediciones tanto hacia el "poniente" (Nicaragua) como hacia el "levante" (Perú), convirtiéndose la ciudad, desde entonces, en la cabeza de puente o trampolín forzoso entre España y el Perú. Para ello, Pedrarias inició la construcción del camino entre a Panamá y Nombre de Dios, dando inicio a la vía ínter-oceánica a través del Istmo de Panamá.

Henry Morgan, después de atacar *Portobelo* en 1668, y en 1671 atravesó el Istmo, saqueando y destruyendo la ciudad de *Panamá*. Ello condujo en 1672, a su traslado a un sitio más seguro, hacia el oeste, en un promontorio al pie del Cerro Ancón. El diseño urbano se conserva, con un trazado reticular protegido por una gran muralla de piedra de más de tres metros de espesor, con entradas por tres puertas. A la plaza mayor, ubicada en forma aislada, le llegan tres calles por el norte y por el sur, y una por el este y el oeste. La edificación más célebre de esa época es la iglesia de Santo Domingo, que se comenzó a construir en 1678, iniciándose en 1688 la construcción de la catedral, todas con materiales provenientes de Panamá la Vieja.

El mismo año de la fundación de Panamá, Hernán Cortés inició la conquista de México, que en una primera fase culminó con la conquista de la gran ciudad azteca de *Tenochtitlán* en 1521, cuyo plano apareció en la edición en latín de la segunda *Carta* de relación que envió en 1522 al Emperador Carlos V, publicada como *Praeclara Fernandi de Nova Maris Oceanis Hispania Naratio*, en Nuremberg en 1524. Por la importancia de dicha ciudad, en el primer Atlas en la historia dedicado específicamente a la cartografía urbana, fue el *Civitates orbis terrarum* publicado en Colonia, entre 1572 y 1617, por G. Braun y F. Hogenberg, el cual contiene un conjunto de grabados de 530 ciudades del mundo, hechos desde las más variadas perspectivas, aparecen sólo dos planos de ciudades americanas: México, *Regia et Celebris Hispaniae Novae Civitas* y Cuzco, *Regni Perú in Novo orbe*. Ambas ciudades se construyeron o se reconstruyeron por los españoles después de la conquista de los imperios que allí tenían su asiento principal.

En el caso de México, luego de la toma de *Tenochtitlán*, Cortés decidió de inmediato se reconstrucción, dando origen a la Ciudad de México, rodeada de agua por todas partes y comunicada con la tierra por una serie de calzadas, la cual se montó sobre la estructura urbana existente que estaba dividida en cuatro cuadrantes los cuales tenían un centro sagrado. El complejo urbano fue ampliado, abarcando México-*Tenochtitlán* y México-*Tlatelolco*, en el cual coexistieron las nuevas autoridades españolas y los viejos gobernantes indígenas. La traza de la parte central de la ciudad estaba formada por 14 calles que se cruzaban entre sí en ángulos rectos, y que partían desde la Plaza Mayor, en cuyo lado norte está situada la Catedral y al este, el Palacio Real o residencia del Gobernador. Esa Plaza Mayor, en realidad, era el gran centro ceremonial de la vieja ciudad azteca, y la traza tuvo como base los elementos que quedaron de la población destruida.

Después de la conquista de *Tenochtitlán*, la consolidación de la ocupación de territorio circundante comenzó con el establecimiento de la ciudad de *Cholula*, cuyo trazado también se sobrepuso al de la antigua ciudad indígena, la cual tenía una retícula perfecta. Era una de las ciudades más importantes y grandes del imperio azteca, habiéndose considerado, al igual que el Cuzco, como la ciudad más antigua de América con ocupación continua. Ha sido considerada como la primera ciudad hispanoamericana con un trazado perfectamente regular, de manzanas iguales diseñadas como un damero, aun cuando de forma rectangular, estando ubicada en su centro, la pirámide Tepanapa, la más grande jamás construida, probablemente dedicada a *Quetzalcóalt,* la cual se encuentra coronada por el Santuario de Nuestra Señora de los Remedios, como símbolo clásico de la conquista y de la imposición de la fe en el Nuevo Mundo.

A 12 kilómetros de *Cholula*, y como para reafirmar la necesidad de fundar una ciudad de nueva planta como título para la toma de posesión de la tierra, los españoles establecieron otra gran ciudad con una forma reticular perfecta, que fue la Ciudad de *Los Ángeles de Puebla* fundada el 16 de abril de 1531, con manzanas rectangulares, similares a las de *Cholula*, teniendo la plaza la misma forma. La iglesia está en el costado sur de la plaza, de lados más largos del rectángulo de la misma, hacia donde da una de sus fachadas laterales. Es una ciudad de iglesias, conventos y monasterios, considerada como la única fundada *ex novo* en Nueva España.

VI. EL ITINERARIO DEL POBLAMIENTO EN LA TIERRA FIRME: BOGOTÁ, CARACAS

El proceso de descubrimiento y conquista de Tierra Firme, luego de los fracasos iniciales de Hojeda y Nicuesa en la provincia de Castilla del Oro, comenzó efectivamente con la Capitulación otorgada en 1521 a Rodrigo de

Bastidas, para ir a conquistar y poblar "la provincia y puerto de Santa Marta que es en Castilla del Oro llamada la Tierra Firma", señalándose como término de la misma desde el Cabo de la Vela hasta la boca del río grande del Magdalena. Como se dijo, unos años después, en 1528 se otorgó Capitulación a los Welsar para la Conquista de la Provincia de Venezuela, desde el mismo Cabo de la Vela hacia el este, hasta Maracapana. Con esas dos Capitulaciones quedaba cubierta toda la costa norte de América del Sur en el mar Caribe, encaminándose los esfuerzos de conquista hacia el sur, tierra adentro.

Así, en 1536, Nicolás Federman de la provincia de Venezuela, quien había recibido de la expedición de Alfinger las noticias del importante país que existía remontando el gran río Magdalena, llegó hasta el Cabo de la Vela con tal propósito, donde tuvo conocimiento de los planes de la expedición comandada por Gonzalo Jiménez de Quesada enviado por el Gobernador de Santa Marta, Pedro Fernández de Lugo, con el mismo fin de descubrir el importante país que existía al sur, el de los indios Muiscas. Como consecuencia de la oposición del Gobernador de Santa Marta, tuvo que regresar hacia la provincia de Venezuela, dirigiéndose hacia al sur, pero con el mismo propósito, para llegar al río Meta y tratar de llegar antes que Quesada hasta el país de los Muiscas. Atravesó la Cordillera hacia el oeste, llegando a la sabana de Bogotá por el páramo Sumapaz y el Valle de Fusagasugá.

Sin embargo, al llegar a la Sabana supo que desde hacia varios días la tierra estaba ocupada por cristianos venidos de otras regiones: los primeros, las gentes de Gonzalo Jiménez de Quesada, quienes habían llegado allí desde Santa Marta remontando el río Magdalena; y las otras, de Sebastián de Belalcázar, lugarteniente de Pizarro y fundador de *Quito*, quienes había llegado desde el sur, por el río Cauca, donde ya había fundado la ciudad de *Cali.* Gonzalo Jiménez de Quesada, quien había llegado antes a la sabana fundó a la carrera en 1538 un pueblo con el nombre de la Ciudad Nueva de Granada, en la víspera de la llegada al mismo paraje de las huestes de otros dos Adelantados.

Federman, por tanto, había llegado de último y por las vestimentas de las tres huestes, dicen las crónicas que se podía determinar la calidad y penurias de las expediciones y de los expedicionarios: los venidos de Santa Marta llevaban trajes de telas de algodón tejidas por los indios; los peruanos, más ricos, traían vestimentas de seda, adornados con plumas; los de Federman, en cambio, venían cubiertos de pieles de osos, leopardos, tigres y venados, después de haber corrido las más crueles aventuras. En todo caso, introdujeron las gallinas a la sabana, así como Belalcázar los cerdos.

Los tres campamentos estaban en la Sabana, establecidos en triángulo. Los tres conquistadores reclamarían jurisdicción sobre esas tierras a las cuales habían llegado casi simultáneamente y desde puntos cardinales totalmente distintos a los que había tenido Jiménez de Quesada, atraídos por el mismo objetivo, que era el reino de los Muiscas. Pero en lugar de pelearse físicamente decidieron someter la disputa al Emperador para la determinación de a quién correspondía el territorio descubierto. Por ello, en 1539 se fundó Santa Fe de Bogotá, en sustitución de la Nueva Ciudad de Granada, pero esta vez con la participación de las huestes de los tres conquistadores, particularmente de Jiménez de Quesada y Federman, quienes habían llegado a un arreglo previo. Les conquistadores viajaron a España a dilucidar sus derechos y luego de un largo proceso, Quesada ganaría la causa, habiendo sido nombrado Gobernador del Nuevo Reyno de Granada por Real Cédula de 17 de julio de 1549. Años antes, por su parte, el 30 de mayo de 1540, Belalcázar obtendría la Capitulación de la Provincia de Popayán. En cuanto a Federman, falleció en 1542, en Valladolid, durante el pleito y en medio de otros pleitos que tuvo con los mismos Welser.

El nombre de Bogotá deriva de Bacatá, que era el nombre indígena del valle donde se ubicó la ciudad, al pié del cerro que es parte de la cordillera oriental y que separa la ciudad de los llanos. El centro original de la ciudad estaba cerca de la actual plaza San Francisco, al borde del río Vicachá, al este de donde está la actual iglesia de San Francisco y la plazoleta de la Universidad Nuestra Señora del Rosario. Posteriormente, la Plaza Mayor se trasladaría al sitio de la actual Plaza de Bolívar, entre los dos ríos que atraviesan Bogotá, Vicachá (San Francisco) y Manzanares (San Agustín), diseñándose la ciudad con una forma ortogonal casi perfecta, con manzanas cuadradas, permitiendo la continuación de la trama urbana regular. La iglesia catedral se ubicó al este de la plaza. En 1549 fue sede de la Real Audiencia de Santa Fe y posteriormente del Virreinato de Nueva Granada

En cuanto a la provincia de Caracas, luego de la conclusión de la gobernación de los Welsares en 1536 puede decirse que fue que comenzó el proceso de poblamiento que se desarrolló durante 20 años en las provincias occidentales y centro occidentales. Hacia el centro, en particular hacia el Valle de Caracas, avanzó Diego de Lozada en 1567 fundando en el país de Guaicaipuro, tierras de los indios caracas, en el valle de San Francisco, la ciudad de

Santiago de León de Caracas, en honor al Santo Patrón de España y del Gobernador Ponce de León. Fue el Gobernador y Capitán General de la Provincia, Juan de Pimentel, quien en 1578, levantó el muy conocido croquis de la planta de Caracas, reducido al cuadrado que limitan los ángulos de las esquinas hoy llamadas como de Cuartel Viejo, Abanico, Doctor Díaz y Gorda, dividido en 25 manzanas dispuestas por la trama de cuatro calles dispuestas en paralelo de Norte a Sur que partiendo de las esquinas hoy denominadas de Altagracia, Mijares, Jesuitas y Maturín, llegaban hasta las hoy esquinas llamadas Mercaderes, Pajaritos, Camejo y Colón; y de otras cuatro calles dispuestas en paralelo de Este a Oeste, que partiendo de las esquinas hoy denominadas La Pelota, Marrón, Doctor Paúl y Chorro, llegaban a las hoy esquinas de Llaguno, Piñango, Muñoz y Pedrera. La plaza mayor se situó en el centro de la trama urbana, con la Catedral, edificada a comienzos del Siglo XVII, ubicada al este de la plaza. Caracas es quizás la única de las ciudades latinoamericanas en la cual todas las esquinas de su vieja cuadrícula tienen nombre propio.

VII. EL ITINERARIO DEL POBLAMIENTO DEL REINO DE QUITO Y DE LOS INCAS: CUZCO, LIMA, QUITO

Francisco de Pizarro, luego de obtener Capitulación del Emperador en 1529 para la conquista del Perú, y desde Panamá, desembarcar en las costas del pacífico cerca de la línea ecuatorial, pasó a Cajamarca en 1532 y con un puñado de hombres se apoderó del Imperio Inca al apresar a Atahualpa, y ajusticiarlo alevosamente en 1533. En 1534, prosiguió al sur, desde Cajamarca, atravesando el altiplano central del Perú hasta llegar al valle de *Jauja*, donde fundó la ciudad del mismo nombre, la cual luego, el 6 de enero de 1535, se trasladaría hacia la costa, cerca del puerto del Callao, en el valle de Rimac y a orillas del río del mismo nombre, con el nombre de *Ciudad de los Reyes (Lima)*, llamada así en honor de la fiesta de la Epifanía.

Pizarro luego se dirigió hacia la ciudad imperial del *Cuzco* haciéndose acompañar por Manco Capac, donde entró el 15 de noviembre de 1533, al año de haber llegado a Cajamarca. Allí estableció entonces, el 23 de marzo de 1534, autoridades españolas mediante un acto fundacional de la nueva ciudad con el que se efectuó su toma de posesión, ubicándose el sitio de la plaza mayor y realizándose la traza de la ciudad sobre la indígena, cuya plaza se dividió en dos. El centro de la vida social y política del Cuzco estaba ubicado en una enorme plaza (Huacaypata-Cusipata) que contaba con una gran superficie que abarcaba la actual Plaza de Armas, en cuyo lado este está la Catedral, y la de la Plaza de Nuestra Señora de la Merced (Plaza Regocijo). La Catedral, además, está flanqueada por dos otras iglesias, la de El Triunfo, a la derecha, que data de 1536, siendo la más antigua del Cuzco, y la iglesia de Jesús María, a la izquierda. En el Cuzco también se destacan las edificaciones de los Conventos de San Francisco y de Santa Clara del Siglo XVI y la del Colegio e iglesia de la Compañía de Jesús; asimismo, las de los Conventos de Santo Domingo y de La Misericordia. Pizarro convirtió al *Cuzco*, ciudad a la cual denominó *La Gran Ciudad de Cuzco*, en la capital de la gobernación la cual una década después se trasladaría a Lima.

La ciudad, la cual había sido la capital del imperio de los Incas, al igual que *Cholula*, también se ha considerado como el centro poblado con habitación continua más antiguo del continente americano. En *Cuzco*, además, Pizarro instalaría a Manco Capac como Inca bajo su control. La grandiosidad de la ciudad, como se dijo, condujo a que en la *Civitates orbis terrarum* de G. Braun y F. Hogenberg publicado en 1572, junto con el de Ciudad de México también se habiera publicado el grabado de la ciudad de Cuzco, como *Cusco Regni Peru In Novo Orbe Caiut,* con una traza ortogonal, diseñada sobre la de la ciudad original.

La ubicación de Cuzco ciertamente no era la propicia para el establecimiento de la capital de la provincia, la cual requería de una comunicación más eficaz con el mar. Por ello Pizarro decidió trasladar la capital desde Jauja hasta el valle del río Rimac cerca de la costa, estableciendo el 6 de enero de 1535 la *Ciudad de los Reyes*, la cual sin embargo se denominó como Lima, por deformación del nombre indígena de Rimac.

La planta de la ciudad de *Lima* establecida con forma triangular con su base hacia el río, tiene una traza que respondió a un modelo cuadricular, con calles paralelas y manzanas iguales, ubicándose la plaza en una de ellas, cerca del río. Pizarro hizo mención a la traza en el Acta fundacional de la ciudad, al señalar que "repartio los solares a los vezinos del dicho pueblo segud pareçera por la traça de la dicha çibdad se hizo". La catedral se ubicó al este de la plaza. Fue la capital del Virreinato del Perú, sede de la Real Audiencia y de la Inquisición, y en ella se estableció desde 1551 la Universidad de San Marcos. En la ciudad se edificaron en el Siglo XVI, los Conventos de Santo Domingo, San Agustín, La Misericordia y San Francisco. La ciudad, diseñada originalmente en forma abierta hacia el valle, a partir de 1685 fue cerrada con una muralla con 34 baluartes ubicados a todo su largo. En 1746 fue parcialmente destruida por un terremoto.

El puerto de la Ciudad de los Reyes, se estableció en *El Callao* cerca de la desembocadura del río Rimac en el Océano Pacífico. Como en todos los puertos coloniales, la plaza de la ciudad se diseñó abierta al mar.

Después de la fundación de Cuzco el 23 de marzo de 1534, y tras las noticias recibidas en la ciudad sobre la llegada al sitio de Puerto Viejo, en el litoral ecuatoriano, de Pedro de Alvarado, Capitán General de Guatemala y quien tenía Capitulación para descubrir y conquistar tierras en el Mar del Sur; Pizarro enviaría a Diego de Almagro hacia el norte, hacia el Reino de Quito, para tratar de detener las pretensiones de aquél. Almagro, en ruta hacia San Miguel de Piura, por su parte, también tuvo conocimiento de que el gobernador que había quedado en dicha ciudad, Sebastián de Belalcázar, también había partido hacia el sitio de Quito con el mismo propósito de enfrentar a Alvarado.

Ambos conquistadores se encontrarían a mitades de 1534 en el sitio de Riobamba y el 15 de agosto de 1534 procederían a fundar a la carrera, el pueblo de *Santiago de Quito*, cerca de la actual ciudad de Sicalpa, de manera que cuando Alvarado llegara al lugar, se encontrase con una cuidad ya fundada por la gente de la gobernación de Pizarro, lo que implicaba que esas tierras ya formarían parte de dicha gobernación.

Y así fue. La ciudad, aun cuando todavía en el papel, ya había sido establecida formalmente antes de la llegada de Alvarado, lo cual se hizo constar en acta levantada por escribano, donde se indicaban sus autoridades y término. Pero aún así, luego de la llegada de Alvarado siguió la necesaria negociación entre los conquistadores, pues entre otros aspectos, la hueste de Alvarado estaba compuesta por varios miles de indígenas guatemaltecos, que tendrían que quedarse en tierras del Perú, después del retiro de Alvarado. Se procedió así, a la refundación de la ciudad, esta vez en la falda este de Volcán Pichincha, pero entonces con la participación de la hueste de Alvarado, quién renunciaría a proseguir su conquista.

El acto de refundación ocurrió unas semanas después, el 6 de diciembre de 1534, como *San Francisco de Quito*. La ciudad se situaría entonces sobre las ruinas de la milenaria ciudad de Quito, la cual había sido destruida por Rumitrahui, el general de Atahualpa que estaba a cargo de la misma, para evitar que cayera en manos de los conquistadores. La traza de San Francisco de Quito es básicamente reticular, desarrollándose la trama urbana en torno a la plaza mayor, en cuyo lado sur se ubicó la Catedral. Cerca de la plaza está la iglesia de la Compañía de Jesús y en la trama urbana se destacan otras plazas menores, entre ellas, las de San Francisco y de Santo Domingo, donde están las iglesias y conventos del mismo nombre. Otros conventos importantes en la ciudad fueron los de San Agustín y La Misericordia. La ciudad, además, sería sede de la Audiencia de Quito.

VIII. EL ITINERARIO DEL POBLAMIENTO DE LA NUEVA EXTREMADURA; SANTIAGO, MENDOZA

Diego de Almagro, teniente de gobernación de Pizarro, había realizado una expedición inicial a las tierras australes, para lo cual en 1536 había obtenido capitulación. Luego de su fracaso, y regreso al Cuzco para finalmente ser ejecutado por Pizarro, hacia estas tierras fue Pedro de Valdivia, por encargo del propio Francisco Pizarro en 1540, iniciando la conquista del reino de Chile. Para ello, desde el Alto Perú, después de pasar por el desierto de Atacama, tomó la ruta de la costa, la misma que de regreso había recorrido Almagro.

Llegó así Valdivia al valle de Copiapó, donde tomaría posesión de la tierra descubierta poniéndole el nombre de Nueva Extremadura en sustitución del de Nueva Toledo que había tenido en la época de Almagro. Después de un año de recorrido, llegó a este hermoso valle del río Mapocho, en el país de los Mapuches o Mapochoes, donde el 24 de febrero de 1541, al pié del cerro Huelén, que decidió bautizar como Santa Lucía, fundaría la ciudad de *Santiago del Nuevo Extremo*. El diseño de la planta de la ciudad fue el de una cuadricula casi perfecta, con la plaza de armas en el centro, y la Catedral al oeste de la misma; quedando ubicada entre el cerro Santa Lucía hacia este, el río Mapocho al norte y un brazo o cañada del mismo que corría al sur, por donde luego se construyó la Alameda, y que es la que explica que esa gran avenida contraste con el diseño urbano cuadricular de la ciudad. La Ermita de Nuestra Señora del Socorro que erigió Valdivia en la ribera sur de la cañada, en 1553 sería ocupada por los hijos de San Francisco de Asís, habiéndose construido la Iglesia en 1572, y luego el Convento, siendo aquella la edificación más antigua de la ciudad.

Pasando la Cordillera hacia el este de Santiago, estaba la provincia de Cuyo, donde fue Villagra, teniente de gobernador de Valdivia, por el mismo paso de Uspalleta que desde entonces se convertiría en el camino más utilizado para la comunicación de Chile con Argentina. Una vez que fue designado Villagra como gobernador de Chile en 1558, este encargó a Pedro del Castillo para entrar en el país de Cuyo, tomar posesión de la tierra y hacer alguna fundación. El 2 de marzo de 1561 se efectuó la fundación de la ciudad de

Mendoza, así nombrada en honor del nuevo gobernador de Chile, García Hurtado de Mendoza. En el plano que se acompañó al acta fundacional, no sólo aparece la traza cuadricular de la ciudad, sino de las áreas circundantes repartidas para los trabajos agrícolas. La ciudad fue trasladada a un lugar más adecuado en 1562, por Juan Jufré, quien había sido designado teniente de gobernador y capitán general de las provincias de Cuyo y Cariagasta. Denominó a la ciudad como de la Resurrección, pretendiéndole quitar el nombre de Mendoza. Trazó la planta de la ciudad, la cual se desarrolló en una cuadrícula perfecta como forma urbana. La ciudad fue destruida por un terremoto y en 1863 fue rediseñada con la misma traza cuadricular, con la plaza mayor (Plaza Independencia) en el centro y la iglesia al norte de la misma. La plaza tiene una dimensión equivalente a cuatro manzanas, y llegan a la misma en perfecta simetría tres calles en cada lado. Además, la ciudad tiene en su trama urbana otras cuatro plazas menores (Chile, San Martín, Italia, España) situadas de manera equidistante a la plaza mayor, en forma simétrica en los cuatro ángulos del damero.

IX. EL ITINERARIO DEL POBLAMIENTO EN EL RÍO DE LA PLATA: ASUNCIÓN, BUENOS AIRES

Las noticias que se recibieron en España de las conquistas de Pizarro, condujeron a la Corona a encargar a Pedro de Mendoza la empresa de colonizar la provincia del Río de la Plata con jurisdicción hasta el Pacífico, al sur, precisamente, de la que venía de ser otorgada a Diego de Almagro. En esa forma, con Capitulación que le fue otorgada en 21 de mayo de 1534 en Toledo, Mendoza partiría de España en 1535, acompañado de Juan de Ayolas y Domingo Martínez de Irala, quienes jugarían un papel predominante en el descubrimiento y conquista del Paraguay.

En la llanura ubicada en la costa sur del Río de la Plata, en la Boca del Riachuelo, el 3 de febrero de 1536, establecieron la villa de Nuestra Señora de Santa María del Buen Ayre, la cual, sin embargo, tuvo una duración efímera por las penurias que tuvieron que sufrir los colonos. Con el correr, sin embargo, Buenos Aires sería la capital del Virreinato del Río de la Plata, pero su establecimiento definitivo no ocurriría sino más de cuarenta años más tarde. El poblamiento de los territorios que luego conformarían la República Argentina, en todo caso, se efectuaría en penetraciones sucesivas desde *Asunción*, desde la Provincia de Charcas en el Alto Perú y desde la provincia de Chile, en la provincia de Cuyo.

En particular, el mismo año 1536, Mendoza enviaría a Ayolas para remontar el río Paraguay, hacia el oeste, en busca de los ricos reinos de los que habían tenido noticias, llegando en junio de ese año hasta el sitio del Fuerte de Sancta Espíritu, donde encontraría nuevos náufragos de la expedición de Sebastián Cabot. En el recorrido establecería el fuerte de Corpus Cristi cerca del río Coronda y no muy lejos del fuerte Nuestra Señora de la Buena Esperanza, los cuales tuvieron poca vida. En el río Paraguay, en tierras de los guaraníes, Juan Salazar de Espinosa después que se había separado del lugarteniente de Ayolas, Domingo Martínez de Irala, el 15 de agosto de 1537 fundó el fuerte o puerto de *Santa María o Nuestra Señora de la Asunción*, que se convertiría en la capital de la Provincia. La ciudad tiene una forma urbana reticular, con la plaza de armas situada cerca de la bahía de Asunción, y la Catedral al este de la plaza.

Décadas más tarde, ya configurada la Provincia del Río de la Plata, Juan de Garay, como teniente del gobernador Torres de Vera de la provincia, partiendo de la *Asunción*, y después de varios intentos, fue quien el 11 de junio de 1580 refundaría el puerto de *Santa María de Buenos Aires,* en el sitio que originalmente había dispuesto Pedro de Mendoza para su asiento, con una traza cuadricular que se extendió en gran escala durante siglos. La plaza mayor (Plaza de Mayo) se situó cerca del río, interponiéndose luego un Fuerte que originó la actual Casa de Gobierno (Casa Rosada). La Catedral se ubicó al norte de la plaza, y la ribera del río corría por lo que es el actual Paseo Colón.

REFLEXIÓN FINAL

El Itinerario poblacional antes reseñado, pasando por las ciudades de Santo Domingo, san Juan, La habana, panamá, México, Cholula, Puebla, Bogotá, Caracas, Cuzco, Lima, Quito, Santiago, Mendoza, Asunción y Buenos Aires, muestra cómo en toda América, la fundación sistemática de ciudades como consecuencia de la necesidad de afirmación de señorío territorial que imponía el derecho castellano, condujo a la forma urbana ordenada de trazado regular propia de la ciudad americana, que como dijimos, perduró en todas esas ciudades hasta las primeras décadas del siglo XX, hasta que el suelo urbano comenzó a ser fuente de ingreso; hasta que la propiedad urbana se convirtió en un medio para producir renta; hasta que el uso del suelo urbano pasó a ser definido por su propietario, perdiendo la autoridad local su papel rector; y hasta que, en fin, el modernismo en la arquitectura se apoderó del urbanismo, desordenando a la ciudad.

Sin embargo, y a pesar de estas variaciones, puede decirse que el gran aporte y sello cultural indeleble que quedó en América como legado de la colonización española, fue la concepción de la *ciudad americana* como modelo urbano que se encuentra en todas esas ciudades que hemos tomado como muestra para este Itinerario, el cual es propiamente americano, ya que como dijimos, no existía ni existió en España. Prueba de ello, incluso, es que después de un siglo de implantación en América, parte del modelo mismo comenzó a ser exportado de América hacia la Península, lo que ocurrió con las Plazas Mayores reticulares y cerradas que se construyeron y existen en las ciudades más importantes, como Madrid, Valladolid o Salamanca, construidas o rediseñadas después de que el poblamiento de América estaba básicamente concluido.

New York, mayo 2012.

CAPÍTULO QUINTO

EL MODELO URBANO DE LA CIUDAD COLONIAL Y SU IMPLANTACIÓN EN HISPANOAMERICANA, CON ESPECIAL REFERENCIA AL POBLAMIENTO DEL VIRREINATO DEL PERÚ

Texto publicado en el libro de Germán Cisneros Farías y Orlando Vignolo Cueva (Coordinadores), *Tratado del régimen municipal peruano y derecho comparado*, Editorial La Ley Thompson Reuters, Lima, 2014, pp. 377-462.

Introducción

En toda la historia de la humanidad ningún país del mundo ha fundado tantos pueblos, villas y ciudades en un territorio tan grande, en un período de tiempo tan corto, y en una forma tan regular y ordenada como lo hizo España en América durante los siglos XVI y XVII.

La «ciudad ordenada» colonial hispano americana fue la gran creación y legado cultural urbano español en el Nuevo Continente, que materializada en un modelo urbano caracterizado por su forma general reticular, desarrollado siempre partiendo del trazado de una plaza mayor o central dispuesta a cordel y regla, de la cual paulatinamente fueron saliendo calles trazadas en línea recta, formando una trama urbana en manzanas o cuadras generalmente iguales, como un damero), tal y como todavía hoy se aprecia en todos los centros o cascos históricos de los pueblos y ciudades latinoamericanas.

Este trabajo tiene por objeto, precisamente, tratar de explicar el origen de esa forma urbana ortogonal y de cómo la misma se implantó con una regularidad, formalidad y continuidad pasmosas en todo el vasto Continente americano, desde la Nueva España (México) y la Florida en el norte, hasta el extremo sur en Chile y el Río de la Plata; con particular referencia al poblamiento del Virreinato del Perú.

Esa increíble empresa no sólo fue "ordenada" en cuanto a la adopción de una sola forma urbana reticular para las ciudades, que se repitió regularmente, sino que, por sobre todo, fue "ordenada" en el sentido de que fue realizada en acatamiento a precisas normas jurídicas que al efecto se fueron dictando desde la Corona.

No fue un proceso que se dejó al azar ni a la sola experiencia o criterio de los adelantados y pobladores; y ello, incluso, a pesar de que en sus inicios, el proceso del descubrimiento, conquista y colonización de la América hispana se desarrolló por iniciativas privadas, conforme Capitulaciones que fueron otorgadas por los monarcas a los Adelantados. A pesar de ello, sin embargo, el proceso de poblamiento obedeció a una política centralizada que se plasmó paulatinamente en Ordenanzas, Instrucciones y Reales Providencias dictadas por los Monarcas especialmente para la empresa americana, entre otros aspectos, para asegurar, jurídicamente, mediante el poblamiento, que las nuevas tierras descubiertas en las Indias se incorporaran a la Corona de Castilla. Dichas normas se aplicaron uniformemente por los gobernadores y adelantados, en adición a las contenidas en las cláusulas específicas de cada Capitulación.

He allí, precisamente, una de las diferencias esenciales que existió entre los procesos colonizadores español e inglés en América, iniciado el último, 100 años después del primero. Si bien ambos estuvieron a cargo de particulares que obtuvieron una concesión real a su propio riesgo y ventura, en el caso de la conquista y colonización española el proceso fue muy rápidamente ordenado por la Metrópoli, enmarcándolo en normas jurídicas que evidenciaron una deliberada política del Estado español, lo que dio origen, así, no sólo al "derecho indiano", es decir, a un cuerpo de leyes dictadas especialmente para las Indias, sino también a una organización política territorial racional y jerarquizada para el gobierno interno en el Nuevo Mundo, compuesta por Virreinatos, Audiencias, Capitanías Generales y Provincias, que ni siquiera existió en la propia Península. Nada similar ocurrió en el proceso de colonización de Norteamérica.

Con estas características, en un lapso de unos cien años entre los siglos XVI y XVII, en el Nuevo Mundo americano español se produjo una descomunal operación de poblamiento de tal magnitud y extensión que no encuentra parangón en ningún otro proceso colonial en la historia de la humanidad; el cual se realizó siempre de acuerdo a un invariable plan regular y ordenado. Ello implicó no sólo la necesidad de una cuidadosa selección del sitio para la ubicación de las ciudades desde el punto de vista del clima y de las condiciones del terreno, sino además, el establecimiento de la forma urbana reticular para las mismas, la cual no existía en las ciudades de la Península que generalmente tenían y tienen una trama urbana irregular e intrincada.

Para el momento, por tanto, se trataba de algo totalmente nuevo, aún cuando el modelo se hubiera utilizado extensamente en la antigüedad por los griegos y por los romanos en sus empresas colonizadoras al fundar nuevas ciudades, y también ocasionalmente durante la Edad Media, cuando se trató de la creación *ex novo* de centros poblados con fines de política territorial o militar.

Ese modelo recién se había redescubierto con el Renacimiento, y fue el que fue usado para la empresa americana, obedeciendo a una expresa política de la Corona, contenida y orientada por normas jurídicas con el objeto fundamental de afirmar y afianzar el señorío sobre las tierras descubiertas, y asegurar la ocupación de las mismas, lo que conforme al *Código de las Siete Partidas* (1348) correspondía "a aquél que las poblara primeramente".

Por tanto, poblar fue el título jurídico necesario e indispensable para poder incorporar las nuevas tierras que se fueron descubriendo a la Corona de Castilla, por lo que precisamente, a diferencia de los ingleses, los españoles en América fueron febriles fundadores de ciudades, de manera que incluso las Capitulaciones se dieron siempre con la obligación de poblar. Ello no sólo implicaba la toma de posesión de la nueva tierra en nombre de los monarcas, sino que en definitiva, era el instrumento central para la demarcación de la jurisdicción de la Gobernación de cada adelantado así como de la Provincia que la asentaba.

Conforme al derecho castellano, por tanto, el proceso de conquista del Nuevo Mundo, obedeció a una deliberada política pobladora, constituyendo la colonización fue para el conquistador, en medida sustancial, fundar pueblos, villas o ciudades y hacerlo formalmente mediante acta auténtica; y no simplemente estableciendo o asentando campamentos, aldeas, rancherías o embarcaderos.

Materialmente, el principio era que si no se poblaba, no había conquista. Así lo diría el cronista y capellán de Hernán Cortés, Francisco López de Gomara (1511-1564) en su *Historia General de las Indias y vida de Hernán Cortés,* al comentar el fracaso de la expedición de Pánfilo de Narváez a Florida: "Quien no poblare no hará buena conquista, y no conquistando la tierra no se convertirá la gente, así que la máxima del conquistador ha de ser poblar" (Capítulo XLVI).

Por ello, además, la fundación de un pueblo fue siempre un acto formal por los efectos jurídicos importantísimos que tenía. Con el mismo quedaban formalizadas muchas cosas: la indicación de su territorio (término); la repartición de los solares entre los pobladores; y la designación de sus autoridades, con lo cual el pueblo adquiría existencia legal independientemente, incluso, de que hubiera encontrado ubicación física o geográfica en forma definitiva. Poblar, por tanto, era establecer un pueblo en el sentido medieval del término; como República, es decir, como lo escribió Cicerón, no sólo como "reunión de hombres congregados de cualquier manera, sino [como] sociedad formada bajo la garantía de las leyes y con el objeto de utilidad común" (*Tratado de la República*).

En definitiva, poblar en América Hispana no fue el resultado del espíritu formalista y documental que tanto se ha atribuido a los españoles, sino a una exigencia de carácter jurídico que muchas veces se olvida por los estudiosos de la conquista y poblamiento de América, como exigencia para que las tierras descubiertas entraran a formar parte de las posesiones del reino de Castilla.

Ello implicó, a diferencia del poblamiento en el proceso de conquista del Nuevo Mundo en Norte América, la necesidad de diseñar un modelo para poder establecer en forma ordenada y conforme a precisas Instrucciones Reales, los cientos de ciudades y pueblos que se requerían en el vasto Continente Americano, que exigía con la fundación de los mismos, trazar su plano con su plaza, calles y solares "a cordel y regla".

En esa forma, la fundación de pueblos, sin duda, fue la acción más importante del proceso de conquista, al punto de que sólo se podían fundar pueblos con licencia de la Corona o de los adelantados. Por ello, fundar pueblos sin licencia, era un delito que incluso acarreaba la pena de muerte, pues la fundación era lo que daba preferencia al poblador respecto del territorio descubierto en relación con otros adelantados, ya que la existencia de una población significaba que la tierra ya estaba conquistada bajo una determinada jurisdicción.

Este singular proceso de poblamiento en América, con especial referencia al que ocurrió en el Virreinato del Perú, al menos nos plantea cinco preguntas que quisiera tratar de responder en este trabajo, relativas al porqué, al cómo, al qué, al en qué forma se desarrolló el proceso de poblamiento americano, y al cuándo y en qué secuencia se implantó el modelo urbano colonial en el Perú.

La *primera pregunta*, es el porqué, **por qué fundar**, es decir, porqué los conquistadores tuvieron siempre que fundar y sembrar de pueblos, villas y ciudades el vasto continente americano. La respuesta a esta interrogante la encontramos en el orden jurídico que se aplicó durante los siglos XVI y XVII, al proceso de penetración del territorio americano por los conquistadores y adelantados el cual les imponía la obligación formal de fundar pueblos, villas y ciudades.

La *segunda pregunta* es el cómo, **cómo fundar**, es decir, cómo la Corona española aseguró que efectivamente se cumpliera la obligación por los Adelantados. La respuesta a este segundo interrogante está en la organización política y administrativa que fue establecida por la Corona para velar precisamente por la ejecución del proceso de poblamiento.

La *tercera pregunta* es el qué, **qué fundar**, es decir, cual forma urbana se debía aplicar en la fundación de tantos pueblos. La respuesta a esta pregunta está en el modelo de ciudad que se diseñó en la Corona española para la empresa americana y que se implantó en todo el Continente. Ello provoca otra pregunta y es **de dónde** salió el modelo, cuya respuesta está en sus orígenes griegos, romanos y medioevales que penetró en la burocracia real junto con los nuevos conocimientos que se originaron en el Renacimiento.

La *cuarta pregunta* es **en qué forma** se transmitió ese modelo desde la Corona a América, de manera de asegurar la implantación en todos los pueblos, villas y ciudades. La respuesta a este interrogante está en el conjunto de instrucciones y cédulas reales que se fueron formulando por agregaciones sucesivas, la cuales culminaron con las *Ordenanzas de Descubrimiento y Población* de Felipe II, de 1573, cuyo texto se recogió luego, íntegramente, en la *Recopilación de las Leyes de los Reynos de Indias* de 1680.

Y la *quinta pregunta* es en relación **a cuándo y en qué secuencia** se implantó el modelo urbano en el Virreinato del Perú, en un continuo proceso de poblamiento que se desarrolló desde las primeras fundaciones de ciudades a partir de 1532 cuando llegó Francisco Pizarro a las costas del Reino de Quito hasta la conquista de la provincia de Nueva Extremadura en Chile.

SECCIÓN PRIMERA. SOBRE EL PORQUÉ FUNDAR O PORQUÉ SE FUNDARON TANTOS PUEBLOS, VILLAS Y CIUDADES EN TODO EL CONTINENTE AMERICANO

La respuesta a esta primera pregunta de porqué la fundación sistemática de pueblos, villas y ciudades en toda la América española colonial es, simplemente, porque los Adelantados y Conquistadores estaban jurídicamente obligados a hacerlo. Así resultaba del derecho castellano que fue el que se aplicó en estas tierras, y conforme al cual se llevó el proceso de descubrimiento, conquista y colonización de América Hispana. El porqué de esta obligación es lo que nos interesa precisar.

I. EL DERECHO CASTELLANO APLICABLE AL PROCESO DE DESCUBRIMIENTO Y POBLAMIENTO DE LAS INDIAS

Este derecho castellano, era un derecho escrito, como el de todos los reinos de la península, que se había venido conformando por el legado del derecho romano y en parte del visigótico, pues la península española había sido primero Colonia romana (*Hispania*) y luego de la caída del Imperio romano, ocupada por poblaciones del norte, básicamente por los visigodos. Ese derecho que había quedado en los pueblos, fue paulatinamente moldeado conforme a los usos locales.

En cuanto al reino de Castilla, el derecho del mismo se desarrolló principalmente durante los siglos XI al XIII, en pleno proceso de la Reconquista de la península frente a los moros, habiendo sido plasmado en la legislación de orden local que se fue otorgando por los Reyes específicamente para cada ciudad y sus Municipios. Ello dio origen a lo que se conoce como los "fueros municipales" en los cuales se reflejó el derecho que era aceptado y seguido en cada localidad. Tenían, por tanto, aplicación estrictamente local, pero muchos de esos fueros se extendieron a otras localidades, llegando algunos incluso a aplicarse en casi todo el Reino.

Entre los fueros más importantes otorgados con motivo del proceso de la Reconquista, mediante los cuales se reguló el proceso de repoblamiento de las antiguas ciudades y pueblos romanos-visigóticos que habían sido ocupados por los moros por varios siglos, una vez recuperados por los cristianos, está el Fuero de Sepúlveda en la Provincia de Segovia, expedido por Alfonso VI el 17 de noviembre de 1076, el cual puede considerarse como un antecedente fundamental de las regulaciones urbanísticas.

En el mismo se encuentra, por ejemplo, como parte de la política de repoblación, el establecimiento de privilegios y excepciones para estimular la repoblación de las villas abandonadas. A tal efecto se estableció, por ejemplo, la obligación del poblador de residir por un tiempo en la ciudad, peor a la vez se le otorgó el privilegio de poder salir y dejar su casa segura por un mes, sin perderla por asuencia. El privilegio general era una excepción al principio general que se resumió en la frase común española de que "el que va a Sevilla pierde su silla", o en la hispanoamericana "el que va de villa pierde su silla", o en la brasilera "el que va a Portugal pierde su lugar".

Pero aparte de ese privilegio general al poblador de conservar su casa en ausencia, el Fuero de Sepúlveda establecía algunos principios vinculados al proceso urbano, como los siguientes:

En primer lugar, el principio de la ordenación y asignación de uso a la tierra urbana por la autoridad local, de manera que la ocupación del suelo no era libre, sino que debían estar sometida a un ordenamiento.

En segundo lugar, en el Fuero de Sepúlveda se encuentra también el antecedente remoto de la existencia de un patrimonio público del suelo, de manera que sólo el Concejo podía y debía adjudicar solares al poblador para construir su casa, en el lugar adecuado y cerca de las otras casas.

En tercer lugar, este deber de la autoridad local de adjudicar solares para poblamiento, sólo se establecía para un primer establecimiento, por lo que si posteriormente el poblador vendía su casa y se proponía edificar de nuevo, ya no podía pedir adjudicación de un nuevo solar sino esta vez que debía comprar el terreno que necesitaba.

En cuarto lugar, en el Fuero también se establecía la exención tributaria para el poblador, siempre que tuviese casas en la villa o las tuviere pobladas; y además, que la casa estuviere necesariamente cubierta de teja y no de paja; pues de lo contrario debía pagar sus impuestos como si no morase en la villa.

Por último, como en todos los fueros castellanos, algunas normas básicas sobre el derecho civil de la propiedad urbana también se establecían en el Fuero de Sepúlveda, como el de la dimensión vertical de la propiedad urbana que recogía el viejo precepto romanista, de que el dominio se extendía ilimitadamente en sentido vertical, por arriba, *usque ad coelum, ad sidera* y, por debajo, *usque ad inferos, ad centrum, ad profumdum*, lo que en materia urbana se concretaba en el derecho del propietario de elevar sus edificaciones sin límite alguno.

Por otra parte, al lado del derecho local, en la Edad Media también se desarrolló un derecho territorial consuetudinario y judicial, que tuvo su orgen en recopilaciones hechas por iniciativas privadas, de las costumbres jurídicas y de la jurisprudencia de los tribunales del país castellano. Entre esas recopilaciones se destaca el *Libro de los Fueros de Castilla* (1250), redactado en Burgos durante la segunda mitad del siglo XIII, y el *Fuero Viejo de Castilla* (1356), considerado durante algún tiempo como el código de la nobleza castellana, y atribuido al rey Pedro I el Cruel (1334-1336). En estos últimos casos se trataba de obras de índole privada de recopilación de textos anteriores.

Ese derecho disperso, además, había sido objeto de recopilaciones generales, como la monumental ordenada por Alfonso X, El Sabio en 1256-1263, denominada el *Código de las Siete Partidas*, para cuya elaboración una de las principales fuentes utilizadas fue el *Corpus iuris civilis*, utilizándose la división romano en libros, títulos y leyes, que abarcó todas las manifestaciones del derecho en la época.

Se trató inicialmente de una obra de carácter didáctico, dirigida a instruir a los príncipes para facilitarles la adopción de sus resoluciones, la cual un siglo después de su publicación del Código, adquirió fuerza obligatoria en virtud de la adopción por las Cortes en Alcalá de Henares, en 1348, del llamado *Ordenamiento de Alcalá*.

En este cuerpo se estableció por primera vez el orden de prelación de las fuentes legales, disponiéndose que el Código tendría el carácter de cuerpo normativo supletorio general, con lo que se dio cierta unicidad a la legislación del Reino de Castilla y León.

II. EL POBLAMIENTO COMO TÍTULO DE SEÑORÍO SOBRE LAS NUEVAS TIERRAS: LA NECESIDAD JURÍDICA DE POBLAR

Este *Código de las Siete Partidas* regulaba las formas o "maneras como se gana el señorío del Reyno", mencionando cuatro soluciones o títulos jurídicos: herencia, elección voluntaria, matrimonio con heredera del reino o concesión pontificia o imperial. Pero en un mundo reducido a Europa, África y el Oriente hacia Asia como era el existente en la época, la empresa isabelina del descubrimiento de la ruta a la India por el occidente, no tenía por objeto hacer de los Reyes Católicos Señores del algún reino existente, por lo que el régimen jurídico mencionado en el Código no tenía aplicación en ese momento: los Reyes no tenían posibilidad de heredar las tierras nuevas que se descubrieren; no podían adquirirlas por el consentimiento de todos los de los ignotos reinos; no había posibilidad de que las obtuvieran por casamiento, y en las tierras nuevas y desconocidas ni el Papa ni el Emperador eran reyes de las mismas.

Por tanto, el título jurídico que podía utilizarse para apoderarse de las "islas y tierras firmes" que Colón encontrare en las "mares océanas", conforme al mismo derecho castellano, era otro. Y allí está precisamente la respuesta a la pregunta de porqué poblar.

En efecto, la Ley 29, título XXVIII de la Partida III, al plantear la cuestión de a quien pertenece "la ysla que se faze nuevamente en el mar", prescribía lo siguiente:

> "Pocas vegadas acaece que se fagan yslas nuevamente en la mar. Pero si acaeciesse que se fiziese y alguna ysla de nuevo, suya dezimos que deve ser de aquel que la poblare primeramente; e aquel o aquellos que la poblaren, deben obedescer al Señor en cuyo señorio es aquel lugar do apareció tal ysla."

Por tanto, el título jurídico del cual se disponía conforme al derecho castellano para incorporar las nuevas tierras o islas que se descubriesen al señorío de la Corona de Castilla, consistía *en poblar* las islas y tierra firme que se descubrieren, lo que imponía la obligación de poblar para poder tomar posesión de una tierra, correspondiendo el señorío a quien primero poblare.

Sin embargo, un escollo interpretativo se derivó del texto de la norma. Resulta que como Colón lo informó a la Corona desde el mismo momento de su regreso del primer viaje (1493), esas tierras, decía, estaban "pobladas con gente sinnúmero", pero que a pesar de ello, "dellas todas he tomado posesión por sus altezas con pregón y bandera real estendida y non me fue contradicho".

Esta situación hizo que el problema del título jurídico de la ocupación fuera motivo de discusión. Conforme al derecho de la época, los países habitados por infieles se consideraban que pertenecían a la nación cristiana que los descubriera, conquistara y poblara; pero, los juristas de la Corte no estaban seguros de que lo que se había descubierto fuesen países habitados por infieles –los cuales en principio, en ese momento eran sólo los moros-, acudieron entonces al Papa para que les concediera las tierras descubiertas y por descubrir en la Mar Océana, aun cuando el Papa no era rey en esas tierras, único título que le hubiera podido permitir conforme a las Partidas, otorgarlas a los monarcas.

En la época, sin embargo, no habían sido infrecuentes las bulas de asignación de territorios en soberanía a reyes y príncipes; más bien eran una práctica internacional común en Europa antes de 1492: Adriano IV había entregado a Enrique II de Inglaterra, la isla de Irlanda; Clemente IV, en 1344, concedió al Conde Clermont las islas Canarias; y Nicolás V, en 1455, Calixto III, en 1456 y Sixto IV, en 1481 habían otorgado a Portugal las tierras africanas, desde el cabo Bojador hasta la India. Se trataba de una tradición arraigada de tipo medieval, basada en la idea del poder temporal del papado

En el caso de América, además, la búsqueda de una concesión papal se precipitó, por el reclamo que el rey Juan II de Portugal le había hecho a Colón a su regreso del primer viaje, en la entrevista que sostuvieran también en febrero de 1493, en el sentido de que las islas descubiertas le pertenecían por encontrarse enclavadas en el espacio reconocido a Portugal particularmente en el Tratado de Alcaçobas. Este se había suscrito en 1479 con motivo de los descubrimientos portugueses en la costa africana repartiéndose los dos reinos las tierras descubiertas, habiendo sido confirmado por el Papa con la bula *Aeterni Regis* (1481).

Lo cierto es que al recibir el informe del primer viaje, los Reyes Católicos, si bien ordenaron inmediatamente los preparativos para la realización del segundo, de inmediato iniciaron negociaciones con el papado para asegurar el monopolio de la navegación y colonización de los mares y territorios que Colón había descubierto. El Papa Alejandro VI, además, era Rodrigo Borja, español de Valencia, quien para lo que se le requería tenía como precedentes las bulas que habían sido concedidas a los monarcas portugueses décadas antes.

Ahora le tocaba a España, para lo cual el papa otorgó a los Reyes Católicos todas las tierras descubiertas por Colón, y trazando una línea imaginaria de norte a sur a 100 leguas al oeste de las Azores y de las islas de cabo Verde, estableciendo que todas las tierras y el mar al oeste de esa línea quedaban bajo la exploración e influencia españolas.

Esta demarcación quedó plasmada en tres bulas fechadas los días 3 y 4 de mayo de 1493: la *Inter coetera* y la *Eximiae devotionis* del 3 de mayo, y la *Inter coetera* del 4 de mayo. Mediante una cuarta bula, la *Dudum Siguidem*, otorgada el 26 de septiembre de 1493, el Papa amplió las concesiones a los monarcas españoles para incluir "las islas y continentes cualesquiera, encontrados o por encontrar... navegando o viajando al oeste o el sur, ya se encuentren en las regiones occidentales o meridionales y orientales y *de la India*". En esta concluyó afirmando que:

> "donamos, concedemos y asignamos todas y cada una de las tierras e islas supradichas, así las desconocidas como las hasta aqui descubiertas, por vuestros enviados y las que se han de descubrir en lo futuro que no se hallen sujetas al dominio actual de algunos señores cristianos."

Esta donación pontificia tuvo un gran valor internacional, habiendo sido ésta, además, la última vez en la historia de la humanidad que se produciría un acto teocrático de esa naturaleza.

En todo caso, la alarma de Portugal por la generosidad de las concesiones del Papa, al incluir a la India en la bula, llevó al rey Juan II a negociar directamente con los Reyes Católicos, aceptando la demarcación de la bula *Inter coetera*, pero pidiendo que la línea fuera trazada no a las 100 leguas, sino a 370 leguas al oeste de las islas de cabo Verde. Para ello, los reinos suscribieron un nuevo Tratado, el de Tordecillas en 1494, con el cual los monarcas españoles accedieron a la petición portuguesa creyendo, por Colón, que ya había quedado descubierto el camino occidental a la India. Pero no fue así, con lo que Portugal aseguró el dominio del verdadero camino a la India bordeando África y del Atlántico Sur, así como del territorio de Brasil, aun cuando en principio todavía se tenía como no descubierto. España luego se daría cuenta que con lo que se había quedado con el Tratado, había sido con un Nuevo Mundo que había "aparecido" y le pertenecía.

La concesión papal, en todo caso, se refería a las tierras que no fuesen poseídas por otro rey cristiano, es decir, conforme al derecho castellano, que no hubiesen sido pobladas antes bajo el señorío de otro soberano. La obligación de poblamiento, por tanto, quedaba como título jurídico siempre válido y necesario para que incluso pudiera materializarse la concesión papal.

III. LOS PUEBLOS DE ESPAÑOLES Y LOS PUEBLOS DE INDIOS

Otro tema jurídico que hubo que resolver en el proceso de poblamiento se refirió al "justo título" de la Conquista, particularmente por la problemática que surgió en torno a los indios y su régimen jurídico, que formó parte fundamental del derecho Indiano.

Al inicio del proceso de conquista, y como reacción a las conductas esclavistas desplegadas por Colón en la isla La Española, por Real Cédula de 20 de junio de 1500 se declaró a los indios como vasallos libres de la Corona. Sólo se admitió que podían ser tenidos como esclavos a los indios cautivos en justa guerra, lo que incluso se eliminó en 1530.

Los indios, sin embargo, vieron condicionada su libertad al ser equiparados a lo que en el viejo derecho castellano se denominaba "rústicos" o menores, es decir, personas que requerían de tutela o protección legal, situación de la cual surgieron los repartimientos y encomiendas que fueron las dos formas jurídicas más importantes tendientes a organizar a los indios en las Indias.

Estos repartimientos dieron origen a las encomiendas, y que implicaba que un grupo de familias de indios, incluso con su propia organización y sus propios caciques, se entregaban o se "encomendaban" a un español encomendero. A este se le obligaba jurídicamente a proteger a los indios que le habían sido encomendados y a velar por su fe religiosa, pero tenía el derecho de beneficiarse con el trabajo u otros servicios personales de los indios y de exigirles tributos y diversas prestaciones económicas. Esta institución regularizó entonces una relación entre el encomendero y los encomendados, de señor-siervo, lo que marcó profundamente la vida colonial, sobre todo en los países de América Latina con gran densidad de población autóctona. En todo caso, muchos pueblos en América tuvieron su origen, precisamente, en las encomiendas, desarrollándose en torno a la casa del encomendero y a la iglesia de la doctrina.

A pesar de los intentos de eliminar las encomiendas, particularmente por la lucha sostenida entre fray Bartolomé de Las Casas, mediante leyes protectoras del trabajo del indio, como la muy importante *Leyes y Ordenanzas nuevamente hechas por Su Majestad para la gobernación de las Indias y buen tratamiento y conservación de los indios* de 1542, conocidas como las *Leyes Nuevas,* por las protestas que originó en América, la institución persistió pero con preceptos más favorables a los indios.

En cuanto a los indios no repartidos en encomiendas se procuró que los mismos vivieran agrupados en núcleos de población, aislados de los españoles, con cierta autonomía administrativa. Estos fueron los *pueblos de indios*, que tenían sus propios alcaldes y alguaciles. Inicialmente se denominaron "reducciones", pues implicaban reducir al indio generalmente de vida no sedentaria, para que viviera en una población a la cual se adscribían. Además, estas reducciones también tuvieron su origen en las doctrinas y misiones, originando pueblos de indios en torno a la labor misionera de un fraile o cura doctrinero (pueblos de doctrina).

Pero a pesar de la distinción básica entre los pueblos de españoles y los pueblos de indios, en realidad todos fueron centros mixtos de población donde vivieron en calidad de vecinos los blancos con los indios. La ciudad exclusivamente para población blanca, en realidad no existió, ni se sostuvo jamás en las Indias, pues la actividad socio-económica del ibérico no podía pensarse ni sostenerse sin la colaboración, apoyo y ayuda de la población indígena.

En todo caso, con motivo de las *Leyes Nuevas* se regularizó una dualidad de Reinos de Indias: la república de indios, por una parte, y la de los españoles, por la otra, independientes entre sí y sometidas al monarca. Se reconoció, así, la vigencia del propio derecho indígena en lo que no contradijese las leyes dictadas por los monarcas o las leyes naturales. Posteriormente, en 1550, el Emperador ordenó suspender todas las conquistas y descubrimientos en el Nuevo Mundo, hasta 1556 cuando se proscribió el uso del término "conquista" y se lo sustituyó por el de "pacificación" como apareció en la *Instrucción* dirigida al virrey del Perú, sobre poblaciones y nuevos descubrimientos.

IV. LAS CAPITULACIONES COMO FUENTE INICIAL DEL DERECHO INDIANO Y COMO TÍTULO DE LA OBLIGACIÓN DE POBLAR

La obligación general de poblar, además, les fue impuesta a los Adelantados en los títulos individuales que obtuvieron de la Corona para la empresa de descubrimiento y conquista.

Y estos títulos fueron las capitulaciones, las cuales se convirtieron en el instrumento título jurídico fundamental que sirvió para el proceso de descubrimiento, colonización y población. Se trataba, en términos contemporáneos de una especie de contrato de concesión territorial que la Corona otorgaba a los jefes de las expediciones descubridoras. Su origen fue enteramente medieval, consecuencia también de la Reconquista, como instrumento que otorgaba a los adelantados señorío de las tierras que se conquistaren; y se aplicaron también en la conquista de las islas Canarias en 1420, cuando el rey Juan II las dio en señorío a Alfonso de Las Casas sin sujeción a ningún oficio de la Corona y con la sola obligación de mantener fidelidad a Castilla.

En las Capitulaciones dadas para la conquista de América se establecía la autoridad del adelantado sobre una tierra descubierta o por descubrir; se otorgaba el derecho de conquista, población y gobierno de la tierra sometida, de manera que los Adelantados eran los gobernadores de las Provincias descubiertas; se establecían las obligaciones del adelantado de sufragar la empresa con sus propios fondos; se fijaban los derechos que se reservaba la Corona en los nuevos territorios; y se determinaban los territorios a los cuales se podía dirigir el descubridor; y se le imponía al Adelantado la obligación de fundar pueblos.

En la ejecución de las Capitulaciones, la Corona no corría con ningún gasto para el envío de la expedición, lo que quedaba a expensas del expedicionario. Por ello se le compensaba con privilegios de títulos y ganancias, y con facultades para repartir tierras y solares, para hacer repartimiento de indios, para erigir fortalezas y para proveer de oficios a las ciudades; y en las Capitulaciones se establecía la participación de la Corona en las ganancias de la empresa.

El Adelantado, además, era el responsable de su hueste, que era un ejercito particular que constituyó el elemento humano de la conquista. Los hombres que se reclutaban para integrarlo pasaban a formar parte de la empresa, con derecho a que se les concedieran o repartieran tierras y solares. Es decir, en las empresas descubridoras, no había soldada y todos tenían derecho en los repartos de utilidades y en el botín.

V. LA FORMA PARA FUNDAR, Y LA NECESIDAD DE UN ACTO SOLEMNE, PARA LA DEFINICIÓN DEL TERRITORIO DE LAS PROVINCIAS

En cuanto a la obligación de poblar, la misma se estableció desde la primera Capitulación que los Reyes otorgaron para el Nuevo Mundo, que fue la de Cristóbal Colón en 1492; y siendo la ejecución de la misma (fundar) el acto jurídico más importante del como un acto solemnísimo, del cual se dejaba constancia en acta levantada por escribano. El ceremonial era uniforme y formal; y venía descrito por precisión en los “manuales” o instrucciones dadas a los conquistadores. Mediante el mismo se tomaba posesión de la tierra, inmediatamente se trazaba la plaza como un cuadrado o rectángulo, en la cual se clavaba el símbolo de la justicia y gobierno, y a partir de ella las calles se extendían formando una retícula, indicándose el sitio de la iglesia, siempre en el costado este de la plaza, y de los otros edificios públicos; y se repartían los diversos solares entre los vecinos, nombrándose las autoridades que regirían la ciudad, y disponiéndose los ejidos.

El pueblo como tal, por supuesto, al fundarse, no era absolutamente nada, salvo quizás un acta o una demarcación de calles y plaza y unas cuantas chozas que luego, con el correr del tiempo y de las actividades en torno al mismo se iban asentando y mejorando, surgiendo progresivamente la ciudad, ordenadamente, en el marco del plano trazado en la fundación.

Lo importante de este acto, aún cuando físicamente la ciudad no existiese, era que con el acta fundacional existía jurídicamente, como el título fundamental para el establecimiento del señorío o dominio de los monarcas españoles, y además, como el título fundamental para la demarcación del ámbito territorial de las Gobernaciones otorgadas en las Capitulaciones.

Hay que recordar, por ejemplo, que las Provincias se definieron en Tierra Firme siempre con la sola indicación más o menos precisa de puntos en la costa del mar, así: la Capitulación otorgada a Gonzalo Fernández de Oviedo en 1523, ampliada en 1525, para Gobernación de la Provincia y puerto de Cartagena, se extendía desde el golfo de Urabá, que era el término de la Gobernación de Castilla del Oro, que había sido dada a Pedrarias Dávila en 1513, hasta dicho puerto de Cartagena; la Capitulación otorgada a Rodrigo de Bastidas en 1524, para Gobernación de la Provincia y puerto de Santa Marta, se extendía desde el puerto de Cartagena, que era el término de la Gobernación de Cartagena, hasta el cabo de la Vela, en la parte occidental de la península de la Guajira; y la Capitulación otorgada a los Welser en Venezuela en 1528, para la Gobernación de la Provincia de Venezuela y cabo de la Vela, se extendía desde dicho el cabo de la Vela, que era a la vez el término de la Gobernación de Santa Marta, hasta el cabo de Maracapana (en el actual Estado Anzoátegui) hacia el este.

Las Provincias, por tanto, tenían una extensión determinada en la costa, pero tierra adentro, llegaban hasta donde poblaran y en todo caso, hasta el mar del Sur. Así se indicaba por ejemplo, en la Capitulación de 27 de marzo de 1528 dada a Enrique Ehinger y Jerónimo Sailer, en la cual se señaló además, como término de la Gobernación, desde la costa (norte) hacia el sur, "de la una mar a la otra", es decir, desde el mar Caribe tierra adentro hasta el mar del Sur. La prolongación de la Provincia hacia el sur, por tanto, en principio seguía una línea por el meridiano que pasaba por cada uno de los términos hacia el oeste (cabo de la Vela) y hacia el este (Maracapana). Sin embargo, su determinación precisa posteriormente, iba a depender de la labor de poblamiento.

En otras palabras, la fundación de pueblos, villas o ciudades en el territorio descubierto fue lo que en definitiva definió el territorio como formando parte de la Provincia que integraba la Gobernación correspondiente.

Así, unas tierras podían haber sido descubiertas y visitadas por determinados adelantados o exploradores, pero mientras no las poblaban, no formaban parte de la Gobernación de la Provincia a la cual servían. Si luego, otro adelantado bajo el mando del gobernador de otra Provincia las poblaba primero, el territorio se consideraba como perteneciente a esta última.

Se comprenderá, por tanto, la importancia del poblamiento para la definición del ámbito geográfico de las Provincias respectivas. Por ejemplo, si los conquistadores alemanes de la Gobernación de Venezuela, entre 1530 y 1538, particularmente Alfinger, Hutten y Federmann, en sus correrías por los llanos al sur de los ríos Apure y Meta, hasta el Amazonas, por el valle de Pamplona y por el Valle de Upar, hubiesen fundado pueblos, buena parte del territorio de lo que luego fue parte del Nuevo Reino de Granada, hubiese sido de la Provincia de Venezuela.

Así lo señalaba, sólo una década después de las expediciones de Alfinger, en 1548, el licenciado Juan Pérez de Tolosa, quien había sido nombrado por el Emperador como gobernador y capitán general de la Provincia de Venezuela por Real Cédula de 12 de septiembre de 1546. En efecto, en su celebre *Relación de las tierras y provincias de la gobernación de Venezuela*, de 1548, Provincias que gobernó hasta 1549, decía:

> "Del dicho pueblo de Maracaibo, el dicho gobernador Ambrosio Alfinger entró la tierra adentro y llegó al Valle de Upare, que ahora está poblado por Santa Marta, que serais una treinta leguas desde Cabo de la Vela... Si esta Tierra la hubiera poblado el dicho Ambrosio, la Gobernación de Venezuela fuera próspera y tuviera poblado el Nuevo Reino de Granada, porque es el paso y camino por donde después se descubrió. Con ser esta tierra de los pacabuyes, no la pobló, antes siguió el río arriba de Cartagena, que es el río por donde vienen del Nuevo Reino de Granada, y dejó la derrota del Reino y resolvió sobre la culata de la laguna para volverse a Coro."

Por no poblar se perdieron las tierras descubiertas para la Provincia de Venezuela.

La población, por tanto, era la garantía de la ocupación y, por tanto, el título de la pertenencia de la tierra descubierta y ocupada a la jurisdicción de una gobernación determinada. El caso de *Quito* es ilustrativo, pues su fundación urgente, virtualmente a la carrera, hizo que esa tierra quedase en la jurisdicción de la Capitulación dada a Francisco Pizarro y no en la jurisdicción de la Capitulación dada a Pedro de Alvarado.

En efecto, Francisco Pizarro, vecino de Tierra Firme, es decir, de la Provincia de Castilla del Oro y Diego de Almagro, vecino de la ciudad de Panamá, con licencia de Pedrarias Dávila habían ido a conquistar, descubrir, pacificar y poblar por la costa del mar del Sur por el levante, y con motivo de la relación que de ello hicieron a la Reina, esta otorgó Capitulación a Francisco Pizarro, el 26 de julio de 1529 para ir a la conquista de Tumbes, es decir, de la Provincia de Perú hasta 200 leguas tierra adentro. Con ello se inició a la conquista y poblamiento de las tierras de los Incas. Tres años después, el 5 de agosto de 1532, se otorgó Capitulación a Pedro de Alvarado, quien era adelantado y gobernador de la Provincia de Guatemala, para ir a "descubrir y conquistar las islas en la Mar del Sur de la Nueva España", particularmente que existieran hacia el poniente de la Mar, aun cuando con la salvedad de que no se hiciese "en el paraje de las tierras en que oy ay probeidos gobernadores", es decir, que perteneciesen a otras Capitulaciones.

En las huestes de Pizarro estaban Diego de Almagro y Sebastián de Belalcázar. Ambos, en marzo de 1534, salieron desde puntos diversos para tratar de cerrar el paso a la penetración e intromisión que en esas tierras, que pertenecían a la Capitulación de Pizarro, había iniciado Pedro de Alvarado al amparo de su Capitulación. A los efectos de evitar una confrontación que por las fuerzas de Alvarado, mayor en número, podría implicar una derrota, Almagro y Belalcázar decidieron a toda urgencia, en la noche del 15 de agosto de 1534, fundar una ciudad en el lugar de Riobamba, donde estaban acampados, a la que llamaron Santiago de Quito. Dicha fundación la hizo Almagro, en su carácter de Lugar-Teniente del gobernador y capitán general Francisco de Pizarro. Se trató inicialmente de una ciudad en el papel del acta fundacional, pues el sitio definitivo no estaba decidido. Sin embargo, se nombraron de inmediato los alcaldes y regidores. En esta forma cuando Alvarado llegó al sitio al día siguiente se encontró con un pueblo ya fundado y jurídicamente establecido, y por tanto, con que las tierras ya pertenecían a la jurisdicción de la Gobernación de Pizarro.

Aún cuando la ciudad de Santiago en ese momento no era más que un campamento. Pedro de Alvarado, no pudo fundamentar su propósito de justificar la penetración en esos territorios sobre la base de considerarlos como tierras por descubrir que estarían fuera de la jurisdicción de Pizarro. La fundación de Quito, por ello, convirtió el territorio ocupado en parte de la Gobernación de Pizarro. El resultado de ello fue el abandono por Alvarado de su intento, pues su gente se había pasado a la de Almagro; por lo que vendiendo sus navíos a Almagro y entregándole su gente, regresó a Guatemala.

Diego de Almagro entonces, casi dos semanas después de la primera fundación, el 28 de agosto de 1534 decidió fundar una segunda ciudad denominada San Francisco de Quito, en el mismo sitio, pero incorporando esta vez las huestes que habían sido de Alvarado. Así, San Francisco de Quito, sustituyó a Santiago de Quito.

Ya para esa fecha, en todo caso, el 21 de mayo de 1534 se había otorgado a Diego de Almagro Capitulación para descubrir doscientas leguas del mar del Sur hacia el estrecho de Magallanes, con lo que se inició la conquista de Chile. De regreso al Perú se enfrentó con Pizarro por la posesión del Cuzco, terminando sus días decapitado (1538) por orden de Hernando Pizarro, quien lo venció en la batalla de Salinas.

Por su parte, Sebastián de Belalcázar como teniente general de la Gobernación de Pizarro, posteriormente inició expedición hacia el norte llegando a la Sabana de Bogotá en 1538, donde ya estaba Gonzalo Jiménez de Quesada, teniente de gobernación de la Provincia de Santa Marta, donde había llegado después de remontar el río Magdalena. Allí, en el Valle de los Alcázares de Bogotá, en la tierra de los *muiscas,* al llegar en el mismo año, el 6 de agosto de 1538, fundó a la carrera un pueblo con el nombre de la Ciudad Nueva de Granada, precisamente porque sabía que al mismo paraje llegarían las huestes de otros dos adelantados: uno, que venía desde las provincias del sur, el mismo Sebastián de Belalcázar, y otro, que venía desde el este, Nicolás de Federman, teniente de gobernación de los Welsares en la Provincia de Venezuela. Con la fundación inicial podía considerarse que esas tierras ya estaban ocupadas por Jiménez de Quesada, al estar poblada. El conflicto, sin embargo, fue inevitable. Por una parte, la presencia de las huestes de los tres conquistadores en la Sabana, condujo a que Jiménez de Quesada -como había sucedido en Quito- hiciera una nueva fundación, el 27 de abril de 1539 esta vez de Santa Fe de Bogotá con la participación de las tres huestes, aun cuando conservando las huestes quesadistas la mayoría de los cargos concejiles. En esta forma, Santa Fe de Bogotá. Pero como los tres conquistadores reclamaron jurisdicción sobre esas tierras, ese mismo año de 1539 los tres conquistadores se embarcaron por el río Magdalena y luego en Santa Marta, para embarcarse hacia España, donde debieron dirimir sus derechos ante el Consejo de Indias, entidad que sólo fue después de una década de pleitos, cuando reconoció los derechos a favor del licenciado en derecho Jiménez de Quesada, quien entonces regresaría a América en 1549 como Capitán general del Nuevo Reyno de Granada.

La fundación de una ciudad y su permanencia, por tanto, era el título jurídico para que un territorio formara parte de una determinada gobernación. Por ello, también, la destrucción de una ciudad era el mecanismo para que un territorio dejara de pertenecer a determinada gobernación. Así sucedió, por ejemplo, con la villa de Bruselas, fundada cerca del golfo de Nicoya, en Costa Rica, por Francisco Hernández de Córdoba en 1524, en nombre del gobernador Pedrarias Dávila de la Provincia de Castilla del Oro. Después de fundar el mismo año, en tierras de Nicaragua, las ciudades de León y Granada, Hernández de Córdoba, pretendió desligar los territorios descubiertos de la autoridad de Pedrarias, ordenando en 1525 la destrucción de la villa de Bruselas. La consecuencia de tal acto fue que Pedrarias fuera personalmente desde Panamá hacia Nicaragua para tomar el gobierno de esos territorios para su gobernación, ordenando a Gonzalo de Badajoz la repoblación de la villa de Bruselas para asegurar la pertenencia de las tierras de la costa del Pacífico de Costa Rica a la Provincia de Castilla del Oro. Además, apresó al rebelde Hernández de Córdoba, a quien ejecutó como castigo por su delito territorial. Pero al año siguiente, Pedrarias había sido reemplazado en la Gobernación de Castilla del Oro, a la cual los pobladores de la villa de Bruselas habían decidido permanecer. En vista de que en la Provincia de Nicaragua había sido designado Diego López de Salcedo como gobernador, este de nuevo ordenó la destrucción de la villa de Bruselas para buscar que las tierras de Nicoya pasaran a su gobernación. Luego, el mismo Pedrarias esta vez nombrado gobernador de Nicaragua en 1529, logró que por Real Cédula de 1530 la villa de Bruselas se adscribiera definitivamente a esa gobernación, desligándose de Castilla del Oro, con lo cual décadas después, las tierras de Costa Rica se conquistarían desde Nicaragua. La villa de Bruselas, sin embargo, no sobrevivió a estos atentados territoriales, habiendo asumido el carácter de centro de conquista en la zona, a partir de 1561, la villa de Garcimuñoz, que fue el origen de la ciudad de Cartago.

Por último, debe indicarse que con el acto fundacional, y de acuerdo con la licencia recibida, en general se establecía el tipo de entidad urbana que debían establecer los adelantados, distinguiéndose entre las villas y ciudades las cuales, a diferencia de las rancherías o sitios, siempre surgieron de un acto fundacional formal. Las villas eran centros poblados fundados con la finalidad expresa de servir de base para la ocupación de un territorio y la subsiguiente penetración de otros no ocupados por españoles. Las ciudades, por su parte, tenían una categoría superior dada su permanencia, por lo cual eran siempre fundadas deliberadamente, también con todas las formalidades, pero sin que el condicionante fuese la penetración del territorio. También se otorgaba por real Cédula el título de ciudad, a villas previamente fundadas.

VI. LA NECESIDAD DE LICENCIA PODER FUNDAR Y LA PENA DE MUERTE POR POBLAR SIN ELLA

Por otra parte, como antes se dijo, para descubrir, conquistar y poblar se requería de un título y ese fue en su inicio el de las Capitulaciones, cuyo régimen quedó instituido y generalizado a partir de la Real Provisión dada en Granada el 3 de septiembre de 1501, en la cual se estableció:

"Por la presente ordenamos e mandamos e prohibimos e defendemos que ninguna ni algunas personas, nuestros súbditos e naturales de nuestros reinos e señoríos, ni extraños de fuera de ellos, sean osados de ir ni vayan sin nuestra licencia e mandado a descubrir el dicho Mar Océano, ni a las islas e tierra firmes que en él hasta agora son descubiertas o se descobrieren de aquí adelante..."

El fundar una villa o ciudad, sin licencia, por tanto, se consideraba como un delito que podía acarrear la pena de muerte y pérdida de todos los bienes. Lo mismo ocurría respecto del que destruyera una villa sin licencia.

Por ello, por ejemplo, Hernán Cortés, legitimó su empresa conquistadora fundando sin título una ciudad (Villa Rica de la Vera Cruz), de cuyas autoridades se hizo otorgar los títulos necesarios para la conquista de la Nueva España. En efecto, Hernán Cortés, Alcalde de Santiago de Cuba, cuando en 1519 desembarcó en las costas de México con la misión que le había dado el gobernador de la isla de Cuba, Diego de Velásquez, de buscar a otros expedicionarios. Al percatarse de la riqueza del Imperio Azteca que había descubierto, y consciente de que no tenía licencia para descubrir, conquistar y poblar, como conocedor del derecho por sus estudios en Salamanca, lo que hizo aun sin licencia, fue fundar un pueblo al cual llamó la Villa Rica de la Vera Cruz, para de inmediato renunciar al mando del ejército y al precario mandato que tenía del gobernador Velásquez, ante las mismas autoridades que venía de nombrar. Acto seguido, los Alcaldes de la Villa por él designados le dieron el título de adelantado de la ciudad, con lo que "quemando las naves" para impedir el regreso de su hueste a Cuba, emprendió la conquista de México. Sin duda, la importancia de la riqueza descubierta y conquistada fue lo que le permitió salir airoso del largo proceso judicial que le entabló Velásquez ante la Corte del Emperador Carlos V, del cual salió con el título de gobernador y capitán general de la Nueva España.

En Venezuela dos casos famosos ilustran la problemática y las consecuencias de fundar pueblos sin licencia. En primer lugar, está el caso de Juan Rodríguez Suárez, el "Caballero de la Capa Roja", y uno de los conquistadores y pobladores más destacados de la Provincia de Venezuela. Como alcalde que era de las minas de oro de Pamplona, y luego de la propia ciudad, fue autorizado por el Cabildo para emprender nuevos descubrimientos al norte, en las Sierras Nevadas, luego de los fracasos de los intentos precedentes por descubrir allí minas, entre otros, de Juan de Maldonado, quien también había sido alcalde de la ciudad, y su enemigo.

En 1558, Juan Rodríguez Suárez partió hacia las Provincia de las Sierras Nevadas situadas en lo que hoy es el Estado Mérida de Venezuela, y luego de pasar por los valles de Cúcuta, del Torbes, del Cobre y de La Grita, por Bailadores y Estanques, en lugar de descubrir minas, en la ribera de la laguna de Urao (Lagunillas), fundó, el 9 de octubre, la ciudad de Mérida en recuerdo de su ciudad natal extremeña. Nombró autoridades reservándose el cargo de justicia mayor. Al mes siguiente cambió de lugar el sitio de la ciudad, trasladándola a la mesa de Tatey, en el valle del Chama, nombrando a los ríos que limitaban la meseta con los mismos nombres de Guadiana (Chama) y Albarregas que flanqueaban su ciudad natal, fijándole su término territorial, el cual, por supuesto, competía con el que tenía la ciudad de Pamplona.

El "Caballero de la Capa Roja" no tenía licencia alguna para fundar ciudades, por lo que la Real Audiencia de Santa Fe comisionó al alcalde de Pamplona, Juan de Maldonado, para hacerlo preso por haber cometido el delito de fundar una ciudad para lo cual no tenía licencia real, lo que afectaba el ámbito territorial de Pamplona. Juan de Maldonado salió para Mérida, y Rodríguez Suárez, quien no había encontrado oro ni siquiera en la culata del lago de Maracaibo, donde desemboca el Chama, fue a su encuentro. Al tener conocimiento de las órdenes de la Real Audiencia, accedió a cambiar nuevamente el sitio de la ciudad, más arriba, aguas arriba del río Chama, la cual entonces fue "refundada" por Juan de Maldonado, formalmente con el nombre de Santiago de los Caballeros.

A pesar de ello, Rodríguez Suárez fue hecho prisionero y llevado a Bogotá, donde fue sentenciado a muerte en 1560. Logró, sin embargo, escapar de prisión con la ayuda del obispo de Santa Marta, y fue a dar a la ciudad de Trujillo en los mismos Andes venezolanos, fundada por otro extremeño de Trujillo, Diego García de Paredes, quien lo acogió y nombró su Teniente. Cuando los enviados del oidor de la Audiencia de Santa Fe llegaron a aprehenderlo, ante la orden escrita de arresto, el Alcalde les dijo tranquilamente que allí nadie sabía leer ni escribir sino "el Ave María y el Padre Nuestro", y que sobre el hombre de la Capa Roja -como se conocía a Rodríguez Suárez- tenían las mejores referencias. La insistencia del oidor de la Audiencia de Santa Fe fue tal que envió una orden de arresto no sólo de Rodríguez Suárez sino de su protector García de Paredes a la ciudad de El Tocuyo, donde estaba el gobernador de la Provincia de Venezuela, Pablo Collado. La respuesta de Collado fue la jurídicamente correcta: que la jurisdicción de la Audiencia de Santa Fe no llegaba hasta la Provincia de Venezuela donde estaba enclavada la ciudad de Trujillo, la cual estaba sometida a la Audiencia de Santo Domingo, con lo que puede decirse que se consolidaría el primer caso de asilo político que se otorgó en América.

Otro caso de fundación sin licencia que puede destacarse, es el de Francisco de Cáceres, con la fundación de la villa de La Grita. Este conquistador había participado en la guerra que en 1559, Felipe II había emprendido contra el imperio turco. En la derrota cayó prisionero y fue llevado a Marruecos. Luego estuvo como esclavo remero amarrado como galeote en una de las galeras de la armada turca que señoreaban en el Mediterráneo. Después de algunos años fue conducido a Constantinopla y entró al servicio de un Bajá de Solimán el Magnífico. Logró huir atravesando el Bósforo, y pasando por lo que hoy es Bulgaria, Hungría y Austria, en 1567 llegó a España. Se alistó en la expedición de Diego Fernández de Serpa cuando fue a tomar posesión de la Gobernación de Nueva Andalucía, a quien acompañó entre 1569 y 1570 en sus andanzas. Pero el gobernador murió en 1570 en un ataque indígena en el sitio de Nueva Córdoba (Cumaná). La desbandada de los expedicionarios llevó a Cáceres al Nuevo Reino de Granada, y en particular, a la Provincia de Pamplona. Desde allí, en el valle de La Grita fundó, en 1572, una ciudad con el nombre de Espíritu Santo), para lo cual no tenía licencia. Por orden de la Real Audiencia de Santa Fe fue ordenado su encarcelamiento, pero luego de viajar a España, con influencias en la Corte de Felipe II logró la confirmación por Orden Real en 1574, de la conquista y poblamiento de la Provincia de Espíritu Santo. La Capitulación para ello se le otorgó el año siguiente, en

Santa Fe, con el título de gobernador y capitán general de la Provincia de Espíritu Santo de la Grita y Cáceres, título con el que "refundó", esta vez legalmente, la ciudad del Espíritu Santo. Luego fundó, en 1577, por intermedio de Juan Andrés Varela, a Altamira de Cáceres, en el Cañón del Río Santo Domingo, ciudad de la cual surgieron, posteriormente, por traslado, las ciudades de Barinitas y de Barinas. Murió en 1588, también a manos de los indios, entre los ríos Meta y Casanare.

SECCIÓN SEGUNDA. SOBRE CÓMO SE ASEGURÓ EL PROCESO DE FUNDACIÓN DE CIUDADES Y SOBRE CUÁL FUE LA ORGANIZACIÓN QUE SE ESTABLECIÓ PARA ELLO

La respuesta a la segunda pregunta formulada sobre cómo se aseguró el poblamiento como política imperial, está en la organización política y administrativa que la Corona española estableció para llevar adelante el proceso de descubrimiento y conquista de América, tanto en la Península como en el territorio americano.

I. LA ADMINISTRACIÓN DE LOS ASUNTOS DE LAS INDIAS EN LA CORONA Y EL REAL CONSEJO DE LAS INDIAS

En cuanto a la situación en la situación en los reinos de Castilla y Aragón, debe recordarse que apenas iniciado el proceso de conquista en 1504 murió la reina Isabel, habiendo ordenado en su testamento que si Juana su hija y heredera del reino no podía gobernarlo por estar ausente o por otra razón, lo hiciese el rey Fernando hasta tanto su nieto, el infante Carlos de Gandes, hijo de Juana y Felipe de Habsburgo, cumpliese 20 años. Con ello, Fernando había perdido en vida el título de rey de Castilla y de Señor de las Indias, quedando sólo como gobernador y administrador del Reino.

En 1506 de Juana y Felipe a España recibieron el juramento de las cortes de Castilla en Valladolid como los nuevos reyes de España, pero a los pocos meses el archiduque falleció en Burgos. Al año siguiente, Juana dio a luz a su última hija, y ya no salió nunca más de Tordesillas, donde pasó 46 años encerrada de "locura", hasta su muerte en 1555.

En 1516, falleció Fernando, quien dispuso en su testamento que Carlos lo sucediera como Rey de Aragón, y en cuanto al reino de Castilla, su herencia también debía recaer sobre él, pero sólo cuando la reina Juana muriese. Hasta que ello ocurriese y Carlos pudiese asumir el trono, Fernando, en su carácter de gobernador General, dejó como Regente al Cardenal Fray Francisco Ximénez de Cisneros, para que administrara y gobernara los Reinos. En 1517 Carlos I llegó a España y en ese mismo año murió el cardenal, cumplida su labor de regente. Al ser proclamado rey de España, Carlos I no tenía nada de español; pues educado en los Países Bajos, le era totalmente extrañas el alma, la cultura y la historia hispánica. Era un flamenco y lo sería siempre, por lo que los negocios españoles le fueron siempre accesorios.

En todo caso, antes de su coronación, entre 1506 y 1516, los asuntos de las Indias habían seguido un curso importante, de manera que en las Antillas del Nuevo Mundo se había desarrollado una actividad inusitada de exploración y descubrimiento del mundo circunvecino: en 1508, Diego de Nicuesa y Alonso de Hojeda habían recibido Capitulación para comerciar en Urabá y Veragua, fundándose en 1510, San Sebastián de Urabá y Santa María la Antigua del Darién; en 1509, Juan de Esquivel había iniciado la colonización de Jamaica; en 1511, se había efectuado la colonización de Cuba por Diego Velásquez; en 1512, había comenzado el poblamiento de Puerto Rico a cargo de Juan Ponce de León; en 1513, Vasco Núñez de Balboa había descubierto el mar del Sur (océano Pacífico); en el mismo año se le había otorgado Capitulación a Pedrarias Dávila para colonizar la Provincia de Castilla del Oro; y en 1515 y 1516, Díaz de Solís había explorado el estuario del Río de la Plata.

En esta forma, para cuando Fernando murió y luego ara cuando Carlos I se juramenta como rey de España, ya habían sido colonizadas en el Nuevo Mundo las grandes Antillas: Española, Cuba, Puerto Rico y Jamaica; había sido descubierta la península de Florida; habían sido exploradas las costas norte y este de Sur América y las costas del sur de Centro América, y se hallaba en formación un centro de colonización en tierra firme, en el istmo de Panamá. Posteriormente, sin duda, durante la época de Carlos V fue que se consolidó la conquista de América y se realizaron las más importantes penetraciones en el territorio del Nuevo Mundo; y ello, a pesar de que los asuntos americanos no tuvieron gran importancia, siendo los mismos asuntos españoles, un aspecto más del vasto imperio.

No hay que olvidar que Carlos V habría de enfrentar las guerras civiles (Guerra de las Comunidades) que se desataron en Castilla entre 1520 y 1521 provocadas por los señores españoles en búsqueda de preservar sus fueros, bajo el grito de "Comunidad" y la proclamación de su madre Juana como única heredera; tendría que detener los avances de Solimán el Magnífico, quien se había entronizado hacia el Oriente luego de la caída de Constantinopla (1453) en poder de los turcos, pues en 1521 ya había entrado en Belgrado y en 1529 entraría en Budapest, año en el cual también cercaría a Viena; continuaría la guerra contra los franceses, de manera que entre otros acontecimientos, en 1522 estos serían expulsados de Milán, y en 1525 vencería a Francisco I en la batalla de Pavía, haciéndolo prisionero; tendría que enfrentar el proceso de la Reforma y el surgimiento del protestantismo, lo cual coincidió con el inicio de su reinado, haciéndole guerra a los protestantes hasta 1555, cuando con la Paz de Habsburgo se produjo el reconocimiento de la religión luterana; y además, entraría en conflicto con los papas por el temor de estos a la pérdida de su poder temporal, habiendo, sin embargo, sido coronado por el Papa en 1530, como emperador y rey de Italia. No se olvide, en particular, que la reforma protestante se inició precisamente en 1517 con las 95 tesis de Martín Lutero, denunciando, entre otras cosas, la venta de indulgencias y quien después de su excomunión en 1520, sería desterrado por Carlos V.

En 1556, un año después de la muerte de su madre, Juana la Loca, el Emperador abdicó a las Coronas y se retiró a España, donde murió enclaustrado en el monasterio de San Jerónimo de Yuste en la Sierra de Gredos, el 21 de septiembre de 1558.

Fue que durante el reinado de Carlos I se consolidó el proceso de descubrimiento y conquista de las provincias de Tierra Firme. El año 1519, así, fue cuando se fundó la ciudad de Panamá y Hernán Cortés fundaba la villa de La Victoria el primer asentamiento en las costas de Tabasco en México, para iniciar la conquista de la Nueva España. En las casi cuatro décadas del reinado de Carlos puede decirse que los españoles tomaron posesión de casi todas las tierras americanas mediante la fundación de decenas de ciudades, adquiriendo la empresa americana completamente un carácter de empresa real, ya que precisamente el mismo año de la abdicación de Carlos V, en 1556 el Consejo de Indias declaró formalmente a los Welser privados de sus derechos sobre la Provincia de Venezuela, asumiendo la Corona la autoridad directa sobre la misma.

Dada la magnitud del Imperio y de los asuntos imperiales, Carlos V fue uno de los monarcas que haría el mayor uso del régimen de Consejos, los cuales combinaban tareas administrativas y jurídicas, pero con predominio de estas últimas. Uno de esos Consejos fue, por supuesto, el Consejo Real de Castilla, cuyo presidente era quien en ausencia de Carlos ostentaba la regencia de toda la Península, en el cual Carlos delegó los asuntos de América.

Fue dicho Consejo el que se ocupó de los asuntos de las Indias. Inicialmente, mediante delegación de orden técnico que los reyes Católicos dieron en 1493 a uno de sus miembros, el obispo Juan Rodríguez de Fonseca. Fue en dicho Consejo en 1518, que el Emperador creó una Junta o Comisión de Indias, en la cual también participó Fonseca, que se especializó en los asuntos de las Indias. Este Comité permanente del Consejo Real de Castilla integrado por algunos de sus miembros para atender los asuntos de las Indias, en 1524 se transformó en el Real y Supremo Consejo de Indias, como órgano eminentemente jurídico pero que también combinaba en su seno funciones de tribunal de apelación, de órgano asesor y ministerio de supervisión de los asuntos coloniales. La función de legislación, aunque teóricamente estaba reservada al rey, también se ejercía con frecuencia por el Consejo, con la aprobación formal del rey.

Desde su constitución en 1524, todo el gobierno político y administrativo de los territorios de Indias estaría en manos de este Consejo: la jurisdicción civil y criminal en última instancia; el nombramiento de funcionarios; las expediciones de descubrimientos; la hacienda colonial y tratamiento de indios, entre otros aspectos. Además, con la creación del Consejo de Indias en 1524, se hizo depender del mismo a la Casa de Contratación, que había sido establecida en 1503 para centralizar todos los aspectos de comercio y navegación con las Indias, y donde se almacenaba todo lo que se destinaba a América y todo lo que de ella llegare a la Península. Fue en todo caso en las *Leyes nuevas* de 1542 donde se fijó la estructura del Consejo y su función de velar por los indios. El producto más acabado del Consejo de Indias en materia de poblamiento, fueron las *Ordenanzas de Descubrimiento y Población* de 1573, en las cuales se reguló todo lo concerniente al poblamiento y al trazado regular de la ciudad hispanoamericana, recogiéndose en cierta forma todo lo que había ocurrido en la materia en las décadas precedentes.

II. LA ORGANIZACIÓN TERRITORIAL DE LAS INDIAS

El proceso de poblamiento de América por la Corona española dio origen al progresivo diseño de una forma particular de organización del territorio para su gobierno, que puede decirse que sólo se aplicó en el Nuevo Mundo, pues fue establecido particularmente para América, y sin la cual, por supuesto, la Corona no habría podido manejar centralizadamente los asuntos de las Indias. Surgieron así, progresivamente, Provincias, Audiencias y Virreinatos, las cuales fueron las instituciones territoriales claves que se implantaron en el Nuevo Mundo.

1. Las Provincias.

La primera forma de organización territorial de las Indias fue la del Virreinato de Colón, otorgado conforme a las Capitulaciones de Santa Fe de 1492, el cual duró siete años hasta 1499, cuando se cuyo gobierno también estaba a cargo de sus respectivos gobernadores. Además, en otros casos, se establecieron Corregimientos y Alcaldías Mayores en territorios o ciudades, respectivamente, que también se encontraban alejados de las Provincias mayores, pero en los cuales no se consideraba necesario establecer una cabeza de Provincia ni un gobernador, sino un corregidor, generalmente para continuar la avanzada.

Tanto las Provincias como los Corregimientos y por supuesto, las ciudades donde tenían su sede o capital, fueron sometidos progresivamente a la jurisdicción de las otras dos instituciones políticas coloniales más importantes en el proceso de colonización americana, las Audiencias y los Virreinatos.

2. Las Reales Audiencias

Las Reales Audiencias *fueron* creadas conforme al modelo de las Reales Audiencias y Cancillerías de los Reinos de Castilla y Aragón que habían sido creadas en Valladolid y Granada, y que abarcaron todo el territorio español peninsular, al norte y al sur del Tajo. De acuerdo al modelo peninsular, las Reales Audiencias tenían como función primordial la administración de justicia, por lo que entre otras competencias eran tribunales de alzada respecto de las decisiones de los gobernadores; pero se diferenciaron del modelo peninsular en que en América, además de las funciones judiciales, se constituyeron en importantes órganos corporativos de gobierno, carácter que no tuvieron en España. Así, en las Indias las Audiencias velaban por el mantenimiento del orden y buena gobernación de las ciudades; nombraban *ad interim* a los gobernadores y a los funcionarios de las que estaban sometidas a su jurisdicción; y en sus funciones deliberativas-gubernativas, producían los Reales Acuerdos.

Se distinguieron tres clases de audiencias: las Audiencias Virreinales, las Audiencias Pretoriales y las Audiencias Subordinadas. Las Virreinales eran las que tenían su sede en la capital del Virreinato y estaban presididas por el virrey; las Pretoriales, aquellas que tenían su sede en una Provincia mayor, y cuyo presidente era entonces el gobernador y capitán general; y las Subordinadas, generalmente situadas en una Provincia menor, presididas por el gobernador. La primera Audiencia creada en América fue la de Santo Domingo establecida en 1511.

3. *Los Virreinatos*

En cuanto a los Virreinatos, como su nombre lo indica, eran la representación del rey mismo en las colonias, estando sus territorios conformados por el del conjunto de Audiencias, provincias, corregimientos y pueblos que se dispusiera. Los virreyes, así, fueron una especie de *alter ego* del rey, que reunían todas las competencias estatales de la Monarquía en sus correspondientes Virreinatos, configurándose como la más alta instancia después del rey. Además, por la inmensidad de las distancias, la dificultad de las comunicaciones con la Península y la urgencia de los problemas a ser resueltos, el virrey decidía por sí mismo sin plantear siquiera la cuestión a los altos organismos radicados en España (Consejo de Indias), por lo que hasta cierto punto, era *alter ego* de dichas instancias. Los virreyes, además, como se dijo, presidían la Real Audiencia virreinal, establecían los cambios de límites territoriales de las Audiencias que estaban en su jurisdicción territorial y promulgaban instrucciones para los gobernadores y capitanes generales, corregidores y alcaldes mayores, quienes debían consultar al virrey sobre las resoluciones de importancia que debían adoptar.

III. LA AGRUPACIÓN DE LAS AUDIENCIAS EN LOS VIRREINATOS EN LA RECOPILACIÓN DE LOS REYNOS DE LAS INDIAS (1680)

Conforme a este esquema institucional, cuando en 1680 se publicó la *Recopilación de Leyes de los Reynos de las Indias,* el territorio de la América colonial hispana estaba dividido en el de dos Virreinatos, el de Nueva España, con sede en Ciudad de México, establecido en 1535; y el del Perú, con sede en Lima, establecido en 1543, que agrupaban once Audiencias, cuatro que estaban en el ámbito del territorio del Virreinato de Nueva España y siete en el del Virreinato del Perú. Además, existía una Audiencia en Manila, en el archipiélago de las Filipinas, cuyas islas habían sido conquistadas y pobladas desde el Virreinato de Nueva España. En el siglo XVIII, al crearse los Virreinatos de Nueva Granada (1717), y Río de la Plata (1776), quedaron en la jurisdicción del primero, las Audiencias de Santa Fe, Panamá, Quito y Venezuela; y dentro de las del segundo, las de Buenos Aires y Charcas.

1. Las Audiencias en el Virreinato de Nueva España

En el *Virreinato de Nueva España*, cuyo territorio abarcaba todas las islas y casi todas las provincias que se encontraban en el ámbito del mar Caribe, conforme se indicó en la *Recopilación* de 1680, funcionaban las siguientes Reales Audiencias:

1) La *Real Audiencia de Santo Domingo* con sede en Santo Domingo en la isla La Española, que había sido establecida en 1511, y que presidía el gobernador y capitán general de la isla. De ella dependían las gobernaciones de la isla de Cuba, de la isla de San Juan de Puerto Rico, de la Provincia de Venezuela, de la Provincia de Cumaná (Nueva Andalucía) y de la isla de Margarita. También dependían de esta Audiencia las islas de Barlovento y de la Costa de la Tierra Firme. Su ámbito territorial abarcaba, por tanto, a las islas del mar Caribe y el territorio del norte de Sur América, de manera que sus límites eran los de las Audiencias del Nuevo Reyno de Granada, de Tierra Firme, de Guatemala y de Nueva España.

2) La *Real Audiencia de México* con sede en Ciudad de México, que había sido establecida en 1527, y que presidía el virrey de Nueva España. De esta Audiencia dependían el Corregimiento de la Ciudad de México, la gobernación de la Provincia de Yucatán y las alcaldías del Castillo de Acapulco, de Tabasco, de Guavtla o Amilpas, de Tucuba, de Istlavaca o Metepeque y el Corregimiento de Veracruz. El ámbito territorial de la Audiencia abarcaba buena parte del centro y oriente de México y por el este, la costa del golfo de México hasta el cabo de Florida. Tenía entre sus límites los de las Audiencias de Guatemala y de Guadalajara y los de la Provincia de Florida.

3) La *Real Audiencia de Santiago de Guatemala* con sede en Santiago de Guatemala, había sido establecida en 1543, y la presidía el gobernador y capitán general de Guatemala. De esta Audiencia dependían las gobernaciones de Valladolid de Comayagua, de la Provincias de Costa Rica, de Honduras y de Nicaragua y de Soconusco, y los alcaldes de Verapaz, de Chiapa, de Nicoya, de Trinidad de Sonsonate, de Zapotitlán o Súchitepeque y de la Ciudad de San Salvador. El ámbito territorial abarcaba, por tanto, a casi todo Centro América y sus límites eran los de las Audiencias de Guadalajara y de Tierra Firme

4) La *Real Audiencia de Guadalaxara* de la Nueva Galicia con sede en Guadalajara, había sido establecida en 1548, y la presidía el gobernador de Guadalajara. De esta Audiencia dependían la gobernación de Nueva Vizcaya, el Corregimiento de Zacatecas y las provincias de Nueva Galicia, Culiacán, Copala, Colima y Zacatula. Su ámbito territorial, por tanto, estaba en la parte occidental de México hacia el Pacífico y la parte norte de dicho país; y sus límites eran los de las Audiencias de Nueva España y de Guatemala.

El territorio de la Republica Dominicana y de la República de Cuba se formó en el territorio que era de la Audiencia de Santo Domingo. El territorio de la República de Venezuela se formó con parte de lo que era territorio de esa Audiencia de Santo Domingo y parte del que fue de la Audiencia de Santa Fe del otro Virreinato, el del Perú, pues la Provincia de Mérida y La Grita, y la Provincia de Guayana, incluida Trinidad, formaban parte del distrito de esta Real Audiencia de Santa Fe; y las Provincias de Venezuela, de Cumaná y de Margarita, formaban parte del distrito de aquella Real Audiencia de Santo Domingo de la isla La Española.

Los Estados Unidos Mexicanos se formaron con parte los territorios de la Audiencias de México y de Guatemala y con el territorio de la Audiencia de Guadalajara; y las repúblicas de Guatemala, El Salvador, Honduras, Nicaragua y Costa Rica, se formaron en el territorio que había sido de la Audiencia de Guatemala.

Bajo la jurisdicción del Virreinato de Nueva España, además, y sin estar sometido a las antes mencionadas cuatro Audiencias, estaba el territorio del archipiélago de las Filipinas, sometido a su propia *Real Audiencia de Manila*, que había sido establecida en 1583. Además, estaba el territorio de la Gobernación de Florida, que si bien había quedado bajo la jurisdicción del virrey de Nueva España, no estaba sujeta a ninguna Audiencia americana, sino directamente al Consejo de Indias.

2. Las Audiencias en el Virreinato del Perú

En cuanto al *Virreinato del Perú*, en su territorio que abarcaba casi todo el territorio de Sur América, excepto el de su costa norte, pero incluido el del istmo de Panamá, conforme a la misma *Recopilación* de 1680, funcionaban las siguientes Audiencias:

1) *La Real Audiencia de Panamá* con sede en Panamá), había sido establecida en 1538 y la presidía el gobernador de la Provincia de Tierra Firme (Castilla del Oro). De esta Audiencia dependían las gobernaciones de la Provincia de Veragua y de la isla de Santa Catalina, y la Alcaldía de San Felipe de Portobelo. El ámbito territorial de la Audiencia, por tanto, llegaba por el mar del Sur hasta el Puerto de la Buenaventura en la costa colombiana del Pacífico y por el mar del Norte hacia Cartagena, hasta el río Darién, teniendo entre sus límites, los de las Audiencias de Guatemala y de las Audiencias del Nuevo Reyno de Granada y de Quito.

2) La *Real Audiencia de Lima* con sede en la ciudad de los Reyes de Lima, había sido establecida en 1543, y la presidía el virrey del Perú. De esta Audiencia dependían los Corregimientos de Cuzco, de Caxamarca, de la Villa de Santiago de Miraflores de Zaña y pueblo de Chiclayo, de San Marcos de Arica, de Collaguas, de los Andes de Cuzco, de la Villa de Ica, de Arequipa, de Guamanga, de la Ciudad de San Miguel de Piura y del Puerto de Payta y de Castro-Vireyna. Los límites territoriales de la Audiencia eran los de las Audiencias de Chile, de La Plata y de Quito y tierra adentro, los de las provincias no descubiertas.

3) La *Real Audiencia de Santa Fe* con sede en Santa Fe de Bogotá, había sido establecida en 1548, y la presidía el gobernador y capitán general del Nuevo Reyno de Granada. De esta Audiencia dependían las gobernaciones de las Provincias de Cartagena, de Santa Marta, de Mérida y La Grita y de Trinidad y la Guayana o del Dorado y los Corregimientos de Tocayama y Vague y de Tunxa. Los límites territoriales de la Audiencia eran los de las Audiencias de La Española, de Tierra Firme y de Quito.

4) La *Real Audiencia de Charcas* con sede en La Plata, había sido establecida en 1559. De la misma dependían las Gobernaciones de Chucuito y de Santa Cruz de la Sierra, y los Corregimientos de Potosí, de La Paz y de San Felipe de Austria y minas de Oruro. Los límites de la Audiencia eran los de las Audiencias de Lima, de Chile y de la Trinidad, Puerto de Buenos Aires, y además, la línea de demarcación entre las Coronas de los Reynos de Castilla y Portugal por la parte de la Provincia de Santa Cruz del Brasil.

5) La *Real Audiencia de San Francisco de Quito* con sede en Quito, había sido establecida en 1563, y de la misma dependían el Corregimiento de Quito, las Gobernaciones de Popayán, de Quixos, de Jaén de Bracamoros y de Cuenca, y los Corregimientos de las Ciudades de Loja y Zamora y minas de Zuruma y de Guayaquil. El ámbito territorial de la Audiencia abarcaba hasta el puerto de Buenaventura en la costa colombiana en el mar del Sur, y sus límites eran los de las Audiencias de Tierra Firme y del Nuevo Reyno de Granada.

6) La *Real Audiencia de Chile* con sede en Santiago de Chile, había sido establecida en 1563, y la presidía el gobernador y capitán general de Chile. El ámbito territorial de la Audiencia llegaba hasta el Estrecho de Magallanes y, tierra adentro, hasta la Provincia de Cuyo, inclusive.

7) La *Real Audiencia de la Trinidad y Puerto de Buenos-Ayres* con sede en Buenos Aires, había sido establecida en 1661, y la presidía el gobernador y capitán general de las Provincias del Río de la Plata, de la cual dependían las gobernaciones de Tucumán y de las Provincias del Paraguay.

El territorio de la República de Panamá derivó de lo que era parte del de la Audiencia de Panamá, y el de la República de Colombia se formó con parte del territorio que era de las Audiencias de Panamá, de Santa Fe y de Quito. La República de Quito conformó su territorio con parte del que era de la Audiencia de Quito. El territorio del Perú, se configuró básicamente con el territorio que era de la Audiencia de Lima; y el de la República de Bolivia con parte de lo que era territorio de la Audiencia de Charcas. La República del Paraguay y la República Oriental del Uruguay se formaron territorialmente con parte de lo que había sido el territorio de la Audiencia de Buenos Aires. En cuanto a la República Argentina, su territorio se formó con parte del territorio de la misma Audiencia de Buenos Aires y parte del de la Audiencia de Chile; y el de la República de Chile, con parte del que fue el territorio de la Audiencia de Chile.

La organización territorial que dio origen a los países latinoamericanos, como se dijo, fue consecuencia directa del proceso de poblamiento del territorio descubierto y conquistado, conforme con precisas instrucciones reales, la más importante de las cuales, desde el punto de vista urbanístico, se dictó por Felipe II en 1573, cuando ya casi todo el territorio americano estaba territorialmente conformado.

En efecto, para esa fecha la casi totalidad de las ciudades importantes del Nuevo Mundo ya habían sido fundadas, por lo que puede decirse que el modelo regular de la ciudad americana ya estaba implantado. Las *Ordenanzas de Descubrimiento y Población* de Felipe II, de 1573 que regularon dicho modelo, por tanto, en realidad fueron reflejo de una realidad que ya se había desarrollado con base en normas contenidas en Instrucciones particularizadas o generales que, desde 1513, el rey ya había otorgado o dictado sucesivamente a los descubridores y conquistadores en aproximaciones sucesivas y con base en la experiencia del poblamiento desarrollada por estos, condicionada por las exigencias de la conquista.

SECCIÓN TERCERA. SOBRE QUÉ FUE LO QUE SE FUNDÓ, O SOBRE LA FORMA O MODELO URBANO QUE SE UTILIZÓ PARA LAS FUNDACIONES

La respuesta a la tercera pregunta formulada en torno al proceso de poblamiento en América durante el siglo XVI, sobre qué fue lo que se fundó, está en la identificación del modelo urbano que se utilizó de planta urbana reticular, con plaza mayor como punto de inicio de la trama urbana de la cual salían calles rectas, formando un damero.

Ese modelo que se había utilizado en empresas coloniales en la antigüedad, fue descubierto culturalmente con el Renacimiento, y era propio de un proceso en el cual debían crearse ciudades *ex novo* de ciudades, y estaba conformado por los siguientes elementos básicos: En *primer lugar*, la indispensable existencia de una plaza, de cuya ubicación y trazado reticular derivaba la existencia misma de la nueva ciudad, condicionando su traza o forma urbana, dada su forma cuadrada o rectangular, constituyendo siempre el centro de la vida urbana; en *segundo lugar*, el trazado de las calles a cordel y regla, derivado de la propia forma reticular de la plaza, desde la cual aquéllas salían en forma paralela; y en *tercer lugar*, la existencia siempre de la iglesia, cuya ubicación cerca de la plaza era la primera tarea del fundador y su construcción el primer deber de los pobladores, dado el carácter religioso que condicionó la conquista y poblamiento de América.

Esos elementos conformaron un modelo que fue de utilización común en las grandes empresas de la antigüedad de ocupación y dominio territorial, y en particular, caracterizaron tanto la ocupación territorial helénica en las colonias del Mediterráneo, como la ocupación territorial romana en la Península Itálica y en el resto de Europa. Esta experiencia, expuesta en libros antiguos, fue descubierta con el Renacimiento, habiendo penetrando rápidamente en la Corte de los Reyes Católicos, donde las teorías pronto se convertirían en normas jurídicas que obligaron a su utilización en el Nuevo Mundo.

Los mencionados elementos urbanos, por otra parte, habían sido objeto de aplicación en plena Edad Media durante los siglos XIII y XIV para asegurar la ocupación de territorios conquistados o por razones estrictamente militares, como ocurrió con las pueblas nuevas en los Reinos de Castilla y León y Aragón, con las *bastides* en el suroeste de Francia o con las ciudades florentinas, y en general para la creación de villas nuevas, particularmente en el siglo XV, también en general por razones militares.

I. ANTECEDENTES GRIEGOS DE LA CREACIÓN EX NOVO DE CIUDADES CON FORMA REGULAR

1. Hippodamus de Mileto y la planta ortogonal urbana del mundo griego

El antecedente remoto en el ámbito de la civilización occidental de la creación sistemática de ciudades nuevas con forma ortogonal, sin duda debe situarse en el mundo griego con motivo de la colonización de las costas en el mar Mediterráneo. Ya señalamos cómo Aristóteles atribuyó a Hippodamus de Mileto haber concebido el arte de construir ciudades con una disposición ortogonal, la cual caracterizó todas las ciudades griegas de nueva fundación.

La planta reticular de las ciudades, tan simple y elemental, por tanto, puede decirse que surgió naturalmente donde y cuando fue posible establecer y planificar una ciudad *ex novo*, y eso ocurrió en forma generalizada por todas las costas del Mediterráneo con motivo de la asombrosa actividad colonizadora y fundadora griega de los siglos IX a VI a.C. La necesidad de situar un gran número de colonias libres en los territorios colonizados permitió a los griegos elegir el emplazamiento más adecuado para la nueva ciudad, previamente concebida y trazada en forma regular. En Ese proceso jugó un papel central la ciudad de Mileto que destruida por los persas en 494 a.C., se había reconstruido con una planta atribuida a Hippodamus, denominada "hippodámica", de carácter ortogonal.

Por ello, a Hippodamus se lo ha considerado como el creador del urbanismo funcional, lo que además consagró Aristóteles al exigir que la forma de la ciudad se adaptara a normas estéticas, matemáticas y filosóficas, con una ordenación razonada de sus elementos, de manera que, por ejemplo, las calles debían tener una orientación de acuerdo con el curso del sol y la dirección predominante de los vientos; debiéndose asegurar la monumentalidad y proporción de sus edificaciones con el todo y sus partes.

La planta hippodámica de la ciudad, en todo caso, se propagó a partir del siglo IV a.C., convirtiéndose en la forma general adoptada por las ciudades helenísticas de nueva fundación, tanto en Grecia, por ejemplo, en las ciudades de Priene y de Olinto, como en las colonias de ultramar, particularmente en Sicilia y la Península Itálica, donde Agrigento (Akrágas) y Nápoles (Néapolis), todavía conservan vestigios de la planta ortogonal.

2. *La ciudad y el Estado en la Política de Aristóteles y su reflejo en la obra de Francesco Eiximenis*

Pero la ciudad no sólo fue un tema urbano para la expansión colonial de las ciudades griegas, sino también un tema filosófico y político, al punto de que entre los libros de mayor influencia del mundo antiguo en el Renacimiento, como fue la obra de Aristóteles de Estagira (384-322 a.C.), denominada *Política,* se destaca el análisis detenido que en él se hace sobre la ciudad e, incluso, sobre su forma y emplazamiento.

El libro, incluso, comienza con el párrafo siguiente sobre *"la ciudad*":

> "La ciudad es agrupación; las agrupaciones se organizan con miras al bien; porque el hombre obra siempre con el fin de lograr lo que cree bueno. Si toda agrupación tiende al bien, la ciudad o sociedad política, que es la superior entre ellas y las comprende todas, tiende al bien en mayor grado que las demás, y al mejor bien" (Libro Primero, Capítulo Primero).

En la concepción de Aristóteles, la ciudad o la polis, es la República o Estado, como la organización política fundamental del hombre, que lo agrupaba con un fin común, asentado en un lugar determinado y sometido a unas leyes y unas autoridades, y con un vínculo educativo y cultural común

El sitio de la ciudad y su forma, era siempre esencial y fue de la primera atención de Aristóteles, al punto de que al referirse a la forma reticular de la ciudad, indicó que:

> "Hippodamo de Mileto, hijo de Eurifón, concibió el arte de proyectar y construir ciudades, siendo también el que ideó la disposición que presenta Pireo;..." (Libro Segundo, Capítulo V)

El Pireo, que es el puerto de Atenas, en efecto, reconstruido en 480 a.C., presenta una forma reticular en su traza urbana al igual que la tuvo Mileto. No es de extrañar, por tanto, que Aristóteles destacara en su *Política*, a Hippodamo a quien consideró como "el primero entre los particulares que se dedicó a investigar sobre la mejor forma de gobierno", (Libro Segundo, Capítulo V).

En el Libro Séptimo de *Política*, dedicado a analizar la "Felicidad del individuo y del Estado. Constitución del Estado. Sistemas de educación. El Estado perfecto", Aristóteles dedicó varios Capítulos al estudio de la ciudad, su límite, su emplazamiento, su forma y sus edificaciones.

Sobre el emplazamiento de la ciudad, Aristóteles dedicó en el Capítulo X del Libro Séptimo las siguientes consideraciones sobre la salud del lugar escogido, donde se nota, sin duda, la influencia de Hipócrates, particularmente en relación con la importancia del aire y del agua:

> "Ya dije que la ciudad debe tener fácil comunicación por mar y tierra... Referente al emplazamiento, mi deseo sería que su situación fuere ventajosa en cuatro aspectos: ante todo la salud, cosa necesaria... El asiento de la ciudad debe también ser ventajoso para su administración política y para la guerra... Debe abundar en fuentes y manantiales, y, de no ser así, construir grandes depósitos para la recogida de las aguas pluviales, para que no falte agua en caso de asedio. Hay que tener cuidado especial en lo tocante a la salud de sus habitantes, que dependerá principalmente de lo salubre de la localidad y de su orientación, y en segundo lugar, de la pureza de sus aguas; este segundo punto tiene suma importancia, porque los elementos que más empleamos para satisfacer las necesidades del cuerpo son los que más contribuyen a la salud, y entre ellos figuran el agua y el aire...."

En el mismo Capítulo X del Libro Séptimo de la *Política,* Aristóteles hizo referencia a la forma de las edificaciones y del trazado de las calles, en línea recta, así:

> "En cuanto a las moradas, se considera más bello y conveniente que las calles sean rectas, como indicó Hippodamo; para seguridad en la guerra es preferible el modo antiguo de edificar, que dificultaba la salida de los extranjeros y la entrada de los asaltantes. Por eso la ciudad adoptará ambos sistemas de construcción, siendo posible disponer los edificios irregularmente, al modo como los labradores plantan las vides, llamado tresbolillo. No toda la ciudad tendrá sus calles rectas, sino sólo ciertos barrios y distritos, combinando la belleza con la seguridad."

Por último, sobre los componentes importantes de la ciudad, en cuanto a la plaza y a las edificaciones públicas, en el Capítulo XI del Libro Séptimo, Aristóteles señaló que debían contar con edificios destinados al culto divino:

> "Esos templos ocuparán una eminencia, para que se vean desde lejos y den realce a la virtud, con torres que dominen las cercanías. A sus pies habrá una plaza, como la llamada *Agora de los hombres libres* por los Tesalios, en la que estará prohibida toda compraventa, así como la entrada a los artesanos labradores y otros, de no ser llamados por los

magistrados. El mejor destino que puede darse a dicha plaza es que los adultos practiquen en ella sus ejercicios gimnásticos... También habrá un *Agora* para los traficantes, distante de la otra, en lugar de fácil acceso por mar y tierra... El *Agora* cercana al templo se reservará para el asueto, la otra para las necesidades del comercio."

Ahora bien, *Política* de Aristóteles fue traducida al latín en 1260, cuando Santo Tomás de Aquino tenía 36 años (1261), influyendo en su obra *De Regimene Principum*, en la cual se explicaba que fundar ciudades era bueno, por lo que dicha actividad la proponía dentro del programa para el rey ideal. Esta obra, con sus preceptos Aristotélicos, influyó directa y profundamente en los tratadistas españoles medievales, como fray Francesco Eiximenis, y a través de ellos, en las Ordenanzas colonizadoras hispánicas para las Indias.

En efecto, entre 1384 y 1385, apareció en Valencia la obra *Dotzé del Crestiá* del teólogo franciscano Francesch Eiximenis, quién organizó la enseñanza pública en la ciudad. Dicha obra está condicionada por la idea del orden y de la sociedad ordenada, en sus aspectos morales y legislativos, lo que se reflejó en la formulación de una idea perfecta de la ciudad, cuya representación formal resulta, en consecuencia, también ordenada, expresada en forma cuadricular, porque así la ciudad "recta es más bella y más ordenada" (Cap. 110). Decía, además, que como lo habían dicho los filósofos griegos y algunos sabios, "toda ciudad debía ser cuadrada" (Cap. 110).

En la obra, siguiendo los pasos de Aristóteles, Eiximenis se ocupó de todo lo concerniente a la ciudad: en cuanto a la elección del sitio, hizo particular referencia a la orientación de la planta de la misma en relación con los vientos y con las montañas que pudieran proteger la ciudad (Cap. 106); y a la necesidad de que la ciudad esté "cerca del agua" (Cap. 106) de mar o de río, recomendando que se situare al costado del agua, de manera que esta no la dividiera (Cap. 106). En cuanto al trazado de la ciudad, Eiximenis especificó que el palacio del príncipe debía estar en uno de los costados del cuadrado de la ciudad, y en cuanto a la iglesia debía estar "en medio de la ciudad... y junto a ella debe haber una plaza grande y bella" (Cap. 110). En medio de cada uno de los costados del cuadrado que formaba la ciudad debía haber una entrada o puerta, de manera que se comunicaran entre sí por sendos "caminos grandes y amplios que atraviesen toda la ciudad de parte a parte", "de la entrada de Oriente a la de Poniente" y "desde la entrada principal que mira hacia mediodía hasta la otra principal que mira a Tramontana"(Cap. 110).

En esta forma, en el cuadrado inicial de la ciudad se insertan dos ejes que se cruzan en el centro donde se abre un espacio grande para la plaza. Los ejes a la vez dividen la ciudad en cuatro partes o barrios principales, en los cuales se ubica una plaza como elemento centralizador de los mismos.

Las ideas de Eiximenis, sin duda, influyeron en la fundación de las nuevas pueblas con motivo de la Reconquista y de la utilización del Camino de Santiago en el Reino de Aragón.

II. LOS ANTECEDENTES ROMANOS DE LA CIUDAD RETICULAR Y EL "CASTRO" COLONIAL

Pero por supuesto, los antecedentes del trazado regular de ciudades no sólo se pueden ubicar en las empresas colonizadoras que desarrollaron los griegos, sino también los romanos en todo lo que implicó la creación de ciudades nuevas, como acto formal, como consecuencia del proceso de conquista y colonización de nuevas tierras por un Imperio. Así sucedió con todas las ciudades romanas establecidas como colonias fuera de Roma, que obedeció a una racional preparación y a una ejecución cuidadosamente desarrolladas.

La práctica romana de fundar ciudades siguió siempre las siguientes líneas: El primer paso que siempre se daba además de la consulta al *augur*, consistía en la escogencia del sitio, que no era cualquiera, pues debía estar cerca de un río con adecuado escurrimiento de aguas, y en sitio lo suficientemente alto como para que no fuera inundable. Además, como lo recomendaban los sabios, el lugar debía ser saludable, lo que se determinaba mediante el examen del hígado de alguna liebre o faisán cazados en el área.

Escogido el lugar, se establecía un *castrum* o campamento militar donde se ubicaban los soldados y esclavos, con foso y cerca alrededor, el cual generalmente tenía forma rectangular. El campamento siempre se encontraba atravesado por dos calles, una de norte a sur denominada *cardo* y otra de este a oeste denominada *decumanus*, que se cruzaban en ángulo recto en un espacio libre denominado *forum*, en el cual se reunían los soldados diariamente para recibir órdenes, y que servía de centro político y religioso de la ciudad. En un lado del *forum* se establecía la tienda del comandante de la fuerza, y las otras tiendas de soldados, esclavos y obreros se establecían en fila en el resto del *castrum*. En los meses siguientes, las tiendas se iban reemplazando por construcciones más permanentes, generalmente de madera.

El área de la ciudad se dividía en calles en una forma reticular, de norte a sur, teniendo cada manzana o bloque, llamado *insulae*, una forma cuadrada; y se rodeaba de una muralla alta, con puertas fortificadas para dar salida a los extremos del *cardo* y del *decumanus*. Los edificios particulares en ningún caso podían tener una altura mayor al doble del ancho de la calle en el cual se construía, a los efectos de asegurar la penetración de los rayos de sol hasta la calle.

Puede decirse que de acuerdo con este sistema racional se construyeron todas las ciudades coloniales romanas, tanto en la península itálica como en el resto del mundo europeo, muchas de las cuales aún conservan en el trazado de su centro evidentes testimonios del antiguo casco romano. El la Península Ibérica, los ejemplos más notables son *Emerita Augusta* (Mérida); *Norba Caesarina* (Cáceres); *Caesaraugusta* (Zaragoza); *Barcino* (Barcelona); *Lucus Augusti* (Lugo); y *Regio* (León).

III. LA INFLUENCIA DE LA OBRA DE VITRUVIUS SOBRE LA ARQUITECTURA ROMANA

Esa práctica romana de fundar ciudades se plasmó en el Siglo I D.C, en la obra del ingeniero militar Marcus V. Pollio Vitruvius, *De Architectura Libri Decem*, conocida como los *Diez Libros de la Arquitectura*, en la cual se encontraba todo lo que debía saberse sobre arquitectura, construcción y trazado de ciudades en el mundo romano. Es la única obra de arquitectura de la antigüedad que ha llegado a nuestros días, cuyo manuscrito fue descubierto en la Abadía de Saint-Gall, en 1416, y luego publicado a partir de 1486. Su libro *Primero* está destinado a la "ciudad ordenada", donde se recogen los principios fundamentales para la fundación de ciudades como regían en Roma.

1. Sobre la elección de los sitios

Vitruvio insistió en el Capítulo VII del Libro *Primero* dedicado a "De la inspección de los hígados de los animales para reconocer la calidad del aire", sobre la necesidad de volver a los métodos de la antigüedad particularmente descritos por los griegos, respecto de la elección de los sitios para ubicar las ciudades, partiendo del principio de que "cuando se va a construir una ciudad, lo primero que es necesario hacer, es escoger un sitio sano", particularmente "templado").

Para ello, Vitruvio aprobaba los usos de los antiguos:

"que consistían en hacer un sacrificio en los lugares donde querían construir o acampar: escogían como víctimas, animales que moraban de ordinario en esos lugares, y examinaban sus hígados, si después de haber examinado varios de ellos, encontraban que algunos estaban lívidos y corrompidos, si juzgaban que ello era el efecto de alguna enfermedad particular, pues los otros se conservaban sanos y enteros como consecuencia de buenas aguas y pastos, entonces establecían sus ciudades; si al contrario, encontraban que los hígados de los animales eran generalmente anormales, concluían que el de los hombres estarían iguales, y que las aguas y pastos no podían ser buenos en ese país; y abandonaban incontinente, pues no apreciaban tanto otra cosa, que lo que podía contribuir al mantenimiento de la salud."

En esta forma, la primera consideración que debía prevalecer en el proceso de fundación de una ciudad era la concerniente a la salubridad del lugar escogido para establecerla, a los efectos de asegurar no sólo su habitabilidad sino el mantenimiento de la salud de los pobladores. El lugar, en definitiva, debía se sano con buenas aguas y pastos, tal como se indicó en la Instrucción dada a Hernán Cortés en 1523 y con más precisión en las Ordenanzas de Felipe II de 1573 (Art. 38, 39, 40).

2. *Sobre la situación de los lugares*

En las regiones sanas que se eligieran conforme a las pruebas antes señaladas, los sitios precisos que debían escogerse para el emplazamiento de la ciudad, como lo recomendaba Vitruvio en el mismo Capítulo VII del Libro *Primero* de su Obra, no debían estar sometidos a condiciones climáticas extremas, para lo cual recomendaba que:

> "debe ser alto, ni nublado ni helado, y en un clima ni caliente ni frío, sino temperado; y además, sin pantanos en los alrededores.
>
> Y cuando la brisa de la mañana sople hacia el pueblo al amanecer, si traen consigo nieblas de los pantanos y mezclados con estas, el aliento envenenado de las criaturas de los pantanos a ser respirado por los habitantes, entonces el sitio será insalubre.
>
> De nuevo, si el pueblo está en la costa con exposición hacia el sur o el oeste, no será saludable porque en el verano el cielo del sur es muy caliente en el amanecer y es bravo al mediodía, en tanto que la exposición hacia el oeste se hace calurosa después del amanecer, es caliente al mediodía, y en la noche es helada.

Esas variaciones en calor y las heladas subsecuentes son dañinas para las personas que viven en esos sitios."

En las Ordenanzas de Felipe II de 1573 se precisaron con toda claridad estas exigencias (Art. 40).

3. Sobre el abastecimiento de la ciudad

Vitruvio indicaba, además, en el Capítulo VIII ("De las fundaciones de los muros y de las instalaciones de las torres") del Libro *Primero*, que para la escogencia del sitio de la ciudad debía tenerse en cuenta que el lugar fuese de fácil acceso para asegurar el abastecimiento, fuera por tierra o por agua, señalado que:

> "Una vez que se haya asegurado la salubridad del lugar donde debe fundarse la ciudad, debe procederse a trabajar en las fundaciones de las torres y de los muros, de acuerdo con el conocimiento que se tenga de la pureza de su aire, de la abundancia de los frutos que crecen en los países de los alrededores y de la facilidad de los caminos, los ríos y los puertos de mar que existan para traer todas las cosas necesarias."

En las Ordenanzas de Felipe II de 1573, esta exigencia también se estableció con toda precisión (Art. 35). Por ello, la mayoría de las ciudades latinoamericanas se fundaron en las orillas de ríos.

4. Sobre la dirección de las calles

En el Capítulo IX ("Del reparto de las obras en el interior de los muros y de la disposición para que las ráfagas dañinas de los vientos sean evitadas") del Libro *Primero*, Vitruvio estableció la necesidad de que las calles fueran alineadas, y para su disposición se tuviera en cuenta el sentido y orientación que tenían los vientos en el lugar, de manera que las ráfagas no corrieran libremente por las calles en perjuicio de los habitantes. Decía, entonces, que:

Concluida la construcción de los muros de la ciudad, debe trazarse el emplazamiento de las casas y establecerse el alineamiento de las grandes y pequeñas calles, según el aspecto más ventajoso del cielo.

Debe evitarse, ante todo, que los vientos habituales se enfilen directamente en las calles, porque son siempre dañinos, sea por el frío que hiere, por el calor que corrompe, o por la humedad que afecta la salud.

En consecuencia, deben tenerse cuidadosamente en cuenta estos inconvenientes, con el fin de no caer, como ha sucedido en muchas ciudades,... en las cuales los edificios son bellos y magníficos, pero dispuestos en forma poco prudente; ya que en estas ciudades, el viento del mediodía (sur) genera fiebres, el que sopla entre el poniente y el septentrión (norte) hace toser; y el del septentrión, que cura estos males, es tan frío, que es imposible quedarse en las calles cuando sopla...

Señalaba, más adelante, en el mismo Capítulo IX del Libro *Primero*, que:

> "Es necesario en consecuencia, trazar los alineamientos de las calles entre dos cuartos para no ser incomodado por la violencia de los vientos; ya que si estos recorren las calles directamente, no habrá duda de su impetuosidad, que siendo tan grande al aire libre y abierto, aumentaría mucho estando encerrados en calles estrechas.
>
> Por ello, las calles deben disponerse de tal forma que los vientos, dando contra los ángulos que ellas formen, se rompan y dispersen."

En las Ordenanzas de Felipe II de 1573, todas estas indicaciones sobre el trazado de las calles a cordel y regla, y sobre la orientación de la trama urbana en relación con los vientos, también fueron recogidas (Arts. 110 y 114).

5. *Sobre la plaza*

En el Capítulo VIII del Libro Primero, Vitruvio formuló un conjunto de principios en relación con el *forum* o plaza:

En relación con la *proporción* de la plaza, en el Capítulo I ("De la plaza pública y de las basílicas") del Libro Quinto Vitruvio decía:

> "La grandeza de estas plazas públicas debe ser proporcional a la población, de manera que no sean muy pequeñas si muchas personas allí van, ni que sean demasiado vastas, si la ciudad no está suficientemente poblada. Para establecer el largo de la plaza, debe dividirse el largo en tres partes, y tomar dos (para el ancho); de esta manera, la forma será larga, y esta disposición será mucho más cómoda para los espectáculos."

El mismo principio de la dimensión de la plaza en proporción con la cantidad de vecinos que hubiere (Art. 113) y la forma de la plaza con un largo una vez y media de su ancho (Art. 112), también se recogió en las Ordenanzas de Felipe II de 1573.

Sobre la *forma* de la plaza en el Capítulo VIII del Libro Primero, Vitruvio señalaba que:

> "La figura de una plaza no debe ser ni cuadrada ni compuesta de ángulos demasiado avanzados, sino que simplemente debe hacer un cerco, con el fin de que se pueda ver el enemigo desde varios puntos; los ángulos avanzados no son en absoluto propios para la defensa, y son más favorables a los que sitian que a los sitiados."

Agregaba, además en el Capítulo I del Libro Quinto que:

> "La plaza pública en los griegos, es cuadrada, y rodeada de dobles y amplios pórticos con columnas pegadas unas a otras, que sustentan arcadas de piedra o mármol con galerías en lo alto; pero ello no se práctica en esa forma en las ciudades de Italia, debido a la vieja costumbre de hacer ver al pueblo en la plaza los combates de los gladiadores..".

El principio se siguió en las plazas americanas en cuanto a su utilización para espectáculos, como las corridas de toros.

En el Capítulo X ("De la escogencia de los emplazamientos para el uso común de la población") del Libro Primero, Vitruvio indicaba sobre la ubicación de la plaza, que "si la ciudad está al borde del mar, es necesario que la plaza pública esté cerca del puerto, por tanto que si la ciudad esta alejada del mar, la plaza deberá estar en el centro".

Estos principios de ubicación de la plaza en puertos en la costa, abierta hacia el mar, y de su ubicación en el centro del poblado en pueblos situados en el interior (Art. 112), también fueron de regulación precisa en las Ordenanzas de Felipe II de 1573.

Sobre los templos, Vitruvio señalaba en el mismo Capítulo X del Libro Primero que aquellos correspondientes a los dioses titulares bajo cuya protección especial se erigía la ciudad, a Júpiter, Juno y Minerva, debían estar en el punto más elevado de manera que de allí pueda verse la mayor parte de las murallas de la ciudad.

La tesorería, la prisión y la Casa del Senado debían estar adjuntas al *forum*, pero de forma tal que sus dimensiones fueran proporcionadas a las del *forum*.

En las Ordenanzas de Felipe II de 1573, se dispuso igualmente la necesaria edificación de la iglesia, la casa real, la casa del concejo y cabildo y la aduana, cerca de la plaza mayor (Art. 121 y 124).

IV. LA OBRA DE LEÓN BATTISTA ALBERTI Y SU INFLUENCIA EN LA ARQUITECTURA DEL RENACIMIENTO

El mismo año de 1486, en el cual se publicó en Roma el Tratado de Vitruvio, *De Architectura Libri Decem,* también se publicó el libro de León Battista Alberti (1404-1472), *De re aedificatoria.* Se trató del primer libro sobre arquitectura que se escribía desde la antigüedad, en el cual partiendo de las enseñanzas del mundo helenístico y romano, se señala cómo debía construirse en el futuro. Su influencia fue inmediata, estando dividido, al igual que el Tratado de Vitruvio, en Diez Libros dedicados cada uno a diversos aspectos de la arquitectura, la construcción y el urbanismo.

A la ciudad, Alberti como Vitruvio, dedicó muchas de sus reflexiones en su tratado, señalando, en general que:

> "El principal ornamento para una ciudad está en su emplazamiento, su situación, composición y arreglo de sus calles, plazas y trabajos individuales: cada uno debe ser cuidadosamente planificado y distribuido de acuerdo con el uso, importancia y conveniencia. Porque sin orden nada cómodo, gracioso o noble puede haber" (Libro Séptimo, 1)

El orden, por supuesto, está en la base de los escritos de Alberti y de todo el Renacimiento, que aplicado a la ciudad dio origen, como en Vitruvio, a múltiples reglas sobre la misma, señalando seis principios de base para edificar: *regio, areae, partitio* (plan), *paries* (muros), *tectum* (techos) y *apertiones* (ventanas).

1. El sitio o regio

Sobre la localización de la ciudad, Alberti también destacó el énfasis que los antiguos daban a la misma, para:

> "Asegurar que no tuviera (de ser posible) nada dañino y que estuviera acompañada con todas las facilidades. Sobre todo, tomaron gran cuidado para evitar un clima que pudiera ser desagradable y nocivo; era una precaución muy prudente, incluso, indispensable. Porque si bien no hay duda que cualquier defecto de la tierra o del agua puede ser remediado por la destreza e ingeniosidad, ninguna máquina de la mente o de las manos podría mejorar apreciablemente el clima..." (Libro Primero, 3).

En el Libro Primero, Alberti hizo extensos comentarios sobre el aire, el agua y los lugares, como lo hizo Vitruvio, lo que sin duda estuvo inspirado por Aristóteles y sobre todo por Hipócrates (430 a.C.), quien dedicó a ello un estudio de gran importancia titulado *Del aire, del agua y de los lugares*, con observaciones sobre las aguas y los vientos, la naturaleza del suelo y la exposición y soleamiento de los lugares.

En esta forma, Alberti recomendaba para ubicar la ciudad, poner especial atención en su relación con el sol y el viento; con los aires pestilentes y las nieblas excesivas; con los sitios en costa de mar, de manera que la ciudad no estuviera en costas mirando al sur, dado el reflejo de los rayos del sol (Libro Primero, 3); a la ubicación de la ciudad ni en sitios muy altos ni muy bajos, más bien planos, con facilidades de acceso, con clima moderado y relativamente húmedo (Libro Primero, 4); a las bondades de buen aire y agua (Libro Primero, 5) de manera de evitar tanto regiones azotadas por tormentas y cambios de temperatura, como la ubicación de la ciudad en el pie de monte de montañas situadas al oeste, por considerarlo insalubre dada la exposición a súbitas exhalaciones nocturnas y oscuridad extrema (Libro Primero, 5).

Por supuesto, para la elección de los sitios, Alberti recordaba también la antigua costumbre, "que se podía llevar atrás hasta Demetrius, de inspeccionar el color y las condiciones del hígado del ganado que pastara en el sitio cuando se fuera a fundar un pueblo o una ciudad (Libro Primero, 6)".

Todos estos principios expuestos en general, los precisó en relación con la ciudad en sí misma, en el Libro Cuarto, 2, indicando lo siguiente:

> "Estos son los requerimientos que tenemos que señalar para nuestra ciudad: no debe sufrir de ninguna de las desventajas señaladas en el Primer Libro, ni debe faltar nada por razones de economía; su territorio debe ser saludable, extenso y variado en su terreno; debe ser agradable, fértil, naturalmente fortificado, bien abastecido y lleno de frutas y abundantes cursos de agua. Debe haber ríos, lagos y acceso conveniente desde el mar para permitir la importación de bienes en caso de carestía o la exportación de cualquier exceso...
>
> Adicionalmente, la ciudad debe estar ubicada en la mitad del territorio, desde donde se extienda la vista hasta sus fronteras, de manera que pueda leerse la situación y estar listos para intervenir de inmediato de ser necesario... Es particularmente importante determinar si se debe lo-

calizar la ciudad en sitio abierto, en la costa, o en la montaña: cada caso tiene sus ventajas y desventajas...

Este, sin embargo, es un consejo: hágase todo el esfuerzo de asegurar que, sea donde fuere localizada la ciudad, goce de los beneficios de cada tipo de terreno, y ninguna de sus desventajas. Preferiría localizar la ciudad en lugar plano cuando se construya en las montañas, o en un monte alto cuando se haga en la llanura. Pero si no hay suficiente variedad para permitir una escogencia ideal, así es que deben satisfacerse los requerimientos esenciales: una ciudad en llanura no debe estar cerca de la costa de mar, ni la que este en las montañas, muy lejos de ella." (Libro Cuarto, 2).

2. *Las calles y las plazas*

Sobre las calles de la ciudad, Alberti recomendaba que cuando llegaban a la misma debían ser rectas y anchas, aun cuando no debían dar directamente a las puertas. Dentro de la propia ciudad, consideraba mejor "que las calles no sean rectas, sino gentilmente ondulantes como un río que baña ahora aquí, ahora allí, de una orilla a la otra" (Libro Cuarto, 5).

En otro Libro de su obra, Alberti (Libro Octavo) hizo amplias referencias a las calles de las ciudades, de carácter monumental, las cuales debían estar elegantemente alineadas con pórticos, de iguales líneas, siendo las más importantes, las que daban a los puentes, esquinas, foros y edificios feriales.

Consideraba al *forum* como un cruce de calles agrandado, de manera que "el cruce de calles y el *forum* sólo difieren en tamaño. De hecho el cruce de calles es un forum pequeño" (Libro Octavo, 6).

En cuanto a las plazas en particular, Alberti señaló que:

> "La plaza puede servir de sitio de mercado para monedas y vegetales, para ganado o madera; cada tipo de plaza debe estar situado en su propio lugar dentro de la ciudad, y debe tener su propio ornamento.
>
> Los griegos hicieron sus plazas cuadradas; y las rodearon con dobles pórticos generosos, adornados con columnas y piedras; construyendo una galería en el piso superior. Aquí, en Italia, nuestras plazas tienen un ancho de 2/3 del largo; y en vista de que tradicionalmente han sido el sitio de espectáculos de gladiadores, las columnas de sus pórticos están más separadas...

En la actualidad preferimos construir el área del forum como un doble cuadrado..." (Libro Octavo, 6).

El tratado de *De re aedificatoria* puede considerarse como el primer tratado de arquitectura del Mundo Moderno, siendo el producto más acabado en la materia del Renacimiento, con influencias, sin duda, de la obra de Vitruvio, cuya estructura en diez libros imitó. Sin embargo, como se dijo, con visión de futuro más que del pasado, la obra de Alberti ejerció una influencia determinante en todos los artistas que le siguieron, siendo la gran figura de la arquitectura renacentista. Su obra, sin duda, igual que la de Vitruvio, tuvo una influencia decisiva en la concepción de la ciudad hispanoamericana.

En efecto, basta leer y releer las Instrucciones de poblamiento que desde 1513 hasta 1573 se fueron dando a los adelantados, y que se recogieron en las *Ordenanzas de Descubrimiento y Población* de Felipe II de ese año, para darse cuenta de la notable influencia que los escritos de Alberti y Vitruvio, y a través de ellos, de Hipócrates y Aristóteles, tuvieron en la redacción de esos textos.

Por lo que se refiere a la arquitectura y a la influencia de Vitruvio y Alberti, en todo caso, para cuando se publica la *Recopilación de Leyes de los Reynos de Indias* por Carlos II en 1680, la Academia de Arquitectura de París, el 14 de febrero de 1672 había señalado, al haberse sometido a deliberación cuál era la autoridad de Vitruvio y qué sentimientos debía tenerse sobre su doctrina, todos los académicos fueron de la opinión de que se le debía considerar como el primer y más destacado de todos los arquitectos, y que debía tener la principal autoridad entre todos ellos, por lo que su doctrina, admirable en general, debía ser seguida sin separaciones. La misma Academia de París, un mes más tarde, el 17 de marzo de 1672 señaló que después de Vitruvio, Alberti era el que más doctamente había escrito sobre arquitectura.

Esas obras, sin duda, penetraron en las Cortes españolas y permitieron que la gran empresa del poblamiento de Hispanoamérica, se hubiese hecho de manera ordenada, con instrucciones precisas conforme a la simetría y racionalidad que enseñaban.

V. EL IMPÁCTO DEL CONOCIMIENTO DE LA ARQUITECTURA RENACENTISTA EN LA CORONA ESPAÑOLA

No hay que olvidar, en efecto, que el Descubrimiento de América ocurrió en medio del Renacimiento, proceso que convencionalmente puede decirse que se inició a mitades del siglo XV, y que se consolidó siete décadas después, a partir de 1520. Si bien tuvo su centro de expansión en Italia por la preponderancia que adquirió el humanismo en la cultura italiana, se expandió por toda Europa, gracias a la posibilidad de acceder a los textos antiguos por la creación de bibliotecas en las principales ciudades, y a la invención de la imprenta. De ello resultó un sin número de ediciones de textos de los autores antiguos clásicos, con lo que los principales humanistas tuvieron a su disposición la posibilidad de ofrecer a los demás los conocimientos derivados de los textos de escritores antiguos, corregidos y enmendados por ellos.

En el mismo período coincidente con el descubrimiento y el inicio de la conquista de América, en España también se produjo un nuevo interés por las humanidades, precisamente como consecuencia del influjo humanista de Italia, a cuyas universidades habían asistido los grandes humanistas españoles, como Elio Antonio de Nebrija (1444-1522) y Hernán Núñez (1471-1522). Además, muchos italianos cultos fueron a enseñar a España en el último cuarto del siglo XV. El humanismo penetró entonces en la Corte, y durante el reinado de Isabel y Fernando el cargo de secretario de letras latinas fue ocupado por un erudito educado en Italia, Alonso Hernández de Palencia (1423-1492) y luego por Pedro Martyr de Anghleria (1459-1526), quien fue profesor de humanidades en la escuela aneja a la Corte creada con el objeto de mejorar la cultura de los miembros de la Casa Real. Además, fue uno de los primeros escritores sobre América.

Estos eruditos, además, enseñaron en las universidades más importantes, entre ellas Salamanca, donde dominaba la teología tomista. En 1508, además, el cardenal Cisneros, quien efectivamente gobernó el Reino después de la muerte de la reina Isabel en 1504, había fundado la Universidad de Alcalá de Henares, la cual se convertiría en el centro del humanismo cristiano hispánico. El entusiasmo por el humanismo en España se reflejó, también, por los libros impresos hasta 1520, en los que se ubican textos de los clásicos latinos y de humanistas italianos.

Entre las áreas del conocimiento renacentista de mayor importancia estaba, por supuesto, la arquitectura, la que se concibió como el "renacer" de la arquitectura antigua. Los mismos arquitectos de la época proclamaban que habían vuelto a la antigua forma de construir después de un largo período de decadencia, sometiéndose a las reglas de simetría y proporción y al sistema de los órdenes, aun cuando interpretando con libertad los preceptos clásicos. Ello implicó, en todo caso, la vuelta al uso de la regla, a las líneas precisas, a las fachadas rectilíneas e incluso, al abuso de los ángulos rectos en las esquinas, dando origen al plano regular que se convirtió en obligatorio para edificios y ciudades.

Todos esos elementos, y en particular los relativos a la ciudad, sirvieron a la Corona para diseñar el modelo de ciudad que se implantaría en América, el cual se fue transmitiendo a los Adelantados mediante instrucciones precisas, elaboradas por aproximaciones sucesivas a partir de 1513, y que culminaron con las Ordenanzas sobre descubrimiento y población de 1573.

SECCIÓN CUARTA. SOBRE CÓMO SE IMPLEMENTÓ EL MODELO URBANO DE LA CIUDAD COLONIAL EN HISPANO AMÉRICA

Desde el mismo inicio del proceso de conquista y dada la importancia jurídica de fundar ciudades o *civitas* en los espacios ocupados para la determinación del área de las gobernaciones de los adelantados, la Corona comenzó a idear el modelo urbano que debía implantarse, con orden, y a instruir a los conquistadores sobre la forma y el orden que se debía tener en el proceso de fundación de las mismas, tanto desde el punto de vista de la escogencia de los lugares y sitios adecuados, como desde el punto de vista de su diseño urbano regular. Para ello, todos los conocimientos disponibles derivados del Renacimiento se utilizaron de inmediato y se plasmaron en Instrucciones que se comenzaron a formular con cierta precisión a partir de 1513, con motivo de la expedición comandada por Pedrarias Dávila para la conquista de la Provincia de Castilla del Oro, y culminaron con las mencionadas *Ordenanzas sobre descubrimiento y población* otorgadas por Felipe II en 1573. Sesenta años bastaron para que un modelo de ciudad especialmente diseñado para América se hubiese ideado y aplicado en todo el Continente americano, lo que fue posible, sin duda, por la posibilidad que hubo de que todas las ideas renacentistas que paralelamente se estaban formulando por los humanistas de los siglos XV y XVI, penetraran en la Corte de los Reyes Católicos y luego, de Carlos V y Felipe II, y se plasmaran en Instrucciones reales del derecho indiano.

El texto de estas Instrucciones pone en evidencia, en todo caso, la enorme y directa influencia que en su redacción tuvieron los textos de Vitruvio y Alberti, entre otros.

I. LAS INSTRUCCIONES DADAS A LOS ADELANTADOS EN 1513, 1521 Y 1523 PARA POBLAR Y PACIFICAR EL TERRITORIO AMERICANO

Dada la necesidad jurídica de fundar pueblos para la determinación geográfica de las provincias, fue con ocasión del inicio de la conquista de Tierra Firme y con motivo de la adopción de las llamadas Leyes de Burgos de 1512 que se comenzaron a dar precisas instrucciones a los adelantados entre otras cosas, en relación con la forma de fundar los pueblos. En tal sentido, la *Instrucción dada por el Rey á Pedrarias Dávila, para su viaje a la Provincia de Castilla del Oro que iba á poblar y pacificar con la gente que llevaba,* en Valladolid, el 2 de agosto de 1513, es de la mayor importancia (*Instrucción de 1513*).

Las Instrucciones fueron otorgadas por Fernando el Católico (de Aragón), pues la reina Isabel ya había fallecido, por lo que no es descartable que en ellas hubiesen influido las concepciones aragonesas medievales sobre la ciudad que provenían tanto de las ciudades establecidas a partir del siglo XIII como de las ideas de Eiximenis.

Posteriormente, en 1521, esta vez por el rey Carlos I, se emitió una *Real Cédula de Población otorgada a los que hicieran Descubrimientos en Tierra Firme* en la cual, precisamente con motivo de las empresas descubridoras que ya se habían adelantado en el mar Caribe por Francisco de Garay, en la isla de Santiago; Diego Velásquez en Cuba, en Cozumel y Yucatán, y Juan Ponce de León, en la isla de Puerto Rico, el ya Emperador les concedió licencia para "poblar á vuestra costa é misión... con tanto que en la dicha población tengáis é guardéis la orden siguiente". Ello motivó, entonces, que se formularan con carácter general los principios de ordenación del poblamiento, que antes se habían formulado en particular para Pedrarias, y que rigieron el poblamiento en adelante materialmente en toda la América hispana (*Instrucción de 1521*).

Después de la conquista de la Ciudad de México en 1521 y de la designación de Hernán Cortés como gobernador y capitán general de Nueva España en 1522, en Valladolid, el 26 de junio de 1523, el Emperador formuló la *Instrucción para la población de la Nueva España, conversión de indios y organización del país*, dada a Hernán Cortés y que sirvió de guía para el poblamiento sucesivo de la Nueva España (*Instrucción de 1523*) en la cual se recogieron las normas y principios que ya habían sido establecidos en las Instrucciones anteriores

En todas estas Instrucciones, en las cuales puede apreciarse la influencia directa de la experiencia aragonesa y castellana de las nuevas pueblas y de los escritos de Eiximenis, Vitruvio y Alberti, se formularon un conjunto de ordenes y normas en materia de fundación de pueblos y ciudades, que fueron el origen del proceso de formulación jurídica del poblamiento lo que, en aproximaciones sucesivas, culminaría con las *Ordenanzas de Descubrimiento y Población* de Felipe II de 1573.

Los siguientes aspectos son los más notables de dichas Instrucciones de 1513, 1521 y 1523, en cuanto al proceso de poblamiento.

1. El nombre de los lugares y la atención de la evangelización

En la *Instrucción de 1513,* decía el Rey a Pedrarias, que llegados a la Provincia de Castilla del Oro, con la buenaventura, "lo primero que se ha de facer es poner nombre general á toda la tierra general, á las cibdades é villas é logares", y dar ''órden en las cosas concernientes al aumento de Nuestra santa fe é á la conversion de los yndios, é á la buena órden del servicio de Dios é aumento del culto divino..." (N° 5).

Con esta *Instrucción* se expresó formalmente la obligación de los adelantados de poner nombres a todos los sitios, lugares y pueblos que descubrieren o encontraren, lo que fue una característica específica de la conquista española al punto de que aún hoy se conservan muchos de los nombres dados inicialmente a los sitios (ríos, llanos, colinas, cerros, montañas, costas, bahías, islas, etc). Estas denominaciones, por otra parte, se debían informar a la Corona mediante *Relaciones* que los adelantados y gobernadores debían elaborar, en muchos casos, acompañadas de mapas generales de las respectivas provincias.

En la *Instrucción de 1521*, al igual que ocurrió en la dada a Pedrarias en 1513, se insistía en la necesidad de dar nombre a los lugares y de atender debidamente la empresa evangelizadora, así:

> "Primeramente, habéis de proveer que, llegados á cualesquier tierras é islas, en los términos é límites que caen en lo que ansí habéis descubierto con la buena ventura, lo primero es poner nombre á todas las ciudades, villas é logares que se hallaren é en la dicha tierra hobiere ó se

hiziere con grandísimo cuidado y vigilancia; y dar órden en las cosas concernientes y necesarias á la aumentacion de nuestra santa fe católica é á la conversion de los caciques é indios y á la buena órden del servicio de Dios y del culto divino."

Sobre el tema de dar nombres a los sitios y lugares, en la *Instrucción* dada a Hernán Cortés en 1523 se recogieron los mismos principios de las Instrucciones precedentes, así:

> "11. Item, juntamente con los dichos nuestros oficiales pondréis nombre general a toda la dicha tierra e provincias de ellas, e a *las ciudades, villas y lugares que se hallaren y en la dicha tierra hubiere*, en las cosas concernientes al aumento de nuestra santa fe católica a la conversión de los indios."

Conforme a estas instrucciones, por tanto, todo fue bautizado, comenzando por los lugares y ciudades. Pero para ello, en muchos casos predominó la tendencia a darle a las nuevas tierras los nombres de las regiones de España, y de allí surgió la isla La Española, Nueva España, Castilla del Oro, Nueva Andalucía, Nuevo Reino de Toledo, Nueva Galicia, Nueva Vizcaya, Nuevo León, Nueva Extremadura y Nuevo Reino de Granada. También se les dieron a las nuevas villas y ciudades los nombres de las ciudades de nacimiento de los fundadores en la Península, y de allí, por ejemplo, los nombres de las Méridas, los Trujillos, las Cuencas, las Sevillas y los Cáceres en varias partes del territorio americano. También fueron utilizados los nombres de los monarcas o de sus ministros, como sucedió con los nombres de Fernandina, Isabela, La Imperial, San Carlos de Austria o Fonseca; o los propios nombres de los propios fundadores de las ciudades, como Mendoza o Valdivia.

2. *La elección de puertos en la costa de la mar*

En virtud de que la expedición de Pedrarias era una empresa dirigida hacia la costa de la Tierra Firme, la Instrucción precisó en particular a lo que debía atenerse el adelantado en cuanto a los asientos que se hicieran en la costa del mar. Así, en el N° 6 de la *Instrucción* de 1513 se le indicó a Pedrarias, lo siguiente:

> "6° Una de las principales cosas en que habéis mucho de mirar, es en los asientos ó logares que allá se hobieren de asentar: lo primero es ver en cuántos logares es menester que se fagan asientos en la Costa de la Mar, para se guardar la navegación é para mas seguridad de la tierra; que los que han de ser para se guiar la navegación, sean en puertos que

> los navíos de acá de España fueren, se puedan aprovechar dellos en refrescar e tomar agua, é las otras cosas que fueren menester para su viaje."

La escogencia del lugar para un puerto, por tanto, requería que se tuvieran en consideración tanto las necesidades de la navegación como la seguridad de la tierra, debiendo tratarse de sitios en los cuales pudiera guiarse fácilmente la navegación, se pudieran fondear los barcos y hubiera agua dulce y provisiones.

Respecto de la escogencia de sitios en la costa para la ubicación de pueblos, en la *Instrucción* de 1513 también se daban indicaciones sobre su calidad desde el punto de vista de la salud, el comercio y del trabajo, así:

> "así en el logar que agora está fecho, como en los que de nuevo se ficieren, se ha de mirar que sean en sitios sanos é non anegadizos, é donde se puedan aprovechar de la Mar para cargo e descargo, sin que haya trabajo é costa de llevar por tierra las mercaderías que de acá fueren."

Un pueblo en costa de mar, por tanto, debía ubicarse en un sitio sano y particularmente no anegadizo ni pantanoso; y con una calidad tal que pudiera servir de punto de carga y descarga de los navíos, con el menor trabajo posible, a fin de llevar los bienes a sus destinos sin tener que hacer largos recorridos por tierra.

En relación con los asientos en la costa del mar, en la *Instrucción de 1521*, repitiéndose lo que se había establecido en la Instrucción de 1513 a Pedrarias, se decía:

> "Una de las cosas principales, en que habéis mucho de mirar, es en los asientos de los logares que allá se hubiesen de fazer y sentar lo primero es ver cuantos logares es menester que se hagan asiento en la costa de la mar, para seguridad de la navegación y para seguridad de la tierra; que los que han de ser para asegurar la navegación, sean en tales puertos, que los navíos, que de acá de España, fueren, se puedan aprovechar dellos en refrescar de agua y las otras cosas que fueren menester para su viaje, ansí en el logar que agora están fechos, como en los que de nuevo se hizieren."

En todo caso, en la *Instrucción de 1521* también se insistía en la necesidad de velar por la calidad de los sitios, así "se ha de mirar que sea en sitios sanos y no anegadizos, y donde se pueda aprovechar de la mar para cargo y descargo, sin que haya trabajo é costa de llevar por tierra las mercaderías que de acá fueren".

En la *Instrucción* dada a Cortés en 1523 también se exigía prestar mucha atención en cuanto a la elección de los sitios, así "una de las mas principales cosas que habéis de mirar mucho, es en los asientos de los lugares que allá se hubieren de hacer y asentar de nuevo".

Con base en ello, también se formulaban recomendaciones siguiendo las mismas orientaciones que en las Instrucciones precedentes según se tratase de asientos en la costa del mar o en el interior.

En cuanto a los asientos en costa de mar, la *Instrucción de 1523* a Cortés también señalaba:

> "Lo primero, es ver en cuantos lugares es menester que se hagan asientos en la costa de la mar para seguridad de la navegación y para seguridad de la tierra; y los que han de ser para asegurar la navegación, sean en tales puertos que los navíos que de acá de España fueren se puedan aprovechar de ellos en refrescar de agua e de las otras cosas que fueren menester para su viaje. E si en el lugar que agora están hechos, como en los que de nuevo se hicieren, se ha de mirar que sean en sitios sanos y no anegadizos y de buenas aguas y de buenos aires y cerca de montes y de buena tierra de labranzas, e donde se puedan aprovechar de la mar para cargar e descargar, sin que haya trabajo e costa de llevar por tierra las mercaderías que de aca fueren."

3. La elección de los sitios en el interior y sus calidades para el asentamiento de pueblos

Pero el sitio de las poblaciones no sólo debía escogerse en las costas del mar, sino que, particularmente, por razones de explotación minera, los centros poblados también debían ubicarse en tierra adentro, para lo cual, en el mismo N° 6 de la *Instrucción* de 1513 sobre la elección de los sitios según fueran en la costa o tierra adentro, se daban instrucciones precisas para los asentamientos.

En los casos en los cuales los asentamientos de pueblos se ubicasen en el interior del territorio, particularmente por el interés minero, en la *Instrucción de 1513* se exigía que estuviesen en riberas de ríos para facilidad del transporte, así:

> "é si por respeto de estar más cercanos á las minas se hobieren de meter la tierra adentro, débese mucho mirar que por alguna rivera, se puedan llevar las cosas que de acá fueren desde la Mar fasta la población, porque non habiendo allá bestias, como non las hay, sería grandísimo trabajo para los hombres llevarlo acuestas, y ni los de acá, ni los yndios non lo podrían sufrir; y que sean de buenas aguas é de buenos aires é cerca de montes é de buena tierra de labranza; é destas cosas, las que más pudiere tener."

La exigencia, por tanto, era múltiple. En primer lugar, ya se constataba como en efecto era así, que en América no había bestias de carga, por lo que se exigía que el pueblo estuviese cerca de la ribera de un río, por cuyas aguas pudieran transportarse desde el mar los bienes y objetos necesarios, y evitar así que los mismos tuviesen que ser transportados a cuestas, por los hombres, españoles o indios. Por ello, materialmente todos los pueblos y villas situados en el interior de los territorios de América hispana, se asentaron a orillas de los ríos. En segundo lugar, se exigía que en el sitio escogido para asentar el pueblo se constatara que las aguas fueran buenas, y que el lugar tuviera buenas brisas, cerca de montes, y además, existieran tierras de labranza, tal como se planteaba en las obras de Santo Tomás, de Eiximenis y de Vitruvio.

En cuanto a los sitios en tierra adentro, en la *Instrucción de 1521*, al igual que en la *Instrucción* a Pedrarias de 1513, se decía:

> "Y si por respeto de estar más cercanos á las minas se hobiere de meter la tierra adentro, débese mucho mirar que por alguna ribera se puedan llevar las cosas que de acá fueren, desde la mar hasta la población; porque no habiendo allá bestias, sería grandísimo el trabajo para los hombres llevarlo á cuestas, y ni los de acá ni los de allá lo podrán sofrir."

En relación con la calidad de los sitios, en la *Instrucción de 1521*, al igual que en la dada a Pedrarias, también se insistía: "Y los dichos asientos, se ha de mirar que sean de buenas aguas y de buenos aires, y cerca de montes, y de buena tierra de labranza; y destas cosas las que mas pudieren tener".

En cuanto a los asientos en tierra adentro la *Instrucción* a Cortés de 1523, también indicaba lo siguiente:

> "e si por respeto de estar más cercano a las minas se hubiere de meter la tierra adentro, débese mucho mirar que sea en parte que por alguna ribera se pueda llevar las cosas que de acá fueren desde la mar hasta la

población, porque no habiendo allá bestias, como no las hay, será grandísimo el trabajo para los hombres llevarlos a cuestas, que ni los de acá ni los indios lo podrán sufrir. E de tener estas cosas susodichas las que más pudieren tener se deben procurar.

4. La necesaria preservación de los pueblos de indios

Fue en la Instrucción de 1523 dada a Hernán Cortés, donde se comenzó a prestar atención a los pueblos existentes, reconociéndose la realidad del mundo azteca en el sentido de que había muchos indios congregados en pueblos, por lo que se instruía que debía procurarse mantenerlos y conservarlos con su propia organización, así:

> "2. Asimismo, por las dichas causas parece que dichos indios tienen mucha razón, para vivir política y ordenadamente en sus pueblos que ellos tienen, habéis de trabajar, como lo hagan así y preserven en ello, poniéndolos en buenas costumbres y toda buena orden de vivir."

Esta circunstancia de que en la Nueva España los indios estaban habituados a la vida urbana, hizo que el desarrollo de los pueblos de indios se hiciera en forma distinta a las reducciones que se desarrollaron en las islas antillanas o en otras partes de Tierra Firme, por ejemplo, donde la población indígena estaba dispersa. Por ello, muchas ciudades españolas en Nueva España se establecieron sobre lo que eran ciudades indígenas, como fue el caso de Cholula.

5. El repartimiento de solares y de heredades

Uno de los aspectos más importantes de la conquista que se encomendaba a los adelantados mediante Capitulación, y que realizaban a sus propias expensas, era que el reclutamiento de las huestes se debía hacer siempre bajo promesa de repartimiento no sólo de parte del botín que se descubriese, sino de tierras para poblar y para cultivar. Se trataba de empresas colonizadoras para lo cual debían entregarse a los colonos pobladores los solares necesarios para hacer sus casas, y heredades para cultivo. En esta forma, en el N° 7 de la *Instrucción* de 1513 se indicaba la forma como debía hacerse el repartimiento de tierras en los pueblos, de la siguiente manera:

> "Vistas las cosas que para los asientos de los logares son nescesarias, e escogido el sitio más provechoso y en que incurren más de las cosas que para el pueblo son menester, habéis de repartir los solares del

logar para facer las casas, y éstos han de ser repartidos segund las calidades de las personas."

En cuanto al repartimiento de heredades, este debía ser equitativo, pero según la importancia de cada colono. Así se señalaba:

> "así mesmo se han de repartir los heredamientos segund la calidad e manera de las personas, e segund lo que sirvieren, así les creced en heredad, y el repartimiento ha de ser de manera que á todos quepa parte de lo bueno e de lo mediano e de lo menos bueno, segund la parte que á cada uno se le hobiere de dar en su calidad; e porque los primeros que allá pasaron con Hojeda e Nicuesa e Enciso han pasado mucho trabajo e fambre e nescesidad, á Hojeda e á ellos se les ha de facer mejoría en repartimiento, á él como á Capitan, e á ellos como á vecinos en el logar que está fecho, si por alguna cabsa de más comodidad se hobiere de mudar, ó si non se mudare en él".

En la *Instrucción* de 1521, también se reguló lo concerniente al repartimiento de solares y heredades, así:

> "Vistas las cosas que para los asientos de los lugares son necesarias, y escogido el sitio mas provechoso y en que incurren más de las cosas que para el pueblo son menester, habéis de repartir los solares del logar, para hazer las casas. Y estos han de ser repartidos, segun las calidades de las personas a quien se dieren y lo que cada uno hobiera servido."

Más adelante se señalaba el mismo principio del repartimiento equitativo de heredades, de manera que cada cual tuviese parte de la tierra buena, de la mediana y de la menos buena, así:

> "Asi mesmo se han de repartir los heredamentos, é segun la calidad é manera de las personas; é segun lo que sirvieren; ansi les creced en heredad. Y el repartimiento ha de ser de manera, que á todos quede de lo bueno y de lo mediano y de lo menos bueno, segun la parte que cada uno se le hobiere de dar en su calidad."

En cuanto al repartimiento de solares en las villas y de heredades para el cultivo, en la *Instrucción* a Cortés de 1523, ello también se regulaba con detalle así:

> "12. Vistas las cosas que para los asientos de los lugares son necesarias y escogidas, y el sitio más provechoso e que incurran más de las

> cosas que para el pueblo son menester, habéis de repartir los solares del lugar para hacer las casas, y estos han de ser repartidos según la calidad de las personas."

En particular en cuanto al repartimiento de heredades, en la *Instrucción* de 1523 se incorporó por primera vez la distinción entre las "caballerías" y las "peonías", que eran los nombres para las heredades destinadas a los de a caballo y a los peones, así:

> "ansi mismo se han de repartir los heredamientos según la calidad y manera de las personas y según lo que hubieren servido asi los creced y mejorad en heredad, repartiéndolas por peonías o caballerías y el repartimiento ha de ser de manera que a todos quepa parte de lo bueno y de lo mediano y de lo menos bueno, según la parte que a cada uno se le hubiere de dar en su calidad."

Por otra parte, también aparece en forma expresa en la Instrucción de 1523, la misma exigencia de la obligación de residencia para la consolidación de la propiedad sobre las heredades, pero extendida por un período de cinco años, así:

> "13. E a las personas y vecinos que fueren recibidos por vecinos de los tales pueblos, les déis sus vecindades de caballerías o peonías, según la calidad de la persona de cada uno; residiéndola por cinco años le sea dada por su vida la tal vecindad, para disponer de ella a su voluntad como es costumbre; al repartimiento de las cuales dichas vecindades y caballerías que se hubieren de dar a los tales vecinos, mandamos que se halle presente el Procurador de la ciudad o villa donde se le hubiere de dar y ser vecino."

6. El orden de la población y su crecimiento ordenado

Con la *Instrucción* a Pedrarias de 1513, como se dijo, se inició la formulación de reglas para el establecimiento de los pueblos de manera ordenada con el objeto de asegurar su crecimiento ordenado; reglas que se fueron perfeccionando por aproximaciones sucesivas en las décadas siguientes, de manera que como lo decía el plano de Santiago de León de Caracas levantado por el gobernador Juan de Pimentel "desta suerte ba todo el pueblo edificandose". Hasta cuando se dictó la Instrucción dada a Pedrarias, los pueblos que se habían fundado en la isla La Española y en las otras islas del Caribe y en Tierra Firme, puede decirse que en su inicio no tuvieron una forma urbana ordenada y reticular, ni siquiera en el caso de Santo Domingo, la cual sin embrago como todas posteriormente fue objeto de un trazado regular. En todo caso, las Instrucciones dadas a partir de 1513, contribuyeron al desarrollo de esa forma ordenada en todas las poblaciones, incluso en la reordenación de los pueblos y villas que habían sido fundados en las islas antes de esa fecha.

Ahora bien, en cuanto a las Instrucciones de 1513, en su redacción se aprecia, por supuesto, la influencia directa de Vitruvio y de Alberti, y con ellos, todas las ideas de orden y simetría que conformaron el Renacimiento en la arquitectura.

En efecto, en el mismo N° 7 de la *Instrucción* de 1513 se ordenaba que en el repartimiento de solares, estos fueran "*de comienzo dados por órden*", agregándose:

> ""por manera que fechos los solares, el pueblo parezca ordenado, así en el logar que se dejare para plaza, como el logar en que hobiere la iglesia, como en la órden que tovieren las calles; porque en los logares que de nuevo se facen dando la órden en el comienzo, sin ningud trabajo ni costa quedan ordenados, e los otros jamás se ordena."

De esta *Instrucción* dada a Pedrarias Dávila, resulta claramente la idea del orden que debía tenerse en el establecimiento de los pueblos, para que fundados en forma ordenada, en el futuro pudieran sin esfuerzo seguir desarrollándose en forma ordenada a medida que se fueran agrandando. El orden debía entonces prevalecer en cuanto al sitio para el asiento de la plaza mayor, y en el de la iglesia, que debía estar próximo a la plaza. Además, el orden debía guiar el diseño de las calles; y ese orden sólo podía resultar de la forma reticular.

En todo caso, el modelo urbano adoptado formalmente a partir de 1513, reflejado rápidamente en la traza de Santo Domingo, y que guió el diseño de la casi totalidad de los pueblos, villas y ciudades de América, por tanto, gravitó en torno a los tres elementos urbanos esenciales mencionados en la Instrucción: El primero, la plaza, que era lo que debía establecerse inicialmente, siendo el elemento principal, y cuya forma debía hacer parecer el pueblo como ordenado. Por supuesto, no había otra forma ordenada que no fuera la forma cuadricular o rectangular, en todo caso, reticular, con lados rectos. El segundo, la iglesia que debía ubicarse también en un sitio ordenado, fuera del área de la plaza, pero en un lugar principal, que en general fue en una de las manzanas ubicadas a un costado de la plaza. Y el tercero, las calles que debían también tener orden, es decir, diseñarse ordenadamente, y no había otra forma para el orden de las calles, cuando debían partir de la plaza reticular, que no fuera su trazado en líneas rectas, formando ángulos rectos en los cruces entre ellas, y manzanas o cuadras de terreno, donde se ubicaban los solares a ser repartidos, también ordenadamente.

La plaza, la iglesia y las calles, por tanto, configuraron el modelo urbano latinoamericano, y este se siguió uniformemente en todas partes. Correspondió así a Alonso García Bravo, quien había llegado a América en la expedición de Pedrarias, haber comenzado a implantar el modelo. A él, incluso, se le atribuye haber diseñado la planta de la ciudad de Santo Domingo en La Española y fue a éste alarife a quien Pedrarias, en 1519, le habría encomendado el trazado de las ciudades de Panamá y Natá; y Hernán Cortés, el diseño de la Villa Rica de la Vera Cruz y la reconstrucción de Ciudad de México, además de la planta de Oaxaca.

En todo caso, la parte de mayor interés en la *Instrucción* de 1521, conforme a la orientación de la *Instrucción* a Pedrarias Dávila de 1513, también era la relativa al orden regular que debía tener la población para asegurar su crecimiento ordenado, expresada así:

> "Y desde el comienzo se han de dar y comenzar por órden, por manera que fechos los solares, el pueblo parezca ordenado, ansi en el lugar que se dexare para plaza, como el lugar en que hobiere de ser la Iglesia, como en la órden que tuvieren los tales pueblos en los servicios y edificios públicos. Porque en los lugares que de nuevo se hazen, dando la órden en el comienzo, sin ningún trabajo ni costa quedan ordenados; y los otros jamás se ordenan."

El orden urbano, por tanto, si se establecía desde el inicio, luego se desarrollaba sin esfuerzo adicional. Eso fue lo que sucedió por ejemplo en Buenos Aires, donde la cuadrícula fue repetida sin límites en la llanura circundante. Se trata de un principio elemental de la planificación urbana que puede decirse que se aplicó con la forma reticular para el diseño y crecimiento de todas las ciudades hispanoamericanas hasta comienzos del siglo XX. Ello se puede observar de los planos casi idénticos de Caracas de 1801 y de 1909, y en el plano de la misma ciudad de 1929 donde se aprecia un crecimiento reticular aun cuando con cuadras más pequeñas. El principio se abandonó, sin embargo, al invadir el modernismo el diseño de las ciudades.

Los solares, decía al igual que las anteriores la *Instrucción* de 1523, debían desde un comienzo ser repartidos por orden, para que el pueblo apareciera ordenado y siempre lo fuera. Decía:

> "y sean de comienzo dadas por orden, de manera que hechas las casas en los solares, el pueblo parezca ordenado, así en el lugar que dejaren para la plaza, como en el lugar que hubiere de ser la iglesia, como en la orden que tuvieren los tales pueblos y calles de ellos; porque en los lugares que de nuevo se hacen, dando la orden en el comienzo, sin ningún trabajo ni costa quedan ordenados, y los otros jamás se ordenan."

En esta forma, en los planos iniciales de ciudades hispanoamericanas, aparece el reparto de solares en las cuadras de la ciudad, incluso con la indicación de los nombres de los pobladores.

7. La iglesia

Dado el carácter evangélico de la conquista, de acuerdo con la Instrucción, en la traza de los pueblos y su desarrollo posterior, lo primero que debía construirse era la iglesia. La *Instrucción* decía, "y en lo que de nuevo se ficieren la más principal cosa e que con más diligencia se ha de facer, es la iglesia, porque en ella se faga todo el servicio de Dios que se debe facer".

En cuanto a la ubicación de la iglesia en relación con la plaza, sin embargo, nada se precisaba sobre su ubicación en relación con la plaza; y nada se decía de su orientación, aun cuando conforme al rito vigente para el sacrificio de la misa en el siglo XVI, la fachada debía orientarse hacia el oeste y el ábside hacia el este, como sucedió con casi todas las iglesias coloniales que se ubicaron al este de la plaza mayor.

8. Recomendación general del orden

La *Instrucción de 1521* terminaba con una recomendación general del orden que una vez seguido, evitaría trabajos sucesivos innecesarios:

> "Habéis de procurar con todo cuidado de tener fin en lo de los pueblos que hizierdes en la tierra adentro, que los hagáis en parte é asientos que os podáis aprovechar dellos para poder hazellos. Y porque desde acá no se os puede dar regla ni aviso particular por la manera que se ha de tener en hacerlo, sino la esperiencia de las cosas que de allá sucedieren os han de dar la avilanteza y aviso de como y cuando se ha de hacer. Solamente se os puede dezir esto generalmente: que procuréis con mucha instancia y diligencia y con toda la brevedad que pudiérdes, de certifica-

ros dello, y certificado ques ansi verdad, á todas las cosas, que ordenárdes y hiziérdes, las hagáis y determinéis con pensamiento que os han de servir y aprovechar para aquello. Porque habrá mucho de lo que agora sin ninguna costa ni trabajo les podéis hazer, porque no costará más sino determinarlas que se hagan de la parte que sean provechosas, como se habia de hazer en otra parte que no lo fuesen, de donde si, despues los hobiérdes de mudar para este propósito, será muy trabajoso, y algunos tan dificultosos, que serian imposibles."

Conforme a estas Instrucciones, por ejemplo, puede decirse que Juan Ponce de León, quien como se dijo había fundado el pueblo de Capana en 1508 en la isla de Puerto Rico, dispuso el traslado de la ciudad en 1521 al sitio de la "ysleta" que hoy ocupa San Juan de Puerto Rico, con un trazado reticular, con manzanas rectangulares.

En la *Instrucción* dada a Cortés, al igual que en la Instrucción General de 1521, también se formularon recomendaciones generales sobre el orden, así:

> "15. Habéis de procurar con todo cuidado de tener fin en los pueblos que hicieren en la tierra adentro, que los hagáis en parte y asiento que os podáis aprovechar de ellos para poder hacerlo. Y porque desde acá no se puede dar regla particular para la manera que se ha de tener en hacerlo sino la experiencia de las cosas que de allá sucedieren, os han de dar la abilanteza e aviso de cómo y cuándo se han de hacer; solamente se os puede decir esta generalmente: que procuréis con mucha instancia y diligencia y con toda brevedad que pudiéredes certificaros de ello y certificado que es ansi verdad, todas las cosas que ordenáredes e hiciéredes, las hagáis y determinéis con pensamiento que os ha de servir e aprovechar para aquello, porque habrá mucho de ello que agora sin ninguna costa ni trabajo lo podéis hacer, porque no costará más sino determinar lo que se haga de la parte que sea provechosa, como se había de hacer en otra parte que no lo fuese, de donde si después la hubiésedes de mudar para este propio sería muy trabajosa cosa y algunas tan dificultosas que serían imposibles."

II. LA CULMINACIÓN JURÍDICA DE LA ORDENACIÓN DEL PROCESO DE POBLAMIENTO EN AMÉRICA: LAS ORDENANZAS DE DESCUBRIMIENTO Y POBLACIÓN DE FELIPE II DE 1573

1. El orden que se ha de tener en descubrir y poblar

El punto culminante de la formulación jurídica del modelo urbano y del proceso de poblamiento y de formación de ciudades en América Hispana, que se inició mediante Instrucciones dadas a los adelantados y gobernadores con motivo de cada empresa o, en general, durante la primera mitad del siglo XVI, lo constituyeron las *Ordenanzas de Descubrimiento y Población dadas por Felipe II en el Bosque de Segovia,* el 13 de julio de 1573, en las que se establecen con precisión las reglas e instrucciones relativas a la forma urbana regular y reticular de la ciudad americana, en lo que se puede considerar como el primer cuerpo orgánico de normas jurídicas sobre ordenación urbana que se haya dictado jamás. En ellas, se les precisó a los adelantados, "el orden que se ha de tener en descubrir y poblar".

Las Ordenanzas, ante todo, ratificaron el carácter de la empresa descubridora como una política y derecho exclusivo de la Corona, aun cuando realizada por particulares. Por ello, el artículo primero comenzó por asegurar el control absoluto de la empresa indiana a la Corona, lo cual ya se había establecido claramente desde la Orden Real dada en Granada el 3 de septiembre de 1501, en el sentido de que nadie podía hacer nuevos descubrimientos sin la obtención previa de una licencia. De allí la advertencia del artículo 1° de las Ordenanzas a quienes se atrevieran a realizar expediciones de descubrimiento, nueva población o pacificación sin expresa licencia de las autoridades facultadas para otorgarlas, que se les castigaría con la pena de muerte y de perdimiento de todos los bienes.

A tal efecto, se facultaba a las autoridades civiles y eclesiásticas a celebrar Capitulaciones de descubrimientos y pacificación, con la condición de que luego las remitieran al virrey o a la Audiencia para que éstos, a su vez, las mandaran al Consejo de Indias el cual, en últimas instancia, era el único capacitado para otorgar la licencia definitiva (Art. 2).

En todo caso, la licencia para hacer nuevas poblaciones estaba condicionada a que estas se hiciesen "*guardando la orden* que en el hazerlas se manda guardar por las leyes de este libro".

A los efectos de formalizar la tarea descubridora y asegurar el dominio de la Corona, los artículos 13 y 14 establecieron que tanto en los descubrimientos por mar y por tierra, la toma de posesión que debía efectuarse, apenas llegados a lo nuevamente descubierto, se debía realizar en nombre de los reyes de Castilla, *con todas las formalidades inherentes al caso, y ante escribano público que debía levantar el acta correspondiente.* En dicha acta se debían incluir los nombres que los descubridores pusieren a las diversas provincias, tierras, montes y ríos principales que fueran encontrando y ciudades que fueren fundando.

Para guiar esa empresa de la Corona, realizada por particulares a sus expensas, fue necesario idear y promulgar todo un conjunto de normas, algunas dirigidas a determinados adelantados, otras formuladas en forma general, que orientasen y guiasen la tarea de descubrir y particularmente de poblar, a cargo de adelantados dispersos en toda América. Esas normas e instrucciones, precisamente, y por agregaciones sucesivas, culminaron con la elaboración de las *Ordenanzas* de Felipe II de 1573, cuya parte más importante con relación a la forma urbana, es la relativa a las instrucciones sobre *el orden que se ha de tener en descubrir y poblar*, por supuesto, aplicables a las Nuevas Poblaciones, y donde se evidencia toda la influencia renacentista antes indicada. Esta es la parte que nos interesa destacar de las Ordenanzas contenidas en los artículos 32 al 137.

2. *Las normas sobre el sitio y ubicación de las poblaciones*

A. *La elección de los sitios*

Las *Ordenanzas* establecieron las pautas que debían tomar en cuenta los adelantados para elegir los sitios de ubicación de las poblaciones, con normas relativas a la salubridad, al abastecimiento y a la ubicación.

a. Principios relativos a la salubridad

Los artículos 34 al 37 de las Ordenanzas establecieron las pautas generales para la elección de los sitios más convenientes para asentar las poblaciones, recomendándose escoger comarcas saludables, esto es, aquéllas en que se encontrasen hombres de edad avanzada, así como hombres sanos y fuertes y de buen color; animales sanos y de buen tamaño; buenos frutos y mantenimientos. Donde no hubiera cosas venenosas, y donde el cielo fuera claro y el aire puro y suave; el clima agradable, sin mucho frío o calor y, en todo caso, que fuera más frío que caliente. Como lo dice el artículo 34: "...de buena y felice costelación el cielo claro y begnino (sic) el ayre puro y suaue sin ympedimiento ni alteraciones y de buen temple sin excesso de Calor o frio y hauiendo de declinar el mejor que sea frio".

Estas normas, sin duda, tienen su antecedente directo en la obra de Santo Tomás, *De Regimene Principum* (Gobierno de los Príncipes), en cuyo Libro II, Capítulos I y II se encuentra la misma fraseología de las Ordenanzas. El primero de los Capítulos estaba destinado a "Cómo los reyes han de fundar ciudades para alcanzar fama, y que se debe elegir para ello sitio templado y las comodidades que de esto se siguen, y las incomodidades de lo contrario"; y el segundo destinado a "Cómo deben los reyes y príncipes elegir las regiones para fundar ciudades o castillos, y que debe ser de aire saludable y muestra en qué se conoce el serlo".

b. Principios relativos al abastecimiento

Por otra parte, el artículo 35 exigía que las tierras resultasen fértiles, con abundancia de frutos y de pastos para el ganado, así como de montes con árboles que proporcionasen leña en abundancia y material para la construcción; que se tuviera cuidado de tener cerca agua suficiente para el consumo y para los regadíos, procurando que hubiera buenas salidas y entradas de mar y tierra, y pueblos de indígenas suficientemente cerca para poder evangelizarlos.

B. La ubicación de los pueblos

Una vez elegido el sitio que reuniera la mayor cantidad de ventajas para fundar la nueva población, se debía proceder a fijar el lugar que correspondería tanto a la cabecera como a los sitios que le debían estar sujetos, procurando hacerlo sin perjuicio de los indios. De cualquier modo, estos lugares debían tener siempre cerca el agua, los materiales, las tierras de labranza y cultivo, así como los pastos. (Arts. 38 y 39).

Una vez que se hubieren escogido los lugares para las cabeceras, se debían señalar los de los pueblos dependientes para estancias, chácaras y granjas, igualmente sin perjuicio de los indios (Art. 42).

a. La altitud de los lugares

No se debían escoger lugares muy altos por el problema que representaba tanto el viento como el acarreo de cosas; ni muy bajos, ya que resultaban enfermizos. De preferencia debían elegirse lugares medianamente levantados, que recibieran el aire del norte y del mediodía. En caso de tener sierras o cuestas cercanas, éstas debían quedar al poniente y al levante, y si por alguna causa debía edificarse en lugares altos, se hiciese en sitios donde no estuviesen sujetos a nieblas (Art. 40).

b. Los pueblos interiores en la ribera de ríos

De preferencia se recomendaba que las poblaciones interiores se levantasen a la orilla de algún río que fuera navegable, dejando la ribera baja para los oficios que arrojaren inmundicias (Art. 123).

Si el lugar escogido se encontrase a la orilla del agua, debía tenerse cuidado de que quedase de tal forma que a la salida del sol los rayos pegasen primero en la población y no en el agua (Art. 40).

c. Los pueblos costeños

Por otra parte, se recomendaba alejarse de las costas por el peligro que representaban los constantes ataques de corsarios y por las enfermedades que en esos lugares abundaban, así como porque eran sitios que se prestaban al ocio. La excepción admisible era que se tratase de puertos principales, necesarios para la entrada, defensa y comercio de las tierras (Art. 41).

Todas estas normas referidas al sitio y ubicación de las poblaciones, por ejemplo, se formularon dos siglos antes que las consideraciones que aparecieron en la mencionada obra de A. Ribeiro Sánchez, *Tratado de la conservación de la salud de los pueblos y consideraciones sobre los terremotos* (1781, donde señaló que:

"El sitio más adecuado para conseguir ambos fines (la conservación de los habitantes y su comodidad) será el que estuviere más expuesto al oriente, donde haya aguas vivas y corrientes, al cual se pueda llegar por muchas partes a un tiempo, a fin de que puedan entrar embarcaciones y carruajes, así en verano como en invierno; que no sea ni húmedo por extremo, ni árido como las peñas; que le ventilen antes los vientos fríos, cuales son los de levante y norte, que no los del sur y poniente, que suelen ser húmedos y calientes."

3. Las normas sobre el repartimiento de las tierras

A. La propiedad pública de las tierras y la concesión en propiedad a los pobladores

Las tierras de las Indias conforme al derecho castellano eran consideradas como pertenecientes a la Corona. Por tanto, originalmente los particulares solo podían poseerlas, por gracia real, en virtud de Cédula especial o de las normas de las Capitulaciones.

El repartimiento constituyó así, el título jurídico, sujeto a normas de permanencia luego de un plazo, para que se originara la propiedad personal. Es decir, el repartimiento si bien fue el título originario para adquirir en propiedad tierras en las Indias, sin embargo, no era suficiente para adquirir el pleno dominio, pues era necesario cultivar la tierra o residir en ella en un lapso de tiempo de entre 4 a 8 años. Estas normas, sin duda, tienen sus antecedentes en los fueros medievales de las ciudades castellanas y aragonesas, y en las experiencias del poblamiento como consecuencia de la Reconquista.

Una de las atribuciones de los adelantados, concedidas en las Capitulaciones, fue la de repartir tierras y solares. Lo mismo podían los virreyes, gobernadores en los territorios de nuevo descubrimiento y población, lo cual en este caso debía ser confirmado por la Corona.

B. El reparto del terreno

En el término y territorio del pueblo, debía repartirse la tierra así:

En primer lugar debía determinarse lo que fuera necesario para los solares del pueblo; para los ejidos necesarios y dehesas en las cuales pudiera pastar abundantemente el ganado de los vecinos.

En cuanto a las otras tierras, dentro del territorio y término de la ciudad, debían dividirse en cuatro partes: una de ellas para el fundador del pueblo "el questa obligado a hazer el dicho pueblo" (Art. 91); y las otras tres partes para ser repartidas en treinta suertes para los 30 pobladores del lugar.

C. El repartimiento de solares a particulares

Salvo los solares en la plaza mayor para la iglesia y las casas reales, el resto de los solares se debían repartir a suerte entre los pobladores, comenzando a partir de la plaza mayor.

Con esto se iniciaba el proceso de apropiación privada del suelo urbano. Los terrenos adyacentes a la plaza mayor, se repartían entre los más destacados de las huestes conquistadoras y pobladoras; y el resto de los solares se iba repartiendo por el adelantado fundador de acuerdo a la categoría social de los pobladores.

En todo caso, los solares que quedaren vacantes se debían reservar a la Corona, para repartirlos entre las personas que de nuevo fueren llegando. Sin embargo, de preferencia se recomendaba al adelantado llevar la planta de la población ya hecha (Art. 127).

Así el artículo 127 de las Ordenanzas, para los futuros repartimientos de solares señalaba que "para que se acierte mejor llebesse siempre hecha la planta de la población que se oviere de hazer".

En esta forma, se aseguraba que la ciudad siguiese creciendo ordenadamente de acuerdo con la planta reticular.

D. La obligación de ocupar el suelo

Una vez hecha la planta y repartidos los solares, cada poblador, en la parte que se le hubiere asignado, debía proceder a instalar el toldo que para ello le hubiere solicitado el capitán. El que no lo llevare, haría su rancho de los materiales que hubiere en la región. Con la mayor prontitud, todos debían cooperar a hacer palisadas en cerco de la plaza, de manera que quedase protegida de los ataques de los indios (Art. 128). Como textualmente lo exigía el artículo 128:

> hauiendo hecho la planta de la poblacion y repartimiento de solares cada vno de los pobladores en el suyo assienten su toldo si lo tuuiere para lo qual los capitanes les persuadan que los lleben y los que no los tuuieren hagan su rancho de materiales que con facilidad puedan auer donde se puedan recoger y todos con la maior presteca que pudieren hagan alguna palicada, o tanches (sic) en cerco de la plaça de manera que no puedan rrecibir daño de los Indios y naturales.

E. El repartimiento equitativo de tierras

En cuanto a las tierras de cultivo, al hacerse los repartimientos debía procurarse que a todos correspondiese "parte de lo bueno e de lo mediano e de lo menos bueno", y debían hacerse sin agravio para los indios, es decir, que no se le quitasen las tierras que pudieran tener; sin perjuicio de terceros y sin que significara concesión de facultades jurisdiccionales sobre los habitantes de la tierra adjudicada ni de propiedad, sobre las minas que existieren o descubrieren.

F. Las peonías y las caballerías

De acuerdo con las *Ordenanzas,* las tierras se debían repartir entre los nuevos pobladores, clasificadas en *peonías* y *caballerías,* denominación de origen medieval: las peonías eran las tierras que se otorgaban a los infantes o peones y las caballerías a los caballeros.

Las *peonías* eran solares de 50 pies de ancho por 100 de largo; 100 fanegas de tierras de labor, de trigo o cebada; 10 de maíz; 2 *huelras* de tierra para huerta; 8 para plantas de otros árboles de secadal; tierra de pasto para 10 puercas de vientre, 20 vacas y 5 yeguas, 100 ovejas y 20 cabras (Art. 105). Las *caballerías* eran solares para casa de 100 pies de ancho y 200 de largo; y en lo demás, el equivalente de 5 peonías, que eran: 500 fanegas de labor para pan de trigo o cebada; 50 de maíz; 10 huelras de tierra para huerta; 40 para plantas de otros árboles de secadal; tierra de pasto para 50 puercas de vientre, 100 vacas, 20 yeguas, 500 ovejas y 100 cabras (Art. 106).

Las *caballerías,* así en los solares como en las tierras de pasto y de labor, se debían de dar deslindadas y apeadas en término cerrado. Las *peonías,* en los solares y tierras de labor y plantas, se debían dar deslindadas y divididas, pero, en cuanto al pasto, era común (Art. 107).

G. Las obligaciones de los pobladores

Los que tomaren asiento de residir las peonías y caballerías se obligaban a tener edificados los solares, y pobladas las casas, así como hechas y repartidas las hojas de las tierras de labor, habiéndolas labrado y puestas de plantas y ganados, fijando los plazos para irlo haciendo. El que no cumpliera con lo ofrecido, perdía las tierras y solares que se le hubieren señalado, y sería multado. De ahí que antes de empezar, debían otorgar fianza suficiente para garantizar el cumplimiento de sus obligaciones (Art. 108).

Por otra parte, los que se hubieran comprometido a edificar, labrar y pastar caballerías, podían celebrar asiento con labradores que les ayudasen en sus tareas (Art. 109).

Tanto el gobernador que hubiere negociado la nueva población, como la justicia del pueblo que de nuevo se poblare, quedaban encargados del exacto cumplimiento de las obligaciones de estos pobladores, tanto de oficio como a petición de parte interesada. Igualmente los regidores y procuradores de consejo podían elevar instancias contra los pobladores que no cumplieren sus obligaciones, dentro de sus plazos (Art. 110).

4. Las normas sobre el trazado regular e ilimitado en la fundación de las nuevas poblaciones

Una vez efectuado el descubrimiento, escogida la parte más conveniente para asentar en ella la nueva población -siempre que no fuera en los lugares reservados en exclusiva para la Corona, ni en perjuicio de los indios-, y celebrados los asientos respectivos, se debía proceder de la manera siguiente:

A. La planta o trama ortogonal partiendo de la plaza mayor: a cordel y regla

Primero se debía hacer la planta del lugar escogido, repartiéndola por sus plazas, calles y solares, a *cordel y regla,* comenzando por la plaza mayor. Desde allí se debían sacar las calles a las puertas y caminos principales, dejando tanto compás abierto que, aunque la población aumentase mucho, se pudiera proseguir en la misma forma. Como lo señala el artículo 110 de las Ordenanzas:

> "... se haga la planta del lugar repartiendola por sus plaças calles y solares a cordel y regla comenzando desde la plaça maior y desde alli sacando las calles a las puertas y caminos principales y dexando tanto compas abierto que aunque la población vaya en gran crecimiento se pueda siempre proseguir en la misma forma..".

De esta norma de las Ordenanzas resulta claro que el punto de partida de la nueva ciudad o población siempre era la plaza mayor, y que la forma ortogonal o reticular fue la regla general de las ciudades, no sólo las fundadas en el siglo XVI, sino también en los siglos subsiguientes de la Colonia. En todo caso, la plaza era lo primero que tenía que situarse y delimitarse en el lugar, y una vez hecho esto, de allí debían salir las calles en forma rectilínea y paralela hacia los confines o puertas de la ciudad.

Las ciudades que ordenaba este texto, no eran ciudades cerradas o amuralladas sino que al contrario, no debían tener límites artificiales y debían crecer en forma ilimitada, siguiendo el mismo esquema formal, de calles paralelas y perpendiculares cruzadas en ángulo recto, a cordel y regla, que nacían de la plaza mayor formando un damero o malla reticular. En consecuencia, las ciudades amuralladas fueron una excepción en la América hispana, lo que sucedió con los puertos importantes en el mar Caribe como Santo Domingo, La Habana, San Juan de Puerto Rico y Cartagena de Indias. Aun cuando no eran puertos, también fueron amuralladas las ciudades de Lima y de Trujillo en el Perú.

En caso de que existiesen las condiciones necesarias en el sitio escogido, la traza de la población debía ajustarse a los siguientes lineamientos (Art. 111): Que el lugar escogido de preferencia fuera elevado, sano, seguro, fértil y abundante en tierras de labor y pasto; leña, madera y materiales; aguas potables; mano de obra; bien ubicado con entradas y salidas abiertas al norte.

En caso de estar en la costa, se debía tener consideración al puerto, y el mar no debía quedar ni al mediodía, ni al poniente. Que se evitase que quedaren cerca pantanos o lagunas, ya que ahí suelen criarse animales venenosos, además de que tanto el agua como el aire se corrompen (Art. 111).

B. La plaza mayor

Como se dijo, la plaza mayor era de donde debía comenzarse el trazado y edificación de la población. Como lo señalaba el Art. 112 de las Ordenanzas, "la plaça maior de donde se a de comenzar la población..."

Pero además, y por lo anterior, la plaza mayor era y ha sido siempre el centro de la vida urbana en las ciudades latinoamericanas y el lugar más importante de la ciudad. Como lo anhelaba más de dos siglos después V. Foronda en su obra *Cartas sobre la Policía* (Madrid 1801), aun cuando pensaba que las calles debían finalizar en la plaza y no comenzar en ella:

> "Sería tan útil como hermoso que todas las calles finalizaran en una plaza cerrada como la que hay en París, conocida bajo el nombre de *Palacio Real*, que sea el punto de reunión de las gentes, y puedan pasearse en sus arcos, ya de noche, ya cuando llueve, y encontrar reunidas todas las cosas que sirvan de adorno, comodidad y recreo. También debe haber diseminadas por el pueblo otras varias plazas destinadas a vender los alimentos."

Ese anhelo, para ese momento ya era una realidad en el mundo americano. Por ello, las Ordenanzas regulaban con precisión todo lo concerniente a la plaza mayor.

a. Ubicación

En el caso de que la población se erigiere en la costa, la plaza debía hacerse al desembarcadero del puerto; si estaba tierra adentro, la plaza se debía fijar en el centro o en medio de la población, de manera que fuese el corazón y su centro vital.

Precisamente, por esta norma, en las poblaciones costeras, la plaza mayor estaba abierta al mar y en su extremo costero debía ubicarse el puerto. Como ejemplos se pueden citar la ciudad de la Habana y la ciudad de Buenos Aires, en las cuales se interpuso entre la plaza y el mar un fuerte. La ubicación de la plaza abierta se debía, sin duda, a que ese lugar, el malecón, era el centro de mayor importancia económica y social de la ciudad. Igual exigencia se dio en relación con los pueblos en las riberas de los ríos navegables.

En cambio, en las ciudades mediterráneas, ubicadas tierra adentro, la plaza mayor debía ubicarse en el centro de la ciudad, y de ella debía partir el crecimiento de la ciudad, irradiándose la trama urbana hacia los diversos puntos cardinales, en forma regular.

b. Forma

La plaza debía ser rectangular, teniendo de largo, una vez y media el ancho, por ser esto lo mejor para las justas de a caballo y otras que se hubieren de hacer (Art. 112). Como lo decía el texto del artículo 112 de las Ordenanzas:

> "...la plaça sea en quadro prolongada que por lo menos tenga de largo Vna vez y media de su ancho porque desta mana es mejor para las fustas de a cauallo y qualesquiera otras que se ayan de hazer."

La idea de esta forma rectangular propia para las fiestas ecuestres, que eran las más populares de la época, sin duda, tiene su antecedente en la forma de los circos romanos que originaron plazas como la Piazza Navona en Roma, tal como lo enseñaba Vitruvio.

Esta regla, sin embargo, no siempre se siguió. La gran mayoría de las plazas en América Hispana fueron rectangulares, ocupando el área de una manzana de la trama urbana. Sin embargo, existen ejemplos de plazas rectangulares que ocupan dos manzanas en la traza de la ciudad, como es el caso, único en Venezuela, de Barinas, y de algunas ciudades en las islas del Caribe, como Daxaban en República Dominicana. Otros ejemplos característicos de esta forma rectangular de la plaza se ubican en ciudades de más reciente fundación como Cienfuegos en Cuba, plaza que en el proyecto de la ciudad elaborado en 1798 se había ubicado en dirección norte-sur.

c. Dimensión

El tamaño o grandeza de la plaza debía ser en proporción a la cantidad de vecinos que hubiere y al crecimiento futuro de la población que se pudiere prever, no debiendo ser menor de 100 pies de ancho y 300 de largo, ni mayor de 530 de ancho y 800 de largo (Art. 113). Un ejemplo de plaza, sin duda monumental, fue el adoptado en México cuyo Zócalo es de grandes proporciones.

El artículo 113 de las Ordenanzas, en este aspecto de la dimensión de la población, era bastante detallado estableciendo que para determinarla no sólo debía tenerse en consideración la cantidad de vecinos existentes al momento de la fundación, sino el crecimiento futuro de la misma, lo que era previsible en ciudades de nueva fundación. Particularmente, en estas debía tenerse en consideración la presencia de los indios o naturales. Como lo decía las *Ordenanzas,* en estas ciudades o poblaciones de indios, "como son nuevas se va con intento de que han de yr en aumento y así se hara la elección de la plaça teniendo respecto de que la población puede crecer..."

Por ello, muchos pueblos de indios conservan en la actualidad plazas de gran tamaño, que no guardan proporción con el tamaño del poblado actual.

En todo caso, las *Ordenanzas* recomendaban que una mediana y buena proporción de la plaza era de 600 pies de largo y 500 de ancho.

d. La intersección de las calles en la plaza

De acuerdo con las Ordenanzas, de la plaza debían salir doce calles: una del centro de cada uno de los cuatro lados del rectángulo y dos de cada esquina, formando ángulo recto.

De acuerdo con esta norma, siendo la forma estipulada para la plaza la rectangular y no la cuadrada y, en principio, de dimensiones mayores a las manzanas de la retícula urbana, las calles debían partir no sólo de las cuatro esquinas en ángulo recto, sino que también debían partir de los cuatro costados de la plaza.

En realidad, este modelo normativo puede decirse que sólo se siguió muy excepcionalmente en la América hispana, tal y como aparece en los planos hechos para los pueblos de Manajay y San Juan de Jaruco en Cuba. A dicho modelo se le aproxima el caso de Quetzaltenango, aun cuando a la plaza sólo llegan once calles en forma irregular. Lo normal fue la opción fáctica que escogieron los fundadores de una forma menos grandiosa y más simple, de plaza cuadrada con las mismas dimensiones de las cuadras del centro poblado, abierta en sus cuatro esquinas de donde salen ocho calles en ángulo recto. Por ello, en general, no salen calles de los costados de las plazas.

En algunos casos, sin embargo, aún con la opción de la plaza cuadrada y sus ocho calles en los ángulos, en muchas ciudades se hizo llegar a alguno de los costados de la plaza algunas calles, como sucedió en el caso de Santiago, en La Española y en el caso de Ponce, en Puerto Rico. En el caso de la Nueva Panamá, a la plaza cuadrada le llegan ocho calles, pero no todas en los ángulos de la misma, presentando una forma irregular en cuanto a la intersección de las calles, al igual que sucede en Cajamarca.

En otros casos, en el diseño de la plaza cuadrada ésta se ubicó en el centro de la intersección de las calles principales que cruzaban el poblado, como fue el caso del proyecto para la nueva población de Portobelo en 1731, y es la forma urbana que se escogió para el diseño de las plazas de las ciudades de Rancagua y Vallenar en Chile.

Otro modelo urbanístico de plaza cuadrada que se adoptó en algunos casos, fue el de un cuadrado equivalente a cuatro cuadras del damero, dando lugar a una enorme plaza con las doce calles reglamentarias que llegan a la misma. Es el caso de Mendoza y de otras ciudades del noreste argentino como Resistencia y Formosa. El mismo diseño de plaza cuadrangular equivalente a cuatro cuadras y doce calles que le llegan, se encuentra en la ciudad de Armenia en Colombia. En el caso de Kingston, Jamaica, la plaza William Grant Park es cuadrangular pero a la misma llegan dieciséis calles.

e. *La orientación de las esquinas y la protección respecto de los vientos*

Cada una de las esquinas debía orientarse a los vientos principales, para proteger a la plaza de dichos vientos (Art. 114). Así lo decía textualmente el artículo 114 de las Ordenanzas:

> "De la plaça salgan quatro calles principales Vna por medio de cada costado de la plaça y dos calles por cada esquina de la plaça las quatro esquinas de la plaça miren a los quatro Vientos principales porque desta manera saliendo las calles de la plaça no estaran expuestas a los quatro Vientos principales que seria de mucho ynconviniente."

Precisamente por ello, la orientación general de las plazas en las ciudades de la parte septentrional de Sur América, por ejemplo, y de las calles principales que de ellas salen, es Norte-Sur, Este-Oeste, pues los vientos, en general, los alisios, vienen del noreste, como es el caso de Caracas. En otras partes, las esquinas de las plazas se orientaban hacia los puntos cardinales precisamente para que el damero sirviera de rompevientos, como es el caso del diseño de San Felipe, en el centro de Venezuela según el plano de 1732.

En esta forma, como lo enseñaban Vitruvio y Alberti, las calles no se convertían en pasajes o canales de vientos y la disposición cruzada de las mismas más bien las concebía como obstáculos rompe-viento.

f. Los portales de la plaza mayor

Dada la forma rectangular de la plaza, el Art. 115 de las Ordenanzas disponía que tanto alrededor de la plaza, como en la entrada de las cuatro calles principales a la misma que partían de sus costados, debían tener portales, por la comodidad que proporcionaban a los comerciantes que ahí se reunieran (Art. 115).

Se concebía así, una plaza rodeada de portales, en la cual, sin embargo, debían quedar libres las ocho calles que salían de la plaza por las cuatro esquinas, "sin encontrarse con los portales retrayendolos de manera que hagan lazera derecha con la calle y plaça".

Este modelo ideal de plaza rodeada de portales, sin duda derivó de la antigüedad del modelo del *Agora* griega o *Foro* romano, como lo había expuesto Vitruvio y luego Alberti. La plaza, rodeada de portales pero cerrada, fue además la forma escogida en las *Bastides* medioevales. Para inicios del Renacimiento, además, se había aplicado en algunas ciudades italianas, como por ejemplo en la Piazza dell'Annunziata en Florencia con la construcción de la *Loggia degli Innocenti* en 1459 de Brunelleschi.

Los portales de las calles de las esquinas de las plazas fueron adoptados con frecuencia en la América hispana, al igual que las arcadas en los lados de la plaza, que muy rara vez se han conservado.

C. *Las calles*

a. La anchura de las calles

La anchura de las calles se determinaba según el lugar escogido para la ubicación de la ciudad.

En los lugares fríos, las calles se debían trazar anchas, para permitir que el sol entrase plenamente en la ciudad. Por ello, por ejemplo, en ciudades como Antigua Guatemala (1.500 mts. de altitud) o en Mucuchíes, Venezuela (3.000 mts. de altitud) las calles todavía se conservan relativamente anchas. En los lugares calientes, por el contrario, las calles debían ser angostas para evitar la inclemencia del sol (Art. 116) y asegurar la protección de la sombra, como por ejemplo sucede en los puertos de Cartagena de Indias y de La Guaira.

En esta forma se regulaba la posibilidad de mayor soleamiento de las ciudades ubicadas en lugares fríos, por la anchura de las calles; y al contrario, una mayor cantidad de sombra en las ciudades ubicadas en lugares calientes, por lo angosto de las calles, como medio de protección ante la inclemencia del sol.

Una recomendación similar pero con dos siglos de diferencia, se encuentra, por ejemplo, en la obra de Benito Bails, *Elementos de Matemática* (Madrid, 1783), en la cual señalaba:

Al determinar el ancho de las calles, y la altura de las casas de la Ciudad, atenderíamos al temple del clima donde las edificásemos. En los países fríos o templados, haríamos las calles anchurosas, y las casas menos altas... Pero en un clima caluroso, haríamos más altos los edificios, y las calles más angostas.

b. La prolongación del trazado regular de las calles

Las calles debían proseguirse a partir de la plaza mayor, de suerte que aunque la población llegase a crecer de manera considerable no se afease la población, o se obstruyese su defensa o comodidad (Art. 117). Así se expresaba el artículo 117 de las Ordenanzas:

> "Las calles se Prosigan desde la plaça maior de manera que aunque la poblacion venga en mucho crecimiento no venga a dar en algun inconveniente que sea caussa de afear lo que se ouiere rrehedificado e perjudique su defensa y comodidad."

En esta forma, las *Ordenanzas* previeron el crecimiento ordenado de la población, conforme a la forma y dirección de las calles, de manera ilimitada, conforme a un esquema uniforme de la trama urbana. Hasta las primeras décadas del siglo XX muchas ciudades latinoamericanas continuaban creciendo con el orden reticular, como por ejemplo, sucedió con Barquisimeto, Venezuela, que en 1940 todavía mostraba el desarrollo casi perfecto de la retícula, pero la misma fue luego abandonada a partir de la segunda mitad del siglo XX en casi todas las ciudades hispanoamericanas, por la falta de autoridad tanto en la orientación ordenada de las ocupaciones espontáneas del suelo urbano que han dado origen a las amplias áreas marginales de las ciudades sin regularidad alguna, como en el proceso de urbanización desarrollado exclusivamente por privados, que han abandonado la forma regular. Una excepción, hasta cierto punto, ha sido la ciudad de Buenos Aires, debido en parte a lo plano de la topografía del terreno que la circunda.

D. *Las plazas menores*

Dentro de la trama urbana, además de la regulación *in extenso* de la plaza mayor y de la forma regular de la malla reticular urbana mediante calles paralelas que se cruzan perpendiculares, las *Ordenanzas* establecieron el sistema de plazas menores diseminadas en la población, que permitieran un reparto apropiado de los vecinos y sus actividades.

En esta forma se precisaba que a cierta distancia de la plaza mayor, se debían ir dejando plazas menores, donde se pudieran edificar los templos de la iglesia mayor, parroquias y monasterios, de manera que todo se repartiese en buena proporción para la doctrina (Art. 118). El texto del artículo era así:

> "A trechos de la poblacion se vayan formando plaças menores en buena proporcion adonde se han de edificar los templos, de la yglesia maior parroquias y monasterios de mana que todo se rreparta en buena proporcion por la doctrina."

En esta forma, además del "centro" de la ciudad en la plaza mayor, se buscaba que como sistema de crecimiento de la ciudad se repitiera el esquema a medida que creciera la misma, ubicando otros "centros" menores, que a la vez sirvieran de "parroquias" con su plaza menor y templo correspondiente.

En el plano elaborado para la edificación de la Nueva ciudad de Guatemala en 1776, después del terremoto que destruyó en gran parte La Antigua Guatemala, se estableció a la perfección el sistema de plazas menores en una forma que recuerda la expresión de la ciudad de Eiximenis. Por otra parte, dicho trazado es el de la actual ciudad de Mendoza, y de la ciudad de Chillán en Chile.

5. *Las normas sobre edificaciones*

A. *El templo o iglesia mayor*

Las *Ordenanzas* regulaban con precisión la erección de los templos e iglesias.

Para la iglesia mayor, parroquia o monasterio, después de que se señalasen calles y plazas, se les debían asignar inmediatamente solares, antes que a nadie, debiendo dejarse para ellos solos toda una cuadra, "ysla entera", para que ningún otro edificio los estorbase, sino tan sólo los propios para sus comodidades y ornato (Art. 119). Un ejemplo de la ubicación de los templos o conventos en las diversas plazas, se puede apreciar en el caso de Quito.

a. Los templos en poblaciones costeras

En caso de que la población estuviese en la costa, la iglesia mayor se debía edificar en lugar visible desde la costa, que sirviera para la defensa del puerto (Art. 120).

En esta forma, en las ciudades costeras la iglesia debía flanquear el área del malecón del puerto y de la plaza mayor, siendo visible desde el mar. Este conjunto, por tanto, debía convertir esta zona en el centro de más importancia de la ciudad costera. Las necesidades de defensa de las ciudades costeras, sin embargo, desdibujaron la regla y la iglesia no siempre se ubicó abierta al mar. El ejemplo del puerto de Santa Marta es significativo pues si bien tiene la plaza mayor abierta al mar, la Nueva Catedral se ubicó después unas cuadras adentro.

b. Los templos en poblaciones mediterráneas

En los lugares mediterráneos, el templo no se debía ubicar en la plaza, sino distante de ésta y aislado de otros edificios. Se debía edificar en alto, para que tuviera más ornato y autoridad, haciendo que a él se ingresase por gradas. Cerca del templo debía estar la plaza mayor y se debían levantar las casas reales del consejo, cabildo y aduana, no para que lo opacasen, sino para que lo resaltaren (Art. 124)

Esta disposición, a veces ha sido mal interpretada. En efecto, cuando el artículo 124 dice: "El templo en lugares mediterráneos no se ponga en la plaza sino distante della", lo que buscaba era evitar que el templo estuviese en medio de la plaza, aislado entre vías de circulación como sucedía en la mayoría de las ciudades medioevales y todavía sucede en la actualidad.

Por ello, en general, en América, la iglesia principal está casi siempre ubicada a un costado de la plaza mayor, generalmente, en el costado este; siendo excepcional encontrar el templo ubicado en el área de la propia plaza rodeado de calles. En las ciudades fundadas en los primeros años de la conquista, sin embrago, para la ubicación de la plaza se siguió la experiencia medieval, y se situó en forma aislada en medio de la plaza, como ocurrió en Santo Domingo. En igual sentido, en las primeras fundaciones en la isla de Margarita, a partir de 1525, la iglesia se estableció en forma aislada, como sucede en la ciudad de La Asunción y en las otras ciudades de la isla, excepto

Porlamar. Igualmente, en las dos primeras ciudades fundadas en Tierra Firme de la Provincia de Venezuela, Coro y El Tocuyo, la iglesia se ubicó en forma aislada, al igual que sucedió con algunas iglesias de ciudades de la Provincia de Nueva Andalucía, como Clarines.

De resto, el templo está ubicado fuera de la plaza pero con la fachada dando a la misma, y generalmente, como se dijo, en la cuadra situada al este de la plaza cumpliendo la tradición canóniga originada en la iglesia oriental.

En todo caso, al sitio del templo se debía adjudicar una cuadra entera, y por ello en el artículo 124 de las Ordenanzas se señalaba que el templo debía estar separado de los otros edificios, "que no sea tocante a él y que de todas partes sea visto porque se pueda ornar mejor y tenga más autoridad ase de procurar que sea algo levantado del suelo de manera que se aya de entrar en el por gradas".

Por ello, sobre todo en las ciudades capitales de provincia, la iglesia ocupaba una cuadra entera al este de la plaza mayor, como sucedió con Cartago, capital de la Provincia de Costa Rica, donde aún las ruinas de la enorme catedral se pueden apreciar.

B. Los edificios públicos

Una vez señalado el lugar para el templo, se debía fijar el sitio para la casa real, la casa de concejo, el cabildo y la aduana. Esto se debía hacer junto al mismo templo y puerto, de manera que si llegase a haber necesidad, se pudieran apoyar los unos a los otros (Art. 121). Así ocurrió en todas las ciudades hispanoamericanas.

C. Los edificios de servicios públicos

a. En las poblaciones costeñas

El hospital para pobres y enfermos de mal no contagioso se debía dejar junto al templo y por su claustro. Para los de enfermedad contagiosa el hospital se debía ubicar en parte donde ningún viento que pasase por ahí fuera a dar a la población, y de preferencia en lugar elevado (Art. 121).

Los sitios y solares para carnicería, pescadería, tenerías y otros oficios de los que producen inmundicias se debían situar en lugares que con facilidad se pudieran conservar limpias (Art. 122).

b. Las poblaciones interiores

En las poblaciones interiores, el hospital de no contagiosos se debía edificar en el claustro del templo; y el de contagiosos a la parte del cierzo –viento septentrional– que diese al mediodía (en la parte norte, para que goce del sur) (Art. 124).

La misma planta se debía aplicar a los demás lugares interiores que de nuevo se fuesen a poblar, aunque no estuvieren a la orilla de algún río (Art. 125).

D. El uso de los solares

En la plaza mayor no se debían asignar solares a los particulares, sino sólo a la iglesia y casas reales, edificios propios de la ciudad y comercios. Esto debía ser lo primero que se debía edificar, y en ello debían ayudar todos los pobladores; para ello se autorizaba a poner algún moderado impuesto sobre las mercancías. (Art. 126).

El resto de los solares se debía repartir entre los pobladores.

Como puede apreciarse del texto y contenido de las *Ordenanzas* de 1573, la operación de poblar en América no se hizo por casualidad ni en forma espontánea. Fue, ante todo, un proceso ordenado jurídicamente, porque como se ha dicho, el poblamiento fue el instrumento o título jurídico para afirmar el dominio de la Corona sobre el territorio y, además, el mecanismo para precisar el término de la jurisdicción que abarcaba cada Capitulación.

SECCIÓN QUINTA. SOBRE CUÁNDO Y EN QUÉ SECUENCIA SE IMPLEANTÓ EL MODELO URBANO DE LA CIUDAD COLONIAL EN EL VIRREINATO DEL PERÚ

Y la *quinta pregunta* es en relación **a cuándo y en qué secuencia** se implantó el modelo urbano en el Virreinato del Perú, en un continuo proceso de poblamiento que se desarrolló desde las primeras fundaciones de ciudades a partir de 1532 con la fundación de la ciudad de san Miguel de Piura cuando llegó Francisco Pizarro a del reino de los Incas, en lo que luego sería el Reino de Quito, hasta la conquista unas décadas después de la provincia de Nueva Extremadura en Chile.

I. LA COMPAÑÍA PARA LA CONQUISTA DEL PERÚ

Con el descubrimiento del Mar del Sur en 1513, puede decirse que al Nuevo Mundo al que ya habían descubierto los españoles en el Mar del Norte o Mar Caribe, se añadiría uno nuevo, el del Mar del Sur u Océano Pacífico; y la fundación de Panamá en 1519, haría de esa ciudad el centro de operaciones para su conquista. Fue entonces bajo el gobierno de Pedrarias Dávila cuando se comenzaron a adelantar expediciones por las costas del Pacífico, tanto hacia el poniente, hacia las costas de Nicaragua, como hacia el levante, hacia el país del Birú.

Las noticias más concretas sobre este vasto y populoso país situado hacia el sur por la línea ecuatorial y en las montañas, pero cerca del mar, las había llevado a Panamá, Pascual de Andragoya, quién estuvo al servicio de Pedrarias, y luego escribiría la *Relación de los sucesos ocurridos durante la Gobernación de Pedrarias d'Avila.* Para 1522 Andragoya ya había recorrido las costas desde Panamá hasta el río San Juan, cerca de la bahía de Buenaventura en Colombia, y si bien no había encontrado nada que pudiera interesar a quienes buscaban oro y plata, sí había recibido noticias, y muchas, de parte de los indígenas que encontró, sobre reinos poderosos y riquísimos en las montañas.

En Panamá se encontraban, entre tantos colonos que habían llegado con Pedrarias, Diego de Almagro y sus compadres Francisco Pizarro y Sebastián de Belalcázar, quienes eran padrinos de su hijo mestizo, Almagro el Mozo, quién décadas después sería el primer hombre nacido en América que se alzaría contra el Rey. También estaba Fernando de Luque, sacerdote y socio de aquellos, y Gaspar de Espinosa, el alcalde que había juzgado a Balboa. Pizarro había llegado al Darien con Alonso de Hojeda en 1510, y había estado con Núñez de Balboa en el descubrimiento del Mar del Sur. Bajo las órdenes de Pedrarias sería quien aprehendería a Balboa en 1519 y luego acompañaría a Pedrarias en el traslado de la capital de Castilla del Oro hacia Panamá. Belalcázar, por su parte, había participado con Hernández de Córdoba en la conquista de Nicaragua.

Entre Pizarro, Almagro y Luque se establecería un vínculo personal y económico que luego continuaría en la conquista del Perú, la cual emprendieron a partir de 1524 con licencia de Pedrarias; vínculo que se materializó en una Carta de compañía hecha "para siempre jamás" que firmaron en Panamá, el 10 de marzo de 1526.

Luque se quedaría en Panamá atendiendo los negocios comunes, y Pizarro y Almagro zarparían en diciembre de 1524, en lo que sería el inicio de cuatro largos años de penosos y ruinosos viajes y regresos que, en aproximaciones sucesivas, gracias al financiamiento final de Espinosa, los llevaría por la costa de Colombia y de Ecuador, hasta el Perú.

II. EL POBLAMIENTO DE LA PROVINCIA DE LIMA

1. El inicio del poblamiento en el país de los Incas

Fue Bartolomé Ruiz, enviado por Pizarro, quien primero cruzó la línea ecuatorial en el Pacífico, llamando a la costa ecuatoriana como de las Esmeraldas y constatando, más al sur, signos de la existencia de culturas indígenas avanzadas. Pizarro, por supuesto, a pesar de la orden que había dado el nuevo gobernador de Panamá, Pedro de los Ríos, de detener la empresa, llegó hasta el golfo de Huancavilas (Guayaquil), desembarcado cerca de la isla de Santa Clara en la entrada de la bahía de Tumbes, cerca de la ciudad del mismo nombre que era parte del imperio incaico, confirmando entonces todo lo que se habían imaginado sobre la riqueza y grandiosidad de lo que estaban por conquistar. Debieron haber visto, además, la magnificencia del Chimborazo y del Cotopaxi. En el recorrido por la costa hacia el sur, Pizarro incluso pasó por el sitio donde años después fundaría la ciudad de Trujillo.

Pero la necesidad de obtener los títulos necesarios para la conquista hicieron que Pizarro regresara a Panamá, incluso con algunos indios, entre ellos Felipillo quien luego le serviría de intérprete en su empresa. Desde Nombre de Dios, Pizarro partió en 1528 a España, para llegar a Toledo, donde el 26 de julio de 1529 el Emperador le otorgaría Capitulación nombrándolo Gobernador, Capitán General, Adelantado y Alguacil Mayor del Perú. El Rey también nombraría a Almagro como gobernador de Tumbes, de lo cual este se resentiría por el trato desigual que pensó había recibido en una empresa que estimaba era común; y designó a de Luque como obispo de Tumbes y Protector de los Indios del Perú. Pizarro, después de pasar por su ciudad natal de Trujillo, en 1530 regresó a Panamá con sus hermanos Hernando, Juan, Gonzalo y Francisco Martín de Alcántara y su primo Pedro Pizarro, y en enero de 1531 zarparía hacia el Perú, quedándose Almagro para organizar las reservas.

Los expedicionarios desembarcaron en la bahía de San Mateo situada algo más al norte de la línea del Ecuador, y siguieron rumbo al sur, por tierra, pasando por el golfo de Guayaquil hasta llegar a la isla de Puna en la desembocadura del río Tumbes. En la travesía se les había unido Sebastián de Belalcázar.

En los meses de estadía en esos parajes de la costa, Pizarro tuvo que luchar contra los indios de Puna, y recibió refuerzos comandados por Hernando de Soto, quien ya había participado en la conquista de Nicaragua y luego sería el descubridor del Misisipi.

Los conquistadores, además, habían tomado conocimiento por parte de los indios de Tumbes, de la guerra civil que se estaba desarrollando en el imperio incaico, entre el Inca Atahualpa, quien había reinado en Quito, y el Inca Huáscar, quien también había reinado en Cuzco, ambos hijos del Inca Huayna Capac, quién había fallecido en Quito solo diez años antes de la llegada de los españoles a esas tierras. Antes de su muerte, el Inca había decidido dividir su Imperio entre sus dos hijos, quienes durante cinco años habrían reinado sin problemas territoriales entre ellos. Estos, sin embargo, surgieron respecto del territorio de Tumebamba, y de allí resultó una rivalidad irreconciliable y la guerra de la cual, en 1523, resultarían triunfantes las fuerzas de Atahualpa. Este tuvo conocimiento de la captura de Huáscar estando en la ciudad de Cajamarca, donde había acampado con su ejército. Estos hechos ocurrirían sólo unos meses antes de que los españoles hubieran desembarcado en la costa.

Enterados los españoles de que Atahualpa se encontraba un la ciudad de Cajamarca, concibieron la idea de apoderarse del Inca conforme a la estratagema que doce años antes había dado tan buenos resultados a Cortés con Moctezuma.

B. El poblamiento en la costa

Pizarro prosiguió por la costa hacia el sur hasta la desembocadura del río Chira y en el valle del mismo nombre, en el sitio de Tangarala, en la ribera del río Piura, en 1532 fundaría la ciudad de San Miguel de Piura, "según las reglas, con la plaza central", siendo la primera población establecida por los españoles en esos reinos. La ciudad, situada en la ribera del río, presenta una traza urbana reticular, con su plaza de armas y la iglesia Catedral con su inmensa fachada, al este de la plaza. Luego de su fundación, en ella quedaría Sebastián de Belalcázar, como Teniente de gobernador.

En la costa, y como puerto de la ciudad de Piura, se asentaría el puerto de Paita, en el sitio donde había desembarcado Pizarro en su segundo viaje a esas tierras. Posteriormente, la ciudad de Tumbes, la cual Pizarro consideraba como la ciudad llave del imperio, se transformaría en ciudad española, montada sobre la indígena con una forma urbana regular de la cual se destaca la gran Plaza de Armas cerca del río, con la catedral al norte de la misma.

C. *En procura de Atahualpa en Cajamarca*

El 23 de septiembre de 1532, Pizarro inició camino hacia el interior del territorio con 177 hombres entre los cuales había 67 de caballería, cuando ya habían pasado siete años desde que había iniciado la empresa. Atravesó el desierto de Sechura y cuando escalaba la cordillera occidental fue que recibió embajadores de Atahualpa, así como la información que le daría Hernando de Soto, después de alguna de sus avanzadas, sobre el enorme ejército de Atahualpa que estaba acampado cerca de Cajamarca.

El 15 noviembre del mismo año 1532 los españoles llegaron a la ciudad de Cajamarca, la cual había sido desocupada por ordenes de Atahualpa, para recibirlos. Pizarro envió a Hernando de Soto y a su hermano Hernando, con hombres de caballería, hasta el campamento de Atahualpa, quien anunció que al día siguiente visitaría a Pizarro en la ciudad. Durante la misma noche, en consejo de oficiales, Pizarro expuso entonces su plan de emboscar a Atahualpa cuando visitara la ciudad, y de hacerlo preso ante su propio ejército desarmado. Al día siguiente, el 16 de noviembre de 1532, en efecto, en la enorme plaza de Cajamarca y como había sido planeado, se produjo la sangrienta emboscada al Inca Atahualpa, a quién apresaron. Nunca se sabrá si los españoles tenía alguna otra alternativa para evitar una muerte segura, dada la magnitud de un ejército de varios miles de guerreros a los cuales unos pocos hombres jamás hubieran podido enfrentar.

En febrero de 1533, por su parte, Diego de Almagro llegaba de Panamá y haría su entrada a Cajamarca con los esperados refuerzos y para reclamar también su parte en el botín que resultare de la empresa.

Meses después, el 29 de agosto de 1533, Atahualpa sería alevosamente ajusticiado, acusado de traición, y a pesar de haber satisfecho todos los requerimientos en oro que se le habían hecho, que condujeron, como lo indica la tradición, a llenar de objetos del precioso metal un aposento entero hasta donde llegan las manos alzadas de un hombre. La ejecución de Atahualpa ocurrió incluso antes de que Hernando de Soto, quien había sido enviado por Pizarro para verificar la veracidad de las noticias recibidas sobre supuestos preparativos de un asalto a Cajamarca por los ejércitos del Inca, pudiera informar sobre lo infundado de la acusación. Antes de la muerte de Arahualpa, por otra parte, y ante la amenaza de que su hermano Huáscar pudiera escapar de su prisión y llegar a algún acuerdo con Pizarro en su contra, aquél ordenaría su muerte.

En todo caso, en la recolección del rescate que se había exigido para liberar a Atahualpa, también habían participado los españoles, quienes recorrieron buena parte del reino hasta Cuzco y hasta Pachacamac, en la búsqueda de objetos de oro y plata. Almagro y su gente, por supuesto, disputaron su participación en el reparto del tesoro-rescate del Inca; y del botín amasado por "los de Cajamarca", Hernando Pizarro fue el encargado de llevar a España el quinto que correspondía a la Corona.

La Cajamarca incaica fue destruida, y sobre sus ruinas se diseño la ciudad española del mismo nombre, con una Plaza de Armas semi-cuadricular, ubicada en el mismo sitio de la que sirvió para la captura de Atahualpa, pero de menor escala. La Catedral se construyó al oeste de la plaza, la cual, además presenta la característica de que le llegan tres calles paralelas por los lados este, sur y oeste.

Con la muerte del Inca Atahualpa y poco antes, con la muerte de su hermanastro Huáscar, la conquista del Imperio se desarrollaría en una forma relativamente fácil; no así la consolidación de lo conquistado, lo cual fue difícil por la codicia de los conquistadores y por las sucesivas guerras civiles que se produjeron entre los bandos españoles. Pizarro, en todo caso, procuró llenar la vacante del trono Inca proponiendo a los nobles Incas la designación de Toparca, quien era un joven hermano de Atahualpa, como el futuro Inca, cuando en realidad el heredero debió haber sido Manco Capac, quien era un hermano de Huáscar.

D. La capital del Imperio y sus traslados: Cuzco y Lima

Pizarro prosiguió al sur desde Cajamarca, atravesando el altiplano central del Perú hasta llegar al valle de Jauja, donde fundó la ciudad del mismo nombre, la cual luego, el 6 de enero de 1535, se trasladaría hacia la costa, cerca del puerto del Callao, en el valle de Rimac y a orillas del río del mismo nombre, con el nombre de Ciudad de los Reyes (Lima), llamada así en honor de la fiesta de la Epifanía.

En Jauja murió el joven Inca Topearca, y allí mismo Pizarro recibió la visita del joven príncipe Manco Capac. Con Hernando de Soto en la avanzada, Pizarro se dirigió hacia la ciudad imperial del Cuzco haciéndose acompañar por Manco Capac, donde entró el 15 de noviembre de 1533, al año de haber llegado a Cajamarca. Allí estableció entonces, el 23 de marzo de 1534, autoridades españolas mediante un acto fundacional de la nueva ciudad con el que se efectuó su toma de posesión, ubicándose el sitio de la plaza mayor y realizándose la traza de la ciudad sobre la indígena, cuya plaza se dividió en dos.

El centro de la vida social y política del Cuzco estaba ubicado en una enorme plaza (Huacaypata-Cusipata) que contaba con una gran superficie que abarcaba la actual Plaza de Armas, en cuyo lado este está la Catedral, y la de la Plaza de Nuestra Señora de la Merced (Plaza Regocijo). La Catedral, además, está flanqueada por dos otras iglesias, la de El Triunfo, a la derecha, que data de 1536, siendo la más antigua del Cuzco, y la iglesia de Jesús María, a la izquierda. En el Cuzco también se destacan las edificaciones de los Conventos de San Francisco y de Santa Clara del Siglo XVI y la del Colegio e iglesia de la Compañía de Jesús; asimismo, las de los Conventos de Santo Domingo y de La Misericordia.

Pizarro convirtió al Cuzco, ciudad a la cual denominó La Gran Ciudad de Cuzco, en la capital de la gobernación la cual una década después se trasladaría a Lima.

La ciudad, la cual había sido la capital del imperio de los Incas, al igual que Cholula, también se ha considerado como el centro poblado con habitación continua más antiguo del continente americano. En Cuzco, además, Pizarro instalaría a Manco Capac como Inca bajo su control. La ciudad había sido el centro del Imperio hasta el fallecimiento del Inca Huayna Capac en 1522, cuando el Imperio quedaría dividido entre sus dos hijos, ubicándose la capital de su parte norte en Quito, a cargo del Inca Atahualpa, y la de la parte sur, en el Cuzco, a cargo del Inca Huáscar. La grandiosidad de la ciudad condujo a que en la *Civitates orbis terrarum* de G. Braun y F. Hogenberg publicado en 1572, junto con el de Ciudad de México también se haya publicado el grabado de la ciudad de Cuzco, como *Cusco Regni Peru In Novo Orbe Caiut,* con una traza ortogonal, diseñada sobre la de la ciudad original. En el libro de Felipe Guzmán Poma de Ayala, *Nueva Crónica y Buen Gobierno*, además, el dibujo con la descripción del Cuzco es quizás de las más precisas, dominada por las dos plazas y las divisiones de la ciudad.

Durante su permanencia en Cuzco, Pizarro tuvo que enfrentar levantamientos de las fuerzas de uno de los comandantes de Atahualpa, Quizquiz, con soldados del reino de Quito; y asimismo, tuvo que hacer frente a la tentativa de Pedro de Alvarado, Capitán General de Guatemala, de conquistar precisamente el reino de Quito.

La ubicación de Cuzco ciertamente no era la propicia para el establecimiento de la capital de la provincia, la cual requería de una comunicación más eficaz con el mar. Por ello Pizarro decidió trasladar la capital desde Jauja hasta el valle del río Rimac cerca de la costa, estableciendo el 6 de enero de 1535 la Ciudad de los Reyes, así llamada por la fiesta de la Epifanía, la cual sin embargo se denominó como Lima, por deformación del nombre indígena de Rimac.

La planta de la ciudad de Lima establecida con forma triangular con su base hacia el río, tiene una traza que respondió a un modelo cuadricular, con calles paralelas y manzanas iguales, ubicándose la plaza en una de ellas, cerca del río. Pizarro hizo mención a la traza en el Acta fundacional de la ciudad, al señalar que "repartio los solares a los vezinos del dicho pueblo segud pareçera por la traça de la dicha çibdad se hizo". La catedral se ubicó al este de la plaza. Fue la capital del Virreinato del Perú, sede de la Real Audiencia y de la Inquisición, y en ella se estableció desde 1551 la Universidad de San Marcos. En la ciudad se edificaron en el Siglo XVI, los Conventos de Santo Domingo, San Agustín, La Misericordia y San Francisco. La ciudad, diseñada originalmente en forma abierta hacia el valle, a partir de 1685 fue cerrada con una muralla con 34 baluartes ubicados a todo su largo. En 1746 fue parcialmente destruida por un terremoto.

El puerto de la Ciudad de los Reyes, se estableció en El Callao cerca de la desembocadura del río Rimac en el Océano Pacífico. Como en todos los puertos coloniales, la plaza de la ciudad se diseñó abierta al mar. En el Camino Real entre Lima y Callao se fundaría, además, el pueblo de Bellavista, también con una traza reticular.

2. *Las dificultades del poblamiento y las guerras civiles*

Francisco Pizarro se instaló en Lima en 1535, donde como se dijo, había trasladado la capital de su gobierno. Desde allí, hacia el norte, cerca del litoral y de la ciudad indígena de Chimú capital de Chan-Chan, en mismo año 1535 mandó a fundar a orillas del río Moche, en el sitio que ya había determinado Almagro, la ciudad de Trujillo, así llamada en razón de su pueblo natal. Trujillo tiene una traza reticular, con la plaza en el centro y la Catedral al este de la plaza. A finales del Siglo XVII fue rodeada de una muralla trazada con forma ovalada, con quince lados iguales e igual número de baluartes a todo su largo. La muralla corría por lo que es la actual avenida España que circunvala el centro de la ciudad. Más al norte de Trujillo, en la costa, se fundó la ciudad de Chiclayo; así como el pueblo de Lambayeque.

A. Los títulos de las provincias de Nueva Castilla y Nueva Toledo y la expedición a Chile

Desde Lima Pizarro envió a Almagro a controlar el Cuzco, donde sería recibido por los hermanos Juan y Gonzalo Pizarro, quienes le entregaron el gobierno de la ciudad. Pizarro también le había encomendado iniciar la conquista de los territorios al sur, hacia Chile, pues ya sabía que Pedro de Mendoza había sido designado Adelantado del Río de la Plata mediante Capitulación que le había sido otorgada el 21 de mayo de 1534, y era necesario detener cualquier intento de avance que pudiera pretender hacer hacia el oeste.

Posteriormente Hernando Pizarro llegaría a Lima de regreso de España, donde el Emperador ratificaría los títulos de Pizarro extendiendo incluso el ámbito de su gobernación hacia el sur, denominándola como Nueva Castilla, otorgándole además el título de Marqués de los Atavillos, el cual usó. Pero además, esta vez el Mariscal Diego de Almagro también sería recompensado por sus servicios al Imperio, y mediante sus agentes, quienes también habían viajado con Hernando Pizarro, había obtenido Capitulación el mismo día 21 de mayo de 1534, para conquistar el territorio que quedaba al sur del que correspondió a Pizarro, denominado Nueva Toledo. Almagro entonces pudo viajar al sur con sus propios títulos, con los que además, pretendería jurisdicción en el Cuzco mismo.

En efecto, Hernando Pizarro había llegado de España al puerto de Nombre de Dios en la que quizás había sido la mayor flota que para ese momento había llegado a América; mayor que la de Ovando en 1502 y que la de Pedrarias en 1513. Tuvo sin embargo dificultades en atravesar del Istmo, lo que no impidió que alguno de los agentes de Almagro llegaran primero al Perú y le informaran de la Capitulación que le había otorgado el Emperador. De ella dedujo que la ciudad de Cuzco quedaba en la jurisdicción de su nueva gobernación de Nueva Toledo.

Con las mismas noticias recibidas y ante el temor de que Almagro asumiera la gobernación del Cuzco como suya, Pizarro entonces ordenó a sus hermanos que reasumieran dicha gobernación, lo que originó una situación altamente conflictiva con la gente de Almagro, la cual sólo la presencia de Francisco Pizarro en el Cuzco podía contener. Y así fue, de manera que incluso hubo que recurrir a la firma de un contrato solemne y notariado entre los dos socios, el cual otorgaron el 12 de julio de 1535, con el objeto de arreglar sus diferencias.

Como consecuencia del pacto suscrito, en el mismo año 1535 Almagro pudo partir hacia el sur por el camino incaico, a través de la costa occidental del Lago Titicaca, atravesando el helado altiplano boliviano por la meseta del Collao y la provincia de Charcas. Los españoles bajaron por Turpiza al valle de Salta, en actual territorio de la Argentina, y luego, en marzo de 1536 pasaron la Cordillera hacia el Pacífico por el paso de San Francisco, hasta legar al valle del río Copiapó, en la parte norte de lo que hoy es Chile. Recorriendo más de dos mil kilometros del litoral chileno, llegaron hasta el valle del río Aconcagua. Desde allí, Almagro adelantó expediciones de reconocimiento: Juan de Saavedra, exploraría la zona del Maipó y llegaría a un puerto natural que bautizaron como Valparaíso; y Gómez de Alvarado llegaría hasta el río Mapocho. Sin embargo, no encontraron riqueza alguna de interés ni fundaron pueblo alguno. Emprendiendo el regreso al Perú por la ruta del desierto, por la costa, luego de que Almagro recibiera noticias sobre la sublevación de los indios en el Cuzco de donde había huido el Inca Manco Capac, y de la ocupación del Cuzco por los Pizarro. La expedición, en todo caso, fue el prólogo de la conquista de Chile que se realizaría tres años más tarde por Pedro de Valdivia, el Mariscal de campo que vencería precisamente a Almagro en su guerra contra Pizarro.

B. La lucha por el control del Cuzco y el inicio de la guerra civil

Durante la ausencia de Almagro, en efecto, en el Cuzco y motivado en gran parte por las desavenencias entre los españoles, el Inca Manco Capac había podido huir de la ciudad. Sin embargo, al poco tiempo fue capturado y hecho prisionero. Hernando Pizarro había entonces llegado a Lima, desde donde sería despachado por el Marqués para que asumiera el gobierno de la antigua capital. Su avaricia lo llevó a aflojar el control sobre el Inca Manco, quién de nuevo escapó para entonces liderizar la más grande de las rebeliones indígenas que se produjeron en el Perú, la cual condujo al sitio del Cuzco a partir de febrero de 1536, así como de otras ciudades en medio de encarnizadas batallas.

Almagro tuvo conocimiento de estos hechos en Arequipa, luego de haber atravesado el desierto de Atacama, de regreso de su expedición al sur. Trató de entrevistarse con el Inca pero de ello lo que resultó fue una batalla. Los Pizarros sabían de las pretensiones de Almagro sobre el Cuzco, por lo que desde Lima, Pizarro había enviado una tropa al mando de Alonso de Alvarado para enfrentarlo. Almagro, en definitiva, asaltó la ciudad el 8 de abril de 1537, y apoderándose del gobierno apresó a los hermanos Pizarro. Se enfrentó con Alvarado, venciéndolo. De todos estos hechos se enteró Francisco Pizarro cuando marchaba desde Lima hacia el Cuzco, lo que lo obligó a devolverse para establecer la defensa de la capital. Envió una embajada al Cuzco al mando de Gaspar de Espinoza, quien recién había llegado de Panamá, para negociar con Almagro. Espinoza, a su vez, había obtenido Capitulación para poblar las tierras al norte desde la gobernación concedida a Pizarro hasta el río San Juan. Las pretensiones de Almagro ahora no sólo eran sobre Cuzco sino sobre Lima, lo que en definitiva se configuró como el preludio de la guerra civil, sobre todo luego de que las negociaciones finalizaron por la muerte de Espinoza.

La declaración de la guerra civil se efectuó con la decisión de Almagro de marchar hacia Lima a disputar la autoridad de Pizarro. En el litoral, cerca de Lima, en Chinca, incluso Almagro fundaría una villa con su propio nombre. Después de un año de guerras, el epílogo de esta primera fase de la guerra civil se produjo en la llanura de Las Salinas, donde el 26 de abril de 1538 se enfrentaron los dos ejércitos, batalla de la cual Almagro, quien la presenció enfermo desde una litera, salió vencido y condenado a muerte por orden de Hernando Pizarro. Pedro de Valdivia, el futuro conquistador de Chile, había sido el principal soporte de Gonzalo Pizarro en la batalla.

C. Las penurias del proceso de ocupación del territorio en la provincia de Nueva Castilla

A su muerte, Diego de Almagro, el Mariscal, había dejado a su hijo Almagro el Mozo como su heredero, particularmente de la provincia de Nueva Toledo, cuya demarcación con la provincia de Pizarro había sido el origen de las hostilidades. Hernando Pizarro volvería a España para informar de lo acontecido, pero a su vez sería hecho prisionero en la Península por el asesinato de Almagro, permaneciendo en la prisión de Medina del Campo por veinte años largos, hasta 1560.

Con posterioridad, Alonso de Alvarado, quien había sido enviado por Francisco Pizarro hacia el este de Cajamaraca, en 1538 fundaría la ciudad de San Juan de la Frontera de Chachapoyas, actual capital del Departamento de Amazonas). La ciudad presenta un trazado cuadricular, con la plaza mayor en el centro y la iglesia al norte de la plaza. Allí recolectó entonces noticias sobre el país de El Dorado, el cual se situaba hacia el río Marañón, donde no pudieron penetrar por las montañas, ríos y pantanos que se interponían. Entre los pueblos que después se establecerían en la provincia puede mencionarse a San Teodoro de Colla.

Luego de la victoria de Las Salinas, Francisco Pizarro quien había salido de Lima hacia el Cuzco, se encontró en el sitio de la ciudad de Jauja a Diego de Almagro el Mozo, sin aún saber la suerte que había corrido su padre a manos de su hermano Hernando. Poco tiempo después, en 1541, Francisco Pizarro moriría precisamente a manos de la gente de Almagro el Mozo, quien reclamando el gobierno de la Provincia de Nueva Toledo se proclamaría gobernador del Perú, ocupando el Cuzco. Se trató de la primera rebelión que se produciría en el Nuevo Mundo encabezada por un mestizo contra la autoridad imperial.

Pero antes de esos acontecimientos, en 1535 y para asegurar la ocupación del territorio entre Cuzco y Lima, Francisco Pizarro había mandado a fundar la ciudad de Huamanga, hoy Ayacucho. La ciudad tiene una forma cuadricular en su centro, con la plaza de armas al centro y la Catedral al este de la plaza.

Cerca de Ayacucho se destaca el pueblo de Huancavelica, que tuvo su origen en la reducción de indios que se comenzó en 1564 para trabajar en los famosos yacimientos del lugar que permitían la obtención de mercurio necesario para la extracción de la plata. El pueblo actual, como Villa Rica de Oropeza de Huancavelica situado en la ribera del río Ichu, se fundó en 1571.Más al norte de Huancavelica, está la población de Huancayo, no lejos de Jauja; y al norte de esta, la ciudad de Tarma. Todavía más al norte, en la ribera del río Huallaga está la población de Huánuco.

El 15 de agosto de 1540, además, se fundó la *Villa de la Asunción de Nuestra Señora del valle hermoso de Arequipa*, tal como fue bautizada el 15 de agosto de 1540 por el Teniente de Gobernador de Francisco Pizarro, Garci Manuel de Carbajal, un extremeño de Placencia, como tantos hombres de Extremadura que vinieron a estas tierras americanas. La Ciudad Blanca fue fundada hacia el sur, en la ribera del río Chili, accesible desde el litoral y al pie del volcán El Misti, la cual, en 1600 seria totalmente destruida por un terremoto. Ha sido sucesivamente reconstruida, conservando su traza regular en el centro, con la plaza ubicada en el centro de la trama urbana, y la Catedral al norte de la plaza. No lejos de Arequipa se establecieron los pueblos de Characato y Chivata.

Pero además de enfrentar las secuelas de la guerra civil, Pizarro tuvo que enfrentar las pretensiones independentistas de Belalcázar, hacia el norte de Quito. Este, después de haber fundado Popayán y Cali, y participado en la fundación de Bogotá, en 1539 había marchado a España para dirimir los derechos sobre el país de los Muiscas, de donde regresó con Capitulación otorgada el 30 de mayo de 1540 como gobernador de la provincia de Popayán.

Por otra parte, la necesidad de consolidar su gobernación llevó a Pizarro a encomendar a su hermano Gonzalo el comando de las tropas en la región de Charcas, Alto Perú, en lo que es hoy Bolivia, donde Pedro de Anzures, en 1539, fundaría la Villa de La Plata, actual Sucre, con una forma urbana casi cuadricular. En 1561 la ciudad fue sede de la Real Audiencia de Charcas.

Francisco Pizarro también comisionaría a su hermano Gonzalo para enfrentar al Inca Manco Capac, siempre en rebeldía; habiendo sido designado en 1540, como gobernador de Quito. Sería entonces Gonzalo Pizarro quien iniciaría la penetración hacia el este, hacia el Amazonas, organizando la expedición que realizó a partir de 1541 desde Quito con Francisco de Orellana, la cual llevó a este último a navegar el río Amazonas aguas abajo, desembocando en el Atlántico y llegando hasta la isla de Cubagua el 11 de septiembre de 1542. Como consecuencia de su extraordinaria travesía obtendría, el 13 de febrero de 1544, la Capitulación para conquistar y poblar las tierras de la Nueva Andalucía, misión que por su prematura muerte no pudo realizar. En cuanto a Gonzalo Pizarro, éste regresaría a Quito en junio de 1542 después de una penosa expedición de cerca de dos años, para encontrar una provincia donde todo había cambiado, pues para ese momento ya su hermano el Marqués Francisco Pizarro había sido asesinado. Pizarro, por otra parte, también había enviado al sur a Pedro de Valdivia, para asegurar la conquista de Chile.

D. Los intentos de la Corona por controlar la guerra civil y pacificar la Provincia

Mientras todas estas acciones se realizaban, y durante la expedición y ausencia de Gonzalo Pizarro por el Amazonas, en España y ante los desordenes civiles ocurridos en el Perú, se había tomado la determinación de enviar a la colonia al Licenciado Cristóbal Vaca de Castro de la Audiencia de Valladolid para, incluso, controlar el poder absoluto que había quedado en manos de Francisco Pizarro. Vaca de Castro llegó a América y una vez que atravesó el istmo de Panamá, tuvo que desembarcar en las costas del Pacífico, por Buenaventura, siguiendo su ruta por tierra por la provincia de Popayán hacia el sur.

Los hombres del partido de los almagritas, o "los de Chile" como se los llamaba, pues muchos habían estado con Almagro en la expedición a sur, se habían reunido en Lima en torno a Almagro el Mozo, y como incluso ya estaba anunciado que podía ocurrir en un día cercano al de San Juan Bautista, el 26 de junio de 1541 le dieron muerte al Marqués Francisco Pizarro. Diego de Almagro se proclamaría entonces como gobernador del Perú, como heredero que era de su padre de la gobernación de Nueva Toledo, y como él, reclamaba sus derechos sobre esas tierras, lo que incluía Lima.

La contrarrevolución estalló de inmediato comandada por Alonso de Alvarado quien salía armado desde Chiachiapoyas, y fue quien daría la noticia a Cristóbal Vaca de Castro, quién venía avanzando desde Popayán. Al enterarse de la muerte de Pizarro y del alzamiento de Almagro, como estaba expresamente y con acierto previsto en su comisión, asumió entonces la gobernación del Perú.

Fue recibido por Gonzalo Pizarro en Quito a quien se uniría Sebastián de Belalcázar, aún cuando por cuestiones tácticas éste hubo de regresar a Popayán. Vaca de Castro siguió rumbo por la costa, pasando por San Miguel de Piura y Trujillo, llegando al campamento de Alonso de Alvarado en Huaura. Vaca de Castro continuó entonces hasta Jauja donde recibió a Gonzalo Pizarro y siguió hasta Huamanga donde recibió a los enviados de Almagro. Después de algunos intentos de negociación entre las partes, dado que Almagro lo que pretendía era asegurar la posesión de su gobernación de Nueva Toledo, los ejércitos españoles se enfrentaron el 18 de septiembre de 1542. Almagro resultó vencido y condenado a muerte por Vaca de Castro, habiendo sido decapitado en el mismo lugar de la gran plaza de Cuzco, donde su padre había sido ejecutado cuatro años antes.

Correspondió al Gobernador Vaca de Castro iniciar la pacificación del país, para lo cual alentó expediciones desde el Cuzco hacia el sur, por los valles de Salta, por el Chaco, las cuales llegaron hasta el Río de la Plata; pero no pudo ver concluidos sus esfuerzos, pues en 1543 con motivo de la creación de la Audiencia de Lima, sería nombrado como su Presidente, el Virrey Blasco Núñez de Vela. Este llegó a Lima en 1544, apresaría a Vaca de Castro acusado de corrupción, quien posteriormente logró escapar hacia Panamá y luego hacia España, terminaría preso varios años en Simancas.

De nuevo en el Perú se sucederían violentos acontecimientos, entre ellos la muerte de Manco Inca a manos de una facción de almagristas, y luego, en 1545, la deposición del mismo Virrey Blasco Núñez de Vela quien progresivamente había sido aborrecido por los colonos e incluso por los jueces de la Audiencia, quienes lo apresaron, proclamando entonces a Gonzalo Pizarro como Gobernador de la Provincia y enviando al Virrey a España. No se olvide que fue a partir de 1542 cuando se habían dictado las Leyes Nuevas, las cuales abolían las encomiendas.

Gonzalo Pizarro persiguió a sus adversarios y materialmente anuló los poderes de la Real Audiencia. El Virrey, quien había llegado hasta Panamá, decidió regresar a la provincia, llegando a Tumbes en octubre de 1544 y marchando hacia Quito en el mismo mes de marzo de 1545 en que Gonzalo Pizarro avanzaba hacia Trujillo y San Miguel de Piura, para enfrentarlo. Cuando este llegó a Quito, el virrey huyó hacia Pasto en la gobernación de Popayán con el apoyo de Belalcázar. Los ejércitos finalmente se enfrentaron cerca de Quito, y Blasco Núñez de Vela resultó asesinado luego de haber sido herido en la batalla. Gonzalo Pizarro salió de Quito en julio de 1546, y pasando por Trujillo, llegó a Lima donde fue recibido como Libertador y Protector del pueblo.

Si bien Gonzalo Pizarro era entonces quien controlaba el poder, en España sólo se percibía una crisis de gobernabilidad que ameritaba la búsqueda de una solución política por la muerte del primer Virrey del Perú. Para ello la Corona nombró un nuevo Virrey, esta vez a Pedro de La Gasca, lo que provocó nuevas divisiones en el Virreinato entre los que lo apoyaron y los seguidores de Gonzalo Pizarro. A La Gasca, por ejemplo, se unieron los ejércitos de Pedro de Valdivia, quien había regresado desde Chile, y de Sebastián de Belalcázar, quién venía de regreso de Popayán. En todo caso, luego de nuevos enfrentamientos entre españoles, el nuevo Virrey pudo vencer a Gonzalo Pizarro, quién a su vez, también fue condenado a muerte y decapitado el 10 de abril de 1548.

En esta forma, de los cinco Pizarro que fueron al Perú desde Extremadura, cuatro habrían de morir violentamente, y Hernando, quien había regresado a España con un cuantioso tesoro, permanecería 20 años preso en el castillo La Mota, en Medina del Campo. Por otra parte, Pedro La Gasca habría de ser el único gobernante del Perú que hasta ese momento no había terminado su mandato violentamente, muerto o preso. Recuérdese, como se ha dicho, que el Inca Atahualpa había ordenado la muerte del Inca Huáscar, su hermanastro; que Francisco Pizarro y Almagro asesinaron a Atahualpa; que Pizarro y sus hermanos dieron muerte Diego de Almagro; que el hijo de éste, Diego de Almagro el Mozo, hizo matar a Francisco Pizarro; que el licenciado Vaca de Castro degolló a Diego de Almagro el Mozo; que Blasco Núñez de Vela apresó a Vaca de Castro; que Gonzalo Pizarro mató a Blasco Núñez; y que Pedro La Gasca ajustició a Gonzalo Pizarro.

El Perú, en todo caso, después de estos sucesivos acontecimientos que se produjeron en medio de una sangrienta guerra civil, puede decirse que se pacificó relativamente, pues las luchas entonces comenzarían entre los encomenderos por la aplicación de las *Nuevas Leyes* de 1542. En 1550, por otra parte, Antonio de Mendoza, quien había sido Virrey de Nueva España, sería nombrado Virrey del Perú.

En todo caso, durante todos los conflictos señalados e incluso antes del desarrollo de la política de reducciones y establecimiento de pueblos de indios, en el litoral, al sur de Lima, se había fundado la villa de Ica, por Jerónimo Luis Cabrera, en 1563. La traza de la ciudad es reticular, con su plaza de armas en el centro y la catedral ubicada en la esquina sur oeste de la plaza.

Hacia el sur de Ica se fundaría la ciudad de Nazca, en la ribera del río Tierras Blancas y con un trazado regular; y en el extremo sur en la actual frontera con Chile, en 1555, se fundaría la villa de San Marcos de Arica, que sería el puerto de exportación de la plata que provenía de las minas de Potosí, en la provincia de Charcas, el Alto Perú, hoy Bolivia. La ciudad tiene una forma reticular con la plaza Colón abierta al mar, y la Iglesia al este de la plaza.

Al sur de Arica, en lo que es hoy Chile, en la región de Tarapacá, las encomiendas originaros muchos pueblos de indios, entre ellos, por ejemplo, San Lorenzo de Tarapacá, Codpa y Putre.

3. Las propuestas de poblamiento de Juan de Matienzo en 1567

Sería posteriormente, a partir de 1571, cuando la labor de poblamiento mediante reducciones y asentamientos de pueblos de indios, se desarrollaría intensamente bajo el gobierno del Virrey Francisco de Toledo, conforme a la Real Cédula que había recibido de 28 de diciembre de 1568, a los efectos de "la conversión, doctrina y costumbre y policía" de los indios. En esa labor de reducción y poblamiento que efectuaron los Visitadores designados por el Virrey, tuvo una importante influencia el libro del Licenciado Juan de Matienzo, quien era además Oidor de la Audiencia de Charcas, denominado *Gobierno del Perú,* escrito en 1567.

En particular, Matienzo formuló propuestas para la política reduccional en pueblos de indios, sugiriendo para estos el modelo urbano general que se había desarrollado en Hispanoamérica para los pueblos de españoles, indicando que "los pueblos se hagan por sus cuadras, y la plaza en medio" definiéndoles su traza como indicaba en el plano que incorporó a su libro. Dicho esquema, lo explicó así en su obra:

"Ha de trazar el pueblo de esta manera por sus cuadras, y en cada cuadra cuatro solares, con sus calles anchas y la plaza en medio, todo de la medida que pareciere al visitador, conforme a la gente y la disposición de la tierra.

La iglesia esté en la cuadra que escogiere de la plaza, y tenga una cuadra entera, y la otra casa de enfrente ha de ser aposento para españoles pasaxeros, toda la cuadra, y lleve en la cuadra cuatro cuartos, con sus caballerizas y cubiertos de teja, con terrados encima de la casa, porque está más segura.

En un solar de la otra cuadra han de hacer casa de consexo, adonde se junten a juzgar y tratar de lo que conviene a la comunidad. En otro solar ha de haber hospital, y en otro, huertas y servicio de hospital. En el otro solar, corral de consexo.

En otro solar se ha de hacer casa del Corregidor, toda ella de texas. La casa del padre que los doctrinare ha de ser de dos solares, junto a la iglesia, de texa.

Los demás solares de la plaza han de ser casas de españoles casados que quisieren vivir entre los indios, todas cubiertas de texa, o terrados, que estén seguras del fuego. A cada cacique se ha de dar una cuadra, o dos solares, conforme a la gente que tuviere. A cada indio se ha de dar un solar, o dos, conforme a la gente que tuviere; y ellos dos solares que estén detrás de la casa del Corregidor, se ha de hacer la casa del *tucuirico*, y la cárcel, adonde ha de haber dos cepos y cuatro pares de grillos y dos cadenas."

En el plano, en todo caso, se destaca la plaza cuadrada y abierta en el centro del poblado, con la iglesia a la derecha (este) de la misma y las demás casas principales en las cuadras o manzanas contiguas a la plaza, y que formaban las calles que salían derechas desde la misma. Debe mencionarse que la palabra *tucuirico*, que identificaba a la persona cuya casa debía estar detrás de la del Corregidor, y que como lo explicaba el mismo Matienzo, significaba quien "todo lo ve", y debía:

"ser indio ladino, estrangero, y no de aquel repartimiento sino de otro bien lexos, para que no tenga deudo con los de aquel repartimiento, y no ha de estar mucho tiempo, por que no se haga con los caciques, y ellos lo sobornen para que calle sus tiranías".

III. EL POBLAMIENTO DE LA PROVINCIA DEL REINO DE QUITO

1. Las pretensiones del Gobernador de Guatemala y la fundación de Quito

Después de la fundación de Cuzco el 23 de marzo de 1534, y tras las noticias recibidas en la ciudad sobre la llegada al sitio de Puerto Viejo, en el litoral ecuatoriano, de Pedro de Alvarado, Capitán General de Guatemala y quien tenía Capitulación para descubrir y conquistar tierras en el Mar del Sur; Pizarro enviaría a Diego de Almagro hacia el norte, hacia el Reino de Quito, para tratar de detener las pretensiones de aquél. Almagro, en ruta hacia San Miguel de Piura, por su parte, también tuvo conocimiento de que el gobernador que había quedado en dicha ciudad, Sebastián de Belalcázar, también había partido hacia el sitio de Quito con el mismo propósito de enfrentar a Alvarado.

Ambos conquistadores se encontrarían a mitades de 1534 en el sitio de Riobamba y el 15 de agosto de 1534 procederían a fundar a la carrera, el pueblo de Santiago de Quito, cerca de la actual ciudad de Sicalpa, de manera que cuando Alvarado llegara al lugar, se encontrase con una cuidad ya fundada por la gente de la gobernación de Pizarro, lo que implicaba que esas tierras ya formarían parte de dicha gobernación.

Y así fue. La ciudad, aun cuando todavía en el papel, ya había sido establecida formalmente antes de la llegada de Alvarado, lo cual se hizo constar en acta levantada por Escribano, donde se indicaban sus autoridades y término. Pero aún así, luego de la llegada de Alvarado siguió la necesaria negociación entre los conquistadores, pues entre otros aspectos, la hueste de Alvarado estaba compuesta por varios miles de indígenas guatemaltecos, que tendrían que quedarse en tierras del Perú, después del retiro de Alvarado. Se procedió así, a la refundación de la ciudad, esta vez en la falda este de Volcán Pichincha, pero entonces con la participación de la hueste de Alvarado, quién renunciaría a proseguir su conquista.

El acto de refundación ocurrió unas semanas después, el 6 de diciembre de 1534, como San Francisco de Quito. La ciudad se situaría entonces sobre las ruinas de la milenaria ciudad de Quito, la cual había sido destruida por Rumitrahui, el general de Atahualpa que estaba a cargo de la misma, para evitar que cayera en manos de los conquistadores. La traza de San Francisco de Quito es básicamente reticular, desarrollándose la trama urbana en torno a la plaza mayor, en cuyo lado sur se ubicó la Catedral. Cerca de la plaza está la iglesia de la Compañía de Jesús y en la trama urbana se destacan otras plazas menores, entre ellas, las de San Francisco y de Santo Domingo, donde están las iglesias y conventos del mismo nombre. Otros conventos importantes en la ciudad fueron los de San Agustín y La Misericordia. La ciudad, además, sería sede de la Audiencia de Quito.

2. *El proceso de poblamiento de la provincia*

Luego de la fundación de Quito, Belalcázar fue designado Teniente Gobernador de la misma, y Almagro junto con Alvarado partieron a reunirse con Pizarro en Pachacamac. Sin embargo, para asegurar la jurisdicción sobre el territorio descubierto en la costa, Almagro mandó a Francisco Pacheco a fundar un pueblo en el litoral, y así se fundó Puerto Viejo, el 12 de marzo de 1535, en la ribera del río Portoviejo, cerca del sitio donde Alvarado había desembarcado. La traza de la ciudad es semi-reticular, con la plaza mayor (Parque Eloy Alfaro) en el centro, y en su lado norte, la Catedral.

En el extremo norte de Ecuador, se asentó la ciudad de Esmeraldas, en la desembocadura del río del mismo nombre, cerca del sitio donde por primera habrían desembarcado los españoles en las costas del Ecuador.

El mismo año de 1535 se fundó la villa de Guayaquil, a orillas del rió Guayasó, la cual, por mandato de Francisco Pizarro en 1537 fue posteriormente refundada por Francisco de Orellana, el futuro descubridor del Amazonas, como Santiago de Guayaquil. La traza de la ciudad es reticular, con la plaza a tres cuadras del río Guayas, que está al este de la cuadrícula, estando la Catedral ubicada al oeste de la plaza.

En la provincia de Quito, y hacia el sur de la ciudad, posteriormente Alonso de Mercadillo, enviado por Gonzalo Pizarro, fundaría en la provincia de los indios paltas, en la ribera del río Zamora, el 8 de diciembre de 1548, la villa de Loja. Esta villa previamente había sido fundada por el mismo Mercadillo, no lejos del sitio, con el nombre de La Zarza. La traza urbana de Lorja es cuadricular, ubicándose la Catedral al este de la plaza que está en el centro de la trama urbana inicial.

Desde Loja, el propio Alonso de Mercadillo, fundaría en 1549 las villas de Zamora y Zaruma, como pueblos mineros.

La villa de Santa Ana de los Ríos de Cuenca, en la ribera del río Tomebamba, sería fundada el 12 de abril de 1557 por Gil Ramírez Dávalos, gobernador de Quito, por ordenes del Virrey Andrés Hurtado de Mendoza, en la provincia de los cañaris. En las instrucciones que le había dado Hurtado de Mendoza, le indicó que: "visto y examinado el lugar más conveniente, se trazará el dicho pueblo...Y la traza de la dicha ciudad será por la orden que está hecha esta Ciudad de los Reyes, y en medio de ella se señalará una plaza que sea tan grande como la mitad de la Ciudad de los Reyes". Además, en la provisión del Virrey nombrado a Ramírez Dávalos como Guarda Mayor de la ciudad, aquél indicó: "el cual me ha enviado la traza de la dicha ciudad", la cual era y es cuadricular, con la plaza mayor (Parque Calderón) en el centro, y la vieja Catedral al este de la plaza.

Posteriormente, por autoridad del Cabildo de Quito, el 9 de julio de 1575, se fundaría la ciudad de Riobamba por Antonio de Ribera y Ruy Días Fuenmayor, en el sitio donde se había efectuado la primera fundación de Santiago de Quito en 1534. La ciudad fue destruida en 1797 por un terremoto, razón por la cual fue trasladada a la meseta de Tapi, sitio que ocupa actualmente con un trazado perfectamente cuadricular, como quedó expresado en el grabado de Poma de Ayala con la plaza mayor en el centro y la Catedral al este de la misma.

La última de las grandes ciudades serranas que se fundaron en la provincia de Quito, al norte, fue la villa de San Miguel de Ibarra, el 28 de septiembre de 1606, por Cristóbal de Troya, quien era uno de los regidores del Cabildo de Quito, y quién actuaba por órdenes del presidente de la Real Audiencia de Quito, Miguel de Ibarra. La traza de la ciudad es también cuadricular, con la plaza mayor (parque Pedro Moncayo) en el centro y la Catedral situada al norte de la plaza.

En todo caso, a partir de 1570 mediante las reducciones de indígenas se inició su asentamiento en pueblos de indios, lo que caracterizó el poblamiento en el interior tanto de Ecuador como del Perú. Como ejemplo de tales pueblos, se destaca el pueblo de Otavalo, cerca de Quito, el cual tiene una forma de retícula, con la plaza mayor en el centro, y la iglesia al oeste de la plaza.

Por otra parte, desde Quito, y sin el debido conocimiento del gobernador Pizarro, Belalcázar había salido hacia el norte, hacia el reino de los Muiscas, y en su ruta, como se ha dicho, en 1536 fundó las ciudades de Popayán y Cali, llegando en 1538 a la sabana de Bogotá, donde participó junto con los adelantados Jiménez de Quesada y Federman en la refundación de Santa Fe de Bogotá.

Hacia el oriente, en las vertientes del Amazonas, en 1560 se fundaría la villa de Tena, a orillas del río del mismo nombre, con una forma urbana bastante irregular; y como misión, el pueblo de Archidona. En el sitio de la conjunción de los ríos Napo y Coca, se ubicó el puerto Coca también llamado Francisco de Orellana, por haber sido el lugar por donde pasó Orellana en 1542, en su ruta hacia el Amazonas. Más al sur de Tena, está la ciudad de Puyo.

Como también hemos señalado, en 1539 se fundaría la ciudad de Pasto, y en 1540 Belalcázar obtendría de la Corona el nombramiento de gobernador de Popayán. La Audiencia de Quito se estableció en 1563, pasando a formar parte de su jurisdicción, además, precisamente, todas las ciudades norteñas fundadas por autoridad de Belalcázar hasta Cali.

IV. EL POBLAMIENTO DE LA PROVINCIA DE CHARCAS

Durante su permanencia en el Cuzco, entre 1538 y 1539, Gonzalo Pizarro había encargado de la Gobernación de Charcas a Diego de Rojas quién había sido uno de los que había llegado al Perú desde Guatemala, en la expedición de Pedro de Alvarado. Con Pedro de Anzures, fundó, en 1539, en el valle de Choque-Chaca, la ciudad de La Plata, nombrada luego como Chuquisaca o Charcas, la actual ciudad Sucre, así llamada en honor del Mariscal Antonio José de Sucre; en fin, la ciudad de los cuatro nombres.

Con la fundación de La Plata se aseguraba el dominio sobre las ricas minas que en la zona se habían descubierto. Fue la capital de la provincia de Charcas y la sede de la Real Audiencia que allí se estableció en 1559, la cual, hasta 1776 tendría jurisdicción en los territorios que hoy son de Paraguay, sur del Perú, Bolivia y norte de Argentina y Chile. La ciudad tiene una traza reticular, muy regular, con la plaza en el centro y la Catedral al oeste de la plaza. Desde el inicio, la trama urbana presentó diseminadas, varias plazuelas que fueron conformando la vida urbana.

En la provincia se estableció, además, en 1546, lo que luego sería la Villa Rica e Imperial de Potosí, al pie del Cerro Rico, uno de los yacimientos más ricos en plata que se descubrieron en el Perú, y que tuvo un desarrollo fundamental durante el gobierno del Virrey Toledo. La ciudad, originalmente establecida como un asentamiento desordenado de explotación minera, fue reordenada por disposición del Virrey Toledo. Presenta así una traza reticular en su centro histórico, con la plaza (plaza 10 de Noviembre) en el centro y la Catedral al norte de la misma.

En el borde del altiplano, en el sitio de Leja cerca del Lago Titicaca, luego del descubrimiento de minas de oro en el río Choqueyapu, por orden del Virrey La Gasca, Alonso de Mendoza fundaría la ciudad de Nuestra Señora de La Paz, el 20 de octubre de 1548. Por lo frío del lugar, al poco tiempo hubo que mudarla al sitio actual en el valle del río Chuquiago, donde existía un pueblo de indios aimaras, lugar en el cual perduró de manera estable, al encontrarse en la ruta entre Potosí y el Océano Pacífico. La ciudad de La Paz presenta en su centro histórico una traza reticular, con la plaza de armas (Plaza D. Murillo) en el centro, y la Catedral de dimensión impresionante, al sur de la misma. La reducción del pueblo de indios denominado San Pedro y Santiago quedó ubicada a la otra orilla del río.

En la zona del Lago Titicaca también se fundaría la villa de Copacabana por los Agustinos en 1586, donde está el famoso Santuario, y la ciudad de Puno, en 1668, cerca de la mina de plata conocida como Laykakota. Su traza urbana es irregular, y la Catedral edificada en forma aislada.

Más al este de la Paz, en 1574, Sebastián Barba de Padilla fundaría la villa de Oropeza, luego denominada Cochabamba. Se desarrolló conforme a una traza cuadricular, con la plaza de armas (Plaza 14 de septiembre) en el centro y la iglesia Catedral ubicada al sur de la misma.

En la parte sur del Altiplano, también se fundaría en 1606 la villa de Oruro, cerca del Lago Uru Uru; y al extremo sur, se fundaría, el 4 de junio de 1574, por Luis de Fuentes y Vargas, la villa de Tupiza, y por el mismo de Fuentes, el 4 de julio del mismo año, la villa de San Bernardo de Tarija, la cual también tiene una traza cuadricular con varias plazas ubicadas en el centro. La Catedral, sin embargo, no está en los costados de la plaza de armas (plaza Luis de Fuentes y Vargas), sino a una cuadra al oeste de ésta, edificada en forma aislada.

Hacia la vertiente amazónica, pero en la zona de transición con las tierras altas, Nuflo de Chávez fundaría en 1561, la villa de Santa Cruz de la Sierra, en la región del Gran Chaco, aún cuando originalmente localizada a doscientos kilómetros de su actual ubicación, mudada por los ataques indígenas. La ciudad, ubicada en un extensísimo llano, tiene también una traza reticular, con la plaza de armas (plaza 24 de septiembre) en el centro, y la Basílica el sur de la misma. Más al norte de Santa Cruz de la Sierra, el 13 de junio de 1686, se fundaría la villa de La Santísima Trinidad por el padre Cipriano Barace, como misión jesuita, cerca del río Mamoré, y luego mudada a su sitio actual, en la ribera del arroyo San Juan. Tiene una forma cuadricular, con la

Catedral al sur de la plaza. Fue la segunda misión jesuita fundada en las tierras llanas de la amazonía.

Las otras misiones jesuitas más importantes, más al este, establecidas desde el Paraguay, dieron origen a muchos pueblos que se encuentran en la amazonía, como San Javier, que es la más antigua, fundada en 1691. Allí llegó el jesuita, Martín Schmidt, quien fundaría las misiones de Concepción (1709) y San Rafael de Velasco (1697). También están los pueblos misiones de San Ignacio de Velasco, Santa Ana de Velasco, San Miguel de Velasco y San José de Chiquitos. Todos tienen una traza urbana cuadricular, con su plaza en el centro, y en general, la iglesia al este de la plaza.

V. EL POBLAMIENTO DE LA PROVINCIA DE CHILE O DE NUEVA EXTREMADURA

Pedro de Valdivia, maestre de campo de Hernando Pizarro en la batalla librada contra Almagro en Las Salinas, había sido encargado por Francisco Pizarro, en 1539, de la conquista del reino de Chile, el cual tres años antes, en 1536, Diego de Almagro había reconocido en su desafortunada expedición. Almagro, en efecto, había tomado la ruta hacia el sur saliendo del Cuzco, por el camino Inca, pasando por el Lago Titicaca, la villa de Tupiza y el valle de Jujuy, pasando luego la Cordillera de los Andes hasta Copiapó y terminando en el valle del Aconcagua. El regreso al Perú lo hizo por la costa.

Teniendo en cuenta esa experiencia, en enero de 1540 Valdivia saldría con 150 hombres desde el Cuzco, pero esta vez tomando la ruta de la costa, por Arequipa. Lo acompañaban, entre otros, Francisco y Pedro Villagra, y en octubre de 1540, llegaría al valle de Copiapó, donde tomaría posesión de la tierra descubierta poniéndole el nombre de Nueva Extremadura, en sustitución del de Nueva Toledo que había tendido en la época de Almagro.

Después de un año de recorrido llegó al hermoso valle del río Mapocho, en el país de los Mapuches o Mapochoes, no lejos del puerto de Valparaíso, donde había llegado Almagro en 1536 y el cual quedaría establecido a partir de 1543; y el 24 de febrero de 1541, al pié del cerro Huelén, que decidió bautizar como Santa Lucía, fundaría la ciudad de Santiago del Nuevo Extremo, Santiago de Chile, donde ubicó la sede de la provincia de Nueva Extremadura.

El diseño de la planta de la ciudad se atribuye al alarife Pedro de Gamboa, con una forma urbana cuadricular, con la plaza de armas en el centro, y la

Catedral al oeste de la misma. Esta ubicación de la plaza al oeste de la plaza se repetiría en otras ciudades como Concepción, Copiapó y Talca. En Santiago, la planta de la ciudad quedó ubicada entre el cerro Santa Lucía hacia este, el río Mapocho al norte y un brazo o cañada del mismo que corría al sur, por donde luego se construyó la Alameda. La Iglesia y Convento de San Francisco, la edificación más antigua de la ciudad, se ubicó en la ribera sur de la cañada.

Valdivia había llegado a Chile como Teniente de Gobernador de Pizarro, pero al poco tiempo, al conocerse el asesinato de éste ocurrida en marzo de 1541, el Cabildo de Santiago lo designaría Gobernador Interino.

Enviado por Valdivia, y a medio camino entre Santiago y Copiapó, Juan Bohon fundaría en 1544, en el valle de Coquimbo, la ciudad de La Serena de Nueva Extremadura, en recuerdo de la ciudad natal del Adelantado en Extremadura. La ciudad, situada al norte de Valparaíso y establecida para abrir el camino hacia el Perú, fue destruida en enero de 1549, y refundada por Francisco de Aguirre ese mismo año, como San Bartolomé de La Serena. Tiene una traza reticular orientada conforme a los puntos cardinales, con la plaza de armas en el centro, y la iglesia Catedral al este de la plaza. Más al sur de La Serena, también en la costa, se fundaría la ciudad de Coquimbo, con traza reticular y plaza rectangular.

Valdivia tuvo que armar barcos en los puertos para enviar emisarios a Lima y lograr el envío de refuerzos desde el Perú, pues la hostilidad de los indios había sido extrema, instigados, además, por los emisarios del Inca Manco quién se había rebelado en el Cuzco, y sabiéndose ya las noticias de la muerte de Almagro. El puerto más importante ya era Valparaíso, y desde allí Valdivia envió navíos hacia el sur, que llegaron hasta el Estrecho de Magallanes, tomando posesión de las tierras australes.

En 1548, en todo caso, el mismo Valdivia se embarcaría en Valparaíso con rumbo hacia el Perú a unirse a la causa del Virrey La Gasca contra Gonzalo Pizarro, llevando consigo un importante tesoro, y dejando encargado del gobierno de la provincia a Francisco de Villagra. La Gasca confirmó a Valdivia como Gobernador de Chile, con jurisdicción en territorios desde Copiapó hacia el sur y que llegaban hasta vertiente este de los Andes. Por Real Cédula de 1522, el Emperador le confirmaría la Gobernación, la cual en 1544 sería extendida hasta el Estrecho de Magallanes, otorgándose a Jerónimo de Alderete, quien en 1546 y por cuenta del Gobernador había estado en esas tierras, los territorios al sur de dicho Estrecho..

En la zona norte de la Gobernación, entre la pampa y las minas de Bolivia, el maestre de campo de Valdivia, Francisco de Villagra, de regreso de un viaje de reclutamiento por el Perú, tomaría el camino de Tucumán, y allí se encontraría que Núñez de Prado, enviado por La Gasca, había fundado en 1553 una ciudad conocida luego como Santiago del Estero, la más antigua ciudad de Argentina. Villagra tomó posesión de la misma bajo la autoridad de Valdivia. La ciudad tiene una forma casi reticular, con la plaza (Libertad) en el centro, y al oeste de la misma la iglesia Catedral. Villagra pasó luego por los alrededores de donde se situaría después la ciudad de Mendoza, y a través del paso de Uspallata en los Andes, trazó el camino que luego sería la comunicación regular entre Chile y Argentina.

Por su parte y después de la campaña con La Gasca, Valdivia regresaría a Chile en 1549 desde el puerto de Arica hacia la villa de La Serena, encontrándola destruida y muertos sus habitantes, por lo que procedió a su reconstrucción. Emprendió luego una dificultosa campaña hacia el sur, y fue en la ribera del río Biobio, el más ancho de los ríos de la zona, donde tuvo su primer encuentro con los araucanos. En marzo de 1550 estableció un fuerte, fundando allí, en octubre del mismo año, la villa de Concepción del Nuevo Extremo. La misma, destruida en 1554 debido al constante ataque de los indios mapuches y luego de dos devastadores terremotos en 1730 y 1751, encontró su sitio definitivo en 1764. Está trazada en una forma de cuadrícula perfecta, con la plaza (Bernardo O'Higgins) en el centro y la iglesia Catedral al oeste da la misma. Más al sur, en 1553, se establecieron también en la costa, los fuertes villas de Arauco en el golfo del mismo nombre, y de Tucapel y Purén.

Posteriormente, en 1580, Martín Ruiz de Gamboa fundaría la villa de San Bartolomé de Gamboa de Chillán, la cual destruida varias veces por los ataques mapuches y por terremotos, encontró su asiento definitivo en 1835. La traza de la ciudad sigue la clásica de ciudad cuadricular, con plazas diseminadas también en forma equidistante, de manera similar a la de la ciudad de Mendoza. En todo caso, el pueblo de Chillán Viejo también se conserva.

Tanto en la provincia de Concepción como en la de Santiago, con posterioridad, en el Siglo XVIII, el gobernador José Antonio Manso de Velasco (1737-1745) fundaría otras poblaciones como Santa María de Los Ángeles en 1739; San Agustín de Talca en 1742; Nuestra Señora de Las Mercedes de Cuaquenes en 1742; San Felipe el Real en 1740; San Fernando de Tinguiririca en 1742; Logroño de San José (Melipilla) en 1743; San José de Buena

Vista (Curicó), en 1743; San Francisco de la Selva (Copiapo) en 1744; y Santa Cruz de Triana (Rancagua) en 1743. Todas tienen una forma urbana cuadricular.

Otros pueblos que por sus plazas particulares deben mencionarse son, hacia el norte, Vallenar, entre la Serena y Copiapó, y Coihaique, en el extremo sur, en la región de los Lagos. La primera ciudad presenta una plaza cuadricular con cuatro calles que llegan a los cuatro costados de la misma, como es el caso también de Rancagua; y en cuanto a Coihaique, de más reciente fundación, presenta una plaza pentagonal, única en América Latina, cuyo origen sería la forma de un fuerte militar.

Valdivia buscaba hacia el sur el estrecho de Magallanes, y en 1551 fundaría la villa La Imperial, cerca del actual pueblo Nueva Imperial y de la ciudad de Temuco; y en 1552, la villa de Santa María la Blanca de Valdivia, en la ribera del río Valdivia, la cual tiene una plaza rectangular a la cual llegan seis calles. Además, fundaría la villa de Los Confines, la cual sería repoblada en 1559 con el nombre de Angol. En abril del mismo año 1552, Jerónimo de Alderete fundaría la villa Santa María Magdalena de Villarrica, en la ribera del lago Villarrica, la cual tiene una cuadricula como traza urbana.

Sería desde Valdivia que Villagra enviaría a explorar los estrechos en la zona de la isla de Chiloé. Sin embargo, sólo fue a partir de 1567 cuando los españoles tomarían posesión de la isla, fundándose por Marín Ruiz de Gamboa la ciudad de Castro, capital de la provincia. La ciudad, ubicada en el Fiordo de Castro donde desemboca el río Gamboa, tiene una forma urbana cuadricular, con su plaza en el centro, y la iglesia al norte de la misma. Otra ciudad fundada en la isla fue la villa de San Carlos de Chiloé o Ancud, en 1767, en el golfo de Quetalmahue en el extremo norte de la misma.

En 1553 se produjo una extensa sublevación de los araucanos, comandados por el toqui general Lautaro, la cual condujo a la destrucción de muchos de los fuertes y ciudades que habían establecido los españoles, entre ellos, Villarrica y Angol.

El 25 de diciembre de 1553 Pedro de Valdivia fallecería a manos de los indios insurrectos, entrando la provincia en estado de gran anarquía por falta de gobierno. Villagrá sería encargado de la gobernación por los Cabildos sureños en 1554, hasta que la Audiencia de Lima, en 1557, lo nombraría como gobernador interino, venciendo a Lautaro ese mismo año en el río Mataquito.

Pero al poco tiempo, el recién designado Virrey del Perú, Antonio Hurtado de Mendoza, nombraría a su hijo García Hurtado de Mendoza como gobernador de Chile. Este desarrollaría campañas conquistadoras hacia el sur, recuperando Concepción y Angol, y fundando, en 1558, la villa de San Mateo de Osorno, al sur de Valdivia, ubicada en la ribera del río Rahue, la cual también tiene una traza reticular. En expedición que comandó Mendoza hasta el Canal de Chacao, iría Alonso de Ercilla y Zúñiga, el famoso autor de *La Araucana*.

También debe mencionarse las ciudades de Cañete y de San Javier de Bella Isla, cuyo plano fundacional coincide con los de Mendoza y Caracas..

Desde finales del Siglo XVI y durante el Siglo XVII se sucederían en el Reino de Chile nuevas y sucesivas rebeliones indígenas, entre ellas, las dirigidas por el toqui Pelantelau, quien daría muerte al gobernador Martín Oñez de Loyola (1598), y medio siglo después, por el mestizo Alejo produciéndose rebeliones generales con la destrucción de la mayoría de las ciudades al sur del río Biobío, a pesar de la labor evangelizadora que desarrollarían jesuitas y franciscanos.

A finales del Siglo XVII y comienzos del Siglo XVIII, fue que comenzó entonces un nuevo proceso de poblamiento, correspondiendo como se ha dicho, al Gobernador José Antonio Manzo de Velasco (1737-1745) iniciar fundaciones a gran escala.

Su sucesor en la gobernación, Domingo Ortiz de Rozas (1745-1755), fundaría nuevos pueblos como Talcahuana (1746), San Luis de Coelemu (1749), Santo Domingo de Rosas de Ligua (1754), San Rafael de Rozas de Illapel (1752), Santa Bárbara de Casablanca (1753) y Santa Ana de Briviesca Petorca (1753) y reconstruiría los derribados por el terremoto de 1751. El gobernador Manuel Amat y Junient (1755-1761), fundaría los pueblos de San Juan Bautista de Guaiqui (1756), Santa Bárbara (1758) y San Rafael de Talcamavida (1757); y además, el gobernador Antonio Guill y Gonzaga (1761-1768), fundaría pueblos de indios, como San Luis Gonzaga o Rere, San Carlos de Austria o Yumbel (1766) y San Diego de Tucapel (1668).

Por último, entre las ciudades importantes de Chile de fundación reciente y con trazado urbano reticular, debe mencionarse en el extremo norte el puerto de Antofagasta, en la costa entre Coquimbo y Arica, desde donde se accede a la Puna o desierto de Atacama, donde se encuentra el Salar de Atacama. La ciudad fue fundada en 1870, con una traza cuadricular y su plaza cerca de la costa, con la Iglesia Catedral San José al este de la misma. Se convirtió en el puerto central de embarque del salitre. Al sur del poblado de Cobija que había sido establecido en 1581 y que sirvió como punto de acceso al mar desde Bolivia. Al este de Cobija está la ciudad de Calama, cerca de la cual se encuentra la mina de Chuquicamata, la más grande del mundo. En el extremo sur, debe hacerse referencia a Puerto Montt, el principal puerto de la región de los Lagos, con una traza reticular; la plaza abierta a la bahía y la iglesia al norte de la misma.

New York, abril 2013

CAPÍTULO SEXTO.

LA CIUDAD ORDENADA EN LA COLONIA, CON PATICULAR REFERENCIA A LAS PROVINCIAS DEL NUEVO REINO DE GRANADA

Texto de la Conferencia con ocasión de ser electo Miembro Correspondiente Extranjero de la Academia Colombiana de Jurisprudencia, Bogotá 18 de marzo de 1998. Publicado en el libro de Jaime Rodríguez Arana y William Zambrano Cetina (editores), *Discursos Académicos Iberoaméricanos,* Tirant lo banch, Bogotá, 2022, pp.19-70.

En un lapso de dos siglos (XVI y XVII) en el Nuevo Mundo americano español se produjo la fundación del mayor número de ciudades jamás establecidas con un trazado regular, en toda la historia de la humanidad, en un espacio geográfico tan amplio y en un tiempo tan breve.

De las seis naciones europeas (España, Portugal, Francia, Inglaterra, Dinamarca y Holanda) que intervinieron en la colonización de América, sólo España fundó ciudades de acuerdo a un invariable plan regular y ordenado, que conllevó, no sólo la cuidadosa elección del sitio para su ubicación desde el punto de vista del clima y de las condiciones del terreno, sino que además procuró el establecimiento de una forma urbana reticular del sitio a poblar, con calles rectas que se entrecruzan en ángulos también rectos, creando una malla de espacios en cuadrilátero, con forma de damero, con una plaza principal o mayor, abierta y en el centro, y otras diseminadas a cierta distancia, repitiendo en menor escala nuevos centros en la trama urbana. Este es el trazado que tuvieron todas las ciudades americanas y que todavía se conserva en su centro o casco antiguo.

El uso de la forma reticular en América española, por supuesto, no significó otra cosa que el uso de lo que había sido normal en la antigüedad, en Grecia y Roma, cuyo conocimiento, afortunadamente, había sido redescubierto con el Renacimiento, y convertido en política de la Corona, como consecuencia de la necesidad del poblamiento de América como exigencia jurídica, con el objeto fundamental de afirmar el Señorío sobre las tierras descubiertas.

Por ello, si algo caracterizó el proceso de la conquista del Nuevo Mundo, fue una deliberada motivación pobladora. Colonizar fue para el conquistador, en medida sustancial, fundar ciudades y hacerlo formalmente, mediante acta auténtica, y no simplemente, establecer campamentos, rancherías, o asentamientos. Pero este hecho urbano tan marcado en la empresa del descubrimiento, conquista y colonización de América Hispana, fue así no debido al espíritu formalista y documental que sobre todo los anglosajones atribuyen al español, sino porque para que las tierras descubiertas entraran a formar parte de las posesiones del Reino de Castilla, era necesario poblarlas.

La necesidad de fundar pueblos, en efecto, derivó del orden jurídico del Reino de Castilla que rigió en las Indias (*Código de las Siete Partidas*), conforme al cual el Señorío en nuevas tierras descubiertas correspondía a quien "poblare primeramente." Por ello, el afán poblador y la necesidad de definir el modelo ordenado de ciudad, que no surgió de experimentos locales de tipo práctico, que con el paso del tiempo hubiesen cristalizado en un arquetipo legislativo. Al contrario, la fundación de las ciudades y la forma en que esta se hizo en América Latina fue parte de un gran plan imperial, mediante el cual, en forma ordenada y conforme a precisas Instrucciones Reales, se escogía el sitio adecuado, se nombraban sus autoridades, se trazaba el plano de la ciudad a cordel y regla, se asentaban vecinos, se distribuían tierras y se imponían demandas económicas a las comunidades indígenas.

Y ello fue así, porque como dije, la fundación de pueblos constituía el primer acto de afirmación de Señorío, y era, en definitiva, un imperativo legal tanto para que las tierras descubiertas entrasen a formar parte del Reino de Castilla, como para determinar el ámbito territorial de la Provincia que estaba sujeta al gobierno de cada Adelantado. Por ello, el acto fundacional de la ciudad estaba revestido de gran solemnidad. Era el título para la posesión real y del Señorío sobre la tierra recién descubierta, y la garantía jurídica de tierra ocupada. De allí la existencia siempre de actos fundacionales formales, así fueran en sitios no definitivos, que se recogían en *actas* levantadas por escribanos, como prueba inobjetable de su existencia a partir de fecha cierta. Ello daba preferencia al poblador en relación a otros Adelantados, en cuanto al término de lo descubierto, pues la existencia de una población significaba que la tierra ya estaba conquistada bajo una determinada jurisdicción.

Ese proceso de poblamiento formal, en todo caso, dio origen a la forma urbana ordenada, de trazado regular, propia de la ciudad hispanoamericana, que perduró hasta las primeras décadas de este Siglo, hasta que el modernismo en la arquitectura se apoderó del urbanismo, desordenando la ciudad. Por ello, todas las ciudades de América Latina fundadas en los siglos de la conquista y colonización tienen la misma forma urbana regular cuadricular que aún conservan en su casco central.

I. LAS CAPITULACIONES Y LA FUNDACIÓN DE CIUDADES

1. Las Capitulaciones

El instrumento que se utilizó para el proceso de descubrimiento, conquista, colonización y población de América Hispana, desde la empresa de Colón, fue básicamente el de las *Capitulaciones*, mediante las cuales se canalizó el esfuerzo individual privado de Conquistadores y Adelantados, que prevaleció sobre la acción oficial de la Corona, lo cual originó la necesidad de su ordenación a través de normas jurídicas. Estas, además de estar en los textos que regían en el Reino de Castilla, se fueron estableciendo individualmente a medida que avanzaba el proceso de Conquista.

En este contexto, el título jurídico fundamental que sirvió de base para el proceso de descubrimiento, colonización y población estuvo configurado precisamente por la *Capitulación* o contrato de concesión que la Corona otorgó a los jefes de las expediciones descubridoras, en las cuales se fijaban los derechos que se reservaba la Corona en los nuevos territorios; se determinaban los territorios a los cuales se podía dirigir el descubridor, y en general, se fueron estableciendo las normas casuísticas que regían el proceso respecto a cada empresa descubridora, adicionándose a las mismas determinadas instrucciones que los Monarcas daban al Adelantado. En ellas, precisamente, se inició la configuración del *derecho indiano*.

Las Capitulaciones fueron entonces el instrumento jurídico para asegurar la posesión de las tierras por la Corona, lo que se lograba con el poblamiento, es decir, mediante la fundación de villas, pueblos o ciudades habitadas por los conquistadores o los indios. Por ello, la mayor parte de las Capitulaciones de nuevo descubrimiento y población, establecían que el jefe de la expedición descubridora quedaba obligado a fundar un número determinado de pueblos en el territorio descubierto dentro de un plazo especificado, a cuyo efecto se le autorizaba para repartir tierras y solares. Primero descubrir, y después de descubrir, poblar. Esta fue la preocupación primordial de los Monarcas en su política colonizadora.

2. *La importancia del acto fundacional*

Dado el significado del poblamiento en el derecho castellano y en las Capitulaciones, la fundación de una ciudad fue el acto de mayor importancia en la Conquista: con la misma se tomaba posesión de lo descubierto en nombre de la Corona, quedando el territorio bajo el Señorío y Soberanía del Rey y, además, era el acto más importante para la determinación del término de cada Provincia o Gobernación bajo el mando del Adelantado, es decir, en definitiva, del término geográfico de cada Capitulación.

Por todo ello, sólo se podía fundar una ciudad cuando se tenía licencia; de lo contrario, el hecho podía acarrear hasta la pena de muerte.

La consecuencia de lo anterior es que la fundación de una ciudad era un acto solemnísimo, del cual se dejaba constancia en acta levantada por escribano. El ceremonial era uniforme y formal; y venía descrito en los "manuales" o instrucciones dadas a los conquistadores, reflejando un rito fundacional que se siguió invariablemente en las Indias, mediante el cual se tomaba posesión de la tierra, bajo todos lo signos de la autoridad, a lo cual, por supuesto, nadie en las huestes se oponía. Inmediatamente después se trazaba la plaza con forma cuadrada o rectangular, y a partir de ella, se trazaban las calles como una retícula, indicándose el sitio de la iglesia, que siempre se ubicaba en el costado oriental de la plaza, el de los otros edificios públicos, y el de los diversos solares para repartir a los vecinos, nombrándose las autoridades que regirían la ciudad, y disponiéndose los ejidos.

La ciudad como tal, por supuesto, al fundarse, físicamente no era absolutamente nada; sólo era un acta, una demarcación de calles y plaza y unas cuantas chozas que luego, con el correr del tiempo y de las actividades en torno a la misma, se iban asentando y mejorando, surgiendo progresivamente la ciudad, ordenadamente, en el marco del plano trazado en la fundación.

3. *El poblamiento como título de demarcación de las Provincias*

Pero el poblamiento, además de ser el título fundamental para el establecimiento del Señorío o dominio de los Monarcas españoles sobre las nuevas tierras descubiertas, fue el título fundamental para la demarcación del ámbito territorial de las Gobernaciones otorgadas en las Capitulaciones a los diversos Adelantados. Estas llegaban hasta donde existiera territorio poblado, es decir, hasta donde se hubiesen fundado pueblos o ciudades; si esto no ocurría, a pesar de que el territorio se hubiese descubierto, no formaba parte de la jurisdicción del Adelantado.

Es decir, unas tierras podían haber sido descubiertas y visitadas por determinados Adelantados o exploradores, pero mientras no las poblaren no formaban parte de la Gobernación de la Provincia a la cual servían. Si luego, otro Adelantado, bajo el mando del Gobernador de otra Provincia poblaba primero, el territorio se consideraba como perteneciente a esta última.

Varios ejemplos coloniales ilustran esta importancia del poblamiento en la demarcación del territorio de las Provincias: las tierras que a partir de 1549 formaron parte del Nuevo Reyno de Granada, se perdieron para la Provincia de Venezuela bajo los Welser, por no haberlas poblado, a pesar de que los Adelantados alemanes las descubrieron y recorrieron entre 1530 a 1538, pero no la poblaron; las tierras del sitio de Riobamba quedaron bajo la jurisdicción de la Capitulación de Pizarro y no pudieron ser reclamadas por el Adelantado, Pedro de Alvarado quien además era Gobernador de Guatemala, en 1532, pues a la víspera de su llegada al sitio, a la media noche del 15 de agosto de 1534, los Tenientes de Pizarro Pedro de Almagro y Sebastián de Belalcazar fundaron la ciudad de *Santiago de Quito,* la cual días después, el 28 de agosto de 1534, fue refundada con la participación de las huestes que dejó Alvarado, como *San Francisco de Quito;* las tierras de la *Sabana de Bogotá,* en definitiva quedaron bajo la jurisdicción del Adelantado Gonzalo Jiménez de Quesada, Teniente de la Gobernación de la Provincia de Santa Marta, a pesar de que en 1538, en ellas coincidió con Sebastián de Belalcazar, Teniente de la Gobernación de Pizarro y Nicolás Federman, Teniente de la de la Provincia de Venezuela; y ello, porque el primero se apresuró a fundar una ciudad, el 6 de agosto de 1538, que denominó *Ciudad Nueva de Granada,* la cual, meses después, el 27 de abril de 1539, se refundó como *Santa Fe de Bogotá,* con la participación de las huestes de Belalcazar y Federman, y luego de que finalizado el pleito que los tres entablaron en España que duró 10 años, Jiménez de Quesada obtuvo la jurisdicción sobre Santa Fe, como Capitán General del *Nuevo Reino de Granada.*

4. *La pena de muerte por fundar sin título o licencia*

Pero "poblar" las tierras, además de ser siempre una obligación de los Adelantados, era un privilegio exclusivo de los titulares de cada Capitulación, pues como se ha dicho, con ello se definía el ámbito político geográfico de cada Provincia, por lo que sólo se podía poblar con licencia del Rey, del Virrey o del propio Gobernador, quien en definitiva era el titular de la Capitulación. Así se instituyó y generalizó a partir de la Real Provisión dada en Granada el 3 de septiembre de 1501.

Fundar una villa o ciudad sin licencia, por tanto, se consideraba como un delito que podía acarrear la pena de muerte y la pérdida de todos los bienes. Por ello, por ejemplo, por fundar a Mérida en los términos de la ciudad de Pamplona, sin licencia; se persiguió y encausó a Juan Rodríguez Suárez; y por ello, Hernán Cortés tuvo que legitimar su empresa conquistadora para lo cual no tenía licencia, fundando una ciudad (*Vera Cruz*) sin título, de cuyas autoridades, nombradas por él mismo, se hizo otorgar los títulos necesarios para la conquista de la Nueva España.

Juan Rodríguez Suárez, era Alcalde de las minas de oro de Pamplona, y fue autorizado en 1558 por el Cabildo para emprender nuevos descubrimientos de minas al norte, en las Sierras Nevadas. El 9 de octubre de 1558 fundó la ciudad de *Mérida,* nombre que le puso en recuerdo de su ciudad natal extremeña, para lo cual, sin embargo, no tenía licencia alguna. Al año siguiente la Real Audiencia de Santa Fé ordenó su enjuiciamiento, enviando a Juan de Maldonado para aprehenderlo. Al tener conocimiento de las órdenes de la Real Audiencia, accedió a la voluntad de Maldonado, de cambiar nuevamente el sitio de la ciudad, aguas arriba del río Chama, quedando "refundada" con el nombre de *Santiago de los Caballeros.*

A pesar de ello, Rodríguez Suárez fue hecho prisionero en marzo de 1559, a fines de abril ya se hallaba en *Bogotá,* y en mayo de 1559 se inició en la Real Audiencia el proceso en su contra por haber fundado un pueblo sin licencia.

En marzo de 1560, Rodríguez Suárez escapó de la prisión, obteniendo refugio en la casa del Obispo de Santa Marta, Fray Juan de los Barrios, de donde fue sacado a la fuerza, contra las protestas de este, por el Oidor de la Real Audiencia. De nuevo fue encarcelado y fue condenado el 22 de marzo de 1560, a morir arrastrado a la cola de un caballo por las calles de Santa Fe y llevado al rollo,

> "...donde sea hecho cuatro cuartos que se pondrán en los cuatro caminos más principales y públicos, y la cabeza sea puesta en el rollo".

Pero Juan Rodríguez Suárez logró escapar de nuevo, esta vez con la complicidad de la curia. En su huida pasó por *Pamplona* y *Mérida* y llegó a la recién fundada ciudad de *Trujillo,* de la Gobernación de Venezuela, donde no lo alcanzaba la jurisdicción de la Audiencia de Santa Fe. En *Trujillo*, Diego García de Paredes, fundador de la ciudad y Justicia Mayor, lo recibió y le dió protección, dejándolo, al ausentarse, como su Teniente. Cuando el enviado de la Audiencia se presentó en *Trujillo* a aprehenderle, ninguna autoridad le ayudó, por lo que la Real Audiencia de Bogotá, el 18 de enero de 1561, pidió al Gobernador de Venezuela, Pablo Collado que prendiese a Rodríguez Suárez, a García Paredes y al Alcalde de Trujillo, quienes habían desobedecido las ordenes de los Oidores. El Gobernador se negó a recibir ordenes que no emanasen de la Real Audiencia de Santo Domingo, en cuyo Distrito estaba su Gobierno, materializándose, así, el primer caso de asilo político en la historia americana.

Hernán Cortez, Alcalde de Santiago de Cuba, fue enviado en 1518 por el Gobernador Velázquez para explorar las costas de Yucatán y Conzumel, sin tener Capitulación para conquistar esas tierras. Durante la travesía, el Gobernador revocó el mando que había dado a Cortés por lo que al desembarcar en las costas de México, carecía de todo título para la empresa conquistadora, a la cual no estaba dispuesto a renunciar. No tuvo otra alternativa que inventarse un título, fundando, el 22 de abril de 1519, la *Villa Rica de la Vera Cruz*. Obtuvo de las autoridades de la ciudad, por él nombradas, ante quienes renunció al mando que tenía y que reconocía como precario, el título de Capitán General y Justicia Mayor, es decir, Gobernador del ejército de Nueva España. En esta forma, fue el Cabildo de la Villa recién fundada, órgano que actuaba en nombre del Rey Don Carlos, quien le confirió a Cortés los títulos necesarios para la conquista, los cuales de allí en adelante ejerció en nombre del Rey y no del Gobernador Velázquez. Así conquistó México, y luego de un pleito de 2 años con el Gobernador Velázquez, el 15 de octubre de 1522, Carlos V lo nombró Gobernador y Capitán General de la Nueva España.

II. LA CONFIGURACION DE LA CIUDAD ORDENADA EN LA AMERICA ESPAÑOLA (1513-1573)

Como resulta de lo antes dicho, el descubrimiento y la conquista de América por tanto, se caracterizó por ser un proceso de permanente y formal fundación de pueblos, villas y ciudades, como título jurídico para afirmar el Señorío de la Corona española en las tierras descubiertas y que a la vez servía de título para la delimitación del ámbito de cada provincia que se otorgaba mediante Capitulación a los Adelantados. Por ello, como se dijo, la fundación de la ciudad, villa o pueblo era un acto formalísimo, que se realizaba ante Escribano, por quien tenía título o licencia real para ello.

El Continente Americano, así, se sembró de ciudades en un período cortísimo de tiempo, al punto que puede decirse que para 1573, cuando Felipe II dicta las *Ordenanzas de Descubrimiento y Población*, ya todas las ciudades capitales de los actuales Estados Americanos, se habían fundado.

Lo más importante de este proceso, es que todas las ciudades se trazaron conforme a un plano regular, ortogonal o cuadricular, con su plaza en el centro y en los casos de ciudades costeras, con la plaza abierta al mar. La idea del orden urbano impregnó el proceso de poblamiento, como un proceso absolutamente innovador, y ello ocurrió mediante la conversión en instrucciones de poblamiento, de las ideas renacentistas derivadas del descubrimiento de la antigüedad urbana, que penetraron rápidamente en la Corte. En ello jugó un papel fundamental el Consejo Real de Indias, que si bien se estableció en 1524, tuvo su antecedente en el Comité permanente que se había establecido desde 1511 para atender los asuntos de las Indias. A través de este Comité penetraron en la Corte las ideas renacentistas sobre la arquitectura, las cuales se concibieron como el "renacer" de la arquitectura antigua. Ello implicó, la vuelta al uso de la regla, a las líneas precisas, a las fachadas rectilíneas e, incluso, al abuso de los ángulos rectos en las esquinas, dando origen al plano regular que se convirtió en obligatorio para edificios y ciudades.

Estas ideas, derivadas de las obras de Aristóteles, Vitruvio y Alberti fueron formalizadas por el Consejo en Instrucciones de poblamiento que se comenzaron a dar a los Adelantados a partir de 1513, dos años después de establecido el mencionado Comité para las Indias del Consejo Real de Castilla.

1. La imprecisión inicial

Todas las ideas del renacimiento referidas a la arquitectura y la ciudad, y particularmente las expuestas en las obras mencionadas, influyeron decisivamente en la configuración de la ciudad americana, en un proceso rápido de aproximaciones sucesivas, que pronto comenzaría a cristalizar en forma de ordenes contenidas en las Instrucciones que a partir de 1513 se fueron dando a los Adelantados. Antes de esa fecha puede decirse que no se dieron instrucciones precisas para el poblamiento.

Ello se constata de las Instrucciones que recibió Frey Nicolás de Ovando, quien sucedió a Bobadilla en el gobierno de la Isla *La Española,* en 1501, para la conquista y poblamiento de la isla, donde sólo se estableció que:

> "Porque en la isla Española son necesarias de se fazer algunas poblaciones, *e de acá non se puede dar en ello cierta forma,* veréis los lugares e sytios de la dicha ysla, e conforme a la calidad de la tierra, sytios e gente, allende de los pueblos que agora hay, faréis facer las poblaciones e del número que vos apareciere, e en los sytios e logares que bien visto vos fueren".

Al comienzo, por tanto, se dejó a los descubridores el libre criterio para la elección de los sitios para los pueblos, con la sola recomendación de que se investigase sobre la calidad de la tierra. No había otras instrucciones, y se admitía que desde la Península, no era posible dar otras precisas. En este contexto, al asumir la Gobernación de *La Española* en 1502, Frey Nicolás de Ovando, decidió trasladar la ciudad de *Santo Domingo*, que había sido fundada en 1496 por Bartolomé Colón, al otro lado del Río Ozama, después que había sido destruida por un huracán que había azotado la isla.

En esta forma, en la orilla derecha del río, Ovando proyectó una ciudad que debía ser símbolo de seguridad y autoridad en las Indias. Para ello escogió el lugar para la fortaleza, y trazó las calles principales alrededor de la plaza mayor, donde designó los solares para el comercio y moradas particulares, ordenando se construyeran los edificios de piedra y madera. La catedral se ubicó en la parte sur de la plaza. A pesar de que para la refundación de *Santo Domingo* no se habían formulado instrucciones reales precisas; sin embargo, el plan de *Santo Domingo,* fue reticular, con varias calles que corrían en paralelo, que se cruzaban haciendo recuadros, y que daban a una plaza principal, en la cual estaba la catedral y los edificios de gobierno. Para 1520, la ciudad tenía tal diseño que impresionó al obispo italiano Alejandro Geraldini, quien comentó que las calles de la ciudad eran más anchas y rectas que las de su ciudad natal, Florencia, la cual, en su parte central antigua, tenía la forma reticular romana, que aún se conserva. Se atribuye al geómetra Alonso García Bravo, el haber participado en el diseño de la ciudad.

2. *El inicio de la formalización del orden urbano y las Instrucciones dadas a Pedrarias Dávila para la Provincia de Castilla del Oro (1513).*

El inicio de la conquista de Tierra Firme en América, luego de la de las islas del Mar Caribe, se inició con la Capitulación dada en 1513 al Adelantado Pedrarias Dávila para la Provincia de Castilla del Oro, en lo que hoy es el área de encuentro entre Centro y Sur América.

En junio de 1514, Pedrarias Dávila llegó a *Santa María la Antigua*, en el golfo de Urabá con un cuerpo expedicionario integrado por muchos futuros conquistadores de América, y también, por Alonso García Bravo, el mismo geómetra antes mencionado, quien habría de aplicar las instrucciones de poblamiento que se habían dado a Pedrarias en toda Centro América y en México. La importancia de la expedición de Pedrarias está, en primer lugar, en que a partir de ella se le dió autonomía política y jurídica a las nuevas gobernaciones en relación a la Gobernación de *La Española:* y en segundo lugar, en que con ella se inició el proceso de ordenación jurídica del poblamiento, lo que tuvo su punto de partida en la "*Instrucción dada por el Rey á Pedrarias Dávila, para su viaje a la Provincia de Castilla del Oro que iba á poblar y pacificar con la gente que llevaba*" en Valladolid, el 2 de agosto de 1513.

En esta *Instrucción,* donde se aprecia la influencia directa de las ideas de Vitruvio y Alberti, se formularon ordenes y normas en materia de fundación de pueblos y ciudades, con lo cual se comenzó el proceso de formulación jurídica de las normas de poblamiento que, en aproximaciones sucesivas, luego darían origen a las *Ordenanzas* de Felipe II de 1573.

En las Instrucciones, se destacan las recomendaciones sobre el sitio de las poblaciones para lo cual no sólo debía escogerse en las costas del Mar, sino que, particularmente por razones de explotación minera, podían también ubicarse en el mediterráneo, indicándose en cada caso lo más conveniente para el abastecimiento de la ciudad.

Pero lo más importante de esta *Instrucción* a de 1513 es que con ella se inició la formulación de reglas para el establecimiento de pueblos en forma ordenada y que aseguraran su crecimiento ordenado, las cuales se fueron perfeccionando sucesivamente, en los 10 años siguientes, mediante la adopción de las ideas de orden y simetría que conformaron el Renacimiento en la arquitectura.

En esta forma, en el N° 7 de la *Instrucción* se ordenaba que en el repartimiento de solares, estos fueran "*de comienzo dados por órden*", agregándose:

> "por manera que fechos los solares, *el pueblo parezca ordenado, así en el logar que se dejare para plaza, como el logar en que hobiere la iglesia, como en la órden que tovieren las calles;* porque *en los* logares *que de nuevo se facen dando la órden en el comienzo, sin ningud trabajo ni costa quedan ordenados, e los otros jamás se ordena*"

Es decir, se consagró expresamente la idea del orden en el establecimiento de los pueblos, para que fundados en forma ordenada, en el futuro, pudieran sin esfuerzo seguir ordenados a medida que se fueran desarrollando, lo que respondía a la necesidad del uso del plan reticular.

Dado el carácter evangélico de la conquista, de acuerdo con la Instrucción, en la traza de los pueblos y su desarrollo posterior, lo primero que debía construirse era la Iglesia. La *Instrucción* decía:

> "y en lo que de nuevo se ficieren la más principal cosa e que con más diligencia se ha de facer, es la iglesia, porque en ella se faga todo el servicio de Dios que se debe facer".

La ubicación de la iglesia, sin embargo, no se precisaba; y nada se decía de su orientación, aun cuando conforme al rito vigente en el siglo XVI, la fachada debía orientarse al oeste y el ábise hacia el este, como en general están ubicadas todas las iglesias de las ciudades fundadas en la Colonia.

En todo caso, a partir de 1518, el contenido de la *Instrucción* dada a Pedrarias Dávila comenzó a repetirse, en aproximaciones sucesivas. Así, fueron reproducidas en las *Instrucciones* dadas en 1518 a los Padres Priores de la Orden de San Gerónimo, quienes sustituyeron a Diego Colón como Gobernadores de las Indias, en *La Española*, entre 1516 y 1518. Las instrucciones también se repitieron en las dadas a Francisco Garay, Capitán en la Isla de Santiago, en 1519, para la conquista de la Provincia de Amichel, que era la tierra firme en la costa norte del Mar Caribe, entre la "Tierra florida" y el Golfo de México.

Posteriormente, en 1521, el Rey Carlos V, emitió una *Real Cédula de Población otorgada a los que hicieran Descubrimientos en Tierra Firme* en la cual, precisamente con motivos de las empresas descubridoras de Velásquez y Garay, se formularon con carácter general los principios de ordenación del poblamiento, que antes se habían formulado en particular.

III. LAS ORDENANZAS DE DESCUBRIMIENTO Y POBLACION DE FELIPE II (1573)

1. El orden que se ha de tener en descubrir y poblar

Conforme a dichas Instrucciones, puede decirse que todas las ciudades más importantes de América ya habían sido fundadas con un trazado ordenado y regular, habiéndose configurado con ellas un importantísimo ordenamiento jurídico especializado, único en la historia universal, y que daría lugar a la regulación de un modelo de ciudad, *de ciudad ordenada* y de *trazado regular*, que contrastaba con las ciudades medioevales de trazado irregular, de donde provenían los conquistadores, por lo general, andaluces y extremeños.

El punto culminante de la formulación jurídica de ese proceso de poblamiento y de formación de ciudades en América Hispana, la constituyó las *Ordenanzas de Descubrimiento y Población dadas por Felipe II en el Bosque de Sego-*

via, el 13 de julio de 1573, - fecha para la cual en todo caso ya las principales ciudades de América se habían fundado - , donde se establecieron con precisión las reglas e instrucciones relativas a la forma urbana regular y reticular de la ciudad americana, en lo que se puede considerar como el primer cuerpo orgánico de normas jurídicas sobre ordenación urbana que se haya dictado jamás.

Las *Ordenanzas*, en todo caso, no constituyeron una normativa totalmente nueva para la época en la cual se dictaron; en realidad, materialmente fueron el producto final de un conjunto de normas dictadas durante el proceso de conquista y poblamiento realizado en las décadas precedentes, y que como se ha dicho, se iniciaron con las *Instrucciones* dadas a Pedrarias Dávila en 1513, y que por aproximaciones sucesivas se fueron repitiendo y perfeccionando posteriormente en cada proceso de descubrimiento y poblamiento.

El texto de estas *Ordenanzas* fue extraído del articulado de lo que debió haber constituido el Tomo II del llamado *Código Ovandino*, es decir, del ambicioso proyecto del *Código* de Juan de Ovando (1569-1575), quien llevó a cabo una amplísima recopilación y ordenación de la legislación que hasta ese momento había sido dictada en la Península en relación a las Indias.

El contenido de las *Ordenanzas*, un Siglo más tarde, se incorporó al texto de la *Recopilación de las Leyes de los Reynos de las Indias,* mandada a imprimir y publicar por el Rey Carlos II en 1680, con lo cual continuaron rigiendo hasta bien adentrado el Siglo XIX, después de la Independencia de las Naciones Americanas. En esta *Recopilación* del derecho indiano, monumental obra jurídica realizada por el Consejo de Indias sólo comparable en la historia universal con los Códigos Romanos, se incorporaron todos los textos jurídicos que habían guiado y continuaron guiando el proceso de descubrimiento, conquista, poblamiento, colonización y gobierno de las colonias españolas en América.

Las *Ordenanzas de descubrimiento, nueva población y pacificación*, de Felipe II de 1573, bajo el título general de *"El orden que se a de thener en descubrir y poblar",* contienen 148 artículos agrupados en tres grandes partes que se refieren a los descubrimientos; a las nuevas poblaciones, y a las pacificaciones. En ellas se recogieron todas las normas y principios sobre ordenamiento urbano y población que se habían venido dictando hasta la fecha, ratificándose el principio del poblamiento como derecho de la Corona, es decir, la posibilidad de la fundación de pueblos sólo con licencia real, precisándose que la licencia para hacer nuevas poblaciones estaba condicionada a que estas se hiciesen "*guardando la orden* que en el hazerlas *se manda guardar* por las leyes de este libro".

Se ratificaba, igualmente, la obligación de poblar, lo que originó una distinción entre los títulos dados a los expedicionarios: el título de Adelantado se concedía al particular que se obligaba, en un cierto plazo, a eregir, fundar, edificar y poblar por lo menos tres ciudades, una provincial y dos sufragáneas (Art. 53); el título de Alcalde Mayor se otorgaba a quien se comprometiera lo mismo que el Adelantado, pero limitándose sólo a una ciudad diocesana y dos sufragáneas. (Art. 54); el título de Corregidor se otorgaba a quien sólo se obligaba con una ciudad sufragánea, y los lugares con su jurisdicción que bastaren para la labranza y crianza de los términos de la ciudad. (Art. 55).

A los efectos de formalizar la tarea descubridora y asegurar el dominio de la Corona, los artículos 13 y 14 recogieron el principio que se había aplicado invariablemente tanto en los descubrimientos por mar como por tierra, de que la toma de posesión que debía efectuarse, se debía realizar en nombre de los Reyes de Castilla, *con todas las formalidades inherentes al caso, y ante escribano público que debía levantar el acta correspondiente.* En dicha acta se debían incluir los nombres que los descubridores pusieren a las diversas provincias, tierras, montes y ríos principales que fueran encontrando y ciudades que fueren fundando.

2. Las normas sobre el sitio y ubicación de las poblaciones

A. Sobre la elección de los sitios

Las *Ordenanzas,* recogiendo los principios definidos por Vitruvio y aplicados en las *Instrucciones* precedentes, establecieron las pautas que debían guiar a los Adelantados para elegir los sitios de ubicación de las poblaciones, con normas relativas a la salubridad, al abastecimiento y a la ubicación.

a. Principios relativos a la salubridad

Los artículos 34 al 37 de las *Ordenanzas* establecen las pautas generales para la elección de los sitios más convenientes para asentar las poblaciones, recomendándose escoger comarcas saludables, esto es, aquéllas en que se encontrasen hombres de edad avanzada, así como hombres sanos y fuertes y de buen color; animales sanos y de buen tamaño; buenos frutos y mantenimientos, donde no hubieran cosas venenosas, y donde el cielo fuera claro, y el aire puro y suave; el clima agradable, sin mucho frío o calor y, en todo caso, que fuera más frío que caliente. Como lo dice el artículo 34:

"...de buena y felice costelación el cielo claro y begnino (sic) el ayre puro y suaue sin ympedimiento ni alteraciones y de buen temple sin excesso de Calor o frio y hauiendo de declinar el mejor que sea frío."

b. Principios relativos al abastecimiento

Por otra parte, el artículo 35 exigía que las tierras resultasen fértiles y con abundancia de frutos, y de pastos para el ganado, así como de montes con árboles que proporcionasen en abundancia leña y material para la construcción; que se tuviera cuidado de tener cerca agua suficiente para el consumo y para los regadíos, procurando que hubiera buenas salidas y entradas de mar y tierra, y pueblos de indígenas suficientemente cerca para poder evangelizarlos.

B. Sobre la ubicación de los pueblos

Una vez elegido el sitio que reuniera la mayor cantidad de ventajas para fundar la nueva población, se debía proceder a fijar el lugar que correspondería tanto a la cabecera como a los sitios que le estarán sujetos, procurando hacerlo sin perjuicio de los indios. De cualquier modo, estos lugares debían tener siempre cerca el agua, los materiales, las tierras de labranza y cultivo, así como los pastos. (Arts. 38 y 39).

Una vez que se hubieren escogido los lugares para las cabeceras, se debían señalar los de los pueblos dependientes para estancias, chácaras y granjas, igualmente sin perjuicio de los indios (Art. 42).

Entre los principios más importantes sobre la ubicación de los pueblos, se destacan los siguientes:

a. Sobre la altitud de los lugares

No se debían escoger lugares muy altos, por el problema que el viento y el acarreo representaban, ni muy bajos, ya que resultaban enfermizos. De preferencia debían elegirse lugares medianamente levantados, que recibieran el aire del norte y del mediodía; en caso de tener sierras o cuestas cercanas, éstas debían quedar al poniente y al levante, y si por alguna causa debía edificarse en lugares altos, debía hacerse en sitios no sujetos a nieblas (art. 40).

b. Sobre los pueblos interiores en la ribera de ríos

De preferencia se recomendaba que las poblaciones interiores se levantasen a la orilla de algún río que fuera navegable, dejando siempre la ribera baja para los oficios que arrojan inmundicias (Art. 123).

Si el lugar escogido se encontrase a la orilla del agua, debía tenerse cuidado de que quedase de tal forma que a la salida del sol los rayos pegasen primero en la población y no en el agua (Art. 40).

c. *Sobre los pueblos costeños*

Se recomendaba alejarse de las costas por el peligro que representaban los constantes ataques de corsarios y por las enfermedades que en esos lugares abundaban, así como porque eran sitios que se prestaban al ocio. La excepción admisible era que se tratase de puertos principales, necesarios para la entrada, defensa y comercio de las tierras (Art. 41).

3. Las normas sobre el repartimiento de las tierras

A. Sobre la propiedad pública de las tierras y la concesión en propiedad a los pobladores

Las tierras de las Indias, conforme al derecho castellano, eran consideradas como pertenecientes a la Corona. Por tanto, originalmente los particulares solo podían poseerlas, por gracia real, en virtud de Cédula especial o de las normas de las Capitulaciones.

El "repartimiento" constituyó así, el título jurídico, sujeto a normas de permanencia luego de un plazo, para que se originara la propiedad personal. Es decir, el repartimiento si bien fue el título originario para adquirir en propiedad tierras en las Indias, sin embargo, no era suficiente para adquirir el pleno dominio, pues era necesario cultivar la tierra o residir en ella en un lapso de tiempo de entre 4 a 8 años.

Una de las atribuciones de los Adelantados, concedidas en las Capitulaciones, fue la de repartir tierras y solares. Lo mismo podían los virreyes, gobernadores en los territorios de nuevo descubrimiento y población, lo cual en este caso debía ser confirmado por la Corona.

B. Sobre el reparto del terreno

De acuerdo con las *Ordenanzas,* en el término y territorio del pueblo, la tierra debía repartirse así:

En primer lugar debía determinarse lo que fuera necesario para los solares del pueblo; para los ejidos necesarios y dehesas en las cuales pudiera pastar abundantemente el ganado de los vecinos.

En cuanto a las otras tierras, dentro del territorio y término de la ciudad, debían dividirse en cuatro partes: una de ellas para el fundador del pueblo "el questa obligado a hazer el dicho pueblo" (Art. 91); y las otras tres partes para ser repartidas en treinta suertes para los 30 pobladores del lugar.

C. Sobre el repartimiento de solares a particulares

Salvo los solares en la plaza mayor para la iglesia y las casas reales, el resto de los solares se debían repartir a suerte entre los pobladores, a partir de la plaza mayor.

Con esto se iniciaba el proceso de apropiación privada del suelo urbano. Los terrenos adyacentes a la plaza mayor, se repartían entre los más destacados de las huestes conquistadoras y pobladoras; y el resto de los solares se iba repartiendo por el Adelantado fundador de acuerdo a la categoría social de los pobladores.

En todo caso, los solares que quedaren vacantes se debían reservar a la Corona, para repartirlos entre las personas que de nuevo fueren llegando, pero conforme a un trazado regular.

Así, el artículo 127 de las *Ordenanzas,* para los futuros repartimientos de solares, señalaba que:

> "para que se acierte mejor llebesse siempre hecha la planta de la población que se oviere de hazer".

En esta forma se aseguraba que la ciudad siguiese creciendo ordenadamente de acuerdo con la planta reticular.

D. Sobre la obligación de ocupar el suelo

Una vez hecha la planta y repartidos los solares, cada poblador, en la parte que se le hubiere asignado, debía proceder a instalar el toldo que para ello les hubiere solicitado el capitán. El que no lo llevare, haría su rancho de los materiales que hubiere en la región. Con la mayor prontitud, todos debían cooperar a hacer palisadas en cerco de la plaza, de manera que quedase protegida de los ataques de los indios (Art. 128). Como textualmente lo exigía el artículo 128:

> "hauiendo hecho la planta de la poblacion y repartimiento de solares cada vno de los pobladores en el suyo assienten su toldo si lo tuuiere para lo qual los capitanes les persuaban que los lleben y los que no los tuuieren hagan su rancho de materiales que con facilidad puedan auer donde se puedan recoger y todos con la maior presteca que pudieren ha-

gan alguna palicada, o tanches (sic) en cerco de la placa de manera que no puedan rrecibir daño, de los Indios y naturales"

E. Sobre el repartimiento equitativo de tierras

En cuanto a las tierras de cultivo, al hacerse los repartimiento debía procurarse que a todos correspondiese "parte de lo bueno e de lo mediano e de lo menos bueno", y debían hacerse sin agravio para los indios, es decir, que no se le quitasen las tierras que pudieran tener; sin perjuicio de terceros y sin que significara concesión de facultades jurisdiccionales sobre los habitantes de la tierra adjudicada ni de propiedad, sobre las minas que existieren o descubrieren.

De acuerdo con las *Ordenanzas,* las tierras que se debían repartir entre los nuevos pobladores, se clasificaban en *peonías y caballerías,* denominación de origen medioeval: que definían a las peonías como las tierras que se otorgaban a los infantes o peones y las caballerías a los caballeros.

4. Las normas sobre el trazado regular e ilimitado en la fundación de las nuevas poblaciones

Las *Ordenanzas*, de nuevo, precisaban normas sobre la escogencia de los sitios, prescribiendo el artículo 111: Que el lugar escogido de preferencia fuera elevado, sano, seguro, fértil y abundante en tierras de labor y pasto; leña, madera y materiales; aguas potables; mano de obra; bien ubicado con entradas y salidas abiertas al norte. En caso de estar en la costa, se debía tener consideración al puerto, y el mar no debía quedar ni al mediodía, ni al poniente. Que se evitase que quedaren cerca pantanos o lagunas, ya que ahí suelen criarse animales venenosos, además de que tanto el agua como el aire se corrompen.

Ahora bien, una vez hecho el descubrimiento, escogida la parte más conveniente para asentar en ella la nueva población y celebrados los asientos respectivos, las *Ordenanzas* prescribían que se debía proceder de la manera siguiente:

A. Sobre la planta o trama ortogonal partiendo de la plaza mayor; trazada a cordel y regla

Primero se debía hacer la planta del lugar escogido, repartiéndola por sus plazas, calles y solares, a *cordel y regla,* comenzando por la plaza mayor. Desde allí se debían sacar las calles a las puertas y caminos principales, dejando tanto compás abierto que, aunque la población aumentase mucho, se pudiera proseguir en la misma forma. Como lo señala el artículo 110 de las *Ordenanzas*:

> "... se haga la planta del lugar repartiendola por sus placas calles y solares a *cordel y regla* comenzando desde la placa maior y desde alli sacando las calles a las puertas y caminos principales y dexando tanto compas abierto que aunque la población vaya en gran crecimiento se pueda siempre proseguir en la misma forma..."

De esta norma de las *Ordenanzas* resulta claro que el punto de partida de la nueva ciudad o población siempre era la plaza mayor. Era lo primero que tenía que situarse y delimitarse en el lugar y una vez hecho esto, de allí debían salir las calles en forma rectilínea y paralela hacia los confines o puertas de la ciudad.

Las ciudades que ordenaba este texto, no eran ciudades cerradas o amuralladas sino que al contrario, no debían tener límites artificiales y debían poder crecer en forma ilimitada, siguiendo el mismo esquema formal, de calles paralelas y perpendiculares cruzadas en ángulo recto, a cordel y regla, que nacían de la plaza mayor formando un damero o malla reticular.

B. Sobre la plaza mayor

Como se dijo, la plaza mayor era de donde debía comenzarse el trazado y edificación de la población. Como lo señalaba el Art. 112 de las *Ordenanzas*,

> "La placa maior de donde se a de comenzar la población...".

Por ello, las *Ordenanzas* regulan con precisión todo lo concerniente a la plaza mayor.

a. Sobre la ubicación de la plaza

En el caso de que la población se erigiere en la costa, la plaza debía hacerse en el desembarcadero del puerto; si estaba tierra adentro, la plaza se debía fijar en el centro o en medio de la población, de manera que fuese el corazón y su centro vital.

Precisamente por esta norma, en las poblaciones costeras, la plaza mayor estaba abierta al mar y en su extremo costero debía situarse el puerto. Ello se debía, sin duda, a que ese lugar, el malecón, era el centro de mayor importancia económica y social de la ciudad.

En cambio, en las ciudades mediterráneas, ubicadas tierra adentro, la plaza mayor debía ubicarse en el centro de la ciudad, y de ella debía partir el crecimiento de la ciudad, irradiándose la trama urbana hacia los diversos puntos cardinales, en forma regular.

b. Sobre la forma de la plaza

Conforme al texto de las *Ordenanzas*, la plaza debía ser rectangular, teniendo de largo, una vez y media el ancho, por ser esto lo mejor para las fiestas de a caballo y otras que se hubieren de hacer (Art. 112). Como lo decía el texto del art. 112 de las *Ordenanzas*:

> "...la placa sea en quadro prolongada que por lo menos tenga de largo Vna vez y media de su ancho porque desta mana es mejor para las fustas de a cauallo y qualesquiera otras que se ayan de hazer".

La idea de esta forma rectangular propia para las fiestas ecuestres, que eran las más populares de la época, sin duda, tiene su antecedente en la forma de los circos romanos que originaron plazas como la Piazza Navona en Roma, tal como lo enseñaba Vitruvio.

Esta regla, sin embargo, no siempre se siguió y en muchos casos se optó por una plaza cuadrada, del mismo tamaño de las manzanas o cuadras del pueblo. En las Provincias de lo que hoy es Venezuela, por ejemplo, esa fue la regla, siendo la excepción las plazas rectangulares (de dos cuadras de superficie) como la de la ciudad de *Barinas*.

c. Sobre la dimensión de la plaza y de las cuadras

Las *Ordenanzas* regulaban, además, el tamaño o grandeza de la plaza que debía ser en proporción a la cantidad de vecinos que hubiere y al crecimiento futuro de la población que se pudiere prever, no debiendo ser menores de 100 pies de ancho y 300 de largo, ni mayores de 530 de ancho y 800 de largo (Art. 113).

El artículo 113 de las *Ordenanzas*, en este aspecto de la dimensión de la población, era bastante detallado en el sentido de que para determinarla no sólo debía tenerse en consideración la cantidad de vecinos existentes al momento de la fundación, sino el crecimiento futuro de la misma, lo que era previsible en ciudades de nueva fundación. Particularmente, en estas debía tenerse en consideración la presencia de los indios o naturales. Como lo decía las *Ordenanzas,* en estas ciudades o poblaciones de indios:

> "Como son nuevas se va con intento de que han de yr en aumento y así se hara la elección de la placa teniendo respecto de que la población puede crecer..."

Por ello, muchos cuyo origen fue el ser pueblos de indios conservan en la actualidad plazas de gran tamaño, que no guardan proporción con el tamaño del centro poblado actual.

En todo caso, las *Ordenanzas* recomendaban que una mediana y buena proporción de la plaza era de 600 pies de largo y 500 de ancho.

d. Sobre la intersección de las calles en la plaza

Siendo la plaza el punto de partida para la traza del pueblo, de ella debían partir las calles. Las *Ordenanzas,* en este aspecto, prescribían que de la plaza debían salir doce (12) calles: una del centro de cada uno de los cuatro lados del rectángulo y dos de cada esquina, formando ángulo recto.

De acuerdo con esta norma, siendo la plaza de forma rectangular y no cuadrada y, en principio, de dimensiones mayores a las manzanas de la retícula urbana, debían partir las calles, no sólo de las cuatro esquinas en ángulo recto, sino que también debían partir las calles de los cuatro costados de la plaza.

En realidad, este modelo normativo no se siguió en la generalidad de las ciudades. Sólo se aplicó excepcionalmente, siendo lo normal, como se dijo, la opción fáctica por los fundadores de una forma menos grandiosa y más simple, de plaza cuadrada con las mismas dimensiones de las cuadras o manzanas del centro poblado, abierta en sus cuatro esquinas de donde salen las calles en ángulo recto. Por ello, en general, las calles no salen de los costados de las plazas, salvo en los casos de plazas rectangulares.

e. Sobre la orientación de las esquinas y la protección respecto de los vientos

Cada una de las esquinas debía orientarse a los vientos principales, para proteger a la plaza de dichos vientos (Art. 114). Así lo decía textualmente el artículo 114 de las *Ordenanzas*:

> "De la placa salgan quatro calles principales Vna por medio de cada costado de la placa y dos calles por cada esquina de la placa las quatro esquinas de la placa miren a los quatro Vientos principales porque desta manera saliendo las calles de la placa no estaran expuestas a los quatro Vientos principales que seria de mucho ynconviniente".

Precisamente por ello, la orientación general de las plazas en las ciudades iberoamericanas y de las calles principales que de ellas salen es Norte-Sur, Este-Oeste, pues los vientos, en general, vienen del Nor-este, (alisios), del Sur-este, del Nor-oeste o del Sur-oeste según la ubicación de los lugares.

En esta forma, como lo enseñaba Vitruvio y Alberti, las calles no se convertían en pasajes o canales de vientos y la disposición cruzada de las mismas más bien las concebía como obstáculos rompe-viento.

f. Sobre los portales de la plaza mayor

Dada la forma rectangular que se prescribía para la plaza, el Art. 115 de las *Ordenanzas* disponía que tanto alrededor de la plaza, como en la entrada de las cuatro calles principales a la misma que partían de sus costados, debían tener portales, por la comodidad que proporcionaban a los comerciantes que ahí se reunieran (Art. 115).

Se concebía así, una plaza rodeada de portales, en la cual, sin embargo, debían quedar libres las ocho calles que salían de la plaza por las cuatro esquinas,

> "sin encontrarse con los portales retrayéndolos de manera que hagan lazera derecha con la calle y placa".

Este modelo de plaza rodeada de portales sin duda derivó de la antigüedad, del *Agora* griega o *Foro* romano, como lo había expuesto Vitruvio y luego Alberti. La plaza, rodeada de portales pero cerrada, fue además la forma escogida en las *Bastides* medioevales. Para inicios del Renacimiento, además, se había aplicado en algunas ciudades italianas, como Firenze, en la Plaza dell'Annunziata, con la construcción de la *Loggia degli Innocenti* en 1459 de Brunelleschi.

C. *Sobre las calles*

a. Sobre la anchura de las calles

La anchura de las calles se determinaba según el lugar escogido para la ubicación de la ciudad. En los lugares fríos, las calles se debían trazar anchas, para permitir que el sol entrase; en los lugares calientes, por el contrario, las calles debían ser angostas para evitar la inclemencia del sol (Art. 116).

En esta forma se regulaba la posibilidad de mayor asoleamiento de las ciudades ubicadas en lugares fríos, por la anchura de las calles; y al contrario, una mayor cantidad de sombra en las ciudades ubicadas en lugares calientes, por lo angosto de las calles, como medio de protección ante la inclemencia del sol.

b. Sobre la prolongación del trazado regular de las calles

Las calles debían proseguirse a partir de la plaza mayor, de suerte que aunque la población llegase a crecer de manera considerable, no se afease la población, o se obstruyese su defensa o comodidad. Así se expresaba el artículo 117 de las *Ordenanzas*:

> "Las calles se Prosigan desde la placa maior de manera que aunque la poblacion venga en mucho crecimiento no venga a dar en algun inconveniente que sea caussa de afear lo que se ouiere rrehedificado e perjudique su defensa y comodidad."

En esta forma, las *Ordenanzas* previeron el crecimiento ordenado de la población, conforme a la forma y dirección de las calles, de manera ilimitada, conforme a un esquema uniforme de la trama urbana.

D. Sobre las plazas menores

Dentro de la trama urbana, además de la regulación *in extenso* de la plaza mayor y de la forma regular de la malla reticular urbana mediante calles paralelas que se cruzan perpendiculares, las *Ordenanzas* establecieron el sistema de plazas menores diseminadas en la población, que permitieran un reparto apropiado de los vecinos y sus actividades.

En esta forma, se precisaba que, a cada cierta distancia en la trama urbana, se debían ir dejando plazas menores, donde se pudieran edificar los templos de la iglesia mayor, parroquias y monasterios, de manera que todo se repartiese en buena proporción para la doctrina (Art. 118). El texto del artículo era así:

> "A trechos de la poblacion se vayan formando placas menores en buena proporcion adonde se han de edificar los templos, de la yglesia maior parroquias y monasterios de mana que todo se rreparta en buena proporcion por la doctrina".

En esta forma, además del "centro" de la ciudad, marcado por la plaza mayor, se buscaba que como sistema de crecimiento de la ciudad, se repitiera el esquema a medida que creciera la misma, ubicando otros "centros" menores, que a la vez sirvieran de "parroquias" con su plaza menor y templo correspondiente.

E. *Sobre el templo o iglesia mayor*

Las *Ordenanzas* regulaban con precisión la erección de los templos e iglesias.

Para la iglesia mayor, parroquia o monasterio, después de que se señalasen calles y plazas, se les debían asignar inmediatamente solares, antes que a nadie, debiendo dejarse para ellos solos toda una cuadra, "ysla entera", para que ningún otro edificio los estorbase, sino tan sólo los propios para sus comodidades y ornato (Art. 119).

a. Sobre los templos en poblaciones costeras

En caso de que la población estuviese en la costa, la iglesia mayor se debía edificar en lugar visible desde la costa, que sirviera para la defensa del puerto (Art. 120).

En esta forma, en casi todas las ciudades costeras la iglesia flanquea el área del malecón del puerto y de la plaza mayor, siendo visible desde el mar. Este conjunto, por tanto, convertía esta zona el centro de más importancia de la ciudad costera.

b. Sobre los templos en poblaciones mediterráneas

En los lugares mediterráneos, el templo no se debía ubicar en la plaza, sino distante de ésta y aislado de otros edificios. Se debía edificar en alto, para que tuviera más ornato y autoridad, haciendo que a él se ingresase por gradas. Cerca del templo debía estar la plaza mayor y se debían levantar las casas reales del consejo, cabildo y aduana, no para que lo opacasen, sino para que lo resaltaren (Art. 124)

Esta disposición, que establecía que "El templo en lugares mediterráneos no se ponga en la plaza sino distante della", a veces ha sido mal interpretado. Lo que buscaba era evitar que el templo estuviese en medio de la plaza, aislado entre vías de circulación, como sucedía en la mayoría de las ciudades medioevales y todavía sucede en la actualidad.

Por ello, en general, en América, la iglesia principal está casi siempre ubicada a un costado de la plaza mayor, como se dijo, en general en el costado este; siendo realmente excepcional encontrar el templo ubicado dentro del área de la propia plaza, rodeado de calles. Esto sucedió, por ejemplo, en las poblaciones venezolanas de temprano asentamiento en los inicios de la colonización, como sucedió en la mayoría de las poblaciones de la Isla de Margarita (*Pampatar, La Asunción*) que surgieron de asentamientos provocados por la explotación de perlas en *Nueva Cadiz* (isla de Cubagua), incluso antes de la Capitulación dada a Villalobos en 1525; y con las primeras fundaciones de la Provincia de Venezuela como *Coro* (1528) y el *Tocuyo* (1545).

Pero salvo excepciones como las señaladas, en general, en América, el templo está ubicado fuera de la plaza pero con la fachada dando a la misma y, generalmente, como se dijo, en la cuadra situada al este de la plaza cumpliendo la tradición canóniga originada en la iglesia oriental.

Respecto del sitio del templo las *Ordenanzas* exigían que se debía adjudicar una cuadra entera; y por ello, en el artículo 124 se señalaba que el templo debía estar separado de los otros edificios,

> "que no sea tocante a él y que de todas partes sea visto porque se pueda ornar mejor y tenga más autoridad ase de procurar que sea algo levantado del suelo de manera que se aya de entrar en el por gradas".

Las anteriores *Instrucciones* se aplicaron invariablemente, durante el proceso de descubrimiento y poblamiento en toda América Latina, al punto que debemos imaginarnos que todos los Adelantados llevaban, en su empresa, una especie de "cartilla" donde estaba prescrito todo lo que tenían que hacer para poblar. Solo así se entiende que el Acta fundacional de las ciudades y su traza inicial, tenga el mismo contenido y la misma forma en todo el continente americano, en ciudades ubicadas en sus extremos y fundadas en la misma época. Por supuesto, además de la "cartilla", siempre llevaban un Escribano en sus huestes, para dar fe y fecha cierta a lo fundado.

En esta forma, como fue el caso en las Provincias del Nuevo Reino de Granada, la casi totalidad de las ciudades fundadas antes de 1573, fecha de las *Ordenanzas sobre Descubrimiento y Población* dadas por Felipe II, sobre "El orden que se ha de tener en descubrir y poblar"; como después, tienen en su traza o planta una trama ortogonal, la mayoría de las veces cuadricular o muy cerca de ella. Por ello, en el centro de todas las poblaciones americanas aún se conserva la traza, de la ciudad colonial, con su plaza mayor en el centro, con plazas menores diseminadas en el tejido urbano y la iglesia ubicada, siempre, en el lado este de las plazas.

Esta forma urbana, en muchos de los Estados Americanos, se conservó casi intacta durante más de trescientos años, hasta bien entrado el siglo XX, y se conserva aún en el casco antiguo de las ciudades.

IV. EL POBLAMIENTO DE LAS PROVINCIAS DEL NUEVO REINO DE GRANADA

En el caso específico de las provincias que conformarían el Nuevo Reyno de Granada, debe recordarse que su costa atlántica fue reconocida por primera vez por Alonso de Hojeda, quien había acompañado a Colón en su segundo viaje. En 1499 había obtenido una Capitulación para reconocer y comerciar en la costa norte de Tierra Firme desde Paria, donde Colón había llegado en su tercer viaje acompañado de Juan de la Cosa y Américo Vespucio, y navegó hacia el este por la costa de Venezuela, hasta el Cabo de la Vela, en la península de La Guajira. Regresó a Santo Domingo y luego a España en junio de 1500.

Ese mismo mes, Rodrigo de Bastidas obtuvo licencia para descubrir en la misma costa; llegó a La Guajira, recorrió la costa por la desembocadura del río de Hacha, pasó por las bocas del gran río al que llamó Magdalena, pasó por el sitio de Cartagena y llegó al golfo de Urabá, navegando por las costas del Istmo por donde, en sentido opuesto, después llegaría Cristóbal Colón, en su cuarto viaje, a finales de 1502. En Veragua, el Almirante, quién escribiría al Rey que en dos días había visto más oro en dicha costa que en cuatro años en la isla Española, intentaría sin éxito establecer lo que hubiera sido el primer pueblo en Tierra Firme en las orillas del río Belén, a cargo de Bartolomé Colón. Después de fracasar en su intento, zarparía de esas costas en mayo de 1503, terminando como náufrago en la Isla de Santiago (Jamaica), antes de regresar a España.

En el mismo año 1502, Hojeda, de nuevo obtendría Capitulación como gobernador de Coquivacoa, zarpando en su segundo viaje, en el cual sin embargo no tuvo éxito, terminando su viaje preso en Santo Domingo. Regresó a España, donde en 1508 organizó junto con Diego de Nicuesa y con la ayuda de Juan de la Cosa, otra expedición para el establecimiento de las accidentadas Gobernaciones de Veragua y Urabá.

En 1510, Hojeda estableció la población de San Sebastián de Urabá en la costa oriental del golfo del mismo nombre, la cual dejó al mando de Francisco Pizarro; lo que constituyó en segundo intento de establecimiento de un pueblo en Tierra Firme, después del de Colón. La población fue arrasada por los indios, por lo que el bachiller Martín Fernández de Enciso, quién se había hecho cargo de la gobernación, en 1510 decidió establecer otro pueblo, pero en la costa occidental del golfo, que denominó Santa María la Antigua del Darién, en homenaje a la Virgen de Sevilla. En definitiva, fue el primer núcleo urbano asentado en Tierra Firme de América del Sur, capital de la provincia de Castilla del Oro, aunque del mismo luego no quedaron ni vestigios. Fue desde esta ciudad desde donde Vasco Núñez de Balboa saldría a su encuentro con el Mar del Sur en 1513; y fue también a esta ciudad, donde Pedrarias Dávila llegaría al año siguiente como Gobernador de la Provincia de Castilla del Oro, la cual quedaba ubicada geográficamente en las tierras al oeste del Golfo de Urabá, hacia Panamá y Nicaragua.

En 1519, como se ha dicho, Pedrarias fundaría la ciudad de Panamá, donde se trasladaría la población y la Catedral de la Antigua del Darién, la cual había sido sede del primer obispado en Tierra Firme.

Fue desde la provincia de Castilla del Oro, desde Panamá, desde donde se efectuó el descubrimiento y exploración de toda la costa del mar Pacífico de la Nueva Granada, desde el golfo de San Miguel hasta la desembocadura del río Mira, correspondiendo dicha empresa a Francisco Pizarro y Diego de Almagro en sus intentos de llegar al Perú. Antes, en 1522, había correspondido al licenciado Pascual de Andragoya el reconocimiento de la bahía de la Cruz, de San Buenaventura o de la Buenaventura, donde desemboca el río Dagua, en la búsqueda de la provincia de Birú. Había obtenido el nombramiento de Gobernador de San Juan, cuya jurisdicción comprendía la costa desde el golfo de San Miguel en Panamá hasta el río San Juan. Como tal, incluso penetraría años más tarde, en 1540, hasta la ciudad de Calí, la cual pretendía quedaba en su jurisdicción. Belalcázar, quién pocos años más tarde obtendría el título de Gobernador de Popayán, lo hizo preso, por usurpador.

A partir del descubrimiento del Mar del Sur el interés de la conquista, sin duda, había pasado desde el Mar caribe hacia las tierras que estaban en las costas del Pacífico, desarrollándose toda suerte de expediciones hacia el norte y hacia el sur por la misma costa. Por ello tendría que transcurrir más de una década para que se renovara el interés por la conquista de Tierra Firme en el Mar Caribe, y particularmente por las tierras de lo que luego sería el Nuevo Reino de Granada y las Provincias de Venezuela.

En cuanto al territorio de lo que fue el Nuevo Reino de Granada, marcado por tres cadenas montañosas casi paralelas que corren de sur a norte, con profundos valles y altiplanos situados entre ellas, fue reconocido y poblado siguiendo las vías de penetración naturales que marcaban dicha montañas. Una primera penetración se efectuó por las costas, tanto del Pacífico como del Atlántico; otra se efectuó por el valle del río Cauca, que siguió de norte a sur; otra por el río Magdalena, que también de norte a sur siguió Jiménez de Quesada, y en sentido contrario, Sebastián de Belalcázar; y por último, más al oriente, la penetración de los llanos la cual se realizó desde Bogotá.

1. La Provincia de Santa Marta

En la Tierra Firme del Mar Caribe se otorgó, así, en 1521, Capitulación a Rodrigo de Bastidas, hijo del antes nombrado, para ir a conquistar y poblar "la provincia y puerto de Santa Marta que es en Castilla del Oro llamada la Tierra Firma", señalándose como término de la misma desde el Cabo de la Vela hasta la boca del río grande del Magdalena. Al año siguiente, Bastidas zarpó desde Santo Domingo, de donde era vecino, con hueste reclutada en esa isla y en las de Jamaica y Puerto Rico, y llegó a tierra firme el 29 de julio de 1525 al sitio de Garia, al pie de la Sierra Nevada, donde fundó un pueblo con el nombre de Santa Marta, en la bahía del mismo nombre. Herido por amotinados, murió en la isla de Cuba en 1527.

La ciudad de Santa Marta tiene una traza reticular con cuadras rectangulares, y la plaza de armas abierta hacia el mar. La denominada Nueva Catedral no se edificó cerca de la plaza, sino que está ubicada más hacia el interior de la trama urbana, en forma aislada. La ciudad fue atacada múltiples veces por piratas, pero nunca se fortificó, habiendo sido defendida por cuatro fuertes ubicados en las proximidades, uno de ellos, el Morro, en una pequeña isla cerca de la costa.

En 1527, García de Lerma fue designado Gobernador de la Provincia de Santa Marta, y en 1528, además, se había otorgado Capitulación a los hermanos Bartolomé y Antonio Welsar y en su nombre a los factores Enrique Alfinger y Gerónimo Sayller, para la conquista y poblamiento de la Provincia de Venezuela, que comenzaba precisamente en el mismo Cabo de la Vela pero hacia el oriente.

García de Lerma trató infructuosamente de descubrir las tierras remontando el Magdalena, pero falleció en 1531. Entre tanto, el gobernador de la provincia de Venezuela, Ambrosio Alfinger, recorría el Valle de Upar hasta las lagunas que se forman en la confluencia de los ríos Cesar y Magdalena, y de regreso hacia Venezuela, después de atravesar altas sierras, murió en el valle de Chinácota, denominado desde entonces como valle de Micer Ambrosio.

Tras el fallecimiento de García de Lerma y de unas accidentadas gobernaciones de Heredia y de los Oidores de la Audiencia de Santo Domingo en Cartagena, el 22 de enero de 1535 se otorgó Capitulación a Pedro Fernández de Lugo, quién había sido Gobernador en las islas Canarias. La obtuvo por la mediación de su hijo, Luis Fernández de Lugo, para ir a descubrir y conquistar a la Provincia de Santa Marta, que se extendía desde los límites de la Provincia de Cartagena que ya había sido otorgada a Heredia, hasta la Provincia de Venezuela. Gonzalo Giménez de Quesada, bajo las órdenes de Fernández de Lugo, conquistaría en 1538 la sabana de Bogotá.

Pero ese mismo año, tras el fallecimiento de Fernández de Lugo, Jerónimo Lebrón de Quiñónez había sido nombrado gobernador de Santa Marta, quién al conocer del viaje de Jiménez de Quesada a España después de la fundación de Bogotá en 1539, resolvió pasar a Cundinamarca llevando consigo como teniente general a Ortún Velásquez de Velasco. Iba también el Licenciado Santacruz quien al dividirse la expedición comisionó Alonso de Heredia para fundar en un brazo del río Magdalena la villa de Santa Cruz de Mompós o Monpox, en recuerdo de Monpoj, el último cacique de los indios Kimbay que habitaban la región, lo que hizo en 1539. La villa de Mompós, con trazado irregular en la ribera del río, tiene su Plaza Real de la Concepción abierta hacia el brazo Mompós del río Magdalena, con la Iglesia al otro extremo de la plaza. Más al norte de Monpox, en 1543 se fundó la villa de Tenerife, también como puerto en el río Magdalena.

En cuanto a las tierras cercanas a La Guajira en el litoral atlántico, a pesar de que en 1526 se había otorgado al bachiller Enciso permiso para poblarlas, fue Nicolás Federman desde la Provincia de Venezuela quien al llegar de nuevo al Cabo de la Vela, fundó el pueblo de Nuestra Señora de las Nieves el 5 de agosto de 1536. Desde 1542 se habían trasladado al sitio las autoridades de la ciudad de Nueva Cádiz de Cubagua por el agotamiento de sus bancos de perlas, fundándose al año siguiente la villa de Nuestra Señora de los Remedios del Cabo de la Vela la cual un año después, en 1544, se trasladó al lugar del Río de El Hacha. Presenta un trazado regular, con la plaza muy ceca del mar y la iglesia al este de la misma. Fue blanco de ataques piratas, entre ellos, de Francis Drake en 1596, quién casi la destruyó. Muy cerca en el litoral también se estableció la villa de La Ramada.

En 1550 se fundó la Ciudad de los Reyes del Valle de Upar, la actual Valledupar, por Hernando Santana autorizado por el Visitador Armendáriz, en las orillas del río Guatapori. Tiene una traza reticular, con la iglesia al este de la plaza.

Por su parte, Pedro de Ursúa, para fines de 1551 había sido designado Justicia Mayor de Santa Marta y como tal, en 1552, intentó la conquista del país de los Taironas por las Sierras Nevadas. Regresó a Santa Fe, donde en 1554 fue perseguido por la Audiencia; sin embargo, logró escapar hacia Panamá por Popayán y el puerto de Buenaventura, y en el Istmo se le encomendó llevar adelante la guerra contra los cimarrones que actuaban impunemente en esas tierras.

Por sus triunfos, en 1559 se le otorgaría Capitulación para conquistar las zonas del río Marañón y el país de los Omaguas desde el Perú, teniendo su base y astillero en Santa Cruz de Copocovar. En la expedición se había alistado Lope de Aguirre, el domador de potros en el Perú quien fue el instigador de las conjuras que a finales de 1560 provocaron el asesinato de Ursúa y de su sucesor cuando navegaban en aguas del Amazonas. Lope de Aguirre se impuso como jefe de la expedición y con sus "marañones" alzados contra el Rey, luego de navegar el Gran Río, en 1561 llegaría hasta las costas de las Provincias de Venezuela, con la idea de regresar al Perú por el Nuevo Reyno de Granada, Popayán y Quito y apoderarse del Virreinato. Salió de la isla de Margarita en agosto de 1561; desembarcó en la Provincia de Venezuela en el puerto de Borburata; pasó por Valencia y llegó hasta Barquisimeto, donde terminó sus días como el temido "Tirano Aguirre" en quien se había convertido, a manos de Diego García de Paredes, quién había sido el fundador de la ciudad de Trujillo en los Andes venezolanos.

2. *La Provincia de Cartagena*

Por Capitulación otorgada el 5 de agosto de 1532, Pedro de Heredia había sido designado Adelantado para poblar y conquistar desde el río grande del Magdalena, en la Provincia de Cartagena hasta el Golfo de Urabá. Llegó al sitio de Calamarí el 15 de enero de 1533, fundando seis días después, el 21 de enero, en una isla arenosa, la ciudad de Cartagena de Indias. La ciudad se desarrolló con una traza semirregular, de calles rectas pero que no se cruzan perpendicularmente. La plaza mayor es de forma irregular, unida a la denominada plazuela del Gobernador, donde está la iglesia catedral, al norte y estaba el Ayuntamiento y la cárcel, al sur. Cerca existía otra plaza abierta al puerto (Plaza Real) donde está el edificio de la aduana o Real Consulado. Cartagena fue también una ciudad de Conventos, destacándose los de San Francisco, Santo Domingo, La Popa y San Diego cuyas construcciones se iniciaron en el Siglo XVI.

Cartagena se convirtió en el centro de la navegación en las costas de Tierra Firme, en relación con Venezuela, las Antillas, Centroamérica y el Perú, por Panamá y Portobelo, y por ello, en un blanco de ataques por los piratas del Caribe. Por ello pronto fue sucesivamente fortificada con todo tipo de construcciones militares, entre las cuales se destaca el castillo de San Felipe de Barajas, este último considerado como el más grande y fuerte de todos los construidos por la Corona en América. Además, cerca de la ciudad se emplazaron múltiples fuertes como San Sebastián de Pastelillo, Boquerón, Santa Cruz, La Manga y Manzanillo, y varias plataformas y baterías. El canal de Bocagrande fue defendido por las baterías de San Luis, San Fernando y San José. Adicionalmente la ciudad fue rodeada de una muralla que cercó toda la isla, lo que no impidió que fuera asaltada por toda la suerte de piratas, corsarios y filibusteros que navegaron el Caribe, incluyendo a Francis Drake, quién también la asaltó y saqueó en 1586. La ciudad original se extendió luego hacia la otra isla contigua, donde está el barrio de Getsemaní, la cual también se rodeó de murallas, integrándose ambas con los años, formando una sola trama urbana. La riqueza en oro que había sido descubierta haría de Cartagena de Indias el puerto más importante de Tierra Firme.

Al año siguiente de la fundación de Cartagena, Heredia fundó la villa de María a orillas del Magdalena, como una reducción indígena.

En 1534, el Adelantado Heredia emprendió expediciones hacia el sur, buscando dar, como todos los conquistadores de Tierra Firme, con el Mar del Sur. Llegó al sitio de los santuarios del Zenú, donde sus hombres fundaron el pueblo de Cenú, amasando una inmensa fortuna en oro. Otra expedición llegó hasta el río Cauca y otra hasta el Darién, donde se restableció en 1535 el pueblo de San Sebastián de Urabá llamado también San Sebastián de Buenavista, que estaba situado cerca del pueblo actual de Necoclí en el golfo de Urabá. El hermano del Gobernador, Alonso de Heredia, en 1535 fundó a orillas del río Catarrapa en la costa, la villa de Santiago de Tolú, la cual sería la segunda población establecida en la Provincia de Cartagena. Poco antes, el nuevo gobernador de Panamá, Francisco Barrio Nuevo había restablecido la población de Acla en el mismo golfo de Urabá.

Desde San Sebastián de Buenavista, en 1536, y autorizados por el Gobernador Heredia, partiría hacia el sur una expedición que tenía al frente a Francisco César, la cual llegaría hasta el valle del río Guaca o Cauca, con la cual se descubrieron las tierras de Antioquia que era una de las partes del territorio más pobladas y cultivadas.

Por la gran fama que había adquirido el Zenú, se creó el obispado de Cartagena, cuyo primer obispo Tomás Toro, ante los excesos de los Heredia, gestionó ante la Audiencia de Santo Domingo el nombramiento de un juez de residencia, cargo que ejerció el oidor de la Audiencia de Santo Domingo licenciado Juan de Vadillo. Este apresó a los Heredia, les confiscó todo el oro que habían acumulado, y asumió la conquista. Emprendió, así, junto con el mismo Francisco César, quien conocía el camino, una expedición que salió de San Sebastián de Urabá o de Buenavista a finales de 1537, hacia el valle del Cauca llegando hasta Cali, ciudad que recién había fundado Sebastián de Belalcázar. El mismo Vadillo fue perseguido, por lo que huyó a Panamá; fue hecho preso y murió en Sevilla durante la causa que se le siguió.

En la costa atlántica, durante el Siglo XVIII, se desarrolló una importante labor pobladora en la margen derecha del río Magdalena al sur de la provincia de Cartagena, de la cual surgieron entre otros, los pueblos de Nuestra Señora de la Candelaria del Banco (1745); Tamalamequito (1746); Nuestra Señora del Carmen de Barrancas (Guamal) (1746); Nuestra Señora de la Asunción de Chimichagua (1749); Cascajal (1749); San Zenón de Navarro (1750); San Fernando de Carvajal de Oriente (1570); Santa Ana de Buenaventura de Pueblo Viejo (1750); Santa Bárbara de Pino (1770); Salamina (1576); San Andrés de Remolino (1768) y San Pedro Mártir de Piñón (1774).

3. El Nuevo Reino de Granada

El nuevo Adelantado de la provincia de Santa Marta, Fernández de Lugo, designado en 1535, había zarpado de las Canarias llevando como su Lugarteniente a su hijo Luis y como Justicia Mayor al licenciado Gonzalo Jiménez de Quesada. Se trataba de la que podía considerarse la expedición más numerosa que hasta entonces había sido enviada a Tierra Firme, superando la de Pedrarias. Llegó a *Santa Marta* en 1536, y casi inmediatamente, el 1 de abril de 1536, organizó una expedición para el descubrimiento del nacimiento del Río Grande de la Magdalena, nombrando como su Teniente General a Jiménez de Quesada, con quién, entre otros, iba Ortún Velásquez.

A comienzos de la empresa, sin embargo, en 1537 falleció Fernández de Lugo, lo que no impidió que Quesada continuara en las tierras del Sur y pudiera llegar hasta donde estaba previsto, al país de los Muiscas. Llegó al sitio de Suamox, capital del reino, actual ciudad de Sagamoso y continuó hacia la sabana de Bogotá, donde tuvo innumerables enfrentamientos con los indígenas. El 6 de agosto de 1538, en el sitio que llamaron el Valle de los Alcázares, fundó un pueblo con el nombre de Ciudad Nueva de Granada, sabiendo como sabía que cerca de la misma sabana de Bogotá se encontraban otros dos conquistadores con numerosas huestes: Sebastián de Belalcázar quien venía desde el sur, desde la provincia de Quito, y Nicolás Federman, quien venía desde el noreste, desde la provincia de Venezuela a través de los páramos de Sunpaz que separan la sabana de Bogotá de los llanos orientales de Colombia. Todos reclamarían jurisdicción sobre esas tierras a las cuales habían llegado casi simultáneamente y desde puntos cardinales totalmente distintos a los que había tenido Jiménez de Quesada, atraídos por el mismo objetivo, que era el reino de los Muiscas.

Jiménez de Quesada tuvo que negociar con los otros dos conquistadores que habían tenido presencia simultánea en esas tierras, y de ello resultó la refundación de la ciudad, el 27 de abril de 1539, esta vez con el nombre de Santa Fe de Bogotá y con la participación de las huestes de Belalcázar y de Federman. El nombre deriva de Bacatá, que era el nombre indígena del valle donde se ubicó la ciudad, al pié del cerro que es parte de la cordillera oriental y que separa la ciudad de los llanos. El centro original de la ciudad estaba cerca de la actual plaza San Francisco, al borde del río Vicachá, al este de donde está la actual iglesia de San Francisco y la plazoleta de la Universidad Nuestra Señora del Rosario. Posteriormente, la Plaza Mayor se trasladaría al sitio de la actual Plaza de Bolívar, entre los dos ríos que atraviesan Bogotá, Vicachá (San Francisco) y Manzanares (San Agustín), diseñándose la ciudad con una forma ortogonal casi perfecta, con manzanas cuadradas, permitiendo la continuación de la trama urbana regular. La iglesia catedral se ubicó al este de la plaza. En 1549 fue sede de la Real Audiencia de Santa Fe y posteriormente del Virreinato de Nueva Granada

Después de la fundación de Bogotá, el 12 de mayo de 1539, Jiménez de Quesada emprendió viaje hacia Santa Marta, junto con Belalcázar y Federman, dejando como Teniente General encargado del gobierno a su hermano Hernán Pérez de Quesada. Llegaron al sitio de Guataquí a orillas del río Magdalena, donde se embarcaron y navegando el Magdalena llegaron a Cartagena para luego pasar a Santa Marta. El objetivo de los tres era ir a España para dirimir la titularidad de la gobernación del reino de los Muiscas, lo que los llevó a un largo pleito ante el Consejo de Indias. Una década después, en 1549, Jiménez de Quesada regresaría como Adelantado y Capitán General de la Gobernación del Nuevo Reino de Granada, concluyendo así el litigio que se originó con la fundación de Santa Fe.

Debe mencionarse que posteriormente, en 1555, Juan de Avellaneda, con licencia de Quesada, partiría hacia los Llanos Orientales al sur franco de Bogotá, por donde había venido Federman. Llegó al sitio del pueblo de indios ubicado en el piedemonte andino, en las cabeceras del río Airico, afluente del río Guaviare, que el gobernador de Venezuela Spira en 1537 había llamado como Nuestra Señora, que su teniente de gobernador Nicolás Federman en 1538 había denominado como pueblo de La Fragua, y que el también gobernador de Venezuela Felipe de Hutten ocuparía en 1541. Allí fundó Avellaneda, en 1556, la villa de San Juan de los Llanos, no lejos de la actual San Juan de Arama. En la zona del alto Caquetá se fundaría posteriormente, en 1590, por Gaspar Gómez, la villa de San Vicente de Caguán, y también se fundarían los pueblos de San Martín del Puerto de Ariari por Juan de Zárate en 1641, San Miguel de Macuco, y Santiago de las Atalayas por Pedro Daza en 1538.

Hernán Jiménez de Quesada había realizado la primera expedición hacia el Dorado, por los llanos, siguiendo las rutas que había recorrido el Adelantado Espira de la Provincia de Venezuela. A su regreso fue apresado por Lugo, al igual que los fundadores de Vélez y Tunja, quienes al final lograron escapar. Lugo, en definitiva, terminó preso en La Habana, y luego de escaparse de nuevo, regresó a España, falleciendo en las guerras de Italia.

Entre Boyacá y Popayán, al pie de la serranía del Quindío, el 14 de octubre de en 1550 se fundaría la villa de Ibagué, la cual cuatro meses después sería trasladada al sitio donde hoy se encuentra, a orillas del río Combeima. Tiene su traza reticular, con la iglesia al este de la plaza.

El descubrimiento de minas de plata en el valle de Cambis también originó varias empresas pobladoras. Así, más al sur, Juan Alonso el 28 de agosto de 1551, fundaría a orillas del río Magdalena la ciudad de Neiva, en el sitio donde actualmente está la ciudad de Villavieja. Antes, en 1539, había sido fundada por Juan de Cabrera. De nuevo sería destruida en 1569, y sólo fue en 1612 cuando se la reedificó por el Gobernador Diego Martínez de Ospina.

A Sebastián Quintero se le había comisionado para fundar un pueblo para asegurar la saca de plata en el valle de Cambis, y fundó una villa que llamó San Bartolomé, la cual después varió de nombre por el de San Sebastián de la Plata (1549). La villa fue posteriormente destruida, la reedificaría Bartolomé Ruiz y luego, en 1653, la volvería a reedificar el Gobernador de Neiva, Diego de Ospina Maldonado.

Otra empresa pobladora más al norte en el valle del mismo Magdalena estuvo a cargo de Francisco Núñez Pedroso quién en tierras del cacique Marqueta, fundaría la villa de San Sebastián de Marequipa, la cual luego se trasladaría, el 8 de enero de 1553 con el nombre de Mariquita. Cerca de Mariquita también a orillas del Magdalena, se fundaría la villa de San Bartolomé de las Palmas, también en 1560, actual Honda.

Más hacia la cordillera central, Francisco Martínez de Ospina fundaría en 1561 la villa de Nuestra Señora de los Remedios, en el valle que llamaron de Corpus Cristi, el cual luego formó parte de la provincia de Antioquia.

Debe señalarse, además, que tal como ocurrió en casi todas las provincias de los Andes, el poblamiento *in extenso* del Nuevo Reyno de Granada se efectuaría mediante la fundación de pueblos de indios, particularmente desde comienzos del Siglo XVII, en aplicación de Reales Cédulas que databan del año 1549 y que habían ordenado a la Audiencia intentar reunir en pueblos a los indios, las cuales no se habían podido ejecutar. Así, fue con ocasión de la visita que hizo a los territorios de la provincia el Oidor Luis Henríquez, que este, directamente o mediante delegados, procedió fundar pueblos "mediante reducciones de los indios en pueblos de casas juntas a la manera española", estableciéndoles su traza urbana conforme al modelo que tenían las ciudades que ya habían sido fundadas, como Santa Fe, Tunja, Vélez o Pamplona. Así, por ejemplo, en el auto de repoblamiento de Guachetá, el Oidor Luis Henríquez en 1599 "mandó que alrededor de la plaza frente a la dicha iglesia y por los lados de la dicha plaza se pueblen los capitanes... y los demás indios sacando las calles derechas como su merced manda en buena policía española".

En esa forma, durante el Siglo XVIII, en la actual Cundinamarca, se refundarían muchos pueblos de indios con el asentamiento de blancos y mestizos, entre los que se destacan La Peña (1751), Anapoima (1760), Sutatausa (1762), Subachoque (1769), Butuima (1772), Manta (1773) Villapinzón (1773). Entre 1777 y 1779 además, se fundaron La Mesa, La Vega, Viotá, Madrid, Zipacón, Zipaquirá y Tibirita, y en la década siguiente, los pueblos de Nilo, Tibacuy, Topapi, Pandi, Vergara y Ubalá.

4. El Corregimiento de Tunja

Luego de la fundación de Santa Fe, y antes de salir de viaje, el mismo año de 1539 Gonzalo Jiménez de Quesada había enviado a Martín Galiano a fundar la ciudad de Vélez, en las inmediaciones del río Saravita o Suárez, lo que haría el 3 de julio de 1539; ciudad que posteriormente sería trasladada al sitio de Chipatá. Se inició, con esa fundación, la configuración de la provincia de Tunja.

El hermano de Jiménez de Quesada, quien había quedado encargado de la gobernación de la provincia, también mandó a Gonzalo Suárez Rondón a fundar la ciudad de Tunja en el sitio de Hunza, en el país de los Zaques, lo que efectuó el 6 de agosto del mismo año 1539. La ciudad de Tunja se estableció con una forma urbana ortogonal siguiendo el modelo urbano regular, con la plaza mayor en el centro y la iglesia catedral al este de la misma, al lado de la cual se encuentra la muy bella Casa del Fundador. Tunja fue el punto de partida para las fundaciones circundantes y las expediciones hacia los llanos y en ella se construyeron importantes Conventos, como los de Santa Clara, San Francisco, San Agustín y San Ignacio.

Posteriormente, cerca de Tunja y en el valle de Saquenzipa, por orden del virrey Andrés Díaz venero de Leyva, Hernán Suárez de Villalobos en 1572 fundaría la villa que llamó Nuestra Señora de la Villa Santa María de Leyva también con su forma ortogonal, con una enorme plaza en el centro del poblado, y la iglesia situada al este de la misma.

En la cordillera oriental, el 1 de noviembre de 1549 se fundaría la villa de Pamplona, por Pedro de Ursúa y Ortún Vásquez de Velasco, la cual en 1555 obtendría el título de ciudad. La ciudad se ubicó en el valle del Espíritu Santo o valle del Zulia, a orillas del río Pamplonita, situado en el punto en el cual se divide la cordillera oriental en dos ramas que transcurren hacia el norte, una que se dirige al este, formando los Andes venezolanos, y otra al oeste, que termina en la sierra de Motilones o de Perijá. El nombre de la ciudad derivó del de la ciudad de Pamplona en la Península, de cuyas inmediaciones era Ursúa; tiene una forma urbana ortogonal, con la plaza en el centro y la iglesia en el lado suroeste.

Pamplona era la única ciudad en cientos de kilómetros cuadrados en la región y, por tanto, fue el centro más importante para la penetración en los territorios circundantes y para el poblamiento subsiguiente hacia en norte: desde allí, a partir de 1558 se efectuaría el poblamiento hacia la provincia de las Sierras Nevadas en los Andes venezolanos fundándose, por sus alcaldes las ciudades de Santiago de los Caballeros de Mérida, en 1558, por Juan Rodríguez Suárez, y de San Cristóbal, en 1561, por Juan de Maldonado.

Desde esa ciudad también se efectuaron las expediciones y fundaciones hacia la provincia del Espíritu Santo de la Grita, en los Andes venezolanos y además, de las poblaciones de Ocaña, en 1572, por Francisco Fernández, y más tardíamente, las de Socorro y de Bucaramanga en 1622; de Girón, por Francisco Mantilla de los Ríos, en 1631; de San Faustino de los Ríos, por Antonio Jiménez de los Ríos, en 1662; de Cúcuta, en 1733, y de Barichara, en 1741. Todas estas ciudades tuvieron un modelo urbano reticular, con su plaza mayor al centro, aunque la ubicación de la de iglesia difiere de lugar en relación con la plaza: en Barichara, al norte; en Bucaramanga y Ocaña, al sur; en Girón, al oeste; y en Cúcuta, al este.

Pedro de Ursúa, había llegado a América, a la provincia de Lima, y al año siguiente, en 1543, al ser nombrado su pariente Miguel Díez de Armendáriz, como Juez de residencia del Adelantado Pedro de Heredia y para las provincias de Santa Marta, Nuevo Reino de Granada, Cartagena, Popayán y Río San Juan, se trasladó a Santa Marta donde fue nombrado Teniente General del Juez de Residencia. En 1545 partiría hacia Cundinamarca en una expedición llegando a Vélez, y pasando luego a Tunja y a Santa Fe, donde tomaría posesión de la gobernación del Nuevo Reino de Granada como Teniente de gobernación que era. En 1549 se establecería la Audiencia de Santa Fe, a la que Ursúa informaría de la fundación de Pamplona. Además al sur de Vélez, Ursúa fundaría la villa de Tudela en memoria de su patria, la cual no duró mucho tiempo por los ataques de los indios. En el paso intermedio entre la zona fría y la cálida, se fundaría la villa de San Miguel, la cual luego se denominó Villeta. Años más tarde, en 1558, Francisco Morcillo fundaría en 1553, por ordenes de Luis Lancero, la villa de Trinidad de los Muzós.

Pedro Fernández de Lugo, en 1539, había sido sustituido en la Gobernación de Santa Marta por Jerónimo Lebrón de Quiñones, quien como se dijo, con la noticia del viaje de Quesada a España, resolvería pasar a Cundinamarca nombrando como Teniente General a Ortún Velásquez de Velasco. En cuanto a la Gobernación del Nuevo Reino de Granada, en 1542 la asumiría Alonso Luis de Lugo, hijo del Adelantado Pedro, quien también se dirigiría hacia Cundinamarca, llegando a Vélez, apresando a los hermanos de Gonzalo Jiménez de Quesada, Hernán y Francisco.

En abril de 1544, Lugo fundaría la villa de Tocaima, la cual en 1621 sería trasladad al lugar más alto donde ahora se encuentra, y mandaría a Juan de Céspedes a fundar la villa de Tamalameque, en la orilla derecha del Magdalena, antes de la desembocadura del río César. Más al norte de Tocaima, posteriormente, en 1560 y partiendo desde la villa de Mariquita que había sido fundada en 1553, Lope de Orozco fundaría la villa de Nuestra Señora de la Palma, la cual tres años más tarde se trasladaría al sitio que ahora ocupa con el nombre de Palma.

En la provincia de Tunja, por otra parte, a comienzos del Siglo XVII y luego de que con motivo de las visitas del Oidor de la Audiencia de Santa Fe, Luis Henríquez, hubieran entrado en aplicación las Reales Cédulas que ordenaban juntar o reducir a los indios pueblos que debían diseñarse conforme al modelo de los pueblos españoles, la fundación de pueblos de indios se generalizó, sea directamente por el propio Visitador, o mediante pobladores delegados. Tal fue el caso, precisamente, del corregidor de Tunja, Antonio Beltrán de Guevara, quien incluso en la formalidad de las fundaciones fue más allá de lo hecho por el Visitador, dejando constancia en planos dibujados por escribanos, de la manera como procedía a organizar los pueblos de indios, en cuya traza, lo esencial de la plaza y las calles rectas se siguió, aún con variaciones infinitas. Se conservan, así, por ejemplo, los planos elaborados en la visita para la fundación de los pueblos de Panaga, Jomara, Laverigua y Lagunillas.

Come se dijo, también formó parte de la jurisdicción de la provincia de Tunja, el territorio de las provincias de las Sierras Nevadas de Mérida y el de la provincia del Espíritu Santo de La Grita, que llegaba hasta la zona del sur del Lago de Maracaibo y hasta los llanos de Barinas en Venezuela, cuyo proceso de poblamiento se analizará al estudiar el poblamiento de la Provincia de Venezuela.

En el actual departamento de Boyacá, durante el Siglo XVIII se desarrolló también un amplio proceso de poblamiento con la fundación de pueblos de indios y de españoles, entre los que se destacan Berbeo y Miraflores (1744); Garagoa y Ramiriqui (1754); Boavita, Güicán, Pesca, Samacá y Somondoco (1756); Firavito (1757); La Uvita (1758); Labranzagrande (1761); Belén (1762) Guacamayas (1763); El Cocuy (1765); La Capilla y San Mateo (1773); Duitama y Zetaquirá (1775); Combita, Coper, Gámaza, Nuevo Colón, Oicatá, Pauma, San José de Pare, Sativasur, Sora, Sotaquirá, Tibaná, Toca, Turmequé y Ventaquemada (1776); Aquitania, Chiotaraque, Mapiripí y Tasco (1770); Guateque, Moniquirá, Tenza, Tibasosa, Úmbita (1778); Sogamoso (1779); Soracá (1780); Corrales (1782); Sutatenza (1783); Guachantivá (1784); Boyacá y Viracachá (1789); El Espino (1791); y Pachavita, Cuítiva, Nobsa y Mongua (1796). También debe mencionarse el pueblo de Guayabal.

Además en los actuales departamentos de Norte de Santander y Santander se fundaron durante el mismo Siglo XVIII los siguientes pueblos: Mogotes (1700), Molagavita (1709), Guadalupe (1715); Matanza (1720); San Miguel y Concepción (1722); Simacota (17270; Valle (1736); Zapatoca (1743); Güepsa, La Paz y los Santos (1750); San benito (1751); Aguadas (1753); Enciso (1762); Piedecuesta (1766); Páramo (1768); Carcasí y Macaravita

(1772); Chimá y Cerrito (1775); Ocamonte (1777); Suratá (1783); Pinchote (1784); Palmar (1785); Encino (1786); Galán (1789) y Jesús María (1755).

5. *La Provincia de Popayán*

Como se dijo, al momento de la fundación de Santa Fe de Bogotá, en la Sabana se encontraba con sus huestes Sebastián de Belalcázar, quién venía desde sur, en una afanosa campaña que había emprendido luego de la fundación de Quito, en 1534, con motivo de las noticias que se habían recibido del poderoso monarca que dominaba hacia el norte, en el reino de los Muiscas.

Envió inicialmente a Pedro de Añasco y Juan de Ampudia en 1535, quienes reconocieron la provincia de Pasto y el valle del río Patía, hasta las tierras del cacique Popayán, en las cabeceras del Cauca, donde en 1536 fundaría la ciudad de Popayán, sujeta a la Audiencia de Quito. La traza de la ciudad es ortogonal, con la iglesia situada al sur de la plaza mayor (Parque Caldas); y seis iglesias más en los alrededores de la misma. A partir de ese momento, sin embargo, Belalcázar se independizó de Pizarro, informando al Rey que debía nombrarse un adelantado para la tierra que estaba pacificando.

Luego envió a Miguel López Muñoz hacia el sitio de los indios gorrones en el valle del Cauca, donde el 25 de julio de 1536 fundaría la ciudad de Santiago de Cali, la cual también tiene una traza reticular, con la iglesia al este de la plaza mayor (Plaza de Caicedo). Entre Popayán y Cali, en 1543 se fundó la villa de Caloto.

Belalcázar seguiría luego su campaña hacia el este, hacia el valle del Magdalena, mandando a Pedro de Añazco a fundar la villa de Timaná, lo que hizo el 18 de diciembre de 1538 en el valle alto del Magdalena para favorecer las comunicaciones con Popayán. Belalcázar seguiría su ruta hacia el norte por el valle del Magdalena, hacia la sabana de Bogotá, donde como se ha dicho, llegó a comienzos de 1539.

Pizarro, ante los descubrimientos de Belalcázar y las consecuencias derivadas del abandono por éste de la gobernación de Quito, envió a Lorenzo de Aldana para prenderlo, con el encargo de asumir el gobierno de Popayán. Ya para ese momento Belalcázar se encontraba en la sabana de Bogotá, por lo que Aldana continuaría la tarea pobladora, y de regreso a Quito, en 1537 fundaría la villa de San Juan de Pasto, la cual luego sería trasladada al valle de This, a orillas del río Pasto, en las cabeceras de los ríos Cauca y Magdalena, al pie del Volcán Galeras, con el nombre de Villaviciosa. La ciudad de Pasto tiene una forma urbana reticular, con su plaza mayor (plaza de Nariño) y la iglesia de San Juan Bautista al oeste. La Catedral está a dos cuadras al oeste de la plaza.

Posteriormente, Francisco Briceño, Juez de Residencia de Belalcázar en 1551, desde Popayán mandó a Alonso de Fuenmayor a fundar una población en el valle de Guachicono, en las cabeceras del Cauca, que nombraron Almaguer, que era el nombre de la patria de Briceño.

Por otra parte, la villa de Guadalajara de Buga sería fundada en 1555 por Giraldo Gil de Estupiñán, cerca del río Guadalajara, donde se dice que en 1570 el Señor de los Milagros se le aparecería a una mujer indígena. Más al norte se fundaron, en 1573 la villa de Toro, y en 1576 la villa de Roldanillo.

Debe señalarse, por último, que en la provincia de Popayán, desde Santa Fe, también se desarrollaría la política de reducciones con el objeto de poblar los indios en pueblos de casas juntas, a la manera española. En tal sentido, la primera visita que se hizo fue la del gobernador Tuesta Salazar en 1585, de la cual resultó la fundación de los pueblos de Gambía, Palacé, Timbío, Cajibío y Coconuco.

6. La Provincia de Antioquia

Aldana había comisionando a Jorge Robledo para que fundase en el sitio de Tumbia una villa que nombraron Anserma (1539), a pesar de que Robledo había dispuesto el nombre de Santa Ana de los Caballeros. Este, por su parte, completaría la exploración de Antioquia por el valle del Cauca, fundando, en 1541, entre los ríos Otún y Quindío la ciudad de Cartago, en honor a los vecinos de Cartagena de Indias que habían llegado con Vadillo y quienes componían buena parte de la partida fundadora. El pueblo originalmente estaba en el sitio de la actual ciudad de Pereira, establecido como asentamiento para la explotación de oro, y fue en 1691 cuando debió ser trasladada a su situación actual, a causa de la hostilidad de los indios Pijao. Pereira es, así, una ciudad de reciente fundación, en 1864, al igual que lo fue Manizales en 1848 y Armenia, fundada en 1889 en la zona del Quindío, como consecuencia de la colonización cafetalera.

Posteriormente a la fundación de Cartago, el mismo Robledo, como teniente de Belalcázar, el 5 de diciembre de 1541 fundaría en el valle de Ebéjico una ciudad que le puso el nombre de Antioquia. Poco tiempo después, Pedro de Heredia, Gobernador de Cartagena reclamaría para su provincia la jurisdicción sobre dicha ciudad, ocupándola y apresando a Robledo. La respuesta de Belalcázar, quien desde la gobernación de Popayán pretendía jurisdicción sobre la ciudad, fue el envío de Juan de Cabrera, quién apresó a Heredia, y ordenó trasladar la ciudad al valle de Nore, lo que efectuó Juan de Tapia el 7 de septiembre de 1542. La ciudad fue destruida por los indígenas, lo que motivó a sus vecinos a trasladarla a sitio de la villa de Santa Fe, denominándose desde entonces, como Santafe de Antioquia. La ciudad, desde 1584, se convertiría en la capital de la Provincia del mismo nombre. Fue sólo en 1616 cuando se fundó San Lorenzo de Aburrá, pueblo que en 1675 cambió el nombre por el de Villa de Nuestra Señora de la Candelaria de Medellín, la cual en 1826, se convertiría en la capital de la provincia siendo, además, la segunda ciudad más importante de Colombia. Además, como poblados mineros, se fundaron, en 1576 la Ciudad de San Martín de Cáceres y en 1581 Zaragoza de las Palmas.

En 1663, se fundaría la villa de Río Negro, en los alrededores de Medellín, y en 1590 se fundaría por los exploradores antioqueños, la villa de Quibdo, en la ribera del río Atrato actual capital del Chocó. Se destaca también la villa de Quilichao.

Cualquier conocedor de las ciudades y pueblos de Colombia, siguiendo el proceso fundacional antes reseñado, uede en todo caso constatar la influencia que tuvo el ordenamiento jurídico recogido en las *Ordenanzas sobre Descubrimiento y Población* dadas por Felipe II, sobre "El orden que se ha de tener en descubrir y poblar", que antes hemos comentado; en particular, observando cómo todas las ciudades en general tiene tienen en su traza o planta una trama ortogonal, la mayoría de las veces cuadricular o muy cerca de ella; con su plaza en el centro poblado, y las edificaciones principales cerca de la misma. Tan importante fue esa siembra de ciudades, que en casi todas las poblaciones aún se conserva la traza, de la ciudad colonial, con su plaza mayor en el centro, con plazas menores diseminadas en el tejido urbano y la iglesia ubicada, siempre, en el lado este de las plazas.

Bogotá, 12 de marzo de 1998

CAPÍTULO SÉPTIMO

SOBRE LA "CIUDAD ORDENADA" AMERICANA: EL GRAN APORTE COLONIAL HISPANO A LA HISTORIA DEL URBANISMO (ESPECIAL REFERENCIA AL POBLAMIENTO DEL REINO DE CHILE)

Texto del Discurso de incorporación como Académico Correspondiente Extranjero en la Academia Chilena de Ciencias Sociales, Políticas y Morales, Santiago de Chile, 27 de abril 2011. Publicado en *Societas. Academia Chilena de Ciencias Sociales, Políticas y Morales,* Año 2012, No. 14, Santiago de Chile 2012, pp. 61-73.

Durante el siglo XVI, en este Nuevo Mundo americano, se produjo lo que puede considerarse como la más grande y descomunal operación de poblamiento que se haya realizado jamás en la historia de la humanidad, sin parangón en ningún otro tiempo, lo cual sin embargo, lamentablemente es casi completamente ignorado en las clásicas obras de Historia del Urbanismo escritas en Europa y en Norte América.

En todo caso, lo cierto es que el resultado de ese proceso fue que en la historia de la humanidad, ningún otro país del mundo ha fundado tantos pueblos, villas y ciudades en un territorio tan grande, en un período de tiempo tan corto, y en una forma tan regular y ordenada como lo hizo España en América durante ese siglo, y conforme a un modelo único de ciudad.

El legado de ese proceso fue el desarrollo de lo que he llamado la «ciudad ordenada» americana, o simplemente, la ciudad americana, como en su momento lo fue la ciudad romana o la ciudad griega, cuya forma urbana quedó plasmada en todas las ciudades del Continente Americano como puede apreciarse todavía del casco histórico de las mismas, desde San Agustín en La Florida y Puebla de los Ángeles en el norte y en la Nueva España; hasta Santiago, Concepción, Osorno o La Serena en lo que fue esta provincia de la Nueva Extremadura, o hasta Mendoza y San Juan pasando la Cordillera; todas fundadas en el siglo XVI.

Además de, por supuesto, el idioma, la religión y la cultura, esa forma urbana reticular común fue la gran creación y huella física que dejaron los españoles en el Nuevo Continente, materializada en la invariable traza urbana reticular y en algunos cuadricular que tienen nuestras ciudades, que se configuró siempre, partiendo de la cuidadosa escogencia del lugar apropiado, mediante el diseño inicial de una plaza mayor o central siempre levantada a cordel y regla, y por tanto, con ángulos rectos, desde la cual paulatinamente creció el trazado de las calles en línea recta, con lo cual necesariamente se formó la trama urbana en manzanas o cuadras generalmente iguales y, en todo caso, con forma ortogonal, tal y como todavía hoy se aprecia en todos los centros o cascos históricos de nuestras ciudades y pueblos latinoamericanos. El más claro ejemplo de lo que fue esa ciudad es hoy la ciudad La Antigua Guatemala, fundada en 1527, y luego de trasladada en 1541 al valle de Pochoy por un deslave, entre los volcanes de Agua, de Fuego y Acatenango, donde está enclavada, en la misma forma como fue detenida en el tiempo desde 1773, cuando tuvo que se abandonada por haber sido casi toda destruida a causa de un terremoto. Se trata de una joya urbana, de la "ciudad ordenada" colonial, declarada por la Unesco en 1979, como Patrimonio Cultural de la Humanidad.

La historia de la América Hispana y de todos nuestros países, en todo caso, es en gran parte la historia de esa ciudad, la cual aún cuando fue implantada por los españoles, no era en si misma española pues nada similar existía en España, sino que fue americana, pues fue diseñada por los españoles específicamente para América. De ella y de su siembra paulatina en todos los rincones del territorio en un período de menos de cien años, surgieron las Provincias, y de aquellas, los actuales Estados americanos.

Pero lo más destacado de aquella empresa pobladora fue que se trató de un proceso ordenado, realizado en orden y con orden, obedeciendo a instrucciones precisas de la Corona, que fueron conformándose en aproximaciones sucesivas en sólo seis décadas, desde 1513 cuando después de los excesos de los españoles en las Antillas, la Corona reasumió la Conquista hacia Tierra Firme, con la expedición de Pedrarias Dávila hacia la provincia de Castilla del Oro; hasta 1573, cuando Felipe II dictó en el Bosque de Segovia, ese monumento jurídico denominado las Ordenanzas de Descubrimiento y Población, en lo que se puede considerar como el primer código urbanístico en la historia.

En todo ese tiempo, lo importante a destacar desde el punto de vista jurídico, y es eso lo que distingue la conquista de América Hispana, por ejemplo, de la que se desarrolló cien años después por los ingleses en Norte América, es que en el proceso español americano, nada se dejó al azar ni a la sola experiencia o criterio de los adelantados y pobladores, incluso a pesar de que en sus inicios, el proceso del descubrimiento, conquista y colonización se hubiese desarrollado mediante las Capitulaciones, como iniciativas privadas. En la América Hispana, todo fue ordenado mediante una política centralizada que se plasmó sucesivamente en Ordenanzas, Instrucciones y Reales Providencias elaboradas, primero en el Comité de las Indias del Real Consejo de Castilla y luego, a partir de 1524, en el Real y Supremo Consejo de Indias creado por Carlos V, y que fueron formuladas especialmente para la empresa americana.

Ello fue esencial, porque conforme al ordenamiento jurídico vigente y aplicable en el proceso de ocupación del territorio americano, era precisamente mediante el poblamiento que se podía asegurar jurídicamente la incorporación de las nuevas tierras descubiertas en las Indias, al señorío de la Corona de Castilla, es decir, mediante la fundación de pueblos y ciudades. Para ese fin, fue que se dieron instrucciones precisas tendientes a regular tanto la forma jurídica conforme a la cual debía realizarse el acto jurídico fundacional, siempre revestido de importante solemnidad; como se Puede leer de cualquier acta de fundación de nuestras ciudades; como la forma urbana y la organización política conforme a las cuales debía quedar configurado el pueblo; normas que se aplicaron uniformemente por gobernadores y adelantados en todo el Continente. Tan importante fue la fundación de una ciudad, que hacerlo sin licencia acarreaba nada menos que la pena de muerte.

La característica más destacada del proceso de poblamiento de la América Hispana, por tanto, fue que no sólo tuvo móviles de conquista para asegurar la ocupación de los territorios descubiertos, sino que respondió a una exigencia jurídica impuesta por el ordenamiento jurídico que rigió en tiempos del Descubrimiento y de la Conquista, y que estaba contenida en el *Código de las Siete Partidas* de Alfonso X el Sabio (1221-1284).

Allí, en efecto, se regulaban las maneras como un Príncipe podía ganar Señorío en relación con un reino existente, lo cual sólo podía ocurrir de cuatro maneras: por herencia; por elección voluntaria; por matrimonio con heredera del mismo, o por concesión pontificia o imperial. Esas normas, sin embargo, no eran las que podían aplicarse a la empresa que había iniciado Cristóbal Colón hacia las Indias, cuyo objetivo no era adquirir Señorío sobre algún reino que pudiera existir conforme al conocimiento geográfico de la época, y menos, cuando comenzó a quedar claro que en las tierras encontradas hacia el poniente, lo que verdaderamente había aparecido había sido un increíble e inconcebible Nuevo Mundo cuyo territorio, contra todos los conocimientos existentes, asombrosamente se había "descubierto" intercalado en medio del Atlántico, entre Europa y las costas de Asia. En la Edad Media no se admitía geográficamente nada distinto a lo que era Europa, África y Asia, y ese era el conocimiento del cual disponía Cristóbal Colón al iniciar su empresa, conforme al cual lo único posible era que pudieran encontrar nuevas islas en el mar, pero no nuevos continentes.

En ese contexto, las reglas que podían aplicarse para que Colón pudiera tomar posesión para los Reyes Católicos de cualquier nueva isla que descubriera en su ruta, eran otras distintas a las antes mencionadas, reguladas en las *Partidas*, pues los Reyes no tenían posibilidad de heredar las nuevas tierras que se descubrieren; ni podían adquirirlas por el consentimiento de todos los habitantes de los ignotos lugares; ni había posibilidad de que las obtuvieran por casamiento, y en las nuevas y desconocidas tierras ni el Papa ni los reyes tenían señorío sobre las mismas. Al contrario, Colón llevaba salvoconductos y mensajes de los Reyes Católicos pero para otros monarcas que pudiera encontrar.

Por ello, lo que se aplicaba para la empresa de las Indias, y rigió en la ocupación de América, fue otra Ley del *Código de las Siete Partidas* (Ley 29, título XXVIII de la Partida III), que al plantear la cuestión de a quien pertenece "la ysla que se faze nuevamente en el mar", prescribía así:

> "Pocas vegadas acaece que se fagan yslas nuevamente en la mar. Pero si acaeciesse que se fiziese y alguna ysla de nuevo, suya dezimos que deve ser de aquel que la poblare primeramente; e aquel o aquellos que la poblaren, deben obedescer al Señor en cuyo señorio es aquel lugar do apareció tal ysla."

Es decir, que sólo adquiría Señorío sobre de las nuevas tierras o islas que se descubriesen, quien las poblare primeramente, es decir, quien estableciera en ellas una población. Por ello, incluso, Colón, al concluir su accidentado primer viaje, como signo de toma de posesión de la isla La Española, en enero de 1493 dejó forzosamente un puñado de hombres en una villa que llamó La Navidad o La Natividad, construida con los restos de la Santa María en la costa norte de la Isla en lo que hoy es Haití.

Ello explica que el título jurídico para poder incorporar las nuevas tierras que se fueron descubriendo en el Nuevo Mundo a la Corona de Castilla, fue precisamente el poblamiento, es decir, la fundación de villas, pueblos o ciudades que pasaron a ser habitadas por las huestes de los conquistadores que de guerreros pasaron a ser vecinos; o incluso de la fundación de pueblos de indios habitadas por estos. Precisamente por ello, a diferencia de los ingleses en Norteamérica, los españoles en el resto de América América fueron febriles fundadores de ciudades. Aquí, por tanto, los pueblos o ciudades no resultaron del crecimiento o desarrollo de embarcaderos o de cruces de caminos, sino del cumplimiento de la obligación de poblar impuesta en las Capitulaciones, mediante la fundación de un número determinado de pueblos en el territorio descubierto en un plazo especificado, a cuyo efecto se autorizaba al Adelantado para repartir tierras y solares entre su hueste. Con el tiempo, este hecho del poblamiento fue, además, el instrumento central para la demarcación de la jurisdicción de cada Gobernación y de la Provincia que la asentaba, siendo ello el origen remoto de los actuales Estados.

La tarea de los conquistadores fue, por tanto, primero, descubrir; y luego, poblar, de manera que si no se poblaba lo descubierto no podía haber conquista; o como lo dijo el capellán de Hernán Cortés, Francisco López de Gomara (1511-1564) en su *Historia General de las Indias y vida de Hernán Cortés,* al comentar el fracaso de la expedición de Pánfilo de Narváez hacia la Florida: "Quien no poblare no hará buena conquista, y no conquistando la tierra no se convertirá la gente, así que la máxima del conquistador ha de ser poblar" (Capítulo XLVI).

En este marco jurídico era entonces evidente que poblar no era simplemente el hecho físico o material de asentar campamentos, aldeas o rancherías en un territorio, sino que era sobre todo, un proceso formal de crear un pueblo, lo cual debía estar respaldado por acta levantada por escribano en forma auténtica, en la cual se debían recoger los pormenores de un acto que era solemnísimo. Por ello, en el mismo *Código de las Siete Partidas,* al definirse qué era un pueblo, además de indicarse que era un lugar edificado y generalmente cercado (*Partida 7, Título 33, Ley 6*), se lo concebía como reunión de hombres mayores, medianos y menores en forma comunal (*Partida 7, Titulo 1º, Ley 1*) sometidos a unas autoridades y leyes.

En definitiva, lo que se imponía en el viejo derecho castellano para tomar posesión de una nueva isla, o tierra ignota, era la necesidad de fundar una *civitas*; siendo ese acto el de mayor importancia jurídica en el proceso de ocupación del territorio, para lo cual, por supuesto, se requería de una licencia expresa del rey, del virrey o del gobernador de la Provincia; pues con la fundación de una ciudad se tomaba posesión de lo descubierto en nombre de la Corona, quedando el territorio bajo el señorío y soberanía del rey; y además, se determinaba el término de cada Provincia o Gobernación bajo el mando del adelantado.

Las provincias, por ello, al inicio, sólo se definieron y se podían definir por una línea a lo largo de la costa del mar que era lo único conocido inicialmente, de manera que las provincias fueran encontrando su ámbito territorial, tierra adentro, a medida que se fuera sembrando el territorio de villas y ciudades. Así, por ejemplo, se estableció en la capitulación dada por Carlos V a Diego de Almagro para la conquista de Chile, el 21 de mayo de 1534, donde sólo se indicó que estaba destinada a descubrir doscientas leguas del Mar del Sur hacia el estrecho de Magallanes, y nada más.

La Provincias, por tanto, inicialmente se definieron por la extensión de las costas del Mar, igual en el Pacífico, como en el Caribe como en el Atlántico, de manera que las mismas llegaban, tierra adentro, hasta donde llegara el problamiento, por lo que una tierra recorrida sin que en la misma se hubiese dejado sembrada algún pueblo o ciudad, no pertenecía a la jurisdicción de quien la recorriera Por no poblar, por tanto, en el propio Siglo XVI, muchas tierras dejaron de pertenecer a determinadas Provincias, quedando en la jurisdicción de otras.

El rito fundacional de la constitución de las ciudades, por tanto, fue correlativo con la importancia del proceso, para lo cual se siguió invariablemente el mismo procedimiento, incluyendo la traza de la plaza como un cuadrado o rectángulo, y a partir de ella, de las calles, indicándose el sitio de la iglesia y de los otros edificios públicos, así como de los diversos solares que se repartían a los vecinos, nombrándose las autoridades que regirían la ciudad, y disponiéndose los ejidos; todo lo cual se debía recoger en las actas fundacionales.

Precisamente por ello, a diferencia de las ciudades norteamericanas, todas las ciudades latinoamericanas tienen fecha de nacimiento o de fundación precisa, que siempre celebramos, incluso aún cuando la ciudad hubiera tenido que fundarse de urgencia, o a la carrera, pues con ese acto quedaba jurídicamente demarcado el ámbito de cada Gobernación. Así sucedió por ejemplo, con Santiago de Quito, ciudad fundada curiosamente a la media noche del día 15 de agosto de 1534, con el único propósito de que quedara jurídicamente asentado, en acta levantada por escribano, que esas tierras ya estaban bajo la jurisdicción de la gobernación de Francisco Pizarro y que, por tanto, para cuando al día siguiente, Pedro de Alvarado, entonces Capitán General de Guatemala, con Capitulación para ir a "descubrir y conquistar las islas en la Mar del Sur de la Nueva España" llegara al lugar, quedara claro que ya no podía pretender tener jurisdicción sobre esas tierras. Y efectivamente, cuando Alvarado, después de desembarcar en las costas de las Esmeraldas cerca de la actual Guayaquil, llegó al sitio de Riobamba el día 16 de agosto de 1534, se encontró con que los tenientes de gobernación de Pizarro, Diego de Almagro y Sebastián de Belalcázar, ya habían fundado en la víspera una ciudad, recibiéndolo con el acta de la fundación de Santiago de Quito que daba cuenta del nombramiento de sus autoridades. Esa fundación, a la media noche, fue lo que convirtió al reino de Quito en parte de la Gobernación de Pizarro, provocando que Alvarado tuviera que abandonar su empresa, vendiendo sus navíos a Almagro, y dejando a su hueste con más de tres mil indios guatemaltecos en las montañas del Ecuador. Por ello, dos semanas después, el 28 de agosto de 1534, para incorporar a la hueste de Alvarado en la empresa pobladora, se produjo la refundación de la ciudad con el nombre de San Francisco de Quito.

Y así fue como fue conformándose el territorio de la América Hispana, mediante la fundación de ciudades, cuya concepción y diseño, como dije, no surgió de experimentos locales de tipo práctico que pudieran haber realizado los adelantados, ni de las experiencias vividas en la Península en el proceso de repoblación de los territorios recuperados a los Moros, sino de prescripciones y normas jurídicas que se fueron conformando rápidamente en la Corona, particularmente por los influjos recibidos de los descubrimientos renacentistas, en especial en el conocimiento de la arquitectura, que comenzaban a influir en Europa en todos los órdenes. Ello había provocado, que de golpe, después de un largo período de decadencia, en Europa se hubiera vuelto a la antigua forma de construir, sometiéndose los arquitectos a las reglas de simetría y proporción y al sistema de órdenes, lo que implicó la vuelta al uso de la regla, a las líneas precisas, a las fachadas rectilíneas, dando origen al plano regular que se convirtió en obligatorio para edificios y ciudades. Todo ello fue rápidamente absorbido por la Corona y trasmitido a América, en un proceso normativo en el cual se recogió la experiencia que los romanos habían aplicado un milenio y medio antes en la tarea de poblar el vasto Imperio que abarcó todas las costas del Mediterráneo y buena parte de Europa hasta Inglaterra; y que cinco siglos antes de los romanos, los griegos habían seguido cuando comenzó la expansión helénica en el Mediterráneo.

En esa forma, la técnica de establecer centros poblados de nueva planta en forma regular que se siguió en América, la verdad es que es tan antigua como la civilización misma; y para constatarlo basta con referirnos a lo que escribió Aristóteles refiriéndose a la traza reticular perfecta que presentaron muchas ciudades griegas en el siglo IV AC, indicando que había sido Hippodamo de Mileto, hijo de Eurifón, quien había concebido "el arte de proyectar y construir ciudades, siendo también el que ideó la disposición que presenta Pireo"(Libro Segundo, Capítulo V), que es el puerto de Atenas, donde la traza reticular aún se conserva. Ello lo escribió en *La Política,* libro en el cual dedicó muchos Capítulos a la ciudad, a la *polis*, y a los principios para su establecimiento. Allí indicó, por ejemplo, que lo primero que debía tenerse en cuenta en la creación de las ciudades, era la salud el lugar escogido, de manera que bajo la influencia de los escritos de Hipócrates, destacó particularmente la importancia de los elementos aire y agua. Recomendaba Aristóteles que "la ciudad debía tener fácil comunicación por mar y tierra, y de ser posible, con todos los puntos de su territorio, "y en cuanto a su emplazamiento, consideraba que debía ser ventajoso fundamentalmente en cuatro a la salud y la disposición de los vientos. El emplazamiento debía depender principalmente, decía, "de lo salubre de la localidad y de su orientación," y además "de la pureza de sus aguas" planteando que el sitio debía "abundar en fuentes y manantiales, y, de no ser así, construir grandes depósitos para la recogida de las aguas pluviales" (Capítulo X).

Aristóteles, además, sobre la forma urbana consideraba que era "más bello y conveniente que las calles sean rectas, como indicó Hippodamo" (Libro Séptimo, Capítulo X); dando especial importancia a la plaza o ágora que debía estar a los pies de los templos o edificios destinados al culto divino, que – decía - debían "ocupar una eminencia, para que se vean desde lejos y den realce a la virtud, con torres que dominen las cercanías" (Libro Séptimo, Capítulo XI)." Todo ello reflejaba la práctica antigua de los griegos de fundar ciudades, que nunca se dejo al azar, particularmente cuando se trató de fundaciones de nueva planta con motivo de la expansión colonial griega en el mediterráneo.

Y lo mismo ocurrió en el mundo romano, cuatrocientos años después de las enseñanzas de Hippodamo proceso igualmente motivado por la necesidad de ocupar nuevas tierras del Imperio, todo lo cual se recogió en el único tratado antiguo sobre arquitectura que en la época del Renacimiento se había conservado, y que fue el libro de Marcus V. Pollio Vitruvius, *De Architectura Libri Decem* (Los Diez Libros de la Arquitectura) escrito a comienzos de la era cristiana, y que todo estudiante de arquitectura tiene que haber leído, u hojeado o al menos manoseado. Olvidado durante trece siglos, el mismo fue descubierto en 1416, y publicado por primera vez en Roma en 1486, el mismo año de la publicación del libro de Leon Battista Alberti, *De re aedificatoria*, quien sin duda había tenido acceso al manuscrito de Vitruvio, y que tanta influencia tuvo igualmente en el renacimiento de la arquitectura.

Se trató, en todo caso, de una obra única en la cual se describía la arquitectura romana, sometida a precisas reglas, y en la cual se incluyeron los principios fundamentales para la fundación de ciudades aplicados en la Roma imperial.

Entre esos principios se destacan los siguientes:

Primero, siguiendo las mismas ideas expresadas por Aristóteles sobre la elección de los sitios para "escoger un sitio sano," Vitruvio explicó sobre el procedimiento de "inspección de los hígados de los animales para reconocer la calidad del aire" (Capítulo VII del Libro Primero), que conforme a los usos de los "antiguos" –decía-, si los mismos se encontraban "lívidos y corrompidos" o eran generalmente anormales, se debía concluir "que el de los hombres estarían iguales, y que las aguas y pastos no podían ser buenos en ese país"; el cual debían abandonar incontinente, "pues no apreciaban tanto otra cosa, que lo que podía contribuir al mantenimiento de la salud."

Segundo, sobre la situación de los lugares, los cuales no debían estar sometidos a condiciones climáticas extremas, para lo cual Vitruvio recomendaba que "debe ser alto, ni nublado ni helado, y en un clima ni caliente ni frío, sino temperado"; y además, sin pantanos en los alrededores (Capítulo VII del Libro *Primero).*

Tercero, sobre el abastecimiento de la ciudad, de manera que el sitio de emplazamiento fuese de fácil acceso, fuera por tierra o por agua de manera que "asegurada la salubridad del lugar donde debe fundarse la ciudad," debía procederse a emplazarla "con el conocimiento que se tenga de la pureza de su aire, de la abundancia de los frutos y de la facilidad de los caminos, los ríos y los puertos de mar que existan para traer todas las cosas necesarias" (Capítulo VIII del Libro *Primero).*

Cuarto, en cuanto a la dirección de las calles y al sentido de los vientos, Vitruvio escribió sobre la necesidad de que las calles fueran alindadas, para cuya disposición se tuviera en cuenta el sentido y orientación que podían tener los vientos en el lugar, de manera que las ráfagas no corrieran libremente por las calles en perjuicio de los habitantes. De ello, concluía diciendo que "las calles deben disponerse de tal forma que los vientos, dando contra los ángulos que ellas formen, se rompan y dispersan" (Capítulo IX del Libro Primero*)*.

Y quinto, en relación con la plaza o *forum*, Vitruvio formuló un conjunto de principios que se referían a sus diversos aspectos, como la proporción o grandeza de la misma, que debía diseñarse en relación a la población de la ciudad; a su forma, reconociendo que "en los griegos, es cuadrada, y rodeada de dobles y amplios pórticos con columnas pegadas," considerando sin embargo que una forma rectangular podía ser "mucho más cómoda para los espectáculos." También se refirió a la ubicación de la plaza, de manera que – decía -, "Si la ciudad está al borde del mar, es necesario que la plaza pública esté cerca del puerto, por tanto que si la ciudad esta alejada del mar, la plaza deberá estar en el centro" (Capítulo X del Libro Primero); y finalmente a las edificaciones que debían estar en la misma, entre ellas, los templos, que debían estar en el punto mas elevado; la tesorería; la prisión, y la Casa del Senado cuyas dimensiones debían ser proporcionadas a las del *forum*.

Todos estos principios, también los recogió Albertti en su magna obra, *De re aedificatoria*, la cual igualmente tuvo una extraordinaria influencia en el renacimiento.

Pero lo importante de todos estos principios es que apenas divulgados, penetraron en América a través de las Cortes de los Reyes Católicos, de Carlos V y de Felipe II, para lo cual jugó un papel decisivo, la difusión de las ideas humanistas que fue posible con la creación de la Universidad de Alcalá de Henares en 1508. El resultado de ello fue que las ideas de Vitruvio y Albertti fueron inmediatamente plasmadas en las Instrucciones reales destinadas a guiar urbanísticamente el monumental proceso de conquista, colonización y poblamiento del enorme Continente Americano.

El orden del proceso, en todo caso, como dije al inicio, fue que el mismo resultó de la aplicación de precisas normas jurídicas que fueron incorporándose progresivamente en las instrucciones dadas a los Adelantados, que comenzaron a expresarse en 1513, con motivo de la expedición de Pedrarias Dávila para la conquista de la provincia de Castilla del Oro en Tierra Firme, culminaron sesenta años después con las *Ordenanzas sobre descubrimiento y población* otorgadas por Felipe II en 1573.

El control jurídico del proceso fue tal que sesenta años bastaron para que un modelo de ciudad especialmente diseñado para América, ideado sobre la marcha durante la emergencia de la conquista y poblamiento, se hubiese aplicado en todo el Continente americano, bajo la influencia de las ideas expuestas por Vitruvio y Albertti.

Esa búsqueda permanente del orden, por lo demás, quedó plasmada desde la propia *Instrucción* dada a Pedrarias de 1513, al referirse al establecimiento de los pueblos en forma ordenada, de manera que el repartimiento de solares a los vecinos fueran – decía- "*de comienzo dados por órden*", expresando con toda precisión que:

> "por manera que fechos los solares, *el pueblo parezca ordenado, así en el logar que se dejare para plaza,* como *el logar en que hobiere la iglesia, como en la órden que tovieren las calles; porque en los logares que de nuevo se facen dando la órden en el comienzo, sin ningud trabajo ni costa quedan ordenados, e los otros jamás se ordena."*

Ese modelo urbano ordenado, por supuesto, gravitó en torno a los tres elementos urbanos esenciales antes mencionados:

Primero, la plaza, que era lo que debía establecerse inicialmente, y de donde debía partir el proceso de poblamiento, y cuya forma debía hacer parecer el pueblo como ordenado. Por supuesto, no había otra forma renacentista ordenada que no fuera la forma cuadricular o rectangular, y en todo caso, reticular, con lados y ángulos rectos.

Segundo, la iglesia que debía ubicarse también en un sitio ordenado, fuera del área de la plaza, pero en un lugar principal, que en general fue en una de las manzanas ubicadas a un costado de la plaza.

Y tercero, las calles que debían también tener orden, es decir, diseñarse ordenadamente, y no había otra forma para ello si su trazado debía partir de una plaza reticular, que no fuera en líneas rectas, formando ángulos rectos de lo que resultaban manzanas o cuadras regulares donde se debían ubicabar los solares a ser repartidos, también ordenadamente.

La plaza, la iglesia y las calles, por tanto, fueron los elementos que configuraron el modelo urbano latinoamericano, de manera que para cuando el mismo culminó, los principios se recogieron en las mencionadas *Ordenanzas de Descubrimiento y Población dadas por Felipe II en el Bosque de Segovia,* de 1573, en las cuales se le precisó a los adelantados, como lo dice la frase con las que se inician, "el orden que se ha de tener en descubrir y poblar."

En estas Ordenanzas, las cuales incluso ya habían recogido la experiencia de aplicación práctica del poblamiento en las primeras décadas de la conquista, por tanto, se expresaron los mismos principios romanos y, antes, griegos, para la fundación de ciudades que se aplicaron invariablemente en toda América:

Primero, sobre la selección de los sitios y la ubicación de las poblaciones, de detallaron las mismas reglas que venían de la antigüedad en materia de salubridad, abastecimiento y ubicación. Se recomendaba (artículos 34 al 37), en particular, que no se debían escoger lugares muy altos por el problema que representaba tanto el viento como el acarreo de cosas; ni muy bajos, ya que resultaban enfermizos. De preferencia debían elegirse lugares medianamente levantados, que recibieran buenos aires. La precisión de las Ordenanzas era tal que por ejemplo, se recomendaba que las poblaciones interiores se levantasen a la orilla de algún río que fuera navegable, dejando la ribera baja para los oficios que arrojaren inmundicias (Art. 123); e incluso, se disponía que si el lugar escogido se encontraba a la orilla del agua, debía tenerse cuidado de que quedase de tal forma que a la salida del sol los rayos pegasen primero en la población y no en el agua (Art. 40).

Segundo, una vez escogida la parte más conveniente para asentar en ella la nueva población, las Instrucciones de 1573 resumían la tarea subsiguiente al prescribir que se debía proceder a hacer la planta del lugar escogido, repartiéndola por sus plazas, calles y solares, a *cordel y regla,* comenzando por la plaza mayor, lo que implicaba siempre, como resultado, una planta o trama ortogonal. Desde la plaza, una vez trazada, debían salir las calles en forma rectilínea y paralela hacia los caminos principales o puertas de la ciudad, dejando tanto compás abierto que, aunque la población aumentase mucho, se pudiera proseguir en la misma forma (artículo 110). Por tanto, conforme a las Ordenanzas, resulta claro que el punto de partida de la nueva ciudad o población siempre debía ser la plaza mayor, siendo por tanto la forma ortogonal o reticular la regla general de todas las ciudades, no sólo las fundadas en el Siglo XVI, sino también en los Siglos subsiguientes de la Colonia, como puede constatarse en casi todos los centros poblados americanos.

Tercero, además, también se indicaba con precisión sobre la ubicación de la plaza de manera que si la población se erigiere en la costa, la plaza debía hacerse en el desembarcadero del puerto, abierta al mar o al río; y si estaba tierra adentro, la plaza se debía fijar en medio de la población, de manera que fuese el corazón y su centro vital.

Cuarto, sobre la forma de la plaza, las Ordenanzas también fueron precisas en establecer siempre la forma reticular, resultando plazas algunas veces rectangulares y casi siempre cuadriculares. También hubo precisión sobre la dimensión, que debía ser en proporción a la cantidad de vecinos que hubiere y al crecimiento futuro previsto de la población. Por ello, muchos pueblos aún conservan en la actualidad plazas de gran tamaño, aún cuando no guarden proporción con el tamaño del poblado actual.

Quinto, en relación a la orientación de la planta urbana, las Ordenanzas también imponían la necesidad de que las esquinas de la plaza se orientasen a los vientos principales, para proteger la ciudad de los mismos. Así lo decía textualmente el artículo 114 de las Ordenanzas, que "las cuatro esquinas de la placa miren a los cuatro Vientos principales porque de esta manera, saliendo las calles de la placa, no estén expuestas a los cuatro Vientos principales que seria de mucho inconveniente."

Sexto, trazada la plaza, de la misma debían salir las calles, de suerte que aunque la población llegase a crecer de manera considerable no se afease la población, o se obstruyese su defensa o comodidad (Art. 117), previéndose entonces el crecimiento ordenado de la población, conforme a la forma y dirección de las calles, de manera ilimitada, conforme a un esquema uniforme de la trama urbana, en damero. Ello fue tan efectivo, que hasta las primeras décadas del Siglo XX muchas ciudades latinoamericanas continuaban creciendo con el orden reticular, mostrando muchas todavía el desarrollo casi perfecto de la retícula. Esa forma, sin embargo, fue luego abandonada particularmente a partir de la segunda mitad del Siglo XX en casi todas las ciudades hispanoamericanas, por la falta de autoridad tanto en la orientación ordenada de las ocupaciones espontáneas del suelo urbano que han dado origen a las amplias áreas marginales de las ciudades, sin regularidad alguna, como en el proceso de urbanización desarrollado exclusivamente por privados, que han abandonado la forma regular.

Séptimo, sobre las calles mismas, las Ordenanzas prescribían sobre su anchura, la cual se determinaba según el lugar escogido para la ubicación de la ciudad, de manera que en los lugares fríos, las calles debían trazarse anchas, para permitir que el sol entrase plenamente en la ciudad. En los lugares calientes, por el contrario, las calles debían ser angostas para evitar la inclemencia del sol (Art. 116) y asegurar la protección de la sombra, como por ejemplo sucede con las ciudades costeñas del Caribe. En esta forma se regulaba la posibilidad de mayor soleamiento de las ciudades ubicadas en lugares fríos, por la anchura de las calles; y al contrario, una mayor cantidad de sombra en las ciudades ubicadas en lugares calientes, por lo angosto de las calles, como medio de protección ante la inclemencia del sol.

Por supuesto, como dije, el texto de las Ordenanzas de 1573, como sucede en general con la formación de las normas jurídicas, fue el producto final de todo el conjunto de normas que se fueron dictando sucesivamente durante las primeras décadas del proceso de conquista y poblamiento. Las Ordenanzas, por tanto recogieron la experiencia normativa de los primeros tiempos y guiaron rígidamente el proceso de poblamiento hacia el futuro, de manera que incluso hasta en legislaciones latinoamericanas del Siglo XX para colonización e inmigración, se encuentran sus secuelas.

Ese trazado regular de la ciudad, en todo caso, marcó el desarrollo del poblamiento en todo el Continente Americano y, por supuesto, en esta Provincia de Nueva Extremadura.

Recuerden ustedes que después de la expedición inicial del mismo Diego de Almagro hacia estas tierras en 1536, fue Pedro de Valdivia, quien por encargo de Francisco Pizarro en 1540, iniciaría la conquista del reino de Chile, para lo cual, desde el Alto Perú, después de pasar por el desierto de Atacama, tomó la ruta de la costa, la misma que de regreso había recorrido Almagro, acompañado, entre otros, por Francisco y Pedro Villagra.

Llegó así al valle de Copiapó, donde tomaría posesión de la tierra descubierta poniéndole el nombre de Nueva Extremadura en sustitución del de Nueva Toledo que había tenido en la época de Almagro. Después de un año de recorrido, llegó a este hermoso valle del río Mapocho, en el país de los Mapuches o Mapochoes, donde el 24 de febrero de 1541, hace 470 años, al pié del cerro Huelén, que decidió bautizar como Santa Lucía, fundaría esta ciudad de Santiago del Nuevo Extremo. El diseño de la planta de la ciudad se atribuye al alarife Pedro de Gamboa, con una forma urbana cuadricular casi perfecta, con la plaza de armas en el centro, y la Catedral al oeste de la misma; quedando ubicada entre el cerro Santa Lucía hacia este, el río Mapocho al norte y un brazo o cañada del mismo que corría al sur, por donde luego se construyó la Alameda, y que es la que explica que esa gran avenida contraste con el diseño urbano cuadricular de la ciudad. La Ermita de Nuestra Señora del Socorro que erigió Valdivia en la ribera sur de la cañada, en 1553 sería ocupada por los hijos de San Francisco de Asís, habiéndose construido la Iglesia en 1572, y luego el Convento, siendo aquella la edificación más antigua de la ciudad.

Al poco tiempo, y luego de conocerse el asesinato de Pizarro, en marzo de 1541, el Cabildo de Santiago como era la practica de la época, signo del poder municipal, designaría a Valdivia como Gobernador Interino, correspondiéndole entonces dirigir la operación del poblamiento.

Así, enviado por Valdivia, y a medio camino entre Santiago y Copiapó, Juan Bohon fundaría en 1544, en el valle de Coquimbo, la ciudad de La Serena de Nueva Extremadura, en recuerdo de la ciudad natal del Adelantado. Esa ciudad, situada al norte de Valparaíso y establecida para abrir el camino hacia el Perú, fue destruida en enero de 1549. Refundada por entonces Francisco de Aguirre, pasó a denominarse como San Bartolomé de La Serena, también con un diseño reticular orientado conforme a los puntos cardinales, con la plaza de armas en el centro, y la iglesia Catedral al este de la plaza.

En 1548, Valdivia se embarcaría en Valparaíso, que ya era el puerto de la Provincia, para unirse a la causa del Virrey La Gasca contra Gonzalo Pizarro, de donde regresaría como Gobernador de Chile, cuyo territorio para esa época, ya se había extendido hasta el Estrecho de Magallanes en toda la vertiente oeste de la cordillera de los Andes.

Como tal Gobernador, Valdivia emprendería en 1550 la dificultosa campaña hacia el sur, fundando en la ribera del río Biobio, el más ancho de los ríos de la zona, donde tuvo su primer encuentro con los araucanos, la villa de Concepción del Nuevo Extremo, la cual después de haber sido destruida en 1554 debido al constante ataque de los indios mapuches y luego de dos devastadores terremotos en 1730 y 1751, encontró su sitio definitivo en 1764, con una traza cuadricular perfecta.

Valdivia, en su búsqueda del estrecho de Magallanes, en 1551 fundaría la villa La Imperial, cerca del actual pueblo Nueva Imperial y de la ciudad de Temuco; y en 1552, la villa de Santa María la Blanca de Valdivia, en la ribera del río Valdivia. Además, fundaría la villa de Los Confines, la cual sería repoblada en 1559 con el nombre de Angol.

En abril del mismo año 1552, por su parte, Jerónimo de Alderete fundaría la villa Santa María Magdalena de Villarrica, en la ribera del lago Villarrica. Sería desde Valdivia que Villagra enviaría a explorar los estrechos en la zona de la isla de Chiloé, aun cuando sólo sería a partir de 1567 cuando los españoles tomarían posesión de la misma, fundándose, por Marín Ruiz de Gamboa, la ciudad de Castro, en el Fiordo del mismo nombre donde desemboca el río Gamboa.

En 1553 se produjo una extensa sublevación de los araucanos, comandados por el toqui general Lautaro, la cual condujo a la destrucción de muchos de los fuertes y ciudades que habían establecido los españoles, entre ellos, Villarrica y Angol, falleciendo Valdivia a manos de los indios.

Por ello, Villagrá sería encargado por los Cabildos sureños en 1554 de la Gobernación hasta que la Audiencia de Lima, en 1557, lo nombraría como gobernador interino, venciendo a Lautaro ese mismo año en el río Mataquito.

Al poco tiempo, el recién designado Virrey del Perú, Antonio Hurtado de Mendoza, nombraría a su hijo García Hurtado de Mendoza como gobernador de Chile, quien desarrollaría campañas conquistadoras hacia el sur, recuperando Concepción y Angol, y fundando, en 1558, la villa de San Mateo de Osorno, al sur de Valdivia, ubicada en la ribera del río Rahue.

En la expedición que comandó Mendoza hasta el Canal de Chacao, iría Alonso de Ercilla y Zúñiga, el famoso autor de *La Araucana.* Años después, Martín Ruiz de Gamboa fundaría en 1580 la ciudad de Bartolomé de Gamboa de Chillán, la cual destruida varias veces por los ataques mapuches y por terremotos, solo vino a encontrar u asiento definitivo en 1835. La traza de la misma siguió la clásica forma cuadricular, con plazas diseminadas también en forma equidistante, de manera similar a la de la ciudad de Mendoza

Recordemos que en 1560, Villagra, como gobernador interino había encargado a Pedro del Castillo para entrar en el país de Cuyo, por el paso de Uspalleta para tomar posesión de la tierra y hacer alguna fundación, razón por la cual el 2 de marzo de 1561 fundó la ciudad de Mendoza, así nombrada en honor del recién nombrado gobernador de Chille. En 1562, la ciudad sería trasladada a un lugar más adecuado por Juan Jufré de Loaysa y Montesso, quien había sido designado teniente de gobernador y capitán general de las provincias de Cuyo y Cariagasta. La denominó como la Resurrección, pretendiéndole quitar el nombre de Mendoza, trazándola con una cuadrícula perfecta que se conservaría en el rediseño que se efectuó luego del terremoto de 1863.

Además, el 13 de junio de 1562, más al norte y en la ribera del río San Juan, el mismo Juan Jufré fundaría la ciudad de San Juan de la Frontera, trasladada en 1593 a su actual emplazamiento.

Luego su hijo fundaría en 1594, en la misma Provincia como parada entre Santiago de Chile y Buenos Aires, la ciudad de San Luis, llamada inicialmente San Luis de Loyola Nueva Medina de Río Seco.

Estas ciudades quedaron bajo el gobierno de Chile en la Provincia que se llamó de Cuyo, aun cuando durante el invierno quedaban incomunicadas con Santiago.

Fue solo en 1776 cuando con la creación del Virreinato del Río de la Plata, dichas ciudades se segregarían del gobierno de la Provincia de Chile, pasando a ser gobernadas desde Buenos Aires.

Lo importante a retener en todas estas fundaciones es que la forma urbana siempre fue la misma, resultado de la aplicación de las mismas normas urbanísticas que guiaron el establecimiento de pueblos y ciudades en toda América, las cuales incluso se siguieron el las fundaciones tardías, como las que se efectuaron en los siglos posteriores, particularmente en Chile por las dificultades de la conquista.

Es así, que la traza reticular se aprecia por ejemplo, en las fundaciones del siglo XVIII, como las que realizó en gran escala el gobernador José Antonio Manzo de Velasco (1737-1745), proceso que quedó plasmado en poblaciones como Santa María de Los Ángeles (1739); San Agustín de Talca (1742); Nuestra Señora de Las Mercedes de Cuaquenes (1742); San Felipe el Real (1740); San Fernando de Tinguiririca (1742); Logroño de San José (Melipilla) (1743); San José de Buena Vista (Curicó) (1743); San Francisco de la Selva (Copiapo) (1744); y Santa Cruz de Triana (Rancagua) (1743).

Igualmente en las fundaciones efectuadas por su sucesor en la gobernación, Domingo Ortiz de Rozas (1745-1755), como los pueblos de Talcahuana (1746), San Luis de Coelemu (1749), Santo Domingo de Rosas de Ligua (1754), San Rafael de Rozas de Illapel (1752), Santa Bárbara de Casablanca (1753) y Santa Ana de Briviesca Petorca (1753).

Quizás la única excepción que se encuentra en Chile respecto de la forma urbana reticular, es la ciudad de Coihaique, en el extremo sur, en la región de los Lagos, de muchísima más reciente fundación, la cual presenta una plaza pentagonal, única en América Latina, cuyo origen sin duda fue la forma que tenía el fuerte militar que dio inicio a la ciudad.

Pero salvo curiosidades urbanísticas como esta, lo cierto es que en toda América, la fundación sistemática de ciudades como consecuencia de la necesidad de afirmación de señorío territorial que imponía el derecho castellano, condujo a la forma urbana ordenada de trazado regular propia de la ciudad americana, que como dijimos, perduró hasta las primeras décadas del siglo XX, hasta que el suelo urbano comenzó a ser fuente de ingreso; hasta que la propiedad urbana se convirtió en un medio para producir renta; hasta que el uso del suelo urbano pasó a ser definido por su propietario, perdiendo la autoridad local su papel rector; y hasta que, en fin, el modernismo en la arquitectura se apoderó del urbanismo, desordenando a la ciudad.

Pero a pesar de estas variaciones, lo que es cierto es que en América, el gran aporte y sello cultural indeleble que quedó como legado de la colonización, fue la concepción de la *ciudad americana* como modelo urbano que nos es propio, ya que como dije, no existía ni existió en España. Prueba de ello, incluso, es que después de un siglo de implantación en América, parte del modelo mismo comenzó a ser exportado de América hacia la Península, lo que ocurrió con las Plazas Mayores reticulares y cerradas que se construyeron y existen en las ciudades más importantes, como Madrid, Valladolid o Salamanca, construidas o rediseñadas después de que el poblamiento de América estaba básicamente concluido.

En todo caso, fue esa ciudad americana, diseminada en el territorio de las provincias americanas, la que contribuyó a su demarcación territorial, y con ello, a la definición del territorio de los futuros países y Estados, como fue el caso, precisamente de la provincia de la Nueva Extremadura o el Nuevo Extremo que fue el origen de este extraordinario país que es Chile, del cual tanto tenemos que aprender los americanos, y al cual ahora, me siento más unido por este inmenso honor que me han hecho de incorporarme a esta reconocida Academia Chilena de Ciencias Sociales, Políticas y Morales del Instituto de Chile, y así estar también más cerca de mis admirados amigos de siempre, José Luis Cea Egaña y Enrique Silva Cimma, a quienes mucho agradezco su amistad.

Santiago, 27 de abril de 2011.

CAPÍTULO OCTAVO.

INTERCULTURALIDAD Y MESTIZAJE EN LAS LEYES SOBRE ORDEN URBANO DICTADAS PARA LA OCUPACIÓN ESPAÑOLA DEL TERRITORIO EN LA AMÉRICA HISPANA DURANTE EL SIGLO XVI

Texto para la exposición en el Panel sobre "El lenguaje de las leyes e interculturalidad jurídica," en el IX Congreso Internacional de la Lengua Española, Cádiz 27-30 de marzo de 2023. Publicado en *Araucaria. Revista Iberoamericana de Filosofía, Política, Humanidades y Relaciones Internacionales*, año 27, nº 60, Tercer cuatrimestre de 2025, pp. 425-450; y *Provincia, Revista venezolana de Estudios territoriales*, No 40 Especial (2020-2022), Mérida ULA. 2023, pp. 8-52

Tan pronto la Corona española tomó conciencia, después de los viajes de Cristóbal Colón hacia la Mar Oceana, de que lo que se había descubierto en los mismos no solo habían sido unas "Islas" en sentido propio, sino todo un Continente, es decir, una Tierra Firme ignota, a partir de 1501 prohibió la realización de todo viaje hacia dicho Nuevo Mundo, en el sentido de que solo se podía ir a hacer nuevos descubrimientos con licencia previa. Al punto de que en el artículo 1° de las *Ordenanzas de Descubrimiento y Población dadas por Felipe II* el 13 de julio de 1573, se expresara que quienes se atrevieran a realizar expediciones de descubrimiento, nueva población o pacificación sin expresa licencia de las autoridades facultadas para otorgarlas, se les castigaría con la pena de muerte y de perdimiento de todos los bienes.

Ello implicó que lo primero que se hizo posteriormente fue redefinir la operación de reconocimiento y conquista del Nuevo Mundo, no solo para convertir la empresa en una política oficial de la Corona, sino para poder asegurar jurídicamente la toma de posesión, en nombre de los Monarcas, de los vastos territorios descubiertos.

SECCIÓN PRIMERA. EL DERECHO APLICABLE AL PROCESO DE DESCUBRIMIENTO Y POBLACIÓN DE LA AMÉRICA HISPÁNA

El derecho aplicable a dicha empresa en el momento era el derecho del Reino de Castila, habiéndose acudido entonces a las previsiones del *Código de las Siete Partidas* de Alfonso X El Sabio (1221-1284), cuya elaboración había concluido en 1263, entrando en aplicación en 1348. Dicho Código, también denominado *Libro del Fuero de las Leyes,* conforme lo indicaban las *Leyes de Toro* de 1504, se aplicaba supletoriamente, siendo en el mismo donde se regulaban las maneras como se ganaba señorío cuando se hicieren o surgiesen "nuevas islas en el mar," el cual correspondía "a aquél que la poblare primeramente."

Ello se indicaba en la Ley 29, título XXVIII de la Partida III, al plantear la cuestión de a quien pertenece "la ysla que se faze nuevamente en el mar," prescribiendo lo siguiente

> "Pocas vegadas acaece que se fagan yslas nuevamente en la mar. Pero si acaeciesse que se fiziese y alguna ysla de nuevo, suya dezimos que deve ser de aquel que la poblare primeramente; e aquel o aquellos que la poblaren, deben obedescer al Señor en cuyo señorio es aquel lugar do apareció tal ysla".

Por tanto, desde el inicio, el título jurídico del cual dispuso el mismo Colón, para incorporar las nuevas tierras (islas) que descubriese al Señorío de la Corona de Castilla, conforme al derecho castellano consistía *en poblar* las islas y tierra firme que descubriere y ganare. Por ello, al concluir accidentadamente su primer viaje, pero como signo de la toma de posesión de la tierra en nombre de los Reyes Católicos, Colón dejó en enero de 1493 en la Isla Española un puñado de hombres como signo de poblamiento, fundando en la costa noroeste de la Isla la Villa de la Navidad o Natividad, construida con los restos de la Santa María.

Es decir, el título jurídico para incorporar al señorío de la Corona de Castilla las nuevas tierras que se fueron descubriendo solo podía ser el poblamiento de las mismas, es decir, ele establecimiento en ellas de pueblos y ciudades en el sentido medieval de establecer una *civitas o* una república, lo que exigía una organización política local que rigiera y gobernara la comunidad respectiva que se asentaba en un determinado territorio. Un pueblo, por tanto, jurídicamente, para la Corona y para el conquistador, no sólo era un asentamiento de gente que se ubicaba en un lugar, sino un lugar expresamente determinado, con gente asentada, con unas autoridades y leyes que rigieran la vida comunitaria.

Ello explica que la operación de poblar en América no fue un proceso hecho por casualidad o por las exigencias de la práctica. Fue ante todo el título jurídico para afirmar el dominio de la Corona sobre el territorio y además, el término de la jurisdicción que abarcaba cada Capitulación. Por eso las Capitulaciones fueron siempre otorgadas no solo para descubrir, sino con la obligación de poblar (desde las mismas que se otorgaron en *Santa Fe de Granada* a Cristóbal Colón en 1492: "Descubrir y poblar"), siendo todo un proceso deliberado y progresivamente enmarcado dentro de disposiciones jurídicas que se fueron dictando a medida que el proceso del descubrimiento y conquista avanzaba, tanto en las Capitulaciones como en Instrucciones o Cédulas.

Es decir, el poblamiento fue una pieza esencial del proceso de descubrimiento, conquista y colonización del Nuevo Mundo, incluso en el proceso de reducción de las comunidades indígenas (pueblos de indios) que encontraron los conquistadores en América; habiendo sido objeto de un importantísimo ordenamiento jurídico especializado, único en la historia universal, y que daría lugar a la regulación de un modelo de ciudad, *de ciudad ordenada* y de *trazado regula*r, que contrastaba con las ciudades medioevales de trazado irregular, de donde provenían los conquistadores, por lo general, andaluces y extremeños. Ese modelo se adoptó para la gran mayoría de los pueblos y ciudades y aún se conserva intacto en muchos pequeños pueblos de América Latina, habiéndose roto a medida el descontrolado proceso de urbanización contemporánea, incluso de interés social, fue acabando con el orden. Un ejemplo del modelo, sin duda, sigue siendo Antigua Guatemala cuya traza urbana, por el terremoto de 1773, pudo preservarse posteriormente.

La consecuencia de todo ello fue que en toda la historia de la humanidad ningún país del mundo hubiera fundado tantos pueblos, villas y ciudades, en un territorio tan grande, en un período de tiempo tan corto, como lo hizo España en América durante el Siglo XVI, y además, con tan poca gente, y en su gran mayoría gente joven.

Para llevar a cabo tan grande empresa la influencia directa del renacimiento fue fundamental no solo para definir el concepto de pueblo o *civitas* sino para implantar mediante leyes un proceso ordenado de poblamiento, que incluso dio origen a la forma urbana regular y siempre reticular de los pueblos y ciudades de América, el cual se implantó, no al azar o por experiencia personal de los Adelantados, sino en cumplimiento de Instrucciones jurídicas precisas que se fue formulando a los Adelantados.

Ello explica precisamente el inicio del proceso de mestizaje e interculturalidad que caracterizó la elaboración de las leyes de la conquista y poblamiento de la América Hispana a partir de 1513, las cuales décadas después se recogerían en la *Recopilación de las Leyes de los Reynos de Indias* mandadas a publicar en 1680.

Ese diseño reticular que se implantó en todos los pueblos y ciudades de América en efecto no vino de la experiencia urbana de la Península, donde la forma de las ciudades, salvo algunas excepciones de ciudades nuevas creadas, por ejemplo, en el reino de Aragón incluso bajo la influencia de Eximenics, y otras con diseño de origen militar, no respondía ni responde aún en general a una forma regular reticular. Por ello, por la urgencia de la empresa, hubo que recurrir a la experiencia y aporte de otras culturas, que comenzaban a conocerse con el Renacimiento.

Y fue precisamente durante las primeras décadas de la Conquista de América, cuando en España, como ocurrió en tantos otros Reinos europeos, también se produjo un nuevo interés por las humanidades, en particular por influjo humanista de Italia, a cuyas Universidades habían asistido los grandes humanistas españoles, entre ellos, Elio Antonio de Nebrija (1444-1522) y Hernán Núñez (1471-1522). Además, muchos italianos cultos fueron a enseñar a España en el último cuarto del siglo XV. El humanismo penetró entonces en la Corte, y durante el reinado de Isabel y Fernando, el cargo de secretario de letras latinas fue ocupado por un erudito educado en Italia, Alonso Hernández de Palencia (1423-1492) y luego por Pedro Martyr de Anghiera (1459-1526), quien fue profesor de humanidades en la escuela aneja a la Corte creada con el objeto de mejorar la cultura de los miembros de la Casa Real. Además, fue preceptor del Infante Juan y uno de los primeros escritores sobre América. Estos eruditos, además, enseñaron en las Universidades más importantes, entre ellas Salamanca, donde dominaba la teología tomista.

En 1508, además, Fray Francisco Ximénez de Cisneros, Cardenal de España, quien como Arzobispo de Toledo, Primado de las España y Canciller mayor de Castilla efectivamente gobernaría el Reino después de la muerte de la Reina Isabel en 1504 hasta 1517, fundó la Universidad de Alcalá de Henares, la cual se convertiría en el centro del humanismo cristiano hispánico. El entusiasmo por el humanismo en España se reflejó, también, en los libros de textos impresos de los clásicos latinos y de humanistas italianos, entre ellos las obras de Aristóteles, cuya traducción fue iniciada por Juan de Vergara, habiendo sido interrumpida por la muerte del Cardenal.

Y no hay que olvidad a los efectos de las leyes de orden urbano, que incluso la primera palabra que aparece en la obra de Aristóteles, *Politeia* es *"la ciudad,"* en un párrafo donde se hace una referencia a la misma, así:

> "La ciudad es agrupación; las agrupaciones se organizan con miras al bien; porque el hombre obra siempre con el fin de lograr lo que cree bueno. Si toda agrupación tiende al bien, la ciudad o sociedad política, que es la superior entre ellas y las comprende todas, tiende al bien en mayor grado que las demás, y al mejor bien" (Libro Primero, Capítulo Primero)".

Poblar para adquirir el señorío de las tierras era por tanto el eje de la política conquistadora y colonizadora, razón por la cual colonizar para el conquistador, fue en una medida sustancial, fundar pueblos, villas o ciudades y hacerlo formalmente mediante acta auténtica; y no simplemente establecer o asentar campamentos, aldeas o rancherías.

Si no se poblaba, por tanto, no podía haber conquista; como lo diría el cronista y capellán de Hernán Cortés, Francisco López de Gomara (1511-1564) en su *Historia General de las Indias y vida de Hernán Cortés,* al comentar el fracaso de la expedición de Pánfilo de Narváez a la Florida:

> "Quien no poblare no hará buena conquista, y no conquistando la tierra no se convertirá la gente, así que la máxima del conquistador ha de ser poblar" (Capítulo XLVI).

La fundación de un pueblo, en consecuencia, fue siempre un acto formal con efectos jurídicos importantísimos, la cual quedaba formalizada con la designación de sus autoridades y la definición del término territorial, con lo cual el pueblo adquiría existencia legal. En definitiva, poblar, en las leyes dictadas para América, fue establecer un pueblo en el sentido medieval del término; como lo definía el mismo *Código de las Siete Partidas,* de que además de ser un lugar edificado y generalmente cercado (*Partida 7, Título 33, Ley 6*), por sobre todo era la reunión de hombres mayores, medianos y menores en forma comunal (*Partida 7, Titulo 1°, Ley 1*).

Por ello, un pueblo, en definitiva, era una "república", como agrupación de hombres en un territorio, sometido a unas autoridades y leyes; como la definía Marco Tulio Cicerón (54 A.C.), al señalar que "República es cosa del pueblo; pueblo no es toda reunión de hombres congregados de cualquier manera, sino sociedad formada bajo la garantía de las leyes y con el objeto de utilidad común" (*Tratado de la Republica*).

Con la fundación de un pueblo, por tanto, se convertía a los miembros de la hueste del Adelantado en vecinos o "ciudadanos" o miembros de una *civitas*. Y esta, como sociedad política, tal como la había definido Aristóteles (347 A.C.), era una agrupación de hombres establecida en un lugar para su común beneficio y sometidos a leyes comunes (*La Política, Libro Primero, Capítulo Primero)*; o como también la había definido Isidoro de Sevilla (Siglo VII*)*, como un número de hombres juntados por un lazo social (*Ethymologiae)*.

Esta influencia es lo que explica que en la América Hispana, a diferencia del poblamiento en las Colonias inglesas de Norte América, por ejemplo, además de los elementos fácticos de crear un asentamiento en determinados sitios, siempre existió un acto formal de poblar, es decir, de fundar un pueblo, villa o ciudad, nombrando sus autoridades, definiendo el término de su territorio, y regularizando sus vecinos, es decir, su población, que era lo que garantizaba que la autoridad o soberanía en el sitio correspondía *a quien primero poblare*. Por ello, todas las ciudades hispanoamericanas tienen invariablemente acta de fundación dotada de fecha cierta, levantada por Escribano.

Pero además de las leyes sobre el orden urbano que quedaran plasmadas en las Capitulaciones e Instrucciones reales para la conquista de América, en lo que significaba la fundación de un pueblo, una villa o una ciudad, como título para la adquisición del señorío sobre unas tierras, la ran manifestación de la interculturalidad del contenido de dichas leyes para el descubrimiento y población de América, se produjo en la definición "del orden que ha de tener" en la realización de dicho el proceso, como se expresó en las *Ordenanzas sobre descubrimiento y población* otorgadas por Felipe II en 1573.

En efecto, entre las áreas del conocimiento renacentista de mayor importancia que coincidió con el descubrimiento, estuvo, por supuesto, el "renacer" de la arquitectura antigua, volviéndose con ella a la antigua forma de construir después de un largo período de decadencia, sometiéndose los arquitectos a las reglas de simetría y proporción y al sistema de los órdenes. Ello implicó, en todo caso, la vuelta al uso de la regla, a las líneas precisas, a las fachadas rectilíneas e, incluso, al abuso de los ángulos rectos en las esquinas, dando origen al plano regular que se convirtió en obligatorio para edificios y ciudades.

Todos esos conocimientos que quedaron disponibles con el Renacimiento fueron precisamente los que se utilizaron de inmediato y se plasmaron en Instrucciones que se comenzaron a formular con cierta premura y precisión a partir de 1513, con motivo de la expedición comandada por Pedrarias Dávila para la conquista de la Provincia de Castilla del Oro, y que culminaron con antes las mencionadas *Ordenanzas sobre descubrimiento y población* otorgadas por Felipe II en 1573.

Sesenta años bastaron para que un modelo de ciudad especialmente diseñado para América se hubiese ideado y aplicado en todo el Continente americano, lo que fue posible, sin duda, por la posibilidad que hubo de que todas las ideas renacentistas que paralelamente se estaban formulando por los humanistas de los siglos XV y XVI, penetraran en la Corte de los Reyes Católicos y luego, de Carlos V y de Felipe II, y se plasmaran en Instrucciones reales del derecho indiano.

En la elaboración de ese modelo de orden urbano plasmado en las leyes dictadas desde la Corona para América, la influencia del tratado antiguo sobre arquitectura que en la época del Renacimiento se había conservado, *De Architectura Libri Decem* de Marcus V. Pollio Vitruvius, escrito en tiempos del Emperador *Augustus*, al comienzo de nuestra era, fue determinante, ya que en él se había expuesto todo lo que debía saberse sobre arquitectura, construcción y trazado de ciudades en el mundo romano. La obra fue publicada por primera vez en Roma en 1486, con ediciones sucesivas en Florencia, en 1495; en Venecia en 1497 y con ilustraciones por Fragiocondo en 1511. Fue traducida y publicada en italiano por Cesare Cesarino en 1521 y luego publicado en Venecia, en 1556, por Daniele Barbato, con la asistencia de Palladio (1508-1580). En francés fue publicado en París, en 1547, por Jean Martín; y en ese mismo año apareció la edición en alemán de Walter Ryff, conocido como *Rivius*, en Nuremberg. La traducción y publicación en español por Miguel Urrea se realizó en 1582; aún cuando ya en 1526 Diego de Sagrego había publicado el libro *Las Medidas del Romano*, que era una discusión de los órdenes de Vitruvio. El libro de Vituvio, en todo caso, ya para en 1535 se estaba en la Biblioteca del Virrey de la Nueva España, Antonio de Mendoza.

Se trataba de una obra única que describe la arquitectura romana sometida a precisas reglas y que se consolidó en vida del autor, quien fue testigo del desarrollo del objeto de su obra, recogiendo en diez libros todo el conocimiento antiguo, griego y romano, que podía haber sobre la arquitectura.

No hay que olvidar que en cuanto a los aspectos griegos del orden urbano, el antecedente remoto en la civilización occidental está en el proceso de creación sistemática de ciudades nuevas desarrollado durante los Siglos IX a VI A.C., con motivo de la colonización griega de las costas en el Mar Mediterráneo, habiendo sido Aristóteles quien atribuyó a Hippodamus de Mileto el haber concebido el arte de construir ciudades con una disposición ortogonal, la cual caracterizó todas las ciudades griegas de nueva fundación. La planta reticular de las ciudades, tan simple y elemental, por tanto, puede decirse que surgió naturalmente donde y cuando fue posible establecer y planificar una ciudad *ex novo*, y eso ocurrió en forma generalizada por todas las costas del Mediterráneo con motivo de la asombrosa actividad colonizadora y fundadora griega; a la que siguió la actividad colonizadora y fundadora romana en toda Europa.

Con esos antecedentes, los hombres del Renacimiento encontraron en el tratado de Vitruvio, el principio general reiterado cientos de veces, de que la belleza consiste en la relación entre el tamaño y la forma de todas las partes, así como que nada puede ser añadido ni quitado sin destruir la armonía del conjunto; así como un detallado análisis de los órdenes (*ratio*) y de sus proporciones, del módulo y del carácter antropométrico de la arquitectura, basada en las relaciones métricas del cuerpo humano.

Después de la muerte de Vitruvio, que ocurrió en el año 26 después de Cristo, su obra fue olvidada y relegada, y fue entonces con su descubrimiento en Siglo XV que se produjo el Renacimiento en la arquitectura, siendo ya considerada para 1500 como la obra de necesario conocimiento de todo arquitecto. Ello permitió que sus enseñanzas impregnaran la arquitectura y que pudieran escribirse y publicarse obras como la de Leon Battista Alberti, *De re aedificatoria,* la cual se publicó después de su muerte, en 1485, con una nueva concepción del orden, de las formas y de la simetría urbana.

El tratado de *De re aedificatoria,* en efecto, puede considerarse como el primer tratado de arquitectura del Mundo Moderno, siendo el producto más acabado en la materia del Renacimiento, con influencias, sin duda, de la obra de Vitruvio, cuya estructura en diez libros imitó. Sin embargo, como se dijo, la obra de Alberti está escrita con visión de futuro más que del pasado, ejerciendo una influencia determinante en todos los artistas que le siguieron, siendo la gran figura de la arquitectura renacentista. Su obra, sin duda, igual que la de Vitruvio, tuvo una influencia decisiva en la concepción de la ciudad hispanoamericana.

Sobre la ciudad, Alberti decía, en general que:

> "Todos confían en la ciudad y en los servicios públicos que contiene, si concluimos correctamente, de lo que dicen los filósofos, las ciudades deben su origen y su existencia para permitir a sus habitantes gozar de una vida pacífica, libre de todo posible inconveniente y daño, por lo que con seguridad, deben darse las más importantes consideraciones al emplazamiento, el sitio y el trazado de la ciudad" (Libro Cuarto, 2)

Luego, en otra parte de la obra señaló:

> "El principal ornamento para una ciudad está en su emplazamiento, su situación, composición y arreglo de sus calles, plazas y trabajos individuales: cada uno debe ser cuidadosamente planificado y distribuido de acuerdo con el uso, importancia y conveniencia. Porque sin orden nada cómodo, gracioso o noble puede haber" (Libro Séptimo, 1)

Además, como lo destacaba en el Libro Sexto, 2, al distinguir la belleza del ornamento:

> "Belleza es la armonía razonada de todas las partes de un cuerpo, de manera que nada puede añadirse, quitarse o alterarse sino para lo peor."

De ello concluía señalando que la belleza es una propiedad inherente a las cosas; en cambio el ornamento, en lugar de ser inherente tiene el carácter de lo agregado o adicional, de manera que con el ornamento se puede pintar o enmascarar algo feo, o mejorar o pulir lo atractivo, de manera que lo desagradable sea menos ofensivo y lo placentero más delicioso (Libro Sexto, 2).

Y fue gracias a la influencia de estas obras, que en la Corte española y luego, en el Consejo de Indias, fuera penetrando la idea del *orden* para guiar el proceso de poblamiento en América, lo que permitió de inmediato instruir a los Adelantados sobre la forma de los pueblos y ciudades que debían fundar en los lugares escogidos, conforme a reglas precisas. Las ciudades, villas o pueblos se debían trazar y se trazaron *"a cordel y regla,"* por lo que la forma ortogonal era inevitable, lo que siempre condujo a un diseño de ciudades con calles paralelas que se cruzaban entre sí, en ángulos rectos, formando una malla como un tablero de ajedrez o damero, llegándose a la forma reticular o cuadricular que tienen la casi totalidad de las ciudades latinoamericanas.

En particular, fue a partir de 1513, que la idea del *orden* se fue incorporando a las *Instrucciones* escritas dadas a los Adelantados, iniciándose el proceso de formalización de las ordenes sobre el *orden urbano* en las *Instrucciones* dadas ese año a Pedrarias Dávila, y que luego se fueron recogiendo, repitiéndose y ampliándolas, en las *Instrucciones* dadas tanto en forma particular como en forma general, a todos los Adelantados en el Caribe, en la Nueva España, en Tierra Firme, en las costas del Mar del Sur y en las tierras del Río de la Plata.

Estas *Instrucciones* se aplicaron, por tanto, invariablemente durante el proceso de descubrimiento y poblamiento en toda América Latina, al punto que debemos imaginarnos que todos los Adelantados llevaban en su empresa una especie de "cartilla" donde estaba escrito todo lo que tenían que hacer para poblar. Solo así se entiende que el Acta fundacional de las ciudades y su traza inicial tenga el mismo contenido y la misma forma en todo el Continente americano, en ciudades ubicadas en sus extremos y fundadas en la misma época. Por supuesto, además de la "cartilla", siempre llevaban un Escribano en su hueste, para dar fe y fecha cierta a lo fundado.

En toda la América hispana, por tanto, el proceso de poblamiento de las Provincias coloniales, materialmente se realizó mediante ciudades fundadas en las cuales se aplicó la forma ortogonal que exigían las *Instrucciones* de poblamiento. Por ello, casi todas las ciudades fundadas tanto antes de 1573, fecha de las *Ordenanzas sobre Descubrimiento y Población* dadas por Felipe II sobre "El orden que se ha de tener en descubrir y poblar"; como después, tienen en su traza o planta una trama ortogonal, la mayoría de las veces cuadricular o muy cerca de ella. Por ello, en el centro de casi todas las poblaciones de América hispana aún se conserva la traza original, ortogonal o cuadricular, de la ciudad colonial, con su plaza mayor en el centro, con plazas menores diseminadas en el tejido urbano y la iglesia ubicada, casi siempre en el lado este de las plazas.

Esta forma urbana, en general, puede decirse que se conservó casi intacta durante cuatrocientos años hasta bien entrado el Siglo XX, lo que explica que en muchos de los planos elaborados en las primeras décadas del Siglo XX, las ciudades todavía hubieran tenido la forma reticular, cuadricular o de damero, que siempre habían tenido. Esa forma urbana se conservó hasta que el crecimiento económico y demográfico comenzara a deformar el orden urbano, sin que la autoridad hubiera formulado un modelo alternativo.

SECCIÓN SEGUNDA. LA INTERCULTURALIDAD EN LA FORMULACION DE LAS LEYES SOBRE EL ORDEN URBANO EN LA AMÉRICA HISPANA REFLEJADA EN LAS INSTRUCCIONES DADAS A LOS ADELANTADOS EN 1513, 1521 Y 1523 PARA PACIFICAR Y POBLAR EL TERRITORIO AMERICANO, Y EN LAS ORDENANZAS DE DESCUBRIMIENTO Y POBLACIÓN DE 1573

El fenómeno de la interculturalidad en el contenido de las leyes sobre el orden urbano en la América Hispana, como se dijo, se comenzó a manifestar desde el inicio del proceso de conquista de la Tierra Firme y con motivo de la adopción de las llamadas *Leyes de Burgos* de 1512, dada la necesidad jurídica que se le presentó a la Corona de fundar pueblos, villas y ciudades no solo para asumir el señorío de las nuevas tierras descubiertas, sino para la determinación geográfica de las provincias que se iban formando para el gobierno de las Indias.

En esa forma, aparte del contenido de las Capitulaciones específicas otorgadas a cada Adelantado, se comenzaron a dar precisas instrucciones generales a los mismos, entre otras cosas, en relación con la forma de fundar los pueblos, destacándose en primer lugar, la *Instrucción dada por el Rey á Pedrarias Dávila, para su viaje a la Provincia de Castilla del Oro que iba á poblar y pacificar con la gente que llevaba,* en Valladolid, el 2 de agosto de 1513 (*Instrucción de 1513*).

Esta *Instrucción* fue otorgadas por el rey Fernando, pues la Reina Isabel ya había fallecido, y en la misma ya aparecen los elementos culturales romanos del orden, y como base de ellos, los de origen griego, y no es descartable además que en ellas hubiesen influido también las concepciones aragonesas medievales sobre la ciudad que provenían tanto de las ideas de Eximenics, como de la ciudades nuevas establecidas en el reino de Aragón a partir del Siglo XIII.

Posteriormente, en 1521, después de la asunción del reino por Carlos I, este emitió una *Real Cédula de Población otorgada a los que hicieran Descubrimientos en Tierra Firme* en la cual, precisamente con motivo de las empresas descubridoras que ya se habían adelantado en el Mar Caribe, en la isla de Santiago (Jamaica) y en la isla de Puerto Rico; en Cozumel y Yucatán, y en Panamá, en el Mar del Sur, el ya Emperador les concedió licencia para "poblar á vuestra costa é misión... con tanto que en la dicha población tengáis é guardéis la orden siguiente". Ello motivó, entonces, que se formularan con carácter general los principios de ordenación del poblamiento, que antes se habían formulado en particular para Pedrarias, y que rigieron el poblamiento en adelante materialmente en toda la América hispana (*Instrucción de 1521*).

Después de la conquista de la Ciudad de México en 1521 y de la designación de Hernán Cortés como Gobernador y Capitán General de Nueva España en 1522, en Valladolid, el 26 de junio de 1523, el Emperador formuló la *Instrucción para la población de la Nueva España, conversión de indios y organización del país*, dada a Hernán Cortés y que sirvió de guía para el poblamiento sucesivo de la Nueva España (*Instrucción de 1523*) en la cual se recogieron las normas y principios que ya habían sido establecidos en las Instrucciones anteriores

En todas estas Instrucciones, en las cuales puede apreciarse la influencia directa de la experiencia aragonesa y castellana de las nuevas pueblas y de los escritos de Eximenics, Vitruvio y Alberti, se formularon un conjunto de órdenes y normas en materia de fundación de pueblos y ciudades, que fueron el origen, desarrollado luego en aproximaciones sucesivas, del proceso de formulación jurídica del poblamiento de toda la América Hispana que culminaría con las *Ordenanzas de Descubrimiento y Población dadas por Felipe II en el Bosque de Segovia,* el 13 de julio de 1573.

Estas últimas, en efecto, fueron punto culminante de la formulación jurídica del modelo urbano y del proceso de poblamiento y de formación de ciudades en América Hispana, en las que se establecieron con precisión las reglas e instrucciones relativas a la forma urbana regular y reticular de la ciudad americana, que ya se había implantado en la mayoría de los importantes cetros poblados del continente, en lo que se puede considerar como el primer cuerpo orgánico de normas jurídicas sobre ordenación urbana que se haya dictado jamás. En ellas, se les precisó a los adelantados, "*el orden que se ha de tener en descubrir y poblar,*" evidenciándose la influencia renacentista que se destaca particularmente en los artículos 32 al 137 de las Ordenanzas, en cuya redacción, por lo demás, en muchos casos se refleja la influencia directa de Vitruvio, tal como lo expuso en su tratado sobre los *Diez Libros de la Arquitectura (De Architectura Libri Decem).*

Los siguientes aspectos son los más notables de dichas *Instrucciones* de 1513, 1521 y 1523, y de las *Ordenanzas* de 1573 en cuanto al orden urbano y la multiculturalidad que contienen en su concepción.

I. SOBRE LA ELECCIÓN DE LOS SITIOS PARA EL POBLAMIENTO EN LAS INSTRUCCIONES DE 1513, 1521 Y 1523

En las *Instrucciones* siempre se reguló sobre la manera de escoger los sitios para la fundación de poblaciones, tanto en la costa de mar como en tierra adentro.

Así, respecto de la escogencia de sitios en la costa para la ubicación de pueblos, en N° 6 de la *Instrucción* de 1513 se daban indicaciones sobre su calidad desde el punto de vista de la salud, el comercio y del trabajo, así:

> "así en el logar que agora está fecho, como en los que de nuevo se ficieren, se ha de mirar que sean en sitios sanos é non anegadizos, é donde se puedan aprovechar de la Mar para cargo e descargo, sin que haya trabajo é costa de llevar por tierra las mercadorías que de acá fueren".

Un pueblo en costa de mar, por tanto, debía ubicarse en un sitio sano y particularmente no anegadizo ni pantanoso; y con una calidad tal que pudiera servir de punto de carga y descarga de los navíos, con el menor trabajo posible, a fin de llevar los bienes a sus destinos sin tener que hacer largos recorridos por tierra.

En relación con los asientos en la costa del mar, en la *Instrucción* de 1521, repitiéndose lo que se había establecido en la Instrucción de 1513 a Pedrarias, se decía:

> "Una de las cosas principales, en que habéis mucho de mirar, es en los asientos de los logares que allá se hubiesen de fazer y sentar lo primero es ver cuantos logares es menester que se hagan asiento en la costa de la mar, para seguridad de la navegación y para seguridad de la tierra; que los que han de ser para asegurar la navegación, sean en tales puertos, que los navíos, que de acá de España, fueren, se puedan aprovechar dellos en refrescar de agua y las otras cosas que fueren menester para su viaje, ansí en el logar que agora están fechos, como en los que de nuevo se hizieren."

En todo caso, en la *Instrucción de 1521* también se insistía en la necesidad de velar por la calidad de los sitios, así:

> "Se ha de mirar que sea en sitios sanos y no anegadizos, y donde se pueda aprovechar de la mar para cargo y descargo, sin que haya trabajo é cota de llevar por tierra las mercaderías que de acá fueren".

En la *Instrucción* dada a Cortés en 1523 también se exigía prestar mucha atención en cuanto a la elección de los sitios, así:

> "Una de las mas principales cosas que habéis de mirar mucho, es en los asientos de los lugares que allá se hubieren de hacer y asentar de nuevo".

Con base en ello, también se formulaban recomendaciones siguiendo las mismas orientaciones de en las Instrucciones precedentes, según se tratase de asientos en la costa del mar o en el interior.

En cuanto a los asientos en costa de mar, la *Instrucción de 1523* a Cortés también señalaba:

> "Lo primero, es ver en cuantos lugares es menester que se hagan asientos en la costa de la mar para seguridad de la navegación para seguridad de la tierra; y los que han de ser para asegurar la navegación, sean en tales puertos que los navíos que de acá de España fueren se puedan aprovechar de ellos en refrescar de agua e de las otras cosas que fueren menester para su viaje. E si en el lugar que agora están hechos, como en los que de nuevo se hicieren, se ha de mirar que sean en sitios sanos y no anegadizos y de buenas aguas y de buenos aires y cerca de montes y de buena tierra de labranzas, e donde se puedan aprovechar de la mar para cargar e descargar, sin que haya trabajo e costa de llevar por tierra las mercaderías que de aca fueren".

Pero el sitio de las poblaciones no sólo debía escogerse en las costas del Mar, sino que, particularmente, por razones de explotación minera, los centros poblados también debían ubicarse en tierra adentro, para lo cual, en el mismo N° 6 de la *Instrucción* de 1513 sobre la elección de los sitios según fueran en la costa o tierra adentro, se daban instrucciones precisas para los asentamientos.

En los casos en los cuales los asentamientos de pueblos se ubicasen en el interior del territorio, particularmente por el interés minero, en la *Instrucción* de 1513 se exigía que estuviesen en riberas de ríos para facilidad del transporte, así:

> "é si por respeto de estar más cercanos á las minas se hobieren de meter la tierra adentro, débese mucho mirar que por alguna rivera, se puedan llevar las cosas que de acá fueren desde la Mar fasta la población, porque non habiendo allá bestias, como non las hay, sería grandísimo trabajo para los hombres llevarlo acuestas, y ni los de acá, ni los yndios non lo podrían sufrir; y que sean de buenas aguas é de buenos aires é cerca de montes é de buena tierra de labranza; é destas cosas, las que más pudiere tener."

La exigencia, por tanto, era múltiple. En primer lugar, ya se constataba ya como en efecto era así, que en América no había bestias de carga, por lo que se exigía que el pueblo estuviese cerca de la ribera de un río, por cuyas aguas pudieran transportarse desde el mar los bienes y objetos necesarios, y evitar así que los mismos tuviesen que ser transportados a cuestas, por los hombres, españoles o indios. Por ello, materialmente todos los pueblos y villas situados en el interior de los territorios de América hispana, se asentaron a orillas de los ríos.

En segundo lugar, se exigía que en el sitio escogido para asentar el pueblo se constatara que las aguas fueran buenas, y que el lugar tuviera buenas brisas, cerca de montes, y además, existieran tierras de labranza, tal como se planteaba en las obras de Santo Tomás, de Eximenis y de Virtuvio.

En cuanto a los sitios en tierra adentro, en la *Instrucción* de 1521, al igual que en la *Instrucción* a Pedrarias de 1513, se decía:

> "Y si por respeto de estar más cercanos á las minas se hobiere de meter la tierra adentro, débese mucho mirar que por alguna ribera se puedan llevar las cosas que de acá fueren, desde la mar hasta la población; porque no habiendo allá bestias, sería grandísimo el trabajo para los hombres llevarlo á cuestas, y ni los de acá ni los de allá lo podrán sofrir".

En relación con la calidad de los sitios, en la Instrucción de 1521, al igual que en la dada a Pedrarias, también se insistía:

> "Y los dichos asientos, se ha de mirar que sean de buenas aguas y de buenos aires, y cerca de montes, y de buena tierra de labranza; y destas cosas las que mas pudieren tener."

En cuanto a los asientos en tierra adentro la *Instrucción* a Cortés de 1523, también indicaba lo siguiente:

"e si po respeto de estar más cercano a las minas se hubiere de meter la tierra adentro, débese mucho mirar que sea en parte que por alguna ribera se pueda llevar las cosas que de acá fueren desde la mar hasta la población, porque no habiendo allá bestias, como no las hay, será grandísimo el trabajo para los hombres llevarlos a cuestas, que ni los de acá ni los indios lo podrán sufrir. E de tener estas cosas susodichas las que más pudieren tener se deben procurar".

II. LAS NORMAS SOBRE EL SITIO Y UBICACIÓN DE LAS POBLACIONES EN LAS ORDENANZAS DE 1573

Todo el proceso de elaboración e normas para el poblamiento se completó en 1573 con las mencionadas *Ordenanzas* dictadas por Felipe II en 1573 sobre Descubrimiento y población, en la forma siguiente:

1. Sobre la elección de los sitios

Las *Ordenanzas* establecieron las pautas que debían tomar en cuenta los adelantados para elegir los sitios de ubicación de las poblaciones, con normas relativas a la salubridad, al abastecimiento y a la ubicación.

A. Principios relativos a la salubridad

Los artículos 34 al 37 de las Ordenanzas establecieron las pautas generales para la elección de los sitios más convenientes para asentar las poblaciones, recomendándose escoger comarcas saludables, esto es, aquéllas en que se encontrasen hombres de edad avanzada, así como hombres sanos y fuertes y de buen color; animales sanos y de buen tamaño; buenos frutos y mantenimientos. Donde no hubiera cosas venenosas, y donde el cielo fuera claro y el aire puro y suave; el clima agradable, sin mucho frío o calor y, en todo caso, que fuera más frío que caliente. Como lo dice el artículo 34: "...de buena y felice costelación el cielo claro y begnino (sic) el ayre puro y suaue sin ympedimiento ni alteraciones y de buen temple sin excesso de Calor o frio y hauiendo de declinar el mejor que sea frio".

Estas normas, sin duda, tienen su antecedente directo en la obra de Santo Tomás, *De Regimene Principum* (Gobierno de los Príncipes), en cuyo Libro II, Capítulos I y II se encuentra la misma fraseología de las Ordenanzas. El primero de los Capítulos estaba destinado a "Cómo los reyes han de fundar ciudades para alcanzar fama, y que se debe elegir para ello sitio templado y las comodidades que de esto se siguen, y las incomodidades de lo contrario"; y el segundo destinado a "Cómo deben los reyes y príncipes elegir las regiones para fundar ciudades o castillos, y que debe ser de aire saludable y muestra en qué se conoce el serlo".

El principio también encuentra su antecedente en lo expuesto por Vitruvio insistió en el Capítulo VII del Libro *Primero* dedicado a "De la inspección de los hígados de los animales para reconocer la calidad del aire", sobre la necesidad de volver a los métodos de la antigüedad particularmente descritos por los griegos, respecto de la elección de los sitios para ubicar las ciudades, partiendo del principio de que "cuando se va a construir una ciudad, lo primero que es necesario hacer, es escoger un sitio sano", particularmente "templado".

Para ello, Vitruvio aprobaba los usos de los antiguos:

> "que consistían en hacer un sacrificio en los lugares donde querían construir o acampar: escogían como víctimas, animales que moraban de ordinario en esos lugares, y examinaban sus hígados, si después de haber examinado varios de ellos, encontraban que algunos estaban lívidos y corrompidos, si juzgaban que ello era el efecto de alguna enfermedad particular, pues los otros se conservaban sanos y enteros como consecuencia de buenas aguas y pastos, entonces establecían sus ciudades; si al contrario, encontraban que los hígados de los animales eran generalmente anormales, concluían que el de los hombres estarían iguales, y que las aguas y pastos no podían ser buenos en ese país; y abandonaban incontinente, pues no apreciaban tanto otra cosa, que lo que podía contribuir al mantenimiento de la salud."

Sobre ello, igualmente había escrito Alberti en su obra haciendo énfasis en la importancia que los antiguos de daban a la necesidad de:

> "Asegurar que no tuviera (de ser posible) nada dañino y que estuviera acompañada con todas las facilidades. Sobre todo, tomaron gran cuidado para evitar un clima que pudiera ser desagradable y nocivo; era una precaución muy prudente, incluso, indispensable. Porque si bien no hay duda que cualquier defecto de la tierra o del agua puede ser remediado por la destreza e ingeniosidad, ninguna máquina de la mente o de las manos podría mejorar apreciablemente el clima..". (Libro Primero, 3).

Por supuesto, para la elección de los sitios, Alberti recordaba también la antigua costumbre,

> "Que se podía llevar atrás hasta Demetrius, de inspeccionar el color y las condiciones del hígado del ganado que pastara en el sitio cuando se fuera a fundar un pueblo o una ciudad" (Libro Primero, 6).

En el Libro Primero, Alberti hizo extensos comentarios sobre el aire, el agua y los lugares, como lo hizo Vitruvio, lo que sin duda estuvo inspirado por Aristóteles y sobre todo por Hipócrates (430 A.C.), quien dedicó a ello un estudio de gran importancia titulado *Del aire, del agua y de los lugares*, con observaciones sobre las aguas y los vientos, la naturaleza del suelo y la exposición y soleamiento de los lugares.

En esta forma, Alberti recomendaba para ubicar la ciudad, poner especial atención en su relación con el sol y al viento; con los aires pestilentes y las nieblas excesivas; con los sitios en costa de mar, de manera que la ciudad no estuviera en costas mirando al sur, dado el reflejo de los rayos del sol (Libro Primero, 3); a la ubicación de la ciudad ni en sitios muy altos ni muy bajos, más bien planos, con facilidades de acceso, con clima moderado y relativamente húmedo (Libro Primero, 4); a las bondades de buen aire y agua (Libro Primero, 5) de manera de evitar tanto regiones azotadas por tormentas y cambios de temperatura, como la ubicación de la ciudad en el pie de monte de montañas situadas al oeste, por considerarlo insalubre dada la exposición a súbitas exhalaciones nocturnas y oscuridad extrema (Libro Primero, 5).

En esta forma, la primera consideración que debía prevalecer en el proceso de fundación de una ciudad era la concerniente a la salubridad del lugar escogido para establecerla, a los efectos de asegurar no sólo su habitabilidad sino el mantenimiento de la salud de los pobladores. El lugar, en definitiva, debía se sano con buenas aguas y pastos, tal como se indicó en la Instrucción dada a Hernán Cortés en 1523 y con más precisión en estas *Ordenanzas* de Felipe II de 1573 (Art. 38, 39, 40).

B. Principios relativos al abastecimiento

Por otra parte, el artículo 35 exigía que las tierras resultasen fértiles, con abundancia de frutos y de pastos para el ganado, así como de montes con árboles que proporcionasen leña en abundancia y material para la construcción; que se tuviera cuidado de tener cerca agua suficiente para el consumo y para los regadíos, procurando que hubiera buenas salidas y entradas de mar y tierra, y pueblos de indígenas suficientemente cerca para poder evangelizarlos.

En este tema, la influencia de Vitruvio resulta de lo que indicó en el Capítulo VIII ("De las fundaciones de los muros y de las instalaciones de las torres") del Libro *Primero* de su libro, que para la escogencia del sitio de la ciudad debía tenerse en cuenta que el lugar fuese de fácil acceso para asegurar el abastecimiento, fuera por tierra o por agua, señalado que:

> "Una vez que se haya asegurado la salubridad del lugar donde debe fundarse la ciudad, debe procederse a trabajar en las fundaciones de las torres y de los muros, de acuerdo con el conocimiento que se tenga de la pureza de su aire, de la abundancia de los frutos y que crecen en los países de los alrededores y de la facilidad de los caminos, los ríos y los puertos de mar que existan para traer todas las cosas necesarias".

Por ello, y conforme a las *Ordenanzas* de Felipe II de 1573, la mayoría de las ciudades latinoamericanas se fundaron en las orillas de ríos.

2. *Sobre la ubicación de los pueblos*

Una vez elegido el sitio que reuniera la mayor cantidad de ventajas para fundar la nueva población, se debía proceder a fijar el lugar que correspondería tanto a la cabecera como a los sitios que le debían estar sujetos, procurando hacerlo sin perjuicio de los indios. De cualquier modo, estos lugares debían tener siempre cerca el agua, los materiales, las tierras de labranza y cultivo, así como los pastos. (Arts. 38 y 39).

Una vez que se hubieren escogido los lugares para las cabeceras, se debían señalar los de los pueblos dependientes para estancias, chácaras y granjas, igualmente sin perjuicio de los indios (Art. 42).

A. *La altitud de los lugares*

No se debían escoger lugares muy altos por el problema que representaba tanto el viento como el acarreo de cosas; ni muy bajos, ya que resultaban enfermizos. De preferencia debían elegirse lugares medianamente levantados, que recibieran el aire del norte y del mediodía. En caso de tener sierras o cuestas cercanas, éstas debían quedar al poniente y al levante, y si por alguna causa debía edificarse en lugares altos, se hiciese en sitios donde no estuviesen sujetos a nieblas (Art. 40).

Sobre ello, el antecedente de esta regulación está en lo que recomendaba Vitruvio en el mismo Capítulo VII del Libro *Primero* de su Obra, no debían estar sometidos a condiciones climáticas extremas, para lo cual recomendaba que:

"debe ser alto, ni nublado ni helado, y en un clima ni caliente ni frío, sino temperado; y además, sin pantanos en los alrededores.

Y cuando la brisa de la mañana sople hacia el pueblo al amanecer, si traen consigo nieblas de los pantanos y mezclados con estas, el aliento envenenado de las criaturas de los pantanos a ser respirado por los habitantes, entonces el sitio será insalubre.

De nuevo, si el pueblo está en la costa con exposición hacia el sur o el oeste, no será saludable porque en el verano el cielo del sur es muy caliente en el amanecer y es bravo al mediodía, en tanto que la exposición hacia el oeste se hace calurosa después del amanecer, es caliente al mediodía, y en la noche es helada.

Esas variaciones en calor y las heladas subsecuentes son dañinas para las personas que viven en esos sitios".

B. ***Los pueblos interiores en la ribera de ríos***

De preferencia se recomendaba que las poblaciones interiores se levantasen a la orilla de algún río que fuera navegable, dejando la ribera baja para los oficios que arrojaren inmundicias (Art. 123).

Si el lugar escogido se encontrase a la orilla del agua, debía tenerse cuidado de que quedase de tal forma que a la salida del sol los rayos pegasen primero en la población y no en el agua (Art. 40).

C. ***Los pueblos costeños***

Por otra parte, se recomendaba alejarse de las costas por el peligro que representaban los constantes ataques de corsarios y por las enfermedades que en esos lugares abundaban, así como porque eran sitios que se prestaban al ocio. La excepción admisible era que se tratase de puertos principales, necesarios para la entrada, defensa y comercio de las tierras (Art. 41).

Todas estas normas referidas al sitio y ubicación de las poblaciones, por ejemplo, se formularon dos siglos antes que las consideraciones que aparecieron en la obra de A. Ribeiro Sánchez, *Tratado de la conservación de la salud de los pueblos y consideraciones sobre los terremotos* (1781, donde señaló que:

"El sitio más adecuado para conseguir ambos fines (la conservación de los habitantes y su comodidad) será el que estuviere más expuesto al oriente, donde haya aguas vivas y corrientes, al cual se pueda llegar por muchas partes a un tiempo, a fin de que puedan entrar embarcaciones y carruajes, así en verano como en invierno; que no sea ni húmedo por extremo, ni árido como las peñas; que le ventilen antes los vientos fríos, cuales son los de levante y norte, que no los del sur y poniente, que suelen ser húmedos y calientes."

Todos estos principios expuestos en general, los precisó Alberti en relación a la ciudad en si misma, en el Libro Cuarto, 2, indicando lo siguiente:

> "Estos son los requerimientos que tenemos que señalar para nuestra ciudad: no debe sufrir de ninguna de las desventajas señaladas en el Primer Libro, ni debe faltar nada por razones de economía; su territorio debe ser saludable, extenso y variado en su terreno; debe ser agradable, fértil, naturalmente fortificado, bien abastecido y lleno de frutas y abundantes cursos de agua. Debe haber ríos, lagos y acceso conveniente desde el mar para permitir la importación de bienes en caso de carestía o la exportación de cualquier exceso...
>
> Adicionalmente, la ciudad debe estar ubicada en la mitad del territorio, desde donde se extienda la vista hasta sus fronteras, de manera que pueda leerse la situación y estar listos para intervenir de inmediato de ser necesario... Es particularmente importante determinar si se debe localizar la ciudad en sitio abierto, en la costa, o en la montaña: cada caso tiene sus ventajas y desventajas...
>
> Este, sin embargo, es un consejo: hágase todo el esfuerzo de asegurar que, sea donde fuere localizada la ciudad, goce de los beneficios de cada tipo de terreno, y ninguna de sus desventajas. Preferiría localizar la ciudad en lugar plano cuando se construya en las montañas, o en un monte alto cuando se haga en la llanura. Pero si no hay suficiente variedad para permitir una escogencia ideal, así es que deben satisfacerse los requerimientos esenciales: una ciudad en llanura no debe estar cerca de la costa de mar, ni la que este en las montañas, muy lejos de ella." (Libro Cuarto, 2).

III. EL ORDEN DE LA POBLACIÓN Y SU CRECIMIENTO ORDENADO EN LAS INSTRUCCIONES DE 1513, 1521 Y 1523: PLAZA, CALLES, IGLESIA

Con la *Instrucción* a Pedrarias de 1513, como se dijo, se inició la formulación de reglas para el establecimiento de los pueblos de manera ordenada con el objeto de asegurar su crecimiento ordenado; reglas que se fueron perfeccionando por aproximaciones sucesivas en las décadas siguientes, de manera que como lo decía el plano de Santiago de León de Caracas levantado por el Gobernador Juan de Pimentel "desta suerte ba todo el pueblo edificándose."

Hasta cuando se dictó la *Instrucción* dada a Pedrarias, los pueblos que se habían fundado en la isla Española y en las otras islas del Caribe y en Tierra Firme, puede decirse que en su inicio no tuvieron una forma urbana ordenada y reticular, ni siquiera en el caso de Santo Domingo, la cual sin embrago como todas posteriormente fue objeto de un trazado regular. En todo caso, las *Instrucciones* dadas a partir de 1513, contribuyeron al desarrollo de esa forma ordenada en todas las poblaciones, incluso en la reordenación de los pueblos y villas que habían sido fundados en las islas antes de esa fecha.

Ahora bien, en cuanto a las Instrucciones de 1513, en su redacción se aprecia, por supuesto, la influencia directa de Vitruvio y de Alberti, y con ellos, todas las ideas de orden y simetría que conformaron el Renacimiento en la arquitectura.

En efecto, en el mismo N° 7 de la *Instrucción* de 1513 se ordenaba que en el repartimiento de solares, estos fueran "*de comienzo dados por órden*", agregándose:

> "por manera que fechos los solares, *el pueblo parezca ordenado, así en el logar que se dejare para plaza, como el logar en que hobiere la iglesia, como en la órden que tovieren las calles; porque en los logares que de nuevo se facen dando la órden en el comienzo, sin ningud trabajo ni costa quedan ordenados, e los otros jamás se ordena*"

De esta *Instrucción* dada a Pedrarias Dávila, resulta claramente la idea del orden que debía tenerse en el establecimiento de los pueblos, para que fundados en forma ordenada, en el futuro pudieran sin esfuerzo seguir desarrollándose en forma ordenada a medida que se fueran agrandando. El orden debía entonces prevalecer en cuanto al sitio para el asiento de la plaza mayor, y en el de la iglesia, que debía estar próximo a la plaza. Además, el orden debía guiar el diseño de las calles; y ese orden sólo podía resultar de la forma reticular.

En todo caso, el modelo urbano adoptado formalmente a partir de 1513, reflejado rápidamente en la traza de Santo Domingo, y que guió el diseño de la casi totalidad de los pueblos, villas y ciudades de América, por tanto, gravitó en torno a los tres elementos urbanos esenciales mencionados en la Instrucción:

El primero, la plaza, que era lo que debía establecerse inicialmente, siendo el elemento principal, y cuya forma debía hacer parecer el pueblo como ordenado. Por supuesto, no había otra forma ordenada que no fuera la forma cuadricular o rectangular, en todo caso, reticular, con lados rectos.

El segundo, la iglesia que debía ubicarse también en un sitio ordenado, fuera del área de la plaza, pero en un lugar principal, que en general fue en una de las manzanas ubicadas a un costado de la plaza.

Y el tercero, las calles que debían también tener orden, es decir, diseñarse ordenadamente, y no había otra forma para el orden de las calles, cuando debían partir de la plaza reticular, que no fuera su trazado en líneas rectas, formando ángulos rectos en los cruces entre ellas, y manzanas o cuadras de terreno, donde se ubicaban los solares a ser repartidos, también ordenadamente.

La *plaza, la iglesia y las calles*, por tanto, configuraron el modelo urbano latinoamericano, y este se siguió uniformemente en todas partes. Correspondió así al geómetra o alarife Alonso García Bravo, quien había llegado a América en la expedición de Pedrarias, haber comenzado a implantar el modelo. A él incluso se le atribuye haber diseñado la planta de la ciudad de Santo Domingo en la Española y fue a éste alarife a quien Pedrarias, en 1519, le habría encomendado el trazado de las ciudades de Panamá y Natá; y Hernán Cortés, el diseño de la Villa Rica de la Vera Cruz y la reconstrucción de Ciudad de México, además de la planta de Oaxaca.

En todo caso, la parte de mayor interés en la *Instrucción* de 1521, conforme a la orientación de la *Instrucción* a Pedrarias Dávila de 1513, también era la relativa al orden regular que debía tener la población para asegurar su crecimiento ordenado, expresada así:

> "Y desde el comienzo se han de dar y comenzar por órden, por manera que fechos los solares, el pueblo parezca ordenado, ansi en el lugar que se dexare para plaza, como el lugar en que hobiere de ser la Iglesia, como en la órden que tuvieren los tales pueblos en los servicios y edificios públicos. Porque en los lugares que de nuevo se hazen, dando la órden en el comienzo, sin ningún trabajo ni costa quedan ordenados; y los otros jamás se ordenan".

El orden urbano, por tanto, si se establecía desde el inicio, luego se desarrollaba sin esfuerzo adicional. Eso fue lo que sucedió por ejemplo en Buenos Aires, donde la cuadrícula fue repetida sin límites en la llanura circundante. Se trata de un principio elemental de la planificación urbana que puede decirse que se aplicó con la forma reticular para el diseño y crecimiento de todas las ciudades hispanoamericanas hasta comienzos del Siglo XX.

Los solares, decía al igual que las anteriores la *Instrucción* de 1523, debían desde un comienzo ser repartidos por orden, para que el pueblo apareciera ordenado y siempre lo fuera. Decía:

> "y sean de comienzo dadas por orden, de manera que hechas las casas en los solares, el pueblo parezca ordenado, así en el lugar que dejaren para la plaza, como en el lugar que hubiere de ser la iglesia, como en la orden que tuvieren los tales pueblos y calles de ellos; porque en los lugares que de nuevo se hacen, dando la orden en el comienzo, sin ningún trabajo ni costa quedan ordenados, y los otros jamás se ordenan".

En esta forma, en los planos iniciales de ciudades hispanoamericanas, aparece el reparto de solares en las cuadras de la ciudad, incluso con la indicación de los nombres de los pobladores.

Se destaca, en todo caso, en las Instrucciones, la recomendación general que hacían sobre el orden. Así concluía, por ejemplo, a *Instrucción de 1521,* con una recomendación general del orden que si se seguía, evitaría trabajos sucesivos innecesarios:

> "Habéis de procurar con todo cuidado de tener fin en lo de los pueblos que hizierdes en la tierra adentro, que los hagáis en parte é asientos que os podáis aprovechar dellos para poder hazellos. Y porque desde acá no se os puede dar regla ni aviso particular por la manera que se ha de tener en hacerlo, sino la esperiencia de las cosas que de allá sucedieren os han de dar la avilanteza y aviso de como y cuando se ha de hacer. Solamente se os puede dezir esto generalmente: que procuréis con mucha instancia y diligencia y con toda la brevedad que pudiérdes, de certificaros dello, y certificado ques ansi verdad, á todas las cosas, que ordenárdes y hiziérdes, las hagáis y determinéis con pensamiento que os han de servir y aprovechar para aquello. Porque habrá mucho de lo que agora sin ninguna costa ni trabajo les podéis hazer, porque no costará más sino determinarlas que se hagan de la parte que sean provechosas, como se habia de hazer en otra parte que no lo fuesen, de donde si, despues los

hobiérdes de mudar para este propósito, será muy trabajoso, y algunos tan dificultosos, que serian imposibles".

En la *Instrucción* dada a Cortés, al igual que en la Instrucción General de 1521, también se formularon recomendaciones generales sobre el orden, así:

> "15. Habéis de procurar con todo cuidado de tener fin en los pueblos que hicieren en la tierra adentro, que los hagáis en parte y asiento que os podáis aprovechar de ellos para poder hacerlo. Y porque desde acá no se puede dar regla particular para la manera que se ha de tener en hacerlo sino la experiencia de las cosas que de allá sucedieren, os han de dar la abilanteza e aviso de cómo y cuándo se han de hacer; solamente se os puede decir esta generalmente: que procuréis con mucha instancia y diligencia y con toda brevedad que pudiéredes certificaros de ello y certificado que es ansi verdad, todas las cosas que ordenáredes e hiciéredes, las hagáis y determinéis con pensamiento que os ha de servir e aprovechar para aquello, porque habrá mucho de ello que agora sin ninguna costa ni trabajo lo podéis hacer, porque no costará más sino determinar lo que se haga de la parte que sea provechosa, como se había de hacer en otra parte que no lo fuese, de donde si después la hubiésedes de mudar para este propio sería muy trabajosa cosa y algunas tan dificultosas que serían imposibles".

IV. LAS NORMAS SOBRE EL TRAZADO REGULAR EN LA FUNDACIÓN DE NUEVAS POBLACIONES EN LAS INSTRUCCIONES DE 1573

El proceso normativo anterior que se comenzó a definir en las Instrucciones entre 1513 y 1523 se plasmó con detalle en las *Ordenanzas* de Felipe II de 1573, en la cual quedó claramente e especificado que una vez efectuado el descubrimiento, escogida la parte más conveniente para asentar en ella la nueva población -siempre que no fuera en los lugares reservados en exclusiva para la Corona, ni en perjuicio de los indios-, y celebrados los asientos respectivos, se debía proceder de manera ordenada al trazado y diseño de la publicación, conforme a las siguientes reglas relativa a las calles, la plaza y la iglesia:

1. La planta o trama ortogonal de la población partiendo de la plaza mayor: las calles

A. El trazado a cordel y regla de la plaza y calles

Primero se debía hacer la planta del lugar escogido, repartiéndola por sus plazas, calles y solares, a *cordel y regla,* comenzando por la plaza mayor. Desde allí se debían sacar las calles a las puertas y caminos principales, dejando tanto compás abierto que, aunque la población aumentase mucho, se pudiera proseguir en la misma forma. Como lo señala el artículo 110 de las Ordenanzas:

> "... se haga la planta del lugar repartiendola por sus plaças calles y solares a cordel y regla comenzando desde la plaça maior y desde alli sacando las calles a las puertas y caminos principales y dexando tanto compas abierto que aunque la población vaya en gran crecimiento se pueda siempre proseguir en la misma forma..."

De esta norma de las Ordenanzas resulta claro que el punto de partida de la nueva ciudad o población siempre era la plaza mayor, y que la forma ortogonal o reticular fue la regla general de las ciudades, no sólo las fundadas en el siglo XVI, sino también en los siglos subsiguientes de la Colonia. En todo caso, la plaza era lo primero que tenía que situarse y delimitarse en el lugar, y una vez hecho esto, de allí debían salir las calles en forma rectilínea y paralela hacia los confines o puertas de la ciudad.

Las ciudades que ordenaba este texto, no eran ciudades cerradas o amuralladas sino que al contrario, no debían tener límites artificiales y debían crecer en forma ilimitada, siguiendo el mismo esquema formal, de calles paralelas y perpendiculares cruzadas en ángulo recto, a cordel y regla, que nacían de la plaza mayor formando un damero o malla reticular. En consecuencia, las ciudades amuralladas fueron una excepción en la América hispana, lo que sucedió con los puertos importantes en el mar Caribe como Santo Domingo, La Habana, San Juan de Puerto Rico y Cartagena de Indias. Aun cuando no eran puertos, también fueron amuralladas las ciudades de Lima y de Trujillo en el Perú.

En caso de que existiesen las condiciones necesarias en el sitio escogido, la traza de la población debía ajustarse a los siguientes lineamientos (Art. 111): Que el lugar escogido de preferencia fuera elevado, sano, seguro, fértil y abundante en tierras de labor y pasto; leña, madera y materiales; aguas potables; mano de obra; bien ubicado con entradas y salidas abiertas al norte.

En caso de estar en la costa, se debía tener consideración al puerto, y el mar no debía quedar ni al mediodía, ni al poniente. Que se evitase que quedaren cerca pantanos o lagunas, ya que ahí suelen criarse animales venenosos, además de que tanto el agua como el aire se corrompen (Art. 111).

B. La intersección de las calles en la plaza

De acuerdo con las Ordenanzas, de la plaza debían salir doce calles: una del centro de cada uno de los cuatro lados del rectángulo y dos de cada esquina, formando ángulo recto.

De acuerdo con esta norma, siendo la forma estipulada para la plaza la rectangular y no la cuadrada y, en principio, de dimensiones mayores a las manzanas de la retícula urbana, las calles debían partir no sólo de las cuatro esquinas en ángulo recto, sino que también debían partir de los cuatro costados de la plaza.

En realidad, este modelo normativo puede decirse que sólo se siguió muy excepcionalmente en la América hispana, tal y como aparece en los planos hechos para los pueblos de Manajay y San Juan de Jaruco en Cuba. A dicho modelo se le aproxima el caso de Quetzaltenango, aun cuando a la plaza sólo llegan once calles en forma irregular. Lo normal fue la opción fáctica que escogieron los fundadores de una forma menos grandiosa y más simple, de plaza cuadrada con las mismas dimensiones de las cuadras del centro poblado, abierta en sus cuatro esquinas de donde salen ocho calles en ángulo recto. Por ello, en general, no salen calles de los costados de las plazas.

En algunos casos, sin embargo, aún con la opción de la plaza cuadrada y sus ocho calles en los ángulos, en muchas ciudades se hizo llegar a alguno de los costados de la plaza algunas calles, como sucedió en el caso de Santiago, en La Española y en el caso de Ponce, en Puerto Rico. En el caso de la Nueva Panamá, a la plaza cuadrada le llegan ocho calles, pero no todas en los ángulos de la misma, presentando una forma irregular en cuanto a la intersección de las calles, al igual que sucede en Cajamarca.

En otros casos, en el diseño de la plaza cuadrada ésta se ubicó en el centro de la intersección de las calles principales que cruzaban el poblado, como fue el caso del proyecto para la nueva población de Portobelo en 1731, y es la forma urbana que se escogió para el diseño de las plazas de las ciudades de Rancagua y Vallenar en Chile.

Otro modelo urbanístico de plaza cuadrada que se adoptó en algunos casos, fue el de un cuadrado equivalente a cuatro cuadras del damero, dando lugar a una enorme plaza con las doce calles reglamentarias que llegan a la misma. Es el caso de Mendoza y de otras ciudades del noreste argentino como Resistencia y Formosa. El mismo diseño de plaza cuadrangular equivalente a cuatro cuadras y doce calles que le llegan, se encuentra en la ciudad de Armenia en Colombia. En el caso de Kingston, Jamaica, la plaza William Grant Park es cuadrangular pero a la misma llegan dieciséis calles.

C. La orientación de las esquinas y la protección respecto de los vientos

Cada una de las esquinas debía orientarse a los vientos principales, para proteger a la plaza de dichos vientos (Art. 114). Así lo decía textualmente el artículo 114 de las Ordenanzas:

> "De la plaça salgan quatro calles principales Vna por medio de cada costado de la plaça y dos calles por cada esquina de la plaça las quatro esquinas de la plaça miren a los quatro Vientos principales porque desta manera saliendo las calles de la plaça no estaran expuestas a los quatro Vientos principales que seria de mucho ynconviniente."

Precisamente por ello, la orientación general de las plazas en las ciudades de la parte septentrional de Sur América, por ejemplo, y de las calles principales que de ellas salen, es Norte-Sur, Este-Oeste, pues los vientos, en general, los alisios, vienen del noreste, como es el caso de Caracas. En otras partes, las esquinas de las plazas se orientaban hacia los puntos cardinales precisamente para que el damero sirviera de rompevientos, como es el caso del diseño de San Felipe, en el centro de Venezuela según el plano de 1732.

En esta forma, como lo enseñaban Vitruvio y Alberti, las calles no se convertían en pasajes o canales de vientos y la disposición cruzada de las mismas más bien las concebía como obstáculos rompe-viento.

Sobre ello, por ejemplo en el Capítulo IX ("Del reparto de las obras en el interior de los muros y de la disposición para que las ráfagas dañinas de los vientos sea evitadas") del Libro *Primero*, Vitruvio estableció la necesidad de que las calles fueran alindadas, y para su disposición se tuviera en cuenta el sentido y orientación que tenían los vientos en el lugar, de manera que las ráfagas no corrieran libremente por las calles en perjuicio de los habitantes. Decía, entonces, que:

“Concluida la construcción de los muros de la ciudad, debe trazarse el emplazamiento de las casas y establecerse el alineamiento de las grandes y pequeñas calles, según el aspecto más ventajoso del cielo.

Debe evitarse, ante todo, que los vientos habituales se enfilen directamente en las calles, porque son siempre dañinos, sea por el frío que hiere, por el calor que corrompe, o por la humedad que afecta la salud.

En consecuencia, deben tenerse cuidadosamente en cuenta estos inconvenientes, con el fin de no caer, como ha sucedido en muchas ciudades,... en las cuales los edificios son bellos y magníficos, pero dispuestos en forma poco prudente; ya que en estas ciudades, el viento del mediodía (sur) genera fiebres, el que sopla entre el poniente y el septentrión (norte) hace toser; y el del septentrión, que cura estos males, es tan frío, que es imposible quedarse en las calles cuando sopla...”

Señalaba, más adelante, en el mismo Capítulo IX del Libro *Primero*, que:

“Es necesario en consecuencia, trazar los alineamientos de las calles entre dos cuartos para no ser incomodado por la violencia de los vientos; ya que si estos recorren las calles directamente, no habrá duda de su impetuosidad, que siendo tan grande al aire libre y abierto, aumentaría mucho estando encerrados en calles estrechas.

Por ello, las calles deben disponerse de tal forma que los vientos, dando contra los ángulos que ellas formen, se rompan y dispersan.”

Por su parte, Juan Francisco Alberti, sobre el *areae*, hacia énfasis en los elementos envueltos en su establecimiento, entre ellos las líneas, de manera que todo trazado debía hacerse:

“Con líneas y ángulos: las líneas determinan el perímetro externo, que encierra toda la extensión del área. Cualquier parte de la superficie dentro de este perímetro que está contenida entre dos líneas que se cruzan, es llamado ángulo. Cuando dos líneas se entrecruzan, cuatro ángulos se forman; y si cualquiera de ellos es igual a los otros tres, se llamaran ángulos rectos...” (Libro Primero, 7).

El principio de la simetría, por tanto, era fundamental en la concepción de Alberti, para quien las *areae* podían ser poligonales o curvas, siendo las poligonales las que se describen enteramente mediante líneas rectas o con una mezcla de rectas y curvas, concluyendo su recomendación de que los “ángulos rectos son lo más útiles”, recomendando que:

> "Los ángulos deben posicionarse en contra de la presión de las rocas o de la dirección de los vientos y aguas violentas, de manera que se puedan dividir y disipar las ráfagas destructivas cuando golpeen" (Libro Primero, 8).

En las *Ordenanzas* de Felipe II de 1573, como se ha visto, todas estas indicaciones sobre el trazado de las calles a cordel y regla, y sobre la orientación de la trama urbana en relación con los vientos, también fueron recogidas (Arts. 110 y 114). Así fue, por ejemplo, en las ciudades del norte de Sur América donde tienen predominancia los vientos Alisios, los cuales soplan de noreste a suroeste, lo que llevó a que el trazado de las ciudades fuese mayoritariamente norte-sur, como en el caso de Caracas.

2. *Sobre la plaza mayor*

Como se dijo, la plaza mayor era de donde debía comenzarse el trazado y edificación de la población. Como lo señalaba el Art. 112 de las Ordenanzas, "la plaça maior de donde se a de comenzar la población..."

Pero además, y por lo anterior, la plaza mayor era y ha sido siempre el centro de la vida urbana en las ciudades latinoamericanas y el lugar más importante de la ciudad. Como lo anhelaba más de dos siglos después V. Foronda en su obra *Cartas sobre la Policía* (Madrid 1801), aun cuando pensaba que las calles debían finalizar en la plaza y no comenzar en ella:

> "Sería tan útil como hermoso que todas las calles finalizaran en una plaza cerrada como la que hay en París, conocida bajo el nombre de *Palacio Real*, que sea el punto de reunión de las gentes, y puedan pasearse en sus arcos, ya de noche, ya cuando llueve, y encontrar reunidas todas las cosas que sirvan de adorno, comodidad y recreo. También debe haber diseminadas por el pueblo otras varias plazas destinadas a vender los alimentos."

Ese anhelo, para ese momento ya era una realidad en el mundo americano. Por ello, las Ordenanzas regulaban con precisión todo lo concerniente a la plaza mayor.

Sobre las edificaacionews en torno a la plaza , Vitruvio se refirió específicamente a os templos, señalando en el Capítulo X del *Libro Primero* que aquellos correspondientes a los dioses titulares bajo cuya protección especial se erigía la ciudad, a Júpiter, Juno y Minerva, debían estar en el punto mas elevado de manera que de allí pueda verse la mayor parte de las murallas de la ciudad.

La tesorería, la prisión y la Casa del Senado debían estar adjuntas al *forum*, pero de forma tal que sus dimensiones fueran proporcionadas a las del *forum*.

En las *Ordenanzas* de Felipe II de 1573, se dispuso igualmente la necesaria edificación de la iglesia, la casa real, la casa del concejo y cabildo y la aduana, cerca de la plaza mayor (Art. 121 y 124).

A. Ubicación

En el caso de que la población se erigiere en la costa, la plaza debía hacerse al desembarcadero del puerto; si estaba tierra adentro, la plaza se debía fijar en el centro o en medio de la población, de manera que fuese el corazón y su centro vital.

Precisamente, por esta norma, en las poblaciones costeras, la plaza mayor estaba abierta al mar y en su extremo costero debía ubicarse el puerto. Como ejemplos se pueden citar la ciudad de la Habana y la ciudad de Buenos Aires, en las cuales se interpuso entre la plaza y el mar un fuerte. La ubicación de la plaza abierta se debía, sin duda, a que ese lugar, el malecón, era el centro de mayor importancia económica y social de la ciudad. Igual exigencia se dio en relación con los pueblos en las riberas de los ríos navegables.

En cambio, en las ciudades mediterráneas, ubicadas tierra adentro, la plaza mayor debía ubicarse en el centro de la ciudad, y de ella debía partir el crecimiento de la ciudad, irradiándose la trama urbana hacia los diversos puntos cardinales, en forma regular.

En el Capítulo X ("De la escogencia de los emplazamientos para el uso común de la población") del Libro Primero, Vitruvio indicaba sobre la ubicación de la plaza, que:

> "Si la ciudad está al borde del mar, es necesario que la plaza pública esté cerca del puerto, por tanto que si la ciudad esta alejada del mar, la plaza deberá estar en el centro".

Estos principios de ubicación de la plaza en puertos en la costa, abierta hacia el mar, y de su ubicación en el centro del poblado en pueblos situados en el interior (Art. 112), también fueron de regulación precisa en las Ordenanzas de Felipe II de 1573

B. Forma

La plaza debía ser rectangular, teniendo de largo, una vez y media el ancho, por ser esto lo mejor para las justas de a caballo y otras que se hubieren de hacer (Art. 112). Como lo decía el texto del artículo 112 de las Ordenanzas:

"...la plaça sea en quadro prolongada que por lo menos tenga de largo Vna vez y media de su ancho porque desta mana es mejor para las fustas de a cauallo y qualesquiera otras que se ayan de hazer.

La idea de esta forma rectangular propia para las fiestas ecuestres, que eran las más populares de la época, sin duda, tiene su antecedente en la forma de los circos romanos que originaron plazas como la Piazza Navona en Roma, tal como lo enseñaba Vitruvio.

Esta regla, sin embargo, no siempre se siguió. La gran mayoría de las plazas en América Hispana fueron rectangulares, ocupando el área de una manzana de la trama urbana. Sin embargo, existen ejemplos de plazas rectangulares que ocupan dos manzanas en la traza de la ciudad, como es el caso, único en Venezuela, de Barinas, y de algunas ciudades en las islas del Caribe, como Daxaban en República Dominicana. Otros ejemplos característicos de esta forma rectangular de la plaza se ubican en ciudades de más reciente fundación como Cienfuegos en Cuba, plaza que en el proyecto de la ciudad elaborado en 1798 se había ubicado en dirección norte-sur.

Sobre la *forma* de la plaza en el Capítulo VIII del Libro Primero, Vitruvio señalaba que:

> "La figura de una plaza no debe ser ni cuadrada ni compuesta de ángulos demasiado avanzados, sino que simplemente debe hacer un cerco, con el fin de que se pueda ver el enemigo desde varios puntos; los ángulos avanzados no son en absoluto propios para la defensa, y son más favorables a los que sitian que a los sitiados".

Agregaba, además en el Capítulo I del Libro Quinto que:

> "La plaza pública en los griegos, es cuadrada, y rodeada de dobles y amplios pórticos con columnas pegadas unas a otras, que sustentan arcadas de piedra o mármol con galerías en lo alto; pero ello no se práctica en esa forma en las ciudades de Italia, debido a la vieja costumbre de hacer ver al pueblo en la plaza los combates de los gladiadores..."

El principio se siguió en las plazas americanas en cuanto a su utilización para espectáculos, como las corridas de toros.

En cuanto a las plazas, en particular Alberti señaló que:

> "La plaza puede servir de sitio de mercado para monedas y vegetales, para ganado o madera; cada tipo de plaza debe estar situado en su propio lugar dentro de la ciudad, y debe tener su propio ornamento.
>
> Los griegos hicieron sus plazas cuadradas; y las rodearon con dobles pórticos generosos, adornados con columnas y piedras; construyendo una galería en el piso superior. Aquí, en Italia, nuestras plazas tienen un ancho de 2/3 del largo; y en vista de que tradicionalmente han sido el sitio de espectáculos de gladiadores, las columnas de sus pórticos están más separadas...
>
> En la actualidad preferimos construir el área del forum como un doble cuadrado..." (Libro Octavo, 6).

C. Dimensión

El tamaño o grandeza de la plaza debía ser en proporción a la cantidad de vecinos que hubiere y al crecimiento futuro de la población que se pudiere prever, no debiendo ser menor de 100 pies de ancho y 300 de largo, ni mayor de 530 de ancho y 800 de largo (Art. 113). Un ejemplo de plaza, sin duda monumental, fue el adoptado en México cuyo Zócalo es de grandes proporciones.

El artículo 113 de las Ordenanzas, en este aspecto de la dimensión de la población, era bastante detallado estableciendo que para determinarla no sólo debía tenerse en consideración la cantidad de vecinos existentes al momento de la fundación, sino el crecimiento futuro de la misma, lo que era previsible en ciudades de nueva fundación. Particularmente, en estas debía tenerse en consideración la presencia de los indios o naturales. Como lo decía las *Ordenanzas,* en estas ciudades o poblaciones de indios, "como son nuevas se va con intento de que han de yr en aumento y así se hara la elección de la plaça teniendo respecto de que la población puede crecer..."

Por ello, muchos pueblos de indios conservan en la actualidad plazas de gran tamaño, que no guardan proporción con el tamaño del poblado actual.

En todo caso, las *Ordenanzas* recomendaban que una mediana y buena proporción de la plaza era de 600 pies de largo y 500 de ancho.

Sobre este tema de la proporción de la plaza en el Capítulo I ("De la plaza pública y de las basílicas") del Libro Quinto Vitruvio decía:

> "La grandeza de estas plazas públicas debe ser proporcional a la población, de manera que no sean muy pequeñas si muchas personas allí van, ni que sean demasiado vastas, si la ciudad no está suficientemente poblada. Para establecer el largo de la plaza, debe dividirse el largo en tres partes, y tomar dos (para el ancho); de esta manera, la forma será larga, y esta disposición será mucho más cómoda para los espectáculos".

El mismo principio de la dimensión de la plaza en proporción con la cantidad de vecinos que hubiere (Art. 113) y la forma de la plaza con un largo una vez y media de su ancho (Art. 112), también se recogió en las *Ordenanzas* de Felipe II de 1573

D. Los portales de la plaza mayor

Dada la forma rectangular de la plaza, el Art. 115 de las Ordenanzas disponía que tanto alrededor de la plaza, como en la entrada de las cuatro calles principales a la misma que partían de sus costados, debían tener portales, por la comodidad que proporcionaban a los comerciantes que ahí se reunieran (Art. 115).

Se concebía así, una plaza rodeada de portales, en la cual, sin embargo, debían quedar libres las ocho calles que salían de la plaza por las cuatro esquinas, "sin encontrarse con los portales retrayendolos de manera que hagan lazera derecha con la calle y plaça".

Este modelo ideal de plaza rodeada de portales, sin duda derivó de la antigüedad del modelo del *Agora* griega o *Foro* romano, como lo había expuesto Vitruvio y luego Alberti. La plaza, rodeada de portales pero cerrada, fue además la forma escogida en las *Bastides* medioevales. Para inicios del Renacimiento, además, se había aplicado en algunas ciudades italianas, como por ejemplo en la Piazza dell'Annunziata en Florencia con la construcción de la *Loggia degli Innocenti* en 1459 de Brunelleschi.

Los portales de las calles de las esquinas de las plazas fueron adoptados con frecuencia en la América hispana, al igual que las arcadas en los lados de la plaza, que muy rara vez se han conservado.

D. *Las plazas menores*

Dentro de la trama urbana, además de la regulación *in extenso* de la plaza mayor y de la forma regular de la malla reticular urbana mediante calles paralelas que se cruzan perpendiculares, las *Ordenanzas* establecieron el sistema de plazas menores diseminadas en la población, que permitieran un reparto apropiado de los vecinos y sus actividades.

En esta forma se precisaba que a cierta distancia de la plaza mayor, se debían ir dejando plazas menores, donde se pudieran edificar los templos de la iglesia mayor, parroquias y monasterios, de manera que todo se repartiese en buena proporción para la doctrina (Art. 118). El texto del artículo era así:

> "A trechos de la poblacion se vayan formando plaças menores en buena proporcion adonde se han de edificar los templos, de la yglesia maior parroquias y monasterios de mana que todo se rreparta en buena proporcion por la doctrina."

En esta forma, además del "centro" de la ciudad en la plaza mayor, se buscaba que como sistema de crecimiento de la ciudad se repitiera el esquema a medida que creciera la misma, ubicando otros "centros" menores, que a la vez sirvieran de "parroquias" con su plaza menor y templo correspondiente.

En el plano elaborado para la edificación de la Nueva ciudad de Guatemala en 1776, después del terremoto que destruyó en gran parte La Antigua Guatemala, se estableció a la perfección el sistema de plazas menores en una forma que recuerda la expresión de la ciudad de Eiximenis. Por otra parte, dicho trazado es el de la actual ciudad de Mendoza, y de la ciudad de Chillán en Chile.

3. *Sobre las calles*

A. *La anchura de las calles*

La anchura de las calles se determinaba según el lugar escogido para la ubicación de la ciudad.

En los lugares fríos, las calles se debían trazar anchas, para permitir que el sol entrase plenamente en la ciudad. Por ello, por ejemplo, en ciudades como Antigua Guatemala (1.500 mts. de altitud) o en Mucuchíes, Venezuela (3.000 mts. de altitud) las calles todavía se conservan relativamente anchas. En los lugares calientes, por el contrario, las calles debían ser angostas para evitar la inclemencia del sol (Art. 116) y asegurar la protección de la sombra, como por ejemplo sucede en los puertos de Cartagena de Indias y de La Guaira.

En esta forma se regulaba la posibilidad de mayor soleamiento de las ciudades ubicadas en lugares fríos, por la anchura de las calles; y al contrario, una mayor cantidad de sombra en las ciudades ubicadas en lugares calientes, por lo angosto de las calles, como medio de protección ante la inclemencia del sol.

Una recomendación similar pero con dos siglos de diferencia, se encuentra, por ejemplo, en la obra de Benito Bails, *Elementos de Matemática* (Madrid, 1783), en la cual señalaba:

> "Al determinar el ancho de las calles, y la altura de las casas de la Ciudad, atenderíamos al temple del clima donde las edificásemos. En los países fríos o templados, haríamos las calles anchurosas, y las casas menos altas... Pero en un clima caluroso, haríamos más altos los edificios, y las calles más angostas."

B. La prolongación del trazado regular de las calles

Las calles debían proseguirse a partir de la plaza mayor, de suerte que aunque la población llegase a crecer de manera considerable no se afease la población, o se obstruyese su defensa o comodidad (Art. 117). Así se expresaba el artículo 117 de las Ordenanzas:

> "Las calles se Prosigan desde la plaça maior de manera que aunque la poblacion venga en mucho crecimiento no venga a dar en algun inconveniente que sea caussa de afear lo que se ouiere rrehedificado e perjudique su defensa y comodidad."

En esta forma, las *Ordenanzas* previeron el crecimiento ordenado de la población, conforme a la forma y dirección de las calles, de manera ilimitada, conforme a un esquema uniforme de la trama urbana. Hasta las primeras décadas del siglo XX muchas ciudades latinoamericanas continuaban creciendo con el orden reticular, como por ejemplo, sucedió con Barquisimeto, Venezuela, que en 1940 todavía mostraba el desarrollo casi perfecto de la retícula, pero la misma fue luego abandonada a partir de la segunda mitad del siglo XX en casi todas las ciudades hispanoamericanas, por la falta de autoridad tanto en la orientación ordenada de las ocupaciones espontáneas del suelo urbano que han dado origen a las amplias áreas marginales de las ciudades sin regularidad alguna, como en el proceso de urbanización desarrollado exclusivamente por privados, que han abandonado la forma regular. Una excepción, hasta cierto punto, ha sido la ciudad de Buenos Aires, debido en parte a lo plano de la topografía del terreno que la circunda.

4. Sobre los templos y otras edificaciones en torno a la plaza mayor

En la plaza mayor no se debían asignar solares a los particulares, sino sólo a la iglesia y casas reales, edificios propios de la ciudad y comercios. Esto debía ser lo primero que se debía edificar, y en ello debían ayudar todos los pobladores; para ello se autorizaba a poner algún moderado impuesto sobre las mercancías (Art. 126).

El resto de los solares se debía repartir entre los pobladores.

A. El templo o iglesia mayor

Las *Ordenanzas* regulaban con precisión la erección de los templos e iglesias.

Para la iglesia mayor, parroquia o monasterio, después de que se señalasen calles y plazas, se les debían asignar inmediatamente solares, antes que a nadie, debiendo dejarse para ellos solos toda una cuadra, "ysla entera", para que ningún otro edificio los estorbase, sino tan sólo los propios para sus comodidades y ornato (Art. 119). Un ejemplo de la ubicación de los templos o conventos en las diversas plazas, se puede apreciar en el caso de Quito.

a. Los templos en poblaciones costeras

En caso de que la población estuviese en la costa, la iglesia mayor se debía edificar en lugar visible desde la costa, que sirviera para la defensa del puerto (Art. 120).

En esta forma, en las ciudades costeras la iglesia debía flanquear el área del malecón del puerto y de la plaza mayor, siendo visible desde el mar. Este conjunto, por tanto, debía convertir esta zona en el centro de más importancia de la ciudad costera. Las necesidades de defensa de las ciudades costeras, sin embargo, desdibujaron la regla y la iglesia no siempre se ubicó abierta al mar. El ejemplo del puerto de Santa Marta es significativo pues si bien tiene la plaza mayor abierta al mar, la Nueva Catedral se ubicó después unas cuadras adentro.

b. Los templos en poblaciones mediterráneas

En los lugares mediterráneos, el templo no se debía ubicar en la plaza, sino distante de ésta y aislado de otros edificios. Se debía edificar en alto, para que tuviera más ornato y autoridad, haciendo que a él se ingresase por gradas. Cerca del templo debía estar la plaza mayor y se debían levantar las casas reales del consejo, cabildo y aduana, no para que lo opacasen, sino para que lo resaltaren (Art. 124)

Esta disposición, a veces ha sido mal interpretada. En efecto, cuando el artículo 124 dice: "El templo en lugares mediterráneos no se ponga en la plaza sino distante della", lo que buscaba era evitar que el templo estuviese en medio de la plaza, aislado entre vías de circulación como sucedía en la mayoría de las ciudades medioevales y todavía sucede en la actualidad.

Por ello, en general, en América, la iglesia principal está casi siempre ubicada a un costado de la plaza mayor, generalmente, en el costado este; siendo excepcional encontrar el templo ubicado en el área de la propia plaza rodeado de calles. En las ciudades fundadas en los primeros años de la conquista, sin embrago, para la ubicación de la plaza se siguió la experiencia medieval, y se situó en forma aislada en medio de la plaza, como ocurrió en Santo Domingo. En igual sentido, en las primeras fundaciones en la isla de Margarita, a partir de 1525, la iglesia se estableció en forma aislada, como sucede en la ciudad de La Asunción y en las otras ciudades de la isla, excepto Porlamar. Igualmente, en las dos primeras ciudades fundadas en Tierra Firme de la Provincia de Venezuela, Coro y El Tocuyo, la iglesia se ubicó en forma aislada, al igual que sucedió con algunas iglesias de ciudades de la Provincia de Nueva Andalucía, como Clarines.

De resto, el templo está ubicado fuera de la plaza pero con la fachada dando a la misma, y generalmente, como se dijo, en la cuadra situada al este de la plaza cumpliendo la tradición canóniga originada en la iglesia oriental.

En todo caso, al sitio del templo se debía adjudicar una cuadra entera, y por ello en el artículo 124 de las Ordenanzas se señalaba que el templo debía estar separado de los otros edificios, "que no sea tocante a él y que de todas partes sea visto porque se pueda ornar mejor y tenga más autoridad ase de procurar que sea algo levantado del suelo de manera que se aya de entrar en el por gradas".

Por ello, sobre todo en las ciudades capitales de provincia, la iglesia ocupaba una cuadra entera al este de la plaza mayor, como sucedió con Cartago, capital de la Provincia de Costa Rica, donde aún las ruinas de la enorme catedral se pueden apreciar.

B. Sobre los edificios públicos

Una vez señalado el lugar para el templo, se debía fijar el sitio para la casa real, la casa de concejo, el cabildo y la aduana. Esto se debía hacer junto al mismo templo y puerto, de manera que si llegase a haber necesidad, se pudieran apoyar los unos a los otros (Art. 121). Así ocurrió en todas las ciudades hispanoamericanas.

C. Sobre los edificios de servicios públicos

a. En las poblaciones costeñas

El hospital para pobres y enfermos de mal no contagioso se debía dejar junto al templo y por su claustro. Para los de enfermedad contagiosa el hospital se debía ubicar en parte donde ningún viento que pasase por ahí fuera a dar a la población, y de preferencia en lugar elevado (Art. 121).

Los sitios y solares para carnicería, pescadería, tenerías y otros oficios de los que producen inmundicias se debían situar en lugares que con facilidad se pudieran conservar limpias (Art. 122).

b. Las poblaciones interiores

En las poblaciones interiores, el hospital de no contagiosos se debía edificar en el claustro del templo; y el de contagiosos a la parte del cierzo –viento septentrional– que diese al mediodía (en la parte norte, para que goce del sur) (Art. 124).

La misma planta se debía aplicar a los demás lugares interiores que de nuevo se fuesen a poblar, aunque no estuvieren a la orilla de algún río (Art. 125).

Como puede apreciarse del texto y contenido de las *Ordenanzas* de 1573, la operación de poblar en América no se hizo por casualidad ni en forma espontánea. Fue, ante todo, un proceso ordenado jurídicamente, porque como se ha dicho, el poblamiento fue el instrumento o título jurídico para afirmar el dominio de la Corona sobre el territorio y, además, el mecanismo para precisar el término de la jurisdicción que abarcaba cada Capitulación.

SECCIÓN TERCERA. LOS PUEBLOS DE INDIOS EN EL MARCO JURÍDICO DEL TRATAMIENTO DE LOS NATURALES EN LAS INSTRUCCIONES DE POBLAMIENTO

I. LA PROBLEMÁTICA DEL POBLAMIENTO DE TERRITORIOS EN LA AMÉRICA HISPANA, OCUPADOS POR INDÍGENAS

La característica central del proceso de poblamiento de las Indias por parte de la Corona española, fue que el mismo se hizo en nuevas tierras descubiertas que estaban habitadas por indígenas. Así sucedió desde el comienzo en las islas descubiertas por Colón, donde se comenzó a apreciar la hostilidad de los habitantes locales contra los conquistadores, como ocurrió con la propia destrucción de la villa de la Natividad en 1493. La reacción general española fue la de la aprehensión de los indios belicosos y el sometimiento de los mismos, como infieles, a esclavitud, aún cuando bajo la figura de la Encomienda.

Con Monarcas católicos, la duda de conciencia no podía hacerse esperar, y por ello, por Real Cédula de 20 de junio de 1500 se condenaron las conductas esclavistas desplegadas por Colón en la Isla la Española, y consecuencialmente se declaró que los indios debían ser considerados vasallos libres de la Corona.

Así, en las llamadas "Instrucciones Añadidas" dadas en Alcalá de Henares el 20 de marzo de 1503, y en Zaragoza el 29 del mismo mes y año, a Frey Nicolás de Ovando, quien había sido nombrado como Gobernador de las Indias en sustitución de Francisco de Bobadilla (quien a su vez había sustituido a Cristobal Colón), para continuar el proceso de conquista en la Hispagniola, puede decirse que se comenzaron a formular orientaciones en relación con los indios, disponiéndose la necesidad de juntarlos, reunirlos o reducirlos en pueblos, lo que luego sería la política general en América española, dando lugar a los *pueblos de indios* que tanta importancia tuvieron en el proceso de poblamiento.

En esas Instrucciones ya se señalaba la necesidad de "que o los indios se reúnan en pueblos en que vivan juntamente" por lo que se ordenaba al Gobernador, "enfacer que se fagan poblaciones en que dhos indios puedan estar e estén xuntos".

Con estas Instrucciones puede decirse que se dio inicio a la configuración normativa de la política de las *Reducciones*, con el objeto de congregar a los indios en pueblos, que luego darían lugar a pueblos de indios separados de los pueblos de españoles, pero en gran parte trazados con las mismas orientaciones de orden; política que se consolidaría a partir de 1542, después de aprobadas las Leyes Nuevas. Esta política de las reducciones, en definitiva consistió en la orden de juntar, congregar o "reducir" a policía a los indios, agrupándolos en pueblos, lo que permitía el control de los mismos y su utilización como mano de obra.

Los indios, en esa forma, se buscaba que vivieran juntos, en casas una cerca de la otra, incluso gobernados por sus caciques. Esta política, por supuesto, muchas veces provocó el desarraigo de los indios de sus tierras, incluso como una forma de control sobre los mismos, al imponérseles su traslado y concentración en lugares distintos a los que le eran naturales.

Las reducciones, por otra parte, con el correr de los años pasaron a adquirir connotación religiosa, como instrumento para la cristianización. Por ello, las reducciones, a partir de las Leyes Nuevas de 1542, se convirtieron en empresas de concentración de indios para el adoctrinamiento, a cargo de un cura doctrinero, configurándose como *pueblos de doctrina*.

En todo estos casos de reducciones y doctrinas, la forma urbana de los pueblos de indios tendió a ser similar a la de los pueblos de españoles, mediante un trazado regular de la planta de la población, poniéndose siempre la plaza reticular en el centro, con lugar destacado para la iglesia, y disponiéndose las calles rectas que salían de la plaza, la cual además de para fines religiosos, servía para mercado.

Por otra parte, sobre los indios, se admitió que sólo podían ser tenidos como esclavos los cautivos en justa guerra, que no atendieran al Requerimiento que ya se había practicado en la conquista de las Islas Canarias, práctica que culminó con el famoso texto del *Requerimiento* de 1513 redactado por Palacios Rubio, y que llevó Pedrarias Dávila para la conquista de la Provincia de Castilla del Oro. Esto se eliminó, sin embargo, el 2 de agosto de 1530, cuando se precisó que ni en esos casos los indios que se cautivaren podían ser hechos esclavos.

El 20 de febrero de 1534 se restableció el principio esclavista, y en las *Leyes Nuevas* de 1542 y en la *Recopilación de las Leyes de los Reynos de las Indias* de 1680, se estableció que sólo podían ser sometidos a esclavitud los indios Caribes, los Araucanos y los Mindanaos, rebeldes siempre a la dominación española.

Los indios, considerados en algún momento como vasallos libres de la Corona de Castilla, vieron sin embargo condicionada su libertad al ser equiparados a lo que en el viejo derecho castellano se denominaba "rústicos" o menores, es decir, personas que requerían de tutela o protección legal. A esta situación se agregaba una razón de tipo económico que también limitó la libertad de los indios, relativa a la regulación de su trabajo, del cual se beneficiaron los Conquistadores.

Ello dio origen a los *Repartimientos* y *Encomiendas* que fueron las dos formas jurídicas más importantes tendientes a organizar a los indios en las Indias.

Los repartimientos de tierras entre conquistadores habían sido práctica peninsular durante la Reconquista, respecto de las ciudades y tierras reconquistadas, a través de los cuales se fue consolidando la propiedad particular de los repobladores mediante el cumplimiento de determinadas condiciones como la edificación de los solares o el trabajo de la tierra en un lapso de cinco años, y el compromiso de no donar los bienes.

En cuanto a los *repartimientos* de indios estos derivaron de la costumbre iniciada por Colón, de repartir los indios entre los conquistadores españoles para que a cambio de "protección", estos pudieran beneficiarse de su trabajo. Posteriormente, fue Fray Nicolás de Ovando quien institucionalizó la encomienda en la Española cuando comenzó su gobernación, al permitírsele por Real Orden de 20 de diciembre de 1503, conceder indios a sus colonos para hacer que trabajaran, "para que el reino y los españoles se enriquezcan y los indios se conviertan al cristianismo". Se hizo inicialmente en forma violenta y luego se arraigó la costumbre de repartir indios para el cultivo de las tierras, la guarda del ganado, el trabajo en las minas y toda clase de actividades.

Estos repartimientos dieron origen a las *encomiendas*, institución que si bien tenía origen castellano, adquirió en las Indias contornos propios particularmente después de su consagración en las *Leyes de Burgos* de 1513; y que implicaba que un grupo de familias de indios, incluso con su propia organización y sus propios caciques, se entregaban o se "encomendaban" a un español encomendero.

A este se le obligaba jurídicamente a proteger a los indios que le habían sido encomendados y a velar por su fe religiosa, pero tenía el derecho de beneficiarse con el trabajo u otros servicios personales de los indios y de exigirles tributos y diversas prestaciones económicas. Esta institución regularizó entonces una relación entre el encomendero y los encomendados, de señor-siervo, lo que marcó profundamente la vida colonial, sobre todo en los países de América Latina con gran densidad de población autóctona.

En todo caso, muchos pueblos en América tuvieron su origen, precisamente, en las encomiendas, desarrollándose en torno a la casa del encomendero y a la iglesia de la doctrina.

En torno a su licitud, la encomienda suscitó grandes polémicas en la época. La más célebre fue la discusión sostenida entre Fray Bartolomé de las Casas, apóstol y protector de los Indios, y Juan Ginés de Sepúlveda, lo que dio origen a la promulgación de varias leyes protectoras del trabajo del indio, de manera que incluso, luego, en 1542, con las *Leyes Nuevas* se llegó a decretar la abolición de las Encomiendas. Esta medida drástica, sin embargo, por las protestas de los colonizadores no prosperó, persistiendo la institución pero con preceptos más favorables a los indios, entre ellos, la posibilidad de que sólo les fuera exigido el pago de un tributo tasado por las autoridades. Sin embargo, en general, el servicio personal dentro de las encomiendas no llegó a eliminarse.

En cuanto a los indios no repartidos en encomiendas se procuró que los mismos vivieran agrupados en núcleos de población, aislados de los españoles, con cierta autonomía administrativa. Estos fueron los *pueblos de indios*, que tenían sus propios alcaldes y alguaciles. Inicialmente como se indico, se denominaron "reducciones", pues implicaban reducir al indio generalmente de vida no sedentaria, para que viviera en una población a la cual se adscribían. Más tarde estas reducciones se denominaron Corregimientos, por estar sometidos a la autoridad de un funcionario especial, denominado "Corregidor de pueblos de indios."

En esta forma, en la América hispana, además de las poblaciones de españoles, es decir de los pueblos, villas y ciudades, se formaron los pueblos de indios, muchos de los cuales, luego, con el correr de los años, se convirtieron en villas o ciudades. Estos pueblos de indios, como se dijo, surgieron inicialmente de los repartimientos y encomiendas de indios, y luego, a partir de 1541, de la reducción de indios en pueblos, en los cuales se los agrupaban con su organización propia, al mando de un cacique, y en los cuales no podían vivir ni los españoles, ni los negros, ni los mestizos. Además, tuvieron su origen también en las doctrinas y misiones, que tenían a su cargo la reducción de los indios, y que se formaron en torno a la labor misionera de un fraile o cura doctrinero (*pueblos de doctrina*).

Pero a pesar de la distinción básica entre los pueblos de españoles y los pueblos de indios, en realidad todos fueron centros mixtos de población donde vivieron en calidad de vecinos los blancos con los indios. La ciudad exclusivamente para población blanca, en realidad no existió, ni se sostuvo jamás en las Indias, pues la actividad socio-económica del ibérico no podía pensarse ni sostenerse sin la colaboración, apoyo y ayuda de la población indígena.

II. LA NECESARIA PRESERVACIÓN DE LOS PUEBLOS DE INDIOS EN LAS INSTRUCCIONES DE 1523

En cuanto a las Instrucciones de poblamiento, puede decirse que fue en la *Instrucción* de 1523 dada a Hernán Cortés, cuando se comenzó a prestar atención expresa, con carácter general a los pueblos existentes de indios, reconociéndose la realidad del mundo azteca en el sentido de que había muchos indios congregados en pueblos, por lo que se instruía que debía procurarse mantenerlos y conservarlos, con su propia organización, así:

> "2. Asimismo, por las dichas causas parece que dichos indios tienen mucha razón, para vivir política y ordenadamente en sus pueblos que ellos tienen, habéis de trabajar, como lo hagan así y preserven en ello, poniéndolos en buenas costumbres y toda buena orden de vivir".

Esta circunstancia de que en la Nueva España los indios estaban habituados a la vida urbana, hizo que el desarrollo de los *pueblos de indios* se hiciera en forma distinta a las reducciones que se desarrollaron en las islas antillanas o en otras partes de Tierra Firme, por ejemplo, donde la población indígena estaba dispersa. Por ello, muchas ciudades españolas en Nueva España se establecieron sobre lo que eran ciudades indígenas, como fue el caso de Cholula.

Todo ello condujo a que en la elaboración de las leyes sobre el orden urbano en la América Hispana, al multiculturalismo se hubiese unido el mestizaje, al mezclarse las instrucciones que provenían desde la Corona, elaboradas en la península, con las que también se elaboraron en las provincias del Nuevo Mundo, en formación.

Dos ejemplos pueden mencionarse de Instrucciones locales dictadas, entre las *Instrucciones* de 1513, 1521 y 1523 y las *Ordenanzas* de felipe II de 1573, dictadas en 1559 para la entonces llamada provincia de las Sierras Nevadas, en los actuales Andes venezolanos; y en 1567 para el poblamiento en el Virreinato de Lima.

III. LAS INSTRUCCIONES DADAS EN PAMPLONA EN 1559 PARA JUNTAR Y POBLAR LOS INDIOS NATURALES

Luego de la fundación de la ciudad de Mérida en 1558 por uno de los alcaldes de la ciudad de Pamplona, el famoso "Hombre de la capa Roja" Juan Rodríguez Suárez, ciudad que era de Nuevo Reino de Granada, al año siguiente, el 4 de mayo de 1559, en la ciudad de Pamplona, el licenciado Tomás López del Consejo de su Majestad y su oidor en la Audiencia Real del Nuevo Reino de Granada presentaría ante las autoridades Justicia y Regimiento de la Ciudad (Justicia Mayor, Alcalde y Regidores) una Provisión Real consistente en una "*Instrucción que se ha de guardar en juntar y poblar los indios naturales de los términos de la ciudad de Pamplona*", la cual, como era lo usual:

> "cada uno por sí, la tomaron en sus manos y besaron y pusieron sobre sus cabezas, y dijeron que la obedecían, y obedecieron como carta y provisión real de su Majestad"

En dicha *Instrucción* se recogieron las provisiones de las antiguas Instrucciones, aplicadas a los pueblos de indios, en la siguiente forma:

1. La elección de los sitios

En cuanto a la elección de los sitios, las *Instrucciones de Pamplona* señalaban:

> "4. Y el sitio sea, dentro del término y territorio de la parcialidad y pueblo que se hubiere de juntar, y lugar y sitio bien visto por el señor y principal y ancianos y viejos del tal pueblo, el más cumplido que se pudiere halla, el más sano de estas cualidades y condiciones que se pudiere hallar, el mejor cielo y asiento para la vida humana, que esté en llano, en tal parte donde fácilmente se pueda estar a pie y a caballo; el más abundamente de mejor agua y más leña, más fértil de la tierra para sembrar, y más cercano, por manera que nos tengan necesidad de alejarse de tal sitio más de una legua, cuando mucho; y que sea el tal suelo y sitio conforme a la cantidad de la gente y minero que se hubiere de juntar, y en la mejor parte de todo el territorio y términos del tal pueblo, por manera que se haga tan acertadamente esta elección, que no haya necesidad de mudar el pueblo".

En todo caso, la elección de los sitios debía estar orientada por la condición de los naturales. Por ello, la *Instrucción* decía:

"12. Háse de tener por advertido que el edificio, como dicho es, sea de la obra más perpetua que se pueda hacer, y que el sitio y lugar para la nueva población sean conforme al que de presente tenía, por manera que no hay diversidad en el temple, ni los de tierra fría se pueblen en caliente, ni por el contrario."

2. *La forma regular de los pueblos: la plaza y la iglesia en su oriente*

En cuanto a la forma de los pueblos y a la ubicación de la plaza y la iglesia, en las *Instrucciones de Pamplona* se señalaba:

> "5. Y habiendo precedido esto, trazarse ha y haránse los edificios del pueblo en tal forma que se sitúe y ponga la plaza en medio, en razonable proporción, y de ella salgan todas las calles con sus solares, conforme a la cantidad del pueblo, y los solares y casas sean de algún tamaño, de manera que, ni sea conforme a la estrechura que hasta agora han tenido y tienen estas gentes en sus habitaciones y moradas, ni tampoco exceda su bajeza ni haya exceso de lo que han menester; de manera que, ante todas cosas, todo el pueblo junto haga su iglesia en un canto de la plaza, al oriente, el altar del grandor y tamaño según la poblazón, y por el otro canto hagan la casa del cacique y señor, en razonable grandor; y al otro la casa de su Cabildo, y cárcel, y al otro las de los demás principales".

En esta *Instrucción*, sin duda, se recogen los mismos elementos fundamentales del modelo urbano de la ciudad hispanoamericana: en primer lugar, la *plaza*, que debe estar en el centro del poblado y que debe tener un tamaño proporcionado al mismo. En segundo lugar, las *calles*, que deben salir de la plaza entendiéndose que ello debe ocurrir de manera derecha, dado el diseño reticular de la plaza. Y en tercer lugar, la *iglesia*, la cual junto con los otros edificios principales debe estar en un lado de la plaza, con la precisión de que debe ubicarse en la parte oriental de la misma.

Debe recordarse que para el momento en el cual se inició y desarrolló el poblamiento de América, en la Iglesia Católica estaban en vigencia y aplicación las reglas religiosas derivadas de las Capitulaciones Apostólicas del Siglo V, de las cuales se derivaban reglas sobre la forma de la construcción de las iglesias, de manera que la fachada de la entrada principal se orientase hacia el oeste y el ábside, es decir, la parte del templo abovedada y semicircular que sobresale en la fachada posterior, se orientase hacia el este. La razón era que en el rito de la Misa, el oficiante debía realizar el sacrificio de la misma con la vista puesta hacia el este, dando la espalda a la asamblea. De allí que casi invariablemente, la orientación de las iglesias en América Hispana es casi siempre hacia el este, habiendo sido entonces construidas en la parte este de la plaza.

Sin embargo, en ninguna de las Instrucciones de poblamiento dictadas desde la Corona a partir de la Instrucción de 1513 dada a Pedrarias Dávila y a otros descubridores, se les había indicado la ubicación y orientación que debía tener la iglesia. Por ello debe destacarse esta parte de las *Instrucciones de Pamplona,* en las que en la legislación civil, se imponía que la iglesia debía estar en la parte este de la plaza.

3. La dimensión de los pueblos

Sobre la dimensión de los pueblos, las *Instrucciones de Pamplona* decían:

> "6. Item, serán instrucción que no se haga junta de pueblo de menos de *cien vecinos*, si es posible; ni más de setecientos u ochocientos, para que sean mejor predicados, y haya más cuentas con ellos, y si el pueblo y parcialidad fuere de más cantidad que se hagan dos pueblos o los demás fuere necesario."

4. La condición de los edificios

La condición de los edificios se regulaba en las *Instrucciones de Pamplona* así:

> "11.- Los edificios hechos y moradas, como es dicho que se han de hacer, de la obra más perpetua que pudiere hacerse, hánse de dejar curar y secar muy bien, por manera que se puedan habitar sin perjuicio de la salud de los naturales, y estando tales, procurarse a cómo dejen sus pasadas moradas, y vayan al pueblo nuevo, cada cual a su casa y morada, y porque con la querencia de tantos años será posible que para mudarse haya repugnancia, a de usarse algún rigor en la ejecución, procurándolo con buenas palabras y obras y dádivas; y si no bastase procurarse há cómo se saue todo su ajuar y hacienda de sus casillas antiguas, y pegárseles há fuego, porque se quite toda ocasión de quedar allí".

Estas Instrucciones fueron las que se siguieron en las provincias de las Sierras Nevadas, hoy Estado Mérida de Venezuela, donde la mayoría de los pueblos allí establecidos fueron pueblos de indios.

Además, en la misma provincia se destacan las *Ordenanzas sobre Resguardos* adoptadas por la Real Audiencia de Santa Fe, bajo la presidencia de Antonio González a finales del Siglo XVI, como política de protección indígena, que también se aplicarían inmediatamente en la provincia de Tunja, que abarcaba el corregimiento de Mérida La Grita, correspondiendo su implementación inicial a Juan Gómez Garzón, como Juez Medidor en 1594 y luego a partir de 1602, a Antonio Beltrán de Guevara, como Corregidor y Justicia Mayor de Tunja; y a Alonso Vásquez de Cisneros, quien era Oidor de la Real Audiencia de Santa Fe de Bogotá, entre 1600 y 1620. Este último, como tal, sería Visitador y autor de las *Ordenanzas de la provincia de Mérida* (1619-1620) "para el buen gobierno espiritual y temporal de los indios". En su visita buscó remediar la situación de dispersión en la que se encontraban los indios, mediante la fundación o refundación de 17 pueblos de indios y de doctrina, cuyo origen en general estuvo en encomiendas.

Entre esas fundaciones, en particular deben destacarse los siguientes pueblos en la zona de Mérida, pudiéndose citar como ejemplos:

El pueblo de Lagunillas, en el valle abajo del río Chama donde llegó Juan Rodríguez Suárez inicialmente, tuvo su origen en la encomienda dada a Antonio de Reynoso. El visitador Vázquez de Cisneros en 1619 había ordenado que se juntaran los indios en el sitio de Jamuén, con la indicación de que:

> "...la iglesia ha de estar en medio de la población, con la conveniencia del cura doctrinero y del poblador que será nombrado, dejando delante de la iglesia una plaza cuadrada..."

Adicionalmente se indicaba al poblador, con mayor precisión, que:

> "La traza del pueblo y sus edificios, será de esta forma: que se sitúe y haga en el sitio de Jaumén y se ponga la plaza en medio, de buena proporción y de ella, salgan todas las calles de seis varas, con sus solares y casas, de veinte varas en cuadro y algo más, para el corral. Todo el pueblo indio haga la iglesia en un canto de la plaza...

En cuanto al pueblo de Mucuchíes, el cual era aldea indígena y doctrina de los agustinos en 1590, fue fundada como Santa Lucía de Mucuchíes por Bartolomé Díaz en 1597, y refundado como pueblo de indios por Alonso Vásquez de Cisneros en 1619. En la comisión que dio a Pedro de Menas Albas, le indicó que consolidara la población junto a la iglesia que ya existía en el valle de Mucuchíes, partiendo del trazado de una plaza cuadrada, precisándole que:

"De la dicha iglesia y de la dicha plaza habéis de sacar todas las calles derechas por todas partes de seis baras de ancho, en la proporción y los solares y casas delos indios, han de ser de veinte varas en cuadro..."

El pueblo de Timotes también tuvo su origen en encomiendas cuyos primeros beneficiaros fueron Herrando de Cerrada y Martín de Zurbarán. Vázquez de Cisneros, en su visita a la zona en 1619, designó como juez poblador a Francisco Carmelo, a quien ordenaría que en el poblado:

"...cada repartimiento, de por sí, se le señales sus solares cuadrados por orden y cuadras y las calles se hagan derechas, limpias y deserbadas...

Debe señalarse, por último, que tanto arraigo tuvieron las normas de poblamiento en Mérida, que la Asamblea Legislativa del Gran Estado Los Andes (que abarcaba los actuales Estados Mérida, Táchira y Trujillo) dictó en 1898, una "Ley sobre la forma de establecer y fundar pueblos", única en la historia legislativa venezolana.

IV. LAS PROPUESTAS DE POBLAMIENTO RELATIVAS A LOS PUEBLOS DE INDIOS FORMULADAS POR JUAN DE MATIENZO FORMULADAS ESCRITAS EN LIMA EN 1567

En el caso del Virreinato del Perú, fue a partir de 1571, cuando se desarrollaría intensamente la labor de poblamiento mediante reducciones y asentamientos de pueblos de indios, bajo el gobierno del Virrey Francisco de Toledo, conforme a la Real Cédula que había recibido de 28 de diciembre de 1568, a los efectos de "la conversión, doctrina y costumbre y policía" de los indios.

En esa labor de reducción y poblamiento que efectuaron los Visitadores designados por el Virrey, tuvo una importante influencia el libro del Licenciado Juan de Matienzo, quien era además Oidor de la Audiencia de Charcas, denominado *Gobierno del Perú,* escrito en 1567.

En particular, Matienzo formuló propuestas para la política reduccional en pueblos de indios, sugiriendo para estos el modelo urbano general que se había desarrollado en Hispanoamérica para los pueblos de españoles, indicando que "los pueblos se hagan por sus cuadras, y la plaza en medio" definiéndoles su traza como indicaba en el plano que incorporó a su libro. Dicho esquema, lo explicó así en su obra:

"Ha de trazar el pueblo de esta manera por sus cuadras, y en cada cuadra cuatro solares, con sus calles anchas y la plaza en medio, todo de la medida que pareciere al visitador, conforme a la gente y la disposición de la tierra.

La iglesia esté en la cuadra que escogiere de la plaza, y tenga una cuadra entera, y la otra casa de enfrente ha de ser aposento para españoles pasaxeros, toda la cuadra, y lleve en la cuadra cuatro cuartos, con sus caballerizas y cubiertos de teja, con terrados encima de la casa, porque está más segura.

En un solar de la otra cuadra han de hacer casa de consexo, adonde se junten a juzgar y tratar de lo que conviene a la comunidad. En otro solar ha de haber hospital, y en otro, huertas y servicio de hospital. En el otro solar, corral de consexo.

En otro solar se ha de hacer casa del Corregidor, toda ella de texas. La casa del padre que los doctrinare ha de ser de dos solares, junto a la iglesia, de texa.

Los demás solares de la plaza han de ser casas de españoles casados que quisieren vivir entre los indios, todas cubiertas de texa, o terrados, que estén seguras del fuego. A cada cacique se ha de dar una cuadra, o dos solares, conforme a la gente que tuviere. A cada indio se ha de dar un solar, o dos, conforme a la gente que tuviere; y ellos dos solares que estén detrás de la casa del Corregidor, se ha de hacer la casa del *tucuirico*, y la cárcel, adonde ha de haber dos cepos y cuatro pares de grillos y dos cadenas."

En el plano que se incluyó en el libro, en todo caso, se destaca la plaza cuadrada y abierta en el centro del poblado, con la iglesia a la derecha (este) de la misma y las demás casas principales en las cuadras o manzanas contiguas a la plaza, y que formaban las calles que salían derechas desde la misma. Debe mencionarse que la palabra *tucuirico*, que identificaba a la persona cuya casa debía estar detrás de la del Corregidor, y que como lo explicaba el mismo Matienzo, significaba quien "todo lo ve", y debía:

"ser indio ladino, estrangero, y no de aquel repartimiento sino de otro bien lexos, para que no tenga deudo con los de aquel repartimiento, y no ha de estar mucho tiempo, por que no se haga con los caciques, y ellos lo sobornen para que calle sus tiranías".

SECCIÓN CUARTA. EL REGRESO A LA PENINSULA DE ALGUNOS PRINCIPIOS DE LAS LEYES SOBRE ORDEN URBANO DISEÑADOS PARA AMÉRICA: EL CASO DE LAS PLAZAS MONUMENTALES

Como resulta de todos los antecedentes antes mencionados y conforme a las Instrucciones de población que la Corona española fue dictando para el poblamiento de la América hispana, como se dijo, la pieza esencial para el trazado de las ciudades fue siempre la plaza, pues en definitiva, teniendo una forma cuadrada o rectangular, partiendo de ella salían las calles necesariamente en forma paralela, y en un costado de la misma se ubicaba la iglesia. Por tanto, en América, lo primero que se tenía que trazar era la plaza, la cual siempre constituyó el centro de la vida urbana.

Como se ha dicho, en las ciudades situadas en el interior, la plaza estaba siempre en el centro del poblado, cuya superficie era equivalente a una, dos o cuatro de las cuadras o manzanas de la ciudad. Si se trataba de una ciudad ubicada al borde del mar, la plaza se ubicaba abierta al mismo.

En todas ellas, lo que es definitivo es que la plaza en la América hispana siempre tuvo un trazado cuadricular o cuadrangular, siendo excepcionalísimo encontrar una ciudad con una plaza con más de cuatro lados, como es el caso de la plaza pentagonal de Coyhaique, una ciudad fundada en el Siglo XX en el extremo sur de Chile, cuyo diseño se dice que proviene del emblema de los Carabineros. Por otra parte, también es excepcional, el diseño de las plazas cuadradas pero con la intersección de las calles sólo en los costados de la misma. También puede considerarse como una excepción, el diseño de la plaza cuadrada con la intersección de dos calles en cada ángulo y cuatro calles en los costados.

Como también se ha dicho, partiendo con trazado en paralelo desde la plaza reticular, las calles resultantes necesariamente se cruzan en ángulos rectos dando origen a la forma urbana ortogonal o reticular de la ciudad. Por ello, casi invariablemente en toda América, como lo exigían las Instrucciones de 1573, se siguió la regla de que las calles debían trazarse a *cordel y regla*, lo que se evidencia no sólo de los planos antiguos de las ciudades, sino de los actuales en lo que respecta a los centros históricos. El trazado de las ciudades en esta forma, originó las manzanas cuadradas o rectangulares que conformaron la trama urbana de las ciudades, en las cuales se distribuyeron los solares también conforme a un diseño regular.

Pero la plaza, por supuesto, si bien fue la pieza esencial del urbanismo en Hispanoamérica, también puede decirse que tenía sus antecedentes en el mundo antiguo.

1. Las plazas históricas

En el mundo griego, por ejemplo, puede decirse que el *agora* era el símbolo de la *polis*, y no sólo de la ciudad sino de la vida citadina; constituía, en definitiva, el marco esencial para el desarrollo de la vida política. Su función, por tanto, por sobre todo era social y política antes que comercial; pues allí se desarrollaban las asambleas políticas, era la sede de los tribunales, y constituía a la vez un espacio público sagrado para el culto. Por ello, en general, tenía una forma regular, rectangular, generalmente abierta.

En el mundo romano, el *forum* puede decirse que tenía una característica similar, también particularmente desde el punto de vista político. En las ciudades o colonias de nueva planta estaba ubicado en el cruce de las dos vías principales de la ciudad, el *cardo* y el *decumanus maximus*. En el foro también se desarrollaban con mayor especificidad las funciones políticas, judiciales y electorales, y adicionalmente, las comerciales. Era el lugar para las asambleas populares y por supuesto, el marco para la elocuencia, donde los oradores daban sus opiniones. En fin, era el centro de la vida citadina.

En el mundo hispánico puede decirse que la plaza también fue siempre un componente principal de los pueblos y ciudades, aún cuando por supuesto, sin que su diseño urbano obedeciera a regularidad alguna. Puede constatarse que todos los pequeños pueblos españoles tienen su plaza, generalmente de origen medieval, como lugar de mercado, que se convirtió con el tiempo en el centro de la vida urbana. Precisamente por su origen, generalmente en ellas no está ubicada la iglesia, sino más bien las Casas Consistoriales. Son ejemplos muy característicos en la Península, la plaza de Almagro en Castilla (Ciudad Real), con sus funciones teatrales y de corridas de toros; de Tembleque, en Toledo y de Chinchón en Madrid; todas con formas irregulares.

En el medioevo, además, en general las plazas mayores no estaban en el centro de las ciudades, pues su origen radica en que eran centros de mercado extramuros, por lo que eran frecuentadas por extranjeros quienes no podían entrar a la ciudad. Por ello, en la mayoría de los casos en ellas no está ubicada la iglesia, pero sí la autoridad civil. Estas plazas de mercado convertidas progresivamente en el centro de la vida urbana, además de servir también para el desarrollo de espectáculos, particularmente a partir del reinado de los

Reyes Católicos, comenzaron a tener funciones propias de la vida civil y política urbana, cuando aquellos ordenaron en 1480 que en las mismas se construyeran las casas para los Ayuntamientos y Cabildos, lo que repitieron en 1500. Por ello es que en la mayoría de las plazas mayores de los pueblos españoles, las Casas Consistoriales si están en un costado de las mismas.

2. Las plazas programadas monumentales y residenciales

El mundo medieval europeo, por tanto, salvo en las *bastides* francesas, puede decirse que no conoció de la existencia de grandes plazas centrales y reticulares en las ciudades, como si se desarrollaron en la América colonial a partir del Siglo XVI.

En realidad, puede decirse que fue a partir de mitades de dicho Siglo, después que en la América Hispana se había comenzado a llevar a cabo el proceso de poblamiento, cuando en las ciudades europeas se comenzaron a establecer plazas mayores monumentales o residenciales, *ex novo*, con una forma urbana reticular, ubicadas en la trama urbana existente, generalmente mediante la demolición de determinadas zonas urbanas o por la reconstrucción de las mismas.

Este fenómeno ocurrió, en todo caso, cuando el diseño de la plaza mayor o de armas de las ciudades latinoamericanas ya se había consolidado.

En efecto, en la Península española las plazas mayores residenciales, cerradas y monumentales puede decirse que fueron producto de las concepciones monumentales arquitectónicas que desarrolló precisamente Felipe II (1556-1598), y fueron construidas o reformadas con forma muy regular en medio de la trama urbana de algunas ciudades, como ocurrió con las plazas de Valladolid, Salamanca y Madrid, las cuales se constituyeron, además, en centros importantes para el desarrollo de las fiestas, incluso, de las corridas de toros.

En el caso de Valladolid, el incendio que se inició el 21 de septiembre de 1561 y que destruyó casi el 80% de las edificaciones de la antigua plaza, después de varios proyectos provocó la reconstrucción de la plaza mayor que se conoce en la actualidad. La misma influyó en la concepción posterior de muchas plazas mayores en la Península, entre las cuales está la plaza mayor de Madrid, construida al final del reinado de felipe III entre 1617 y 1621 mediante la destrucción de parte del barrio antiguo; la plaza mayor de Segovia, aun cuando inacabada (1624), y la plaza mayor de León (1677), también reconstruida después de un incendio de 1654. Más tardíamente se construyó la plaza mayor de Salamanca, entre 1729 y 1788.

New York, febrero de 2023

CAPÍTULO NOVENO.

INTRODUCCIÓN GENERAL A LA HISTORIA DEL MUNICIPALISMO EN AMÉRICA LATINA: POBLAMIENTO, CIUDAD Y ORDEN URBANO

(Con especial referencia al inicio del nuevo orden municipal republicano en Venezuela en 1812)

Trabajo preparado para la obra colectiva *Tratado de Derecho Municipal*, coordinada por Orlando Vígnolo, Thomson-Reuters, Lima, 2014

INTRODUCCIÓN

América Hispana, como conjunto de naciones, no es otra cosa que el resultado final de un descomunal proceso de municipalización sistemática del extenso territorio que va desde San Agustín en La Florida hasta las tierras australes, que no tiene parangón en la historia de la Humanidad, y que fue desarrollado en el siglo XVI por la Corona Española, mediante la fundación de innumerables pueblos, villas y ciudades, en cumplimiento de estrictas normas jurídicas que se dictaron para las Indias (derecho indiano), que es por lo demás, lo único que explica la pasmosa regularidad y orden urbano que caracterizó el proceso de poblamiento de América.

Y decimos que fue un proceso de "municipalización" del territorio, partiendo de la propia etimología de la propia palabra "municipio" que viene del latín: *Municipium*, como palabra compuesta de *munus, muneris* (cargo, oficio, deber, obligación), y el verbo *capio, capere* (tomar, coger, recibir); y que identifica en general a una comunidad política local o *comune*, establecida en un territorio (término municipal), con una población (vecinos) y regida por autoridades propias (munícipes, ediles), designadas o electas, que tenían la obligación política de servir a la misma en los cargos.

El derecho aplicable a ese proceso de "municipalización" del territorio fue el derecho castellano, el que regía en el reino de Castilla, y que imponía a los Adelantados la obligación de fundar pueblos para que se materializara la incorporación de las tierras descubiertas a la Corona de Castilla, ya que conforme al *Código de las Siete Partidas* (1348) correspondía "a aquél que las poblara primeramente"; lo que además, debían hacer mediante un acto formal (*ad solemnitatem*) que tenía efectos jurídicos importantísimos, por lo que debía siempre quedar formalizado en acta levantada por escribano, en la cual entre otros aspectos, debía quedar registrada la designación de las nuevas autoridades de la *civitas*, la demarcación del territorio de la misma y el repartimiento de las tierras a los vecinos; con el cual el pueblo adquiría existencia legal.

El *Código de las Siete Partidas,* que era el cuerpo jurídico básico del derecho castellano, en efecto definía el proceso de poblar o de establecer un pueblo, como el asentar o reunir hombres mayores, medianos y menores en forma comunal (*Partida 7, Titulo 1º, Ley 1*), en un territorio o lugar edificado y generalmente cercado (*Partida 7, Título 33, Ley 6*), sometido a autoridades y leyes. Por ello, en pueblo, era una "república" en el sentido que refería Marco Tulio Cicerón (54 A.C.), cuando señalaba que "República es cosa del pueblo; pueblo no es toda reunión de hombres congregados de cualquier manera, sino sociedad formada bajo la garantía de las leyes y con el objeto de utilidad común" (*Tratado de la Republica*); o una *civitas*, como Aristóteles (347 A.C.), la definía, como agrupación de hombres establecida en un lugar para su común beneficio y sometidos a leyes comunes (*La Política, Libro Primero, Capítulo Primero)*; considerada por Isidoro de Sevilla (Siglo VII*)* también como un número de hombres juntados por un lazo social (*Ethymologiae).*

Por ello es que decimos que América, y los países del Continente, en definitiva surgieron de la municipalización del territorio con los pueblos y ciudades que se fundaron. Ese proceso de municipalización, y la forma urbana utilizada para el diseño de la ciudad colonial, fue sin duda la gran creación y legado cultural urbano español en el Nuevo Continente, materializada en un trazado regular, hecho partiendo del establecimiento de una plaza mayor o central dispuesta a cordel y regla, de la cual paulatinamente fueron saliendo las calles trazadas en línea recta, formando una trama urbana en manzanas o cuadras generalmente iguales (como un damero), tal y como todavía hoy se aprecia en todos los centros o cascos históricos de los pueblos y ciudades latinoamericanas.

Lo importante, en todo caso, es que esa increíble empresa urbana y de municipalización tan extendida, fue un proceso "ordenado" en el sentido de que no sólo fue realizada en acatamiento a precisas normas jurídicas que al efecto se fueron dictando desde la Corona, relativas al acto fundacional mismo, a la definición del territorio de la población, a la repartición de solares entre los vecinos, y a la designación de autoridades del municipio (regidores y corregidores), sino que fue "ordenado" en cuanto a la adopción de una sola forma urbana reticular para las ciudades, que se repitió regularmente, y que caracteriza a todas las ciudades del Continente, la cual no existía en las ciudades de la Península que generalmente tenían y tienen una trama urbana irregular e intrincada

En ese proceso, por tanto, nada quedó al azar o a la sola experiencia o criterio de los adelantados y pobladores, de manera que incluso en sus inicios, cuando el proceso del descubrimiento, conquista y colonización de la América hispana se desarrolló por iniciativas privadas, conforme Capitulaciones que fueron otorgadas por los monarcas a los Adelantados, en cuanto al proceso de poblamiento del territorio, ello obedeció siempre a una política centralizada, trazada desde la Corona, y que se plasmó paulatinamente en Ordenanzas, Instrucciones y Reales Providencias dictadas especialmente para la empresa americana, para asegurar, jurídicamente, mediante el poblamiento, que las nuevas tierras descubiertas en las Indias se incorporaran a la Corona de Castilla.

He allí, precisamente, una de las diferencias esenciales que existió entre los procesos colonizadores español e inglés en América, iniciado el último, 100 años después del primero. Si bien ambos estuvieron a cargo de particulares que obtuvieron una concesión real a su propio riesgo y ventura, en el caso de la conquista y colonización española el proceso fue muy rápidamente ordenado por la Metrópoli, enmarcándolo en normas jurídicas que evidenciaron una deliberada política del Estado español, que fue lo que dio origen al "derecho indiano", es decir, a un cuerpo de leyes dictadas especialmente para las Indias. Ese ordenamiento es el que explica cómo en la América Hispana, a diferencia de Norte América, se hubiese establecido una organización política territorial racional y jerarquizada para el gobierno interno en el Nuevo Mundo, compuesta por Virreinatos, Audiencias, Capitanías Generales y Provincias que ni siquiera existió en la propia Península; con autoridades propias, estando las últimas a cargo de Gobernadores, Corregidores y Cabildos.

La colonización fue por tanto en América, para el conquistador, un proceso de fundación de pueblos, villas o ciudades, realizado formalmente mediante acta auténtica, y no simplemente estableciendo o asentando campamentos, aldeas, rancherías o embarcaderos, al punto de que si no se fundaban pueblos, legalmente no había conquista. Así lo diría el cronista y capellán de Hernán Cortés, Francisco López de Gomara (1511-1564) en su *Historia General de las Indias y vida de Hernán Cortés,* al comentar el fracaso de la expedición de Pánfilo de Narváez a Florida: "Quien no poblare no hará buena conquista, y no conquistando la tierra no se convertirá la gente, así que la máxima del conquistador ha de ser poblar" (Capítulo XLVI).

Por ello, la fundación de pueblos o "municipios" en América, en los términos formales y jurídicos indicados, fue la acción más importante del proceso de conquista, al punto de que sólo se podían fundar pueblos con licencia de la Corona o de los adelantados, de manera que fundar pueblos sin licencia, era un delito que incluso acarreaba la pena de muerte. La fundación de un pueblo, en efecto, le daba a las nuevas autoridades designadas por el adelantado, el gobierno respecto de un territorio descubierto, lo que implicaba una limitación al eventual derecho al territorio que pudieran reclamar otros adelantados, quienes debían considerar que por el hecho de la existencia de una población, ya la tierra estaba conquistada bajo una determinada jurisdicción.

Este singular proceso de poblamiento en América, que no es otra cosa que el proceso de municipalización del Continente, es el que queremos analizar en esta aproximación histórica sobre los orígenes del derecho municipal en la América hispana, la cual hemos dividido en las siguientes siete partes: (i) El poblamiento o municipalización como título jurídico para la incorporación del territorio a la Corona de Castilla; (ii) La organización político administrativa del territorio en América; (iii) El modelo urbano utilizado para la fundación de las ciudades americanas; (iv) Las Instrucciones Reales para la municipalización e implantación del modelo urbano en la ciudad colonial americana; (v) Algo sobre el proceso de poblamiento y municipalización en la época colonial: el caso del Virreinato del Perú;[9] (vi) Apreciación general sobre el Municipio en el derecho indiano; (vii) El municipio americano al momento de la independencia a comienzos del siglo xix; y (viii) El régimen municipal en las primeras Constituciones provinciales americanas: el caso de

9 Para la elaboración de las primeras cinco partes de este estudio hemos partido de las notas del curso sobre "El modelo urbano de la ciudad colonial y su implantación en Iberoamérica" que dictamos en la *Maestría en Derecho Urbanístico*, Departamento de Derecho Administrativo la Universidad Externado de Colombia, Bogotá, en 2007, cuando lo dirigía el profesor Jaime Orlando Santofimio, y que fue publicado con el título *El modelo urbano de ciudad colonial y su implantación en Hispanoamérica*, Serie Derecho Urbanístico No. 1, Universidad Externado de Colombia, Bogotá 2008, 133 pp. El texto de ese curso, por otra parte, estuvo íntegramente basado en mi libro *La Ciudad Ordenada (Estudio sobre "el orden que se ha de tener en descubrir y poblar" o sobre el trazado regular de la ciudad hispanoamericana) (Una historia del poblamiento de la América colonial a través de la fundación ordenada de ciudades)*, 1ª edición, Universidad Carlos III de Madrid, Boletín Oficial del Estado, Madrid 1997; 2ª edición ampliada: Editorial Criteria, Caracas 2006, 545 pp., ilustrada con 636 planos antiguos y recientes; Reimpresión de la 2ª edición: Editorial Thomson-Aranzadi, Madrid 2008, 545 pp. Para toda la bibliografía utilizada en la redacción de esas partes, por tanto, me remito a la indicada con todo detalle en dicha obra.

la Constitución para el gobierno y administración interior de la Provincia de Caracas de 31 de enero de 1812.

I. EL POBLAMIENTO O MUNICIPALIZACIÓN COMO TÍTULO JURÍDICO PARA LA INCORPORACIÓN DEL TERRITORIO A LA CORONA DE CASTILLA

1. Algo sobre el derecho castellano, su origen como derecho local o municipal, y su configuración territorial

Como antes se dijo, el derecho que rigió el proceso de descubrimiento, conquista y colonización de los territorios de América fue el derecho castellano, el cual al final del medioevo, era el derecho escrito que se había ido conformando por el legado del derecho romano que se había aplicado en *Hispania,* Colonia Romana, y del derecho visigótico, que se aplicó luego de la caída del Imperio romano, cuando la ocupación del territorio de la península por poblaciones del Norte de Europa; y que luego se fue paulatinamente moldeado conforme a los usos locales. Se trataba, básicamente de un derecho de origen municipal que se desarrolló principalmente durante los siglos XI al XIII, en pleno proceso de la Reconquista de la península frente a los moros, habiendo sido plasmado en la legislación de orden local que se fue otorgando por los Reyes específicamente para cada ciudad y sus Municipios. Ello dio origen a lo que se conoce como los "fueros municipales" en los cuales se reflejó el derecho que fue aceptado y seguido en cada localidad. En su origen, por supuesto, los fueros tenían aplicación estrictamente local, lo que no impidió que se fueran extendiendo a otras localidades, llegando algunos incluso a aplicarse en casi todo el Reino.

Entre los fueros más importantes otorgados con motivo del proceso de la Reconquista, mediante los cuales se reguló el proceso de repoblamiento de las antiguas ciudades y pueblos romanos-visigóticos que habían sido ocupados por los moros por varios siglos, una vez recuperados por los cristianos, está el Fuero de Sepúlveda en la Provincia de Segovia, expedido por Alfonso VI el 17 de noviembre de 1076, el cual puede considerarse como un antecedente fundamental de las regulaciones urbanísticas.

En el mismo se encuentra, por ejemplo, como parte de la política de repoblación, el establecimiento de privilegios y excepciones para estimular la repoblación de las villas abandonadas. A tal efecto se estableció, por ejemplo, la obligación del poblador de residir por un tiempo en la ciudad, peor a la vez se le otorgó el privilegio de poder salir y dejar su casa segura por un mes, sin perderla por ausencia. El privilegio general era una excepción al principio general que se resumió en la frase común española de que "el que va a Sevilla pierde su silla", o en la hispanoamericana "el que va de villa pierde su silla", o en la brasilera "el que va a Portugal pierde su lugar".

Pero aparte de ese privilegio general al poblador de conservar su casa en ausencia, el Fuero de Sepúlveda establecía algunos principios vinculados al proceso urbano, como los siguientes:

En primer lugar, el principio de la ordenación y asignación de uso a la tierra urbana por la autoridad local, de manera que la ocupación del suelo no era libre, sino que debían estar sometida a un ordenamiento.

En segundo lugar, en el Fuero de Sepúlveda se encuentra también el antecedente remoto de la existencia de un patrimonio público del suelo, de manera que sólo el Concejo podía y debía adjudicar solares al poblador para construir su casa, en el lugar adecuado y cerca de las otras casas.

En tercer lugar, este deber de la autoridad local de adjudicar solares para poblamiento, sólo se establecía para un primer establecimiento, por lo que si posteriormente el poblador vendía su casa y se proponía edificar de nuevo, ya no podía pedir adjudicación de un nuevo solar sino esta vez que debía comprar el terreno que necesitaba.

En cuarto lugar, en el Fuero también se establecía la exención tributaria para el poblador, siempre que tuviese casas en la villa o las tuviere pobladas; y además, que la casa estuviere necesariamente cubierta de teja y no de paja; pues de lo contrario debía pagar sus impuestos como si no morase en la villa.

Por último, como en todos los fueros castellanos, algunas normas básicas sobre el derecho civil de la propiedad urbana también se establecían en el Fuero de Sepúlveda, como el de la dimensión vertical de la propiedad urbana que recogía el viejo precepto romanista, de que el dominio se extendía ilimitadamente en sentido vertical, por arriba, *usque ad coelum, ad sidera* y, por debajo, *usque ad inferos, ad centrum, ad profumdum*, lo que en materia urbana se concretaba en el derecho del propietario de elevar sus edificaciones sin límite alguno.

Por otra parte, al lado del derecho local, en la Edad Media también se desarrolló un derecho territorial consuetudinario y judicial, que tuvo su origen en recopilaciones hechas por iniciativas privadas, de las costumbres jurídicas y de la jurisprudencia de los tribunales del país castellano. Entre esas recopilaciones se destaca el *Libro de los Fueros de Castilla* (1250), redactado en Burgos durante la segunda mitad del siglo XIII, y el *Fuero Viejo de Castilla* (1356), considerado durante algún tiempo como el código de la nobleza castellana, y atribuido al rey Pedro I el Cruel (1334-1336). En estos últimos casos se trataba de obras de índole privada de recopilación de textos anteriores.

Ese derecho disperso, además, había sido objeto de recopilaciones generales, como la monumental ordenada por Alfonso X, El Sabio en 1256-1263, denominada el *Código de las Siete Partidas*, para cuya elaboración una de las principales fuentes utilizadas fue el *Corpus iuris civilis*, utilizándose la división romano en libros, títulos y leyes, que abarcó todas las manifestaciones del derecho en la época.

Se trató inicialmente de una obra de carácter didáctico, dirigida a instruir a los príncipes para facilitarles la adopción de sus resoluciones, la cual un siglo después de su publicación del Código, adquirió fuerza obligatoria en virtud de la adopción por las Cortes en Alcalá de Henares, en 1348, del llamado *Ordenamiento de Alcalá*.

En este cuerpo se estableció por primera vez el orden de prelación de las fuentes legales, disponiéndose que el Código tendría el carácter de cuerpo normativo supletorio general, con lo que se dio cierta unicidad a la legislación del Reino de Castilla y León.

2. *El poblamiento como título de señorío sobre las nuevas tierras: la necesidad jurídica de poblar*

Este *Código de las Siete Partidas* regulaba las formas o "maneras como se gana el señorío del Reyno", mencionando cuatro soluciones o títulos jurídicos: herencia, elección voluntaria, matrimonio con heredera del reino o concesión pontificia o imperial. Pero en un mundo reducido a Europa, África y el Oriente hacia Asia como era el existente en la época, la empresa isabelina del descubrimiento de la ruta a la India por el occidente, no tenía por objeto hacer de los Reyes Católicos Señores del algún reino existente, por lo que el régimen jurídico mencionado en el Código no tenía aplicación en ese momento: los Reyes no tenían posibilidad de heredar las tierras nuevas que se descubrieren; no podían adquirirlas por el consentimiento de todos los de los ignotos reinos; no había posibilidad de que las obtuvieran por casamiento, y en las tierras nuevas y desconocidas ni el Papa ni el Emperador eran reyes de las mismas.

Por tanto, el título jurídico que podía utilizarse para apoderarse de las "islas y tierras firmes" que Colón encontrare en las "mares océanas", conforme al mismo derecho castellano, era otro. Y allí está precisamente la respuesta a la pregunta de porqué poblar.

En efecto, la Ley 29, título XXVIII de la Partida III, al plantear la cuestión de a quien pertenece "la ysla que se faze nuevamente en el mar", prescribía lo siguiente

> "Pocas vegadas acaece que se fagan yslas nuevamente en la mar. Pero si acaeciesse que se fiziese y alguna ysla de nuevo, suya dezimos que deve ser de aquel que la poblare primeramente; e aquel o aquellos que la poblaren, deben obedescer al Señor en cuyo señorio es aquel lugar do apareció tal ysla."

Por tanto, el título jurídico del cual se disponía conforme al derecho castellano para incorporar las nuevas tierras o islas que se descubriesen al señorío de la Corona de Castilla, consistía *en poblar* las islas y tierra firme que se descubrieren, lo que imponía la obligación de poblar para poder tomar posesión de una tierra, correspondiendo el señorío a quien primero poblare.

Sin embargo, un escollo interpretativo se derivó del texto de la norma. Resulta que como Colón lo informó a la Corona desde el mismo momento de su regreso del primer viaje (1493), esas tierras, decía, estaban "pobladas con gente sinnúmero", pero que a pesar de ello, "dellas todas he tomado posesión por sus altezas con pregón y bandera real estendida y non me fue contradicho".

Esta situación hizo que el problema del título jurídico de la ocupación fuera motivo de discusión. Conforme al derecho de la época, los países habitados por infieles se consideraban que pertenecían a la nación cristiana que los descubriera, conquistara y poblara; pero, los juristas de la Corte no estaban seguros de que lo que se había descubierto fuesen países habitados por infieles –los cuales en principio, en ese momento eran sólo los moros-, acudieron entonces al Papa para que les concediera las tierras descubiertas y por descubrir en la Mar Océana, aun cuando el Papa no era rey en esas tierras, único título que le hubiera podido permitir conforme a las Partidas, otorgarlas a los monarcas.

En la época, sin embargo, no habían sido infrecuentes las bulas de asignación de territorios en soberanía a reyes y príncipes; más bien eran una práctica internacional común en Europa antes de 1492: Adriano IV había entregado a Enrique II de Inglaterra, la isla de Irlanda; Clemente IV, en 1344, concedió al Conde Clermont las islas Canarias; y Nicolás V, en 1455, Calixto III, en 1456 y Sixto IV, en 1481 habían otorgado a Portugal las tierras africanas, desde el cabo Bojador hasta la India. Se trataba de una tradición arraigada de tipo medieval, basada en la idea del poder temporal del papado

En el caso de América, además, la búsqueda de una concesión papal se precipitó, por el reclamo que el rey Juan II de Portugal le había hecho a Colón a su regreso del primer viaje, en la entrevista que sostuvieran también en febrero de 1493, en el sentido de que las islas descubiertas le pertenecían por encontrarse enclavadas en el espacio reconocido a Portugal particularmente en el Tratado de Alcaçobas. Este se había suscrito en 1479 con motivo de los descubrimientos portugueses en la costa africana repartiéndose los dos reinos las tierras descubiertas, habiendo sido confirmado por el Papa con la bula *Aeterni Regis* (1481).

Lo cierto es que al recibir el informe del primer viaje, los Reyes Católicos, si bien ordenaron inmediatamente los preparativos para la realización del segundo, de inmediato iniciaron negociaciones con el papado para asegurar el monopolio de la navegación y colonización de los mares y territorios que Colón había descubierto. El Papa Alejandro VI, además, era Rodrigo Borja, español de Valencia, quien para lo que se le requería tenía como precedentes las bulas que habían sido concedidas a los monarcas portugueses décadas antes.

Ahora le tocaba a España, para lo cual el papa otorgó a los Reyes Católicos todas las tierras descubiertas por Colón, y trazando una línea imaginaria de norte a sur a 100 leguas al oeste de las Azores y de las islas de cabo Verde, estableciendo que todas las tierras y el mar al oeste de esa línea quedaban bajo la exploración e influencia españolas.

Esta demarcación quedó plasmada en tres bulas fechadas los días 3 y 4 de mayo de 1493: la *Inter coetera* y la *Eximiae devotionis* del 3 de mayo, y la *Inter coetera* del 4 de mayo. Mediante una cuarta bula, la *Dudum Siguidem*, otorgada el 26 de septiembre de 1493, el Papa amplió las concesiones a los monarcas españoles para incluir "las islas y continentes cualesquiera, encontrados o por encontrar... navegando o viajando al oeste o el sur, ya se encuentren en las regiones occidentales o meridionales y orientales y *de la India*". En esta concluyó afirmando que:

> "donamos, concedemos y asignamos todas y cada una de las tierras e islas supradichas, así las desconocidas como las hasta aqui descubiertas, por vuestros enviados y las que se han de descubrir en lo futuro que no se hallen sujetas al dominio actual de algunos señores cristianos."

Esta donación pontificia tuvo un gran valor internacional, habiendo sido ésta, además, la última vez en la historia de la humanidad que se produciría un acto teocrático de esa naturaleza.

En todo caso, la alarma de Portugal por la generosidad de las concesiones del Papa, al incluir a la India en la bula, llevó al rey Juan II a negociar directamente con los Reyes Católicos, aceptando la demarcación de la bula *Inter coetera*, pero pidiendo que la línea fuera trazada no a las 100 leguas, sino a 370 leguas al oeste de las islas de cabo Verde. Para ello, los reinos suscribieron un nuevo Tratado, el de Tordecillas en 1494, con el cual los monarcas españoles accedieron a la petición portuguesa creyendo, por Colón, que ya había quedado descubierto el camino occidental a la India. Pero no fue así, con lo que Portugal aseguró el dominio del verdadero camino a la India bordeando África y del Atlántico Sur, así como del territorio de Brasil, aun cuando en principio todavía se tenía como no descubierto. España luego se daría cuenta que con lo que se había quedado con el Tratado, había sido con un Nuevo Mundo que había "aparecido" y le pertenecía.

La concesión papal, en todo caso, se refería a las tierras que no fuesen poseídas por otro rey cristiano, es decir, conforme al derecho castellano, que no hubiesen sido pobladas antes bajo el señorío de otro soberano. La obligación de poblamiento, por tanto, quedaba como título jurídico siempre válido y necesario para que incluso pudiera materializarse la concesión papal.

3. El "justo título" de la conquista y los pueblos de españoles y los pueblos de indios

Otro tema jurídico que hubo que resolver en el proceso de poblamiento se refirió al "justo título" de la Conquista, particularmente por la problemática que surgió en torno a los indios y su régimen jurídico, que formó parte fundamental del derecho Indiano.

Al inicio del proceso de conquista, y como reacción a las conductas esclavistas desplegadas por Colón en la isla La Española, por Real Cédula de 20 de junio de 1500 se declaró a los indios como vasallos libres de la Corona. Sólo se admitió que podían ser tenidos como esclavos a los indios cautivos en justa guerra, lo que incluso se eliminó en 1530.

Los indios, sin embargo, vieron condicionada su libertad al ser equiparados a lo que en el viejo derecho castellano se denominaba "rústicos" o menores, es decir, personas que requerían de tutela o protección legal, situación de la cual surgieron los repartimientos y encomiendas que fueron las dos formas jurídicas más importantes tendientes a organizar a los indios en las Indias.

Estos repartimientos dieron origen a las encomiendas, y que implicaba que un grupo de familias de indios, incluso con su propia organización y sus propios caciques, se entregaban o se "encomendaban" a un español encomendero. A este se le obligaba jurídicamente a proteger a los indios que le habían sido encomendados y a velar por su fe religiosa, pero tenía el derecho de beneficiarse con el trabajo u otros servicios personales de los indios y de exigirles tributos y diversas prestaciones económicas. Esta institución regularizó entonces una relación entre el encomendero y los encomendados, de señor-siervo, lo que marcó profundamente la vida colonial, sobre todo en los países de América Latina con gran densidad de población autóctona. En todo caso, muchos pueblos en América tuvieron su origen, precisamente, en las encomiendas, desarrollándose en torno a la casa del encomendero y a la iglesia de la doctrina.

A pesar de los intentos de eliminar las encomiendas, particularmente por la lucha sostenida entre fray Bartolomé de Las Casas, mediante leyes protectoras del trabajo del indio, como la muy importante *Leyes y Ordenanzas nuevamente hechas por Su Majestad para la gobernación de las Indias y buen tratamiento y conservación de los indios* de 1542, conocidas como las *Leyes Nuevas,* por las protestas que originó en América, la institución persistió pero con preceptos más favorables a los indios.

En cuanto a los indios no repartidos en encomiendas se procuró que los mismos vivieran agrupados en núcleos de población, aislados de los españoles, con cierta autonomía administrativa. Estos fueron los *pueblos de indios*, que tenían sus propios alcaldes y alguaciles. Inicialmente se denominaron "reducciones", pues implicaban reducir al indio generalmente de vida no sedentaria, para que viviera en una población a la cual se adscribían. Además, estas reducciones también tuvieron su origen en las doctrinas y misiones, originando pueblos de indios en torno a la labor misionera de un fraile o cura doctrinero (pueblos de doctrina).

Pero a pesar de la distinción básica entre los pueblos de españoles y los pueblos de indios, en realidad todos fueron centros mixtos de población donde vivieron en calidad de vecinos los blancos con los indios. La ciudad exclusivamente para población blanca, en realidad no existió, ni se sostuvo jamás en las Indias, pues la actividad socio-económica del ibérico no podía pensarse ni sostenerse sin la colaboración, apoyo y ayuda de la población indígena.

En todo caso, con motivo de las *Leyes Nuevas* se regularizó una dualidad de Reinos de Indias: la república de indios, por una parte, y la de los españoles, por la otra, independientes entre sí y sometidas al monarca. Se reconoció, así, la vigencia del propio derecho indígena en lo que no contradijese las leyes dictadas por los monarcas o las leyes naturales. Posteriormente, en 1550, el Emperador ordenó suspender todas las conquistas y descubrimientos en el Nuevo Mundo, hasta 1556 cuando se proscribió el uso del término "conquista" y se lo sustituyó por el de "pacificación" como apareció en la *Instrucción* dirigida al virrey del Perú, sobre poblaciones y nuevos descubrimientos.

4. Las Capitulaciones como fuente inicial del derecho indiano y como título de la obligación de poblar

La obligación general de poblar, además, les fue impuesta a los Adelantados en los títulos individuales que obtuvieron de la Corona para la empresa de descubrimiento y conquista.

Y estos títulos fueron las capitulaciones, las cuales se convirtieron en el instrumento título jurídico fundamental que sirvió para el proceso de descubrimiento, colonización y población. Se trataba, en términos contemporáneos de una especie de contrato de concesión territorial que la Corona otorgaba a los jefes de las expediciones descubridoras. Su origen fue enteramente medieval, consecuencia también de la Reconquista, como instrumento que otorgaba a los adelantados señorío de las tierras que se conquistaren; y se aplicaron también en la conquista de las islas Canarias en 1420, cuando el rey Juan II las dio en señorío a Alfonso de Las Casas sin sujeción a ningún oficio de la Corona y con la sola obligación de mantener fidelidad a Castilla.

En las Capitulaciones dadas para la conquista de América se establecía la autoridad del adelantado sobre una tierra descubierta o por descubrir; se otorgaba el derecho de conquista, población y gobierno de la tierra sometida, de manera que los Adelantados eran los gobernadores de las Provincias descubiertas; se establecían las obligaciones del adelantado de sufragar la empresa con sus propios fondos; se fijaban los derechos que se reservaba la Corona en los nuevos territorios; y se determinaban los territorios a los cuales se podía dirigir el descubridor; y se le imponía al Adelantado la obligación de fundar pueblos.

En la ejecución de las Capitulaciones, la Corona no corría con ningún gasto para el envío de la expedición, lo que quedaba a expensas del expedicionario. Por ello se le compensaba con privilegios de títulos y ganancias, y con facultades para repartir tierras y solares, para hacer repartimiento de indios, para erigir fortalezas y para proveer de oficios a las ciudades; y en las Capitulaciones se establecía la participación de la Corona en las ganancias de la empresa.

El Adelantado, además, era el responsable de su hueste, que era un ejercito particular que constituyó el elemento humano de la conquista. Los hombres que se reclutaban para integrarlo pasaban a formar parte de la empresa, con derecho a que se les concedieran o repartieran tierras y solares. Es decir, en las empresas descubridoras, no había soldada y todos tenían derecho en los repartos de utilidades y en el botín.

5. *La solemnidad del acto fundacional y la definición del territorio de las provincias*

En cuanto a la obligación de poblar, la misma se estableció desde la primera Capitulación que los Reyes otorgaron para el Nuevo Mundo, que fue la de Cristóbal Colón en 1492; y siendo la ejecución de la misma (fundar) el acto jurídico más importante del como un acto solemnísimo, del cual se dejaba constancia en acta levantada por escribano. El ceremonial era uniforme y formal; y venía descrito por precisión en los "manuales" o instrucciones dadas a los conquistadores. Mediante el mismo se tomaba posesión de la tierra, inmediatamente se trazaba la plaza como un cuadrado o rectángulo, en la cual se clavaba el símbolo de la justicia y gobierno, y a partir de ella las calles se extendían formando una retícula, indicándose el sitio de la iglesia, siempre en el costado este de la plaza, y de los otros edificios públicos; y se repartían los diversos solares entre los vecinos, nombrándose las autoridades que regirían la ciudad, y disponiéndose los ejidos.

El pueblo como tal, por supuesto, al fundarse, no era absolutamente nada, salvo quizás un acta o una demarcación de calles y plaza y unas cuantas chozas que luego, con el correr del tiempo y de las actividades en torno al mismo se iban asentando y mejorando, surgiendo progresivamente la ciudad, ordenadamente, en el marco del plano trazado en la fundación.

Lo importante de este acto, aún cuando físicamente la ciudad no existiese, era que con el acta fundacional existía jurídicamente, como el título fundamental para el establecimiento del señorío o dominio de los monarcas españoles, y además, como el título fundamental para la demarcación del ámbito territorial de las Gobernaciones otorgadas en las Capitulaciones.

Hay que recordar, por ejemplo, que las Provincias se definieron en Tierra Firme siempre con la sola indicación más o menos precisa de puntos en la costa del mar, así: la Capitulación otorgada a Gonzalo Fernández de Oviedo en 1523, ampliada en 1525, para Gobernación de la Provincia y puerto de Cartagena, se extendía desde el golfo de Urabá, que era el término de la Gobernación de Castilla del Oro, que había sido dada a Pedrarias Dávila en 1513, hasta dicho puerto de Cartagena; la Capitulación otorgada a Rodrigo de Bastidas en 1524, para Gobernación de la Provincia y puerto de Santa Marta, se extendía desde el puerto de Cartagena, que era el término de la Gobernación de Cartagena, hasta el cabo de la Vela, en la parte occidental de la península de la Guajira; y la Capitulación otorgada a los Welser en Venezuela en 1528, para la Gobernación de la Provincia de Venezuela y cabo de la Vela, se extendía desde dicho el cabo de la Vela, que era a la vez el término de la Gobernación de Santa Marta, hasta el cabo de Maracapana (en el actual Estado Anzoátegui) hacia el este.

Las Provincias, por tanto, tenían una extensión determinada en la costa, pero tierra adentro, llegaban hasta donde poblaran y en todo caso, hasta el mar del Sur. Así se indicaba por ejemplo, en la Capitulación de 27 de marzo de 1528 dada a Enrique Ehinger y Jerónimo Sailer, en la cual se señaló además, como término de la Gobernación, desde la costa (norte) hacia el sur, "de la una mar a la otra", es decir, desde el mar Caribe tierra adentro hasta el mar del Sur. La prolongación de la Provincia hacia el sur, por tanto, en principio seguía una línea por el meridiano que pasaba por cada uno de los términos hacia el oeste (cabo de la Vela) y hacia el este (Maracapana). Sin embargo, su determinación precisa posteriormente, iba a depender de la labor de poblamiento.

En otras palabras, la fundación de pueblos, villas o ciudades en el territorio descubierto fue lo que en definitiva definió el territorio como formando parte de la Provincia que integraba la Gobernación correspondiente.

Así, unas tierras podían haber sido descubiertas y visitadas por determinados adelantados o exploradores, pero mientras no las poblaban, no formaban parte de la Gobernación de la Provincia a la cual servían. Si luego, otro adelantado bajo el mando del gobernador de otra Provincia las poblaba primero, el territorio se consideraba como perteneciente a esta última.

Se comprenderá, por tanto, la importancia del poblamiento para la definición del ámbito geográfico de las Provincias respectivas. Por ejemplo, si los conquistadores alemanes de la Gobernación de Venezuela, entre 1530 y 1538, particularmente Alfinger, Hutten y Federmann, en sus correrías por los llanos al sur de los ríos Apure y Meta, hasta el Amazonas, por el valle de Pamplona y por el Valle de Upar, hubiesen fundado pueblos, buena parte del territorio de lo que luego fue parte del Nuevo Reino de Granada, hubiese sido de la Provincia de Venezuela.

Así lo señalaba, sólo una década después de las expediciones de Alfinger, en 1548, el licenciado Juan Pérez de Tolosa, quien había sido nombrado por el Emperador como gobernador y capitán general de la Provincia de Venezuela por Real Cédula de 12 de septiembre de 1546. En efecto, en su celebre *Relación de las tierras y provincias de la gobernación de Venezuela*, de 1548, Provincias que gobernó hasta 1549, decía:

> "Del dicho pueblo de Maracaibo, el dicho gobernador Ambrosio Alfinger entró la tierra adentro y llegó al Valle de Upare, que ahora está poblado por Santa Marta, que serais una treinta leguas desde Cabo de la Vela... Si esta Tierra la hubiera poblado el dicho Ambrosio, la Gobernación de Venezuela fuera próspera y tuviera poblado el Nuevo Reino de Granada, porque es el paso y camino por donde después se descubrió. Con ser esta tierra de los pacabuyes, no la pobló, antes siguió el río arriba de Cartagena, que es el río por donde vienen del Nuevo Reino de Granada, y dejó la derrota del Reino y resolvió sobre la culata de la laguna para volverse a Coro."

Por no poblar se perdieron las tierras descubiertas para la Provincia de Venezuela.

La población, por tanto, era la garantía de la ocupación y, por tanto, el título de la pertenencia de la tierra descubierta y ocupada a la jurisdicción de una gobernación determinada. El caso de *Quito* es ilustrativo, pues su fundación urgente, virtualmente a la carrera, hizo que esa tierra quedase en la jurisdicción de la Capitulación dada a Francisco Pizarro y no en la jurisdicción de la Capitulación dada a Pedro de Alvarado.

En efecto, Francisco Pizarro, vecino de Tierra Firme, es decir, de la Provincia de Castilla del Oro y Diego de Almagro, vecino de la ciudad de Panamá, con licencia de Pedrarias Dávila habían ido a conquistar, descubrir, pacificar y poblar por la costa del mar del Sur por el levante, y con motivo de la relación que de ello hicieron a la Reina, esta otorgó Capitulación a Francisco Pizarro, el 26 de julio de 1529 para ir a la conquista de Tumbes, es decir, de la Provincia de Perú hasta 200 leguas tierra adentro. Con ello se inició a la conquista y poblamiento de las tierras de los Incas. Tres años después, el 5 de agosto de 1532, se otorgó Capitulación a Pedro de Alvarado, quien era adelantado y gobernador de la Provincia de Guatemala, para ir a "descubrir y conquistar las islas en la Mar del Sur de la Nueva España", particularmente que existieran hacia el poniente de la Mar, aun cuando con la salvedad de que no se hiciese "en el paraje de las tierras en que oy ay probeidos gobernadores", es decir, que perteneciesen a otras Capitulaciones.

En las huestes de Pizarro estaban Diego de Almagro y Sebastián de Belalcázar. Ambos, en marzo de 1534, salieron desde puntos diversos para tratar de cerrar el paso a la penetración e intromisión que en esas tierras, que pertenecían a la Capitulación de Pizarro, había iniciado Pedro de Alvarado al amparo de su Capitulación. A los efectos de evitar una confrontación que por las fuerzas de Alvarado, mayor en número, podría implicar una derrota, Almagro y Belalcázar decidieron a toda urgencia, en la noche del 15 de agosto de 1534, fundar una ciudad en el lugar de Riobamba, donde estaban acampados, a la que llamaron Santiago de Quito. Dicha fundación la hizo Almagro, en su carácter de Lugar-Teniente del gobernador y capitán general Francisco de Pizarro. Se trató inicialmente de una ciudad en el papel del acta fundacional, pues el sitio definitivo no estaba decidido. Sin embargo, se nombraron de inmediato los alcaldes y regidores. En esta forma cuando Alvarado llegó al sitio al día siguiente se encontró con un pueblo ya fundado y jurídicamente establecido, y por tanto, con que las tierras ya pertenecían a la jurisdicción de la Gobernación de Pizarro.

Aún cuando la ciudad de Santiago en ese momento no era más que un campamento. Pedro de Alvarado, no pudo fundamentar su propósito de justificar la penetración en esos territorios sobre la base de considerarlos como tierras por descubrir que estarían fuera de la jurisdicción de Pizarro. La fundación de Quito, por ello, convirtió el territorio ocupado en parte de la Gobernación de Pizarro. El resultado de ello fue el abandono por Alvarado de su intento, pues su gente se había pasado a la de Almagro; por lo que vendiendo sus navíos a Almagro y entregándole su gente, regresó a Guatemala.

Diego de Almagro entonces, casi dos semanas después de la primera fundación, el 28 de agosto de 1534 decidió fundar una segunda ciudad denominada San Francisco de Quito, en el mismo sitio, pero incorporando esta vez las huestes que habían sido de Alvarado. Así, San Francisco de Quito, sustituyó a Santiago de Quito.

Ya para esa fecha, en todo caso, el 21 de mayo de 1534 se había otorgado a Diego de Almagro Capitulación para descubrir doscientas leguas del mar del Sur hacia el estrecho de Magallanes, con lo que se inició la conquista de Chile. De regreso al Perú se enfrentó con Pizarro por la posesión del Cuzco, terminando sus días decapitado (1538) por orden de Hernando Pizarro, quien lo venció en la batalla de Salinas.

Por su parte, Sebastián de Belalcázar como teniente general de la Gobernación de Pizarro, posteriormente inició expedición hacia el norte llegando a la Sabana de Bogotá en 1538, donde ya estaba Gonzalo Jiménez de Quesada, teniente de gobernación de la Provincia de Santa Marta, donde había llegado después de remontar el río Magdalena. Allí, en el Valle de los Alcázares de Bogotá, en la tierra de los *muiscas,* al llegar en el mismo año, el 6 de agosto de 1538, fundó a la carrera un pueblo con el nombre de la Ciudad Nueva de Granada, precisamente porque sabía que al mismo paraje llegarían las huestes de otros dos adelantados: uno, que venía desde las provincias del sur, el mismo Sebastián de Belalcázar, y otro, que venía desde el este, Nicolás de Federman, teniente de gobernación de los Welsares en la Provincia de Venezuela. Con la fundación inicial podía considerarse que esas tierras ya estaban ocupadas por Jiménez de Quesada, al estar poblada. El conflicto, sin embargo, fue inevitable. Por una parte, la presencia de las huestes de los tres conquistadores en la Sabana, condujo a que Jiménez de Quesada -como había sucedido en Quito- hiciera una nueva fundación, el 27 de abril de 1539 esta vez de Santa Fe de Bogotá con la participación de las tres huestes, aun cuando conservando las huestes quesadistas la mayoría de los cargos concejiles. En esta forma, Santa Fe de Bogotá. Pero como los tres conquistadores reclamaron jurisdicción sobre esas tierras, ese mismo año de 1539 los tres conquistadores se embarcaron por el río Magdalena y luego en Santa Marta, para embarcarse hacia España, donde debieron dirimir sus derechos ante el Consejo de Indias, entidad que sólo fue después de una década de pleitos, cuando reconoció los derechos a favor del licenciado en derecho Jiménez de Quesada, quien entonces regresaría a América en 1549 como Capitán general del Nuevo Reyno de Granada.

La fundación de una ciudad y su permanencia, por tanto, era el título jurídico para que un territorio formara parte de una determinada gobernación. Por ello, también, la destrucción de una ciudad era el mecanismo para que un territorio dejara de pertenecer a determinada gobernación. Así sucedió, por ejemplo, con la villa de Bruselas, fundada cerca del golfo de Nicoya, en Costa Rica, por Francisco Hernández de Córdoba en 1524, en nombre del gobernador Pedrarias Dávila de la Provincia de Castilla del Oro. Después de fundar el mismo año, en tierras de Nicaragua, las ciudades de León y Granada, Hernández de Córdoba, pretendió desligar los territorios descubiertos de la autoridad de Pedrarias, ordenando en 1525 la destrucción de la villa de Bruselas. La consecuencia de tal acto fue que Pedrarias fuera personalmente desde Panamá hacia Nicaragua para tomar el gobierno de esos territorios para su gobernación, ordenando a Gonzalo de Badajoz la repoblación de la villa de Bruselas para asegurar la pertenencia de las tierras de la costa del Pacífico de Costa Rica a la Provincia de Castilla del Oro. Además, apresó al rebelde Hernández de Córdoba, a quien ejecutó como castigo por su delito territorial. Pero al año siguiente, Pedrarias había sido reemplazado en la Gobernación de Castilla del Oro, a la cual los pobladores de la villa de Bruselas habían decidido permanecer. En vista de que en la Provincia de Nicaragua había sido designado Diego López de Salcedo como gobernador, este de nuevo ordenó la destrucción de la villa de Bruselas para buscar que las tierras de Nicoya pasaran a su gobernación. Luego, el mismo Pedrarias esta vez nombrado gobernador de Nicaragua en 1529, logró que por Real Cédula de 1530 la villa de Bruselas se adscribiera definitivamente a esa gobernación, desligándose de Castilla del Oro, con lo cual décadas después, las tierras de Costa Rica se conquistarían desde Nicaragua. La villa de Bruselas, sin embargo, no sobrevivió a estos atentados territoriales, habiendo asumido el carácter de centro de conquista en la zona, a partir de 1561, la villa de Garcimuñoz, que fue el origen de la ciudad de Cartago.

Por último, debe indicarse que con el acto fundacional, y de acuerdo con la licencia recibida, en general se establecía el tipo de entidad urbana que debían establecer los adelantados, distinguiéndose entre las villas y ciudades las cuales, a diferencia de las rancherías o sitios, siempre surgieron de un acto fundacional formal. Las villas eran centros poblados fundados con la finalidad expresa de servir de base para la ocupación de un territorio y la subsiguiente penetración de otros no ocupados por españoles. Las ciudades, por su parte, tenían una categoría superior dada su permanencia, por lo cual eran siempre fundadas deliberadamente, también con todas las formalidades, pero sin que el condicionante fuese la penetración del territorio. También se otorgaba por real Cédula el título de ciudad, a villas previamente fundadas.

6. La necesaria licencia para fundar y la pena de muerte por poblar sin ella

Por otra parte, como antes se dijo, para descubrir, conquistar y poblar se requería de un título y ese fue en su inicio el de las Capitulaciones, cuyo régimen quedó instituido y generalizado a partir de la Real Provisión dada en Granada el 3 de septiembre de 1501, en la cual se estableció:

> "Por la presente ordenamos e mandamos e prohibimos e defendemos que ninguna ni algunas personas, nuestros súbditos e naturales de nuestros reinos e señoríos, ni extraños de fuera de ellos, sean osados de ir ni vayan sin nuestra licencia e mandado a descubrir el dicho Mar Océano, ni a las islas e tierra firmes que en él hasta agora son descubiertas o se descobrieren de aquí adelante..."

El fundar una villa o ciudad, sin licencia, por tanto, se consideraba como un delito que podía acarrear la pena de muerte y pérdida de todos los bienes. Lo mismo ocurría respecto del que destruyera una villa sin licencia.

Por ello, por ejemplo, Hernán Cortés, legitimó su empresa conquistadora fundando sin título una ciudad (Villa Rica de la Vera Cruz), de cuyas autoridades se hizo otorgar los títulos necesarios para la conquista de la Nueva España. En efecto, Hernán Cortés, Alcalde de Santiago de Cuba, cuando en 1519 desembarcó en las costas de México con la misión que le había dado el gobernador de la isla de Cuba, Diego de Velásquez, de buscar a otros expedicionarios. Al percatarse de la riqueza del Imperio Azteca que había descubierto, y consciente de que no tenía licencia para descubrir, conquistar y poblar, como conocedor del derecho por sus estudios en Salamanca, lo que hizo aun sin licencia, fue fundar un pueblo al cual llamó la Villa Rica de la Vera Cruz, para de inmediato renunciar al mando del ejército y al precario mandato que tenía del gobernador Velásquez, ante las mismas autoridades que venía de nombrar. Acto seguido, los Alcaldes de la Villa por él designados le dieron el título de adelantado de la ciudad, con lo que "quemando las naves" para impedir el regreso de su hueste a Cuba, emprendió la conquista de México. Sin duda, la importancia de la riqueza descubierta y conquistada fue lo que le permitió salir airoso del largo proceso judicial que le entabló Velásquez ante la Corte del Emperador Carlos V, del cual salió con el título de gobernador y capitán general de la Nueva España.

En Venezuela dos casos famosos ilustran la problemática y las consecuencias de fundar pueblos sin licencia. En primer lugar, está el caso de Juan

Rodríguez Suárez, el "Caballero de la Capa Roja", y uno de los conquistadores y pobladores más destacados de la Provincia de Venezuela. Como alcalde que era de las minas de oro de Pamplona, y luego de la propia ciudad, fue autorizado por el Cabildo para emprender nuevos descubrimientos al norte, en las Sierras Nevadas, luego de los fracasos de los intentos precedentes por descubrir allí minas, entre otros, de Juan de Maldonado, quien también había sido alcalde de la ciudad, y su enemigo.

En 1558, Juan Rodríguez Suárez partió hacia las Provincia de las Sierras Nevadas situadas en lo que hoy es el Estado Mérida de Venezuela, y luego de pasar por los valles de Cúcuta, del Torbes, del Cobre y de La Grita, por Bailadores y Estanques, en lugar de descubrir minas, en la ribera de la laguna de Urao (Lagunillas), fundó, el 9 de octubre, la ciudad de Mérida en recuerdo de su ciudad natal extremeña. Nombró autoridades reservándose el cargo de justicia mayor. Al mes siguiente cambió de lugar el sitio de la ciudad, trasladándola a la mesa de Tatey, en el valle del Chama, nombrando a los ríos que limitaban la meseta con los mismos nombres de Guadiana (Chama) y Albarregas que flanqueaban su ciudad natal, fijándole su término territorial, el cual, por supuesto, competía con el que tenía la ciudad de Pamplona.

El "Caballero de la Capa Roja" no tenía licencia alguna para fundar ciudades, por lo que la Real Audiencia de Santa Fe comisionó al alcalde de Pamplona, Juan de Maldonado, para hacerlo preso por haber cometido el delito de fundar una ciudad para lo cual no tenía licencia real, lo que afectaba el ámbito territorial de Pamplona. Juan de Maldonado salió para Mérida, y Rodríguez Suárez, quien no había encontrado oro ni siquiera en la culata del lago de Maracaibo, donde desemboca el Chama, fue a su encuentro. Al tener conocimiento de las órdenes de la Real Audiencia, accedió a cambiar nuevamente el sitio de la ciudad, más arriba, aguas arriba del río Chama, la cual entonces fue "refundada" por Juan de Maldonado, formalmente con el nombre de Santiago de los Caballeros.

A pesar de ello, Rodríguez Suárez fue hecho prisionero y llevado a Bogotá, donde fue sentenciado a muerte en 1560. Logró, sin embargo, escapar de prisión con la ayuda del obispo de Santa Marta, y fue a dar a la ciudad de Trujillo en los mismos Andes venezolanos, fundada por otro extremeño de Trujillo, Diego García de Paredes, quien lo acogió y nombró su Teniente. Cuando los enviados del oidor de la Audiencia de Santa Fe llegaron a aprehenderlo, ante la orden escrita de arresto, el Alcalde les dijo tranquilamente que allí nadie sabía leer ni escribir sino "el Ave María y el Padre

Nuestro", y que sobre el hombre de la Capa Roja -como se conocía a Rodríguez Suárez- tenían las mejores referencias. La insistencia del oidor de la Audiencia de Santa Fe fue tal que envió una orden de arresto no sólo de Rodríguez Suárez sino de su protector García de Paredes a la ciudad de El Tocuyo, donde estaba el gobernador de la Provincia de Venezuela, Pablo Collado. La respuesta de Collado fue la jurídicamente correcta: que la jurisdicción de la Audiencia de Santa Fe no llegaba hasta la Provincia de Venezuela donde estaba enclavada la ciudad de Trujillo, la cual estaba sometida a la Audiencia de Santo Domingo, con lo que puede decirse que se consolidaría el primer caso de asilo político que se otorgó en América.

Otro caso de fundación sin licencia que puede destacarse, es el de Francisco de Cáceres, con la fundación de la villa de La Grita. Este conquistador había participado en la guerra que en 1559, Felipe II había emprendido contra el imperio turco. En la derrota cayó prisionero y fue llevado a Marruecos. Luego estuvo como esclavo remero amarrado como galeote en una de las galeras de la armada turca que señoreaban en el Mediterráneo. Después de algunos años fue conducido a Constantinopla y entró al servicio de un Bajá de Solimán el Magnífico. Logró huir atravesando el Bósforo, y pasando por lo que hoy es Bulgaria, Hungría y Austria, en 1567 llegó a España. Se alistó en la expedición de Diego Fernández de Serpa cuando fue a tomar posesión de la Gobernación de Nueva Andalucía, a quien acompañó entre 1569 y 1570 en sus andanzas. Pero el gobernador murió en 1570 en un ataque indígena en el sitio de Nueva Córdoba (Cumaná). La desbandada de los expedicionarios llevó a Cáceres al Nuevo Reino de Granada, y en particular, a la Provincia de Pamplona. Desde allí, en el valle de La Grita fundó, en 1572, una ciudad con el nombre de Espíritu Santo*),* para lo cual no tenía licencia. Por orden de la Real Audiencia de Santa Fe fue ordenado su encarcelamiento, pero luego de viajar a España, con influencias en la Corte de Felipe II logró la confirmación por Orden Real en 1574, de la conquista y poblamiento de la Provincia de Espíritu Santo. La Capitulación para ello se le otorgó el año siguiente, en Santa Fe, con el título de gobernador y capitán general de la Provincia de Espíritu Santo de la Grita y Cáceres, título con el que "refundó", esta vez legalmente, la ciudad del Espíritu Santo. Luego fundó, en 1577, por intermedio de Juan Andrés Varela, a Altamira de Cáceres, en el Cañón del Río Santo Domingo, ciudad de la cual surgieron, posteriormente, por traslado, las ciudades de Barinitas y de Barinas. Murió en 1588, también a manos de los indios, entre los ríos Meta y Casanare.

II. EL MODELO URBANO QUE SE UTILIZÓ PARA LA FUNDACIÓN DE LAS CIUDADES AMERICANAS

Como se ha dicho, en el proceso de poblamiento en América durante el siglo XVI, los Adelantados utilizaron invariablemente, un modelo urbano básico, consistente en una planta urbana reticular, con una plaza mayor como punto de inicio de la trama urbana de la cual salían calles rectas, formando en general un damero.

Se trataba de un modelo que se había utilizado en empresas coloniales en la antigüedad, y que había sido "descubierto" culturalmente con el Renacimiento, destinado a la creación de ciudades *ex novo,* conformado por los siguientes elementos básicos: En *primer lugar*, la indispensable existencia de una plaza, de cuya ubicación y trazado reticular derivaba la existencia misma de la nueva ciudad, condicionando su traza o forma urbana, dada su forma cuadrada o rectangular, constituyendo siempre el centro de la vida urbana; en *segundo lugar*, el trazado de las calles a cordel y regla, derivado de la propia forma reticular de la plaza, desde la cual aquéllas salían en forma paralela; y en *tercer lugar*, la existencia siempre de la iglesia, cuya ubicación cerca de la plaza era la primera tarea del fundador y su construcción el primer deber de los pobladores, dado el carácter religioso que condicionó la conquista y poblamiento de América.

Esos elementos conformaron un modelo que fue de utilización común en las grandes empresas de la antigüedad de ocupación y dominio territorial, y en particular, caracterizaron tanto la ocupación territorial helénica en las colonias del Mediterráneo, como la ocupación territorial romana en la Península Itálica y en el resto de Europa. Esta experiencia, expuesta en libros antiguos, fue descubierta con el Renacimiento, habiendo penetrando rápidamente en la Corte de los Reyes Católicos, donde las teorías pronto se convertirían en normas jurídicas que obligaron a su utilización en el Nuevo Mundo.

Los mencionados elementos urbanos, por otra parte, habían sido objeto de aplicación en plena Edad Media durante los siglos XIII y XIV para asegurar la ocupación de territorios conquistados o por razones estrictamente militares, como ocurrió con las pueblas nuevas en los Reinos de Castilla y León y Aragón, con las *bastides* en el suroeste de Francia o con las ciudades florentinas, y en general para la creación de villas nuevas, particularmente en el siglo XV, también en general por razones militares.

1. Los antecedentes griegos de la creación ex novo de ciudades con forma regular

A. Hippodamus de Mileto y la planta ortogonal urbana del mundo griego

El antecedente remoto en el ámbito de la civilización occidental de la creación sistemática de ciudades nuevas con forma ortogonal, sin duda debe situarse en el mundo griego con motivo de la colonización de las costas en el mar Mediterráneo. Ya señalamos cómo Aristóteles atribuyó a Hippodamus de Mileto haber concebido el arte de construir ciudades con una disposición ortogonal, la cual caracterizó todas las ciudades griegas de nueva fundación.

La planta reticular de las ciudades, tan simple y elemental, por tanto, puede decirse que surgió naturalmente donde y cuando fue posible establecer y planificar una ciudad *ex novo*, y eso ocurrió en forma generalizada por todas las costas del Mediterráneo con motivo de la asombrosa actividad colonizadora y fundadora griega de los siglos IX a VI a.C. La necesidad de situar un gran número de colonias libres en los territorios colonizados permitió a los griegos elegir el emplazamiento más adecuado para la nueva ciudad, previamente concebida y trazada en forma regular. En Ese proceso jugó un papel central la ciudad de Mileto que destruida por los persas en 494 a.C., se había reconstruido con una planta atribuida a Hippodamus, denominada "hippodámica", de carácter ortogonal.

Por ello, a Hippodamus se lo ha considerado como el creador del urbanismo funcional, lo que además consagró Aristóteles al exigir que la forma de la ciudad se adaptara a normas estéticas, matemáticas y filosóficas, con una ordenación razonada de sus elementos, de manera que, por ejemplo, las calles debían tener una orientación de acuerdo con el curso del sol y la dirección predominante de los vientos; debiéndose asegurar la monumentalidad y proporción de sus edificaciones con el todo y sus partes.

La planta hippodámica de la ciudad, en todo caso, se propagó a partir del siglo IV a.C., convirtiéndose en la forma general adoptada por las ciudades helenísticas de nueva fundación, tanto en Grecia, por ejemplo, en las ciudades de Priene y de Olinto, como en las colonias de ultramar, particularmente en Sicilia y la Península Itálica, donde Agrigento (Akrágas) y Nápoles (Néapolis), todavía conservan vestigios de la planta ortogonal.

B. *La ciudad y el Estado en la Política de Aristóteles*

Pero la ciudad no sólo fue un tema urbano para la expansión colonial de las ciudades griegas, sino también un tema filosófico y político, al punto de que entre los libros de mayor influencia del mundo antiguo en el Renacimiento, como fue la obra de Aristóteles de Estagira (384-322 a.C.), denominada *Política,* se destaca el análisis detenido que en él se hace sobre la ciudad e, incluso, sobre su forma y emplazamiento.

El libro, incluso, comienza con el párrafo siguiente sobre *"la ciudad*":

> "La ciudad es agrupación; las agrupaciones se organizan con miras al bien; porque el hombre obra siempre con el fin de lograr lo que cree bueno. Si toda agrupación tiende al bien, la ciudad o sociedad política, que es la superior entre ellas y las comprende todas, tiende al bien en mayor grado que las demás, y al mejor bien" (Libro Primero, Capítulo Primero).

En la concepción de Aristóteles, la ciudad o la polis, es la República o Estado, como la organización política fundamental del hombre, que lo agrupaba con un fin común, asentado en un lugar determinado y sometido a unas leyes y unas autoridades, y con un vínculo educativo y cultural común

El sitio de la ciudad y su forma, era siempre esencial y fue de la primera atención de Aristóteles, al punto de que al referirse a la forma reticular de la ciudad, indicó que:

> "Hippodamo de Mileto, hijo de Eurifón, concibió el arte de proyectar y construir ciudades, siendo también el que ideó la disposición que presenta Pireo;..". (Libro Segundo, Capítulo V)

El Pireo, que es el puerto de Atenas, en efecto, reconstruido en 480 a.C., presenta una forma reticular en su traza urbana al igual que la tuvo Mileto. No es de extrañar, por tanto, que Aristóteles destacara en su *Política*, a Hippodamo a quien consideró como "el primero entre los particulares que se dedicó a investigar sobre la mejor forma de gobierno", (Libro Segundo, Capítulo V).

En el Libro Séptimo de *Política*, dedicado a analizar la "Felicidad del individuo y del Estado. Constitución del Estado. Sistemas de educación. El Estado perfecto", Aristóteles dedicó varios Capítulos al estudio de la ciudad, su límite, su emplazamiento, su forma y sus edificaciones.

Sobre el emplazamiento de la ciudad, Aristóteles dedicó en el Capítulo X del Libro Séptimo las siguientes consideraciones sobre la salud del lugar escogido, donde se nota, sin duda, la influencia de Hipócrates, particularmente en relación con la importancia del aire y del agua:

> "Ya dije que la ciudad debe tener fácil comunicación por mar y tierra... Referente al emplazamiento, mi deseo sería que su situación fuere ventajosa en cuatro aspectos: ante todo la salud, cosa necesaria... El asiento de la ciudad debe también ser ventajoso para su administración política y para la guerra... Debe abundar en fuentes y manantiales, y, de no ser así, construir grandes depósitos para la recogida de las aguas pluviales, para que no falte agua en caso de asedio. Hay que tener cuidado especial en lo tocante a la salud de sus habitantes, que dependerá principalmente de lo salubre de la localidad y de su orientación, y en segundo lugar, de la pureza de sus aguas; este segundo punto tiene suma importancia, porque los elementos que más empleamos para satisfacer las necesidades del cuerpo son los que más contribuyen a la salud, y entre ellos figuran el agua y el aire...."

En el mismo Capítulo X del Libro Séptimo de la *Política,* Aristóteles hizo referencia a la forma de las edificaciones y del trazado de las calles, en línea recta, así:

> "En cuanto a las moradas, se considera más bello y conveniente que las calles sean rectas, como indicó Hippodamo; para seguridad en la guerra es preferible el modo antiguo de edificar, que dificultaba la salida de los extranjeros y la entrada de los asaltantes. Por eso la ciudad adoptará ambos sistemas de construcción, siendo posible disponer los edificios irregularmente, al modo como los labradores plantan las vides, llamado tresbolillo. No toda la ciudad tendrá sus calles rectas, sino sólo ciertos barrios y distritos, combinando la belleza con la seguridad."

Por último, sobre los componentes importantes de la ciudad, en cuanto a la plaza y a las edificaciones públicas, en el Capítulo XI del Libro Séptimo, Aristóteles señaló que debían contar con edificios destinados al culto divino:

> "Esos templos ocuparán una eminencia, para que se vean desde lejos y den realce a la virtud, con torres que dominen las cercanías. A sus pies habrá una plaza, como la llamada *Agora de los hombres libres* por los Tesalios, en la que estará prohibida toda compraventa, así como la entrada a los artesanos labradores y otros, de no ser llamados por los

magistrados. El mejor destino que puede darse a dicha plaza es que los adultos practiquen en ella sus ejercicios gimnásticos... También habrá un *Agora* para los traficantes, distante de la otra, en lugar de fácil acceso por mar y tierra... El *Agora* cercana al templo se reservará para el asueto, la otra para las necesidades del comercio."

C. *La ciudad en la obra de Francesco Eiximenis*

Ahora bien, *Política* de Aristóteles fue traducida al latín en 1260, cuando Santo Tomás de Aquino tenía 36 años (1261), influyendo en su obra *De Regimene Principum*, en la cual se explicaba que fundar ciudades era bueno, por lo que dicha actividad la proponía dentro del programa para el rey ideal. Esta obra, con sus preceptos Aristotélicos, influyó directa y profundamente en los tratadistas españoles medievales, como fray Francesco Eiximenis, y a través de ellos, en las Ordenanzas colonizadoras hispánicas para las Indias.

En efecto, entre 1384 y 1385, apareció en Valencia la obra *Dotzé del Crestiá* del teólogo franciscano Francesch Eiximenis, quién organizó la enseñanza pública en la ciudad. Dicha obra está condicionada por la idea del orden y de la sociedad ordenada, en sus aspectos morales y legislativos, lo que se reflejó en la formulación de una idea perfecta de la ciudad, cuya representación formal resulta, en consecuencia, también ordenada, expresada en forma cuadricular, porque así la ciudad "recta es más bella y más ordenada" (Cap. 110). Decía, además, que como lo habían dicho los filósofos griegos y algunos sabios, "toda ciudad debía ser cuadrada" (Cap. 110).

En la obra, siguiendo los pasos de Aristóteles, Eiximenis se ocupó de todo lo concerniente a la ciudad: en cuanto a la elección del sitio, hizo particular referencia a la orientación de la planta de la misma en relación con los vientos y con las montañas que pudieran proteger la ciudad (Cap. 106); y a la necesidad de que la ciudad esté "cerca del agua" (Cap. 106) de mar o de río, recomendando que se situare al costado del agua, de manera que esta no la dividiera (Cap. 106). En cuanto al trazado de la ciudad, Eiximenis especificó que el palacio del príncipe debía estar en uno de los costados del cuadrado de la ciudad, y en cuanto a la iglesia debía estar "en medio de la ciudad... y junto a ella debe haber una plaza grande y bella" (Cap. 110). En medio de cada uno de los costados del cuadrado que formaba la ciudad debía haber una entrada o puerta, de manera que se comunicaran entre sí por sendos "caminos grandes y amplios que atraviesen toda la ciudad de parte a parte", "de la entrada de Oriente a la de Poniente" y "desde la entrada principal que mira hacia mediodía hasta la otra principal que mira a Tramontana" (Cap. 110).

En esta forma, en el cuadrado inicial de la ciudad se insertan dos ejes que se cruzan en el centro donde se abre un espacio grande para la plaza. Los ejes a la vez dividen la ciudad en cuatro partes o barrios principales, en los cuales se ubica una plaza como elemento centralizador de los mismos.

Las ideas de Eiximenis, sin duda, influyeron en la fundación de las nuevas pueblas con motivo de la Reconquista y de la utilización del Camino de Santiago en el Reino de Aragón.

2. *Los antecedentes romanos de la ciudad reticular y el "castro" colonial*

Pero por supuesto, los antecedentes del trazado regular de ciudades no sólo se pueden ubicar en las empresas colonizadoras que desarrollaron los griegos, sino también los romanos en todo lo que implicó la creación de ciudades nuevas, como acto formal, como consecuencia del proceso de conquista y colonización de nuevas tierras por un Imperio. Así sucedió con todas las ciudades romanas establecidas como colonias fuera de Roma, que obedeció a una racional preparación y a una ejecución cuidadosamente desarrolladas.

La práctica romana de fundar ciudades siguió siempre las siguientes líneas: El primer paso que siempre se daba además de la consulta al *augur*, consistía en la escogencia del sitio, que no era cualquiera, pues debía estar cerca de un río con adecuado escurrimiento de aguas, y en sitio lo suficientemente alto como para que no fuera inundable. Además, como lo recomendaban los sabios, el lugar debía ser saludable, lo que se determinaba mediante el examen del hígado de alguna liebre o faisán cazados en el área.

Escogido el lugar, se establecía un *castrum* o campamento militar donde se ubicaban los soldados y esclavos, con foso y cerca alrededor, el cual generalmente tenía forma rectangular. El campamento siempre se encontraba atravesado por dos calles, una de norte a sur denominada *cardo* y otra de este a oeste denominada *decumanus*, que se cruzaban en ángulo recto en un espacio libre denominado *forum*, en el cual se reunían los soldados diariamente para recibir órdenes, y que servía de centro político y religioso de la ciudad. En un lado del *forum* se establecía la tienda del comandante de la fuerza, y las otras tiendas de soldados, esclavos y obreros se establecían en fila en el resto del *castrum*. En los meses siguientes, las tiendas se iban reemplazando por construcciones más permanentes, generalmente de madera.

El área de la ciudad se dividía en calles en una forma reticular, de norte a sur, teniendo cada manzana o bloque, llamado *insulae*, una forma cuadrada; y se rodeaba de una muralla alta, con puertas fortificadas para dar salida a los extremos del *cardo* y del *decumanus*. Los edificios particulares en ningún caso podían tener una altura mayor al doble del ancho de la calle en el cual se construía, a los efectos de asegurar la penetración de los rayos de sol hasta la calle.

Puede decirse que de acuerdo con este sistema racional se construyeron todas las ciudades coloniales romanas, tanto en la península itálica como en el resto del mundo europeo, muchas de las cuales aún conservan en el trazado de su centro evidentes testimonios del antiguo casco romano. El la Península Ibérica, los ejemplos más notables son *Emerita Augusta* (Mérida); *Norba Caesarina* (Cáceres); *Caesaraugusta* (Zaragoza); *Barcino* (Barcelona); *Lucus Augusti* (Lugo); y *Regio* (León).

3. La influencia de la obra de Vitruvius sobre la arquitectura romana

Esa práctica romana de fundar ciudades se plasmó en el Siglo I D.C, en la obra del ingeniero militar Marcus V. Pollio Vitruvius, *De Architectura Libri Decem*, conocida como los *Diez Libros de la Arquitectura*, en la cual se encontraba todo lo que debía saberse sobre arquitectura, construcción y trazado de ciudades en el mundo romano. Es la única obra de arquitectura de la antigüedad que ha llegado a nuestros días, cuyo manuscrito fue descubierto en la Abadía de Saint-Gall, en 1416, y luego publicado a partir de 1486. Su libro *Primero* está destinado a la "ciudad ordenada", donde se recogen los principios fundamentales para la fundación de ciudades como regían en Roma.

A. Sobre la elección de los sitios

Vitruvio insistió en el Capítulo VII del Libro *Primero* dedicado a "De la inspección de los hígados de los animales para reconocer la calidad del aire", sobre la necesidad de volver a los métodos de la antigüedad particularmente descritos por los griegos, respecto de la elección de los sitios para ubicar las ciudades, partiendo del principio de que "cuando se va a construir una ciudad, lo primero que es necesario hacer, es escoger un sitio sano", particularmente "templado").

Para ello, Vitruvio aprobaba los usos de los antiguos:

> "que consistían en hacer un sacrificio en los lugares donde querían construir o acampar: escogían como víctimas, animales que moraban de ordinario en esos lugares, y examinaban sus hígados, si después de haber examinado varios de ellos, encontraban que algunos estaban lívidos y corrompidos, si juzgaban que ello era el efecto de alguna enfermedad

particular, pues los otros se conservaban sanos y enteros como consecuencia de buenas aguas y pastos, entonces establecían sus ciudades; si al contrario, encontraban que los hígados de los animales eran generalmente anormales, concluían que el de los hombres estarían iguales, y que las aguas y pastos no podían ser buenos en ese país; y abandonaban incontinente, pues no apreciaban tanto otra cosa, que lo que podía contribuir al mantenimiento de la salud."

En esta forma, la primera consideración que debía prevalecer en el proceso de fundación de una ciudad era la concerniente a la salubridad del lugar escogido para establecerla, a los efectos de asegurar no sólo su habitabilidad sino el mantenimiento de la salud de los pobladores. El lugar, en definitiva, debía se sano con buenas aguas y pastos, tal como se indicó en la Instrucción dada a Hernán Cortés en 1523 y con más precisión en las Ordenanzas de Felipe II de 1573 (Art. 38, 39, 40).

B. Sobre la situación de los lugares

En las regiones sanas que se eligieran conforme a las pruebas antes señaladas, los sitios precisos que debían escogerse para el emplazamiento de la ciudad, como lo recomendaba Vitruvio en el mismo Capítulo VII del Libro *Primero* de su Obra, no debían estar sometidos a condiciones climáticas extremas, para lo cual recomendaba que:

> "debe ser alto, ni nublado ni helado, y en un clima ni caliente ni frío, sino temperado; y además, sin pantanos en los alrededores.
>
> Y cuando la brisa de la mañana sople hacia el pueblo al amanecer, si traen consigo nieblas de los pantanos y mezclados con estas, el aliento envenenado de las criaturas de los pantanos a ser respirado por los habitantes, entonces el sitio será insalubre.
>
> De nuevo, si el pueblo está en la costa con exposición hacia el sur o el oeste, no será saludable porque en el verano el cielo del sur es muy caliente en el amanecer y es bravo al mediodía, en tanto que la exposición hacia el oeste se hace calurosa después del amanecer, es caliente al mediodía, y en la noche es helada.
>
> Esas variaciones en calor y las heladas subsecuentes son dañinas para las personas que viven en esos sitios."

En las Ordenanzas de Felipe II de 1573 se precisaron con toda claridad estas exigencias (Art. 40).

C. Sobre el abastecimiento de la ciudad

Vitruvio indicaba, además, en el Capítulo VIII ("De las fundaciones de los muros y de las instalaciones de las torres") del Libro *Primero*, que para la escogencia del sitio de la ciudad debía tenerse en cuenta que el lugar fuese de fácil acceso para asegurar el abastecimiento, fuera por tierra o por agua, señalado que:

> "Una vez que se haya asegurado la salubridad del lugar donde debe fundarse la ciudad, debe procederse a trabajar en las fundaciones de las torres y de los muros, de acuerdo con el conocimiento que se tenga de la pureza de su aire, de la abundancia de los frutos que crecen en los países de los alrededores y de la facilidad de los caminos, los ríos y los puertos de mar que existan para traer todas las cosas necesarias."

En las Ordenanzas de Felipe II de 1573, esta exigencia también se estableció con toda precisión (Art. 35). Por ello, la mayoría de las ciudades latinoamericanas se fundaron en las orillas de ríos.

D. Sobre la dirección de las calles

En el Capítulo IX ("Del reparto de las obras en el interior de los muros y de la disposición para que las ráfagas dañinas de los vientos sean evitadas") del Libro *Primero*, Vitruvio estableció la necesidad de que las calles fueran alineadas, y para su disposición se tuviera en cuenta el sentido y orientación que tenían los vientos en el lugar, de manera que las ráfagas no corrieran libremente por las calles en perjuicio de los habitantes. Decía, entonces, que:

> "Concluida la construcción de los muros de la ciudad, debe trazarse el emplazamiento de las casas y establecerse el alineamiento de las grandes y pequeñas calles, según el aspecto más ventajoso del cielo.
>
> Debe evitarse, ante todo, que los vientos habituales se enfilen directamente en las calles, porque son siempre dañinos, sea por el frío que hiere, por el calor que corrompe, o por la humedad que afecta la salud.
>
> En consecuencia, deben tenerse cuidadosamente en cuenta estos inconvenientes, con el fin de no caer, como ha sucedido en muchas ciudades,... en las cuales los edificios son bellos y magníficos, pero dispuestos en forma poco prudente; ya que en estas ciudades, el viento del mediodía (sur) genera fiebres, el que sopla entre el poniente y el septentrión (norte) hace toser; y el del septentrión, que cura estos males, es tan frío, que es imposible quedarse en las calles cuando sopla..."

Señalaba, más adelante, en el mismo Capítulo IX del Libro *Primero*, que:

> "Es necesario en consecuencia, trazar los alineamientos de las calles entre dos cuartos para no ser incomodado por la violencia de los vientos; ya que si estos recorren las calles directamente, no habrá duda de su impetuosidad, que siendo tan grande al aire libre y abierto, aumentaría mucho estando encerrados en calles estrechas.
>
> Por ello, las calles deben disponerse de tal forma que los vientos, dando contra los ángulos que ellas formen, se rompan y dispersen."

En las Ordenanzas de Felipe II de 1573, todas estas indicaciones sobre el trazado de las calles a cordel y regla, y sobre la orientación de la trama urbana en relación con los vientos, también fueron recogidas (Arts. 110 y 114).

E. Sobre la plaza

En el Capítulo VIII del Libro Primero, Vitruvio formuló un conjunto de principios en relación con el *forum* o plaza:

En relación con la *proporción* de la plaza, en el Capítulo I ("De la plaza pública y de las basílicas") del Libro Quinto Vitruvio decía:

> "La grandeza de estas plazas públicas debe ser proporcional a la población, de manera que no sean muy pequeñas si muchas personas allí van, ni que sean demasiado vastas, si la ciudad no está suficientemente poblada. Para establecer el largo de la plaza, debe dividirse el largo en tres partes, y tomar dos (para el ancho); de esta manera, la forma será larga, y esta disposición será mucho más cómoda para los espectáculos."

El mismo principio de la dimensión de la plaza en proporción con la cantidad de vecinos que hubiere (Art. 113) y la forma de la plaza con un largo una vez y media de su ancho (Art. 112), también se recogió en las Ordenanzas de Felipe II de 1573.

Sobre la *forma* de la plaza en el Capítulo VIII del Libro Primero, Vitruvio señalaba que:

> "La figura de una plaza no debe ser ni cuadrada ni compuesta de ángulos demasiado avanzados, sino que simplemente debe hacer un cerco, con el fin de que se pueda ver el enemigo desde varios puntos; los ángulos avanzados no son en absoluto propios para la defensa, y son más favorables a los que sitian que a los sitiados."

Agregaba, además en el Capítulo I del Libro Quinto que:

> "La plaza pública en los griegos, es cuadrada, y rodeada de dobles y amplios pórticos con columnas pegadas unas a otras, que sustentan arcadas de piedra o mármol con galerías en lo alto; pero ello no se práctica en esa forma en las ciudades de Italia, debido a la vieja costumbre de hacer ver al pueblo en la plaza los combates de los gladiadores..."

El principio se siguió en las plazas americanas en cuanto a su utilización para espectáculos, como las corridas de toros.

En el Capítulo X ("De la escogencia de los emplazamientos para el uso común de la población") del Libro Primero, Vitruvio indicaba sobre la ubicación de la plaza, que "si la ciudad está al borde del mar, es necesario que la plaza pública esté cerca del puerto, por tanto que si la ciudad esta alejada del mar, la plaza deberá estar en el centro".

Estos principios de ubicación de la plaza en puertos en la costa, abierta hacia el mar, y de su ubicación en el centro del poblado en pueblos situados en el interior (Art. 112), también fueron de regulación precisa en las Ordenanzas de Felipe II de 1573.

Sobre los templos, Vitruvio señalaba en el mismo Capítulo X del Libro Primero que aquellos correspondientes a los dioses titulares bajo cuya protección especial se erigía la ciudad, a Júpiter, Juno y Minerva, debían estar en el punto más elevado de manera que de allí pueda verse la mayor parte de las murallas de la ciudad.

La tesorería, la prisión y la Casa del Senado debían estar adjuntas al *forum*, pero de forma tal que sus dimensiones fueran proporcionadas a las del *forum*.

En las Ordenanzas de Felipe II de 1573, se dispuso igualmente la necesaria edificación de la iglesia, la casa real, la casa del concejo y cabildo y la aduana, cerca de la plaza mayor (Art. 121 y 124).

4. La obra de León Battista Alberti y su influencia en la arquitectura del renacimiento

El mismo año de 1486, en el cual se publicó en Roma el Tratado de Vitruvio, *De Architectura Libri Decem,* también se publicó el libro de León Battista Alberti (1404-1472), *De re aedificatoria.* Se trató del primer libro sobre arquitectura que se escribía desde la antigüedad, en el cual partiendo de las enseñanzas del mundo helenístico y romano, se señala cómo debía construirse en el futuro. Su influencia fue inmediata, estando dividido, al igual que el Tratado de Vitruvio, en Diez Libros dedicados cada uno a diversos aspectos de la arquitectura, la construcción y el urbanismo.

A la ciudad, Alberti como Vitruvio, dedicó muchas de sus reflexiones en su tratado, señalando, en general que:

> "El principal ornamento para una ciudad está en su emplazamiento, su situación, composición y arreglo de sus calles, plazas y trabajos individuales: cada uno debe ser cuidadosamente planificado y distribuido de acuerdo con el uso, importancia y conveniencia. Porque sin orden nada cómodo, gracioso o noble puede haber" (Libro Séptimo, 1)

El orden, por supuesto, está en la base de los escritos de Alberti y de todo el Renacimiento, que aplicado a la ciudad dio origen, como en Vitruvio, a múltiples reglas sobre la misma, señalando seis principios de base para edificar: *regio, areae, partitio* (plan), *paries* (muros), *tectum* (techos) y *apertiones* (ventanas).

A. El sitio o regio

Sobre la localización de la ciudad, Alberti también destacó el énfasis que los antiguos daban a la misma, para:

> "Asegurar que no tuviera (de ser posible) nada dañino y que estuviera acompañada con todas las facilidades. Sobre todo, tomaron gran cuidado para evitar un clima que pudiera ser desagradable y nocivo; era una precaución muy prudente, incluso, indispensable. Porque si bien no hay duda que cualquier defecto de la tierra o del agua puede ser remediado por la destreza e ingeniosidad, ninguna máquina de la mente o de las manos podría mejorar apreciablemente el clima..." (Libro Primero, 3).

En el Libro Primero, Alberti hizo extensos comentarios sobre el aire, el agua y los lugares, como lo hizo Vitruvio, lo que sin duda estuvo inspirado por Aristóteles y sobre todo por Hipócrates (430 a.C.), quien dedicó a ello un estudio de gran importancia titulado *Del aire, del agua y de los lugares*, con observaciones sobre las aguas y los vientos, la naturaleza del suelo y la exposición y soleamiento de los lugares.

En esta forma, Alberti recomendaba para ubicar la ciudad, poner especial atención en su relación con el sol y el viento; con los aires pestilentes y las nieblas excesivas; con los sitios en costa de mar, de manera que la ciudad no estuviera en costas mirando al sur, dado el reflejo de los rayos del sol (Libro Primero, 3); a la ubicación de la ciudad ni en sitios muy altos ni muy bajos, más bien planos, con facilidades de acceso, con clima moderado y relativamente húmedo (Libro Primero, 4); a las bondades de buen aire y agua (Libro Primero, 5) de manera de evitar tanto regiones azotadas por tormentas y cambios de temperatura, como la ubicación de la ciudad en el pie de monte de montañas situadas al oeste, por considerarlo insalubre dada la exposición a súbitas exhalaciones nocturnas y oscuridad extrema (Libro Primero, 5).

Por supuesto, para la elección de los sitios, Alberti recordaba también la antigua costumbre, "que se podía llevar atrás hasta Demetrius, de inspeccionar el color y las condiciones del hígado del ganado que pastara en el sitio cuando se fuera a fundar un pueblo o una ciudad (Libro Primero, 6)".

Todos estos principios expuestos en general, los precisó en relación con la ciudad en sí misma, en el Libro Cuarto, 2, indicando lo siguiente:

> "Estos son los requerimientos que tenemos que señalar para nuestra ciudad: no debe sufrir de ninguna de las desventajas señaladas en el Primer Libro, ni debe faltar nada por razones de economía; su territorio debe ser saludable, extenso y variado en su terreno; debe ser agradable, fértil, naturalmente fortificado, bien abastecido y lleno de frutas y abundantes cursos de agua. Debe haber ríos, lagos y acceso conveniente desde el mar para permitir la importación de bienes en caso de carestía o la exportación de cualquier exceso...
>
> Adicionalmente, la ciudad debe estar ubicada en la mitad del territorio, desde donde se extienda la vista hasta sus fronteras, de manera que pueda leerse la situación y estar listos para intervenir de inmediato de ser necesario... Es particularmente importante determinar si se debe localizar la ciudad en sitio abierto, en la costa, o en la montaña: cada caso tiene sus ventajas y desventajas...
>
> Este, sin embargo, es un consejo: hágase todo el esfuerzo de asegurar que, sea donde fuere localizada la ciudad, goce de los beneficios de cada tipo de terreno, y ninguna de sus desventajas. Preferiría localizar la ciudad en lugar plano cuando se construya en las montañas, o en un monte alto cuando se haga en la llanura. Pero si no hay suficiente variedad para permitir una escogencia ideal, así es que deben satisfacerse los requerimientos esenciales: una ciudad en llanura no debe estar cerca de

la costa de mar, ni la que este en las montañas, muy lejos de ella" (Libro Cuarto, 2).

B. *Las calles y las plazas*

Sobre las calles de la ciudad, Alberti recomendaba que cuando llegaban a la misma debían ser rectas y anchas, aun cuando no debían dar directamente a las puertas. Dentro de la propia ciudad, consideraba mejor "que las calles no sean rectas, sino gentilmente ondulantes como un río que baña ahora aquí, ahora allí, de una orilla a la otra" (Libro Cuarto, 5).

En otro Libro de su obra, Alberti (Libro Octavo) hizo amplias referencias a las calles de las ciudades, de carácter monumental, las cuales debían estar elegantemente alineadas con pórticos, de iguales líneas, siendo las más importantes, las que daban a los puentes, esquinas, foros y edificios feriales.

Consideraba al *forum* como un cruce de calles agrandado, de manera que "el cruce de calles y el *forum* sólo difieren en tamaño. De hecho el cruce de calles es un forum pequeño" (Libro Octavo, 6).

En cuanto a las plazas en particular, Alberti señaló que:

> "La plaza puede servir de sitio de mercado para monedas y vegetales, para ganado o madera; cada tipo de plaza debe estar situado en su propio lugar dentro de la ciudad, y debe tener su propio ornamento.
>
> Los griegos hicieron sus plazas cuadradas; y las rodearon con dobles pórticos generosos, adornados con columnas y piedras; construyendo una galería en el piso superior. Aquí, en Italia, nuestras plazas tienen un ancho de 2/3 del largo; y en vista de que tradicionalmente han sido el sitio de espectáculos de gladiadores, las columnas de sus pórticos están más separadas...
>
> En la actualidad preferimos construir el área del forum como un doble cuadrado..." (Libro Octavo, 6).

El tratado de *De re aedificatoria* puede considerarse como el primer tratado de arquitectura del Mundo Moderno, siendo el producto más acabado en la materia del Renacimiento, con influencias, sin duda, de la obra de Vitruvio, cuya estructura en diez libros imitó. Sin embargo, como se dijo, con visión de futuro más que del pasado, la obra de Alberti ejerció una influencia determinante en todos los artistas que le siguieron, siendo la gran figura de la arquitectura renacentista. Su obra, sin duda, igual que la de Vitruvio, tuvo una influencia decisiva en la concepción de la ciudad hispanoamericana.

En efecto, basta leer y releer las Instrucciones de poblamiento que desde 1513 hasta 1573 se fueron dando a los adelantados, y que se recogieron en las *Ordenanzas de Descubrimiento y Población* de Felipe II de ese año, para darse cuenta de la notable influencia que los escritos de Alberti y Vitruvio, y a través de ellos, de Hipócrates y Aristóteles, tuvieron en la redacción de esos textos.

Por lo que se refiere a la arquitectura y a la influencia de Vitruvio y Alberti, en todo caso, para cuando se publica la *Recopilación de Leyes de los Reynos de Indias* por Carlos II en 1680, la Academia de Arquitectura de París, el 14 de febrero de 1672 había señalado, al haberse sometido a deliberación cuál era la autoridad de Vitruvio y qué sentimientos debía tenerse sobre su doctrina, todos los académicos fueron de la opinión de que se le debía considerar como el primer y más destacado de todos los arquitectos, y que debía tener la principal autoridad entre todos ellos, por lo que su doctrina, admirable en general, debía ser seguida sin separaciones. La misma Academia de París, un mes más tarde, el 17 de marzo de 1672 señaló que después de Vitruvio, Alberti era el que más doctamente había escrito sobre arquitectura.

Esas obras, sin duda, penetraron en las Cortes españolas y permitieron que la gran empresa del poblamiento de Hispanoamérica, se hubiese hecho de manera ordenada, con instrucciones precisas conforme a la simetría y racionalidad que enseñaban.

5. El impacto del conocimiento de la arquitectura renacentista en la Corona española

No hay que olvidar, en efecto, que el Descubrimiento de América ocurrió en medio del Renacimiento, proceso que convencionalmente puede decirse que se inició a mitades del siglo XV, y que se consolidó siete décadas después, a partir de 1520. Si bien tuvo su centro de expansión en Italia por la preponderancia que adquirió el humanismo en la cultura italiana, se expandió por toda Europa, gracias a la posibilidad de acceder a los textos antiguos por la creación de bibliotecas en las principales ciudades, y a la invención de la imprenta. De ello resultó un sin número de ediciones de textos de los autores antiguos clásicos, con lo que los principales humanistas tuvieron a su disposición la posibilidad de ofrecer a los demás los conocimientos derivados de los textos de escritores antiguos, corregidos y enmendados por ellos.

En el mismo período coincidente con el descubrimiento y el inicio de la conquista de América, en España también se produjo un nuevo interés por las humanidades, precisamente como consecuencia del influjo humanista de Italia, a cuyas universidades habían asistido los grandes humanistas españoles, como Elio Antonio de Nebrija (1444-1522) y Hernán Núñez (1471-1522). Además, muchos italianos cultos fueron a enseñar a España en el último cuarto del siglo XV. El humanismo penetró entonces en la Corte, y durante el reinado de Isabel y Fernando el cargo de secretario de letras latinas fue ocupado por un erudito educado en Italia, Alonso Hernández de Palencia (1423-1492) y luego por Pedro Martyr de Anghleria (1459-1526), quien fue profesor de humanidades en la escuela aneja a la Corte creada con el objeto de mejorar la cultura de los miembros de la Casa Real. Además, fue uno de los primeros escritores sobre América.

Estos eruditos, además, enseñaron en las universidades más importantes, entre ellas Salamanca, donde dominaba la teología tomista. En 1508, además, el cardenal Cisneros, quien efectivamente gobernó el Reino después de la muerte de la reina Isabel en 1504, había fundado la Universidad de Alcalá de Henares, la cual se convertiría en el centro del humanismo cristiano hispánico. El entusiasmo por el humanismo en España se reflejó, también, por los libros impresos hasta 1520, en los que se ubican textos de los clásicos latinos y de humanistas italianos.

Entre las áreas del conocimiento renacentista de mayor importancia estaba, por supuesto, la arquitectura, la que se concibió como el "renacer" de la arquitectura antigua. Los mismos arquitectos de la época proclamaban que habían vuelto a la antigua forma de construir después de un largo período de decadencia, sometiéndose a las reglas de simetría y proporción y al sistema de los órdenes, aun cuando interpretando con libertad los preceptos clásicos. Ello implicó, en todo caso, la vuelta al uso de la regla, a las líneas precisas, a las fachadas rectilíneas e incluso, al abuso de los ángulos rectos en las esquinas, dando origen al plano regular que se convirtió en obligatorio para edificios y ciudades.

Todos esos elementos, y en particular los relativos a la ciudad, sirvieron a la Corona para diseñar el modelo de ciudad que se implantaría en América, el cual se fue transmitiendo a los Adelantados mediante instrucciones precisas, elaboradas por aproximaciones sucesivas a partir de 1513, y que culminaron con las Ordenanzas sobre descubrimiento y población de 1573.

III. LAS INSTRUCCIONES REALES PARA LA MUNICIPALIZACIÓN E IMPLANTACIÓN DEL MODELO URBANO EN LA CIUDAD COLONIAL AMERICANA AMÉRICA

Desde el mismo inicio del proceso de conquista y dada la importancia jurídica de fundar ciudades o *civitas* en los espacios ocupados para la determinación del área de las gobernaciones de los adelantados, la Corona comenzó a idear el modelo urbano que debía implantarse, con orden, y a instruir a los conquistadores sobre la forma y el orden que se debía tener en el proceso de fundación de las mismas, tanto desde el punto de vista de la escogencia de los lugares y sitios adecuados, como desde el punto de vista de su diseño urbano regular. Para ello, todos los conocimientos disponibles derivados del Renacimiento se utilizaron de inmediato y se plasmaron en Instrucciones que se comenzaron a formular con cierta precisión a partir de 1513, con motivo de la expedición comandada por Pedrarias Dávila para la conquista de la Provincia de Castilla del Oro, y culminaron con las mencionadas *Ordenanzas sobre descubrimiento y población* otorgadas por Felipe II en 1573. Sesenta años bastaron para que un modelo de ciudad especialmente diseñado para América se hubiese ideado y aplicado en todo el Continente americano, lo que fue posible, sin duda, por la posibilidad que hubo de que todas las ideas renacentistas que paralelamente se estaban formulando por los humanistas de los siglos XV y XVI, penetraran en la Corte de los Reyes Católicos y luego, de Carlos V y Felipe II, y se plasmaran en Instrucciones reales del derecho indiano.

El texto de estas Instrucciones pone en evidencia, en todo caso, la enorme y directa influencia que en su redacción tuvieron los textos de Vitruvio y Alberti, entre otros.

1. Las Instrucciones dadas a los Adelantados en 1513, 1521 y 1523 para poblar, municipalizar y pacificar el territorio americano

Dada la necesidad jurídica de fundar pueblos para la determinación geográfica de las provincias, fue con ocasión del inicio de la conquista de Tierra Firme y con motivo de la adopción de las llamadas Leyes de Burgos de 1512 que se comenzaron a dar precisas instrucciones a los adelantados entre otras cosas, en relación con la forma de fundar los pueblos. En tal sentido, la *Instrucción dada por el Rey á Pedrarias Dávila, para su viaje a la Provincia de Castilla del Oro que iba á poblar y pacificar con la gente que llevaba,* en Valladolid, el 2 de agosto de 1513, es de la mayor importancia (*Instrucción de 1513*).

Las Instrucciones fueron otorgadas por Fernando el Católico (de Aragón), pues la reina Isabel ya había fallecido, por lo que no es descartable que en ellas hubiesen influido las concepciones aragonesas medievales sobre la ciudad que provenían tanto de las ciudades establecidas a partir del siglo XIII como de las ideas de Eiximenis.

Posteriormente, en 1521, esta vez por el rey Carlos I, se emitió una *Real Cédula de Población otorgada a los que hicieran Descubrimientos en Tierra Firme* en la cual, precisamente con motivo de las empresas descubridoras que ya se habían adelantado en el mar Caribe por Francisco de Garay, en la isla de Santiago; Diego Velásquez en Cuba, en Cozumel y Yucatán, y Juan Ponce de León, en la isla de Puerto Rico, el ya Emperador les concedió licencia para "poblar á vuestra costa é misión... con tanto que en la dicha población tengáis é guardéis la orden siguiente". Ello motivó, entonces, que se formularan con carácter general los principios de ordenación del poblamiento, que antes se habían formulado en particular para Pedrarias, y que rigieron el poblamiento en adelante materialmente en toda la América hispana (*Instrucción de 1521*).

Después de la conquista de la Ciudad de México en 1521 y de la designación de Hernán Cortés como gobernador y capitán general de Nueva España en 1522, en Valladolid, el 26 de junio de 1523, el Emperador formuló la *Instrucción para la población de la Nueva España, conversión de indios y organización del país*, dada a Hernán Cortés y que sirvió de guía para el poblamiento sucesivo de la Nueva España (*Instrucción de 1523*) en la cual se recogieron las normas y principios que ya habían sido establecidos en las Instrucciones anteriores

En todas estas Instrucciones, en las cuales puede apreciarse la influencia directa de la experiencia aragonesa y castellana de las nuevas pueblas y de los escritos de Eiximenis, Vitruvio y Alberti, se formularon un conjunto de ordenes y normas en materia de fundación de pueblos y ciudades, que fueron el origen del proceso de formulación jurídica del poblamiento lo que, en aproximaciones sucesivas, culminaría con las *Ordenanzas de Descubrimiento y Población* de Felipe II de 1573.

Los siguientes aspectos son los más notables de dichas Instrucciones de 1513, 1521 y 1523, en cuanto al proceso de poblamiento.

A. El nombre de los lugares y la atención de la evangelización

En la *Instrucción de 1513,* decía el Rey a Pedrarias, que llegados a la Provincia de Castilla del Oro, con la buenaventura, "lo primero que se ha de facer es poner nombre general á toda la tierra general, á las cibdades é villas é logares", y dar ''órden en las cosas concernientes al aumento de Nuestra santa fe é á la conversion de los yndios, é á la buena órden del servicio de Dios é aumento del culto divino..." (N° 5).

Con esta *Instrucción* se expresó formalmente la obligación de los adelantados de poner nombres a todos los sitios, lugares y pueblos que descubrieren o encontraren, lo que fue una característica específica de la conquista española al punto de que aún hoy se conservan muchos de los nombres dados inicialmente a los sitios (ríos, llanos, colinas, cerros, montañas, costas, bahías, islas, etc). Estas denominaciones, por otra parte, se debían informar a la Corona mediante *Relaciones* que los adelantados y gobernadores debían elaborar, en muchos casos, acompañadas de mapas generales de las respectivas provincias.

En la *Instrucción de 1521*, al igual que ocurrió en la dada a Pedrarias en 1513, se insistía en la necesidad de dar nombre a los lugares y de atender debidamente la empresa evangelizadora, así:

> "Primeramente, habéis de proveer que, llegados á cualesquier tierras é islas, en los términos é límites que caen en lo que ansí habéis descubierto con la buena ventura, lo primero es poner nombre á todas las ciudades, villas é logares que se hallaren é en la dicha tierra hobiere ó se hiziere con grandísimo cuidado y vigilancia; y dar órden en las cosas concernientes y necesarias á la aumentacion de nuestra santa fe católica é á la conversion de los caciques é indios y á la buena órden del servicio de Dios y del culto divino."

Sobre el tema de dar nombres a los sitios y lugares, en la *Instrucción* dada a Hernán Cortés en 1523 se recogieron los mismos principios de las Instrucciones precedentes, así:

> "11. Item, juntamente con los dichos nuestros oficiales pondréis nombre general a toda la dicha tierra e provincias de ellas, e a *las ciudades, villas y lugares que se* hallaren *y en la dicha tierra hubiere*, en las cosas concernientes al aumento de nuestra santa fe católica a la conversión de los indios."

Conforme a estas instrucciones, por tanto, todo fue bautizado, comenzando por los lugares y ciudades. Pero para ello, en muchos casos predominó la tendencia a darle a las nuevas tierras los nombres de las regiones de España, y de allí surgió la isla La Española, Nueva España, Castilla del Oro, Nueva Andalucía, Nuevo Reino de Toledo, Nueva Galicia, Nueva Vizcaya, Nuevo León, Nueva Extremadura y Nuevo Reino de Granada. También se les dieron a las nuevas villas y ciudades los nombres de las ciudades de nacimiento de los fundadores en la Península, y de allí, por ejemplo, los nombres de las Méridas, los Trujillos, las Cuencas, las Sevillas y los Cáceres en varias partes del territorio americano. También fueron utilizados los nombres de los monarcas o de sus ministros, como sucedió con los nombres de Fernandina, Isabela, La Imperial, San Carlos de Austria o Fonseca; o los propios nombres de los propios fundadores de las ciudades, como Mendoza o Valdivia.

B. La elección de puertos en la costa de la mar

En virtud de que la expedición de Pedrarias era una empresa dirigida hacia la costa de la Tierra Firme, la Instrucción precisó en particular a lo que debía atenerse el adelantado en cuanto a los asientos que se hicieran en la costa del mar. Así, en el N° 6 de la *Instrucción* de 1513 se le indicó a Pedrarias, lo siguiente:

> "6° Una de las principales cosas en que habéis mucho de mirar, es en los asientos ó logares que allá se hobieren de asentar: lo primero es ver en cuántos logares es menester que se fagan asientos en la Costa de la Mar, para se guardar la navegación é para mas seguridad de la tierra; que los que han de ser para se guiar la navegación, sean en puertos que los navíos de acá de España fueren, se puedan aprovechar dellos en refrescar e tomar agua, é las otras cosas que fueren menester para su viaje."

La escogencia del lugar para un puerto, por tanto, requería que se tuvieran en consideración tanto las necesidades de la navegación como la seguridad de la tierra, debiendo tratarse de sitios en los cuales pudiera guiarse fácilmente la navegación, se pudieran fondear los barcos y hubiera agua dulce y provisiones.

Respecto de la escogencia de sitios en la costa para la ubicación de pueblos, en la *Instrucción* de 1513 también se daban indicaciones sobre su calidad desde el punto de vista de la salud, el comercio y del trabajo, así:

> "así en el logar que agora está fecho, como en los que de nuevo se ficieren, se ha de mirar que sean en sitios sanos é non anegadizos, é donde se puedan aprovechar de la Mar para cargo e descargo, sin que haya trabajo é costa de llevar por tierra las mercaderías que de acá fueren."

Un pueblo en costa de mar, por tanto, debía ubicarse en un sitio sano y particularmente no anegadizo ni pantanoso; y con una calidad tal que pudiera servir de punto de carga y descarga de los navíos, con el menor trabajo posible, a fin de llevar los bienes a sus destinos sin tener que hacer largos recorridos por tierra.

En relación con los asientos en la costa del mar, en la *Instrucción de 1521*, repitiéndose lo que se había establecido en la Instrucción de 1513 a Pedrarias, se decía:

> "Una de las cosas principales, en que habéis mucho de mirar, es en los asientos de los logares que allá se hubiesen de fazer y sentar lo primero es ver cuantos logares es menester que se hagan asiento en la costa de la mar, para seguridad de la navegación y para seguridad de la tierra; que los que han de ser para asegurar la navegación, sean en tales puertos, que los navíos, que de acá de España, fueren, se puedan aprovechar dellos en refrescar de agua y las otras cosas que fueren menester para su viaje, ansí en el logar que agora están fechos, como en los que de nuevo se hizieren."

En todo caso, en la *Instrucción de 1521* también se insistía en la necesidad de velar por la calidad de los sitios, así "se ha de mirar que sea en sitios sanos y no anegadizos, y donde se pueda aprovechar de la mar para cargo y descargo, sin que haya trabajo é costa de llevar por tierra las mercaderías que de acá fueren".

En la *Instrucción* dada a Cortés en 1523 también se exigía prestar mucha atención en cuanto a la elección de los sitios, así "una de las mas principales cosas que habéis de mirar mucho, es en los asientos de los lugares que allá se hubieren de hacer y asentar de nuevo".

Con base en ello, también se formulaban recomendaciones siguiendo las mismas orientaciones que en las Instrucciones precedentes según se tratase de asientos en la costa del mar o en el interior.

En cuanto a los asientos en costa de mar, la *Instrucción de 1523* a Cortés también señalaba:

> "Lo primero, es ver en cuantos lugares es menester que se hagan asientos en la costa de la mar para seguridad de la navegación y para seguridad de la tierra; y los que han de ser para asegurar la navegación, sean en tales puertos que los navíos que de acá de España fueren se puedan aprovechar de ellos en refrescar de agua e de las otras cosas que fueren menester para su viaje. E si en el lugar que agora están hechos, como en los que de nuevo se hicieren, se ha de mirar que sean en sitios sanos y no anegadizos y de buenas aguas y de buenos aires y cerca de montes y de buena tierra de labranzas, e donde se puedan aprovechar de la mar para cargar e descargar, sin que haya trabajo e costa de llevar por tierra las mercaderías que de aca fueren."

C. *La elección de los sitios en el interior y sus calidades para el asentamiento de pueblos*

Pero el sitio de las poblaciones no sólo debía escogerse en las costas del mar, sino que, particularmente, por razones de explotación minera, los centros poblados también debían ubicarse en tierra adentro, para lo cual, en el mismo N° 6 de la *Instrucción* de 1513 sobre la elección de los sitios según fueran en la costa o tierra adentro, se daban instrucciones precisas para los asentamientos.

En los casos en los cuales los asentamientos de pueblos se ubicasen en el interior del territorio, particularmente por el interés minero, en la *Instrucción de 1513* se exigía que estuviesen en riberas de ríos para facilidad del transporte, así:

> "é si por respeto de estar más cercanos á las minas se hobieren de meter la tierra adentro, débese mucho mirar que por alguna rivera, se puedan llevar las cosas que de acá fueren desde la Mar fasta la población, porque non habiendo allá bestias, como non las hay, sería grandísimo trabajo para los hombres llevarlo acuestas, y ni los de acá, ni los yndios non lo podrían sufrir; y que sean de buenas aguas é de buenos aires é cerca de montes é de buena tierra de labranza; é destas cosas, las que más pudiere tener."

La exigencia, por tanto, era múltiple. En primer lugar, ya se constataba como en efecto era así, que en América no había bestias de carga, por lo que se exigía que el pueblo estuviese cerca de la ribera de un río, por cuyas aguas pudieran transportarse desde el mar los bienes y objetos necesarios, y evitar así que los mismos tuviesen que ser transportados a cuestas, por los hombres, españoles o indios. Por ello, materialmente todos los pueblos y villas situados en el interior de los territorios de América hispana, se asentaron a orillas de los ríos. En segundo lugar, se exigía que en el sitio escogido para asentar el pueblo se constatara que las aguas fueran buenas, y que el lugar tuviera buenas brisas, cerca de montes, y además, existieran tierras de labranza, tal como se planteaba en las obras de Santo Tomás, de Eiximenis y de Vitruvio.

En cuanto a los sitios en tierra adentro, en la *Instrucción de 1521*, al igual que en la *Instrucción* a Pedrarias de 1513, se decía:

> "Y si por respeto de estar más cercanos á las minas se hobiere de meter la tierra adentro, débese mucho mirar que por alguna ribera se puedan llevar las cosas que de acá fueren, desde la mar hasta la población; porque no habiendo allá bestias, sería grandísimo el trabajo para los hombres llevarlo á cuestas, y ni los de acá ni los de allá lo podrán sofrir."

En relación con la calidad de los sitios, en la *Instrucción de 1521*, al igual que en la dada a Pedrarias, también se insistía: "Y los dichos asientos, se ha de mirar que sean de buenas aguas y de buenos aires, y cerca de montes, y de buena tierra de labranza; y destas cosas las que mas pudieren tener".

En cuanto a los asientos en tierra adentro la *Instrucción* a Cortés de 1523, también indicaba lo siguiente:

> "e si por respeto de estar más cercano a las minas se hubiere de meter la tierra adentro, débese mucho mirar que sea en parte que por alguna ribera se pueda llevar las cosas que de acá fueren desde la mar hasta la población, porque no habiendo allá bestias, como no las hay, será grandísimo el trabajo para los hombres llevarlos a cuestas, que ni los de acá ni los indios lo podrán sufrir. E de tener estas cosas susodichas las que más pudieren tener se deben procurar."

D. La necesaria preservación de los pueblos de indios

Fue en la Instrucción de 1523 dada a Hernán Cortés, donde se comenzó a prestar atención a los pueblos existentes, reconociéndose la realidad del mundo azteca en el sentido de que había muchos indios congregados en pueblos, por lo que se instruía que debía procurarse mantenerlos y conservarlos con su propia organización, así:

> “2. Asimismo, por las dichas causas parece que dichos indios tienen mucha razón, para vivir política y ordenadamente en sus pueblos que ellos tienen, habéis de trabajar, como lo hagan así y preserven en ello, poniéndolos en buenas costumbres y toda buena orden de vivir.”

Esta circunstancia de que en la Nueva España los indios estaban habituados a la vida urbana, hizo que el desarrollo de los pueblos de indios se hiciera en forma distinta a las reducciones que se desarrollaron en las islas antillanas o en otras partes de Tierra Firme, por ejemplo, donde la población indígena estaba dispersa. Por ello, muchas ciudades españolas en Nueva España se establecieron sobre lo que eran ciudades indígenas, como fue el caso de Cholula.

E. El repartimiento de solares y de heredades

Uno de los aspectos más importantes de la conquista que se encomendaba a los adelantados mediante Capitulación, y que realizaban a sus propias expensas, era que el reclutamiento de las huestes se debía hacer siempre bajo promesa de repartimiento no sólo de parte del botín que se descubriese, sino de tierras para poblar y para cultivar. Se trataba de empresas colonizadoras para lo cual debían entregarse a los colonos pobladores los solares necesarios para hacer sus casas, y heredades para cultivo. En esta forma, en el N° 7 de la *Instrucción* de 1513 se indicaba la forma como debía hacerse el repartimiento de tierras en los pueblos, de la siguiente manera:

> “Vistas las cosas que para los asientos de los logares son nescesarias, e escogido el sitio más provechoso y en que incurren más de las cosas que para el pueblo son menester, habéis de repartir los solares del logar para facer las casas, y éstos han de ser repartidos segund las calidades de las personas.”

En cuanto al repartimiento de heredades, este debía ser equitativo, pero según la importancia de cada colono. Así se señalaba:

> “así mesmo se han de repartir los heredamientos segund la calidad e manera de las personas, e segund lo que sirvieren, así les creced en heredad, y el repartimiento ha de ser de manera que á todos quepa parte de lo bueno e de lo mediano e de lo menos bueno, segund la parte que á cada uno se le hobiere de dar en su calidad; e porque los primeros que allá pasaron con Hojeda e Nicuesa e Enciso han pasado mucho trabajo e fambre e nescesidad, á Hojeda e á ellos se les ha de facer mejoría en repartimiento, á él como á Capitan, e á ellos como á vecinos en el logar

que está fecho, si por alguna cabsa de más comodidad se hobiere de mudar, ó si non se mudare en él".

En la *Instrucción* de 1521, también se reguló lo concerniente al repartimiento de solares y heredades, así:

> "Vistas las cosas que para los asientos de los lugares son necesarias, y escogido el sitio mas provechoso y en que incurren más de las cosas que para el pueblo son menester, habéis de repartir los solares del logar, para hazer las casas. Y estos han de ser repartidos, segun las calidades de las personas a quien se dieren y lo que cada uno hobiera servido."

Más adelante se señalaba el mismo principio del repartimiento equitativo de heredades, de manera que cada cual tuviese parte de la tierra buena, de la mediana y de la menos buena, así:

> "Asi mesmo se han de repartir los heredamentos, é segun la calidad é manera de las personas; é segun lo que sirvieren; ansi les creced en heredad. Y el repartimiento ha de ser de manera, que á todos quede de lo bueno y de lo mediano y de lo menos bueno, segun la parte que cada uno se le hobiere de dar en su calidad."

En cuanto al repartimiento de solares en las villas y de heredades para el cultivo, en la *Instrucción* a Cortés de 1523, ello también se regulaba con detalle así:

> "12. Vistas las cosas que para los asientos de los lugares son necesarias y escogidas, y el sitio más provechoso e que incurran más de las cosas que para el pueblo son menester, habéis de repartir los solares del lugar para hacer las casas, y estos han de ser repartidos según la calidad de las personas."

En particular en cuanto al repartimiento de heredades, en la *Instrucción* de 1523 se incorporó por primera vez la distinción entre las "caballerías" y las "peonías", que eran los nombres para las heredades destinadas a los de a caballo y a los peones, así:

> "ansi mismo se han de repartir los heredamientos según la calidad y manera de las personas y según lo que hubieren servido asi los creced y mejorad en heredad, repartiéndolas por peonías o caballerías y el repartimiento ha de ser de manera que a todos quepa parte de lo bueno y de lo

mediano y de lo menos bueno, según la parte que a cada uno se le hubiere de dar en su calidad."

Por otra parte, también aparece en forma expresa en la Instrucción de 1523, la misma exigencia de la obligación de residencia para la consolidación de la propiedad sobre las heredades, pero extendida por un período de cinco años, así:

> "13. E a las personas y vecinos que fueren recibidos por vecinos de los tales pueblos, les déis sus vecindades de caballerías o peonías, según la calidad de la persona de cada uno; residiéndola por cinco años le sea dada por su vida la tal vecindad, para disponer de ella a su voluntad como es costumbre; al repartimiento de las cuales dichas vecindades y caballerías que se hubieren de dar a los tales vecinos, mandamos que se halle presente el Procurador de la ciudad o villa donde se le hubiere de dar y ser vecino."

F. El orden de la población y su crecimiento ordenado

Con la *Instrucción* a Pedrarias de 1513, como se dijo, se inició la formulación de reglas para el establecimiento de los pueblos de manera ordenada con el objeto de asegurar su crecimiento ordenado; reglas que se fueron perfeccionando por aproximaciones sucesivas en las décadas siguientes, de manera que como lo decía el plano de Santiago de León de Caracas levantado por el gobernador Juan de Pimentel "desta suerte ba todo el pueblo edificandose". Hasta cuando se dictó la Instrucción dada a Pedrarias, los pueblos que se habían fundado en la isla La Española y en las otras islas del Caribe y en Tierra Firme, puede decirse que en su inicio no tuvieron una forma urbana ordenada y reticular, ni siquiera en el caso de Santo Domingo, la cual sin embrago como todas posteriormente fue objeto de un trazado regular. En todo caso, las Instrucciones dadas a partir de 1513, contribuyeron al desarrollo de esa forma ordenada en todas las poblaciones, incluso en la reordenación de los pueblos y villas que habían sido fundados en las islas antes de esa fecha.

Ahora bien, en cuanto a las Instrucciones de 1513, en su redacción se aprecia, por supuesto, la influencia directa de Vitruvio y de Alberti, y con ellos, todas las ideas de orden y simetría que conformaron el Renacimiento en la arquitectura.

En efecto, en el mismo N° 7 de la *Instrucción* de 1513 se ordenaba que en el repartimiento de solares, estos fueran "*de comienzo dados por órden*", agregándose:

"por manera que fechos los solares, el pueblo parezca ordenado, así en el logar que se dejare para plaza, como el logar en que hobiere la iglesia, como en la órden que tovieren las calles; porque en los logares que de nuevo se facen dando la órden en el comienzo, sin ningud trabajo ni costa quedan ordenados, e los otros jamás se ordena"

De esta *Instrucción* dada a Pedrarias Dávila, resulta claramente la idea del orden que debía tenerse en el establecimiento de los pueblos, para que fundados en forma ordenada, en el futuro pudieran sin esfuerzo seguir desarrollándose en forma ordenada a medida que se fueran agrandando. El orden debía entonces prevalecer en cuanto al sitio para el asiento de la plaza mayor, y en el de la iglesia, que debía estar próximo a la plaza. Además, el orden debía guiar el diseño de las calles; y ese orden sólo podía resultar de la forma reticular.

En todo caso, el modelo urbano adoptado formalmente a partir de 1513, reflejado rápidamente en la traza de Santo Domingo, y que guió el diseño de la casi totalidad de los pueblos, villas y ciudades de América, por tanto, gravitó en torno a los tres elementos urbanos esenciales mencionados en la Instrucción: El primero, la plaza, que era lo que debía establecerse inicialmente, siendo el elemento principal, y cuya forma debía hacer parecer el pueblo como ordenado. Por supuesto, no había otra forma ordenada que no fuera la forma cuadricular o rectangular, en todo caso, reticular, con lados rectos. El segundo, la iglesia que debía ubicarse también en un sitio ordenado, fuera del área de la plaza, pero en un lugar principal, que en general fue en una de las manzanas ubicadas a un costado de la plaza. Y el tercero, las calles que debían también tener orden, es decir, diseñarse ordenadamente, y no había otra forma para el orden de las calles, cuando debían partir de la plaza reticular, que no fuera su trazado en líneas rectas, formando ángulos rectos en los cruces entre ellas, y manzanas o cuadras de terreno, donde se ubicaban los solares a ser repartidos, también ordenadamente.

La plaza, la iglesia y las calles, por tanto, configuraron el modelo urbano latinoamericano, y este se siguió uniformemente en todas partes. Correspondió así a Alonso García Bravo, quien había llegado a América en la expedición de Pedrarias, haber comenzado a implantar el modelo. A él, incluso, se le atribuye haber diseñado la planta de la ciudad de Santo Domingo en La Española y fue a éste alarife a quien Pedrarias, en 1519, le habría encomendado el trazado de las ciudades de Panamá y Natá; y Hernán Cortés, el diseño de la Villa Rica de la Vera Cruz y la reconstrucción de Ciudad de México, además de la planta de Oaxaca.

En todo caso, la parte de mayor interés en la *Instrucción* de 1521, conforme a la orientación de la *Instrucción* a Pedrarias Dávila de 1513, también era la relativa al orden regular que debía tener la población para asegurar su crecimiento ordenado, expresada así:

> "Y desde el comienzo se han de dar y comenzar por órden, por manera que fechos los solares, el pueblo parezca ordenado, ansi en el lugar que se dexare para plaza, como el lugar en que hobiere de ser la Iglesia, como en la órden que tuvieren los tales pueblos en los servicios y edificios públicos. Porque en los lugares que de nuevo se hazen, dando la órden en el comienzo, sin ningún trabajo ni costa quedan ordenados; y los otros jamás se ordenan."

El orden urbano, por tanto, si se establecía desde el inicio, luego se desarrollaba sin esfuerzo adicional. Eso fue lo que sucedió por ejemplo en Buenos Aires, donde la cuadrícula fue repetida sin límites en la llanura circundante. Se trata de un principio elemental de la planificación urbana que puede decirse que se aplicó con la forma reticular para el diseño y crecimiento de todas las ciudades hispanoamericanas hasta comienzos del siglo XX. Ello se puede observar de los planos casi idénticos de Caracas de 1801 y de 1909, y en el plano de la misma ciudad de 1929 donde se aprecia un crecimiento reticular aun cuando con cuadras más pequeñas. El principio se abandonó, sin embargo, al invadir el modernismo el diseño de las ciudades.

Los solares, decía al igual que las anteriores la *Instrucción* de 1523, debían desde un comienzo ser repartidos por orden, para que el pueblo apareciera ordenado y siempre lo fuera. Decía:

> "y sean de comienzo dadas por orden, de manera que hechas las casas en los solares, el pueblo parezca ordenado, así en el lugar que dejaren para la plaza, como en el lugar que hubiere de ser la iglesia, como en la orden que tuvieren los tales pueblos y calles de ellos; porque en los lugares que de nuevo se hacen, dando la orden en el comienzo, sin ningún trabajo ni costa quedan ordenados, y los otros jamás se ordenan."

En esta forma, en los planos iniciales de ciudades hispanoamericanas, aparece el reparto de solares en las cuadras de la ciudad, incluso con la indicación de los nombres de los pobladores.

G. *La iglesia*

Dado el carácter evangélico de la conquista, de acuerdo con la Instrucción, en la traza de los pueblos y su desarrollo posterior, lo primero que debía construirse era la iglesia. La *Instrucción* decía, "y en lo que de nuevo se ficieren la más principal cosa e que con más diligencia se ha de facer, es la iglesia, porque en ella se faga todo el servicio de Dios que se debe facer".

En cuanto a la ubicación de la iglesia en relación con la plaza, sin embargo, nada se precisaba sobre su ubicación en relación con la plaza; y nada se decía de su orientación, aun cuando conforme al rito vigente para el sacrificio de la misa en el siglo XVI, la fachada debía orientarse hacia el oeste y el ábside hacia el este, como sucedió con casi todas las iglesias coloniales que se ubicaron al este de la plaza mayor.

H. *La organización política de los pueblos*

La fundación de los pueblos exigía, por otra parte, y por sobre todo, el establecimiento de una organización municipal. Fundar un pueblo era en definitiva, como se ha dicho, establecer una *civitas o* una república, lo que exigía una organización política local que rigiera y gobernara la comunidad respectiva que se asentaba en un determinado territorio. Un pueblo, por tanto, no sólo era una planta física, sino gente asentada, juntada, reunida o reducida en el lugar, y unas autoridades y leyes que rigieran la vida comunitaria. Si faltaba uno de esos elementos, puede decirse que conforme a la legislación colonial americana, no existía un pueblo, una villa o una ciudad.

Por ello, en cuanto a las autoridades locales en la Instrucción de 1531 se decía:

> "y en tanto que non ficiéremos merced de los oficios de regimiento perpetuos, habéis de mandar que en cada pueblo los elijan entre si por un año, e vos le confirmad siendo personas hábiles para regir".

Se destaca el principio electivo, por un año, que inicialmente se aplicó para la designación de los regidores.

En la *Instrucción* de 1521 también se reguló lo concerniente a la administración de las ciudades, así:

> "Y en tanto que no hiziéremos merced de los oficios del regimiento perpétuos, habéis de mandar que en cada pueblo los elijan entre si, por un año, siendo personas hábiles para regir".

En esta *Instrucción* también se regulaba lo siguiente sobre el nombramiento de autoridades:

> "Y en tanto que, nos, hiciéremos merced de los oficios de regimiento perpetuo y otra cosa mandamos proveer, habéis de mandar que en cada pueblo de la dicha nuestra gobernación, elijan entre si para un año para cada uno de los dichos oficios, tres personas, y de estas tres, vos con los dichos nuestros oficiales tomaréis una, la que más hábil o mejor os pareciere que sea, cual conviene".

IV. LOS EJIDOS

En la *Instrucción* dada a Hernán Cortés en 1523, además, se reguló por primera vez el tema de la dotación de ejidos a las ciudades así:

> "14. Ansi mismo os mando que señaléis a cada una de las villas y lugares que de nuevo se han poblado y poblaren en esa tierra, las tierras y solares que vos parezca que han menester y se les podrá dar sin perjuicio de tercero para propio; y enviarmeheis la relación de los que a cada uno hubiéredes dado y señalado para que yo se lo mande confirmar".

J. Algunos derechos de los colonos

Por último, en relación con la *Instrucción* de 1513 dada a Pedrarias en 1513, teniendo incluso alguna relación directa con el poblamiento, deben destacarse dos disposiciones que le garantizaban a los colonos ciertos derechos, entre ellos, el de ir y venir libremente, y el de petición o queja; y una obligación particular, la de residir un tiempo determinado en el lugar del asentamiento, con lo que se consolidaba la propiedad de lo que había sido repartido, en el mismo sentido de lo que ocurrió durante la Reconquista en las antiguas ciudades moras.

A. La libertad de queja

En cuanto al derecho de petición, dado los problemas que había habido en las Antillas hasta ese momento, sobre todo por las quejas de Enciso contra Balboa ante las autoridades de la Corona, en la Instrucción a Pedrarias se le garantizaba a los colonos el derecho de dirigirse directamente al Monarca, sin control por parte del Adelantando, así:

> "22. Habéis de estar muy avisado que todos los que allá están, e todos lo que con vos fueran, e fueren dempues de vos, han de tener toda libertad para escribir acá todo lo que quisieren, sin que por vos ni por

vuestros oficiales, ni por otra persona ninguna les sea tomada carta, ni mandado que non escriba, sinon que cada uno escriba lo que quisiese; e si alguna persona las tomare, Mandamos que ejecutéis, en ellos las penas que de derecho se deben ejecutar, e si por vuestro mandado se ficiere, os certifico más, que demas de lo que de derecho se debe facer, mandaremos que se provea como cosa que Nos tenemos por deservido, e habiendo mucho enojo".

Se trata no sólo de una regla sobre libertad de queja sino, en general, de una garantía del derecho de petición, sin interferencia alguna de las autoridades; y, además, del derecho a la libre comunicación e, incluso, a la privacidad de las comunicaciones.

Esta libertad de queja y expresión que continuó en las décadas posteriores, provocó una inundación de escritos y mensajes personales dirigidos a los reyes, enviados por conquistadores, colonizadores, curas, funcionarios, vecinos e indios, que explican la riqueza del Archivo General de Indias, en Sevilla. En realidad todo se discutía con amplia libertad, por lo que la Instrucción de 1513 en realidad recogía la orden del Rey Fernando de 14 de agosto de 1509 en el sentido de "que ningún oficial impidiera a nadie enviar al rey o a cualquiera otro cartas u otra información concerniente al bienestar de las Indias". Fue así que desde el inicio se ventiló públicamente y en innumerables escritos, por ejemplo, el tema mismo de la justicia del derecho de España a gobernar el Nuevo Mundo. La libertad de palabra, sin embargo, no fue total pues no cabía en el campo religioso.

B. La obligación de residir y la libertad de ir y venir

En la Instrucción, además, se garantizó a todos los colonos la libertad de tránsito, es decir, el derecho de ir y venir de la Provincia hacia España y viceversa, en la siguiente forma:

> "23. Así mesmo, con los vecinos que allá se avecindaren, si acá quisieren venir durante los primeros cuatro años que han de residir para ganar sus faciendas, dejando sus faciendas, habeiles de dar licencia, e dempues así mesmo les dad licencia para que vengan e gocen de sus faciendas, e non se la impidáis ni estorbéis, sinon fuese acaso que los hobieredes menester para alguna cosa que quisiéredes facer por quince, veinte ó treinta días, ó mas fasta dos meses, los podéis detener; pero pasado el término de la nescesidad que dellos teniades, les deis libremente su licencia para que se vengan como quisieren".

La norma, además, establecía el principio de la obligación de residencia para consolidar la posesión de las haciendas, por un período de cuatro años. Si antes de esa fecha el colono decidía partir, perdía su hacienda. Ello recuerda el famoso dicho que ya hemos destacado, derivó del mismo principio que rigió en la Reconquista: "el que va a Sevilla pierde su silla".

K. *Recomendación general del orden*

La *Instrucción de 1521* terminaba con una recomendación general del orden que una vez seguido, evitaría trabajos sucesivos innecesarios:

> "Habéis de procurar con todo cuidado de tener fin en lo de los pueblos que hizierdes en la tierra adentro, que los hagáis en parte é asientos que os podáis aprovechar dellos para poder hazellos. Y porque desde acá no se os puede dar regla ni aviso particular por la manera que se ha de tener en hacerlo, sino la esperiencia de las cosas que de allá sucedieren os han de dar la avilanteza y aviso de como y cuando se ha de hacer. Solamente se os puede dezir esto generalmente: que procuréis con mucha instancia y diligencia y con toda la brevedad que pudiérdes, de certificaros dello, y certificado ques ansi verdad, á todas las cosas, que ordenárdes y hiziérdes, las hagáis y determinéis con pensamiento que os han de servir y aprovechar para aquello. Porque habrá mucho de lo que agora sin ninguna costa ni trabajo les podéis hazer, porque no costará más sino determinarlas que se hagan de la parte que sean provechosas, como se habia de hazer en otra parte que no lo fuesen, de donde si, despues los hobiérdes de mudar para este propósito, será muy trabajoso, y algunos tan dificultosos, que serian imposibles."

Conforme a estas Instrucciones, por ejemplo, puede decirse que Juan Ponce de León, quien como se dijo había fundado el pueblo de Capana en 1508 en la isla de Puerto Rico, dispuso el traslado de la ciudad en 1521 al sitio de la "ysleta" que hoy ocupa San Juan de Puerto Rico, con un trazado reticular, con manzanas rectangulares.

En la *Instrucción* dada a Cortés, al igual que en la Instrucción General de 1521, también se formularon recomendaciones generales sobre el orden, así:

> "15. Habéis de procurar con todo cuidado de tener fin en los pueblos que hicieren en la tierra adentro, que los hagáis en parte y asiento que os podáis aprovechar de ellos para poder hacerlo. Y porque desde acá no se puede dar regla particular para la manera que se ha de tener en hacerlo sino la experiencia de las cosas que de allá sucedieren, os han de

dar la abilanteza e aviso de cómo y cuándo se han de hacer; solamente se os puede decir esta generalmente: que procuréis con mucha instancia y diligencia y con toda brevedad que pudiéredes certificaros de ello y certificado que es ansi verdad, todas las cosas que ordenáredes e hiciéredes, las hagáis y determinéis con pensamiento que os ha de servir e aprovechar para aquello, porque habrá mucho de ello que agora sin ninguna costa ni trabajo lo podéis hacer, porque no costará más sino determinar lo que se haga de la parte que sea provechosa, como se había de hacer en otra parte que no lo fuese, de donde si después la hubiésedes de mudar para este propio sería muy trabajosa cosa y algunas tan dificultosas que serían imposibles."

2. *La culminación jurídica de la ordenación del proceso de poblamiento en América: las Ordenanzas de Descubrimiento y Población De Felipe II de 1573*

A. *El orden que se ha de tener en descubrir y poblar*

El punto culminante de la formulación jurídica del modelo urbano, del proceso de poblamiento y de la formación de ciudades en América Hispana, que se inició mediante Instrucciones dadas a los adelantados y gobernadores con motivo de cada empresa o, en general, durante la primera mitad del siglo XVI, lo constituyeron las *Ordenanzas de Descubrimiento y Población dadas por Felipe II en el Bosque de Segovia,* el 13 de julio de 1573, en las que se establecen con precisión las reglas e instrucciones relativas a la forma urbana regular y reticular de la ciudad americana, en lo que se puede considerar como el primer cuerpo orgánico de normas jurídicas sobre ordenación urbana que se haya dictado jamás. En ellas, se les precisó a los adelantados, "el orden que se ha de tener en descubrir y poblar".

Las Ordenanzas, fueron producto de una reforma del Consejo de Indias ordenada por el Rey en 1571, y fueron redactadas bajo la supervisión de Fray Juan de Ovando y Godoy, nombrado para presidir el Consejo, después de haber presentado un informe al Rey proponiendo la expedición de un cuerpo de leyes que precisara las que debían mantenerse vigentes entre todas las que dispersamente se habían dictado con relación al Nuevo Mundo hasta ese tiempo, y la elaboración de un libro descriptivo de las Provincias que formaban las Indias Occidentales.

En el Informe, Ovando decía:

"Con ser el Consejo de las Indias la cabeza y la mente que a de governar todo el orbe de las Indias en el dicho Consejo no se sabe el subjeto de las dichas Indias y las cosas que en ella ay sobre que cae disposición de ley y governación ni se ha tenido cuydado del medio y modo con que esto fácilmente se pudiera hazer, para que, aunque los mensageros y ministros del dicho consejo mudaran o faltaran, los sucesores lo pudieran también saber como los antecesores".

Y agregaba:

"En el Consejo ni en las Indias no se tiene noticia de las leyes y ordenanzas por donde se rigen y gobiernan todos aquellos Estados".

El resultado fue la expedición de las Instrucciones en las cuales se ratificó el carácter de la empresa descubridora como una política y derecho exclusivo de la Corona, aun cuando realizada por particulares. Por ello, el artículo primero comenzó por asegurar el control absoluto de la empresa indiana a la Corona, lo cual ya se había establecido claramente desde la Orden Real dada en Granada el 3 de septiembre de 1501, en el sentido de que nadie podía hacer nuevos descubrimientos sin la obtención previa de una licencia. De allí la advertencia del artículo 1° de las Ordenanzas a quienes se atrevieran a realizar expediciones de descubrimiento, nueva población o pacificación sin expresa licencia de las autoridades facultadas para otorgarlas, que se les castigaría con la pena de muerte y de perdimiento de todos los bienes.

A tal efecto, se facultaba a las autoridades civiles y eclesiásticas a celebrar Capitulaciones de descubrimientos y pacificación, con la condición de que luego las remitieran al virrey o a la Audiencia para que éstos, a su vez, las mandaran al Consejo de Indias el cual, en últimas instancia, era el único capacitado para otorgar la licencia definitiva (Art. 2).

En todo caso, la licencia para hacer nuevas poblaciones estaba condicionada a que estas se hiciesen "*guardando la orden* que en el hazerlas se manda guardar por las leyes de este libro".

A los efectos de formalizar la tarea descubridora y asegurar el dominio de la Corona, los artículos 13 y 14 establecieron que tanto en los descubrimientos por mar y por tierra, la toma de posesión que debía efectuarse, apenas llegados a lo nuevamente descubierto, se debía realizar en nombre de los reyes de Castilla, *con todas las formalidades inherentes al caso, y ante escribano público que debía levantar el acta correspondiente.* En dicha acta se debían incluir los nombres que los descubridores pusieren a las diversas provincias, tierras, montes y ríos principales que fueran encontrando y ciudades que fueren fundando.

Para guiar esa empresa de la Corona, realizada por particulares a sus expensas, fue necesario idear y promulgar todo un conjunto de normas, algunas dirigidas a determinados adelantados, otras formuladas en forma general, que orientasen y guiasen la tarea de descubrir y particularmente de poblar, a cargo de adelantados dispersos en toda América. Esas normas e instrucciones, precisamente, y por agregaciones sucesivas, culminaron con la elaboración de las *Ordenanzas* de Felipe II de 1573, cuya parte más importante con relación a la forma urbana, es la relativa a las instrucciones sobre *el orden que se ha de tener en descubrir y poblar*, por supuesto, aplicables a las Nuevas Poblaciones, y donde se evidencia toda la influencia renacentista antes indicada. Esta es la parte que nos interesa destacar de las Ordenanzas contenidas en los artículos 32 al 137 sobre "nuevas poblaciones", siendo el contenido general de las Instrucciones el siguiente:

1. La elección de los sitios: 32 (I, i), 33 (I, i), 34 (V, i) 35 (V, i), 36 (V, i) y 37 (V, ii)

2. La fundación de los pueblos: 38, 39 (VII, i), 40 (VII, i), 41 (VII, iiii), y 42

3. La organización del gobierno: 43 (VII, ii)

4. La fundación subsecuente de otros pueblos: 44, 45, (VII, xviii), 46 (XII, xviiii), 47 a 49, 50, (V, iii), y 51

5. Las poblaciones contratadas con particulares: 52 (III, ii), y 53 a 55 (III, vii)

6. Los Adelantados: 56, 57, (IX, xi), 58, 59, 60, (III, iiii), 61, 62, 63 (III, xii), 64 (III, xi), 65 (III, xviii), 66 (III, xvii), 67 (III, xvi), 68 (III, xiiii), 69 (III, xv), 70 (III, xiii), 71, 72, 73 a 75 (III, iii), 76 (III, iiii), 77 (III, vi), 78 (III, vii), 79 (III, v), 80 (III, xviiii), 81 (III, xx), 82 (III, xxi), 83 (III, xxii), 84 (III, xxiii), 85, y 86 (III, ii).

7. El alcalde mayor y el corregidor: 87 (III, xxv)

8. Los alcaldes ordinarios, los regidores y los oficiales anales: 88, 89 (V, vi), 90, (VII, vii), 91, 92 (V, viii; VII, vi), 93, (VII, xxv), 94, 95, (V, xi), 96 y 97 (III, xxiiii), 98 (VI, ii), 99 (VI, vi), y 100 (V, vii)

9. Las fundaciones de casados: 101 (V, x)

10. Obligaciones del Gobernador y demás autoridades de las Indias: 102 (VII, xx)

11. Las Capitulaciones subordinadas: 103 (V, viiii)

12. La Repartición de tierras: 104, 105 y 106 (XII, i)

13. Las Obligaciones de los pobladores: 107 (XII, iii), 108 y 109 (VII, xxi)

14. El trazado regular en la fundación de las nuevas poblaciones: 110 y 111 (VII, iii)

15. La plaza mayor: 112, a 115 (VII, iiii), 116 y 117 (VII, x), 118 y 119 (VII, viii)

16. Las poblaciones costeñas: 120 y 121 (VII, viii), y 122 (VII, v; VII, viii; y Libro Primero, IV, ii)

17. Las poblaciones interiores: 123 (VII, v), 124, y 125 y 126 (VII, viii)

18. Los Solares a los particulares: 127 (VII, xi) y 128 (VII, xvi)

19. Los ejidos, dehesas, tierras de labor y tierras de regadío: 129 (VII, xiii), 130 (VII, xiiii) y 131 (VII, xxvi)

20. La edificación de la población: 132 (VII, xv), 133, 134 (VII, xvii) y 135

21. La oposición de los indios: 136 (VII, xxiii), y 137 (VII, xxiiii; VII, xxvi)

B. Las normas sobre el sitio y ubicación de las poblaciones

a. La elección de los sitios

Las *Ordenanzas* establecieron las pautas que debían tomar en cuenta los adelantados para elegir los sitios de ubicación de las poblaciones, con normas relativas a la salubridad, al abastecimiento y a la ubicación.

a'. Principios relativos a la salubridad

Los artículos 34 al 37 de las Ordenanzas establecieron las pautas generales para la elección de los sitios más convenientes para asentar las poblaciones, recomendándose escoger comarcas saludables, esto es, aquéllas en que se encontrasen hombres de edad avanzada, así como hombres sanos y fuertes y de buen color; animales sanos y de buen tamaño; buenos frutos y mantenimientos. Donde no hubiera cosas venenosas, y donde el cielo fuera claro y el aire puro y suave; el clima agradable, sin mucho frío o calor y, en todo caso, que fuera más frío que caliente. Como lo dice el artículo 34: "...de buena y felice costelación el cielo claro y begnino (sic) el ayre puro y suaue sin ympedimiento ni alteraciones y de buen temple sin excesso de Calor o frio y hauiendo de declinar el mejor que sea frio".

Estas normas, sin duda, tienen su antecedente directo en la obra de Santo Tomás, *De Regimene Principum* (Gobierno de los Príncipes), en cuyo Libro II, Capítulos I y II se encuentra la misma fraseología de las Ordenanzas. El primero de los Capítulos estaba destinado a "Cómo los reyes han de fundar ciudades para alcanzar fama, y que se debe elegir para ello sitio templado y las comodidades que de esto se siguen, y las incomodidades de lo contrario"; y el segundo destinado a "Cómo deben los reyes y príncipes elegir las regiones para fundar ciudades o castillos, y que debe ser de aire saludable y muestra en qué se conoce el serlo".

b'. Principios relativos al abastecimiento

Por otra parte, el artículo 35 exigía que las tierras resultasen fértiles, con abundancia de frutos y de pastos para el ganado, así como de montes con árboles que proporcionasen leña en abundancia y material para la construcción; que se tuviera cuidado de tener cerca agua suficiente para el consumo y para los regadíos, procurando que hubiera buenas salidas y entradas de mar y tierra, y pueblos de indígenas suficientemente cerca para poder evangelizarlos.

b. La ubicación de los pueblos

Una vez elegido el sitio que reuniera la mayor cantidad de ventajas para fundar la nueva población, se debía proceder a fijar el lugar que correspondería tanto a la cabecera como a los sitios que le debían estar sujetos, procurando hacerlo sin perjuicio de los indios. De cualquier modo, estos lugares debían tener siempre cerca el agua, los materiales, las tierras de labranza y cultivo, así como los pastos. (Arts. 38 y 39).

Una vez que se hubieren escogido los lugares para las cabeceras, se debían señalar los de los pueblos dependientes para estancias, chácaras y granjas, igualmente sin perjuicio de los indios (Art. 42).

a'. La altitud de los lugares

No se debían escoger lugares muy altos por el problema que representaba tanto el viento como el acarreo de cosas; ni muy bajos, ya que resultaban enfermizos. De preferencia debían elegirse lugares medianamente levantados, que recibieran el aire del norte y del mediodía. En caso de tener sierras o cuestas cercanas, éstas debían quedar al poniente y al levante, y si por alguna causa debía edificarse en lugares altos, se hiciese en sitios donde no estuviesen sujetos a nieblas (Art. 40).

b'. Los pueblos interiores en la ribera de ríos

De preferencia se recomendaba que las poblaciones interiores se levantasen a la orilla de algún río que fuera navegable, dejando la ribera baja para los oficios que arrojaren inmundicias (Art. 123).

Si el lugar escogido se encontrase a la orilla del agua, debía tenerse cuidado de que quedase de tal forma que a la salida del sol los rayos pegasen primero en la población y no en el agua (Art. 40).

c'. Los pueblos costeños

Por otra parte, se recomendaba alejarse de las costas por el peligro que representaban los constantes ataques de corsarios y por las enfermedades que en esos lugares abundaban, así como porque eran sitios que se prestaban al ocio. La excepción admisible era que se tratase de puertos principales, necesarios para la entrada, defensa y comercio de las tierras (Art. 41).

Todas estas normas referidas al sitio y ubicación de las poblaciones, por ejemplo, se formularon dos siglos antes que las consideraciones que aparecieron en la mencionada obra de A. Ribeiro Sánchez, *Tratado de la conservación de la salud de los pueblos y consideraciones sobre los terremotos* (1781, donde señaló que:

> "El sitio más adecuado para conseguir ambos fines (la conservación de los habitantes y su comodidad) será el que estuviere más expuesto al oriente, donde haya aguas vivas y corrientes, al cual se pueda llegar por muchas partes a un tiempo, a fin de que puedan entrar embarcaciones y carruajes, así en verano como en invierno; que no sea ni húmedo por extremo, ni árido como las peñas; que le ventilen antes los vientos fríos, cuales son los de levante y norte, que no los del sur y poniente, que suelen ser húmedos y calientes"

C. Las normas sobre el repartimiento de las tierras

a. La propiedad pública de las tierras y la concesión en propiedad a los pobladores

Las tierras de las Indias conforme al derecho castellano eran consideradas como pertenecientes a la Corona. Por tanto, originalmente los particulares solo podían poseerlas, por gracia real, en virtud de Cédula especial o de las normas de las Capitulaciones.

El repartimiento constituyó así, el título jurídico, sujeto a normas de permanencia luego de un plazo, para que se originara la propiedad personal. Es decir, el repartimiento si bien fue el título originario para adquirir en propiedad tierras en las Indias, sin embargo, no era suficiente para adquirir el pleno dominio, pues era necesario cultivar la tierra o residir en ella en un lapso de tiempo de entre 4 a 8 años. Estas normas, sin duda, tienen sus antecedentes en los fueros medievales de las ciudades castellanas y aragonesas, y en las experiencias del poblamiento como consecuencia de la Reconquista.

Una de las atribuciones de los adelantados, concedidas en las Capitulaciones, fue la de repartir tierras y solares. Lo mismo podían los virreyes, gobernadores en los territorios de nuevo descubrimiento y población, lo cual en este caso debía ser confirmado por la Corona.

b. El reparto del terreno

En el término y territorio del pueblo, debía repartirse la tierra así:

En primer lugar debía determinarse lo que fuera necesario para los solares del pueblo; para los ejidos necesarios y dehesas en las cuales pudiera pastar abundantemente el ganado de los vecinos.

En cuanto a las otras tierras, dentro del territorio y término de la ciudad, debían dividirse en cuatro partes: una de ellas para el fundador del pueblo "el questa obligado a hazer el dicho pueblo" (Art. 91); y las otras tres partes para ser repartidas en treinta suertes para los 30 pobladores del lugar.

c. El repartimiento de solares a particulares

Salvo los solares en la plaza mayor para la iglesia y las casas reales, el resto de los solares se debían repartir a suerte entre los pobladores, comenzando a partir de la plaza mayor.

Con esto se iniciaba el proceso de apropiación privada del suelo urbano. Los terrenos adyacentes a la plaza mayor, se repartían entre los más destacados de las huestes conquistadoras y pobladoras; y el resto de los solares se iba repartiendo por el adelantado fundador de acuerdo a la categoría social de los pobladores.

En todo caso, los solares que quedaren vacantes se debían reservar a la Corona, para repartirlos entre las personas que de nuevo fueren llegando. Sin embargo, de preferencia se recomendaba al adelantado llevar la planta de la población ya hecha (Art. 127).

Así el artículo 127 de las Ordenanzas, para los futuros repartimientos de solares señalaba que "para que se acierte mejor llebesse siempre hecha la planta de la población que se oviere de hazer".

En esta forma, se aseguraba que la ciudad siguiese creciendo ordenadamente de acuerdo con la planta reticular.

d. *La obligación de ocupar el suelo*

Una vez hecha la planta y repartidos los solares, cada poblador, en la parte que se le hubiere asignado, debía proceder a instalar el toldo que para ello le hubiere solicitado el capitán. El que no lo llevare, haría su rancho de los materiales que hubiere en la región. Con la mayor prontitud, todos debían cooperar a hacer palisadas en cerco de la plaza, de manera que quedase protegida de los ataques de los indios (Art. 128). Como textualmente lo exigía el artículo 128:

> "hauiendo hecho la planta de la poblacion y repartimiento de solares cada vno de los pobladores en el suyo assienten su toldo si lo tuuiere para lo qual los capitanes les persuadan que los lleben y los que no los tuuieren hagan su rancho de materiales que con facilidad puedan auer donde se puedan recoger y todos con la maior presteca que pudieren hagan alguna palicada, o tanches (sic) en cerco de la plaça de manera que no puedan rrecibir daño de los Indios y naturales."

e. *El repartimiento equitativo de tierras*

En cuanto a las tierras de cultivo, al hacerse los repartimientos debía procurarse que a todos correspondiese "parte de lo bueno e de lo mediano e de lo menos bueno", y debían hacerse sin agravio para los indios, es decir, que no se le quitasen las tierras que pudieran tener; sin perjuicio de terceros y sin que significara concesión de facultades jurisdiccionales sobre los habitantes de la tierra adjudicada ni de propiedad, sobre las minas que existieren o descubrieren.

f. Las peonías y las caballerías

De acuerdo con las *Ordenanzas,* las tierras se debían repartir entre los nuevos pobladores, clasificadas en *peonías* y *caballerías,* denominación de origen medieval: las peonías eran las tierras que se otorgaban a los infantes o peones y las caballerías a los caballeros.

Las *peonías* eran solares de 50 pies de ancho por 100 de largo; 100 fanegas de tierras de labor, de trigo o cebada; 10 de maíz; 2 *huelras* de tierra para huerta; 8 para plantas de otros árboles de secadal; tierra de pasto para 10 puercas de vientre, 20 vacas y 5 yeguas, 100 ovejas y 20 cabras (Art. 105). Las *caballerías* eran solares para casa de 100 pies de ancho y 200 de largo; y en lo demás, el equivalente de 5 peonías, que eran: 500 fanegas de labor para pan de trigo o cebada; 50 de maíz; 10 huelras de tierra para huerta; 40 para plantas de otros árboles de secadal; tierra de pasto para 50 puercas de vientre, 100 vacas, 20 yeguas, 500 ovejas y 100 cabras (Art. 106).

Las *caballerías,* así en los solares como en las tierras de pasto y de labor, se debían de dar deslindadas y apeadas en término cerrado. Las *peonías,* en los solares y tierras de labor y plantas, se debían dar deslindadas y divididas, pero, en cuanto al pasto, era común (Art. 107).

g. Las obligaciones de los pobladores

Los que tomaren asiento de residir las peonías y caballerías se obligaban a tener edificados los solares, y pobladas las casas, así como hechas y repartidas las hojas de las tierras de labor, habiéndolas labrado y puestas de plantas y ganados, fijando los plazos para irlo haciendo. El que no cumpliera con lo ofrecido, perdía las tierras y solares que se le hubieren señalado, y sería multado. De ahí que antes de empezar, debían otorgar fianza suficiente para garantizar el cumplimiento de sus obligaciones (Art. 108).

Por otra parte, los que se hubieran comprometido a edificar, labrar y pastar caballerías, podían celebrar asiento con labradores que les ayudasen en sus tareas (Art. 109).

Tanto el gobernador que hubiere negociado la nueva población, como la justicia del pueblo que de nuevo se poblare, quedaban encargados del exacto cumplimiento de las obligaciones de estos pobladores, tanto de oficio como a petición de parte interesada. Igualmente los regidores y procuradores de consejo podían elevar instancias contra los pobladores que no cumplieren sus obligaciones, dentro de sus plazos (Art. 110).

E. Las normas sobre el trazado regular e ilimitado en la fundación de las nuevas poblaciones

Una vez efectuado el descubrimiento, escogida la parte más conveniente para asentar en ella la nueva población -siempre que no fuera en los lugares reservados en exclusiva para la Corona, ni en perjuicio de los indios-, y celebrados los asientos respectivos, se debía proceder de la manera siguiente:

a. La planta o trama ortogonal partiendo de la plaza mayor: a cordel y regla

Primero se debía hacer la planta del lugar escogido, repartiéndola por sus plazas, calles y solares, a *cordel y regla,* comenzando por la plaza mayor. Desde allí se debían sacar las calles a las puertas y caminos principales, dejando tanto compás abierto que, aunque la población aumentase mucho, se pudiera proseguir en la misma forma. Como lo señala el artículo 110 de las Ordenanzas:

> "... se haga la planta del lugar repartiendola por sus plaças calles y solares a cordel y regla comenzando desde la plaça maior y desde alli sacando las calles a las puertas y caminos principales y dexando tanto compas abierto que aunque la población vaya en gran crecimiento se pueda siempre proseguir en la misma forma..."

De esta norma de las Ordenanzas resulta claro que el punto de partida de la nueva ciudad o población siempre era la plaza mayor, y que la forma ortogonal o reticular fue la regla general de las ciudades, no sólo las fundadas en el siglo XVI, sino también en los siglos subsiguientes de la Colonia. En todo caso, la plaza era lo primero que tenía que situarse y delimitarse en el lugar, y una vez hecho esto, de allí debían salir las calles en forma rectilínea y paralela hacia los confines o puertas de la ciudad.

Las ciudades que ordenaba este texto, no eran ciudades cerradas o amuralladas sino que al contrario, no debían tener límites artificiales y debían crecer en forma ilimitada, siguiendo el mismo esquema formal, de calles paralelas y perpendiculares cruzadas en ángulo recto, a cordel y regla, que nacían de la plaza mayor formando un damero o malla reticular. En consecuencia, las ciudades amuralladas fueron una excepción en la América hispana, lo que sucedió con los puertos importantes en el mar Caribe como Santo Domingo, La Habana, San Juan de Puerto Rico y Cartagena de Indias. Aun cuando no eran puertos, también fueron amuralladas las ciudades de Lima y de Trujillo en el Perú.

En caso de que existiesen las condiciones necesarias en el sitio escogido, la traza de la población debía ajustarse a los siguientes lineamientos (Art. 111): Que el lugar escogido de preferencia fuera elevado, sano, seguro, fértil y abundante en tierras de labor y pasto; leña, madera y materiales; aguas potables; mano de obra; bien ubicado con entradas y salidas abiertas al norte.

En caso de estar en la costa, se debía tener consideración al puerto, y el mar no debía quedar ni al mediodía, ni al poniente. Que se evitase que quedaren cerca pantanos o lagunas, ya que ahí suelen criarse animales venenosos, además de que tanto el agua como el aire se corrompen (Art. 111).

b. La plaza mayor

Como se dijo, la plaza mayor era de donde debía comenzarse el trazado y edificación de la población. Como lo señalaba el Art. 112 de las Ordenanzas, "la plaça maior de donde se a de comenzar la población..."

Pero además, y por lo anterior, la plaza mayor era y ha sido siempre el centro de la vida urbana en las ciudades latinoamericanas y el lugar más importante de la ciudad. Como lo anhelaba más de dos siglos después V. Foronda en su obra *Cartas sobre la Policía* (Madrid 1801), aun cuando pensaba que las calles debían finalizar en la plaza y no comenzar en ella:

> "Sería tan útil como hermoso que todas las calles finalizaran en una plaza cerrada como la que hay en París, conocida bajo el nombre de *Palacio Real*, que sea el punto de reunión de las gentes, y puedan pasearse en sus arcos, ya de noche, ya cuando llueve, y encontrar reunidas todas las cosas que sirvan de adorno, comodidad y recreo. También debe haber diseminadas por el pueblo otras varias plazas destinadas a vender los alimentos."

Ese anhelo, para ese momento ya era una realidad en el mundo americano. Por ello, las Ordenanzas regulaban con precisión todo lo concerniente a la plaza mayor.

a'. Ubicación

En el caso de que la población se erigiere en la costa, la plaza debía hacerse al desembarcadero del puerto; si estaba tierra adentro, la plaza se debía fijar en el centro o en medio de la población, de manera que fuese el corazón y su centro vital.

Precisamente, por esta norma, en las poblaciones costeras, la plaza mayor estaba abierta al mar y en su extremo costero debía ubicarse el puerto. Como ejemplos se pueden citar la ciudad de la Habana y la ciudad de Buenos Aires, en las cuales se interpuso entre la plaza y el mar un fuerte. La ubicación de la plaza abierta se debía, sin duda, a que ese lugar, el malecón, era el centro de mayor importancia económica y social de la ciudad. Igual exigencia se dio en relación con los pueblos en las riberas de los ríos navegables.

En cambio, en las ciudades mediterráneas, ubicadas tierra adentro, la plaza mayor debía ubicarse en el centro de la ciudad, y de ella debía partir el crecimiento de la ciudad, irradiándose la trama urbana hacia los diversos puntos cardinales, en forma regular.

b'. Forma

La plaza debía ser rectangular, teniendo de largo, una vez y media el ancho, por ser esto lo mejor para las justas de a caballo y otras que se hubieren de hacer (Art. 112). Como lo decía el texto del artículo 112 de las Ordenanzas:

> "...la plaça sea en quadro prolongada que por lo menos tenga de largo Vna vez y media de su ancho porque desta mana es mejor para las fustas de a cauallo y qualesquiera otras que se ayan de hazer."

La idea de esta forma rectangular propia para las fiestas ecuestres, que eran las más populares de la época, sin duda, tiene su antecedente en la forma de los circos romanos que originaron plazas como la Piazza Navona en Roma, tal como lo enseñaba Vitruvio.

Esta regla, sin embargo, no siempre se siguió. La gran mayoría de las plazas en América Hispana fueron rectangulares, ocupando el área de una manzana de la trama urbana. Sin embargo, existen ejemplos de plazas rectangulares que ocupan dos manzanas en la traza de la ciudad, como es el caso, único en Venezuela, de Barinas, y de algunas ciudades en las islas del Caribe, como Daxaban en República Dominicana. Otros ejemplos característicos de esta forma rectangular de la plaza se ubican en ciudades de más reciente fundación como Cienfuegos en Cuba, plaza que en el proyecto de la ciudad elaborado en 1798 se había ubicado en dirección norte-sur.

c'. Dimensión

El tamaño o grandeza de la plaza debía ser en proporción a la cantidad de vecinos que hubiere y al crecimiento futuro de la población que se pudiere prever, no debiendo ser menor de 100 pies de ancho y 300 de largo, ni mayor de 530 de ancho y 800 de largo (Art. 113). Un ejemplo de plaza, sin duda monumental, fue el adoptado en México cuyo Zócalo es de grandes proporciones.

El artículo 113 de las Ordenanzas, en este aspecto de la dimensión de la población, era bastante detallado estableciendo que para determinarla no sólo debía tenerse en consideración la cantidad de vecinos existentes al momento de la fundación, sino el crecimiento futuro de la misma, lo que era previsible en ciudades de nueva fundación. Particularmente, en estas debía tenerse en consideración la presencia de los indios o naturales. Como lo decía las *Ordenanzas,* en estas ciudades o poblaciones de indios, "como son nuevas se va con intento de que han de yr en aumento y así se hara la elección de la plaça teniendo respecto de que la población puede crecer..."

Por ello, muchos pueblos de indios conservan en la actualidad plazas de gran tamaño, que no guardan proporción con el tamaño del poblado actual.

En todo caso, las *Ordenanzas* recomendaban que una mediana y buena proporción de la plaza era de 600 pies de largo y 500 de ancho.

d'. La intersección de las calles en la plaza

De acuerdo con las Ordenanzas, de la plaza debían salir doce calles: una del centro de cada uno de los cuatro lados del rectángulo y dos de cada esquina, formando ángulo recto.

De acuerdo con esta norma, siendo la forma estipulada para la plaza la rectangular y no la cuadrada y, en principio, de dimensiones mayores a las manzanas de la retícula urbana, las calles debían partir no sólo de las cuatro esquinas en ángulo recto, sino que también debían partir de los cuatro costados de la plaza.

En realidad, este modelo normativo puede decirse que sólo se siguió muy excepcionalmente en la América hispana, tal y como aparece en los planos hechos para los pueblos de Manajay y San Juan de Jaruco en Cuba. A dicho modelo se le aproxima el caso de Quetzaltenango, aun cuando a la plaza sólo llegan once calles en forma irregular. Lo normal fue la opción fáctica que escogieron los fundadores de una forma menos grandiosa y más simple, de plaza cuadrada con las mismas dimensiones de las cuadras del centro poblado, abierta en sus cuatro esquinas de donde salen ocho calles en ángulo recto. Por ello, en general, no salen calles de los costados de las plazas.

En algunos casos, sin embargo, aún con la opción de la plaza cuadrada y sus ocho calles en los ángulos, en muchas ciudades se hizo llegar a alguno de los costados de la plaza algunas calles, como sucedió en el caso de Santiago, en La Española y en el caso de Ponce, en Puerto Rico. En el caso de la Nueva Panamá, a la plaza cuadrada le llegan ocho calles, pero no todas en los ángulos de la misma, presentando una forma irregular en cuanto a la intersección de las calles, al igual que sucede en Cajamarca.

En otros casos, en el diseño de la plaza cuadrada ésta se ubicó en el centro de la intersección de las calles principales que cruzaban el poblado, como fue el caso del proyecto para la nueva población de Portobelo en 1731, y es la forma urbana que se escogió para el diseño de las plazas de las ciudades de Rancagua y Vallenar en Chile.

Otro modelo urbanístico de plaza cuadrada que se adoptó en algunos casos, fue el de un cuadrado equivalente a cuatro cuadras del damero, dando lugar a una enorme plaza con las doce calles reglamentarias que llegan a la misma. Es el caso de Mendoza y de otras ciudades del noreste argentino como Resistencia y Formosa. El mismo diseño de plaza cuadrangular equivalente a cuatro cuadras y doce calles que le llegan, se encuentra en la ciudad de Armenia en Colombia. En el caso de Kingston, Jamaica, la plaza William Grant Park es cuadrangular pero a la misma llegan dieciséis calles.

e'. La orientación de las esquinas y la protección respecto de los vientos

Cada una de las esquinas debía orientarse a los vientos principales, para proteger a la plaza de dichos vientos (Art. 114). Así lo decía textualmente el artículo 114 de las Ordenanzas:

> "De la plaça salgan quatro calles principales Vna por medio de cada costado de la plaça y dos calles por cada esquina de la plaça las quatro esquinas de la plaça miren a los quatro Vientos principales porque desta manera saliendo las calles de la plaça no estaran expuestas a los quatro Vientos principales que seria de mucho ynconviniente."

Precisamente por ello, la orientación general de las plazas en las ciudades de la parte septentrional de Sur América, por ejemplo, y de las calles principales que de ellas salen, es Norte-Sur, Este-Oeste, pues los vientos, en general, los alisios, vienen del noreste, como es el caso de Caracas. En otras partes, las esquinas de las plazas se orientaban hacia los puntos cardinales precisamente para que el damero sirviera de rompevientos, como es el caso del diseño de San Felipe, en el centro de Venezuela según el plano de 1732.

En esta forma, como lo enseñaban Vitruvio y Alberti, las calles no se convertían en pasajes o canales de vientos y la disposición cruzada de las mismas más bien las concebía como obstáculos rompe-viento.

f'. Los portales de la plaza mayor

Dada la forma rectangular de la plaza, el Art. 115 de las Ordenanzas disponía que tanto alrededor de la plaza, como en la entrada de las cuatro calles principales a la misma que partían de sus costados, debían tener portales, por la comodidad que proporcionaban a los comerciantes que ahí se reunieran (Art. 115).

Se concebía así, una plaza rodeada de portales, en la cual, sin embargo, debían quedar libres las ocho calles que salían de la plaza por las cuatro esquinas, "sin encontrarse con los portales retrayendolos de manera que hagan lazera derecha con la calle y plaça".

Este modelo ideal de plaza rodeada de portales, sin duda derivó de la antigüedad del modelo del *Agora* griega o *Foro* romano, como lo había expuesto Vitruvio y luego Alberti. La plaza, rodeada de portales pero cerrada, fue además la forma escogida en las *Bastides* medioevales. Para inicios del Renacimiento, además, se había aplicado en algunas ciudades italianas, como por ejemplo en la Piazza dell'Annunziata en Florencia con la construcción de la *Loggia degli Innocenti* en 1459 de Brunelleschi.

Los portales de las calles de las esquinas de las plazas fueron adoptados con frecuencia en la América hispana, al igual que las arcadas en los lados de la plaza, que muy rara vez se han conservado.

c. Las calles

a'. La anchura de las calles

La anchura de las calles se determinaba según el lugar escogido para la ubicación de la ciudad.

En los lugares fríos, las calles se debían trazar anchas, para permitir que el sol entrase plenamente en la ciudad. Por ello, por ejemplo, en ciudades como Antigua Guatemala (1.500 mts. de altitud) o en Mucuchíes, Venezuela (3.000 mts. de altitud) las calles todavía se conservan relativamente anchas. En los lugares calientes, por el contrario, las calles debían ser angostas para evitar la inclemencia del sol (Art. 116) y asegurar la protección de la sombra, como por ejemplo sucede en los puertos de Cartagena de Indias y de La Guaira.

En esta forma se regulaba la posibilidad de mayor soleamiento de las ciudades ubicadas en lugares fríos, por la anchura de las calles; y al contrario, una mayor cantidad de sombra en las ciudades ubicadas en lugares calientes, por lo angosto de las calles, como medio de protección ante la inclemencia del sol.

Una recomendación similar pero con dos siglos de diferencia, se encuentra, por ejemplo, en la obra de Benito Bails, *Elementos de Matemática* (Madrid, 1783), en la cual señalaba:

> "Al determinar el ancho de las calles, y la altura de las casas de la Ciudad, atenderíamos al temple del clima donde las edificásemos. En los países fríos o templados, haríamos las calles anchurosas, y las casas menos altas... Pero en un clima caluroso, haríamos más altos los edificios, y las calles más angostas."

b'. *La prolongación del trazado regular de las calles*

Las calles debían proseguirse a partir de la plaza mayor, de suerte que aunque la población llegase a crecer de manera considerable no se afease la población, o se obstruyese su defensa o comodidad (Art. 117). Así se expresaba el artículo 117 de las Ordenanzas:

> "Las calles se Prosigan desde la plaça maior de manera que aunque la poblacion venga en mucho crecimiento no venga a dar en algun inconveniente que sea caussa de afear lo que se ouiere rrehedificado e perjudique su defensa y comodidad."

En esta forma, las *Ordenanzas* previeron el crecimiento ordenado de la población, conforme a la forma y dirección de las calles, de manera ilimitada, conforme a un esquema uniforme de la trama urbana. Hasta las primeras décadas del siglo XX muchas ciudades latinoamericanas continuaban creciendo con el orden reticular, como por ejemplo, sucedió con Barquisimeto, Venezuela, que en 1940 todavía mostraba el desarrollo casi perfecto de la retícula, pero la misma fue luego abandonada a partir de la segunda mitad del siglo XX en casi todas las ciudades hispanoamericanas, por la falta de autoridad tanto en la orientación ordenada de las ocupaciones espontáneas del suelo urbano que han dado origen a las amplias áreas marginales de las ciudades sin regularidad alguna, como en el proceso de urbanización desarrollado exclusivamente por privados, que han abandonado la forma regular. Una excepción, hasta cierto punto, ha sido la ciudad de Buenos Aires, debido en parte a lo plano de la topografía del terreno que la circunda.

d. Las plazas menores

Dentro de la trama urbana, además de la regulación *in extenso* de la plaza mayor y de la forma regular de la malla reticular urbana mediante calles paralelas que se cruzan perpendiculares, las *Ordenanzas* establecieron el sistema de plazas menores diseminadas en la población, que permitieran un reparto apropiado de los vecinos y sus actividades.

En esta forma se precisaba que a cierta distancia de la plaza mayor, se debían ir dejando plazas menores, donde se pudieran edificar los templos de la iglesia mayor, parroquias y monasterios, de manera que todo se repartiese en buena proporción para la doctrina (Art. 118). El texto del artículo era así:

> "A trechos de la poblacion se vayan formando plaças menores en buena proporcion adonde se han de edificar los templos, de la yglesia maior parroquias y monasterios de mana que todo se rreparta en buena proporcion por la doctrina."

En esta forma, además del "centro" de la ciudad en la plaza mayor, se buscaba que como sistema de crecimiento de la ciudad se repitiera el esquema a medida que creciera la misma, ubicando otros "centros" menores, que a la vez sirvieran de "parroquias" con su plaza menor y templo correspondiente.

En el plano elaborado para la edificación de la Nueva ciudad de Guatemala en 1776, después del terremoto que destruyó en gran parte La Antigua Guatemala, se estableció a la perfección el sistema de plazas menores en una forma que recuerda la expresión de la ciudad de Eiximenis. Por otra parte, dicho trazado es el de la actual ciudad de Mendoza, y de la ciudad de Chillán en Chile.

F. Las normas sobre edificaciones

a. El templo o iglesia mayor

Las *Ordenanzas* regulaban con precisión la erección de los templos e iglesias.

Para la iglesia mayor, parroquia o monasterio, después de que se señalasen calles y plazas, se les debían asignar inmediatamente solares, antes que a nadie, debiendo dejarse para ellos solos toda una cuadra, "ysla entera", para que ningún otro edificio los estorbase, sino tan sólo los propios para sus comodidades y ornato (Art. 119). Un ejemplo de la ubicación de los templos o conventos en las diversas plazas, se puede apreciar en el caso de Quito.

a'. Los templos en poblaciones costeras

En caso de que la población estuviese en la costa, la iglesia mayor se debía edificar en lugar visible desde la costa, que sirviera para la defensa del puerto (Art. 120).

En esta forma, en las ciudades costeras la iglesia debía flanquear el área del malecón del puerto y de la plaza mayor, siendo visible desde el mar. Este conjunto, por tanto, debía convertir esta zona en el centro de más importancia de la ciudad costera. Las necesidades de defensa de las ciudades costeras, sin embargo, desdibujaron la regla y la iglesia no siempre se ubicó abierta al mar. El ejemplo del puerto de Santa Marta es significativo pues si bien tiene la plaza mayor abierta al mar, la Nueva Catedral se ubicó después unas cuadras adentro.

b'. Los templos en poblaciones mediterráneas

En los lugares mediterráneos, el templo no se debía ubicar en la plaza, sino distante de ésta y aislado de otros edificios. Se debía edificar en alto, para que tuviera más ornato y autoridad, haciendo que a él se ingresase por gradas. Cerca del templo debía estar la plaza mayor y se debían levantar las casas reales del consejo, cabildo y aduana, no para que lo opacasen, sino para que lo resaltaren (Art. 124)

Esta disposición, a veces ha sido mal interpretada. En efecto, cuando el artículo 124 dice: "El templo en lugares mediterráneos no se ponga en la plaza sino distante della", lo que buscaba era evitar que el templo estuviese en medio de la plaza, aislado entre vías de circulación como sucedía en la mayoría de las ciudades medioevales y todavía sucede en la actualidad.

Por ello, en general, en América, la iglesia principal está casi siempre ubicada a un costado de la plaza mayor, generalmente, en el costado este; siendo excepcional encontrar el templo ubicado en el área de la propia plaza rodeado de calles. En las ciudades fundadas en los primeros años de la conquista, sin embrago, para la ubicación de la plaza se siguió la experiencia medieval, y se situó en forma aislada en medio de la plaza, como ocurrió en Santo Domingo. En igual sentido, en las primeras fundaciones en la isla de Margarita, a partir de 1525, la iglesia se estableció en forma aislada, como sucede en la ciudad de La Asunción y en las otras ciudades de la isla, excepto Porlamar. Igualmente, en las dos primeras ciudades fundadas en Tierra Firme de la Provincia de Venezuela, Coro y El Tocuyo, la iglesia se ubicó en forma aislada, al igual que sucedió con algunas iglesias de ciudades de la Provincia de Nueva Andalucía, como Clarines.

De resto, el templo está ubicado fuera de la plaza pero con la fachada dando a la misma, y generalmente, como se dijo, en la cuadra situada al este de la plaza cumpliendo la tradición canóniga originada en la iglesia oriental.

En todo caso, al sitio del templo se debía adjudicar una cuadra entera, y por ello en el artículo 124 de las Ordenanzas se señalaba que el templo debía estar separado de los otros edificios, "que no sea tocante a él y que de todas partes sea visto porque se pueda ornar mejor y tenga más autoridad ase de procurar que sea algo levantado del suelo de manera que se aya de entrar en el por gradas".

Por ello, sobre todo en las ciudades capitales de provincia, la iglesia ocupaba una cuadra entera al este de la plaza mayor, como sucedió con Cartago, capital de la Provincia de Costa Rica, donde aún las ruinas de la enorme catedral se pueden apreciar.

c. Los edificios públicos

Una vez señalado el lugar para el templo, se debía fijar el sitio para la casa real, la casa de concejo, el cabildo y la aduana. Esto se debía hacer junto al mismo templo y puerto, de manera que si llegase a haber necesidad, se pudieran apoyar los unos a los otros (Art. 121). Así ocurrió en todas las ciudades hispanoamericanas.

d. Los edificios de servicios públicos

a'. En las poblaciones costeñas

El hospital para pobres y enfermos de mal no contagioso se debía dejar junto al templo y por su claustro. Para los de enfermedad contagiosa el hospital se debía ubicar en parte donde ningún viento que pasase por ahí fuera a dar a la población, y de preferencia en lugar elevado (Art. 121).

Los sitios y solares para carnicería, pescadería, tenerías y otros oficios de los que producen inmundicias se debían situar en lugares que con facilidad se pudieran conservar limpias (Art. 122).

b'. Las poblaciones interiores

En las poblaciones interiores, el hospital de no contagiosos se debía edificar en el claustro del templo; y el de contagiosos a la parte del cierzo –viento septentrional– que diese al mediodía (en la parte norte, para que goce del sur) (Art. 124).

La misma planta se debía aplicar a los demás lugares interiores que de nuevo se fuesen a poblar, aunque no estuvieren a la orilla de algún río (Art. 125).

e. *El uso de los solares*

En la plaza mayor no se debían asignar solares a los particulares, sino sólo a la iglesia y casas reales, edificios propios de la ciudad y comercios. Esto debía ser lo primero que se debía edificar, y en ello debían ayudar todos los pobladores; para ello se autorizaba a poner algún moderado impuesto sobre las mercancías. (Art. 126).

El resto de los solares se debía repartir entre los pobladores.

G. *La edificación de la población*

a. *La obligación de edificar*

Sembradas las tierras y una vez acomodado el ganado, para así garantizar el abastecimiento de la población, los pobladores debían comenzar a trabajar en la edificación de sus casas, empleando para ello buenos cimientos y paredes, para lo cual debían ir proveídos de tapias, tablas y las herramientas necesarias para gastar poco y acabar pronto (Art. 132).

b. *La forma de las casas*

Las casas debían orientarse debidamente, de suerte que gozasen de los aires del norte y del sur, por ser éstos los mejores. Las edificaciones debían hacerse de modo que sirvieran de defensa a la ciudad. Cada casa debía calcularse para que en ella cupieran los caballos y las bestias, con corrales y patios, así como con toda la anchura que fuere posible por convenir así a la salud y a la higiene (Art. 133).

c. *El estilo de las edificaciones*

En bien del ornato de la población, se debía procurar unificar el estilo de las construcciones que en ella se hicieren (Art. 134). Así lo decía el artículo 134 de las Ordenanzas:

> "Procuren en quanto fuere posible que los edificios sean de vna forma por el ornato de la poblacion".

d. El control de las edificaciones

Tanto los fieles ejecutores como los alarifes, así como los designados para esto por el gobernador, serían los encargados de vigilar el cumplimiento y prontitud con que se debían llevar a cabo las obras (Art. 135).

e. Los ejidos, dehesas, tierras de labor y tierras de regadío

Los artículos 129 a 131 de las *Ordenanzas* regularon la existencia de bienes comunes ejidos para el crecimiento futuro de la población, así como bienes comunes para la labranza y cría de ganado. En particular, en cuanto a los ejidos se exigía su señalamiento de manera que la ciudad pudiera crecer sin que se afectasen las labores de recreación y de cría (Art. 129). El artículo 129 de las Ordenanzas decían:

> "senalese a la población exido En tan competente Cantidad que aunque la poblacion vaya En / (sic) mucho crecimiento siempre quede bastante spacio adonde la gente se pueda salir a recrear y salir los ganados sin que hagan daño".

Como puede apreciarse del texto y contenido de las *Ordenanzas* de 1573, la operación de poblar en América no se hizo por casualidad ni en forma espontánea. Fue, ante todo, un proceso ordenado jurídicamente, porque como se ha dicho, el poblamiento fue el instrumento o título jurídico para afirmar el dominio de la Corona sobre el territorio y, además, el mecanismo para precisar el término de la jurisdicción que abarcaba cada Capitulación.

H. Las normas sobre la organización política del doblamiento: el gobierno municipal

a. Dimensión del pueblo

De acuerdo con las Ordenanzas, al que se obligare a poblar un pueblo de españoles dentro del término que le fuese indicado en su título, debía fundarlo en un término y territorio de "quatro leguas en quadro" (Art. 90), debiendo estar el pueblo distanciado de cualquier ciudad, villa o lugar de españoles poblados, previamente existente, por lo menos cinco leguas (Art. 90).

Además, la población que se hiciese no debía ser en perjuicio de cualquier pueblo de españoles o de indios que antes estuviesen poblados (Art. 91).

b. La organización del gobierno

Una vez fijados los lugares en que se habrían de fundar las nuevas poblaciones, el gobernador de la provincia que confinare con dicho territorio, se ocuparía de extender los títulos de ciudad, villa o lugar, según el caso; y a continuación debía designar el consejo, y los oficiales. En caso de tratarse de ciudad metropolitana, debía de contar con un juez que ostentaría el nombre y título de adelantado, gobernador, alcalde mayor, corregidor o alcalde ordinario, con jurisdicción *in solidum*. Además, junto con el regimiento debían compartir la administración: tres oficiales de la hacienda real; doce regidores; dos fieles ejecutores; dos jurados de cada parroquia; un procurador general; un mayordomo; un escribano de consejo; dos escribanos públicos; uno de minas y registros; un pregonero mayor; un corregidor de lonja y dos porteros.

Si en vez de ciudad metropolitana, se tratase de ciudad sufragánea o diocesana, entonces el gobierno se debía componer de ocho regidores y los demás oficiales perpetuos.

En caso de tratarse de villa o lugar, la administración debía quedar a cargo de un alcalde ordinario; cuatro regidores; un alguacil; un escribano de consejo y público, y un mayordomo. (Art. 43).

En todo caso, para la organización del gobierno de la ciudad, se autorizaba a los Adelantados o descubridores a

> "hacer ordenanzas para la gobernación de la tierra, y labor de las minas con que no sean contra derecho y lo que por Nos esta ordenado" (Art.66).

Las ordenanzas así dictadas debían confirmarse dentro de un término de dos años por el respectivo Cabildo de la ciudad.

c. La fundación subsecuente de otros pueblos

Una vez que hubiera quedado integrado el consejo y los otros cargos, el gobernador debía encargar a una ciudad, villa o lugar de su jurisdicción, que sacase de ahí una república formada por vía de colonia. Para ello, la justicia y regimiento debían inscribir, ante escribano, a todas las personas que quisieren ir a la nueva población, aceptando a todos aquellos que estuvieren casados, o que fueren hijos o descendientes de los primeros pobladores de ese lugar, siempre que se tratase de personas que no tuvieren solares ni tierras de pasto o labor, para que de esa manera no se corriera peligro de dejar despoblado el lugar. (Art. 44 y 45).

Una vez integrado el número de los que se necesitaban para la nueva población, entre ellos se debía proceder a escoger a los justicias y al regimiento. Estas nuevas autoridades se debían encargar de que cada uno de los nuevos pobladores manifestare y registrare el caudal con el cual pensaban cooperar para realizar la nueva población, ya que de acuerdo a lo que cada uno hubiere aportado, en la misma medida, le serían señalados repartimientos y solares, tierras de pasto y labor, así como indios a quienes debían de mantener y dar pertrechos suficientes para poblar, labrar y criar. (Arts. 46 y 47).

Los oficiales debían ir asalariados del erario público; en tanto que los nobles debían llevar a su propia costa a los labradores, con obligación de mantenerlos y dar tierras para labranza y crianza. Los labradores, a su vez, debían retribuir a los nobles con los frutos que obtuvieran (Arts. 48 y 49).

A esas nuevas poblaciones también se autorizaba llevar indios, siempre que fuera por su propia voluntad, y que no fueran de los que tenían casa y tierras para que no se despoblare, ni fueran de los indios dados en repartimiento a los españoles, para no afectar a los encomenderos, a menos que sobraren por no tener que labrar, siempre que el propio encomendero les hubiere dado su consentimiento. (Art. 50).

Para el caso de que no se encontrare de dónde sacar colonos para la nueva población, el Consejo podía autorizar que éstos fueran llevados de la península. (Art. 51).

d. Las poblaciones contratadas con particulares

Casi una tercera parte de los artículos de la Ordenanza se destinaban a regular lo relativo a estas poblaciones formadas por particulares con carácter de adelantado, alcalde mayor o corregidor, lo que corrobora que éstas representaban los casos más frecuentes de poblaciones en las Indias. Se estableció, en efecto que en el caso de que ni en las Indias ni en la península se encontraren sujetos suficientes para ir a hacer la nueva población, se debía contratar con particulares (en eso consistieron las Capitulaciones) que se ofrecieran a realizar la población, concediéndoles a cambio, según el caso, títulos de adelantado, alcalde mayor, corregidor o alcalde ordinario. (Art. 52).

El título de Adelantado se concedía al particular que se obligaba, en un cierto plazo, a eregir, fundar, edificar y poblar por lo menos tres ciudades, una provincial y dos sufragáneas (Art. 53). El título de alcalde mayor se otorgaba a quien se comprometiera lo mismo que el Adelantado, pero limitándose sólo a una ciudad diocesana y dos sufragáneas. (Art. 54). El título de Corregidor se otorgaba a quien sólo se obligaba con una ciudad sufragánea, y los lugares con su jurisdicción que bastaren para la labranza y crianza de los términos de la ciudad. (Art. 55).

V. APRECIACIÓN GENERAL SOBRE EL MUNICIPIO EN EL DERECHO INDIANO

De lo anteriormente expuesto, resulta evidente que en materia municipal, como en todo el orden jurídico y político del Estado, las instituciones españolas medioevales, particularmente las del Reino de Castilla cuyo derecho rigió en América, no fueron sin embargo trasladadas tal cual funcionaban en la Península, al Continente americano. Todas, incluyendo el mismo *corpus juris* de castilla, sufrieron de un proceso de adaptación que fue configurando el derecho indiano, es decir, el derecho español para las Indias, mediante aproximaciones sucesivas a se fueron produciendo a través de las Instrucciones que se fueron dando a los Adelantados y Gobernadores con motivo de cada empresa de descubrimiento y población, y luego, por mediante Reales Cédulas y Órdenes.

La primera manifestación global de este proceso, particularmente en materia de poblamiento y organización de las ciudades, fueron precisamente las *Ordenanzas de Descubrimiento y Población dadas por Felipe II en el Bosque de Segovia,* el 13 de julio de 1573, donde como hemos visto se establecieron con precisión las reglas e instrucciones relativas al "orden que se ha de tener en descubrir y poblar," incluso en relación con la organización política de ciudades, villas y lugares, es decir, a lo que sería el municipalismo indiano. El contenido de dichas Ordenanzas, luego fue incorporado al texto de la *Recopilación de las Leyes de los Reynos de las Indias* (Libro IV, Títulos I-VII), mandada a imprimir y publicar por el Rey Carlos II en 1680, que rigió hasta después de la Independencia de los países americanos.[10]

En dichas Ordenanzas y por consiguiente en las leyes de los Reynos de Indias, se dispuso, en cuanto a la organización política de las ciudades, que una vez fijados los lugares en que se habrían de fundar, el gobernador de la provincia que confinare con dicho territorio, era el que debía ocuparse de ex-

---

[10] Véase sobre el contenido y significado de las Ordenanzas lo que hemos expuesto en Allan R. Brewer-Carías, *La Ciudad Ordenada (Estudio sobre "el orden que se ha de tener en descubrir y poblar" o sobre el trazado regular de la ciudad hispanoamericana) (Una historia del poblamiento de la América colonial a través de la fundación ordenada de ciudades)*, Editorial Criteria, Caracas 2006; Segunda Edición, Editorial Thomson-Aranzadi, Madrid 2008

tender los títulos de ciudad, villa o lugar, según el caso; y además, debía designar el consejo, y los oficiales a cargo del gobierno local.

En caso de tratarse de ciudad metropolitana, la ciudad debía contar con un juez que ostentaba el nombre y título de adelantado, gobernador, alcalde mayor, corregidor o alcalde ordinario, según los casos, con jurisdicción *in solidum*. Además, junto con el regimiento, estos funcionarios debían compartir la administración con tres oficiales de la hacienda real; doce regidores; dos fieles ejecutores; dos jurados de cada parroquia; un procurador general; un mayordomo; un escribano de consejo; dos escribanos públicos; uno de minas y registros; un pregonero mayor; un corregidor de lonja y dos porteros.

Si en vez de ciudad metropolitana, se trataba de ciudad sufragánea o diocesana, entonces el gobierno local se debía componer de ocho regidores y los demás oficiales perpetuos.

En caso de tratarse de villa o lugar, la administración debía quedar a cargo de un alcalde ordinario; cuatro regidores; un alguacil; un escribano de consejo y público, y un mayordomo. (Art. 43).

En toda esa organización, las figuras claves eran los vecinos y el Consejo o cabildo que era la instancia que detentaba el poder. Los vecinos eran los pobladores que debía inscribirse siempre en el libro correspondiente que existía en todos los concejos o ayuntamientos, y que le permitía ejercer los derechos vecinales, como elegir o ejercer cargo público municipal, y poder participar en los cabildos. Estos, por su parte, eran las instancias a través de las cuales el Gobernador llevaba la administración y gobierno de la provincia, además de la impartición de justicia. En esta organización municipal, en efecto, los Alcaldes ordinarios ejercían funciones judiciales, en primera instancia en cuanto a la jurisdicción ordinaria, tanto civil como criminal. Los Regidores, por su lado, eran más bien funcionarios administrativos, con atribuciones en materia de policía, al igual que los Alguaciles Mayores, que tenían las atribuciones de orden público.[11]

Para cuando se publicó la *Recopilación de las Leyes de los Reynos de Indias* en 1680, la estructura territorial para la ordenación política en América, se resumió en la siguiente forma:

[11] Véase Enrique Orduña, *Municipios y Provincias*, Instituto Nacional de Administración Pública, Madrid 2003, Capítulo 7 (El Municipio en América), pp. 199 ss.

> "Para mejor, y más fácil gobierno de las Indias Occidentales, están divididos aquellos Reynos y Señoríos en *Provincias* mayores y menores, señalando las mayores, que incluyan otras muchas por distritos a nuestras Audiencias Reales: proveyendo en las menores Gobernaciones particulares, que por estar más distantes de las Audiencias, las rijan y gobiernen en paz y justicia: y en otras partes, donde por la calidad de la tierra, y disposición de los lugares no ha parecido necesario, ni conveniente hacer Cabeza de Provincia, ni proveer en ella Gobernador, se han puesto Corregidores y Alcaldes mayores para el gobierno de las Ciudades y sus Partidos, y lo mismo se ha observado respecto de los pueblos principales de Indios, que son Cabeceras de otros".

La *Recopilación* consideraba, además, que "la distinción de los términos y territorios de las Provincias", era "uno de los medios con que más se facilita el buen gobierno". En esta forma, la organización política del Imperio español en el territorio americano que recogía la *Recopilación de Leyes* en 1680, y que se había ido conformando durante casi dos siglos, estaba montada sobre una unidad territorial básica, que era de carácter municipal, que fue la *Provincia,* que era la circunscripción territorial donde ejercía su autoridad un Gobernador. Este ejercía el poder militar, razón por la cual era Capitán General y, además, tenía a su cargo las funciones administrativas, de gobierno municipal, y de administración de justicia.

Conforme el proceso de colonización fue avanzando, las Provincias se fueron clasificando según su importancia político-territorial, en dos categorías: las Provincias mayores, que eran aquellas en cuyos territorios se encontraban las sedes de las Audiencias, institución que presidía el respectivo Gobernador; las Provincias menores, las cuales se encontraban más alejadas de la sede de aquellas, pero cuyo gobierno también estaba a cargo de sus respectivos Gobernadores. Además, en otros casos, se establecieron Corregimientos y Alcaldías Mayores en territorios o ciudades, respectivamente, que también se encontraban alejados de las Provincias mayores, pero en los cuales no se consideraba necesario establecer una cabeza de Provincia ni un gobernador, sino un corregidor, generalmente para continuar la avanzada.

El Gobernador y Capitán General o el Gobernador, según el caso, tenía su sede en la ciudad cabeza de Provincia, la cual generalmente le daba el nombre a ésta, y que como núcleo urbano siempre jugó un papel protagónico. Las autoridades de las ciudades eran los Alcaldes (Alcaldes Mayores u Ordinario según la importancia de la villa, metropolitana o no) y los Regidores que se reunían en Ayuntamiento o Concejo, presidido por el Gobernador de Provincia y bajo su autoridad. En los casos de ciudades en las que por la disposición de los lugares o la calidad de la tierra, no resultaba conveniente establecer una Provincia, y en los casos de pueblos de indios, la autoridad sobre éstas se atribuía a un Corregidor o Alcalde Mayor.

En este esquema territorial, los municipios o municipalidades se configuraron en torno a los Cabildo o Ayuntamiento que tenían que existir en las ciudades cabeza de Provincia, presididos por el Gobernador, todos los cuales por la lejanía respecto de la Península, fueron adquiriendo progresivamente un importante grado de autonomía, llegando incluso progresivamente a asumir incluso el gobierno interino de las Provincias ante la falta de los Gobernadores, con poder para designar a los Gobernadores en forma interina. Ese privilegio, por ejemplo, lo reclamaron los cabildantes en Santa Ana de Coro, la primera ciudad fundada en la Provincia de Venezuela en 1528 a la muerte del Gobernador Ambrosio Alfinger en 1533, y fue ejercida sucesivamente por los Cabildos provinciales durante todo el período colonial, confirmada por Real Cédula 1560 y luego por otra Real Cédula de 1676.[12]

Los Cabildos eran, además, sede de una importante fase del sistema judicial, al corresponder a lo Alcaldes la administración de la justicia en el ámbito locaNo es de extrañar, entonces, porqué fueron los Cabildos coloniales los que hicieron la Independencia.

VI. EL MUNICIPIO AMERICANO AL MOMENTO DE LA INDEPENDENCIA A COMIENZOS DEL SIGLO XIX, Y LOS ANTECEDENTES DEL RÉGIMEN CONSTITUCIONAL EN EL CONSTITUCIONALISMO MODERNO

1. El Municipio colonial americano

En la época colonial, por tanto, como se puede apreciar de lo anteriormente expuesto del régimen municipal resultante del problamiento, y dejando aparte la figura de los Virreyes en las escasas ciudades donde existían (México, Santa Fe, Buenos Aires), la institución de gobierno y justicia más importante y con mayor arraigo en todo el territorio americano, era el Municipio, al punto de que las entidades que inician la Revolución hispanoamericana fueron los Ayuntamientos o Cabildos metropolitanos, como sucedió en Caracas

[12] El privilegio sólo lo perdieron los Cabildos a partir de 1737. Véase Joaquín Gabaldón Márquez, *El Municipio, Raíz de la República,* Academia Nacional de la Historia, Caracas, 1977, *cit.,* pp. 73-110; 125-169

en 1810, donde estaba presidido por el Gobernador y Capitán General, el cual, con la revolución, se transformó en la Junta Suprema de gobierno provincial. Fueron luego esos mismos antiguos Cabildos transformados en Colegios Electorales o Legislaturas provinciales, las que sancionaron las primeras Constituciones de la América Hispana, antes de que se sancionara la primera Constitución nacional que fue la Constitución Federal para los Estados de Venezuela de diciembre de 1812.

Se trataba, en todo caso, de unos Cabildos o Ayuntamientos con ámbitos territoriales municipales enormes, en muchos casos coincidentes con el de las mismas Provincias, por lo que la autonomía fáctica de la que gozaban en la Colonia por la lejanía respecto de las autoridades de la Península, rápidamente pasó a ser una autonomía local, pero básicamente de las Provincias cuyos ámbitos territoriales de jurisdicción eran muy extensos, lo que explica la adopción rápida del modelo federal en la organización constitucional de algunos de los nacientes Estados. Al inicio, fue el caso de las provincias de Venezuela o en la Nueva Granada, pero no por simple copia de la Constitución norteamericana, sino porque era el modelo que más se adaptaba a la realidad que provenía de la Colonia.[13]

Por ello, el Municipio colonial comenzó a ser cambiado, precisamente con motivo de la independencia, habiendo contribuido a ello las influencias recibidas de las reformas que ya se habían desarrollado tanto en Norteamérica como en Francia, con motivo de las Revoluciones Norteamericana y Francesa.

Así, las antiguas Provincias-Municipalidades, sus Gobernadores y Cabildos comenzaron a configurarse como parte de las nuevas autoridades provinciales, con sus Gobernadores y Legislaturas provinciales, con elementos del federalismo, ubicados en los mismos amplios ámbitos territoriales superiores de las provincias; y a la vez se comenzó en paralelo, en un proceso de aproximaciones sucesivas, a diseñar una organización territorial propia, de menor ámbito territorial para las ciudades, de orden administrativo, de la cual se fueron eliminando las antiguas funciones judiciales que pasaron a un Poder judicial independiente. Los Alcaldes, así pasaron de ser jueces, a ser administradores de las ciudades con poderes de policía. En ese proceso, por ejemplo, al inicio del proceso de independencia en las Provincias de Venezuela en 1811,

---

[13] Véase Manuel Rachadell, "Influencia hispánica en la adopción del federalismo en Venezuela," en *Revista de Derecho Público*, No. 121, Editorial Jurídica venezolana, caracas 2010, pp. 7 ss.; José Luis Villegas Moreno, *Doscientos Años de Municipalismo*, Universidad Católica del Táchira, FUNEDA, Caracas 2010., pp.28. ss.

fue evidente la influencia francesa de la reforma municipal que había sido recién implementada por la Revolución, antes de que repercutiera también, luego, a partir de en 1812 en la propia España.

En efecto, como es sabido, el régimen político del Antiguo Régimen en Francia y, en general en Europa antes de la Revolución, era altamente centralizado, sin que existieran efectivos poderes locales, salvo los que fueran establecidos por fueros o privilegios territoriales. Los Intendentes eran la fuente única de poder en las Provincias de Francia, y las autoridades locales que podía haber, eran delegados del Intendente, sometidos a su control. No existía, por tanto, un poder municipal ni nada que se le pareciera.

2. *El municipio en el origen del constitucionalismo moderno*

El municipio moderno como unidad política primaria en la organización nacional puede decirse entonces que surgió de los postulados del constitucionalismo derivados tanto de la revolución norteamericana como de la francesa[14], que sustituyeron al Estado absoluto y que originaron la concepción del Estado de derecho, habiendo tenido influencia en paralelo, a partir de 1810 en el constitucionalismo hispanoamericano y en el constitucionalismo español.

Es decir, en Europa y en Iberoamérica, el municipio del mundo moderno tomó raíces al mismo tiempo, siguiendo sin embargo un desarrollo paralelo en los dos continentes, basado en una diferencia fundamental inicial que fue que desde el inicio, a comienzos del siglo XIX, el municipio como unidad política primaria se ubicó en Europa, en cuanta aldea, burgo, pueblo, villa y ciudad que existía, bien cerca del ciudadano; y en cambio, en América Latina, el municipio colonial que traspasó las batallas de la Independencia, continuó ubicado tal como se lo había creado, en el nivel territorial de las antiguas Provincias coloniales, bien lejos del ciudadano. En los primeros, la participación política es tan cotidiana en las cosas pequeñas que es imperceptible; en los segundos, simplemente no hay participación alguna o hay muy poca.

Otro principio que condicionó el municipio derivado también de la revolución francesa fue el principio de la igualdad, la madre de todos los principios del Estado moderno, esencia misma de los derechos humanos y funda-

[14] Véase Allan R. Brewer-Carías, *Reflexiones sobre la Revolución Americana (1776) y la Revolución Francesa (1789) y sus aportes al constitucionalismo moderno,* Edit. Jurídica Venezolana, Caracas, 1992; e *id.*, "El paralelismo entre el constitucionalismo venezolano y el constitucionalismo de Cádiz (o de cómo el de Cádiz no influyó en el venezolano)" en *La Constitución de Cádiz. Hacia los orígenes del constitucionalismo iberoamericano y latino*, Unión Latina, Universidad Católica Andrés Bello, Caracas, 2004, pp. 223-333.

mento del principio de legalidad, en el cual la igualdad ante la ley tiene primacía, de manera que lo que hace iguales a los hombres es el sometimiento a la ley. Es el origen mismo de la Administración Pública, la cual, como lo analizó magistralmente hace décadas Eduardo García de Enterría, al estar sometida a la ley es igual para todos sin privilegios y sin sociedades intermedias estamentales o poderes secundarios, a los cuales precisamente sustituyó tanto la estructura de la Administración centralizada como local para garantizar la libertad y la misma igualdad[15]. La creación de municipios uniformes en todo el territorio de Francia, por tanto, condujo a la sustitución definitiva de las cartas, fueros y privilegios locales. Como lo observó De Tocqueville", producto de la Revolución: "las instituciones deben ser las mismas para todas las partes del territorio y para todos los hombres que los habitan"'[16].

Ahora bien, en la Francia anterior a la Revolución, ciertamente que había habido intentos de transformar el régimen municipal, pero sin mayores resultados. Primero, en 1775, había sido el Ministro Turgot, con motivo de las propuestas de reforma impositiva, el que había planteado la posibilidad de establecer Municipalidades en el territorio, pero sin lograrlo. Luego, a iniciativa de otros Ministros de Luis XVI, antes de 1787 se crearon las asambleas provinciales junto a los Intendentes, y además, en cada pueblo, se crearon cuerpos municipales electivos destinados a sustituir a las antiguas asambleas parroquiales, y en la mayoría de los casos, al síndico. Contrario a las costumbres que existían, todos los poderes que se pretendieron crear fueron colectivos, y el intendente fue disminuido en su poder. Todo ello condujo a la parálisis de la administración, y, como lo apuntó *de Tocqueville*, "Las asambleas, queriendo mejorarlo todo, acabaron por enredarlo todo", produciéndose entonces "una de las mayores perturbaciones que haya registrado jamás la historia de un gran pueblo", en la cual "Cada francés había experimentado una confusión particular. Nadie sabía ya ni a quien obedecer, ni a quién dirigirse"; [17] y terminaba señalando *de Tocqueville*, que "Perdido el equilibrio de las partes que componían la Nación, un último golpe bastó para hacerla oscilar y producir el más vasto trastorno y la más espantosa confusión que hayan tenido lugar jamás."[18]

---

15 Eduardo García de Enterría, *Revolución Francesa y administración contemporánea*, Taurus Ediciones, Madrid, 1981, pp. 17, 41, 43, 46, 49, 50 y 56.

16 Véase Alexis de Tocqueville, *El Antiguo Régimen y la Revolución*, t. I., Alianza Editorial, Madrid, 1982, pp. 99, 201.

17 Alexis de Tocqueville, *El Antiguo Régimen y la Revolución*, Alianza Editorial, Tomo II, Madrid 1982, p. 197

18 *Idem*, Tomo II, p. 197

La Revolución quiso poner fin a esta situación, y en el mismo año de 1789, aún antes de adoptar la Declaración de los Derechos del Hombre y del Ciudadano, la Asamblea Nacional Constituyente definió un nuevo orden municipal uniforme, fragmentado, generalizado y de carácter electivo; el cual en definitiva, si bien complicó aún más la situación de la Administración, puso las bases para el régimen municipal del constitucionalismo moderno.

La reforma comenzó el 4 de agosto de 1789, con un Decreto que declaró irrevocablemente abolidos "todos los privilegios particulares de provincias, principados, cantones, ciudades y comunidades de habitantes, sean pecuniarios o de cualquier otra naturaleza,"[19] eliminándose así los antiguos reinos y las antiguas e históricas circunscripciones territoriales. A ello le siguieron, los Decretos de 14 y 22 de diciembre del mismo año 1789, mediante los cuales se estableció una uniformización territorial general que antes no existía, al dividir el país en Departamentos, éstos en Distritos, los Distritos en Cantones y éstos en Comunas, que fueron las municipalidades, creándose así el Poder Municipal. A tal fin, el primer Decreto dispuso la supresión y abolición que "las Municipalidades existentes en cada villa, burgo, parroquia o comunidad," con las denominaciones que tuvieren, y se agregó que serían sustituidas por "colectividades locales del reino" tanto en las ciudades como en el campo, con la misma naturaleza y situadas en el mismo plano constitucional, con el nombre común de municipalidad, que tendían en su cabeza al alcalde.

En el segundo Decreto se dividió el territorio francés de manera uniforme en departamentos, distritos y cantones, suprimiéndose los intendentes, y además se dispuso que "en cada villa, burgo, parroquia y comunidad del campo habrá una municipalidad."[20] Este principio se consagró luego, expresamente, en la Constitución de 1791, al regular en su título "La división del Reino", que: "El Reino es uno e indivisible: su territorio se distribuye en 83 Departamentos, cada Departamento en Distritos, cada Distrito en Cantones." Fue esa creación de Municipios uniformes en todo el territorio de Francia, por tanto, lo que condujo a la sustitución definitiva de las cartas, fueros y privilegios locales, siendo las instituciones locales entonces, las mismas para todas las partes del territorio y para todos los ciudadanos.

---

[19] Luciano Vandelli, *El Poder Local. Su origen en la Francia revolucionaria y su futuro en la Europa de las regiones*, Ministerio para las Administraciones Públicas, Madrid 1992, p. 28, nota 10.

[20] Albert Soboul, *La révolution française*, Gallimard, París 1981, pp. 198 y ss.

De ello resultó que en 1791 en la Francia revolucionaria había 43.915 municipios, que comenzaron a llamarse comunas. Estas entidades municipales, además de las funciones propias de la Administración general que les podían ser delegadas, ejercían el "poder municipal", concepto que venía de los escritos de Benjamín Constant y de las propuestas de reforma del ministro *Turgot* (1775),[21] y que luego se arraigaría en el constitucionalismo iberoamericano, de manera que por ejemplo, aparece en Venezuela, a partir de la Constitución de 1857 (artículos 6 y 85).

Con esta división territorial, como lo percibió Edmund Burke en tiempos de la Revolución: "Es la primera vez que se ve a los hombres hacer pedazos su patria de una manera tan bárbara"; pero *de Tocqueville* acotaría años después, que en realidad, si bien "Parecía, en efecto que se desagarraban cuerpos vivos ... lo único que se hacía era despedazar cuerpos muertos."[22] Sin embargo, lo cierto es que el sistema produjo la disolución del Estado al haber estallado Francia en cuarenta mil pedazos, cada uno con una especie de república soberana y anárquica que no tenían nexo alguno con el poder central en construcción.

Por ello, esta reforma sólo duró cinco años, porque al tratar la Revolución de desmontar un sistema tan centralizado como el de la Monarquía Absoluta, en un sistema de división territorial donde se crearon más de 40.000 comunas o municipios, con poderes locales propios, lo que hizo fue desquiciar el Estado, por lo que fue la propia Asamblea la que tuvo, luego, que retroceder en la creación del Poder Municipal.

3. *Los efectos de la Revolución: de la anarquía municipal a la organización piramidal del poder*

De tal anarquía vinieron las reformas para tratar de controlar la acción municipal desde el poder central, como por ejemplo, al atribuírsele en la Constitución de 1791 poderes anulatorios al Rey, respecto de los actos municipales; al crearse en la Ley del 14 de frimario del año II (4 de diciembre de 1793) unos agentes nacionales directamente conectados al centro (Paris) para ejercer la vigilancia sobre los municipios; y además, al pretender reducir el número de comunas en la Constitución del año III (5 fructuoso, 22 de agosto de 1795), reagrupándoselas en entidades locales, y estableciendo la subordi-

---

21 Eduardo García de Enterría, *Revolución Francesa y Administración contemporánea*, Taurus Ediciones, Madrid 1981, pp. 72, 76, 135.

22 Alexis de Tocqueville, *El Antiguo Régimen... cit.* Tomo I, p. 107.

nación de las comunas a las Administraciones departamentales, y estas a los Ministros.

Pero el torbellino revolucionario que no había cesado, comenzó a producir su propia transformación con el golpe de Estado del 18 de brumario del año VIII (9 de noviembre de 1799), a raíz del cual Napoleón reimplantará la centralización que se había establecido en el Antiguo Régimen y que había quedado destrozada con la Revolución. Se estableció, así, un esquema de control centralizado sobre las más de 40.000 comunas que fueron restablecidas, creándose un sistema escalonado y jerarquizado de control sobre las mismas, donde serían esenciales las figuras del prefecto y subprefecto dependientes del poder central y controlando a los alcaldes, establecidos en la Ley de 28 pluvioso del año VIII (17 de febrero de 1800). [23]

La centralización administrativa por el establecimiento de esa rígida cadena institucional que unía: Ministro, Prefecto, Subprefecto y Alcalde, y que dio origen al llamado control de tutela, sin duda, fue uno de los aportes más importantes a la Administración municipal y local, y a la propia construcción del Estado centralizado. Como lo diría el Presidente François Mitterand, casi doscientos años después, al proponer la reforma descentralizadora de 1981: "Francia tuvo que acudir a un poder fuerte y centralizado para hacerse. Hoy necesita un poder descentralizado para no deshacerse."[24] Esta, entre tantas, fue precisamente una de las motivaciones de la sanción de la conocida Ley francesa de Libertad de las Comunas de 1982. [25]

4. Los principios del régimen municipal napoleónico y sus repercusiones en Iberoamérica

Tres principios configuraron el régimen municipal napoleónico: primero, el principio de la creación de un municipio por cada colectividad local –incluso de dimensiones mínimas- abarcando desde el pequeño pueblo rural hasta el gran centro urbano; segundo, el principio de la uniformidad e igualdad formal del régimen de los municipios a pesar de la diversidad territorial, geográfica y demográfica de los mismos a lo largo y ancho de los territorios

---

23 Véase Luciano Vandelli, *El Poder Local..., cit.,* pp. 29 y ss.; Eduardo García de Enterría, *Revolución Francesa ..., cit.,* pp. 107 y ss.; Sandra Morelli, *La Revolución Francesa y la Administración Territorial en Colombia, Perspectivas comparadas,* Universidad Externado de Colombia, 1991, pp. 31 y ss.

24 Citado por Jaime Castro, *La cuestión territorial*, Editorial Oveja Negra, Bogotá 2003, p. 26.

25 Sobre la aplicación de la Ley del 2 de marzo de 1982, véase en general, André Terrazzoni, *La décentralisation a l'épreive des faits*, LGDJ, Paris 1987

estatales; y tercero, las reglas generales de funcionamiento de la tutela, como instrumento de control sobre las entidades locales. Todo ello configuró un modelo de régimen municipal, sin duda que se extendió por toda Europa. [26]

Hacia América, sin embargo, con la excepción del proceso inicial en la provincia de Caracas en 1812, sólo hicieron la travesía del Atlántico a comienzos del siglo XIX algunos aspectos del régimen de municipalización uniforme, pero ni el primero ni el último de los principios, es decir, el de la generalización de colectividades locales en el territorio y el del control de tutela, llegaron a nuestras costas; y al contrario, desde el inicio del Siglo XIX, el municipio si bien se arraigó en las ciudades capitales, se siguió ubicando en niveles territoriales muy alejados de los pueblos, implantándose además el principio de la autonomía municipal, inexistente en el modelo europeo napoleónico.

A. El principio de la multiplicidad de municipios en Europa y en particular en España

En cuanto al primer aspecto que es el de la creación de un municipio por cada colectividad local que existiera en un territorio, con la consecuente fragmentación territorial, puede decirse, sin embargo, que el mismo efectivamente dejó su impronta en toda Europa, cuyos países se comenzaron a identificar después de los tiempos de la revolución, por haber tenido y tener muchos municipios.[27] Por ello, por ejemplo, en los años setenta del siglo pasado, todavía existían 2.539 municipios en Bélgica, con una población promedio de 3.600 habitantes, los cuales después de la paradigmática operación quirúrgica realizada en el mapa municipal en 1972, hayan sido reducidos a 589 municipios, ahora con una población promedio de 16.900 habitantes por municipio. En Alemania Occidental aunque antes de la unificación, de los más de 24.000 municipios que existían, entre 1968 y 1980 habían quedado reducidos a 8.357.[28]; actualmente existen 16.121 municipios, con un promedio de 5.086 habitantes. En Italia hay 8.104 municipios con un promedio de

---

26 Luciano Vandelli, *El Poder Local..., cit.,* pp. 153 y ss.

27 En tiempos actuales, por ejemplo, hace pocos años todavía existían 2.539 Municipios en Bélgica, que en décadas pasadas han sido reducidos a 589 municipios; en Alemania Occidental existen 16.121 Municipios; en Italia hay 8.104 municipios y en Suiza hay 3.000 cantones . Véase Luciano Vandelli, *El Poder Local...., cit.,* pp. 179; Allan R. Brewer-Carías, *Reflexiones sobre el constitucionalismo en América*, Editorial Jurídica Venezolana, Caracas 2001, pp. 139 y ss.

28 *Cfr.,* Torsten Sagawe, "La situación de los pequeños municipios en Europa: con especial referencia a la República Federal de Alemania", en Luis Villar Borla et ál, *Problemática de los pequeños municipios en Colombia ¿Supresión o reforma?*, Universidad Externado de Colombia, Bogotá, pp. 42-43.

7.156 habitantes; y en Suiza hay 3.000 cantones con 2.333 habitantes promedio[29].

En España, la influencia de los postulados de la Revolución francesa en este aspecto también fue decisiva, por lo que la Constitución de Cádiz de 1812, dispuso en su artículo 310 que:

> "Se pondrá Ayuntamiento en los pueblos que no lo tengan, y en que convenga le haya, no pudiendo dejar de haberle en los que por sí o con su comarca lleguen a mil almas, y también se les señalará término correspondiente."

Los Ayuntamientos, sin embargo, debían desempeñar sus encargos bajo la inspección de las diputaciones provinciales (Art. 323).[30] En todo caso, con esta orientación todo el territorio español se sembró así también de municipios todo el territorio español, y ello explica los 9.245 municipios que Cirilo Martín Retortillo reseñaba en la edición de su recordado libro sobre *El municipio Rural*[31], de 1950; cifra que ha pasado a los 8.056 municipios actuales, con un promedio de población de 4.825 habitantes. El Municipio que derivó de la influencia francesa, sustituyó así lo que quedaba del municipio de arraigo medieval, con sus fueros, privilegios y cartas-pueblas, en muchos casos con raíces en el proceso de la Reconquista.[32] Esos fueron, a pesar de su progresivo control por la Corona a partir del Siglo XVI, por su arraigo en las ciudades, los que condujeron la guerra de Independencia contra la invasión napoleónica. El precio que pagaron por ello, en todo caso, en nombre de la igualdad, fue su uniformización y su multiplicación territorial.

B. El régimen municipal colonial en Iberoamérica: Los Cabildos Provinciales

El Iberoamérica, el municipio colonial también fue el factor fundamental del proceso de Independencia frente a España, de manera que sin lugar a dudas se puede afirmar que a también a comienzos del siglo XIX, la Indepen-

---

[29] *Cfr.*, Luciano Vandelli, *El poder Local. Su origen en la Francia revolucionaria y su futuro en la Europa de las regiones*, *cit.*, pp. 179; Allan R. Brewer-Carías, *Reflexiones sobre el constitucionalismo en América*, Edit. Jurídica Venezolana, Caracas, 2001, pp. 139 y ss.

[30] Ello explica que en los años cincuenta del siglo pasado todavía España tenía 9.245 Municipios. Véase Cirilo Martín Retortillo, *El Municipio Rural*, Bosch, casa Editorial, Barcelona 1950, p. 139. Luego pasó a tener alrededor de 8.056 municipios.

[31] *Cfr.*, Cirilo Martín Retortillo, *El municipio rural*, Bosch, casa Edit., Barcelona, 1950, p. 139.

[32] Véase Enrique Orduña Rebollo, *Historia del Municipalismo Español*, Iustel, Madrid 2005, pp. 131 ss.

dencia americana la hicieron los Cabildos, de manera que el municipio, "fue la raíz de la República"[33]. Ese municipio también fue radicalmente transformado con el republicanismo constitucional, en forma paralela a la transformación que se estaba operando en la Península, al punto de que por ejemplo se puede leer en la "Constitución para el gobierno y administración de la provincia de Caracas" de enero de 1812, que formaba parte de la Confederación de los Estados de Venezuela creada conforme a la Constitución de diciembre de 1811 (ambas promulgadas antes que lo fuera la Constitución de Cádiz de marzo de 1812); se puede leer, decía, sobre la división del territorio de la Provincia, uniformemente, en Departamentos, Cantones y distritos, debiendo tener estos últimos un territorio con aproximadamente 10.000 habitantes[34]. En las capitales de Distrito se establecieron municipalidades, así como en muchos de los pueblos entonces existentes, denominándose estas pequeñas municipalidades como villas. La municipalidad, se concibió, así, inicialmente más como una corporación local electa conforme al principio representativo para la atención de los intereses de la comunidad, que una división uniforme del territorio; por lo que con frecuencia tenían jurisdicción sobre otros pueblos y parroquias[35]. La uniformización territorial municipal fue posterior y paulatinamente arraigándose durante el Siglo XIX en todos los países iberoamericanos, pudiendo decirse que el municipio que en América también derivó, en cierta forma de la influencia de la revolución francesa además de la norteamericana, y luego, por supuesto la española de Cádiz. Se sustituyó así al municipio colonial indiano, el cual, por lo demás era distinto del que en la época colonial funcionaba en España, pues como bien sabemos, la mayoría de las instituciones americanas antes de la Independencia, fueron concebido por España especialmente para América o se desarrollaron en el Continente americano en forma distinta a la de España. Ello ocurrió en cierta forma con los Cabildos, que en el mismo momento en que su poder y autonomía era pulverizada por Carlos V en campo de Villamar, al poner fin a la rebelión de los Comuneros de esta tierra castellana, florecieron en América a partir del inicio mismo del poblamiento en lo que se ha denominado una "adaptación

---

33 *Cfr.*, Joaquín Gabaldón Márquez, *El municipio, raíz de la República*, Academia Nacional de la Historia, Caracas, 1977.

34 Allan R. Brewer-Carías, "La formación del Estado venezolano", en *Revista Paramillo*, nº 14, Universidad Católica del Táchira, San Cristóbal, 1996, pp. 290 y ss.

35 *Cfr.*, el texto de la Constitución provincial de la Provincia de Caracas, en *Las Constituciones Provinciales*, Biblioteca de la Academia Nacional de la Historia, Caracas, 1959, pp. 77 y ss.

regresiva de las instituciones coloniales"[36]. Los Cabildos americanos en la época colonial, como Cabildos provinciales, con la gran descentralización de que gozaron derivada de la distancia (Recordemos la extraordinaria máxima administrativa colonial: "Se acata pero no se cumple"), incluso tenían poder para designar a los gobernadores en forma interina. Ese privilegio lo reclamaron los cabildantes en Santa Ana de Coro, la primera ciudad fundada en la Provincia de Venezuela en 1528 a la muerte del gobernador Ambrosio Alfinger en 1533, y fue ejercida sucesivamente por los Cabildos provinciales durante todo el período colonial, confirmada por Real Cédula 1560 y luego por otra Real Cédula de 1676[37]. No es de extrañar, entonces, porqué fueron los Cabildos coloniales los que hicieron la Independencia.

C. El Municipio republicano en América Hispana alejado del ciudadano

El municipio republicano americano, por otra parte, desarrolló características propias: como dijimos, en nuestros países se adoptó el uniformismo napoleónico en cuanto a la organización y funcionamiento de las corporaciones locales, pero los otros dos principios que derivaron de la revolución francesa y sus correcciones napoleónicas puede decirse que no se siguieron. Por una parte, en América no se arraigó la institución del control de tutela derivada de la centralización napoleónica, y en cambio si germinaron los conceptos del "poder municipal" y de la "autonomía municipal", al punto de haber adquirido por ejemplo, rango constitucional a partir de 1857, por ejemplo, en la Constitución de Venezuela de ese año al disponer en su artículo 6º que "El poder público se divide para su administración en legislativo, ejecutivo, judicial y municipal", dedicando entonces un Título a regular dicho "poder municipal"[38], cuyo contenido relativo a los asuntos propios de la vida local no era distinto al del decreto de la Asamblea Constituyente en Francia, de diciembre de 1789.

El otro principio, el de la creación de un municipio por cada colectividad local, es decir, por cada caserío, por cada pueblo, por cada villa o ciudad,

36 *Cfr.*, Laureano Vallenilla Lanz, *Disgregación e Integración, Ensayo sobre la formación de la nacionalidad venezolana,* 2ª ed., Caracas, 1953, *cit.*, por Joaquín Gabaldón Márquez, *El municipio, raíz de la República, cit.*, p. 66. La obra de Laureano Vallenilla Lanz puede consultarse en Laureano Vallenilla Lanz, *Obras Completas*, t. II, (Recopilación de Federico Brito Figueroa y Nikita Harwich Vallenilla), Universidad Santa María, Caracas, 1984.

37 El privilegio sólo lo perdieron los Cabildos a partir de 1737. *Cfr.*, Joaquín Gabaldón Márquez, *El municipio, raíz de la República*, *cit.*, pp. 73-110; 125-169.

38 Véase en Allan R. Brewer-Carías, *Las Constituciones de Venezuela*, Biblioteca de la Academia de Ciencias Políticas y Sociales, Caracas, 1997, p. 475.

tampoco se siguió en América, y de los viejos municipios provinciales coloniales con territorios amplísimos, se pasó a los alejados municipios republicanos, establecidos en ámbitos territoriales cada vez más y más alejados de los ciudadanos y de sus comunidades, con muy pocas excepciones.

Recordemos de nuevo el contraste de la relación entre autoridad local y población derivado de los datos que antes mencionábamos sobre la municipalización en Europa, que lleva incluso a situaciones extremas como la de los 2.248 municipios que tiene una sola Comunidad Autónoma española, como lo es Castilla y León, para los 2.582.327 habitantes que tenía hace 20 años (1986), lo que daba un promedio general de algo más de 1000 habitantes por municipio. En Venezuela, en cambio, con 10 veces más de población (24 MM de habitantes aproximadamente), solo hay los 335 municipios con un promedio de población de 70.00 habitantes aproximadamente[39].

Lo que resulta más interesante de esta información comparativa es que ninguno de los países latinoamericanos, con todos sus enormes territorios y gran población, alcanza siquiera el número de municipios que tiene la sola Comunidad Autónoma española de Castilla y León, cuyos habitantes, además, a pesar de todos los proyectos y esfuerzos que se han hecho por reducir o fusionar municipios, se han opuesto radicalmente a tales propósitos y a perder su personalidad municipal.

El municipio latinoamericano contemporáneo, al contrario, está en el otro extremo y en general ha adquirido un ámbito territorial tan alto y extraño al ciudadano, que hace que no sirva ni para gerenciar adecuadamente los intereses locales ni para servir de instancia de participación política de la ciudadanía en la decisión o gestión de sus propios asuntos comunales.

D. El desarrollo de la autonomía municipal en América en contraste con el control de tutela europeo

En cuanto al segundo aspecto que caracterizó el régimen municipal en Europa luego de las reformas napoleónicas, que fue la implantación del control de tutela de los Municipios por el poder central, el mismo puede decirse que no se trasladó a América Latina, adoptándose al contrario paulatinamente el principio de autonomía, por la democratización municipal, lo que sin embargo se atenuó en muchos casos por la designación de un funcionario con

[39] *Cfr.*, las referencias en Allan R. Brewer-Carías, *Reflexiones sobre el constitucionalismo en América*, *cit.*, pp. 139 y ss.

funciones ejecutivas municipales, por los niveles superiores de gobierno, como fueron los llamados Corregidores.

5. *Los principios del régimen municipal napoleónico y sus repercusiones en Iberoamérica*

El Municipio en Hispanoamérica, en todo caso, como antes se dijo, fue el factor fundamental del proceso de Independencia frente a España, por lo que con razón se ha dicho que el Municipio, "fue la raíz de la República."[40] Pero ese Municipio, raíz de la república, que era el que venía del derecho indiano, sin duda, fue transformado con el republicanismo constitucional de los nacientes Estados, en forma paralela a la transformación que en esos mismos años se había comenzado a operar en la Península, al punto de que, por ejemplo, en la Constitución provincial "para el gobierno y administración de la Provincia de Caracas" de enero de 1812, se estableció la división del territorio de la Provincia, uniformemente, en Departamentos, Cantones y Distritos, debiendo tener estos últimos un territorio con aproximadamente 10.000 habitantes.[41]

Específicamente, en esta Constitución provincial, en el Capítulo Cuarto destinado a regular a las "Municipalidades," – lo que comentamos detalladamente más adelante – se estableció el carácter electivo en cada parroquia de los miembros y de los agentes municipales (art. 24, 59, 65, 67); siendo variable el número de los miembros de las Municipalidades: 24 en la Municipalidad de Caracas, dividida en dos cámaras de 12 cada una (art. 90); 16 miembros en las Municipalidades de Barquisimeto, San Carlos, La Victoria y San Sebastián (art. 92); y luego de 12, 8 y 6 miembros según la importancia y jerarquía de las ciudades (arts. 91 a 102).

Correspondía a las Municipalidades capitales de Distrito llevar el Registro Civil (art. 70) y se les atribuían todas las competencias propias de vida local en una enumeración que cualquier régimen municipal contemporáneo envidiaría (art. 76). La Municipalidad gozaba "de una autoridad puramente legislativa" (art. 77), y elegía los Alcaldes (art. 69) que seguían siendo las autoridades para la administración de justicia, y proponían al Poder Ejecutivo los empleos de Corregidores (arts. 69 y 217) que eran los órganos ejecutivos

---

40 Véase Joaquín Gabaldón Márquez, *El Municipio, raíz de la República*, Academia Nacional de la Historia, Caracas 1977.

41 Allan R. Brewer-Carías, "La formación del Estado venezolano," en *Revista Paramillo*, N° 14, Universidad Católica del Táchira, San Cristóbal 1996, pp. 290 y ss.

municipales. En ellas tenían asiento, voz y voto, los agentes municipales que debían ser electos en cada parroquia (arts. 65 y 103).[42]

Por su parte, en la Constitución Fundamental de la República de Barcelona Colombiana de 12 de enero de 1812, también se destinó un Título Undécimo a regular a las "Municipalidades," indicándose que debía haber habrá "un cuerpo municipal compuesto de dos corregidores de primera y segunda nominación y seis regidores" en cada una de las cuatro ciudades "actualmente existentes en el territorio de la República" que eran Barcelona, Aragua, Pao y San Diego de Cabrutica, así como "en todas las demás ciudades y villas que en adelante se erigieren." De acuerdo con esa Constitución de Barcelona Colombiana, según la votación que se obtuviese en su elección, el Regidor que hubiere obtenido mayor número de votos era considerado como Alguacil Mayor, el que más se le acercaba, como Fiel Ejecutor y el que menos votos obtuviera se consideraba el Síndico General. Correspondía a la Municipalidad, conforme a la Constitución, el Registro Civil y la Policía. Debe mencionarse, además, que la institución municipal fue objeto de regulación extensa en el Plan de Gobierno de la provincia de Barinas de 28 de marzo de 1811, donde se regló al Cabildo, sus funcionarios y competencias (arts. 4-9). En la Constitución de la provincia de Trujillo de 2 de septiembre de 1811, se reguló el gobierno de la provincia residiendo en dos cuerpos: "el Cuerpo Superior del Gobierno y el Municipal o de cabildo" (Título Tercero, cap. 2), éste último denominado Cuerpo Municipal, compuesto por 5 Alcaldes ordinarios; 2 Magistrado denominados Juez de Policía y Juez de Vigilancia Pública y un Síndico personero (Título Quinto, cap. 1º). Igualmente en la Constitución de la provincia de Mérida de 31 de julio de 1811 se regularon los Cabildos, con funciones de policía y judiciales a cargo de los Acaldes (Capítulo VII).

En todo caso, la uniformización territorial municipal que se vislumbra en estas primeras Constituciones provinciales, en particular la de la Provincia de Caracas, posteriormente se fue arraigando paulatinamente, pudiendo decirse que el municipio republicano derivó de la transformación del municipio provincial colonial conforme a las influencias del constitucionalismo moderno derivado de los principios de la revolución francesa, además de los que provinieron del gobierno local y del federalismo de norteamericana, particular-

---

42 Véase el texto de la Constitución provincial de la Provincia de Caracas, en *Las Constituciones Provinciales*, *cit.*, pp. 77 ss. Véase sobre dicha Constitución, Allan R. Brewer-Carías, *La Constitución de la Provincia de Caracas de 31 de enero de 1812. Homenaje al bicentenario,* (Prólogo de Alfredo Arismendi), Academia de Ciencias Políticas y Sociales, Colección Estudios No. 100, Caracas 2011.

mente en el fortalecimiento de los antiguos Cabildos provinciales en las Legislaturas de las nuevas provincias convertidas en Estados Soberanos.

En todo caso, con la revolución de independencia se comenzó a trasformar el Municipio colonial indiano, el cual por lo demás había desarrollado cierta autonomía por la derivada de la distancia, desarrollando el municipio republicano americano, características propias. Como dijimos, en nuestros países se adoptó el principio del uniformismo napoleónico en cuanto a la organización y funcionamiento de las corporaciones locales, pero sin embargo, los otros dos principios mencionados que derivaron de la Revolución francesa y sus correcciones napoleónicas, puede decirse que no se siguieron. Por una parte, en América no se arraigó la institución del control de tutela derivada de la centralización napoleónica, que se recogió incluso en la Constitución de Cádiz de 1812, y en cambio, sí germinaron los conceptos del "poder municipal" y de la "autonomía municipal," al punto de haber adquirido por ejemplo, rango constitucional a partir de 1857. En la Constitución de Venezuela de ese año, así, se dispuso en su artículo 6º, que "El Poder público se divide para su administración en Legislativo, Ejecutivo, Judicial y Municipal", dedicando entonces un Título a regular dicho "Poder Municipal" (arts. 85-87)[43] cuyo contenido relativo a los asuntos propios de la vida local no era distinto al del Decreto de la Asamblea Constituyente en Francia, de diciembre de 1789.

El otro principio, el de la creación de un municipio por cada colectividad local, es decir, por cada caserío, por cada pueblo, por cada villa o ciudad, que se recogió en buena parte en la Constitución de la Provincia de Caracas de enero de 1812 y luego se recogió en la Constitución de Cádiz de marzo de 1812, sin embargo, no se siguió posteriormente en América, y de los viejos Municipios provinciales coloniales con territorios amplísimos, que se transformaron en las provincias y sus legislaturas, se pasó a los municipios republicanos, establecidos luego en ámbitos territoriales menores que las provincias, pero siempre alejados de los ciudadanos y de sus comunidades, con muy pocas excepciones.

---

43 Véase en Allan R. Brewer-Carías, *Las Constituciones de Venezuela, cit.,* Tomo I, p. 745.

VII. EL RÉGIMEN MUNICIPAL EN LAS PRIMERAS CONSTITUCIONES AMERICANAS: EL CASO DE LA CONSTITUCIÓN PARA EL GOBIERNO Y ADMINISTRACIÓN INTERIOR DE LA PROVINCIA DE CARACAS DE 31 DE ENERO DE 1812

1. La discusión sobre el territorio de la Provincia de Caracas y su división

De todas las provincias que conformaban la antigua Capitanía General de Venezuela, y luego de la sanción de la Constitución Federal de diciembre de 1811, la más extensa, territorialmente hablando de todas Provincia de Venezuela, era la Provincia de Caracas que comprendía lo que en la actualidad es el territorio de de los Estados Miranda, Vargas, Aragua, Carabobo, Guárico, Yaracuy, Falcón, Lara, Portuguesa, Cojedes y Trujillo de la república de Venezuela; y que en la época estaba dividida en los Partidos capitulares o Municipalidades de Caracas, San Sebastián, Villa de Cura, Valencia, San Carlos, San Felipe, Barquisimeto, Guanare, Calabozo, Carora, Araure, Ospino, Tocuyo y Nirgua.

Esta extensión y la importancia de Caracas respecto de todas las provincias, llevó a que luego de la revolución de independencia de 1810 y de la instalación del Congreso General de las Provincias de Venezuela en 1811, se comenzara a discutir repetidamente sobre la división territorial de la Provincia. Era su territorio tan extenso que en la sesión del Congreso General de Venezuela del 25 de junio de 1811 se propuso dividir la Provincia en dos; pero acordándose, primero pasar a constituir la Confederación, y después, que se procediera a dividir la Provincia de Caracas.[44]

El tema se volvió a tratar en la sesión del 27 de junio de 1811, donde se discutió ampliamente las razones a favor y en contra de la división,[45] particularmente conforme a lo expresado en la *Memoria* que presentó al Congreso sobre la necesidad de dividir la Provincia de Caracas y multiplicar los gobiernos territoriales que presentó el Diputado por el distrito de Valencia, Fernando de Peñalver.[46] Se consideró, contra la extensión de la Provincia y la importancia de Caracas capital, que "ningún beneficio gozan los pueblos dis-

---

44 Véase *Libro de Actas del Segundo Congreso de Venezuela 1811-1812,* Biblioteca de la Academia Nacional de la Historia, Caracas, 1959, Tomo I, p. 112, 117.

45 *Id.,* Tomo I, p. 119.

46 Véase el texto en *El pensamiento constitucional hispanoamericano hasta 1830*, Biblioteca de la Academia nacional de la Historia, Caracas 1961, Tomo V, pp. 3925-

tantes de Caracas y es nula la libertad que han adquirido, mientras tengan que venir aqui a mendigar las luces y la justicia." [47] De ello, salió la propuesta de dividir la provincia en cuatro provincias, es decir, tres nuevas mas a la capital, así: una, comprendiendo a Barquisimeto, Tocuyo, Carora y San Felipe; otra, comprendiendo a San Carlos, Araure, Ospino y Guanare; y la otra comprendiendo a Valencia, Nirgua, Puerto Cabello y los valles de Aragua. La de Caracas, por su parte, quedaba con la capital y Calabozo, Villa de Cura, San Sebastián y el Puerto de La Guaira.[48]

Posteriormente, en la sesión del 2 de septiembre de 1811, se volvió a discutir el tema de la división de la Provincia de Caracas, y llegó a acordarse "en el día por el Congreso, que se divida en dos la Provincia de Caracas, quedando ésta compuesta de los Departamentos de la capital, Valencia, San Sebastián, Puerto Cabello, Calabozo, Villa de Cura, Nirgua y San Felipe; y la otra Provincia se compondrá de San Carlos, Barqusimeto, Carora, Tocuyo, Ospino, Araure y Guanare, con la cual división quedan a esa nueva provincia interior 150.245 almas, y la de Caracas 262.612." Se acordó dicha división, pero con la advertencia de que "no puede ni debe llevare a efecto esta medida por ahora y hasta que la Diputación General de Caracas, en quien reside la Legislatura de la Provincia, estipule, convenga y presente al Congreso para su sanción los límites y capital, que ha de tener la nueva Provincia."[49]

Luego, en la sesión del 15 de octubre de 1811 se trató de nuevo el tema de la división de las Provincias y sobre Caracas se acordó que "Las provincias convienen en confederarse sin nueva división de la de Caracas, con la precisa calidad de que ésta se dividirá cuando el Congreso de Venezuela lo juzgue oportuno y conveniente."[50]

En todo caso, en la Constitución de la Provincia de 1812, el territorio de la misma no sólo permaneció el mismo que tenía, sino que fue objeto de una regulación específica y particularizada en forma tal que no se encuentra parangón en Constitución alguna de la época

---

[47] Véase *Libro de Actas del Segundo Congreso de Venezuela 1811-1812, cit.,* Tomo I, p. 122.

[48] *Id.,* Tomo I, pp. 126-127.

[49] *Id.,* Tomo II, pp. 11-14.

[50] *Id.,* Tomo II, p. 99.

2. *La división territorial uniforme de la provincia en departamentos, cantones y distritos*

La Constitución de la Provincia de Caracas de 1812, en efecto, estableció la división territorial de la Provincia en una forma única, que no encuentra antecedente en ningún texto constitucional precedente, adoptando el uniformismo en la organización territorial derivado de la organización municipal adoptada en la Revolución Francesa, al cual antes nos hemos referido.

En tal forma, en el artículo 17 de la Constitución se comenzó por disponer que, en forma uniforme, "el territorio de la Provincia de Caracas se dividía en Departamentos, estos en Cantones y estos en Distritos;" agregándose que "cada Departamento constará de uno o más Cantones según la proporción de las localidades con el objeto de esta división"(art. 13); que "cada Cantón comprenderá tres Distritos, y a veces uno más en razón de las circunstancias"(art. 19); y que "cada Distrito se compondrá de una porción de territorio que tenga en su recinto diez mil almas de población de todas clases, sexos y edades" (art. 20).

Se establecieron, así, en la Constitución, los siguientes cinco (5) Departamentos en la Provincia, con sus respectivas capitales, el de Caracas, el de San Sebastián, el de los Valles de Aragua, con la ciudad de la Victoria por capital, el de Barquisimeto, y el de San Carlos. (art. 21);cada uno dividido en cantones, con identificación precisa en el texto de la propia Constitución provincial.

3. *El régimen municipal en la Provincia de Caracas*

La Constitución Provincial de Caracas de 1812, por otra parte, es un ejemplo único en su tiempo, en cuanto a la regulación general del régimen municipal en todo el territorio de una provinica, estableciendo un régimen municipal general, con Municipalidades de diversa categoría, lo que dependía del número de miembros que integraban el cuerpo municipal, según la importancia y extensión del territorio que se les asignó. Como se verá a continuación, el detalle de regulación cosntitucional en la materia implica la realización de un estudio territoiral extraordinario, que según se lee en las actas de las sesiones del Congreso General, fue encomendado al diputado Francisco Javier Ustáriz, junto con lo diputados José Vicente Unda y Juan José de Maya, en su sesión del 5 de marzo de 1811, para "examinar el estado que tenían las Municipalidades de la Provincia de Caracas."[51]

A. Algo sobre las competencias municipales

Estas Municipalidades configuran una pieza central del gobierno de la provincia, disponiéndose se existencia en materialmente todas las ciudades, villas y pueblos que se enumeran en la división territorial antes mencionada, organizadas en concejos según la importancia de las mismas.

De acuerdo con el artículo 76 de la Constitución provincial, las dichas Municipalidades tenían las siguientes facultades peculiares, que eran las materias propias de la vida local:

> "la conservación de las propiedades públicas que hubiere en el distrito; todo lo concerniente a las fuentes y aguas públicas de las poblaciones; el aseo y buen orden de sus calles y plazas; la limpieza de los desaguaderos; el alumbrado, rondas y patrullas de las noches para quietud y seguridad del vecindario; la construcción y reparo de puentes y obras públicas necesarias o útiles, el establecimiento y superintendencia de las escuelas de primeras letras y otras de literatura que puedan procurarse; el alivio de los pobres, la salubridad pública, precaviendo los estragos dañosos a la salud de los ciudadanos; la seguridad y sanidad de las cárceles y prisiones, con cuyo objeto elegirán uno o dos individuos de su seno que visiten las casas de prisión y cuiden que los presos no sufran los rigores y malos tratamientos que la ley no ha prescrito; la conservación de los pesos y medidas que fije la Legislatura para las ventas; la regulación del peso y calidad del pan y de otras cosas que son de la primera necesidad para el abasto y subsistencia del pueblo; las licencias para los pulperos y revendedores, cuyo importe no podrá ceder en beneficio de ningún particular, sino de los fondos de la Municipalidad; la abolición y persecución de los juegos prohibidos que disipan el tiempo y arruinan la fortuna de los ciudadanos; la licencia, restricción, regulación y orden de los espectáculos y diversiones públicas, y de los trucos, billa-

---

[51] En la despedida de la Sección Legislativa de la Provincia de Caracas al concluir sus sesiones y presentar la Constitución provincial 19 de febrero de 1812. Véase *Textos Oficiales de la primera República de Venezuela,* Biblioteca de la Academia de Ciencias Políticas y Sociales, Caracas 1982, Tomo II, p. 216. Ustáriz volvió a explicar su concepción para la organización territorial del Estado en 1812 en el "Plan de Gobierno Provisorio para Venezuela" que presentó a Simón Bolívar en 1813. Véase en *El pensamiento constitucional hispanoamericano hasta 1830, cit.,* Tomo V, pp. 129-130.

res y otros lugares de pasatiempo; la apertura, conservación, reparo y mejora de los caminos públicos; la navegación de los ríos; la subsistencia del flúido vacuno, y todo lo demás que fuese necesario para llevar a efecto estos objetos: bien que la Legislatura podrá ampliar y restringir por leyes particulares la jurisdicción de las Municipalidades, según lo juzgare conveniente."

El órgano de representación y gobierno de las Municipalidades era precisamente una Cámara o concejo colegiado que conforme al artículo 77 de la Constitución era "una autoridad puramente legislativa" con competencia en las materias municipales (art 76), para lo cual tenía "facultad para expedir los reglamentos y ordenanzas que fueren necesarias para el desempeño de sus deberes; para imponer penas ligeras que no sean injuriosas ni infamatorias y para ordenar otras contribuciones suaves y moderadas sobre los carruajes y bestias de servicio que transitan por los caminos y los arruinan y deterioran, o sobre las personas sin propiedad, que nada contribuyen para las cargas del Estado y gozan de todas las ventajas del orden social."

Debe mencionarse, además, que en la Constitución, las Municipalidades, los Corregidores y Alcaldes consevaban funciones judiciales en primera instancia (arts. 240 ss)

B. Las municipalidades según el número de miembros del órgano colegiado municipal

Conforme a este esquema, en la Constitución se regularon las Municipalidades integradas en forma variable por 24, 16, 12, 8 y 6 miembros; y además, se reguló la existencia de Agentes Municipales en las parroquias. Todas estas autoridades eran electas mediante sufragio por los electores.

a. La Municipalidad de Caracas capital con 24 miembros y dos Cámaras

De acuerdo con el artículo 90 de la Constitución, la Municipalidad de la capital de Caracas se componía de 24 miembros o Corregidores, estando la Corporación dividida en dos Cámaras de doce personas cada una (art. 91).

b. Las Municipalidades con 16 miembros y dos Cámaras

El artículo 95 de la Constitución organizó siete (7) Municipalidades con 16 miembors cada una y dos Cámaras en las ciudades de *Barquisimeto, San Carlos, la Victoria, San Sebastián, Tocuyo y Guanare*.

En estas se sometió la eficacia de las resoluciones de las Municipalidades, en los recesos de la Legislatura, al sometimiento del asunto a Poder Ejecutivo de la Provincia (art. 95)

De acuerdo con lo previsto en el artículo 92 de la Constitución, se dispuso que habría Municipalidades con 16 miembros cada una en las ciudades de *Barquisimeto, San Carlos, la Victoria y la de San Sebastián*, quedando divididas en dos Cámaras de ocho miembors cada una, y con dos Alcaldes ordinarios que debían presidirlas. En cuanto a las Municipalidad de Barquisimeto debía comprender al pueblo de Bobare; la Municipalidad de San Carlos se debía extender a los de San José y Caramacate; la Municipalidad de San Sebastián se debía extender a los de San Juan de los Morros, San Casimiro de Güiripa y San Francisco de Cara; y la Municipalidad de la Victoria, comprendía su sola Parroquia (art. 93)

El artículo 94 de la Constitución también dispuso que las Municipalidades del *Tocuyo* y *Guanare* se comprendían también de 16 miembros. La primera extendía sus límites a su Parroquia; y la segunda, a los pueblos de María y de Maraca.

c. Las Municipalidades con 12 miembros

El artículo 96 de la Constitución reguló la existencia de Municipalidades constituidas con 12 miembros cada una, y una sola Cámara o corporación que debían presidir dos Alcaldes Ordinarios, en las ciudades "de *San Felipe*, capital del cantón de este nombre, en el departamento de Barquisimeto; en la de *Maracay*, capital del tercer distrito del cantón oriental de la Victoria; en la de *Puerto Cabello*, capital del tercer distrito del cantón occidental de Guacara; en la de *Carora*, capital del cuarto y quinto distritos del cantón de San Felipe; en la del Pao, capital del segundo distrito del cantón de San Carlos; en la de *Ospino*, capital del primer distrito del cantón de Guanare; y en la de *Quíbor*, capital del segundo distrito del cantón del Tocuyo."

Conforme al artículo 97 de la Constitución, la jurisdicción de la Municipalidad de *San Felipe* se extendía a los pueblos de Agua Culebras, Cañizos, San Nicolás, Aroa y Cocorote; las de *Puerto Cabello* y *Quíbor*, se extendían a los pueblos de su distrito; la de *Carora*, a los pueblos de Arenales, Burerito, Aregue y Santiago del Río del Tocuyo; la de *Maracay*, a los pueblos de Chuaco, Choroní y Cuyagua; y las del *Pao* y *Ospino* a sus respectivas Parroquias.

d. Las Municipalidades con 8 miembros

El artículo 98 de la Constitución dispuso que había Municipalidades de ocho (8) miembros y un Alcalde, "a menos que estén en posesión de nombrar dos y quieran continuar en el mismo uso," en las ciudades de la *Sabana de Ocumare,* de *Petare*, de *Guacara*, de *Calabozo*, de *Cura,* de *Nirgua* y de *Araure*, y en las villas de *La Guaira, Siquisique*, de *Cagua*, *Turmero, Sombrero, Santa Rosa, San Rafael de las Guasguas* y *Tucupido* (art. 98).

La jurisdicción de la ciudad de Sabana de Ocumare, se debía extender al pueblo de San Francisco de Yare; la de Calabozo a los de Angeles, Trinidad, Rastro, Camaguán y Guayabal; la de Cura al pueblo de Magdaleno; la de Nirgua a Temerla, Cabria y Taria; la de Araure a Acarigua; la de La Guaira a su distrito; la de Siquisique a Ayamanes y Moroturo; la de Tucupido al de Boconó y las demás debían quedar reducidas a la extensión de sus Parroquias (art. 99).

e. Las Municipalidades con 6 miembros

El artículo 100 de la Constitución reguló los lugares donde debía haber "pequeñas" Municipalidades compuestas de seis (6) miembros y un Alcalde, "a los que se reunirán en algunas los Agentes particulares de aquellas Parroquias comprendidas en su demarcación que se designaren expresamente en la Constitución." Estos lugares fueron los siguientes a los que se asignó en el artículo 101 de la misma Constitución, la denominación de *villas*: los pueblos de los Teques, el Valle, Barata, Hatillo, Chacao, Guarenas, Curiepe, Guapo, Cancaina, Santa Lucía y Paracotos, comprendidos en el departamento de Caracas; en los de San Mateo, Buenconsejo, Santa Cruz del Escobar, Mariara, los Guayos y Güigüe, en el departamento de Aragua; en los de Camatagua, Taguay y Lezama, Altagracia de Orituco, Chaguaramas, Tucupido del Llano arriba, Valle de la Pascua, Chaguaramal, Santa María de Ipire, Ortiz, San José de Tiznados, Barbacoas y Guardatinajas, en el departamento de San Sebastián; en los de Montalbán, Guama, Sanare, Yaritagua, Urachiche, Sarare, Humocaro Bajo, en el departamento de Barquisimeto; en los del Tinaco, San Miguel del Baúl, Lagunitas, la Sabaneta de Jujure, la Aparición de la Corteza y Papelón, en el departamento de San Carlos.

Dispuso el artículo 102 de la Constitución, que la jurisdicción de la Municipalidad de los Teques, se extenderá a los pueblos de San Diego, San Antonio, San Pedro y Macarao; la del Valle, a los de la Vega y Antímano; la de Guarenas a Guatire; la de Curiepe a Mamporal, Tacarigua y Marasma; la del Guapo a Río Chico y Cupira; la de Caucagua a Aragüita, Macaira, Tapipa y Panaquire; la de Santa Luisa a Santa Teresa; la de Paracotos a Charallave, Cúa y Tácata; la de Mariara a Ocumare de la costa, Cata y Turiamo; la de los Guayos a San Diego; la de Altagracia de Orituco a San Rafael de Orituco; la de Santa María de Ipire a San Fernando, Iguana, Altamira, Espino, Santa Rita y Cabruta; la de Ortiz al pueblo de Parapara; la de San José de Tiznados al de San Francisco de Tiznados; la de Barbacoas al del Calvario; la de Montalbán al de Canoabo y Urama; la de Sanare al de Buría y el Altar; la de Urachiche al de Cuara, Chivacoa y Duaca; la de Sarare al de Guarico; la de Humocaro Bajo, al de Humocaro Alto y Chabasquén; la del Tinaco al del Tinaquillo; la de Lagunitas al de Agua Blanca, San Rafael de Onoto y Cojede; y la de la Sabaneta de Jujure al de Turen; y las demás quedarán reducidas a su Parroquia.

C. Las Parroquias y los Agentes Municipales

En cada Parroquia, que era una división de los cantones, además, debía haber un Agente Municipal. Estos Agentes Municipales, y en su defecto los respectivos sustitutos, tenían asiento, voz y voto en las Municipalidades a que pertenecieran sus Parroquias, para acordar y representar por ellas todo lo que estuviese al alcance de sus facultades (art. 103).

En particular, los artículos 104 a 107 de la Constitución precisaron en qué pueblos y lugares debía designarse Agentes Municipales, así:

a. El pueblo de San José, comprendido en la jurisdicción de la Municipalidad de San Carlos, nombrará un Agente y su sustituto para la segunda Cámara de dicha Municipalidad. Los de María y de Maraca, comprendidos en la de Guanare, tendrán también en la segunda Cámara un agente municipal o sus sustitutos; y los de San Juan de los Morros, San Casimiro de Güiripa y San Francisco de Cara, tendrán, del mismo modo, un Agente cada uno en la segunda Cámara de la Municipalidad de San Sebastián, a quien pertenecen (art. 104).

b. Los pueblos de Cañizos y de Aroa, sujetos a la Municipalidad de San Felipe, nombrarán un Agente cada uno con sus respectivos sustitutos; el de Cocorote, dos para la misma Municipalidad de San Felipe; los de Arenales y Santiago del Río del Tocuyo, cada uno el suyo para la Municipalidad de Carora (art. 105).

c. El pueblo de Macuto dará un Agente municipal y el de Maiquetía dos para la corporación de La Guaira; el de Magdaleno dará uno para la de Cura; el de Acarigua dará dos para la de Araure; y los de Trinidad, Rastro, Camaguán Guayabal, darán el suyo cada uno para la de Calabozo (art. 106).

c. Los pueblos de San Diego, San Antonio, San Pedro y Maracao nombrarán un Agente cada uno para la Municipalidad de los Teques, a quien pertenecen; la Vega y Antímano nombrarán también el suyo para la del Valle; Guatire dará otro para la de Guarenas; Marasma otro para la de Curiepe: Río Chico y Cúpira, darán un Agente cada uno para la del Guapo; Tapipa y Panaquire, darán también los suyos para la de Caucagua; Santa Teresa dará otro para Santa Lucía; Charallave dos; Cúa dos y Tacata uno para la de Paracotos; Choroní dará uno para Maracay; Ocumare de la Costa, otro para la de Mariara; San Diego, otro para la de los Guayos; San Rafael de Orituco, dos para la de Altagracia de Orituco; Parapara, dos para la de Ortiz; San Francisco de Tiznados, otros dos para la de San José de Tiznados; el Calvario uno para la de Barbacoas; el Guárico, otros dos para la de Sanare; Humocaro Alto y Chabasquén, otros dos cada uno para la de Humocaro Bajo; y el Tinaquillo, otros dos para la del Tinaco; y San Rafael de Onoto uno, y Cojede dos para la de Lagunitas (art. 107).

D. Los Alcaldes en los sitios distantes de poblado

En la Constitución también se reguló la situación de de casos donde haya "muchos Partidos en la Provincia donde se han reunido varios habitantes en sus casas v labores," respecto de los cuales la experiencia había acreditado que no era suficiente para el gobierno local la designación de "un simple Cabo o Comisionado de justicia para mantener el orden y procurar la seguridad que exigen unos lugares semejantes que son más expuestos que cualquiera otros a la voracidad de los vagos y ociosos, por su mucha distancia de los poblados y por la falta de una administración vigorosa que corrija los vicios y desórdenes"; previendo entonces el artículo 128 que se debían remediar "estos abusos tan perjudiciales" del modo siguiente:

"Además de los Corregidores y Alcaldes que actualmente existen, o que aumente la constitución con jurisdicción ordinaria, las Municipalidades elegirán cada dos años un Alcalde, en quien se confíe la inmediata administración de justicia de los referidos lugares, al tiempo mismo que se nombren los de los pueblos; pero ellas deberán informar previamente a la Legislatura de los sitios que haya en sus jurisdicciones, donde convenga, o se necesite alguno de estos Alcaldes, para obtener su consentimiento y aprobación" (art. 129).

4. *El régimen de elección de cargos representativos en la Provincia y en particular, en el ámbito municipal*

Todos los altos cargos públicos en la provincia de Caracas, como correspondía a un Estado democrático, eran ocupados mediante elección popular, correspondiendo el derecho primario al sufragio (en las Asambleas primarias) conforme al artículo 27 de la Constitución, "a todo hombre libre que, siendo ciudadano de los Estados Unidos de Venezuela, con tres años de vecindad en la Provincia y uno en la Parroquia o lugar donde sufraga, fuese mayor de veintiún años, en caso de ser soltero, o menor, siendo casado y velado; y si poseyere un caudal libre del valor de seiscientos pesos en la capital de la Provincia, siendo soltero, y de cuatrocientos siendo casado, aunque pertenezcan a la mujer, o de cuatrocientos si vive en las demás ciudades, villas, pueblos o campos de lo interior en el primer caso, y de doscientos en el segundo o, no teniendo propiedad alguna, que ejerza una profesión mecánica, útil, en calidad de maestro u oficial examinado y aprobado o tenga grado o aprobación pública en una ciencia o arte liberal, o que sea arrendador de tierras para sementeras o ganado, con tal que sus productos equivalgan a las cantidades arriba mencionadas, en los respectivos casos de soltero o casado."

La votación de los sufragantes en las parroquias se estableció en forma indirecta, en general de dos grados, en el sentido de que los sufragantes elegían en cada parroquia a los "electores parroquiales" que debían formar la Congregación electoral, en un número equivalente, en general, de uno en cada parroquia por cada mil almas de población. Sin embargo, se dispuso que "la que no tuviere mil, dará uno; y la que excediere de uno o más millares, dará otro, siempre que el exceso pase de quinientas almas"(art. 31).

Los electores parroquiales agrupados en las Congregaciones electorales, debían reunirse en las capitales del distrito cada dos años (art. 32); y era a ellos a quienes correspondía realizar la elección del Representante o Representantes de la Provincia para la Cámara del Gobierno federal; de los tres individuos que habrían de componer el Poder Ejecutivo de la Unión, que era plural; de un Senador o dos cuando lo prescribiera la Constitución para la Asamblea general de la Provincia, por el cantón a que pertenece el distrito; de un Representante para la Cámara del Gobierno provincial, por el mismo distrito; y a la de un elector para la nominación del Poder Ejecutivo de la Provincia (art. 33). En este último caso, la elección era indirecta en tres grados, pues se trataba de que cada Congregación electoral nominaba un Elector para integrar una Junta electoral que era la que debía elegir el Poder Ejecutivo Provincial (art. 49). Conforme al artículo 49 de la Constitución, estas Jutas electorales se debían reunir en las capitales de los departamentos, en acto presidido por el Corregidor de la capital del departamento (art. 51).

En materia de cargos municipales, se estableció un sistema electoral de dos grados para la elección de los miembros de las Municipalidades, y un sistema de elección directa para la elección de los Agentes Municipales. Estos últimos, en efecto, se elegían directamente por los electores sufragantes en la elección en cada parroquia donde correspondiera (arts. 24, 64).

En cuanto a la elección de los miembros de las Municipalidades, la misma era indirecta, pues en este caso, los sufragantes en las parroquias debían elegir los miembros de las Juntas Electorales (art. 59), que eran los llamados a elegir a los miembros de las Municipalidades.

De acuerdo con el artículo 110 de la Constitución, para ser miembros de las Municipalidades o Agente municipal, "era preciso poseer en los pueblos del partido una propiedad territorial o una casa propia o un establecimiento de comercio o de pastorería, o que tenga arrendadas y cultivadas cuatro fanegadas de tierra, suponiendo siempre que debe ser mayor de veinticinco años."

Por otra parte, también se regularon los cargos municipales no electivos, como los Alcaldes, que se elegían por cada Municipalidad, y los Corregidores que debían proponerse por esta al Poder Ejecutivo Provincial (art. 69). Estos eran considerados "particularmente como jurisdiccionarios del Poder Ejecutivo Provincial,"y también lo debían ser de las Municipalidades "en la ejecución de sus leyes" (art. 83). Se reguló también al "Corregidor Juez de Policía" como funcionario dependiente del Poder

Ejecutivo, y que no tenía ni voz ni asiento en la Municipalidad, siendo sólo ejecutor de sus resoluciones (art. 118).

Las sesiones de la Municipalidad sólo podían ser presididas por sus Alcaldes "o, en defecto de éstos, por los miembros que se eligieren al efecto" (art. 83).

OBRAS Y TRABAJOS CONSULTADOS

ABRAMS, Philip

Towns in societies, Cambrigde, 1978

ABRAMS, Philip y WRIGLEY, Edward A.

Città, Storia, Società, Bolonia, 1983

ACOSTA, Joaquín

-*Descubrimiento y Colonización de la Nueva Granada,* Bogotá 1942.

AGUADO, Fray Pedro de

Historia de Venezuela, 2 Tomos, Madrid, 1950.

AGUILERA ROJAS, Javier

-*Urbanismo español en América,* Madrid, 1973

-*Antigua. Capital del reino de Guatemala,* Madrid, 2002

-"*Teoría* Urbanística en la Colonización Española de América (Las *Ordenanzas* de Nueva Población)" en *Ciudad y Territorio*, *Revista de Ciencia Urbana,* Nº 1, Madrid, 1977, pp. 9-24.

-"La cuadrícula: un modelo urbano para las ciudades americanas" en *Ciudad y Territorio, Revista de Ciencia Urbana* Nº 51, Madrid, 1982, pp. 55-76.

AGUILERA ROJAS, Javier y MORENO REXACH, L.

"La *Habana* Vieja. Mapas y Planos en los Archivos de España". en *Ciudad y Territorio*, *Revista de Ciencia Urbana*, N° 63-64, Madrid, 1985.

ALBA C., M.M.

Portobelo. Relicario de Piedra. Panamá 1971.

ALBERTI, Leon Battista

De *Re Aedificatoria, Madrid 1991*

Ten Books on Architecture, London 1955

On the Art of Building in Ten Books, Cambridge, Mass.1991.

ALCINA FRANCH, José

"Patrones de asentamiento en la América Precolombina: impacto urbanístico y demográfico a la llegada de los Europeos" en CEDEX, *La Ciudad Iberoamericana (Actas del Seminario, Buenos Aires 1985,)* Madrid, 1987, pp. 19-44

ALOMAR, Gabriel

"Estudio preliminar" en IEAL, *De Teotihuacán a Brasilia.* Estudios de Historia Urbana Iberoamericana y Filipina, IEAL, Madrid 1987, pp. 14-39.

ALTAMIRA, Rafael

-Análisis *de la Recopilación de Leyes de Indias de 1680,* Buenos Aires, 1941

ALTAMIRA Y CREVEA, Rafael

Ensayo *sobre Felipe II. Hombre de Estado. Su psicología general y su individualidad humana,* México 1950, Madrid, 1959.

ALVARADO, Pedro

-Relación *a Hernando Cortés,* Biblioteca de Autores Españoles, Tomo XXII, Historiadores Primitivos de Indias, Madrid 1946, pp.457-470

ALVAREZ MORA, Alfonso

"Propuesta para un análisis histórico de la ciudad", en *Ciudad y Territorio, Revista de Ciencia Urbana,* Madrid, 1975, pp. 67-78.

ANTELO IGLESIAS, Antonio

"La ciudad ideal según Fray Francesc Eiximenis y Rodrigo Sánchez de Arévalo" en *La Ciudad Hispánica durante los siglos XIII al XVI.* (Actas del Coloquio celebrado en la Rábida y Sevilla del 16 al 19 de Sep. de 1981). Tomo I, Madrid, 1982, pp. 19-50.

ARANOVICH, Carmen

"Notas sobre urbanización colonial en la América portuguesa" en SOLANO, Francisco de (Coord.), *Estudios sobre la ciudad Iberoamericana,* Madrid, 1983, pp. 383-398.

ARCILA FARIAS, Eduardo

Economía *Colonial de Venezuela, 2 vols.,* Caracas 1973

ARCILA FARIAS, Eduardo et al.

La Obra Pía de Chuao 1568-1825, Caracas 1968

ARMIÑAN, Luis de

Isabel. La *Reina Católica,* Madrid, 1951.

ARCINIEGAS, German

Germans *in the Conquest of America. A Sixteenth Century Venture,* New York, 1943.

América, Tierra Firme y otros Ensayos, Caracas, 1990

ARMAS CHITTY, J.

-Influencia *de algunas Capitulaciones en la geografía de Venezuela,* Caracas, 1967

-Historia del Guarico (1532-1800), 2 vols., Caracas 1979

ARNOLDSSON, Sverker

Los momentos *históricos de América,* Madrid, 1956.

ARISTIZABAL ARBELAEZ, Luis Hernando

Anotaciones *sobre Derecho Indiano,* Bogotá, 1993.

ARPAL POBLADOR, Jesús

Las ciudades, Barcelona 1983

ARRATE, José Martin Felix de

Llave del Nuevo Mundo, México, Buenos Aires, 1949.

ARTEAGA ZUMARÁN, Juan José

-"La urbanización hispanoamericana en las Leyes de Indias" en CE-DEX, *La Ciudad Iberoamericana (Actas del Seminario, Buenos Aires 1985)*, Madrid, 1987, pp. 243-270.

ASIAN PEÑA, José L.

Manual *de Historia de España*, Barcelona 1950

AVELLÁN DE TAMAYO, Nieves

En la Ciudad de El Tocuyo 1545-1600, 2 vols., Caracas 1997

AYALA MORA, Enrique (Editor)

Nueva Historia *del Ecuador*, 3 vols., Quito 1996

BADARACO, Marco Tulio

"La ciudad primogénita del Continente americano" en *Rrevista de la Sociedad Bolivariana de Venezuela,* Uval. XX, No, 67, 24 de julio de 1961, Caracas 1961. pp. 374-382

BAIROCH, Paul

Cities *and economic development: from the dawn of history to the present,* London, 1988.

BALARD, Michel (ed.)

Christophe *Colomb. Journal de Bord 1492-1493,* París, 1992.

BALLESTEROS GAIBRONS, Manuel

La obra *de Isabel la Católica,* Segovia 1953

BAMFORD PARKER, Henry

La Historia *de México,* México 2001

BARALT, Rafael María

Resumen *de la Historia de Venezuela,* Brujas-París, 1939

BARANDIARAN, Daniel de

"Brasil nació en Tordesillas (Historia de los límites entre Venezuela y Brasil), Primera parte: 1494-1801" en *Paramillo, Revista del Centro Es-*

tudios Interdisciplinarios, Universidad Católica del Táchira, N° 13, Caracas-San Cristóbal 1994, pp. 329 a 774.

BARDAHONA, Marvin

Evolución histórica de la Identidad nacional, Tegucigalpa 1993

BARON CASTRO, Rodolfo

Reseña histórica de la Villa de San Salvador, Madrid 1950

BARON CORVO, Frederick

A History of the Borgias, New York 1931.

BARRIOS, Lina

La Alcaldía Indígena en Guatemala*: Época colonial (1500-1821),* Guatemala 1996

BAYLE S.J., Constantino

Los Cabildos Seculares *en la América española,* Madrid 1952

BENEYTO, Juan

Storia della città, Roma, 1975.

BENEVOLO, Leonardo

Storia della città, 1. La città antica, Editori Laterza Roma-Bari, 1993.

Storia della *città, 2. La città medievale, Editori Laterza* Roma-Bari, 1993.

Storia della *città, 3. La città moderna, Editori Laterza* Roma-Bari, 1993.

Histoire de la *Ville,* Editions Parenthèses, París, 1983, 1994

Diseño de la Ciudad. El Arte y la Ciudad Antigua. Barcelona, 1982.

"Las nuevas ciudades fundadas en el Siglo XVI en América Latina: una experiencia decisiva para la historia de la cultura arquitectónica del "cinquecento", en *Boletín del Centro de Investigaciones Históricas y Estéticas,* Facultad de Arquitectura y Urbanismo, Universidad Central de Venezuela, N° 9, Caracas 1968, pp. 117-136.

BENEYTO, Juan

Historia de la Administración *española e hispanoamericana* , Madrid 1958

BERESFORD, M.

New *Towns of the Middle Ages,* London /New York, 1967

BERNARD, Carmen y GRUZINSKI, Serge

Historia *del Nuevo Mundo. Del Descubrimiento a la Conquista. La experiencia europea, 1492-1550,* México 1996

BERTIN, Domingo y BONNEVILLE, Marc

L'idee de la ville, Seyssel, Champ Vallon, 1984

BERTHON, Simón y ROBINSON, Andrew

The shape of the world. The mapping an Discovery of the Earth, Chicago, New York, San Francisco, 1991

BETEL, Leslie (ed.)

Historia *de América Latina, Vol 1. América Latina colonial,* Cambridge University Press, Crítica, Barcelona 1998

BIELZA DE ORY, Vicente

"De la ciudad ortogonal aragonesa a la cuadricular hispanoamericana como proceso de innovación-difusión condicionado por la utopía", *Revista Electrónica de Geografía y Ciencias Sociales*, Universidad de Barcelona, Vol. VI, Nº 106, 15-01-2002.

BOLIVAR, Wilfredo

Araure. *Una historia para la historia,* Araure, 1994

BONELLO, Yves-Henri

-*La* Ville, Paris 1996

BONET CORREA, Antonio

-La plaza mayor hispanoamericana, generadora de la ciudad. Pérfil de la ciudad americana siglo XVI al XVIII, Sevilla, 1985

-*El* urbanismo *en España e Hispanoamérica,* Madrid, 1991

BONET CORREA, Antonio (ed)

-*Urbanismo e* historia *urbana en el mundo hispano, Primer Simposio,* Madrid, 1958

-*Urbanismo e* historia *urbana en el mundo hispano. Segundo Simposio, 1982,* 2 Vols. Madrid, 1985

BORAH, Woodrow

"La influencia cultural europea en la formación del primer plano para centros urbanos que perdura hasta nuestros días" en *Boletín del Centro de Investigaciones Históricas y Estéticas*, Facultad de Arquitectura y Urbanismo, Universidad Central de Venezuela, Nº 15, Caracas, 1973, pp. 55-76

BORTOLOTTI, Laudo

Storia, città e territorio*,* Milano, 1980

BORREGAN, Alonso

Crónica de la Conquista *del Perú,* Sevilla 1948

BOTELLO, Oldman

Historia del Estado *Aragua,* Caracas, 1995

BOVADILLA, Castillo de

Política para Corregidores (Ed. Fascimilar de la de 1704), Madrid 1978.

BRANDI, Carlos

Carlos V. Vida y fortuna *de una personalidad y de un Imperio Mundial,* Madrid 1943.

BRATLI, Carlos

Felipe II, Rey de España, Madrid 1927.

BRAUNFELS, Wolfang

Urbanismo occidental, Madrid, 1983

BREWER-CARIAS, Allan R.

La Formación del Estado Venezolano. Separata de *Paramillo, Revista del Centro de Estudios Interdisciplinarios,* Universidad Católica del Táchira, Caracas-San Cristóbal, 1996.

La Ciudad *Ordenada (Estudio sobre "el orden que se ha de tener en descubrir y poblar" o sobre el trazado regular de la ciudad hispanoamericana, en particular, de las ciudades de Venezuela),* Madrid, 1997.

La Ciudad Ordenada Estudio sobre "el orden que se ha de tener en descubrir y poblar", o sobre el trazado regular de la ciudad hispanoamericana. Una historia del poblamiento de la América colonial a través de la fundación ordenada de ciudades, Primeraa edición, Criteria Editorial, Caracas 2006Thomson, reproducida por Editorial Thompson Aranzadi, Madrid 2008; Segunda edición, Editorial Jurídica Venezolana, 2017.

BRICEÑO FERRIGNI, Germán

-Mérida *en Tres Solares,* Mérida 1992

BRICEÑO-IRAGORRY, Mario

-Introducción *y defensa de nuestra historia,* Caracas 1952.

-*La* fundación *de Maracaibo,* Madrid 1957.

BROWN, Frank E.

Roman Architecture, New York, 1961

CALDERON, E.

Estudio sobre urbanismo Iberoamericano, siglos XVI al XVII, Sevilla, 1990

CAMPO, Luis del

Pedro de *Ursúa. Conquistador Español del Siglo XVI,* Pamplona, 1970.

CAMPO DEL POZO, Fernando

Los Agustinos *en la evangelización de Venezuela,* Caracas 1979.

CAÑIZALES VERDE, Francisco

Alcaldes y Fundadores de Nueva Segovia de Barquisimeto, s/f.

CARANDE, Manuel

Carlos V y sus banqueros. La Hacienda Real de Castilla. Madrid 1949.

CARLE, María del Carmen, y FAUVE, María E.G. de

La sociedad Hispano *Medieval. La ciudad,* Barcelona, 1984

CARRERA STAMPA, Manuel.

"El Autor o Autores de la Traza" en *Memoria de la Academia de la Historia, XIX,* México 1960, pp. 167-175

CARRERAS I. VALLS, R.

La descoberta *d'Amèrica (Ferrer, Cabot i Colom),* Barcelona, 1928

CARRILLO BATALLA, Tomas E. (ed)

Historia del Derecho Venezolano, Anales del Primer Seminario de Historia del Derecho Venezolano, Caracas 1983.

CASTAGNOLI, F.

Orthogonal Town *Planning in Antiquity,* Cambridge, Mass. London 1971

CASILLERO CALVO, Alfredo

"Arquitectura y Sociedad. La vivienda colonial en Panamá" en *Revista Humanidades,* Revista de Cultura de la Facultad de Humanidades, Universidad de Panamá, Tercera época, N° 1, Panamá, Dic. 1993, pp. 5-148

CASTELLANOS, Rafael Ramón

Relación de un Viaje por Tierras *de los Cuicas (Con Notas del Libro del Obispo Mariano Martí),* Caracas, 1958

CASTILLO LARA, Lucas G.

-Villa de Todos los Santos *de Calabozo. El derecho de existir bajo el sol,* Caracas 1975

-La Grita. Una ciudad *que grita su silencio. Historia del Espíritu Santo de La Grita, 2* Tomos, Caracas 1981.

-Elementos historiales de San Cristóbal. El Proceso formativo, Caracas 1987.

CAULIN, Fray Antonio

"Historia Corográfica, Natural y Evangelica de la Nueva Andalucia" en MORON, Guillermo (ed), *Historiadores de Indias III, Venezuela,* Biblioteca de autores Españoles, Madrid, 1958, pp. 243-567

CENTRO DE ESTUDIOS Y EXPERIMENTACIÓN DE OBRAS PÚBLICAS (CEDEX)

La Ciudad *Iberoamericana, Actas del Seminario Buenos Aires 1985,* Madrid, 1987

CEPEDA ADÁN, José

En torno *al concepto del Estado en los Reyes Católicos,* Madrid 1956.

CEY, Galeotto

Viaje y Descripción *de las Indias 1539-1553,* Caracas, 1995

COHEN, J.L.

L'Architecture *et la forme urbaine,* París, 1989

COPPA, M.

Storia dell'urbanistica. *Le età ellenistiche,* Rome 1981.

CORTES, Cesar Silio

Isabel la Católica, *Fundadora de España*, Madrid 1943.

CORTES, Hernán

Cartas de Relación de Fernando Cortés sobre el descubrimiento y Conquista de la Nueva España, Biblioteca de Autores Españoles, Tomo XXII, Historiadores Primitivos de Indias, Madrid 1946, pp. 1-153

COULANGES, Fustel de

La Ciudad *Antigua,* Barcelona 1984

CROMPTON, Tom

Cronología *interdisciplinar*, Madrid, 1993

CROUCH, Dora P., GARE, Daniel J. y MUNDIGO, Axel I.

Spanish City Planning in North America, Cambridge, Mass, 1982.

CUNILL GRAU, Pedro et al

Los tres *primeros Siglos de Venezuela, 1498-1810,* Caracas, 1991

CUNNINGHAME GRAHAM, R.B.

Pedro de Valdivia. *Conquistador de Chile,* Buenos Aires, 1943

CHERRY, Gordon E.

Shaping an urban world, London 1980

CHIOSSONE, Tulio

-Formación Jurídica *de Venezuela en la Colonia y la República,* Caracas, 1980

-Historia del Estado *Táchira,* Caracas 1981.

-Diccionario Toponimico *de Venezuela,* Caracas, 1992

CHOAY, Francoise

La règle et le modèle. *Sur la Théorie de l'architecture et de l'urbanisme*, Paris, 1980.

CHUECA GOITIA, Fernando, TORRES BALBAS, Leopoldo, GONZALEZ, Julio (eds)

Planos de Ciudades Iberoamericanas *y Filipinas existentes en el Archivo de Indias*, 2 Vols. Madrid, 1981

DE ARMAS MEDINA, Fernando

Cristianización del Perú (1531-1600), Sevilla 1953

DE CARBONNIÈRES, Philippe

Lutèce. Paris ville *romaine,* Paris 1997

DE CASTELLANOS, Juan

Elegías de Varones *Ilustres de Indias,* Caracas, 1962

Elegías de Varones *Ilustres de Indias,* Biblioteca de Autores Españoles, Tomo IV, Madrid 1944

DE CHARENCEY, M. le Comte

Histoire Légendaire de la Nouvelle-Espagne, París, 1912

DE JEREZ, Francisco

Verdadera *Relación de la Conquista del Perú y Provincia de Cuzco, llamada Nueva-Castilla, conquistada por Francisco Pizarro,* Biblioteca de Autores Españoles. Tomo XXVI, Historiadores Primitivos de Indias, II, Madrid 1947, pp. 319-458.

DE LA TORRE, et al

Vida y Obra *de Fernando El Católico,* Zaragoza, 1955

DE LAS CASAS, Fray Bartolomé

Historia de las *Indias,* 3 Vols. Caracas, 1986

Vida de Cristóbal Colón, Caracas, 1992

DE OLIVEIRA MARTINS, M.J-P.

Les Explorations *des Portugais antérieures a la décoverture de l'Amerique,* París, 1893.

DE PAZ, Fray Matías

-Del dominio *de los Reyes de España sobre los idios,* Biblioteca Americana. Cronistas de Indias Introducción de ZAVALA, Silvio) México1954

DE PLAZA, José Antonio

Memorias para la Historia de la Nueva Granada, Bogotá 1984

DE SOLIS, Antonio

Historia de *la Conquista de Méjico,* Buenos Aires 1944

DE VEGA s.j., Agustín

Noticia del principio y progresos del establecimiento de las Misiones de Gentiles en el Río Orinoco, por la Compañía de Jesús, (Estudio Introductorio por DEL REY FAJARDO s.j., José y BARANDIARÁN, Daniel), Biblioteca de la Academia Nacional de la Historia, Caracas 2000.

DE ZARATE, Agustín

Historia del descubrimiento y Conquista de la Provincia del Perú y de las guerras y cosas señaladas en ella, acaecidas hasta el vencimiento de Gonzalo Pizarro y sus secuaces, que en ella se rebelaron contra su Majestad, Biblioteca de Autores Españoles. Tomo XXVI, Historiadores Primitivos de Indias, II, Madrid 1947, pp. 459-574.

DEL CASTILLO MATHIEU, Nicolás

Descubrimiento y Conquista *de Colombia,* Bogotá, 1988

DEL MONTE URRACA, Manuel E.

Memorias de la Ciudad *de Santo Domingo*, Santo Domingo, 1992

DEL REY FAJARDO s.j., José et al.,

-*Misiones* Jesuíticas *en la Orinoquia (1625-1767)*, 2 tomos, Universidad Católica del Táchira, San Cristóbal, 1992

-*Una Utopía Sofocada: Reducciones Jesuíticas en la Orinoquia,* Caracas 1998

DEL VAS MINGO, Milagros

Las Capitulaciones *de Indias en el siglo XVI,* Madrid 1986.

DEL VALLE, José María

Bartolomé Colón. *Primer Adelantado de Indias,* Madrid, 1946

DEAGAN, Kathleen and CRUXENT, José María

Columbus's Outpost *among the Taínos. Spain and America at La Isabela*, 1493-1498, Yale University Press, New Haven, London, 2002

DEFFONTAINES, P.

"The Origin and Growth of the Brazilian Network of Towns", en *Geographical Review* Nº 28, July 1938, pp. 39 y sigts.

DEPONS, Francisco

Viaje a la parte Oriental de Tierra *Firme en la América Meridional,* Caracas 1983.

DESCOLA, Jean

Historia de España, Barcelona 1973.

DIAZ DEL CASTILLO, Bernal

Verdadera Historia de los sucesos de la Conquista de la Nueva-España, Biblioteca de Autores Españoles. Tomo XXVI, Historiadores Primitivos de Indias, II, Madrid 1947, pp. 1-317

DIAZ LEGORBURU, Raúl

La aventura pobladora *(el Siglo XVI venezolano),* Caracas, 1986

DIEGO-FERNANDEZ SOTELO, Rafael

"Mito y Realidad en las leyes de población de Indias" en ICAZA DUFOUR, Francisco de, (Coord.) *Recopilación de leyes de los Reynos de las Indias, Estudios histórico-jurídicos,* Madrid, 1987, pp. 209-255.

DIRECCION GENERAL DE ORDENACION DEL TURISMO

Urbanismo *Español en América,* Madrid, 1973

DIVORNE, F., GENDRE, B., LAVERGNE, B, y PANNERAI, P.

Les Bastides *d'Aquitene, du Bas-Languedoc et du Béarn. Essai sur la régularité.* Archives d'Achquitecture Moderne, Bruxelles 1979

DOBAL, Carlos

Cómo pudo ser La Isabela, Pontificia Universidad Católica Madre y Maestra, Santiago, República Dominicana, 1988

DOMINGUEZ COMPAÑY Francisco (ed)

-Ordenanzas *Municipales Hispanoamericanas,* Madrid-Caracas 1982.

-Política *de Poblamiento de España en América* (*La fundación de ciudades*), Madrid 1984.

DONIS RIOS, Manuel Alberto

"Las fortificaciones construidas durante la Colonia: Factor de integración político-territorial de Venezuela", en *Anuario de Estudios Bolivarianos*, Bolivarium, Instituto de Investigaciones Históricas, Universidad Simón Bolívar, Año V, Nº 5, Caracas, 1996, pp. 45-68

DOR-NER, Zui

Columbus *and the Age of Discovery,* New York, 1992

DORSELAER, J.G.

-*La urbanización en* América *Latina,* Vol. 1, Bogotá, 1962

-*Forum et plaza mayor* dans *le monde Hispanique,* París, 1978.

DOUSSINAGUE, José M.

-*Fernando el Católico y Germana de Foix,* Madrid 1944.

-*Fernando el Católico y el Cisma de Pisa,* Madrid, 1946

-*Un proceso por* envenenamiento. *La muerte de Felipe El Hermoso,* Madrid 1947.

DRENIKOFF, Iván

Mapas antiguos de Venezuela. Grabados e impresos antes de 1800, Caracas 1971

DURAN MONTERO, María Antonia

Fundación de ciudades en *el Perú durante el siglo XVI,* Sevilla, 1978.

DUVAL, P.M. y FRÉZOULS, Ed. (Dir.)

Thèmes de recherches sur les villes antiques d'Occidente, Colloque, Strasbourg 1-4 Octobre 1971, París, 1977

DYOS, H.J.

The study of urban *history,* Londres, 1968

EASTERLING, Keller

America Town Plans. A Comparatoive Time Line, Princeton 1993.

EATON, Ruth

Ideal Cities. Utopianism *and the (Un)Built Enviroment,* New York 2001

EGUREN, Gustavo

La Fidelísima Habana. Ciudad de la Habana, 1986.

ESCOBAR LOPEZ, Ignacio

La Leyenda Blanca, Madrid, 1953

ESTEVE BARBA, Francisco

Descubrimiento *y conquista de Chile*, Salvat Ed., Barcelona, 1946

FANELLI, Giovanni

La citta nella *stoira d'Italia. Firenze,* Roma, 1980.

FARAGE DANGEL, Luis (Coordinador)

Puerto cabello. *Epicentro de la Tradición Naval Venezolana,* Valencia 1997.

FEBRES CORDERO, Tulio

Obras Completas, Mérida, 1960

FERNANDEZ, Fidel

Fray Hernando *de Talavera,* Madrid 1942.

FERNANDEZ, León

Conquista y Doblamiento en el Siglo XVI. Relaciones histórico-geográficas, San José, Costa Rica 1976

FERNÁNDEZ GUARDIA, Ricardo

El Descubrimiento *y la Conquista, Reseña histórica de Talamaca,* San José, Costa Rica, 1975.

FERNANDEZ DE RETANA, R.P. Luis

Isabel La Católica. Fundidora de la Unidad Nacional Española, 2 Vols., Madrid, 1947.

FERRARA, Orestes

Felipe II, México 1960

FIGUEROA S., Marco

Por los *Archivos del Táchira,* 1961

FINOTTO, Francesco

La Città Chiusa. Storia delle teorie urbanistiche dal Medioevo al Settecento, Venezia, 1992

FISKE, John

The Discovey of America, 2 Vols., Boston, New York, 1892

FOGIOLO, Marcello

"América Latina. Le Città Colonial. La Fundazione della Città Latinoamericane, Gli archetipi della Giusticia e della Fede", en *Psicon. Rivista Internazionale di Architettura* N° 5, Firenze 1975, p. 43.

FRAILE, Pedro

La otra ciudad del Rey, Madrid 1997

FRANCHETTI PARDO, Vittorio

Historia del urbanismo. *Siglos XIV y XV*, Madrid. 1985.

FREIDE, Juan

-*Los Welser en la Conquista de Venezuela , Caracas-Madrid, 1961*

-"Las ideas geográficas en la Conquista del Nuevo Reino de Granada" en *Revista de Indias,* Instituto Fernández de Oviedo, N° 61-62, Madrid, 1955, pp. 523-551.

FRERE, Sheppard

-*Britannia. A History of Roman Britain,* Bath *1998*

FRIEDMAN, David

Florentine New Towns: Urban Design in the Late Middle Ages, New York, London 1983.

FUNDACION POLAR

Diccionario de Historia de Venezuela, 3 Tomos, Caracas 1988.

FUSON, Robert H. (ed)

The Log of Christopher Columbus, Camden, Maine, 1992

GAKENHEIMER, Ralph A.

-"Determinantes de la estructura física de la Ciudad Colonial" en *Revista de la Sociedad Interamericana de Planificación,* Vol. II, Puerto Rico, Sept. 1968, pp. 4-11.

-"The Early Colonial Mining Town: Some Special Opportunities for the Study of Urban Structure", en *Boletín del Centro de Investigaciones Históricas y Estéticas*, Facultad de Arquitectura y Urbanismo, Universidad Central de Venezuela 15, Caracas 1973, pp. 41 a 54.

GALANTAY, Ervin J.

Nuevas ciudades. De la antigüedad a nuestros días, Barcelona 1977

Resumen histórico del urbanismo en España, Madrid, 1968

GANDELSONAS, Mario

X-Urbanism: Architecture and the b American City, New York, 1999

GARCIA CASTRO, Alvaro

"Centros Poblados" en Fundación Polar, *Diccionario de Historia,* Tomo III, P-Z, Caracas, 1989, pp. 973-1079.

GARCIA CHUECOS, Hector

-La Capitanía General de Venezuela, Apuntes para una exposición de derecho político colonial venezolano, Caracas, 1945

-José Vicente de Unda. Vida i obra de un glorioso fundador, Guanare 1995

GARCIA-GALLO Y DE DIEGO, Alfonso

Atlas histórico-jurídico, México 1997

GARCIA-GALLO, Alfonso

-Estudios de Historia del Derecho Indiano, Madrid 1972.

-Los orígenes españoles de las instituciones americanas. Estudios de Derecho Indiano, Madrid 1987.

-"Trazas urbanas hispanoamericanas y sus antecedentes en TERAN, Francisco de (dir), *La Ciudad Hispanoamericana. El sueño de un orden,* Madrid, 1989, pp. 213-221.

-"Génesis y desarrollo del derecho indiano", en ICAZA DUPOUR, Francisco de (Coord.), *Recopilación de Leyes de los reynos de las Indias. Estudios Histórico Jurídicos,* México, 1987, pp. XXVII-LIII.

GARCIA GRANADOS, Jorge (Editor)

-Libro Viejo de la Fundación de Guatemala Y PAPELES RELATIVOS A Pedro de Alvarado, Guatemala 1934.

GARCIA SANTANA, Alicia; ANGELBELLO, Teresita y ECHENAGUCIA, Victor,

Trinidad de Cuba, Patrimonio de la Humanidad, Quito, 1992.

GARCIA FERNANDEZ, José Luis y IGLESIAS ROUCO, Lena S.

La plaza en la ciudad y otros espacios significativos, Madrid 1986.

GARCÍA Y BELLIDO, Antonio

Urbanística de las grandes ciudades del Mundo Antiguo, Madrid, 1985.

GARCIA Y BELLIDO, Antonio, TORRES BALBAS, Leopoldo, y CERVERA VERA, Luis, GARCITORAL, Alicio

El Medioevo Peninsular, Buenos Aires 1950.

GASPARINI, Graziano

Formación Urbana de Venezuela. Siglo XVI, Caracas 1991.

Coro. Patrimonio Mundial, Caracas, 1994

GASPARINI Graziano y PEREZ VILA, Manuel

-La Guaira Orígenes históricos. Morfología urbana, Caracas, 1981.

-"Formación de ciudades coloniales en Venezuela, Siglo XVI", en *Boletín del Centro de Investigaciones Históricas y Estéticas,* UCV, Nº 10, Caracas, 1968, pp. 9-43.

GASPARINI, Graciano

Las fortificaciones del período hispánico en Venezuela, Gráficas Armitano, Caracas 1985

GASTEAZORO, Carlos Manuel

Introducción al estudio de la Historia de Panamá. Fuentes de la época hispana, Panamá 1990.

GEIGEL LOPE BELLO, N.

"Aspectos jurídicos-Institucionales" en *Urbanismo en Venezuela. Estado actual de la Investigación,* (Proyecto VEN-II), Cordiplan, Tomo I, Caracas, 1971, pp. 28-56

GILIJ, Felipe Salvador

Ensayo de Historia Americana, 2 Tomos, Caracas, 1992

GOLDSCHMIT-JENTUER, R.K.

Cristóbal Colón. El hombre. Su gesta. Su influencia, Buenos Aires, 1956

GOMEZ, Rafael

Arquitectura y Feudalismo en México. Los Comienzos del Arte Novohispano en el Siglo XVI, México 1989

GOMEZ ALVAREZ, Alfredo

Guanare. Pasado, Presente y Futuro, Guanare 1994

GOMEZ DE MERCADO Y DE MIGUEL, Francisco

Dogmas Nacionales del Rey Católico, Madrid 1953.

GOMEZ PARENTE, Odilio

Labor Franciscana en Venezuela: I. Promoción Indígena, Caracas 1979

GONGORA, Mario

El Estado en el Derecho Indiano, Epoca de la fundación, Santiago de Chile, 1951

GONZALEZ, Godofredo

Crónicas de Maracay. Ensayo sobre la vida colonial, Maracay 1980

GONZALEZ F., Luís Enrique

La Guayra. Conquista y Colonia, Caracas 1982

GONZALEZ, Miguel A. y NAVA, Jesús Ramón

Baruta. Crónicas Históricas, Baruta, 1991

GONZALEZ OROPEZA S.J. Hernann

Historia del Estado Monagas, Maturín, 1985

GONZALEZ OROPEZA SJ, Hermann y DONIS RIOS, Manuel

Historia de las Fronteras de Venezuela, Caracas, 1989

GONZALEZ-RIPOLL NAVARRO, Maria Dolores

Trinidad: la otra llave de América, Caracas, 1992

GONZALEZ-VALCÁRCEL, José M.

"Estructura y función en la ciudad hispánica en los siglos XVI a XVIII" en BONET CORREA A. (ed) *Urbanismo e Historia Urbana en el Mundo Hispano* (Segundo Simposio, 1982), Tomo I, Madrid, 1985, pp. 533-552.

GOSS, John (ed)

The City Maps of Europe. 16th Century Town Plans from Braun Hogenberg, Chicago, New York, San Francisco, 1992

GRAFTON, Anthony

New Worlds, Ancient Texts. The Power of Tradition and the Shock of Discovery, The Belknap Press of Harvard University Press, Cambridge, Mass., London, 1992.

GREÑAS MORALES, Rosa

"Irradiación de la Ciudad de panamá sobre las primeras fundaciones en la zona del Pacífico de América Central" en *Boletín de la Academia Nacional de la Historia,* Tomo LIII, No. 211, Caracas 1970, pp. 442-452

GREW, F. y HOBLEY, B.

Roman Urban Topography in Britain and the Western Empire, London, 1985.

GROS, Pierre y TORELLI, Mario

Storia dell'urbanistica. Il mondo romano, Editori Laterza 1994

GUAMAN POMA DE AYALA, Felipe

-*Nueva Crónica y Buen Gobierno,* 2 vols., Biblioteca Ayacucho, Caracas 1980

GUARDA, Gabriel

-*Santo Tomás de Aquino y las fuentes del urbanismo indiano,* Santiago de Chile, 1965.

-*Historia Urbana del Reino de Chile,* Santiago de Chile, 1978

-"Tres reflexiones en torno a la fundación de la ciudad indiana" en SOLANO, Francisco de (Coord.), *Estudios sobre la ciudad Iberoamericana,* Madrid, 1983, pp. 89-106.

GUERRA, Ramiro

Manual de la Historia de Cuba, La Habana 1971

GUERRA Y SANCHEZ, Ramiro

-*Historia de Cuba, Tomo I, 1492-1555,* La Habana, 1922.

-*Manual de Historia de Cuba*, La Habana, 1971

GUIDONI, Enrico

-*Storia dell'urbanistica. Il Medioevo. Secoli VI-XII,* Editori Lateza, Roma-Bari 1991

-*Historia del urbanismo. El siglo XVII,* Madrid, 1982.

GUIDONI, Enrico y MARINO, Angela

Historia del urbanismo El siglo XVI, Madrid, 1985.

GUTIERREZ BICARREGUI, José Luis,

Hechos y viajes del santoñés Juan de la Cosa. Su nao y su carta, Santoña, Cantabria 1992.

GUTIERREZ, Ramón

Arquitectura y urbanismo en Iberoamérica, Madrid, 1983.

GUTIERREZ, Ramón (Coordinador)

Pueblos de Indios. Potro urbanismo en la región andina, Quito 1993.

Centros Históricos. América Latina, Bogotá 1990

GUTIERREZ, Ramón y HARDOY, Jorge E.

"La Ciudad Hispanoamericana en el siglo XVI" en CEDEX, *La Ciudad Iberoamericana (Actas del Seminario Buenos Aires 1985)*, Madrid, 1987, pp. 93-118

HALE, J.R. (ed)

Encyclopaedia of the Italian Renaissance, London, 1981

HALLEMBERCK, Cleve

*Spanish Missions of the Old Southwest,*LGolden City-New York, 1926

HANKE, Lewis

La lucha por la justicia en la Conquista de América, Buenos Aires, 1949

La lucha española por la justicia en la conquista de América, Madrid, 1959

HARDOY, Jorge Enrique

-El modelo clásico de la ciudad colonial hispanoamericana. Un ensayo sobre la legislación urbana y la política urbana de España en América durante las primeras décadas del período colonial, Buenos Aires, 1968.

-Las formas urbanas europeas durante los siglos XV al XVII y su utilización en América Latina. Notas sobre al transplante de la teoría y práctica urbanista y proceso social en América, Lima, 1972.

-"La *forma* de las ciudades coloniales en Hispanoamérica", en *Psicon. Rivista Internazionale di Architettura* N° 5, Firenze 1975.

-"Las características físicas de las "Ciudades Ideales" de Renaci-miento en Italia" en *Boletín del Centro de Investigaciones Históricas y Estéticas,* UCV, Nº 21, Caracas, 1975, pp. 67-136

-"Evolución de la legislación urbana para Hispanoamérica durante el siglo XVI" en IEAL, *De Teotihuacán a Brasilia. Estudios de Historia Urbana Iberoamericana y Filipina,* Madrid, 1987, pp. 80-105.

-"La forma de las ciudades coloniales en la América Española" en SOLANO, Francisco de (Coord.) *Estudios sobre la Ciudad Iberoamericana,* Madrid 1983, pp. 315-344.

HARDOY, Jorge Enrique y SOLANO, Francisco de

"Guía de las colecciones de planos de ciudades Iberoamericanas" en SOLANO, Francisco de (Coord.), *Estudios sobre la ciudad Iberoamericana,* Madrid, 1983, pp. 881-941.

HARDOY, Jorge Enrique y TOBAR, Carlos (eds.)

La Urbanización en América Latina, Buenos Aires, 1969.

HARING, C.H.

The Spanish Empire in America, Oxford, 1947

HAROUEL, Jean Louis

Historie de l'urbanisme, París, 1981.

HARRY, A.

The medieval city, New Haven, 1977

HARRIS, W.D.

El crecimiento de las ciudades en América Latina, Buenos Aires, 1975

HERNANDEZ CEDEÑO, Régulo Felipe

Tradiciones y Costumbres Vallespirituanas, Pampatar 1997

HERNANDEZ DE OVIEDO Y VALDES, Gonzalo

-*Sumario de la Natural Historia de las Indias,* Biblioteca de Autores Españoles, Tomo XXII, Historiadores Primitivos de Indias, Madrid 1946, pp.471-515

HERNANDEZ PEÑALOZA, Guillermo

El derecho en Indias y en su Metrópolis, Bogotá 1969

HERNANDEZ PINO, Andrés

Papeles Coloniales. Aportes para la historia de los pueblos del Estado Miranda, Caracas 1948

HERRERA LUQUE, Francisco J.

Los Viajeros de Indias. Ensayo de una interpretación de la sociología venezolana, Caracas 1961

HERRERA VIAL, Felipe

Estampas Valencianas, Caracas 1969

HIORNS, Frederick R.

Town-building in history, New York, 1956

HOHENBERG, Paul M. y LEES, Lynn Hollen

The Making of Urban Europe: 1000-1950, Cambridge, Mass., 1985.

HOUBEN, H.H.

Cristóbal Colón. De la Leyenda al Descubrimiento, Barcelona, 1942

HOUSTON, J.M.

"The Fondation of Colonial Towns in Hispanic America", en BECKINSALE, R.P. y HOUSTON, J.M., *Urbanization and its Problems,* New York, 1968, pp. 353 y sigts.

HUMBERT, Jules

La ocupación alemana de Venezuela en el siglo XVI. Período llamado de los Welser (1528-1556), Caracas 1983.

HUMBLE, Richard

The Explorers, New York, 1978

HUMBOLDT, Alejandro de

Cristóbal Colón y el descubrimiento de América, Caracas 1992

HUMFORD, Lewis

La cité a travers l'Histoire, París, 1961

IBAÑEZ CERDA, José

"Una Ciudad para la mejor Tierra del Mundo" en Ciencia Urbana, Instituto de Estudios de Administración Local, No. 5, Madrid, octubre 1969, pp. 12-18

ICAZA DUPOUR, Francisco de (Coord.)

Recopilación de Leyes de los Reynos de las Indias. Estudios Histórico Jurídicos, México, 1987

INSTITUTO DE ESTUDIOS DE ADMINISTRACION LOCAL (IEAL)

De Teotihuacán a Brasilia. Estudios de Historia Urbana Iberoamericana y Filipinas, Madrid, 1987.

IRVING, Washington

A Chronicle of the Conquest of Granada, London 1910.

JESTAZ, Bertrand

Architecture of the Renaissance. From Brunelleschi to Palladio, New York, 1996

JICKLING, David L. (Compilador)

La ciudad de Santiago de Guatemala: Por sus cronistas y viajeros, La Antigua Guatemala 1987

JOHNSTON, Norman J.

Cities in the Round,, Seattle-London, 1983

JOHNSTON, Paul C (ed.)

The California Missions. A Pictorial History, Menlo Park, California, 1964

JOSS, E.

"Sobre el descubrimiento de las Indias, el derecho a ellas y su incorporación al reino castellano", en *Estudios geográficos, 1952.*

JUDERIAS, Julian

La Leyenda Negra, Barcelona, 1917

JÜDRGENS, Oskar

Ciudades Españolas. Su desarrollo y configuración urbanística, Madrid 1992

KAGAN, Richard L.

Urban Images of the Hispanic World 1493-1793, Yale University Press, New Haven London 2000

KAPP, K.S.

Central America Early Maps, up to 1860, North Bend, Ohio 1974

KAGAN, Richard L.

Urban Images of Hispanic World 1493-1793, Yale University 2000

KIRKPATRICK, F.A.

Los conquistadores españoles, Madrid 2000

KOHUT, Karl (ed)

De conquistadores y conquistados. Realidad, justificación, representación, Frankfurt am Main, 1992

KONETZKE, Richard

El Imperio Español. Orígenes y Fundamentos, Madrid 1946.

KORN, Arthur

History Builds the Towns, London, 1953.

KOSTOF, Spiro

The City Shaped. Urban Pattern and Meanings through History, Boston, Toronto, London, 1991

The City Assembled. The Elements of Urban Form Trough Hisgtory, Boston, Toronto, London, 1992

KRIER, Rob

El Espacio Urbano, Barcelona, 1985

KUBLER, George

-"Mexican Urbanism in the Sixteenth Century", en *Art Bulletin* Nº 24, 1942, pp. 160-71.

-"El Urbanismo Colonial Iberoamericano, 1600-1820" en SOLANO, Francisco de et al (ed) *Historia y Futuro de la Ciudad Iberoamericana,* Madrid, 1986, pp. 27-45.

LA CIUDAD HISPÁNICA DURANTE LOS SIGLOS XIII AL XVI.

Actas del Coloquio de la Ciudad Hispana. La Rábida 1981, Sevilla, Madrid, 1982/1985

LAMB, Ursula

Frey Nicolás de Ovando. Gobernador de las Indias (1501-1509), Madrid 1956.

LANGER, William L.

An Encyclopechia of World History, New York 1948.

LAURET, Alain, MALEBRANCHE, Raymond y SÉRAPHIIN, Gilles

Bastides, villes nouvelles du Moyen Age, Éditions Milan, Milan-Toulouse 1988

LAVEDAN, Pierre y HUQUENEY, Jeanne

L'Urbanisme au Moyen Age. Arts et Métiers graphiques, Paris 1974

Histoire de l'Urbanisme. Antiquité, Henri Laurens éditeur, Paris 1966

LAVEDAN, Pierre

-Histoire de l'Urbanisme, Renaissance et Temps modernes, Paris, 1959

-Histoire de l'Urbanisme, Époque Contemporaine, Paris, 1952

LAZARO DE ARREGUI, Domingo

-Descripción de la Nueva Galicia, Sevilla 1946

LEHNER, Ernst y Johanna

How they saw the world, New York, 1966

LE RIVEREND, Julio

Breve Historia de Cuba, La Habana 1992

LE RIVEREND, Julio et al.

Estudios Históricos Americanos. Homenaje a Silvio Zavala, Colegio de México, 1953

LEVARIE, Norma

The Art & History of Books, Oak Knoll Press & The British Library, NewYork, 1995

LEVILLER, Roberto

-Nueva Crónica de la Conquista de Tucumán, 2 tomos, Varsovia, 1930

-*Don Francisco de Toledo. Supremo Organizador del Perú. Su vida, su obra (1515-1582),* Madrid 1935

LEVILLIER, Roberto

-*Leyes y Ordenanzas nuevamente hechas para la Gobernación de las Indias,* Buenos Aires, 1923

-*Don Francisco de Toledo. Supremo Organizador del Perú. Su vida, su obra (1515-1582),* Madrid 1935.

LEVI PROVENCAL, E.

La civilización Arabe en España, Buenos Aires, 1958.

LOHMANN VILLENA, Guillermo

"El proceso de ocupación territorial y la ordenación urbana. Siglos XVI-XIX" en CEDEX, *La Ciudad Iberoamericana (Actas del Seminario, Buenos Aires, 1985)*, Madrid, 1987, pp. 7-18

LOJENDIO, Luis María de

Gonzalo de Córdoba (El Gran Capitán), Madrid 1952.

LOPEZ DE GOMARA, Francisco

-*Historia General de las Indias y vida de Hernán Cortés,* Biblioteca Ayacucho, Caracas 1991

-*Hispania Victrix. Historia General de las Indias y Conquista de México,* Biblioteca de Autores Españoles, Tomo XXII, Historiadores Primitivos de Indias, Madrid 1946, pp.155-455

LOPEZ DE PALACIOS RUBIO, Juan

-*De las Islas del mar Océano,* Biblioteca Americana. Cronistas de Indias Introducción de Silvio Zavala), México 1954

LOPEZ FLORES, Manuel

-*El Piloto Anónimo o Alonso Sánchez de Huelva,* Madrid 1962

-*Colón no descubrió América,* Madrid, 1964

LOPEZ GARCIA, Juan Sebastián

"Canarias: Hacia un sistema urbano, siglos XV y XVI" en *Ciudad y Territorio, Revista de Ciencia Urbana,* Nº 75-1, Madrid, Enero-Marzo, 1988, pp. 3-8

LOPEZ MARTINEZ, Nicolás

Los Juedizantes castellanos y la Inquisición en tiempo de Isabel la Católica, Burgos 1954.

LOVERA, José Rafael (ed),

Antonio de Berrío. La obsesión por El Dorado, Caracas, 1991.

LUCENA GIRADO, Manuel (Ed.)

Viajes a la Guayana Ilustrada. El Hombre y el territorio, Caracas, 1999

LUCENA SALMORAL, Manuel

"Bogotá y las tres huestes. Estudio comparativo del reparto de oficios concejiles y encomiendas" en SOLANO, Francisco de (ed.), *Estudios sobre la ciudad iberoamericana,* Madrid 1983, pp. 139 a 160.

LUMMIS, Carlos F.

Exploradores españoles del Siglo XVI, Madrid 1945.

LLORCA S.I., B.; GARCIA-VILLOSLADA S.I., R., y MONTALBAN S.I., F.I.

Historia de la Iglesia Católica, 4 Vols. Madrid 1955.

LLUBERES, Pedro

"El damero y su evolución en el mundo occidental" en *Boletín del Centro de Investigaciones Históricas y Estéticas,* UCV, Nº 21, Caracas, 1975, pp. 9-66

MAC DONALD, William L.

-*The Architecture of the Roman Empire,* New Haven, Conn, 1965.

-*The Architecture of the Roman Empire II, an Urban Appraisal,* New Haven, London, 1986

MACKAY, Angus y DITCHBURN, David

-*Atlas of Medieval Europe,* London-New York 1997

MACULAY, David

-*City. A Story of Roman Planning and Construction,* Boston 1974,

-*Nacimiento de una ciudad romana,* Barcelona, 1978.

MAJO FRAMIS, Ricardo

Tanto Monta, Madrid, 1951

MALUQUER DE MONTES, Juan et al.

Vivienda y Urbanismo en España, ***Barcelona,*** 1982

MANTECÓN, José Ignacio (Ed)

Información de méritos y servicios de Alonso García Bravo, Alarife que trazó la ciudad de México, (Introducción Manuel Toussaint), México, 1956.

MANZANO MANZANO, Juan

-*La incorporación de las Indias a la Corona de Castilla,* Madrid 1948.

-"La adquisición de las Indias por los Reyes Católicos y su incorporación a los reinos castellanos", en *Anuario de Historia del Derecho Espanol,* N° 21, Madrid, 1951.

MAÑANES PEREZ, Tomas y SOLANA SAINZ, José M.

Ciudades y vías romanas en la cuenca del Duero (Castilla y León), Valladolid, 1985

MARKHAM, Clements R.

Life of Cristopher Columbus, London, 1902

MARKMAN, Sydney D.

-"Pueblos de Españoles y Pueblos de Indios en el Reino de Guatemala", en *Boletín del Centro de Investigaciones Históricas y Estéticas, Facultad de Arquitectura y Urbanismo, Universidad Central de Venezuela,* N° 12, Caracas, 1971, pp. 76-97.

MARTIN, Roland

L'Urbanisme dans la Grece Antique, París, 1974.

MARTÍN, Roland et al.

Forum et Plaza mayor dans le Monde Hispanique, Colloque interdisciplinaire, Madrid, 28 octobre 1976, Publicaciones de la Casa de Velásquez, Ed. E.de Boccard, París, 1978

MARTIN GONZALEZ, Juan José

Historia de la arquitectura y del urbanismo, Madrid, 1979.

MARTINEZ LEMOINE, R.

El modelo clásico de la ciudad colonial hispanoamericana, Santiago de Chile, 1977

MARTIRÉ, Eduardo

"*Guión* sobre el proceso recopilador de las Leyes de Indias" en ICAZA DUFOUR, Francisco de, (ed.) *Recopilación de leyes de los Reynos de las Indias, Estudios histórico-jurídicos*. Madrid, 1987, pp. 25-41.

MATIENZO, Juan de

Gobierno del Perú (1567), Edicion et Étude préliminaire de Guillermo Lohman Vilena, Travaux de l'nstiutute Français d'Études Andines, Tome XI, Paris-Lima, 1967

MCKEW PARR, Charles

Magallanes. Un noble capitán, Madrid, 1955

MELÉNDEZ, Carlos

Hernández de Córdoba. Capitán de conquista de Nicaragua, Managua, 1993

MENENDEZ-PIDAL, Gonzalo

Imagen del Mundo hacia 1570 (*Según noticias del Consejo de Indias y de los Tratadistas Españoles*). Madrid, 1944.

MENENDEZ PIDAL, Ramón

Idea Imperial de Carlos V, Buenos Aires, 1946

MERDIGNAC, Bernard y MÉRIENNE, Patrick,

Le Moyen Age dans le monde, Ëditions Ouest-France, Rennes, 1999

MÉTRAUX, G.P.R.

Western Greek Land Use and City-Planning in the Archaic Period, New York, 1978

MEYER, Jean

Etudes sur les villes en Europe Occidentale, París 1983.

MEXIA, Pedro

Historia del Emperador Carlos V, Madrid 1945.

MIKULAN MARTIN, Marta

Cumaná. Una ciudad con Historia. Tomo I, Desde el Descubrimiento hasta la Independencia, Caracas, 1994

MILLÁN, Blas

Diálogos de las Guerras y Cuitas de Don Diego de Losada en la Conquista del valle de los Caracas, Caracas 1954

MINISTERIO DE LA VIVIENDA, INSTITUTO DE CULTURA HISPÁNICA, ARCHIVO GENERAL DE INDIAS

Urbanismo Español en América, Exposición organizada por el Ministerio de la Vivienda y el Instituto de Cultura Hispana, Sevilla, Archivo General de Indias, Octubre-Diciembre 1973.

MIRANDA, Sor María Rosa

El Libertador de los Indios, Madrid, 1953

MIRANDA SALAS, Félix

Historia de Rancagua, Santiago de Chile, s/f

MONGE ALFARO, Carlos

Historia de Costa Rica, San José, Costa Rica, 1982

MONICA, Sor M.

La gran controversia del Siglo XVI acerca del dominio español en América, Madrid 1952

MONTOJO, Patricio

Las primeras tierras descubiertas por Colón. Ensayo Crítico, Madrid 1892

MORA, Alfonso María

La Conquista Española. Juzgada jurídica y sociológicamente, Buenos Aires, 1944.

MORALES PADRON, F.

-*Los conquistadores de América,* Madrid, 1974

-*Teorías y leyes de la Conquista,* Madrid, 1979

MORALES PADRON, F. y LLAVADOR MIRA, J.

Mapas, planos y dibujos sobre Venezuela existentes en el Archivo General de Indias, Sevilla, 1964

MORENO, Roberto

"En torno a la historia de las divisiones parroquiales de ciudades con planta indígena prehispánica" en BONET CORREA A. (ed) *Urbanismo e Historia Urbana en el Mundo Hispano* (Segundo Simposio, 1982), Tomo I, Madrid, 1985, pp. 562-568.

MORINI, Mario

Atlante, di Storia dell'Urbanistica, Milán, 1963

MORÓN, Guillermo

-*Los orígenes históricos de Venezuela,* Tomo I, Introducción al Siglo XVI, Madrid, 1954.

-*Historia de Venezuela,* 5 Tomos, Caracas, 1971

-*Pueblos, Aldeas y Ciudades,* Caracas 1993.

MORÓN, Guillermo (ed)

Historiadores de Indias III, Venezuela, Biblioteca de autores Españoles, Madrid, 1958

MORÓN, Moisés et al.

-*Historia Socio-Económica del Estado Monagas. Un enfoque regional,* Maturín 1983.

MORSE, Richard M.

-"Some Characteristics of Latin American Urban History", en *The American Historical Review,* Vol. LXVII, N° 2, January 1962, pp. 317-338

-"Introducción a la historia urbana de Hispanoamérica", en SOLANO, Francisco de (Coord.), *Estudios sobre la ciudad Iberoamericana,* Madrid, 1983, pp. 9-53

MORRIS, A.E.J.

-History *of urban form,* New York, 1974

-Historia *de la forma urbana. Desde sus orígenes hasta la Revolución Industrial,* Barcelona, 1984

MUMFORD, Lewis

-La cité a travers l'histoire, París, 1961.

-The *City in History, Its origins. Its transformation and its Prospects,* San Diego, New York, London, 1989.

MUNDIGO, Axel I. and CROUCH, Dora P.

"The City Planning Ordinances of the Laws of the Indies Revisited" en *Town Planning Review,* Vol. 48, N° 3, 1977, pp. 247-268.

MURATORE, Giorgio

La città rinascimentale. Tipi e modelli attraverso i trattati, Milano, 1975

MURO OREJÓN, Antonio

Lecciones *de Historia del Derecho Hispano-Indiano,* México, Miguel Ángel Porrúa, Librero Editor

NASH, F.R.C.I., William Giles

America. *The true history of its Discovery,* London, s.f.

NAVAL MAS, Antonio

-La ciudad *española del Siglo XVI,* Madrid, 1979.

-"La ciudad española del XVI (Aportaciones para un estudio urbanístico)" en BONET CORREA, A.(ed) *Urbanismo e Historia Urbana en España* (Primer Simposio), Madrid, 1958, PP. 335-354.

NEBENZAHL, Kenneth

Atlas de Christophe Colomb et des grandes découvertes, Bordas, Paris, 1991

NECTARIO MARÍA, Hno.

-*Historia de la Conquista y Fundación de Caracas,* Caracas, 1966

-Juan *Fernández de León. Fundador de Guanare,* Caracas, 1991.

NÚÑEZ CABEZA DE VACA, Alvar

"Naufragios de Alvar Núñez Cabeza de Vaca y relación de la jornada que hizo a la Florida con el Adelantado Pánfilo de Narváez", en *Páginas para la Historia de Sinaloa y Sonora,* 3 vols. Editorial Layac, México, 1944"

- *Naufragios de Alvar Núñez Cabeza de Vaca, y relación de la jornada que hizo a la Florida con el Adelantado Pánfilo de Narváez,* Biblioteca de Autores Españoles, Tomo XXII, Historiadores Primitivos de Indias, Madrid 1946, pp.517-548

- *Comentarios de Alvar Núñez Cabeza de Vaca, Adelantado y Gobernador del Río de la Plata,* Biblioteca de Autores Españoles, Tomo XXII, Historiadores Primitivos de Indias, Madrid 1946, pp.549-599

NUÑEZ JIMENEZ, Antonio, VENEGAS FORNIAS, Carlos, y MENDEZ GUERRERO, Manuel

La Habana, Madrid, 1986

OJER, S.J. Pablo

La formación del Oriente venezolano, Tomo I, Creación de las Gobernaciones, Caracas, 1966.

OTS Y CAPDEQUI, José María

-Estudios *de Historia del derecho español en las Indias,* Bogotá, 1940

-*El* Estado *Español en las Indias,* México 1946

-Instituciones, Barcelona

OVIEDO Y BAÑOS, José de

Historia *de la Conquista y Población de las Provincias de Venezuela,* Caracas, 1992; y en MORON, Guillermo, (ed) *Historiadores de Indias III, Venezuela,* Biblioteca de autores Españoles, Madrid, 1958, pp. 1-242

PAEZ RIVADENEIRA, Christian

-La Plaza *Mayor de Mérida. Historia de un Tema Urbano,* Caracas 1992.

-"La Ciudad Histórica en las Leyes de Indias", en *De Arquitectura,* Universidad de los Andes, Mérida, pp. 32 a 39.

PAGDEN, Anthony (Ed.)

HERNAN CORTES. Letters from Mexico, Yale University Press, New Haven and London, 1971.

PALM, Erwin Walter

-Los orígenes *del urbanismo imperial en América, Contribuciones a la Historia Municipal de América,* México, 1951.

-"El plano de las Misiones en territorio Guaraní en el Siglo XVIII", en *Boletín del Centro de Investigaciones Históricas y Estéticas*, Facultad de Arquitectura y Urbanismo, Universidad Central de Venezuela 15, Caracas 1973, pp. 29 a 39.

PALOMEQUE TORRES, Antonio

Historia de la Civilización e Instituciones Hispánicas, Barcelona 1956.

PARRY, J. H.

-Europa y la expansión *del Mundo,* México, 1952.

-The Age of Reconnaissance, *Discovery, Exploration and Settlement 1450-1650*, London 2000.

PATRICIO MONTOJO, D.

Las primeras tierras *descubiertas por Colón,* Madrid, 1892.

PAVIA, Rosario

L'idea *di citta, XV-XVIII Secolo,* Milano, 1982

PELLETIER, A.

L'urbanisme *romain sous l'Empire, París 1982*

PELLETIER, J. y DELFANTE, CH.

Villes et urbanisme dans le monde, París, 1989

PEÑA CAMARA, J. de la

"La copulata de leyes de Indias y las Ordenanzas Ovandinas" en *Revista de Indias,* Instituto Fernández de Oviedo, Nº 6, Madrid, 1941

PEÑA VARGAS, Ana Cecilia

Nuestra Señora *del Rosario de Perijá. Documentos para su Historia 1722-1818,* Caracas 1998.

PEREYRA, Carlos

-L'Oeuvre *de l'Espagne en Amérique,* París, 1920

-La Conquête *des Routes Océaniques. D' Henri le Navigateur à Magellan,* París, 1923

PEREZ DE RIBAS, Andrés

"Triunfos de nuestras santa fe entre gentes de las más bárbaras y fieras del Nuevo Orebe", en *Páginas para la Historia de Sinaloa y Sonora,* 3 vols. Editorial Lyac, México, 1944.

PEREZ DE TUDELA, Juan

-Las Armada *de Indias y los orígenes de la política de Colonización (1492-1505),* Madrid 1956

"La quiebra de la factoría y el nuevo doblamiento de la Española", en *Revista de Indias,* Instituto Fernández de Oviedo, Nº 60, Madrid, 1955, pp. 197-252.

-"Política de poblamiento y política de contratación de las Indias (1502-1505)", en *Revista de Indias,* Instituto Fernández de Oviedo, Nº 61-62, Madrid, 1955, pp. 371-420.

PEREZ EMBID, Florentino

Los descubrimientos en el Atlántico y la rivalidad Castellano-Portuguesa hasta el Tratrado de Tordesillas, Sevillas, 1948.

PEREZ RIVADENEIRA, Christian

La Plaza Mayor de Mérida. Historia de un tema urbano, Caracas 1992

PEREZ RODRIGUEZ, Virginia

"Primer Urbanismo Colonial de Trazado Regular en la Provincia de Jaen y su influencia en el Urbanismo Hispanoamericano" en *Revista Ciudad y Territorio, Revista de Ciencia Urbana,* Nº 59 y 60, Madrid, Enero-Junio , 1984, pp. 23-40

PETRIE, Charles

-*Phillip II of* Spain, London 1963;

-*Felipe* II, Madrid 1964.

PFANDL, Ludwing

-*Felipe* II, Madrid 1942

-*Juana la* loca. *Su vida, su tiempo, su culpa,* Buenos Aires ,1938.

PICON-PARRA, Roberto

Fundadores, Primeros Moradores y Familias Coloniales de Mérida (1558-1810), 2 Tomos, Caracas 1988.

PIETSCHMANN, Horst

El Estado y su evolución al principio de la colonización española de América, México, 1989.

PILLET, Felix

Geografía urbana de *Ciudad Real,* Madrid, 1983.

PINTO SORIA, Julio (Ed.)

Historia general *de Centro América, 2vols.* Madrid 1993.

PIRENNE, Henri

Las ciudades de la Edad Media, Madrid 1975

PISKORSKI, Wladimiro

Las Cortes de Castilla en el período de tránsito de la Edad Media a la Moderna 1188-1520, Barcelona, 1930

PLAZA, José Antonio de

Memorias *para la historia de la Nueva Granada,* Bogotá 1984.

POHL, Frederick J.

Americo *Vespucci. Pilot Major,* New York 1944.

Americo *Vespucci. Piloto Mayor,* Buenos Aires 1947

POLO SIFONTES, Francis

Los Cakchiqueles *en la conquista de Guatemala,* Guatemala 1986

POMBO PAREJA, A. de

La cuadrícula *en la ciudad Hispanoamérica,* Cartagena, 1992.

PORRAS TROCONIS, Gabriel

Historia *de la cultura en el Nuevo reino de Granada,* Sevilla 1952

PORTUONO, Fernando

Historia *de Cuba 1492-1898*, La Habana, 1965

PRESCOTT, William H.

-*The Conquest of Mexico,* 2 Vols. Oxford, 1915.

-*History of the Conquest of México,* The Modern Library, New York, 2001.

-*History of the Conquest of Peru,* Phoenix Press, London, 2002

-Historia *de los Reyes Católicos Don Fernando y Doña Isabel,* México 1952.

PUIGI CADAFALCH, J.

"Idees teòriques sobre urbanisme en el segle XIV: un fragment d'Eiximenis", en *Homenaje a Antoni Rubio i Lluch,* Barcelona 1936, pp. 1-9

RAGON, Michel

Storia dell'architecture *e dell'urbanistica moderne*, Roma, 1981

RALEIGH, Sir Walter

El Descubrimiento *del Grande, Rico y Bello Imperio de Guayana,* (Traducción de Antonio Requena), Caracas, 1986

RAMIREZ GUEDES, Juan

"La Colonización Atlántica: Las Ciudades Canarias" en *Ciudad y Territorio, Revista de Ciencia Urbana,* Nº 75-1, Madrid, Enero-Marzo, 1988, pp. 9-15.

RAMOS PEREZ, Demetrio

-*Historia de la* Colonización *Española en América,* Madrid 1947

-*Los viajes* españoles *de Descubrimiento y Rescate,* Valladolid 1981

-*Colón pudo no volver. La fundación de La Natividad,* Ediciones de Cultura Hispana, ICI, Madrid 1989.

-"La doble fundación de ciudades y las huestes", en SOLANO Francisco de (ed), *Estudios sobre la ciudad Iberoamericana,* Madrid 1983, pp. 107 a 138.

-"Alonso de Ojeda, en el gran proyecto de 1501 y en el tránsito del sistema de descubrimiento y rescate al de poblamiento", en *Boletín Americanista,* Facultad de Filosofía y Letras de la Universidad de Barcelona, N° 3, 1951, pp. 33-87.

"La Fundación de Caracas y el desarrollo de una fecunda polémica" en *Boletín Histórico de la Fundación John Bulton,* N° 15, Caracas 1967, pp. 269-339.

RAMSAY, Raymond H.

-*No Longer on the Map. Discovering Places that Never Were,* New York 1972

RAPOPORT, Amos

-*Aspectos humanos de la forma urbana. Hacia una confrontación de las Ciencias Sociales con el diseño de la forma urbana,* Barcerlona, 1978

RASMUSSEN, Steen Eiler

Towns and Buildings, Cambridge, Mass., 1994

RASSOW, Peter

El mundo *político de Carlos V,* Madrid 1945

RECINOS, Adrian

-Pedro de Alvarado. Conquistador de México y Guatemala,. Guatemala 1986

RECOPILACIÓN DE LAS LEYES DE LOS REYNOS DE INDIAS

3 vols. (Edición Fascimilar), Madrid, 1943.

REPERANT, Dominique

The Most *Beautiful Villages of France,* New York 1993.

REPS, John W.

-The Making of Urban America. A History of City Planning in the United States. New Jersey, 1965.

-Cities *of the American West. A History of Frontier Urban Planning*, New Jersey, 1979.

-La ville americaine. Fondation et projets, Pierre Mardaga, éditeur, Bruxelles, 1981

REYES MAZZONI, Roberto

Cristóbal *Colón en Honduras,* Honduras 2002.

RICAR, R.

-"La plaza mayor en España y en América española. Notas para un estudio" en *Estudios Geográficos,* Año XI, Nº 39, Madrid, 1950

-"Apuntes complementarios sobre la plaza mayor española y el "rossio" portugués" en *Estudios Geográficos,* Año XII, Nº 47, Madrid, 1952

RICCI, Giovanni

Le città nell *storia d'Italia,* Bolonia, 1980

RIVERO, Manuel Rafael

Camino a la mar, Caracas 1970

ROBERTSON, William

The History of the Reign of the Emperor Charles V, 4 Vols., London, 1820

RODRIGUEZ, Manuel Alfredo

La Ciudad de la Guayana del Rey, Caracas 1990.

RODRIGUEZ ALPUCHE, Adrian de J.

-*La Antigua.* Análisis *urbanístico y futuro de una ciudad colonial,* Madrid, 1980.

-*El* Urbanismo prehispánico *e hispanoamericano en México. Desde sus orígenes hasta la Independencia,* Madrid, 1986

ROJAS-MIX, Miguel A.

-*La plaza* mayor*: el urbanismo instrumento de dominio colonial,* Barcelona, 1978

-*El Urbanismo Español como política de colonización en América Latina,* Sevilla, 1984

ROJAS, J.A. y REXACH, L.J.M.

Urbanismo español en *Amérique du sud,* París, 1973

ROMERO ROMERO, Catalina

"Fundaciones españolas en América: Una Sucesión Cronológica" en TERAN, Francisco de (dir), *La Ciudad Hispanoamericana. El sueño de un orden,* Madrid, 1989, pp. 275-302.

ROMOLI, Kathleen

Vasco Nuñez de Balboa. Descubridor del Pacífico, Madrid, 1955

ROSENAU, Helen

The Ideal *City. Its Architectural Evolution in Europe*, New York, London 1983.

RYKWERT, Joseph

-*The Idea of a Town. The Anthropology of Urban Form in Rome, Italy* and *the* Ancient *World.* New Jersey, 1976.

-La idea de ciudad. Antropología de la forma urbana en el Mundo Antiguo, Madrid, 1985

SALAS, Marco Vinicio

-Encantadores *pueblos de Mérida,* Mérida, 1995

-Encantadores *pueblos de Trujillo,* San Cristóbal, 1996

-Encantadores pueblos del Táchira, San Cristóbal, 1997

SALAZAR-QUIJADA, Adolfo

Orígenes de los nombres de los Estados y Municipios de Venezuela, Caracas 1994

SAMUDIO A., Edda O.

"Proceso de doblamiento y asignación de resguardos en los Andes venezolanos", en *Revista Complutense de Historia de América*, No. 21, , Madrid 1995, pp. 167-208

SANCHEZ, Aracelis (Compiladora)

Maturin: su *fundación y notas,* Maturín 1983

SANCHEZ, Luis Alberto

Breve Historia *de América,* México, 1944

SANCHEZ BELLA, Ismael

"Las Ordenanzas de Felipe II sobre nuevos descubrimientos (1573): consolidación de la política de penetración pacífica", en KOHUT, Karl (ed), *De conquistadores y conquistados,* Frankfourt am Main, 1992, pp. 83-96

SANCHEZ BELLA, Ismael, DE LA HERA, Alberto y DIAZ REMENTARIA, Carlos

Historia del Derecho *Indiano,* Madrid 1992.

SAURA, Magda

"A critical Review of C. W. Westfall's «In this Most Perfect Paradise: Alberti, Nicholas V., and the invention of Conscious Urban Planning, 1447-55»" en BONET CORREA, A. (ed), *Urbanismo e Historia Urba-*

na en el Mundo Hispano (Segundo Simposio, 1982), Tomo I, Madrid, 1985, pp. 375-395.

SCHAFER, Ernesto

El Consejo Real y Supremo de las Indias, 2 Tomos, Sevilla 1947.

SCHECKER ORTIZ, Luis (ed)

Santo Domingo *y sus Monumentos Coloniales,* Santo Domingo, 1992

SCONCI, Enrico

Il Centro Storico dell'Aquila. Struttura urbana e modelli di rappresentazione, L'Aquila 1983

SEGRE, Roberto

"*Significación* de Cuba en la evolución tipológica de las Fortificaciones coloniales de América" en *Boletín del Centro de Investigaciones Históricas y Estéticas,* Facultad de Arquitectura y Urbanismo, Universidad Central de Venezuela, Nº 13, Caracas, 1972, pp. 9-57

SERT, J.L., LESTER-WIENER, P.

L' Urbanisme en Amérique du Sud, París, 1951

SESTO NOVÁS, Farruco

Memoria de Angostura, Ciudad Bolívar 2001.

SETA, Cesare de

Storia della città di Napoli, delle origini al Settecento, Roma, 1973.

SICA, Paolo

La imagen de la ciudad. De Esparta a Las Vegas, Barcelona, 1977.

SIERRA, Vicente D.

El sentido misional de la Conquista de América, Madrid, 1944.

SIERRA, Vicente D.

Historia de Argentina, Introducción y población (1492-1600), Buenos Aires, 1975

SIMON, Fray Pedro

Noticias Historiales de Venezuela, 2 Vols., Caracas, 1992.

SITTE, Camillo

-*The Art of Building Cities,* New York, 1945.

-*L'art de batir les villes. L'urbanisme selon des fondements artistiques,* París, 1990

SLATER, T.R. (ed.)

The Built form of Western Cities, Leicester, 1990

SMITH, Robert C.

"*Colonial* Towns of Spanish and Portuguese America", en *Journal of Society of the Architectural Historians,* Vol. XIV, N° 4, 1955, pp. 3- 12.

SOCIEDAD ESTATAL QUINTO CENTENARIO

Testimonios. Cinco Siglos del Libro en Iberoamérica, Caracas.-Madrid, 1992

SOLANO, Francisco de

-"La ciudad Iberoamericana: Fundación, Tipología y funciones durante el tiempo colonial" en SOLANO, Francisco de, et al (ed) *Historia y Futuro de la ciudad Iberoamericana,* Madrid, 1986, pp. 9-25

-"*Significado* y alcances de las Nuevas Ordenanzas de Descubrimiento y Población de 1573" en IEAL, *De Teotihuacán a Brasilia, Estudios de Historia Urbana Iberoamericana y Filipina,* Madrid 1987, pp. 108-127.

-"*Urbanización* y municipalización de la población indígena"en SOLANO, Francisco de (Coord.), *Estudios sobre la ciudad Iberoamericana,* Madrid, 1983, pp. 241-268

-"El proceso *urbano* iberoamericano desde sus orígenes hasta los principios del siglo XIX. Estudio Bibliográfico" en SOLANO, Francisco de (Coord.), *Estudios sobre la ciudad Iberoamericana,* Madrid, 1983, pp. 727-880.

SOLANO, Francisco de (Coordinador)

-*Estudios sobre la ciudad Iberoamericana,* Madrid, 1983

-*Historia y futuro de la ciudad Iberoamericana*, Madrid, 1986

SOLANO, Francisco de, et al.

Historia Urbana de Iberoamérica, Madrid, Tomo I, *La Ciudad Iberoamericana hasta 1573*; 1987, Tomo II-1, *La Ciudad Barroca 1573-1750*; 1990; Tomo II-2, *La Ciudad Barroca, Análisis Regionales,* 1990.

SOLIS, Antonio de

Historia de la conquista de Méjico, 2 Tomos, Buenos Aires 1944.

SOLORZANO Y PEREYRA, Juan de

Política Indiana, 2 Tomos, Madrid, Buenos Aires, s/f

SOSA, Roberto (ed),

Documentos para la Historia de Honduras, Tegucigalpa,1999

SPREIREGEN, Paul D.

Urban Design: The Architecture of Towns and Cities, New York, 1965

STAINO, Sergio

Los orígenes de la ciudad, Perú 1985

STANISLAWSKI, Dan

-"Early Spanish Town planning in the New World", en *The Geographical Review,* Vol. XXXVII, N° 1, New York 1947, pp. 94-105.

-"The Origin and Spread of the Grid-Pattern Town", en The Geographical Review, Vol. XXXVI, New York 1946, pp. 105-120.

SUAREZ, Thomas

Shedding the Veil. Mapping the European Discovery of America and the World, Singapore, 1992

SUBERO, Efraín

La ciudad y las ciudades, Caracas, 1967

SUBERO, Efraín (Compilador)

Venezuela. 500 Años, Caracas, 1997

SUCRE, Luis Alberto

Gobernadores y Capitanes Generales de Venezuela, Caracas 1964.

TAU ANZOATEGUI, Víctor

"Consideraciones sobre la aplicación de la Recopilación de 1680" en ICAZA DUFOUR, Francisco de, (Coord.)*Recopilación de leyes de los Reynos de las Indias, Estudios histórico-jurídicos*, Madrid, 1987, pp. 549-582.

TAVERA-ACOSTA, B.

Historia de Carúpano, Caracas 1969

TERAN, Fernando de

La cuadrícula en el desarrollo de la ciudad hispanoamericana. Planteamiento y metodología, Madrid, 1981

TERAN, Fernando de (dir)

La Ciudad Hispanoamericano. El sueño de un orden, Centro de Estudios Históricos de Orden Públicas y Urbanismo, Madrid, 1989

THOMAS, Hugh

-*La Conquista de México,* México 1999

-*Conquest. Montezuma, Cortés and the Fall of Old Mexico,* New York 1993

TOMAS, Mariano

Felipe II. Rey de España y Monarca del Universo, Madrid 1942.

TOOLEY, R.V.

Maps and Map-Makers, New York, 1990

TORRES BALBAS, Leopoldo, CERVERA VERA, Luis; CHUECA GOITIA, Fernando, y BIDAGOR LASARTE, Pedro;

Resumen Histórico del Urbanismo en España, Madrid, 1954.

TORRES RAMÍREZ, Bibiano,

Alvar Núñez Cabeza de Vaca, Forjadores de América, Sevilla, 1990

TORRES VILLAR, E.

Leyes de descubrimiento en los siglos XVI-XVII, México, 1948

TOUSSAINT, Manuel; GOMEZ DE OROZCO, Federico y FERNANDEZ, Justino

Planos de la Ciudad de México, Siglos XVI y XVII, Estudio Histórico, Urbanístico y Bibliográfico, México 1938.

TREND, J.B.

The civilization of Spain, London-New York-Toronto, 1952

TRUJILLO, Diego de

Relación del Descubrimiento del Reyno del Perú, Sevilla 1948

TRUJILLO, León

Motín y sublevación en San Felipe, Caracas 1955.

UCKO, P.J. et al.

Man, Settlement and Urbanism, London, 1972

URIBE, Verónica (ed)

Imágenes de Santiago del Nuevo Extremo, Santiago de Chile, 2002

URRUTIA, Ma. Cristina y LIBURA, Krystyna

Ecos de la Conquista, México 1999

USLAR PIETRI, Arturo

Medio Milenio de Venezuela, Caracas, 1986

VALERA, Mosén Diego de

Crónica de los Reyes Católicos, Madrid, 1927.

VALLENTIN, Antonina

Leonado da Vinci. The Tragic Pursuit of Perfection, New York 1938.

VEGAS, Federico; LOPEZ, Wenceslao, y NERI PLAZOLA, Nerio

El Continente de Papel. Venezuela en el Archivo de Indias. Caracas, 1984

VELANDIA, Roberto

Descubrimientos y Caminos de los Llanos Orientales, Bogotá, 1996

VELANDIA, Roberto

Descubrimientos y Caminos de los Llanos Orientales, Bogotá, 1991

VELAY, Philippe

De Lutece a París, L'ile et les deux rives, París 1992.

VENEGAS, Pedro

Noticia de la California y de su Conquista Temporal y Espiritual hasta el presente (1739), 3 vols. Editorial Layac, México 1943

VERACOECHEA, Emilia de

"Instrucciones de Juan de Villegas en el inicio de una política de Fundación de Ciudades", en *Boletín de la Academia Nacional de la Historia, N° 221,* Tomo LVI, enero-marzo 1973, Caracas, pp. 476-487.

VERA Y ZUÑIGA, Juan Antonio

Carlos I, Madrid 1624

VERCELLONI, Virgilio

La cité idéale en Occident, París, 1996

VIGNAUD, Henri

-*Toscanelli and Columbus,* London 1902.

-*Cristóbal Colón y la Leyenda,* Buenos Aires, 1947

VILA BELTRAN DE HEREDIA, Soledad

-*La Ciudad de Eiximenis: Un proceso teórico de Urbanismo en el Siglo XIV,* Valencia, 1984

-"Un modelo teórico de ciudad en el siglo XIV: la ciudad Eiximenis", en BONET CORREA, A. (ed) *Urbanismo e Historia Urbana en el Mundo Hispano* (Segundo Simposio, 1982), Madrid, 1985, PP. 370-374.

-"El Plan Regular de Eiximenis y las Ordenanzas Reales de 1573" en CEDEX *La Ciudad Iberoamericana* (Actas del Seminario, Buenos Aires 1985), Madrid, 1987, pp. 375-383.

VILA, Marco Aurelio

-Nomenclador Geo-Histórico de Venezuela 1498-1810, Caracas, 1964

-Antecedentes Coloniales de Centros Poblados de Venezuela. Caracas, 1978.

VILLALOBOS, Santiago, et.al

Historia de Chile, ---Vols., Santiago de Chile 1992

VILLEGAS, L.R.

Sobre el urbanismo de Ciudad Real en la Edad Media (Datos y Reflexiones), Ciudad Real, 1984

VINCES VIVES, J.

Rumbos Oceánicos. Los Navegantes hispánicos, Barcelona 1946.

VIOLICH, Francis

-Cities of Latin America, New York, 1944

-"Evolution of The Spanish City. Issues Basic to Planning Today", en *Journal of the American Institute of Planners,* Vol. XXVIII, N° 3, August 1962, pp. 170-179.

-"Mexico City and Mexico. Two Cultural Worlds in Perspective", en *JThird World Planning Review,* Vol. 3, No. 4, November 1981, pp. 361-385.

VITRUVIUS POLIÓN, Marco Lucio

-The Ten Books on Architecture, Dover Publications, New York 1960.

-Les Dix Livres d'Architecture, Éditions Errance, París 1986.

-Los Diez Libros de Arquitectura, Alianza Editorial, Madrid, 1995

-Los Diez Libros de Arquitectura, Akal Ediciones, Barcelona, 19925

VIVAS, Leonel

Por los callejones del viento, Caracas, 1991.

VIVES, Pedro A.

"Ciudad y Territorio en la América Colonial", en TERAN, Francisco de (dir), *La Ciudad Hispanoamericana. El sueño de un orden,* Madrid. 1989, pp. 222-225

VON BANKE, Leopold

La Monarquía Española en los siglos XVI y XVII, México 1946.

WALSH, William Thomas

-*Felipe II,* México 1937

-*Isabel de España,* 1939.

WASSERMANN, Jakob

Cristóbal Colón. El Quijote del Océano, Buenos Aires, 1949.

WEISS, Joaquin E.

La Arquitectura Colonial Cubana, La Habana-Sevilla, 1996

WHITEHOUSE, Ruth

The first cities, Oxford, 1977

WYCHERLEY, R.E.

How the Greeks Built Cities, The relationship of architecture and town planning to everyday life inAancient Greece, New York-London, 1976

WYNDHAM LEWIS, D.B.

Carlos de Europa, Emperador de Occidente, Buenos Aires, 1946

WOLFF, Hans (ed)

America. Early Maps of the New World, Prestel, Munich, 1992

YUJNOVSKY, O.

La estructura interna de la ciudad. El caso latinoamericano, Buenos Aires, 1971

ZAMBRANO, Fabio, y BERNARD, Oliver

Ciudad y Territorio. El proceso de poblamiento en Colombia, Bogotá 1993.

ZAPATERO, Juan Manuel,

El Fuerte San Fernando y las fortificaciones de Omoa, Instituto Hondureño de Antropología e Historia, Tegucigalpa, 1997`

ZAPATERO, Santiago Andrés

Del Imperio Español a la Hispanidad, Barcelona, 1950.

ZAWISZA, Leszek M.

"Fundación de ciudades hispanoamericanas" en *Boletín del Centro de Investigaciones Históricas y Estéticas,* Facultad de Arquitectura y Urbanismo, Universidad Central de Venezuela, , Nº 13, Caracas, 1972, pp. 88-128

ZAVALA, Silvio A.

-*La Encomienda Indiana,* Madrid 1935

-*Las instituciones jurídicas en la Conquista de América, Madrid, México, 1935.*

-*Las Encomiendas y propiedad territorial en algunas regiones de América española,* México 1940

-*Ensayos sobre la colonización española en América,* Buenos Aires, 1944

-*La filosofía política en la Conquista de América*, México, 1947.

-*Estudios Indianos*, México, 1948.

-*El mundo americano en la época colonial,* 2 Vols., México, 1967.

-"Sobre la política del Imperio Español en América" en *Cuadernos Americanos,* Vol. V, Nº 3, México, 1946, pp. 159 y sigts.

ZORRAQUÍN BECÚ, Ricardo

"Ideología de Juan de Ovando" en ICAZA DUPOUR, Francisco de, (ed.) *Recopilación de leyes de los Reynos de las Indias, Estudios histórico-jurídicos*. Madrid, 1987, pp. 45-69.

ZUBILLAGA, Félix

"Urbanización y labor misional entre los pueblos de indios nómadas del norte de México" en SOLANO, Francisco de (Coord.), *Estudios sobre la ciudad Iberoamericana,* Madrid, 1983, pp. 269-290.